**BIBLIOTHEQUE NATIONALE
CENTRE DE PRÊT
Réf. Postale 1101
78011 VERSAILLES CEDEX**

# CARTULAIRE

DE L'ABBAYE

DE

# NOTRE-DAME DE LA TRAPPE

*La Société Historique et Archéologique de l'Orne doit la publication du* Cartulaire de la Trappe *à l'initiative de M. le Comte de CHARENCEY, qui a fait copier à ses frais le manuscrit de la Bibliothèque Nationale. Elle lui en exprime sa vive reconnaissance.*

# CARTULAIRE

## DE L'ABBAYE

### DE

## NOTRE-DAME DE LA TRAPPE

PUBLIÉ

D'APRÈS LE MANUSCRIT DE LA BIBLIOTHÈQUE NATIONALE

PAR

La *Société Historique & Archéologique* de l'Orne.

ALENÇON

TYPOGRAPHIE RENAUT-DE BROISE

PLACE D'ARMES

—

1889

# INTRODUCTION

L'abbaye de la Trappe, dont la *Société Historique et Archéologique de l'Orne* publie aujourd'hui le Cartulaire, se trouve à environ trois lieues de la ville de Mortagne, autrefois l'une des capitales du Perche et aujourd'hui sous-préfecture du département de l'Orne, au diocèse de Séez. Aussi, ce monastère porte-t-il souvent dans le langage vulgaire le nom de Trappe de Mortagne, bien qu'il soit situé sur le territoire de Soligny, appelé de son nom Soligny-la-Trappe, au canton de Bazoches-sur-Hoësme. Cistercienne dès son origine, cette abbaye est la seule parmi les monastères assez nombreux qui existaient sur le sol de l'ancien diocèse de Séez et sur le territoire assigné au département actuel de l'Orne, qui ait pu se relever après la Révolution de 1789, et perpétuer jusqu'à nos jours la vie monastique dans nos paisibles contrées.

Cette maison religieuse, qui devint célèbre au $XVII^e$ siècle, par la réforme cistercienne qu'y opéra l'illustre abbé de Rancé, eut des commencements assez obscurs. Elle fut fondée en 1122, par le comte de Mortagne et du Perche appelé par un grand nombre d'historiens Rotrou II ; mais qui, en réalité, doit porter le nom de Rotrou III, à cause d'un premier Rotrou dont les historiens en question n'ont pas tenu compte, on ne sait trop pour quelle cause, car son histoire est aussi authentique que celle de ses successeurs du même nom. La fondation ne fut complète qu'en 1140 ; et en 1189, les possessions du nouveau monastère lui furent confirmées par une charte de Rotrou IV, fils du fondateur, nommé souvent Rotrou III pour la raison que nous venons d'exposer. Deux ans après, en 1191, ce vaillant et généreux prince tombait sous le fer des Sarrasins, en combattant avec courage au siège de Ptolémaïs avec Philippe-Auguste et Richard Cœur de Lion. On pourra voir à la fin du Cartulaire sa charte de 1189, confirmant toutes les donations faites par son père à l'abbaye de la Trappe.

On dit que ce nom de *Trappe* fut donné au nouveau monastère, parce qu'il était bâti au milieu de la forêt du Perche, dans une clairière stérile, offrant assez bien l'image d'une trappe ouverte dans une muraille (1).

---

(1) J'ignore si cette étymologie du nom de Trappe se trouve dans aucun monument écrit. Je la tiens de mon professeur d'histoire, M. Hector Marais, plus tard chanoine et grand vicaire, mort l'année dernière 1888. Il ne nous dit pas où il l'avait prise : mais comme il avait avec la Trappe des rapports fréquents et intimes, il n'est pas douteux qu'il ne l'ait puisée dans les traditions du monastère.

# II

Cette fondation, comme toutes les fondations cisterciennes, fut dédiée à la Très-Sainte Vierge, sous le nom de *Maison-Dieu de Notre-Dame de la Trappe : Domus Dei beatæ Mariæ de Trappa*, comme le porte le titre de notre Cartulaire.

Si l'on en croit certaines traditions, cette fondation aurait été l'exécution d'un vœu. Echappé sain et sauf d'un terrible naufrage, Rotrou aurait témoigné par cette bonne œuvre sa reconnaissance à la puissante Mère de Dieu, qui l'avait tiré du danger. On ajoute même que le naufrage dont il faillit être victime était celui de *La Blanche-Nef*, arrivé au mois de novembre de l'an 1120 ; peu de temps, par conséquent, avant la fondation de l'abbaye : naufrage célèbre, où périt le dernier rejeton de la descendance masculine de Guillaume le Conquérant, le jeune prince Guillaume Adelin, fils de Henri Beauclerc, roi d'Angleterre et duc de Normandie. C'est à cause de ce vœu, ajoute encore la tradition, que le comte fit construire le toit de la chapelle en forme de carène renversée.

Le *Mémorial* de 1385, placé en tête de l'appendice de ce Cartulaire, raconte ainsi l'histoire de la fondation, sans toutefois désigner spécialement le naufrage de *La Blanche-Nef* (1). Mais il faut remarquer que le comte Rotrou ne paraît avoir fait aucun voyage sur mer à cette époque, et que certainement il n'était point sur *La Blanche-Nef* lorsque celle-ci fit naufrage. C'était son épouse, la comtesse Mathilde, qui se trouvait parmi les passagers de la suite du prince ; et même elle périt dans cette catastrophe. Il n'est pas impossible que le vœu de Rotrou, s'il a existé, ne lui ait été inspiré par la pensée du salut de l'âme de celle qu'il venait de perdre. Quant à la forme de la chapelle bâtie en 1122, on peut encore aujourd'hui s'en rendre compte, les traces n'en ont pas entièrement disparu ; et elle ne paraît pas avoir jamais présenté l'image d'une carène renversée, le toit était au contraire fort aigu ; la forme en est encore sensible. Ce serait plutôt la grande église, qui bientôt va disparaître pour faire place à une nouvelle, qui présenterait aux yeux la forme d'un vaisseau renversé. Mais cette église est notablement postérieure au XIIe siècle.

Jamais le Saint-Siège ne permet à aucun fondateur de maisons religieuses de faire une œuvre qui ne puisse pas soutenir et affronter les siècles. Celui qui voulait bâtir un monastère devait donc, avant d'en entreprendre la construction, lui assurer des revenus suffisants pour faire vivre ceux qui devaient l'habiter et y servir Dieu. Rotrou ne faillit pas à ce devoir, et la charte confirmative de son fils nous montre que, dès le XIIe siècle, les possessions de la Trappe étaient considérables ; cette charte est d'ailleurs le plus ancien monument qui puisse nous montrer l'ensemble de ces possessions. La charte de fondation n'existe plus depuis longtemps. Un petit catalogue, qui porte la date de 1721, se plaint déjà de cette disparition et laisse assez entendre qu'elle n'était pas nouvelle dès cette époque. Cette charte importante et fondamentale a probablement été détruite pendant les guerres du XIVe siècle, et vraisemblablement lorsque le monastère fut brûlé, en 1380, par les Anglais, alors acharnés à la ruine

---

(1) V. page 579. Je ne connais aucun monument antérieur où il soit question de ce vœu de Rotrou.

de la France. Au XVIIIe siècle, il ne restait plus guère à l'abbaye que des titres de seconde main, comme l'histoire de notre Cartulaire nous permettra de le constater.

La révolution de 1789, et la dispersion des communautés religieuses qui en fut la suite, achevèrent l'œuvre de destruction si bien commencée par la guerre de Cent-Ans et dispersèrent ce qu'il restait encore à la Trappe d'anciennes archives. Les livres et papiers de cette abbaye furent, comme partout ailleurs, pillés avec un honteux vandalisme, vendus à vil prix, ou même perdus sans retour par l'incurie des personnes ignorantes entre les mains desquelles tombaient quelquefois ces trésors. Cependant, aussitôt que l'ordre fut rétabli, et que la France put respirer sous la main puissante du Premier Consul, il se trouva partout des hommes intelligents qui cherchèrent à recueillir et à rassembler les épaves de l'immense naufrage qui venait d'avoir lieu. Dans notre département en particulier, M. Louis du Bois, bibliothécaire de la ville d'Alençon, parvint à restituer aux hommes d'études de nombreux débris des anciennes bibliothèques monastiques. Ce qui restait de Saint-Evroult, de Silly, de la chartreuse du Val-Dieu fut réuni à Alençon. Séez seule garda presque tous ses trésors scientifiques et littéraires. Mais la majeure partie des volumes qui restaient du fonds de la Trappe passèrent à la bibliothèque formée par M. du Bois.

Nous disons la majeure partie, non pas tous. Paris commençait dès lors à exercer sur toute la France ce travail d'attraction qu'il nous semble permis de trouver un peu excessif. La Trappe dut, comme tant d'autres, lui payer son tribut. La bibliothèque nationale hérita d'un manuscrit intéressant tiré des archives de cette abbaye : c'était le Cartulaire que la *Société archéologique de l'Orne* livre aujourd'hui à ses membres et au public. C'est un volume petit in-folio, d'une assez belle écriture du XIIIe siècle, tracée sur de fort beau parchemin ; il contient 865 chartes ; mais il est facile de constater, par les différences qui existent entre les écritures, qu'à partir d'un certain point, que l'on a indiqué dans ce volume, il y a eu plusieurs additions successives, qui cependant, à elles toutes, ne composent qu'une partie minime de la collection (1).

(1) Ce manuscrit, qui porte le numéro 11060 du fonds latin de la Bibliothèque nationale, se compose de 163 feuillets, y compris celui du titre ; le feuillet 161 est en blanc et le verso du feuillet 163 n'a que cinq lignes ; il y a beaucoup de blancs en bas et même au milieu des pages, surtout à la fin. Chaque page pleine contient 27 lignes ; on en trouve de 28 lignes et même davantage. La hauteur du texte est de 17 centimètres, non compris les lettres indicatives des cahiers qui forment un titre courant ; sa largeur est de 13 centimètres, non compris les chiffres en marge ou en marchette. Il y a en outre des additions au bas des pages et dans les marges. Les chartes de la fin sont d'une écriture très variée ; la tenue du manuscrit y est beaucoup moins soignée ; il y a deux feuillets déchirés. Dans la première et principale partie du manuscrit, quelques majuscules noires sont rehaussées de rouge ; beaucoup de noms de donateurs inscrits en tête de leur donation sont aussi en rouge, ainsi que le titre des cahiers.

Le cahier A a 16 feuillets ; le cahier B en contient 18 ; C se compose de 3 ; D de 6 ; le nombre de pages qu'ils occupent dans ce Cartulaire pourra indiquer la longueur respective des autres dans le manuscrit ; parfois la nouvelle lettre commence au verso du dernier feuillet de la précédente. Le bas de certains feuillets a été coupé sans altérer le texte. Enfin, le volume est relié en peau usée et a 24 centimètres de hauteur sur 18 et demi de largeur ; il n'y a aucune indication qui puisse en faire connaître la provenance. (*Note de M. de La Sicotière*).

La plus grande partie de ces chartes est du xiiie siècle ; cependant quelques-unes sont antérieures, quelques autres postérieures. Aucune d'entre elles, d'ailleurs, n'est antérieure à l'an 1136, et la plus récente est de l'an 1356. En outre, il est facile de reconnaître que toutes celles qui ne remontent qu'au xive siècle font partie des additions, et que pas une seule d'entre elles ne se trouve dans le cadre de la table contemporaine que nous avons reproduite à la fin du volume. Quant à celles qui remontent jusqu'au xiie siècle, et qui sont d'ailleurs en fort petit nombre, toutes, ou du moins à peu près toutes, sont des titres anciens, confirmés au siècle suivant par les suzerains ou les héritiers de leurs auteurs, et reproduits seulement pour appuyer la confirmation. On peut donc regarder notre Cartulaire comme la partie des archives de la Trappe contenant l'état des acquisitions faites par cette abbaye pendant le cours du xiiie siècle.

Si nous considérons ces chartes au point de vue de leur valeur historique, nous sommes forcés de reconnaître qu'aucune d'entre elles ne nous donne des lumières bien claires sur l'importance des possessions de l'abbaye. Il n'en pouvait être autrement ; la Trappe ayant été fondée et dotée en 1122, on conçoit que toutes les chartes fondamentales qui ont contribué à lui fournir ses moyens d'existence doivent être du xiie siècle. Celles du xiiie, qui remplissent notre Cartulaire, ne pouvaient plus nous présenter que des additions faites ensuite par des particuliers, soit pour obtenir le droit de sépulture parmi les moines, ce qu'un certain nombre de personnes de piété aimaient alors à faire, soit pour l'acquittement d'un vœu, soit plus souvent encore par simple dévotion. Un certain nombre de ces donations de second ordre sont très minimes. On y trouvera des rentes de cinq sous, de quatre et de deux sous, quelques-unes même de douze deniers ou un sou ; mais il faut bien se garder de croire que la valeur de ces rentes fût ce qu'elle serait aujourd'hui, c'est-à-dire absolument dérisoire. Elles étaient peu considérables certainement, et il est à croire qu'un certain nombre d'entre elles venaient de personnes pauvres ; mais leur valeur était appréciable ; et nous verrons que la riche abbaye ne les dédaignait nullement ; elles fournissaient aux donateurs l'occasion de faire une bonne œuvre à leur portée ; et leur multiplicité permettait au monastère, non seulement d'exister avec aisance, mais encore de répandre à profusion ses bienfaits sur les pauvres de la contrée. En nature, nous trouvons également des rentes fort modiques, par exemple celle d'un demi-boisseau de blé, ce qui paraîtrait de nos jours à peine acceptable.

Les auteurs des donations mentionnées dans ce volume sont ordinairement, ou de simples roturiers, ou, plus souvent encore, de petits gentilshommes, aujourd'hui totalement inconnus, à moins que le nom de la terre dont ils tiraient leur titre seigneurial ne se soit conservé jusqu'à nos jours, ce qui est le cas d'un bon nombre, comme on pourra s'en convaincre par les notes ajoutées au bas des pages.

Quelques noms cependant émergent du milieu de ces noms obscurs et appartiennent à des hommes plus connus. Nous citerons : le pape Alexandre III (1) ; Henri II, roi d'Angleterre (2) et son frère Jean, comte de Mortain, le futur roi Jean-sans-Terre (3) ; Guillaume, évêque de Châlons et comte du Perche (4) ; Rotrou IV (5), Geoffroy IV (6), Thomas (7), aussi comtes du Perche ; Mathilde, comtesse du Perche (8) ; Guillaume, comte de Ponthieu et d'Alençon, ou Guillaume Talvas III, avec ses fils Jean I$^{er}$ et Jean II, comtes d'Alençon (9) ; Robert III, comte d'Alençon (10) ; Robert III, comte de Dreux, et son père Robert II, frère de Saint-Louis (11) ; Isabelle de Blois, comtesse de Chartres (12) ; l'archevêque de Rouen Robert Poullain, surnommé *le Baube* (13) ; les évêques de Séez Gervais I$^{er}$ (14), Froger (15), Sylvestre (16), Lisiard (17), Hugues II (18), Geoffroy de Mayet (19) ; Henri II, évêque de Bayeux (20) ; les évêques d'Evreux Richard de Bellevue (21) et Luc (22) ; les évêques du Mans Guillaume de Passavant (23), Hamelin (24) et Maurice (25) ; Renaud de Bar de Monçon, évêque de Chartres (26) ; Simon IV de Montfort, comte de Leicester; le fameux vainqueur des Albigeois (27) ; Robert II et Robert III, aussi comtes de Leicester (28) : les vicomtes de Châteaudun Geoffroy IV et Geoffroy V (29) ; Richer II, Richer III et Gilbert II de l'Aigle (30) ; le maréchal de France Henri Clément, seigneur d'Argentan (31) ; Hugues II de Gournay, seigneur d'Ecouché (32) ; Galeran III et Robert IV, comtes de Meulan (33) ; Raoul III, vicomte de Beaumont (34). Ajoutons des abbés de la Trappe même, de Saint-Evroult, d'Ardène, de Saint-Evroult, de Saint-Laumer de Blois, de Saint-Père-en-Vallée, dans les faubourgs de Chartres ; de Champagne, au diocèse du Mans et d'autres encore. Le roi Richard Cœur-de-Lion y est simplement nommé. Les notes du Cartulaire feront connaître quels étaient ces personnages.

Parmi les dons intéressants qui furent faits à l'abbaye, on pourra remarquer le droit de prélever plusieurs milliers de harengs sur la recette de Pont-Audemer ; le détail de cette redevance se trouve dans la série R. C'était une ressource importante pour une communauté vouée au maigre perpétuel.

Ces chartes, même celles qui paraissent le plus insignifiantes par ce qu'elles contiennent, offrent du moins cette utilité qu'elles nous aident puissamment à reconstituer la physionomie de nos contrées au XIII$^e$ siècle et qu'elles nous donnent l'idée du vaste droit de suzeraineté qu'exerçait la Trappe à cette époque, non-seulement sur le Perche, mais encore sur une certaine zone qui s'étendait en dehors de cette province. On est d'abord comme étonné de retrouver dans ces documents vieux de plus de six siècles, non-seulement tant de noms de paroisses, mais encore de hameaux et même des simples fermes qui n'ont point changé pendant cette longue suite d'années. Il est facile aussi de constater l'esprit de piété qui régnait

(1) Série H-I. — (2) O-II et add. X. — (3) R-XIV. — (4) A-VIII etc. — (5) H-I. — (6) A-XX, etc. — (7) P-XV. — (8) S-XII. — (9) M-XLV. — (10) S-XVI. — (11) A-II. — (12) A-I — (13) D-II. — (14) B-VII et s. — (19) I-II. — (16) H-XXVII. — (17) P-I. — (18) P-IX. — (19) P-IX. — (20) E-XV. — (21) G-IV. — (22) I-XXXV. — (23) M-I et s. — (24) M-V et s. — (25) M-*XXXV*. — (26) Q-XV. — (27) A-IV. — (28) G-XX. — (29) B-XVI. — (30) C-I et II. — (31) H-I *bis*. — (32) E-II *bis*. — (33) R-I et II. — (34) M-XVI.

dans la Société à cette époque où tous, riches et pauvres, nobles et manants, guerriers et cultivateurs, tenaient à honneur d'attacher leur nom à une fondation religieuse, et à se dévouer pour la soutenir. Il y a si loin de ces mœurs aux nôtres qu'un tel état de choses nous paraît aujourd'hui presque incroyable.

Tel était le monument historique déposé dans les chartriers de la Bibliothèque nationale, lorsque M. le comte de Charencey, l'ayant examiné, résolut d'en faire jouir le public, et s'adressa, pour lui prêter secours dans la réalisation de son projet, à la *Société historique et archéologique de l'Orne*, qui a l'honneur de le compter parmi ses membres. Il promit de faire copier le manuscrit à ses frais si la Société voulait se charger de la dépense nécessaire à l'impression de cette copie assez volumineuse. La *Société* se sentit la force d'entreprendre cette œuvre importante, et accepta avec empressement la proposition de M. de Charencey.

Le travail fut long, un premier copiste, M. Stein, élève distingué de l'école des Chartes, le commença, mais dut l'abandonner à cause de ses occupations trop nombreuses. Il indiqua pour le remplacer M. Isnard, qui continua en effet la copie, mais la laissa bientôt aussi, pour les mêmes raisons que son prédécesseur, enfin M. de Charencey trouva M. Edouard André, qui promit d'achever le travail, et cette fois tint parole.

Nommé archiviste de l'Ardèche assez peu de temps après qu'il eut entrepris la copie, ce courageux et intelligent travailleur répondit aux craintes que lui exprimait la *Société* que sa nomination ne changeait rien à son engagement, et qu'il continuerait à Privas ce qu'il avait commencé à Paris. Il devait en effet se tirer à sa gloire de l'entreprise. Les notes dont il enrichissait ses feuilles, quoique nécessairement incomplètes, à cause de sa connaissance imparfaite des lieux, n'en jetaient pas moins souvent la lumière, tant sur les personnages que sur les propriétés dont les noms se rencontraient sous sa plume : son œuvre lui fait honneur, et la *Société* est heureuse de pouvoir lui offrir ici l'hommage de son estime et de sa reconnaissance.

De son côté, la *Société* nommait pour surveiller l'impression M. Eugène Lecointre, l'un de ses vice-présidents, et lui associait son secrétaire-adjoint, auteur de cette notice. M. Lecointre, à l'esprit judicieux et précis que chacun lui connaît, joignait une exacte connaissance des lieux, et possédait en cartes et en documents tout ce qui était nécessaire pour compléter les notions de détail qui pouvaient lui manquer encore : personne ne pouvait être plus propre que lui à mettre la dernière main à l'œuvre si bien commencée par M. André. La *Société* lui a témoigné sa gratitude. Nous ne doutons pas que les lecteurs du Cartulaire ne partagent les sentiments de la *Société*.

Lorsque tout le manuscrit de la Bibliothèque nationale fut imprimé, une addition parut nécessaire. Je fus chargé par M. Lecointre de demander à la Trappe, où j'avais quelques connaissances, si les archives de l'abbaye ne renfermaient pas encore quelque document intéressant. Le Révérendissime père Abbé, dom Etienne eut la bonté de répondre à cette demande par l'envoi de trois pièces : l'une était un manuscrit contenant neuf chartes importantes ; les deux autres étaient un volume assez petit contenant des instructions pour la gestion des biens de l'abbaye et un catalogue considérable renfermant des titres de chartes, aujourd'hui perdues, mais faisant autrefois partie des archives de la Trappe. Ces deux derniers documents parurent trop volumineux et d'une utilité trop secondaire pour être mis à la suite du Cartulaire de la Bibliothèque nationale ; mais on résolut d'y placer les neuf chartes qui forment l'Appendice de ce volume avec une note explicative de M. Lecointre. Le lecteur pourra sans peine constater que chacune de ces neuf pièces a une importance qu'on ne retrouve dans aucune de celles qui sont dans le corps du Cartulaire. Malheureusement les copies que nous avons reproduites ne remontent pas plus haut que le XVIIIe siècle ; mais elles offrent toutes les garanties possibles d'authenticité et d'exactitude, ayant été copiées à propos d'un procès important pour l'abbaye comme on le verra dans la note de M. Lecointre. Ces neuf chartes, contrairement à celles du Cartulaire nous donnent bien l'ensemble des possessions primitives du monastère : selon les expressions de M. Lecointre lui-même, elles paraissaient « le complément indispensable du Cartulaire de la Trappe. »

Il restait à éditer une table placée en tête du manuscrit de la Bibliothèque nationale, et écrite de la même main que le Cartulaire primitif. Cette table disposée d'après l'ordre occupé par les chartes dans la collection, offrait quelques lacunes et on avait omis d'y ajouter les pièces postérieures au temps où fut réunie la première collection. Il me fut très facile de la compléter et de la mettre dans l'état où elle se trouve à la fin du volume.

Mais M. Lecointre ne jugea pas que ce fût un guide assez complet au milieu de cette forêt de noms qui hérissent le recueil. Il eut l'idée d'une autre table où les noms des personnages et des lieux se trouveraient par ordre alphabétique. Ce fut cette œuvre de patience et de précision qui couronna le Cartulaire.

Le volume que nous présentons aujourd'hui au public est donc le résultat de quatre années de travaux, de la générosité de M. le comte de Charencey et du concours de la *Société historique et archéologique de l'Orne*. C'est la première œuvre considérable qui sort du sein de cette *Société*, et nous espérons qu'elle sera bien accueillie d'abord de ses membres, à qui elle s'adresse avant tout ; puis de tous ceux qui s'intéressent tant à l'histoire de notre pays qu'au vénérable monastère qui sanctifie encore aujourd'hui notre humble diocèse et en particulier l'ancienne province du Perche, qui était au XIIIe siècle le petit royaume de ses illustres fondateurs.

L'abbé L. HOMMEY,

Secrétaire-adjoint de la *Société historique
et archéologique de l'Orne*.

# LIBER

## DOMUS DEI BEATAE MARIAE

## DE TRAPPA[1]

# A

Carte de redditibus denariorum in Corboneto (2) et Francia (3).

### I

23 Juin 1221. — *Isabelle comtesse de Chartres, convertit la donation d'un bourgeois de Chartres faite à l'abbaye de la Trappe par feu son frère Louis, comte de Blois, en une rente annuelle de vingt sous à prendre sur ses moulins à foulons de Chartres.*

**Carta (4) comitisse Carnotensis.**

Ego, Isabellis (5), comitissa carnotensis et domina Ambazye (6); notum facio universis, tam presentibus quam futuris, presentem paginam inspecturis, quod, cum vir nobilis frater meus Ludovicus (7), comes blesensis, quondam bone memorie, dedisset

---

(1) *Bibliothèque Nationale.* Fonds Latin. 11060.

(2) Le Corbonnais, *Pagus Corbonensis*, démembrement de l'Hiémois, s'étendait sur le territoire occupé jusqu'à la Révolution par les archidiaconés de Corbon et de Bellême (diocèse de Sées). Corbon est une commune du canton de Mortagne.

(3) L'Ile de France.

(4) Le mot *carta*, dans cette rubrique, comme dans presque toutes celles qui suivront, ne se trouve pas dans le manuscrit : on le sous-entendait. Pour plus de clarté et de régularité, il a semblé utile de le rétablir expressément.

(5) Isabelle de Blois, comtesse de Chartres, morte en 1241. Dom Liron, dans sa *Bibliothèque chartraine* (1719), p. 106, dit qu'elle contribua à fonder l'abbaye du Lieu-Notre-Dame, diocèse d'Orléans (auj. Loir-et-Cher), et celle de l'Eau, près de Chartres ; il parle de ses donations aux abbayes de l'Aumône, et de N.-D. de Fontaines-les-Blanches ; il n'y est nullement question de l'abbaye de la Trappe.

(6) Dame d'Amboise, Amboise (Loir-et-Cher).

(7) Louis, comte de Blois et de Clermont, parti pour la croisade en 1199, mourut à Andrinople (Turquie), en avril 1205. Dom Mabillon, dans ses *Vetera Analecta* 1723, page 384, publie un très intéressant éloge de ce personnage.

abbatie de Trappa et monachis ibidem Deo servientibus unum burgensem apud Carnotum (1) in perpetuam elemosinam, ab omni consuetudine liberum et immunem, tandem, ad petitionem abbatis et conventus dicte abbatie, in commutationem illius burgensis dedi et concessi eisdem monachis viginti solidos carnotensium in molendinis meis fullatoriis (2) apud Carnotum, in puram, liberam, quietam et perpetuam elemosiuam ad festum sancti Remigii (3) annuatim percipiendos; et ipsi dictum burgensem sine reclamatione aliqua michi et heredibus meis dimiserunt in perpetuum et penitus quittaverunt. In cujus rei testimonium et confirmationem, eisdem monachis presentem paginam dedi, sigilli mei munimine roboratam. Actum anno gracie M° CC° vicesimo primo, in vigilia sancti Johannis Baptiste (4), mense junio.

## II

Juillet 1212. — *Robert III, comte de Dreux et de Braine, convertit en sous parisis la donation faite par Robert II, son père, à l'abbaye de la Trappe, de quarante sous tournois de rente sur ses cens de Dreux, et les assigne sur la prévôté dudit Dreux.*

### Carta Comitis Drocen[sis].

Ego R[obertus] (5) comes, dominus Droc[ensis] et Bran[ensis], notum facio universis presentem paginam inspecturis quod, cum R[obertus] (6) pater meus, comes venerabilis, frater Ludovici, piissimi Regis Fraucie, assensu et voluntate Agnetis, uxoris ejus, venerabilis comitisse matris mee (7), ecclesie Beate Marie de Trappa quadraginta solidos turonensis monete ad dicte ecclesie luminare elemosinaliter dedisset, singulis annis recipiendos, in festo sancti Remigii, in censibus suis de Drocis, ego, de assensu

(1) Chartres (Eure-et-Loir).
(2) Les foulons ont été très nombreux à Chartres au Moyen-Age.
(3) Le 1er octobre.
(4) Le 23 juin.
(5) Robert III, comte de Dreux et de Braine, mort en 1233 (cf. le Père Anselme, *Histoire généalogique de la Maison de France*, tome I, p. 426-7).
(6) Robert II, son père (cf. le même ouvrage, p. 425 ; et aussi Du Chesne, *Histoire de la Maison de Dreux*).
(7) Agnès de Baudement, fondatrice de l'abbaye de Saint-Yved de Braine (Aisne).

et voluntate Yolande (1) comitisse uxoris mee et liberorum meorum, dictum donum laudavi, volui et concessi, et pro remedio mee et dicte uxoris mee anime et liberorum nostrorum necnon parentum et antecessorum nostrorum dictos quadraginta solidos, ad dicte elemosine augmentationem, parisienses esse concessi, et eos quos prius in dictis censibus Drocensibus dicte ecclesie monachi turonenses percipiebant, singulis annis, dicto festo, in prepositura mea de Drocis (2), parisienses (3) recipiendos assignavi. Si autem dicti monachi de Trappa vel nuncius eorum dictam pecuniam ad dictum terminum non habuerint, quisque prepositus erit Drocis quotquot diebus ipsi vel nuncius eorum pro dicta pecunia expectanda apud Drocas morati fuerint, dictus prepositus de propria bursa sua duos solidos parisienses eis persolvet. Quod ut ratum et firmum deinceps permaneat, presentem paginam sigilli munimine confirmavi. Actum anno gracie M° CC° duodecimo, mense julio.

III

1215. — *Gautier d'Espagne reconnaît devoir à l'abbaye de la Trappe une rente annuelle de vingt sous tournois, pour une maison que possédait Renaud Le Marchand, losque celui-ci prit l'habit de moine.*

### Carta Galteri de Hispania.

Sciant universi presentes litteras inspecturi quod ego, Walterus de Hispannia, et heres meus post me tenemur, reddere annuatim abbatie de Trappa viginti solidos turonenses ad festum sancti Remigii, de domo quam Renoldus Mercator possidebat, quando religionis habitum suscepit; hunc autem redditum concessit et laudavit magister Johannes, Silvanectensis archidiaconus, frater meus; ad hujus rei confirmationem sigillum suum cum sigillo meo presenti scripto apposuit. Actum anno gracie M° CC° XV°.

---

(1) Yolande de Coucy.
(2) Dreux (Eure-et-Loir).
(3) Le rapport entre le sou tournois et le sou parisis était de 5 à 4; 40 sous parisis équivalaient donc à 50 sous tournois et la donation se trouvait augmentée de 25 0/0.

## IV

*Avant avril 1213. — Simon de Montfort fait don à l'abbaye de la Trappe d'une rente annuelle de vingt sous parisis, à prendre sur les revenus de son domaine des Essarts.*

### Carta Symonis comitis de Leicestre.

Symon, comes Leycestre, dominus Montisfortis (1), Dei providencia Biterrenensis et Carcasonensis vicecomes (2), omnibus qui presentes litteras viderint, in Domino salutem. Noverit universitas vestra quod ego, pro salute anime mee et antecessorum meorum concedentibus A. (3) comitissa, uxore mea et filiis nostris A[maurico] (4) et G[uidone] (5) dedimus et concessimus Deo et beate Marie de Trappa, monachisque ibidem Deo servientibus, in puram elemosinam, liberam penitus et quietam ab omnibus rebus, viginti solidos parisienses annui redditus in censibus nostris de Eissartis (6), recipiendos singulis annis in festo sancti Remigii, ad faciendum anniversarium patris et matris mee (7) et

---

(1) Simon IV de Montfort, comte de Leicester (1150-1218), le fameux vainqueur des Albigeois. Amaury III de Montfort, son aïeul, tenait de sa mère le comté d'Évreux et dut à cette cause de très-nombreux démêlés avec Henri I<sup>er</sup>, roi d'Angleterre.

(2) Vicomte de Béziers et de Carcassonne.

(3) Alix de Montmorency, fille de Bernard IV et de Laurence de Hainaut, mariée avant 1190 à Simon IV de Montfort. Elle mourut le 22 février 1221 et fut inhumée, comme son mari, dans le prieuré des Hautes-Bruyères, à une lieue de Montfort-l'Amauri. (*Hist. généalogique de la Maison de France*, t. VI, p. 74).

(4) Amaury, comte de Montfort, connétable de France (1192-1241).

(5) Gui, deuxième fils de Simon IV de Montfort et d'Alix de Montmorency, comte de Bigorre, par sa femme, Peronnelle de Comminges. (*Hist. généal. ibid.* — D. Vaissette, *Hist. gén. du Languedoc*, t. III, p. 305).

(6) Les Essarts, commune de l'arrondissement d'Évreux, canton de Damville, dans un coin défriché de la forêt de Breteuil, qui figure dans les titres depuis la seconde moitié du XII<sup>e</sup> siècle.
Simon IV, comme on le verra ci-dessous, appartenait par sa mère à la famille des comtes de Breteuil, et l'abbaye de la Trappe avait des droits d'usage dans la forêt de ce nom qui furent reconnus par Philippe-Auguste et Louis VIII. (Voir le mandement de ce dernier, donné à Paris en 1226, dans le *Cartulaire normand*, de M. Léopold Delisle et les *Mémoires et notes* d'A. Le Prévost, *pour servir à l'hist. du dép<sup>t</sup> de l'Eure*, t. I, p. 428. Art. Breteuil ; le même ouvrage, Art. Essarts. — Charpillon et Caresme, au mot Essarts).

(7) Simon II, comte d'Evreux et Amicie, sœur et héritière de Robert IV de Beaumont, comte de Leicester et de Breteuil. (*Hist. généal. ibid.*)

comitisse uxoris nostre. Si vero, quod absit, contigerit quod predictos denarios prefati monachi ad jamdictum terminum non habuerint, serviens noster, quisque fuerit, qui jamdictos census receperit, erit in emenda nostra de XL$^a$ solidis parisiensibus et nuncios monachorum de propria bursa, quamdiu ibi moratus fuerit, pro exspectandis dictis denariis suas inveniet expensas. Et ut hoc ratum maneat in perpetuum, sigilli nostri munimine roboravimus presens scriptum. Actum anno gracie M° CC° duodecimo (1).

V

1223. — *Guillaume de Bubertré, confirme à l'abbaye de la Trappe, la donation faite par son père, de soixante sous parisis à prendre sur son revenu de Mortagne.*

## Carta Guillelmi de Bubertre.

Sciant universi, presentes et futuri quod ego Willelmus, dominus de Bubertré (2), assignavi monachis domus Dei de Trappa in foragio meo de Mauritanie (3) sexaginta solidos monete parisiensis quos pater meus dedit eis in elemosinam perpetuam, liberam ab omnibus rebus penitus et quietam, per manum suam capiendos in festo sancti Remigii annis singulis, et ab illo qui foragium tenuerit recipiendos. Quod si a solutione defecerit ad dictum terminum, omnibus septimanis donec totum redditum persolverit, quinque solidos de pena reddet monachis jam prefatis. Et si aliquo casu contingeret quod foragium ad hujus elemosine solutionem non sufficeret, ego et heredes mei, post me, in dominio nostro, apud Bubertre, defectum perficere teneremur ; et ut hoc firmum sit et stabile in perpetuum, presentem cartam sigilli mei munimine roboravi. Actum anno gracie M° CC° XX° tercio.

(1) Cette charte est mentionnée sous le n° 67 dans le Catalogue des actes de Simon et d'Amauri de Montfort, par M. A. Molinier. (*Bibliothèque de l'école des Chartes*, t. XXXIV, année 1873. Elle a été publiée dans le *Cartulaire de Vaux de Cernay*, I, p. 188, d'après l'original).
(2) Bubertré, canton de Tourouvre, arrond$^t$ de Mortagne.
(3) Mortagne, chef-lieu d'arrond$^t$ (Orne).

## VI

1224. — *Guillaume de Bubertré, confirme à l'abbaye de la Trappe, la possession de tout ce qu'elle avait de droits sur ses fiefs et domaines.*

### Carta ejusdem Guillelmi, ad idem.

Noverint universi presentem cartam inspecturi quod ego, Willelmus, dominus de Bubertre, laudavi et concessi monachis Domus-Dei de Trappa et presenti carta confirmavi omnes elemosinas quas ipsi habebant in feodis meis, anno gracie M° CC° vicesimo quarto, de antecessoribus meis et de me et de heredibus meis liberas ab omnibus rebus penitus et quietas, quantum ad me pertinet, et ad meos successores. Et ego teneor eas garantizare sicut dominus feodi garantizare debet et potest, et heredes mei post me similiter : ad cujus rei firmam et perpetuam stabilitatem presentem cartam sigilli mei munimine roboravi. Actum anno gracie M° CC° XX° quarto.

## VII

Février 1226 (n. st.). — *Simon le Veer confirme la donation faite par son père à l'abbaye de la Trappe de vingt sous de rente annuelle, en la transportant de Nuisement sur son four de Mortagne.*

### Carta Symonis Viatoris.

Sciant universi presentes et futuri quod ego, Symon Viator, miles, dedi monachis Domus Dei de Trappa viginti solidos annui redditus in furno meo de Mauritanie pro excambio illorum viginti solidorum quos habebant apud Nuisimentum (1) de dono

---

(1) L'abbaye de la Trappe avait reçu des Rotrou les deux terres du Nuisement en Sainte-Colombe-sur-Rille, paroisse réunie aujourd'hui à Sainte-Gauburge. Ce don fut confirmé, en 1215, par Thomas, comte du Perche. L'abbaye jouissait dans les bois du Nuisement du droit de panage au sujet duquel l'abbé Fret cite une singulière pratique, qui existait aussi, d'après lui, pour les droits similaires qu'elle exerçait dans la forêt de Breteuil, à cause de la terre de la Gâtine. (*Antiquités et Chroniques percheronnes*, t. III, p. 364 et 367).

Richoldis quondam uxoris Mathei Viatoris (1) patris mei ; hos autem viginti solidos concessi et confirmavi dictis monachis in elemosinam perpetuam, liberam ab omnibus rebus penitus et quietam, annis singulis in festo Sancti Remigii ab illo qui furnum tenuerit persolvendos. Qui nisi in dicto termino vel infra octo dies prefatam persolverit redditum, monachi statim in furno plenarie pro viginti solidos suam facient justiciam sine conditione aliqua, donec ex integro persolvantur : commem[oratio] vero patris mei et dicte Richoldis et mei ipsius in obitu meo in abbatia fiet annuatim ; hanc autem elemosinam teneor eis garantizare, deffendere et ab omnibus liberare, et heredes mei post me ad hoc similiter tenebuntur, et ut hoc firmum sit et stabile in perpetuum presentem cartam sigilli mei munimine roboravi. Actum anno gracie millesimo CC° XX° V°, mense februario.

## VIII

Juin 1217. — *Guillaume du Perche mande qu'il a fait don d'une rente annuelle de dix livres à Barthélemy Drocon qui s'engage en échange à lui rendre hommage, lui et ses héritiers.*

### Carta Comitis Pertici.

Guillelmus, Dei gracia Cathalaunensis episcopus et comes Pertici (2), universis Christi fidelibus in Domino salutem. Nove-

---

(1) Mathieu le Veer (Viator ou Viarius) est mentionné dans les actes contenant les conventions relatives au mariage de Jean, fils de Robert, comte d'Alençon, avec Alice de Roie, en mai 1205. (*Amplissima collectio*, t. I, c. 1052, *Cartulaire normand*, n° 122, p. 22 et 289. *Mém. hist. sur la ville d'Alençon*, t. I, p. 326.) — Mathieu le Veer qui figure plusieurs fois dans le *Recueil des jugements de l'Échiquier de Normandie*, publié par M. L. Delisle, n°ˢ 79, 91 et 107, fut mis à merci en 1212 pour fausse clameur au sujet d'une terre du fief de Grenteménil qu'il revendiquait sur André d'Occaignes, comme ayant appartenu à son oncle W. d'Argences.

(2) Guillaume, évêque de Châlons de 1215 à 1226 et comte du Perche, était fils de Rotrou IV. Dom Liron, dans sa *Bibliothèque Chartraine*, p. 101, dit qu'il fonda l'abbaye d'Arcisses et qu'il dota généreusement celles des Clairets, du Val-Dieu et de St-Denys de Nogent. On a fait mourir Guillaume du Perche en 1221 (Moréri) et en 1225 (P. Rapine). Ces deux dates sont erronées. D'une part nous savons par des documents parfaitement authentiques (cf. la charte IX publiée ci-après) qu'il vivait encore à la fin de l'année 1225 ; d'autre part, nous savons par l'obituaire de l'église de Châlons-sur-Marne (*Notes inédites sur la chronologie des évêques de Châlons d'après les anciens manuscrits du chapitre*, par le cᵗᵉ Ed. de

rint universi nos dedisse Bartholomeo Droconi et ipsius heredibus pro servicio suo decem libras annui et perpetui redditus currentis monete in comitatu Pertici, in prepositura Mauritanie annuatim percipiendas, videlicet centum solidos in festo sancti Remigii et centum solidos in Pascha. Si autem in statutis terminis non reddantur, pro uno quoque die quo illos retinuerit prepositus vel qui preposituram tenuerit, dicto Bartholomeo ipsum in duodecim denariis volumus condempnari. Pro hoc autem redditu dictus Bartholomeus fecit nobis homagium et heredes sui heredibus nostris homagium facere tenebuntur. Ut hec nostra donatio rata permaneat, eam sigillo nostro fecimus communiri. Actum anno gracie M° CC° septimo decimo, mense junio.

## IX

1225. — *Le fils de Barthélemy Drocon fait don à l'abbaye de la Trappe de la somme octroyée par Guillaume du Perche à son père, en raison de ses services.*

### Carta Bartholomei Drochonis.

Sciant universi, presentes et futuri, quod ego, Bartholomeus Drochon[is] (1), miles, filius Drochonis Bartholomei, concessi pro salute anime mee et antecessorum meorum, ecclesie beate Marie domus Dei de Trappa, elemosinam quam pater meus eidem dedit ecclesie de decem libris monete Perticensis annui redditus quas ipse habebat in prepositura Mauritanie de dono venerabilis patris Guillelmi episcopi Cathalaunensis, comitis Perticensis, annuatim hiis terminis persolvendas, videlicet in festo sancti Remigii centum solidos, et alios centum in Pascha. In hac autem elemosina neque ego nec uxor mea nec heredes mei aliquid poterimus de cetero reclamare. Et ut hoc firmum maneat in perpetuum, dignum duxi presentem paginam sigilli mei munimine confirmare. Actum anno gracie M° CC° XX° V°.

Barthélemy; Paris, Champion, 1883, p. 61), que cet évêque décéda le 12 des calendes de mars, c'est-à-dire le 28 février. M. de Barthélemy dit à tort le 28 mars. Par suite il ne peut s'agir que de l'année 1226 [1225, vieux style], et sans aucun doute on peut affirmer que Guillaume, comte du Perche, évêque de Châlons-sur-Marne, est mort le 28 février 1226.

(1) Barthélemi Drocon ou Dracon est cité par Odolant Desnos dans son *Mémoire sur les baillis et sur l'Échiquier d'Alençon*, publié et annoté par M. de Courtilloles. (*Revue historique et nobiliaire*, t. VIII). D'après Odolant Desnos, il aurait été bailli d'Alençon de 1209 à 1222. Ce nom figure dans les *Jugements de l'Échiquier de Normandie*, de 1211 à 1224.

## X

Bellême, août 1225. — *Guillaume, comte du Perche approuve la donation énoncée dans la charte précédente.*

### Carta Guillelmi Comitis.

Guillelmus, Dei gracia, Cathalaunensis episcopus et comes Pertici, universis tam presentibus quam futuris, presentes litteras inspecturis, in Domino salutem. Ad universorum noticiam volumus pervenire quod nos, pietatis intuitu, et pro remedio anime nostre et antecessorum nostrorum elemosinam quam Bartholomeus Droconis, miles fecit ecclesie beate Marie Domus Dei de Trappa de decem libris monete perticensis annui redditus et perpetui quas percipiebat in prepositura Mauritanie, terminis statutis, scilicet in festo sancti Remigii, kalendis octobris, centum solidos et alios centum solidos in Pascha sequenti concessimus, eamdem plenius approbantes; quam etiam Bartholomeus Droconis miles, filius supra dicti Bartholomei Droconis concessit coram nobis et laudavit. Quod ut ratum et stabile permaneat, roburque firmitatis perpetue obtineat, presentes litteras sigilli nostri appositione fecimus communiri. Datum apud Belismum (1), anno gracie M° CC° XXV°, mense augusto.

## XI

1198-1201 (2). — *Guillaume, comte du Perche fait don à l'abbaye de la Trappe d'une somme de cent sous.*

### Carta ejusdem Guillelmi.

Notum sit presentibus et futuris quod ego, Guillelmus, comes Pertici, concessi et presenti carta mea confirmavi Deo et ecclesie Sancte Marie de Trappa et monachis ibidem Deo servientibus in elemosinam perpetuam, liberam et quietam, centum solidos quos eis dedit Hugo de Valnosia (3) apud Maurit[aniam], quos

---

(1) Bellême, arrond¹ de Mortagne.
(2) La date 1198-1201 nous est donnée par la presence des personnages qui font l'objet des notes ci-dessous.
(3) Vaunoise, c° du canton de Bellême, arrond¹ de Mortagne.

dederat predicto Hugoni Ernaldus de Firmitate (1) in redditu quem de me tenebat apud Maurit[aniam] ; et ut monachi hanc elemosinam in omni pace et libertate possideant, presenti scripto et sigilli mei testimonio confirmavi. Testes existunt L[isiardus] episcopus Sagiensis (2), Ernaldus abbas Blesensis (3), Willelmus prior de Valle Dei (4) Hugo de Corcesant (5), Gervasius de Malchenaio, et multi alii. apud Perreriam (6).

## XII

1213. — *Eudes de La Croix fait don à l'abbaye de la Trappe d'une somme de quatre sous, monnaie du Perche.*

### Carta Odonis de Cruce.

Sciant presentes et futuri quod ego Odo de Cruce dedi Deo et monachis Domus Dei de Trappa pro salute anime mee et heredum meorum quatuor solidos perticensis monete in elemosinam perpetuam, liberam et quietam ab omni servicio et seculari consuetudine, quos habebam in prefectura (7) de Mauvis (8), in festo sancti Remigii a prefecto recipiendos. Si quis autem dictos monachos super hac elemosina molestaverit, vel in causam traxerit, ego et heres meus eam garantizare debemus. Et si hoc facere non potuerimus, alibi excambiare tenemur. Preterea concessi eis in elemosinam perpetuam, liberam et quietam ab omnibus rebus, quantum ad me pertinet, quicquid Aubericus Anglicus de me tenebat, et ut hoc actum sit in perpetuum, presentem cartam sigilli mei munimine roboravi. Actum anno Domini M° CC° XIII°.

(1) Arnaud de la Ferté-(Vidame). La Ferté-Vidame (Eure-et-Loir) prit ce surnom en passant dans les mains des vidames de Chartres ; plus anciennement on l'appelait la Ferté-Arnaud, du nom d'un de ses seigneurs, Arnaud, fils de Guillaume de Ferrières, qui vivait en 1128 et qui fut suivi de plusieurs autres du même nom. On trouve dans les chartres *Firmitas castrum*, vers 968 et *Feritas Ernaldi*, vers 1250. (Voyez Merlet, *Diction. topogr. d'Eure-et-Loir*, p. 68).

(2) Lisiard fut évêque de Séez, d'après le *Gallia Christiana* (tome XI, col. 690), de 1188 à 1201, cf. sur cet évêque l'*Essai historique sur la cathédrale et le chapitre de Seez*, par MM. Marais et Beaudouin (Alençon, 1878), pp. 75-79.

(3) Ernoldus 1$^{er}$, seizième abbé de Saint-Laurent de Blois, de 1198 à 1205. *Gallia Christ.* t. VIII, col. 1358).

(4) La Chartreuse du Val-Dieu, fondée par Rotrou IV, père de Guillaume, évêque de Châlons. Dom Guillaume, prieur, figure en tête de la liste des prieurs du Val-Dieu, dressée par J. Trousseau, procureur de ce monastère.

(5) Peut-être Courcerault (Curtis Sexaudi), canton de Nocé, arrond$^t$ de Mortagne.

(6) La Perrière, c$^e$ du canton de Pervenchères, arrond$^t$ de Mortagne (Orne).

(7) *Praefectura* est synonyme de *Praepositura*, en français *Prévôté*.

(8) Mauves, canton et arrond$^t$ de Mortagne.

## XIII

Juillet 1248. — *Gervais de Longpont contracte un échange avec l'abbaye de la Trappe.*

### Carta Gervasii de Longo ponte.

Noverint universi, presentes et futuri, quod ego, Gervasius de Longo ponte (1), vendidi monachis Domus Dei de Trappa decem solidos turonenses annui redditus, quos habebam in prepositura Mauritanie ex dono et concessione Mathei Viarii et Symonis filii ejus, militum (2), habendos et recipiendos ab ipsis monachis in festo Sancti Remigii libere et quiete ab omnibus rebus ad quoscumque pertinentibus, per manum prepositi dicte ville, pro hac vendicione ego prefatus Gervasius habui et integre recepi centum solidos turonenses de monachis supradictis, quibus ego teneor predictam vendicionem garantizare, et ab omnibus penitus liberare vel alibi in propria hereditate mea valore ad valorem excambiare et eosdem monachos super hoc indempnes per omnia observare, et ad hoc idem agendum post me heredes meos obligavi ; et ut hoc firmum maneat, presentem cartam dedi supradictis monachis, sigilli mei munimine roboratam. Actum anno Domini Mº CCº XLº octavo, mense julii.

## XIV

Avril 1220. — *Simon Le Veer confirme une donation faite par son père à Gervais de Longpont.*

### Carta ejusdem Symonis Viatoris.

Ego Symon Viarius, miles, notum facio omnibus presentem paginam inspecturis quod, cum quondam defunctus Matheus Viarius, miles, pater meus, donavisset Gervasio de Longo ponte pro suo servicio, quod idem G[ervasius] et diu et fideliter exhi-

---

(1) Longpont, cᵉ de La Ménière, canton de Bazoches, arrondᵗ de Mortagne (Orne).
(2) Il a été déjà question de ces deux chevaliers, père et fils, à propos de la charte VII (1226).

buerat, decem solidos annui redditus, in redditu suo, quem idem Matheus in prepositura Mauritanie possidebat assignatos, et eidem Gervasio et ejus heredibus per manum prepositi Mauritanie tunc temporis existentis (1), libere et quiete de omnibus rebus ad ipsum Matheum et ad heredes suos, et ad quoscumque alios pertinentibus, in festo sancti Remigii, sine contradictione aliqua in perpetuum annuatim percipiendos, ego preterea dictam donacionem dicto Gervasio et suis heredibus sub dicta forma factam a patre meo laudavi et approbavi, et ratam hinc in perpetuum atque gratam et eidem Gervasio pro suo servicio et ejus heredibus tenendam de me et meis heredibus concessi, cum dicta libertate in futurum. In cujus rei testimonium prefato Galterio presentem dedi paginam tam donacionis patris mei quam mee concessionnis testimonialem, sigilli mei munimine roboratam. Actum anno gracie M° CC° XX°, mense aprilis.

## XV

1213. — *Albéric l'Anglois et sa femme font donation à l'abbaye de la Trappe du tiers de leurs biens et lui vendent les deux autres tiers, moyennant vingt-cinq livres, à la condition d'avoir leur sépulture dans l'église abbatiale.*

**Carta Alberici Anglici et uxoris ejus.**

Sciant presentes et futuri quod ego, Albericus Anglicus, et Agatha uxor mea (2), dedimus et concessimus pro salute animarum nostrarum Deo et beate Marie de Trappa monachisque ibidem Deo servientibus, in perpetuam elemosinam, liberam penitus et quietam ab omnibus rebus, terciam partem tocius hereditatis nostre scilicet in domibus, terris, redditibus, et in omnibus aliis rebus ; reliquas autem duas partes tocius predicte hereditatis nostre jamdictis monachis vendidimus pro viginti quinque libris, quas ab ipsis habuimus, nosque predicte domui dedimus cum rebus nostris, ibidemque Deo volente, habebimus sepulturam, vobiscumque cum obierimus singuli medietatem

---

(1) C'est de cette donation qu'il est question dans la charte précédente.
(2) Ils habitaient Mauves, comme l'apprend la charte suivante.

omnium bonorum nostrorum que tunc habuimus defferemus ; reliquam vero partem juris ecclesie nostre et quibuscumque placuerit dividemus. Ut autem hoc maneat stabile et firmum, sigillorum nostrorum munimine roboravimus presens scriptum. Actum anno gracie M° CC° XIII°.

## XVI

Octobre 1229. — *Geoffroi de Croisilles approuve la donation faite à l'abbaye de la Trappe par Albéric l'Anglois, son vassal.*

**Carta Gaufridi de Croisilles.**

Ego, Galfridus de Croisilles (1), miles, notum facio omnibus presentem paginam inspecturis quod ego concessi et laudavi et approbavi elemosinam, quam fecerunt Albericus Anglicus de Mauvis et Agatha uxor ejus monachis beate Marie de Trappa in tenemento, quod predicti Albericus et Agatha uxor ejusdem tenebant de meo feode, salvo jure omni feodi dominorum ; quam elemosinam ego teneor predictis monachis garantizare tanquam dominus feodi, et ad hoc idem volo heredes meos per presentes litteras obligari. In cujus rei testimonium presentes dedi dictis monachis litteras sigilli mei munimine roboratas. Actum anno Dimini M° CC° vicesimo nono, mense octobris.

## XVII

1235. — *Hervé de Châteauneuf, seigneur de Brézolles, donne une rente de soixante sous à l'abbaye de la Trappe en échange d'une prairie.*

**Carta Hervei de Castello.**

Noverint universi presentes et futuri quod cum ego Herveius de Castello (2), Brueroliarum (3) dominus, et uxor mea Aalis (4) do-

---

(1) Croisilles, canton de Gacé, arrond<sup>t</sup> d'Argentan (Orne).
(2) Châteauneuf-en-Thimerais (Eure-et-Loir).
(3) Brézolles (Eure-et-Loir).
(4) Alix, fille de Guillaume, seigneur de la Ferté-Vidame et de Villepreux, était en 1227 femme de Hervé de Châteauneuf. Elle descendait de la famille royale, par sa mère, Constance de Courtenay. (*Hist. généal. de la maison de France*, t. I, p. 474).

mina Feritatis in Pertico dedissemus in elemosinam monachis de Trappa, dilectis nostris, viridem noam, et Jacobus, miles Tilleriarum (1) et illius feodi dominus dictam elemosinam nollet concedere, ipsi prefatam viridem noam nobis dimiserunt penitus et quittaverunt, nichil juris in eo de cetero reclamantes ; et nos de assensu Hugonis filii nostri dedimus eisdem monachis pro excambio viridis noe et pro salute animarum nostrarum in perpetuam elemosinam liberam ab omnibus penitus et quietam sexaginta solidos annui redditus monete currentis, quos assignavimus eis capiendos annuatim in festo sancti Remigii in redditu nostro de Brueroliarum per manum prepositi dicte ville ; et si ad dictum terminum dicti denarii non fuerint ex integro persoluti, pro unaquaque die qua post festum prefatum dictus prepositus defecerit a solutione dictorum denariorum reddere tenebitur. dictis monachis duodecim denarios pro expensis. Hanc vero elemosinam pie factam tenemus dictis monachis garantizare, deffendere et ab omnibus liberare, et ad hoc idem agendum et firmiter tenendum post nos heredes nostros volumus penitus obligari. In cujus rei testimonium, sigillorum nostrorum munimine cum sigillo dicti Hugonis filii nostri roboravimus presens scriptum. Actum anno Domini M° CC° XXX° V°.

## XVIII

1232. — *Aymeri de Villeray fait don à l'abbaye de la Trappe d'une rente annuelle de dix livres, monnaie du Perche.*

### Carta Hemerici de Villereio.

Noverint universi, presentes et futuri quod ego Hemericus de Villereio (2), miles, dedi monachis Domus Dei de Trappa in elemosinam perpetuam, liberam ab omnibus rebus penitus et quietam, decem libras annui redditus monete Perticensis in prefectura mea de Villerio, eisdem monachis annuatim per manum

---

(1) Jacques de Bovelinguehan, chevalier, seigneur de Tillières-sur-Avre (Eure), et Hilaire, sa femme, confirmèrent en 1232, en qualité de chefs-seigneurs (*domini capitales*) la donation du patronage de Chéronvilliers. (A. Le Prévost, *Notes pour servir à l'histoire du département de l'Eure*, t. I., p. 559, t. III, p. 278.)

(2) Villerai, c° de Condeau arrondissement de Mortagne. Ce château a joué un rôle important dans les guerres du Perche. Plusieurs seigneurs de Villerai ont porté le nom de Aymery.

tenentis prefecturam hiis terminis persolvendas, videlicet, in festo sancti Remigii, centum solidos, et in Nativitate Domini centum ; et si prefatus redditus in dictis terminis non fuerit persolutus nuncius monachorum singulis diebus habebit duodecim denarios ab illo qui prefecturam tenebit ad expensas suas, quandiu morabitur pro defectu solutionis. Hanc autem elemosinam debeo eis garantizare, defendere, et ab omnibus liberare ; et ad hoc idem faciendum, heredes meos obligavi. Et propter hoc, habui de caritate dictorum monachorum centum quadraginta libras turonensium in denariis numeratis. Et ut hoc firmum maneat et stabile in perpetuum, dignum duxi presentem cartam sigilli mei munimine confirmari. Actum anno gracie M° CC° XXX° II°.

## XIX

1223. — *Gervais de Réveillon assigne à l'abbaye de la Trappe une rente annuelle de dix sous sur sa métairie de la Brosse, en échange du pré du Tronchay et d'une rente de cinq sous sur le moulin de Réveillon.*

### Carta Gervasii de Rivellon.

Noverint universi, presentes et futuri, quod ego, Gervasius de Rivellon (1), assignavi monachis Domus Dei de Trappa decem solidos monete perticensis in medietaria mea de Broceia (2), singulis annis in festo sancti Remigii persolvendos, pro prato quod habebant in Tronchetis, de dono antecessorum meorum, et pro quinque solidis quos habebant in molendino de Rivellon, de dono Gervasii Capreoli. Et si ille qui medietariam tenuerit, die dicti festi defecerit a solutione, monachi in medietaria sine contradictione quam ibi possim facere aut heredes mei aut aliquis alius pro nobis, suam facient justiciam. Et sciendum est quod monachi nec in molendino nec in prato aliquid de cetero poterunt reclamare, nec in medietaria, nisi dictos decem solidos cum justicia prefata, quos libere et quiete ab omnibus rebus habebunt in perpetuum. Et, ut hoc firmum maneat et stabile, dignum duxi presentem cartam sigilli mei munimine confirmare. Actum anno gracie M° CC° XX° III°.

(1) Réveillon, canton de Mortagne.
(2) La Brosse ou les Brosses, commune de Réveillon.

## XX

[S. d., vers 1200.] — *Geoffroy IV, comte du Perche, donne à perpétuité à l'abbaye de la Trappe un homme en son château de Mortagne pour gérer les affaires de ladite abbaye et dispose qu'il sera libre et exempt de toutes charges et tailles, lui et ses héritiers.*

### Carta Gaufridi, comitis Pertici.

Gaufridus, comes Pertici (1), cunctis sancte Ecclesie fidelibus, salutem. Sciatis me dedisse et presenti carta confirmasse, voluntate Matildis comitisse, uxoris mee, et Thomé (2), filli mei, Deo et monachis Beate Marie de Trappa unum hominem in castello meo de Mauritania ad facienda negocia sua, scilicet Robertum Ingun, cum domo sua, et heredem suum post eum, in elemosinam perpetuam. Quos volo et precipio ut sint liberi ab omni servicio et tallia et seculari consuetudine et exercitu et equitatu. Item volo et precipio ut quietanciam habeant, per totam terram meam, vendendi et emendi et portandi res proprias; et sciendum quod predictus Robertus aut heres ejus domum suam, que elemosina est monachorum, dare vel vendere, vel invadiare non poterit, nisi de assensu et voluntate monachorum, Item mando et precipio ut prepositus meus et ceteri ballivi mei de Mauritania tantum faciant de negociis monachorum per predictum hominem ipsorum quantum facerent pro abbate vel pro aliquo de monachis suis. Et, ut hoc firmum sit et stabile, presenti scripto et sigilli mei munimine confirmavi.

## XXI

[S. d., vers 1200.] — *Geoffroy IV, comte du Perche, enjoint au percepteur des tonlieus de son château de Mortagne, sous peine d'amende, de délivrer chaque année à l'abbaye de la Trappe onze livres à elle dues par donation tant de lui que de ses prédécesseurs.*

### Item ejusdem Gaufridi comitis.

G[aufridus], comes Pertici, cunctis Christi fidelibus, salutem in Domino. Quoniam audivi quod hilarem datorem diligit Deus,

---

(1) Geoffroy IV, comte du Perche, de 1191 à 1202, après Rotrou IV.
(2) Thomas, son fils, comte du Perche, de 1202 à 1217.

et quoniam fructum elemosinarum mearum nolo perdere pro nimia reddendi dilacione quia denigrat meritum dantis mora, volo et firmiter precipio quod tolonearius castelli mei Moritanie, quicumque ille sit, reddat monachis Beate Marie de Trappa singulis annis in crastino sancti Remigii undecim libras, omnes simul, sex libras de antecessoribus meis et centum solidos de me et uxore mea Matille, et similiter centum solidos in crastino sanctis Johannis Baptiste de elemosinis H. de Valnoise; quod si ita facere prefatus tolonearius facere distulerit, mando et precipio senescallo meo Moritanie quod tolonearius sepedictum cogat viriliter et strenue, visis presentibus litteris ad solvendos monachis dictos denarios omnes simul, et mihi centum solidos de emenda, si in crastino sancti Johannis Baptiste centum solidos et in crastino sancti Remigii undecim libre non reddentur monachis omnes simul.

## XXII

Avril 1226. — *Hervé de Châteauneuf, Guillaume de Tilli et leurs femmes, approuvent la fondation d'une rente pour l'abbaye de la Trappe, faite précédemment par feu Guillaume de la Ferté-Arnaud.*

### Carta Hervei de Castello.

Universis Christi fidelibus, Herveus de Castello (1), Brueroliarum dominus, et Aaliz ejus uxor, et Willelmus de Tilly, et Juliana ejus uxor, eternam in Christo salutem. Universitati vestre notum facimus quod nos concessimus, voluimus et approbavimus elemosinam, quam bone memorie Willelmus Feritatis-Ernaldi quondam dominus fecit, abbatie Domus Dei de Trappa, videlicet sex libras turonenses in pedajiis suis de Feritate, utcunque sint, ab his qui pedagia tenebunt singulis annis his terminis persolvendas; in festo sancti Remigii sexaginta solidos et in Pascha alios sexaginta. Et si prefatam elemosinam ultra assignatos tenuerint

(1) Guillaume de la Ferté-Arnault eut pour fille Alix, épouse d'Hervé de Châteauneuf. Il est probable que Julienne, femme de Guillaume de Tilli, était aussi sa fille. De quel Tilli s'agit-il? Peut-être de Tilli, arrondissement des Andelys, canton d'Ecos. En 1294, Gautier de Châteauneuf et sa femme, vendirent à l'abbaye des Vaux-de-Cernay une pièce de terre à Tilli. (*Cartulaire*, tome I, p. 913, n° 940).

terminos, duodecim denarios singulis diebus pro pena reddere tenebuntur nuncio monachorum. Nos autem et heredes nostri post nos tenebimus illos qui pedagia tenuerint cogere ad reddendum terminis nominatis. Hanc autem elemosinam concessimus liberam ab omnibus rebus penitus et quietam, et garantizare tenemus et liberare pro salute anime dicti Willelmi qui in prefata abbatia sibi elegit sepulturam, et pro salute animarum nostrarum et successorum nostrorum et ut hoc firmum maneat et stabile in perpetuum, presentem cartam sigillorum nostrorum munimine roboravimus. Actum anno gracie M° CC° XX° VI°, mence aprilis.

## XXIII

*1211. — Hugues de Châteauneuf fait don à l'abbaye de la Trappe d'une aumône de soixante sous à prendre sur sa prévôté de Rémalard.*

### Carta de Castro Hugonis.

Sciant presentes et futuri quod ego, Hugo de Castro (1), pro salute anime mee et antecessorum meorum, dedi et concessi Deo et Beate Marie de Trappa monachisque ibidem Deo servientibus in puram et perpetuam elemosinam liberam penitus et quietam ab omnibus rebus in prepositura mea de Remalart sexaginta solidos currentis monete recipiendos singulis annis in crastino Circuncisionis dominice a quocumque prefecto preposituram tenente, et volo omnino et precipio quod si prefectus nuncium monachorum morari fecerit quin statim ipso die reddat scilicet in crastino Circuncisionis sine dilacione, singulis diebus quibus moratus fuerit pro expectandis predictis denariis, dabit ei duos solidos pro expensis et mihi viginti solidos pro emenda mea ; et ut hoc firmum maneat et stabile in perpetuum sigilli mei munimine roboravi presens scriptum. Actum anno gracie M° CC° undecimo.

(1) Hugues III, frère d'Hervé, seigneur de Brezolles, qui figure dans la charte précédente. Il épousa Eléonore, fille de Robert III, comte de Dreux. (*Hist. généal.* etc., tome III, p. 426.)

## XIV

*Mai 1219. — Guillaume, comte du Perche, fait don à l'abbaye de la Trappe d'une somme de quarante sous, pour que son anniversaire y soit célébré*

**Carta Guillelmi comitis Perticensis.**

Guillelmus Dei gracia Cathalaunensis episcopus, et comes Pertici, omnibus ad quos littere iste pervenerunt, salutem in Domino. Ad universorum noticiam volumus pervenire nos dedisse liberaliter et concessisse viris religiosis et amicis in Christo in puram, quietam et perpetuam elemosinam et maxime pro anniversario nostro in ecclesia de Trappa celebrando quadraginta solidos usualis monete perticensis in molendinis nostris de Mesun Maugis percipiendos terminis subnotatis; videlicet viginti solidos in Nativitate Domini, et viginti solidos in festo Sancti Johannis Baptiste, et ne predicti redditus ultra predictos terminos differa[n]tur prepositum dicte ville qui pro tempore erit vel illum qui molendinos prefatos habuerit si ultra terminum contra voluntatem abbatis et conventus de Trappa prescriptam summam detinuerit, singulis diebus in sex denariis volumus et precipimus condempnari. Quod ut ratum et stabile habeatur in perpetuum, presentes litteras sigilli nostri munimine duximus roborandas. Actum anno gracie M° CC° nono decimo, mense maii.

## XXV

*Vers 1200. — Geoffroy, comte du Perche, approuve un échange fait entre l'abbaye de la Trappe et Raoul de Thoriel (1), en résiliation d'une dette que ce dernier reconnaissait non payée.*

**Confirmatio G[aufridi] comitis.**

G[aufridus] comes Pertici, universis fidelibus salutem. Noveritis universi quod Rad[ulphus] de Toirel, pro salute anime sue,

---

(1) Vers l'an 1200, Rodolphe de Thoriel, seigneur de Bivilliers, donna à l'hospice de Mortagne une rente annuelle d'un setier de blé et un droit de chauffage dans sa part de la forêt du Perche. (Pitard, *Fragments historiques sur le Perche*, page 49).

et Aales, uxoris sue et liberorum suorum, concedentibus dicta uxore et Girardo primogenito suo, dedit Deo et monachis beate Marie de Trappa in perpetuum elemosinam liberam et quietam ab omni servicio et seculari consuetidine molendinum de Biviler (1) et unum sextarium frumenti annuatim in medietaria de Bruieres (2) pro uno milliario harengarum quod dictus Rad[ulphus] debebat pro Willelmo preposito, exceptis duodecim denariis reddendis annuatim de censu Willelmo Leteri pro dicto molendino, et salva decima quam habebat ecclesia de Biviler in illo molendino Sciendum vero quod molendinarius habens tercium boissellum faciet de cetero monachis quicqnid prefato Radulpho faciebat de molendino, et reddet festo sancti Remigii duo solidos monachorum annuatim de censu; ut aut[em] elemosina ista rata sit in perpetuum, presens scriptum sigilli mei munimine roboravi.

### XXVI

1227. — *Gervais de Montrihart fait don à l'abbaye de la Trappe d'une rente annuelle de quarante et un sous, monnaie de Tours.*

**Carta Gervasii de Montrihart.**

Noverint universi, presentes et futuri, quod ego Gervasius de Montrihart (3), de assensu et voluntate Erenburgis et Theophile sororum mearum dedi pro salute anime mee, patris et matris mee, et uxoris mee, et antecessorum meorum et successorum, Deo et beate Marie de Trappa et monachis ibidem Deo servientibus in puram et perpetuam elemosinam, liberam ab omnibus rebus penitus et quietam, quantum ad me et ad heredes meos pertinet, quadraginta et unum solidos turonenses singulis annis in festo omnium Sanctorum in locis subnotatis percipiendos, videlicet in terra de Jarrieto et in terra que sita est inter Le Bez et Le Noer, et in noa de Buigneto ; qualles quadraginta solidos et dimidium in quodam prato sito apud Boteries inter Doitum et terram de Buetro, quod tenebat de me Gillebertus

---

(1) Le moulin de Bivilliers est situé sur la Commanche, entre lieu dit le Château et un autre appelé Thoriel.

(2) La Berquière, cᵉ de Bivilliers ou les Bruyères, cᵉ de Bubertré, canton de Tourouvre.

(3) Moulhard, canton d'Authon (Eure-et-Loir).

Taacer decem solidos, et in feodo quod Petrus de Boisseel tenebat de me jure hereditario decem solidos et dimidium. Et si prefatus redditus in predicto termino vel infra octo dies ejusdem termini ab illis qui predicta tenuerint solutus non fuerit, dicti monachi justiciam suam facient in terris supradictis et in noa, et prato, et in feodo supradicto, donec dictus redditus persolutus fuerit cum emenda septem solidorum et dimidii ; si vero infra unum annum dictus redditus cum emenda supradicta persolutus non fuerit, omnia supradicta scilicet terre predicte et noa et pratum et feodum dictis monachis liberam et quietam absque ulla contradictione in perpetuum remanebunt ; insuper dedi eis totam partem meam brueriarum que site sunt inter grangiam ipsorum et Buatum. Et ut hoc firmum maneat et stabile in perpetuum, dignum duxi presentem cartam sigilli mei munimine confirmare. Actum anno gracie M° CC° XX°VII°.

## XXVII

1233. — *Jean, chantre de Toussaints de Mortagne, confirme la donation faite à l'abbaye de la Trappe par son frère cadet Eudes pour que son anniversaire y fût célébré.*

### Carta Cantoris Omnium Sanctorum.

Noverint universi presentes et futuri quod ego Johannes, tunc temporis cantor Omnium Sanctorum de Mauritanie, primogenitus fratrum meorum, volui et concessi et presenti carta confirmavi elemosinam quam Odo frater meus dedit monachis Domus Dei de Trappa ad anniversarium suum faciendum, videlicet quindecim solidos annui redditus monete currentis, in masura quam Willelmus Isabel tenet hereditarie apud Beauveer in festo sancti Remigii annuatim eisdem monachis persolvendos a dicto W[illelmo] et ab ejus heredibus successive. Et sciendum quod de dictis quindecim solidis debet fieri pitancia monachorum ; et ut hoc firmum, etc... Actum anno gracie M° CC° tricesimo tercio.

## XXVIII

1218. — *Robert de Vizy concède cinq sous de rente annuelle, à prendre sur sa métairie de Bresnart, à Garin de Collehaut, chevalier, pour ses services, avec l'autorisation d'exercer tous droits sur le métayer, dans le cas où il ne paierait pas la dite rente.*

### Carta Roberti de Vizeio.

Ego Robertus de Vizeio notum facio omnibus presentem paginam inspecturis quod ego donavi et concessi Garino de Collehaut militi pro suo servicio quinque solidos annui redditus in meditaria mea de Bresnart, que est de feodo Willelmi Croneil, assignatos dicto G[arino] et ejus heredibus jure hereditario perpetuo possidendos, et in festo sancti Remigii libere et quiete sine serviciis et exactionibus et relevationibus et quibusdam aliis rebus ad me et heredes meos et ad quoscumque alios pertinentibus per manum metarii ibi residentis, vel si ibi non resederit metarius per manum illius qui dictam metariam excolit percipiendos, sub hoc modo quod si metarius qui in dicta metaria residebit vel ille qui metariam ipsam excolet a solutione dicti redditus ad dictum terminum aliquando cessaverint, predicto G[arino] et suis heredibus septem solidos et dimidium reddent pro emenda. Concessi etiam eisdem G[arino] et suis heredibus quod si ipsi dictum redditum ad dictum terminum et dictam terminam cum dicto termino in octabis dicti termini non habuerint, in ipso metario et in ipsa metaria, quod libet districtum ipsi voluerint, poterunt exercere, donec dictum redditum habuerint cum emenda. Adjeci insuper et concessi quod dictus G[arinus] et ejus heredes de dicto redditu titulo venditionis vel elemosine vel quocumque alio modo eis placuerit suam faciant voluntatem ei qui dictum redditum ex parte prefati G[arini] vel ejus heredum dicta forma obtinebit et presentes habebit litteras dictam libertatem ac districtionem concedens penitus atque donans. In cujus rei testimonium, etc...
Datum anno gracie M° CC° XVIII°.

## XXIX

1247. — *Foulques Bignon fait don à l'abbaye de la Trappe de cinq sous de rente annuelle à prendre sur son domaine du Châtelet, paroisse de Feings.*

### Carta Fulconis Buignon.

Noverint universi presentes et futuri quod ego Fulco Buignon dedi monachis domus Dei de Trappa pro salute anime mee quinque solidos annui redditus communis monete, quos assignavi eis super tenemento meo de Chastelleto (1), sito in parrochia de Fenis (2), habendos dictis monachis in perpetuum et percipiendos annuatim ad festum omnium sanctorum et reddendos integre ab illo qui tenementum possidebit et habebit, ita quod si dictus redditus in dicto termino solutus non fuerit, dicti monachi facient justiciam suam plenarie super dicto tenemento pro habendo redditu cum emenda. Et hoc totum ego et heredes mei tenemur garantizare eis contra omnes, defendere penitus et liberare; et ut hoc firmum sit etc... Actum anno Domini M° CC° XL° septimo.

## XXX

1238. — *Guillaume d'Aunay (3) reconnaît avoir reçu de l'abbaye de la Trappe l'hébergement que leur avait donné Guillaume de Châtelers et assigne sur la dite propriété à la dite abbaye où il veut être enterré, une rente perpétuelle de douze deniers tournois.*

### Carta Willelmi de Alneto.

Universis presentem cartam inspecturis, Willelmus de Alneto, pelliparius, salutem in Domino. Noveritis quod abbas et conventus Domus Dei de Trappa tradiderunt et concesserunt mihi totum illud hebergamentum quod Guillermus de Chastelers (4),

---

(1) Les Châtelets, c° de Feings.
(2) *Feings*, commune du canton de Mortagne.
(3) Aunay (Eure-et-Loir).
(4) Peut-être les Châtelliers-Notre-Dame, canton d'Illiers (Eure-et-Loir.)

de assensu et voluntate mea, eis elemosinavit apud Alnetum, habendum et tenendum de ipsis mihi et heredibus meis in perpetuum, per annum redditum trium solidorum turonensium, eisdem pro festa sancti Remigii annuatim a me et a meis heredibus reddendorum ; preterea sciendum est quod ego et uxor mea qui in domo dictorum monachorum nostram elegimus sepulturam, dedimus eis pro salute animarum nostrarum in elemosinam perpetuam et quietam duodecim denarios turonenses super dicto tenemento assignatos, et in dicto termino eis annuatim similiter a nobis et a nostris heredibus persolvendos. Ipsi vero qui nos in fraternitatem et participationem omnium spiritualium bonorum domus sue receperunt predictum hebergamentum tenentur garantizare nobis bona fide et deffendere sicut sibi et nos tenemur reddere eis annuatim in dicto termino quatuor solidos turonenses suprascriptos. Et ut hoc firmum sit, etc... Actum anno Domini M° CC°XXX° octavo.

## XXXI

1231. — *Gervais de Condé, chevalier, s'engage envers l'abbaye de la Trappe à lui continuer la rente de dix sous que lui faisait Foulques Quarrel, précédent propriétaire de la métairie de Salegaste.*

### Carta Gervasii de Conde.

Universis presentem cartam inspecturis, Gervasius de Conde (1) miles salutem. Cum medietaria de Salegaste, que quondam fuit Fulcheri Quarrel (2), ad me devenisset, et monachi de Trappa in eadem medietate haberent decem solidos Perticensis monete in elemosinam perpetuam liberam ab omnibus rebus penitus et quietam de dono dicti Fulcheri in crastino Natalis Domini eisdem persolvendos, ego teneor et heredes mei post me tenebuntur prefatos decem solidos sine contradictione dictis monachis persolvere in dicta medietate in termino nominato. Et si ego aut heredes meus a solutione hujus redditus in dicto termino deficeremus ad penam duodecim denariorum per unam quamque septimanam teneremur monachis cum redditu solvendorum. Et ut hoc firmum, etc... Actum anno M° CC° XXX° I°.

(1) Probablement Condé-sur-Huisne, canton de Rémalard.
(2) Probablement de la famille des Quarrel de Vauvineux.

## XXXII

1237. — *Eudes Carrel fait don à l'abbaye de la Trappe d'une rente annuelle de dix sous tournois, pour le salut de l'âme de Jeanne, sa femme et pour la célébration de son anniversaire.*

**Carta Odonis Quarrel de Val Visnos.**

Noverint universi quod ego, Odo Quarrel, dominus de Valle Vinosa (1), dedi et concessi abbatie de Trappa decem solidos annui redditus turonenses vel currentis monete, pro remedio Johanne quondam uxoris mee ad anniversarium ipsius die obitus sui singulis annis ibidem faciendis in crastino Natalis Domini singulis annis super censibus meis de Valle Vinosa percipiendis et reddendis ; ita tamen quod si ego vel heredes mei in solutione predicta cessaverimus, tenemur dicte abbatie per unamquamque ebdomadam ad penam trium solidorum turonensium vel currentis monete, quousque dicte abbatie super predictis decem solidis fuerit plenarie satisfactum. Quod ut firmum, etc... Anno Domini M° CC° XXX° VII°.

## XXXIII

1226. — *Geoffroy de Quatremares, chevalier, fait don à l'abbaye de la Trappe d'une aumône perpétuelle de cinq sous, monnaie du Perche, pour le salut de l'âme de sa femme Mabille et de ses fils.*

**Carta Gaufridi de Quatremares.**

Noverint universi, presentes et futuri quod ego Galfridus de Quatremares, miles, dedi pro salute anime mee et Mabilie uxoris mee et filiorum meorum monachis Domus Dei de Trappa, in elemosinam perpetuam, liberam ab omnibus rebus penitus et quietam, quinque solidos monete Pertici in masura mea de Gauderia quam acquisivi de Balduino Goard et Bartholomeo ejus

(1) Les ruines du château de Vauvineux existent encore dans la commune de Pervenchères.

filio, in festo sancti Remigii, annuatim dictis monachis ab illo qui dictam masuram tenuerit persolvendos, et nisi in festo prenominato soluti fuerint, pro ipsis quinque solidis suam facient justitiam sine contradictione in dicta masura. Et ut hoc firmum etc... Anno gracie M° CC° XX° sexto.

## XXXIV

1247. — *Jean Goubaut fait don à l'abbaye de la Trappe d'une rente annuelle de six sous et demi, pour le salut de son âme et de celles de ses frères et sœurs.*

### Carta Johannis de Chiraio.

Noverint universi, presentes et futuri, quod ego Johannes de Chiraio (1) qui aliter vocatus sum Johannes Goubaut, pro salute anime mee et animarum Gervasii et Girardi fratrum meorum et Aalicie sororis mee deffunctorum, dedi et concessi monachis Domus Dei de Trappa sex solidos et dimidium annui redditus turonenses in elemosinam perpetuam, liberam ab omnibus rebus penitus et quietam, quos assignavi eis annuatim recipiendos ad sanctum festum Pasche, in medietaria mea de Corbonneto, per manum medietarii dicte medietarie. Et si dicti denarii in dicto festo non fuerint persoluti, predicti monachi poterunt facere suam justitiam in dicta medietate pro habendo dicto redditu cum emenda ; et hoc totum ego et heredes mei tenemur in perpetuum et tenebimur prefatis monachis garantizare, defendere et ab omnibus penitus liberare. Et ut hoc firmum, etc... Anno Domini M° CC° XL° septimo.

## XXXV

1237. — *Geoffroy de la Fosse reconnaît devoir payer une rente annuelle de douze deniers à l'abbaye de la Trappe, pour une terre, sise au fief de Chevrel (?), qu'elle avait reçue de son père Robert et qu'elle avait restituée au fils.*

### Carta Gaufridi de Fossa.

Noverint universi, presentes et futuri quod ego Gaufridus de

---

(1) En 1239 (janv. 1238, lundi après la Saint-Vincent V. S.) Jean de Chiray, écuyer, du consentement de Pétrouille, sa femme, vendit au chapitre de Toussaint de Mortagne, 10 l. t. de rente à prendre sur toute la terre de la Bouillerie, située en la paroisse de Courcerault. (*Terrier général de l'église collégiale de Toussaint de Mortagne, t. I, Archives de l'Orne*).

Fossa teneor reddere annuatim, in festo Omnium Sanctorum, monachis Domus Dei de Trappa, duodecim denarios usualis monete, pro terra quam Robertus de Fossa, pater meus, dedit eis in elemosinam pro salute anime sue, sitam in feodo de Chelveio, juxta domum Guillelmi Pies, inter terram Guillelmi Moinet et terram Laurentii fratris sui ; quam terram sibi elemosinam dicti monachi tradiderunt mihi homini suo, habendam in perpetuum de ipsis et tenendam jure hereditario per redditum suprascriptum ; ita quod si dictus redditus duodecim denarios a me vel heredibus meis post me in dicto termino vel infra octavas dictis monachis non fuerit integre persolutus, ipsi poterunt dictam terram in manu sua capere et tenere et in ea justiciam suam facere donec persolvatur redditus cum emenda. Si autem me sine heredibus mori contigerit, post obitum meum tota dicta terra ad dictos monachos libere revertetur, ad faciendam inde per defectum habendum suam penitus voluntatem. In cujus rei, etc... Actum anno gracie M° CC° tricesimo septimo.

## XXXVI

1210. — *Geoffroy d'Illiers, chevalier, fait don à l'abbaye de la Trappe d'une rente annuelle de cinq sous, pour le salut de son âme et de ses ancêtres.*

### Carta Gaufridi de Illiers.

Sciant omnes qui sunt et qui futuri sunt quod ego Gaufridus de Illiers (1), miles, concedentibus fratribus meis Johanne et Guillelmo, pro salute anime mee et patris et matris et antecessorum meorum dedi Deo et monachis Beate Marie de Trappa in perpetuam elemosinam quinque solidos annui redditus capiendos singulis annis, in crastino sancti Audoeni, in censu Ricardi Huete apud Pinum (2) : et sciendum quod in ipso homine vel herede ipsius prefati monachi nichil amplius quam quinque solidos in perpetuum reclamabunt. Et ut hoc firmum, etc... Actum anno gracie M° CC° decimo.

(1) Illiers, chef-lieu de canton de l'arrondissement de Chartres (Eure-et-Loir).
(2) La *Fosse-du-Pin*, nom ancien de la Fosse-Neuve, cᵉ de Fontaine-la-Guyon, canton de Courville (Eure-et-Loir).

## XXXVII

1226. — *Guillaume de la Ménière reconnaît avoir reçu de l'abbaye de la Trappe un pré situé à la chaussée de Mont-Isambert, près de la léproserie, en échange d'une rente annuelle de cinq sous, monnaie du Perche.*

### Carta Guillelmi de Mesneria.

Universis presentem cartam inspecturis, Willelmus de Mesneria (1) dominus, salutem. Noverit universitas vestra quod venerabilis abbas Galterus et conventus Domus Dei de Trappa tradiderunt mihi pratum quod habebant apud calceiam de Monte Ysembarti (2), juxta domum leprosorum, tenendum mihi et heredibus meis pro quinque solidis monete Pertici annis singulis, in natale sancti Johannis Baptiste, ipsis persolvendis. Si vero in dicto termino non reddiderimus, omnibus septimanis quibus dictum terminum tenebimus ultra terminum, pro pena, ipsis sex denarios tenere tenebimur. Et ut hoc firmum, etc... Actum anno M° CC° XX° VI°.

## XXXVIII

1202. — *Isabelle Gruel approuve une donation de dix sous, faite par son oncle Guillain à l'abbaye de la Trappe.*

### Carta Ysavie Gruel.

Sciant universi, presentes et futuri, quod ego Isavia, filia Willelmi Gruel, et heres, concessi, volui et laudavi elemosinam quam Guillelmus Gruel, clericus, frater patris mei, fecit monachis Domus Dei de Trappa, videlicet decem solidos in tenemento quod Aaleis la Borgeise tenebat de antecessoribus meis apud Brueroles (3), et totam terram in Pertico juxta Contrebis (4) ab Arva (5), per fontem qui est super stagnum de Contrebis usque ad Gutte-

---

(1) La Ménière, canton de Bazoches-sur-Hoëne.
(2) Les vestiges de la chaussée de Mont-Isambert se remarquent encore aujourd'hui sur la route de Paris à Brest, entre le Mêle-sur-Sarthe et Mortagne.
(3) Brésolettes, canton de Tourouvre.
(4) Contrebis, commune de Randonnai.
(5) L'*Avre*, affluent de l'Iton, lequel se jette dans l'Eure.

rium Mineriarum, sicut defluit in Arvam subtus Contrebis ; et dictus Gillelmus juravit se de cetero nichil reclamare in toto residuo hereditatis antecessorum meorum, et ego juravi super sacrosanctum altare sancti Albini apud Torrovre (1) hoc garantizandum dictis monachis et tenendum bona fide, et ad hoc idem heredes mei similiter tenebuntur. Et ut hoc firmum, etc... Anno gratie M° CC° secundo.

## XXXIX

1238. — *Isabelle Gruel confirme une rente annuelle de quatre sous tournois, constituée par sa mère Jeanne de Randonnai, au profit de l'abbaye de la Trappe et y ajoute une nouvelle donation de trois sous.*

### Item Ysavie ejusdem.

Noverint universi, presentes et futuri, quod ego Ysavia, uxor Galteri de Allodio (2) assignavi monachis Domus Dei de Trappa, super tenemento quod Guillelmus Feret tenet de me, quatuor solidos turonenses annui redditus, quos elemosinavit eis Johanna de Randonay, matertera mea, et tres alios solidos quos ego dedi eisdem in elemosinam perpetuam liberam penitus et quietam ; ita quod dicti monachi in natale sancti Johannis Baptiste annuatim recipient et habebunt libere et quiete omnes predictos septem solidos turonenses per manum meam quamdiu vixero, et post decessum meum dictus G[uillelmus] Feret et heredes ejus tenebuntur reddere illos prefatis monachis annuatim in termino supradicto, facientes eisdem, in dicto redditu, omnia servicia que tenentur facere mihi de tenemento suo ; quod homagium et quicquid juris habebam, ibidem concessi habendum in perpetuum dictis monachis liberum penitus et quietum. Et ut hoc firmum, etc... Anno Domini M° CC° XXX° octavo.

---

(1) L'église de Tourouvre est en effet dédiée à Saint-Aubin. Cf. *Essai sur la topographie ancienne du département de l'Orne, suivi du tableau de l'organisation religieuse de son territoire. avant la Révolution*, par Louis Duval (p. 64).

(2) Laleu, canton du Mêle-sur-Sarthe.

## XL

1250. — *Noël Sellier, héritier d'Isabelle Gruel de Randonnai, confirme les donations précédemment faites par ladite Isabelle et sa famille, au profit de l'abbaye de la Trappe.*

### Carta Natalis Sellarii.

Ego Natalis Sellarius, de Mauritania, heres et successor Ysavie de Randonay (1), quondam uxoris Galteri de Alodio, notum facio universis presentem cartam inspecturis quod, cum dicta Ysavia monachis Domus Dei de Trappa assignasset quatuor solidos turonenses annui et perpetui redditus quos Johanna, matertera ejusdem Ysavie, elemosinaverat dictis monachis et tres solidos alios quos dicta Ysavia dictis monachis dederat [in elemosinam perpetuam, liberam penitus et quietam, capiendos scilicet dictos septem solidos annuatim in natale sancti Johannis Baptiste juxta Brueroletas (2), in tenemento Guillelmi Feret defuncti, cum omni jure et districtu quod in dicto tenemento habebat vel habere poterat et Robertus de Normandel (1), dominus illius feodi, dictam elemosinam dictorum septem solidorum sigillo suo confirmasset, ego tandem dictus Natalis predictam elemosinam, prout superius est expressa, tanquam heres et successor predicte Ysavie concessi et presenti carta mea bona fide confirmavi ; et pro hoc concessione triginta solidos turonenses a dictis monachis recepi in pecunia numerata. Et ut hoc firmum sit, etc... Anno Domini M° CC° quinquagesimo.

---

(1) Le souvenir des Gruel, anciens seigneurs de Randonnai, s'est conservé dans la *Haie-Gruel*, c<sup>ne</sup> de Randonnai et d'Irai.

(2) *Brueroletae*, Brésolettes, canton de Tourouvre. On remarquera que la même localité est appelée ailleurs (notamment dans la charte XXXVIII, ann. 1202, dans le *Recueil des jugements de l'Échiquier de Normandie*, de M. L. Delisle, n° 62, n. ann. 1208). *Bruerolae*, nom qu'il serait facile de confondre avec celui de Brezolles (Eure-et-Loir).

Cette altération de la forme primitive d'un nom de lieu, au moyen d'un diminutif, n'est pas sans exemple. C'est ainsi que Barcelonnette (Basses-Alpes), se nommait primitivement Barcelone.

(3) Normandel, canton de Tourouvre.

## XLI

1234. — *Martin d'Auteuil, avec le consentement de sa famille, fait don à l'abbaye de la Trappe d'une rente annuelle de cinq sous tournois.*

### Carta Martini de Autolio.

Ego Martinus de Autolio (1) notum facio universis presentes litteras inspecturis quod ego, de assensu et voluntate Aalesie, uxoris mee et Willelmi primogeniti mei et omnium aliorum heredum meorum, dedi et concessi ecclesie Beate Marie de Trappa et monachis ibidem Deo servientibus, pro salute anime mee et animarum uxoris mee et antecessorum nostrorum, quinque solidos annui redditus et perpetui (Censualis) monete Corboniensis percipiendos et habendos annuatim predictis monachis a me et heredibus meis, ad festum Sancti Remigii, in puram et perpetuam elemosinam, liberam et quietam ab omni jure, dominio et diffectu feodali, serviciis, auxiliis rationabilibus, relevio, et aliis quibuscumque rebus pertinentibus ad quoscumque, quoquo modo, ita tamen quod si ego et heredes mei defficeremus a solucione dictorum quinque solidorum, supradicti monachi in herbergamento meo de Fay et in campo meo del Poisoer qui abotat ex una parte vie de La Barbinière (2), et ex altera parte campo Andree de Roncerei ; super quibus dictum redditum assignavi sine contradictione mei et heredum meorum ut suam facerent justiciam quousque dictum redditum haberent sicut in litteris presentibus continetur. Omnia vero servicia et jura feodalia quecumque et quibuscumque debita quoquo modo super alia hereditate mea retinens et convertens ; et ego et heredes mei dictam elemosinam dicto modo dicte ecclesie et dictis monachis tenemur garantizare et ab omnibus liberare ; et ad testimonium, etc... Anno Domini M° CC° XL° VIII°.

(1) Autheuil, canton de Tourouvre.
(2) La Barbinière, c° d'Autheuil.

## XLII

*1241. — Hugues de Corin confirme une donation d'une rente annuelle de cinq sous faite par son père Hugues à l'abbaye de la Trappe.*

Universis presentem cartam inspecturis, Hugo de Corino, miles et dominus Brueroliarum, salutem in Domino. Noveritiis quod cum Hugo de Corino, pater meus, legasset in elemosinam perpetuam, liberam, ab omnibus penitus et quietam, pro salute anime sue, abbatie de Trappa quinque solidos annui redditus, ego Hugo predictus dictos quinque solidos turonenses assignavi dicte abbatie singulis annis in festo sancti Remigii, in molendino meo de Brueroletis, ab illo qui illud tenuerit recipiendos ; et si dicti denarii in dicto festo non fuerint persoluti, pro dicto redditu poterunt in dicto molendino monachi dicte abbatie suam justiciam exercere. Et ut hoc, etc... Anno Domini M° CC° XL° primo.

## XLIII

*1247. — Nicolas des Eveiz constitue une rente foncière de 10 sous tournois en faveur de l'abbaye de la Trappe, moyennant le payement d'un capital de 4 livres tournois.*

Noverint universi, presentes et futuri, quod ego Nicholaus des Eveiz, de assensu et voluntate Theophine, uxoris mee et heredum meorum vendidi et concessi monachis Domus Dei de Trappa, pro quatuor libris turonensium quos ex integro habui, decem solidos turonensium annui redditus, quos assignavi super tota petia terre campi mei des Graniers ; scilicet super una tornellia que abotat terre Martini de Autuil et terre Nicholai Miloche, juxta viam que est inter terram heredum defuncti Girardi de Peiz et inter predictam tornelliam, habendos dictis monachis in perpetuum et reddendos annuatim duobus terminis, scilicet ad festum omnium sanctorum quinque solidos, et ad natale Domini alios quinque solidos, tali pactione quod si dicti decem solidi a me vel ab heredibus meis in dictis terminis integre soluti non fuerint, dicti monachi plenarie facient justitiam suam super dicta terra, et eandem tornelliam tenebunt in manu sua donec dictus redditus persolvatur ex integro cum emenda. Et hoc totum ego et heredes mei tenemur garantizare et deffendere ante omnes et a rebus omnibus liberare. Et ut hoc firmum, etc... Anno Domini M° CC° XL° septimo.

## XLIV

1232. — *Martin de Ranquerolles fait don à l'abbaye de la Trappe, d'une rente annuelle de dix sous, payable à la Saint-Remi.*

### Carta Martini de Rauqueroles.

Noverint universi presentes et futuri quod ego Martinus de Ranquerolles dedi monachis Domus Dei de Trappa in elemosinam perpetuam, liberam penitus et quietam decem solidos monete currentis annui redditus, pro servicio quod ipsi mihi fecerunt in negocio meo et angustiis meis, a me quamdiu vixero et ab heredibus meis post me in festo sancti Remigii annuatim eisdem persolvendos ; et si ego aut heredes mei post me deficeremus a solucione dicti redditus in prefato termino, prefati monachi plenariam facient justitiam prodicto redditu, sine aliqua contradictione, in herbergagio meo et in toto dominio meo quod ego teneo de Villelmo de Feugerons milite, ipso concedente, donec dictus redditus eis ex integro persolvatur « ex integro » cum emenda. Et ut hoc firmum, etc... Actum anno gracie M° CC° tricesimo secundo.

## XLV

1232. — *Guillaume de Foucherons, en sa qualité de suzerain de Martin de Ranquerolles, confirme la donation faite par ce dernier, à l'abbaye de la Trappe.*

### Item, ejusdem.

Noverint universi presentes et futuri quod Martinus de Ranqueroles dedit monachis Domus Dei de Trappa in elemosinam perpetuam, liberam penitus et quietam, decem solidos monete currentis, pro servicio quod ipsi fecerunt et in negocio suo et in angustiis suis, a dicto Martino quamdiu vixerit, et ab heredibus ejus post eum in festo sancti Remigii annuatim persolvendos dictis monachis ; et si prefatus Martinus aut heredes ejus post eum deficerent a solutione dicti redditus in predicto termino, monachi plenariam facient justitiam pro dicto redditu sine contradictione in herbergagio et in toto dominio ejus, donec dictus redditus eis persolvatur cum emenda secundum consuetudinem patrie. Ego vero Villelmus de Foucherons miles, de quo dictus Martinus tenet totum dominium suum, volui, laudavi et concessi dictis monachis hoc donum et hanc elemosinam libere penitus et quiete, quantum ad me et ad heredes meos pertinet. Et hoc teneor eis garantizare et liberare sicut dominus feodi, et ad hoc idem faciendos heredes meos obligavi. Et ut hoc firmum,... etc... Anno Domini M° CC° tricesimo secundo.

## XLVI

1225. — *Gautier Pequit transfère à l'abbaye de la Trappe, tous ses droits seigneuriaux sur un fief par lui baillé à Gilbert Chefdebois.*

### Carta Galteri Pequit.

Noverint universi, presentes et futuri, quod ego Galterus Pequit, dedi abbatie Domus Dei de Trappa in elemosinam perpetuam totum tenementum quod Gillebertus Chefdebois tenebat de me, et de eodem tenemento quidquid mihi faciebat, eidem faciet abbatie. Quam elemosinam debeo eis garantizare et ab omnibus hominibus liberare cum quadam alia elemosina quam predicta abbatia habet apud Putidam Fossam de dono Galfridi Le Bigot et Bone, sororis uxoris sue, et ab hoc idem garantizandum et liberandum, heredes mei post me similiter tenebuntur ; et sciendum est quod omnia hec libera sunt ab omnibus rebus penitus et quieta per sex denarios monete Perticencis mihi et heredibus meis post me annuatim sine emenda per festa Sancti Remigii persolvendos. Et ut hoc firmum, etc... Anno gracie M° CC°° XX° V°.

## XLVII

1228. — *Martin de Ranquerolles, en sa qualité de suzerain de Gautier Pequit, confirme le transfert précédemment fait par ce dernier à l'abbaye de la Trappe* (1).

### Item, ejusdem Martini.

Sciant presentes et futuri quod ego, Martinus de Ranqueroles,

---

(1) Chronologiquement et naturellement cette confirmation ne devrait venir qu'après la suivante.

laudavi et concessi abbatie Domus Dei de Trappa elemosinam liberam ab omnibus rebus penitus et quietam, quam Galterus Pequit fecit eidem abbatie, scilicet tenementum quod Gillebertus Chefdebois de illo tenebat, unde reddit annuatim sex solidos perticenses in festo sancti Remigii ; hanc autem elemosinam tam ego quam heredes mei tenemur garantizare, defendere et liberare ab omnibus dicte abbatie tali modo quod Gillebertus Chefdebois et heredes sui post eum facient auxilia sua rationabilia cum evenerint dominis capitalibus, videlicet pro unoquoque auxilio XII denarios tantummodo. Et ut hoc firmum, etc..... Anno M° CC° XX° VIII.

## XLVIII

1225. — *Eudes de Ranquerolles (1), en sa qualité de suzerain de Gautier Pequit, confirme le transfert fait par ce dernier à l'abbaye de la Trappe.*

### Carta Odonis de Rauqueroles.

Sciant presentes et futuri quod ego, Odo de Raukeroles, laudavi et concessi abbatie Domus Dei de Trappa elemosinam liberam ab omnibus rebus penitus et quietam quam Galterus Pequit fecit eidem abbatie, scilicet tenementum quod Gillebertus Chefdebois de illo tenebat, unde reddit annuatim sex solidos perticences in festo sancti Remigii. Hanc autem elemosinam tam ego quam heredes mei tenemur garantizare, defendere et liberare ab omnibus dicte abbatie, sicut dominus feodi debet garantizare et defendere. Et ut hoc firmum, etc..... Actum anno gracie M° CC° XX° quinto.

## XLIX

1232. — *Perrote [ou Pétronille] de Corleher fait don à l'abbaye de la Trappe, de biens achetés par elle et feu son mari Gervais de Montriart conjointement.*

### Carta Perrote de Corleher.

Universis presentem cartam audituris, Perrota de Corleher salutem in Domino. Notum vobis facio quod cum de emptionibus

(1) Eudes de Ranquerolles paraît être le père de Martin, précédemment cité.

quod ego et Gervasius de Montriart, quondam maritus meus, fecimus pariter, in portionem meam cederent quatuor solidi de Galtero Pequit, de Hugone de Frielons duo solidi et quinque denarii, et de Gaufrido Cohuen quinque solidi et quatuor denarii ; et ego conffugerer (? sic) fide prestita dicto Gervasio quondam marito meo quod omnes istos denarios elemosinarem Domui Dei de Trappa, satisfeci proprius desiderio, et sacramentum fidei mee implevi, donando integre dictos denarios prefate domui in elemosinam perpetuam, liberam penitus et quietam ; et sciendum quod de dictis denariis debet Robertus Columbe tres solidos, Gervasius Goufier sex denarios, Tustanus de Theatro sex denarios, Girardus Piloise duos solidos et quinque denarios, Willelmus prepositus de Theatro quinque solidos et quatuor denarios, reddendos singulis annis ad festum Sancti Remigii predicte domui de Trappa a dictis hominibus et ab eorum heredibus post eos, sicut mihi reddere tenebantur. Et ut hoc firmum. etc... Actum anno Domini M° CC° XXX° secundo.

## L

1232. — *Guillaume de Moyre, en sa qualité de suzerain de Pétronille de Corleher, confirme la donation faite par elle à l'abbaye de la Trappe.*

### Carta Willelmi de Mogre.

Noverint universi presentes et futuri quod ego Willelmus de Moyre volui, laudavi et concessi in elemosinam perpetuam, liberam penitus et quietam donacionem quam Petronilla de Corleher fecit monachis Domus Dei de Trappa, de redditu emptionis quem ipsa et Gervasius quondam maritus ejus pariter acquisierunt, videlicet tres solidos quos Robertus Columbe debet, Gervasius Goufier sex denarios, Tustanus de Theatro sex denarios, Girardus Piloise duos solidos et quinque denarios; Guillelmus prepositus de Theatro (1) quinque solidos et quatuor denarios ad festum sancti Remigii annuatim dictis monachis persolvendos. Et si prefati homines a solutione dicti redditus in dicto termino defecerint, ego teneor reddere prefatis monachis prefatum reddi-

(1) Le Tertre, hameau. Commune de S<sup>te</sup>-Céronne.

tum termino supradicto. Et ad hec omnia facienda post me heredes meos obligavi ; et sciendum quod dominus Villelmus de Feugerons miles quicquid ad dominium ipsius pertinet de dicto redditu, eis concessit libere et quiete, et per appositionem sigilli sui huic carte appositi confirmavit. Et ut hoc firmum, etc..... Anno Domini M° CC° XXX° secundo.

## LI

1227. — *Jean de Ferrières fait don à l'abbaye de la Trappe de tous ses biens sis en son domaine de la Martinière.*

### Carta Johannis de Ferreriis.

Noverint universi presentes et futuri quod ego, Johannes de Ferreriis, (1) miles, pro salute anime mee et Johanne uxoris mee, et omnium antecessorum et successorum meorum, dedi Deo et monachis beate Marie de Trappa in elemosinam perpetuam liberam ab omnibus rebus penitus et quietam, quicquid habebam apud Martineriam in terra et in omnibus rebus aliis, salvis serviciis dominorum capitalium ; et sciendum quod ego et heredes mei hanc elemosinam dictis monachis garantizare et defendere tenemur. Et si forte contigerit quod ego et heredes mei hanc elemosinam dictis monachis garantizare non possemus, alibi in nostro hereditagio ipsis ad valorem excambiare teneremur. Et ut hoc firmum, etc... Anno Domini M° CC° XX° VII°.

## LII

1246. — *Regnauld Champion de Bertière se reconnaît redevable envers l'abbaye de la Trappe, d'une rente annuelle de quinze sous, pour le fief de Bertière qu'elle lui a concédé à perpétuité.*

### Carta R [aginaldi] Champion.

Noverint universi, presentes et futuri, quod ego Raginaldus Champion de Berteria et heredes mei post me tenemur reddere monachis Domus Dei de Trappa quindecim solidos communis

(1) Ferrières, commune de Saint-Martin-des-Peserits, canton de Moulins-la-Marche, arrondissement de Mortagne (Orne).

monete annuatim his duobus terminis, ad Natale Domini octo solidos et ad Pascha septem solidos pro tenemento suo de Berteria quod tradiderunt nobis habendum et tenendum in perpetuum ; ita tamen quod dicti monachi sunt liberi penitus et immunes, quantum ad nos pertinet, a solucione viginti librarum turonensium quas habuit dominus Vivianus de Berteria pro dicto tenemento, et quantum ad quoscumque alios tenemur eosdem monachos liberare penitus a dicta pecunia et eis facere redditum supradictum. In cujus rei testimonium, etc..... Actum anno Domini M° CC° XL° sexto.

## LIII

1244. — *Guillaume du Val, fait don à l'abbaye de la Trappe d'une rente de douze deniers payables le 12 février de chaque année.*

### Carta Willelmi de Valle.

Noverint universi quod ego, Villelmus de Valle, (1) pro salute anime mee et anime patris mei Guillelmi de Valle defuncti, dedi monachis Domus Dei de Trappa in elemosinam perpetuam liberam ab omnibus rebus penitus et quietam XII denarios monete currentis annui redditus, quos assignavi eisdem capiendis annuatim in festo purificationis beate Marie super quadam petia terre quam apud Fossard inter terram predictorum monachorum et terram comitisse, et inter terram defuncti Huberti Engueren et terram defuncti Roberti du Fay, (2) tali modo quod si dicti duodecim denarii ad dictum festum non fuerint persoluti, ipsi suam justitiam facient pro habendis denariis supradictis in terra supradicta; et hoc totum ego et heredes mei tenemur dictis monachis garantizare et deffendere. Et ut hoc firmum, etc..... Anno M° CC° XL° quarto.

## LIV

1223. — *Nicolas de Courteraie assigne à l'abbaye de la Trappe, moitié en son nom, moitié au nom de sa mère, une rente de dix sous à prendre sur le fief de Gauthier Ullelièvre.*

### Carta Nicholai de Corteharaia.

Sciant universi presentes et futuri quod ego, Nicholaus, do-

(1) Le Val, commune de Champs, canton de Tourouvre.
(2) Le Fay, commune de Champs, canton de Tourouvre.

minus de Curtaharaia (1), assignavi monachis Domus Dei de Trappa decem solidos in feodo Galteri Ullelièvre in elemosinam perpetuam, liberam ab omnibus rebus penitus et quietam, a dicto G[altero] et heredibus suis post eum singulis annis in festo sancti Remigii prefatis monachis persolvendos. De quibus decem solidis ego dedi quinque et mater mea alios quinque pro salute animarum nostrarum. Et si dictus Galterus vel heredes sui a solutione, deficerent ad dictum terminum, monachi justiciam suam facerent in terra mea de Curtaharaia quantum pertinet ad elemosinam decem solidorum, Et ut hoc firmum, etc..... Anno M° CC° XX° tercio.

## LV

1225. — *Nicolas de Courteraie fait don à l'abbaye de Perseigne, de dix sous tournois à prendre sur le fief de Gautier Ullelièvre.*

### Item, ejusdem.

Sciant universi, presentes et futuri, quod ego Nicholaus de Corteharaia assignavi monachis Beate Marie de Persenia (2) decem solidos turonensium in feodo Galteri Ullelièvre.... et cetera ut superius. Actum anno Domini M° CC° vicesimo quinto.

## LVI

1226. — *Guillaume de Villerai fait don à l'abbaye de la Trappe, de quatre sous, monnaie du Perche, à prendre à la Courteraie, sur le fief de Boschet, en échange du setier d'avoine que l'abbaye prélevait sur sa métairie de Nully.*

### Carta Willelmi de Villereio

Noverint universi presentes et futuri quod ego, Willelmus de Villereio, dedi et assignavi quatuor solidos monete currentis in Pertico monachis Sancte Marie de Trappa apud Cortheharaiam, in feodo Boschet quod de me tenet in parrochia Sancti Albini, de excambiatione unius sextarii avene quem ipsi habebant in

---

(1) La Courteraie, près de Saint-Aubin-de-Courteraie, canton de Bazoches-sur-Hoëne, arrondissement de Mortagne (Orne).

(2) L'abbaye Cistercienne de Perseigne, commune de Neufchâtel, canton de la Fresnaye (*Sarthe*).

medictaria mea de Nuilleio, que est in parrochia Sancte Ceronne (1), de dono Johannis de Pice (2), militis ; quam medictariam ego donavi Willelmo de Jarrie in maritagium cum sorore mea. Et sciendum est quod prefati quatuor solidi reddentur morachis de Trappa, in festo sancti Remigii, singulis annis, per manum illius qui predictum tenuerit feodum ; ita quod monachi suam plenarie facient justitiam pro quatuor solidis nisi in assignato termino ex integro fuerint persoluti. Hos autem quatuor solidos debeo dictis monachis garantizare et ab omnibus rebus liberare, et heredes mei post me similiter, aut alibi competenter excambiare, si forte contingeret quod eos garantizare et liberare non possemus. Et ut hoc firmum, etc..... Actum anno gratie M° CC° vicesimo sexto.

## LVII

1245. — *Guillaume Borrel reconnaît avoir vendu à l'abbaye de la Trappe, pour soixante-dix sous tournois, sept sous tournois de rente annuelle à prendre sur une terre située dans la paroisse de Saint-Ouen-de-Sècherouvre.*

### Carta Willemi Borrel.

Noverint universi, presentes et futuri, quod ego Guillelmus Borrel vendidi monachis Domus Dei de Trappa, pro sexaginta et decem solidis turonensium mihi jam persolutis, septem solidos turonensium annui redditus quos assignavi eisdem annuatim recipiendos in Natale Domini super una petia terre sita in parrochia Sancti Audoeni de Sicco-Robore (3), juncta ex una parte terre Garini de Letigneio et terre Johannis Le Saunier ex altera, et a superiori parte terre Domini de Cortheharaia, et a parte inferiori terre Rogeri de Letigneio, ab eo qui terram tenuerit supradictam, tali modo quod si predicti denarii non fuerint infra octabas prefati termini persoluti, prefatis monachis ab eo qui predictam terram tenuerit, dicta petia terre ad dictos monachos deveniet absque aliqua contradictione mei vel heredum meorum

---

(1) Sainte-Céronne, commune du canton de Bazoches-sur-Hoëne, arrondissement de Mortagne (Orne).

(2) Poix, Hameau, commune de Sainte-Céronne.

(3) Saint-Ouen-de-Sècherouvre, commune du canton de Bazoches-sur-Hoëne, arrondissement de Mortagne (Orne).

libera penitus et quieta, salvis serviciis qui debentur dominis de terra supradicta. Hoc autem totum ego et heredes mei tenemur prefatis monachis garantizare, defendere et ab omnibus rebus ad nos pertinentibus liberare. Et ut hoc firmum,... etc.; et ad majorem confirmationem Robertus de Falandris (1), miles et dominus feodi, ad peticionem meam sigillum suum apposuit presenti carte. Hoc autem totum concessit Robertus Borrel, frater meus, et confirmavit per appositionem sigilli sui. Actum anno Domini M° CC° XL° quinto.

## LVIII

1249. — *Guillaume Borrel reconnaît à l'abbaye de la Trappe la possession d'une terre située dans la paroisse de Saint-Ouen-de-Sècherouvre, qui devait revenir à l'abbaye en cas de non paiement d'une rente annuelle de sept sous, antérieurement constituée au profit de cette dernière.*

**Item, ejusdem Willelmi.**

Noverint universi, presentes et futuri, quod cum ego Guillelmus Borrel vendidissem monachis Domus Dei de Trappa septem solidos annui redditus, et eos assignassem eis recipiendos annuatim in Nathale Domini super una petia terre sita in parrochia Sancti Audoeni de Sicco Robore, juncta ex una parte terre Guarini de Letigneio, et ex altera parte terre Johannis Le Saunier, et a superiori parte terre domini de Curtheharaia, et a parte inferiori terre defuncti Rogeri de Letigneio, tali modo quod si dictus redditus non esset infra octabas predicti festi persolutus, tota predicta petia terre ad eosdem deveniret absque aliqua contradictione, concedentibus hoc ad meam peticionem domino Roberto de Falandris, milite, domino Vallis Frogerii, domino meo, et Roberto Borrel, fratre meo, et per appositionem sigillorum suorum confirmantibus; et ego predictus Willelmus Borrel a solutione predicti redditus per plures annos defecissem, tandem ego predictus Willelmus Borrel predictis monachis predictam terram dimisi penitus et quitavi, ita ut de ea faciant, absque mei vel heredum meorum aliqua reclamatione contradictioneque, suam de cetero voluntatem; et tam ego quam heredes

---

(1) Falandre, château, commune de Mahéru, canton de Moulins-la-Marche, arrondissement de Mortagne (Orne).

mei tenemur predictam terram predictis monachis garantizare, defendere et ab omnibus rebus liberare, salvis serviciis capitalium dominorum. Et ut hoc firmum, etc..... Anno M° CC° XLIX°.

## LIX

1249. — *Robert Borrel et sa femme Richilde vendent à l'abbaye de la Trappe, pour quatre livres tournois, une terre située dans la paroisse de Saint-Ouen de Sècherouvre, du consentement de Robert de Falandre, seigneur du fief.*

### Carta Roberti Borrel.

Noverint universi, presentes et futuri, quod ego Robertus Borrel et Richeldis, uxor mea, vendidimus monachis Domus Dei de Trappa, pro quatuor libris turonensium, quandam petiam terre sitam in parrochia Sancti Audoeni de Sicco Robore, junctam ex una parte bruerie domini de Curtheharaia et ex altera parte terre Marie, sororis Garini Huden, et abotat a parte superiori chemino per quem itur de castro de Molins apud Longum Pontem (1), et a parte inferiori terre quam dicti monachi habent de Guillelmo Borrel fratre meo tenendam et habendam, dictam scilicet petiam terre ad faciendam suam penitus voluntatem absque nostri vel heredum nostrorum aliqua reclamatione, sive dotis sive cujuslibet alterius rei de cetero facienda. Et cum ego predictus Robertus Borrel et ego predicta Richeldis uxor ejus corporali juramento nos astrinxerimus quod in predicta petia terre nichil penitus de cetero reclamabimus, ego predictus Robertus volui et concessi ut predicta Richeldis uxor mea habeat dotalicium suum et capiat in alia hereditate mea secundum quantitatem et valorem quam posset percipere et capere de predicta petia terre, si contingeret ipsam post mortem meam in sepedicta petia terre dotalicium reclamare, contra juramentum suum temere veniendo. Et ut hoc firmum sit, etc ....; et adobligavimus heredes nostros ad garantizandum et defendendum et ab omnibus rebus penitus liberandum, salvis serviciis capitalium dominorum, terre petiam supradictam, Ego autem Robertus de Falandris, miles, et dominus Vallis Frogerii (2) et illius feodi,

(1) Longpont, commune de la Ménière, arrondissement de Mortagne (Orne).
(2) Frogé, commune de Saint-Ouen-de-Secherouvre.

memoratam petiam terre nominatis monachis concessi et confirmavi, et eam teneor eis garantizare sicut dominus feodi, salvo jure nostro : in cujus rei testimonium presenti carte sigillum meum apposui. Anno Domini M° CC° XL° nono.

## LX

1246. — *Asceline, veuve de Gautier Le Sauner, fait don à l'abbaye de la Trappe, de douze deniers tournois de rente annuelle à prendre sur une terre contiguë au chemin de la Heutru (?).*

### [Carta] de la femme au Sauner.

Noverint universi, presentes et futuri, quod ego Ascelina, relicta Galteri Le Sauner, pro salute anime mee et prefati Galteri mariti mei, dedi et concessi monachis Domus Dei de Trappa duodecim denarios turonenses annui redditus, quos assignavi eisdem monachis recipiendos annuatim in festo sancti Remigii, super quandam petiam terre contiguam chemino de la Heutru et abotat campo Rohes, per manum illius qui petiam terre tenuerit prenotatam. Et sciendum quod ego et heredes mei tenemur predictis monachis predictum redditum XII denariorum garantizare, defendere et ab omnibus penitus liberare. Et ut hoc firmum, etc..... Anno M° CC° XL° VI°.

## LXI

1248. — *Mathilde La Saunere fait don à l'abbaye de la Trappe de douze deniers tournois de rente annuelle, à prendre sur un journal de terre situé dans la paroisse de Saint-Ouen-de-Sècherouvre.*

### Item, ejusdem Saunere.

Noverint universi, presentes et futuri, quod ego Matildis La Saunere dedi et concessi, pro salute mee anime et anime defuncti Johannis Le Sauner, quondam mariti mei, monachis Domus Dei de Trappa, duodecim denarios turonenses annui redditus, assignatos super uno jornello terre quam pater meus dedit mihi in maritagium, sitam in parrochia Sancti Audoeni de Sicco Robore inter leprosariam et terram de Hamel (1), habendos

(1) Le Hamel, hameau de la commune de Saint-Ouen-de-Sècherouvre.

dictis monachis in perpetuum et percipiendos annuatim ad Assumptionem Beate Marie et reddendos a me et heredibus meis vel a quocunque dictam terram tenente; ita quod si in dicto termino dictus redditus non fuerit integre persolutus, dictus jornellus terre in manus dictorum monachorum deveniet et eis penitus remanebit, et inde suam facient voluntatem. Et hec omnia ego predicta Matildis vidua teneor garantizare dictis monachis contra omnes, et a rebus omnibus liberare, et ad hoc idem agendum post me heredes meos penitus obligavi. Et ut hoc firmum, etc..... Anno M° CC° XL° octavo

## LXII

1224. — *Guillaume Dufresne reconnaît avoir reçu de l'abbaye de la Trappe, pour lui et ses héritiers, la terre de la Courteraie, à charge d'un cens annuel de cinq sous, monnaie du Perche.*

### Carta Guillelmi de Fraxino.

Ego Willelmus de Fraxino, miles, notum facio universis pre[sentem] cartam inspecturis quod venerabilis vir, Galterus abbas, et conventus Domus Dei de Trappa tradiderunt mihi et heredibus meis in perpetuum possidendam libere et quiete totam terram, quam Willelmus Tronel dedit eis apud Curtheharaiam, pro quinque solidis monete Pertici, per festa sancti Remigii reddendis eis annuatim et pro auxilio et consilio nostro, salva tamen fidelitate quam dominis meis debeo. Hanc autem terram debent mihi garantizare et heredibus meis, sicut sibimetipsis garantizarent. Et ut hoc firmum maneat, etc..... Actum anno gratie M° CC° vicesimo quarto.

## LXIII

1247. — *Guillaume de Chiray fait don à l'abbaye de la Trappe des sept sous tournois de rente que Guillaume Havart et ses héritiers étaient tenus de lui payer chaque année.*

### Carta Guillelmi de Chiraio.

Noverint universi, presentes et futuri, quod ego, Guillelmus de

Chiraio (1), dedi Deo et Beate Marie de Trappa, pro salute anime mee et fratrum meorum defunctorum et sororis mee defuncte, septem solidos turonensium annui redditus, in festo omnium Sanctorum, annuatim persolvendos a Guillelmo Havart et ejus heredibus in perpetuum : ita quod terre ille, super quibus dictum redditum acquisivi, in manus monachorum de Trappa devenient et penitus remanebunt libere et quiete, nisi dictus redditus in dicto termino integre fuerit dictis monachis persolutus. salvis tamen octo denariis capitali domino persolvendis. Quia totam acquisitionem quam a dicto Guillelmo Havart et ejus uxore O. pro quinquaginta solidis turonensium acquisivi dictis monachis atornavi, sicut in carta quam a dicto G [uillelmo] Havart et ejus uxore habui et dictis monachis tradidi, plenarie continetur ; et sciendum quod de predictis septem solidis debent monachi habere pitanciam annuatim. Et ut hoc firmum, etc..... Anno M° CC° XL° VII°.

## LXIV

1235. — *Robert Gasteble de Sècherouvre fait don à l'abbaye de la Trappe d'une terre située à Saint-Ouen-de-Sècherouvre.*

### Carta Roberti Gasteble.

Notum sit omnibus, presentibus et futuris, quod ego Robertus Gasteble de Sicco Robore, concedentibus heredibus meis et Christiana uxore mea, dedi monachis Domus Dei de Trappa in elemosinam perpetuam, liberam penitus et quietam, terram in qua sita est domus eorumdem monachorum apud Sanctum Audoenum de Sicco Robore cum tota terra quam habebam ibi inter domum Commatris et domum dictorum monachorum, sicut mete ibi posite demonstrant. Hanc autem elemosinam teneor garantizare dictis monachis bona fide et ab omnibus liberare. Et ad hoc idem faciendum et tenendum post me heredes meos volui obligari, quia in tota predicta terra ego et heredes mei nichil de cetero possumus reclamare. Quod ut firmum, etc..... Anno gracie M° CC° tricesimo quinto.

(1) Le Grand et le Petit-Chiray, commune de Saint-Ouen-de-Sècherouvre.

## LXV

1234. — *Robert Gasteble s'engage à payer à l'abbaye de la Trappe, une rente annuelle de quatre sous tournois, dont répondra toute la terre qu'il possède dans la paroisse de Saint-Ouen-de-Sècherouvre.*

### Item, ejusdem Roberti.

Noverint universi, presentes et futuri, quod ego, Robertus Gasteble, de assensu et voluntate Juliane uxoris mee et heredum meorum, dedi et concessi monachis Domus Dei de Trappa, in elemosinam perpetuam liberam ab omnibus rebus et quietam, totam terram que vocatur Campus de Vado, (1) sitam in parrochia Sancti Audoeni de Sicco Robore juxta elemosinam dicti Sancti Audoeni, tali vero pactione quod ego et heredes mei dictam terram jure perpetuo tenebimus reddendo inde annuatim ad festum omnium Sanctorum quatuor solidos turonensium monachis supradictis qui me in bonis domus sue receperunt, et ab omni debito, quod eis antea debueram, quittaverunt. Et sciendum quod si predicti quatuor solidi annis singulis ad prefatum terminum non fuerint integre persoluti, ipsi prefatam terram in manu sua capient, tenentes eam donec dictus redditus eis ex integro persolvatur cum emenda ad usus patrie persoluta. Hanc autem elemosinam voluit, laudavit et concessit Johannes Le Franc, ad cujus dominium ipsa pertinet, et eam tenetur eis garantizare et ab omnibus liberare. In cujus rei testimonium, etc..... Actum anno gracie M° CC° tricesimo quarto.

## LXV *(bis)*.

1235. — *Robert Gasteble de Sècherouvre, de l'aveu de sa femme Christine et de ses héritiers, fait don à l'abbaye de la Trappe de quatre sous tournois de rente annuelle.*

### Item, ejusdem Roberti Gasteble.

Universis presentem cartam inspecturis, Robertus Gasteble de Sicco Robore, salutem in Domino. Noveritis quod ego, de as-

---

(1) Gué Saint-Ouen (commune de Saint-Ouen-de-Sécherouvre)?

sensu et voluntate Christiane uxoris mee et heredum meorum, dedi et concessi monachis Domus Dei de Trappa, in elemosinam perpetuam liberam ab omnibus rebus et quietam, terram de Fossetis (1) recipientem unam minam seminis, que est sita inter Beterriam et Joeia (2) juxta cheminum et abotat ex una parte campo Hurleiorum et ex altera campo Ernaldi Murie, tali pactione quod ego et heredes mei jure perpetuo tenebimus prefatam terram persolvendo inde annis singulis predictis monachis in festo Sancti Remigii quatuor solidos turonensium. Si vero dicti quatuor solidi annuatim in prefato termino persoluti non fuerint ex integro, prefati monachi tenebunt in manu sua dictam terram donec cum emenda ad usus patrie eis integre persolvantur. Hanc autem elemosinam ego et heredes mei tenemur eis garantizare et ab omnibus liberare. Et ut hoc firmum, etc...., et ad majorem confirmationem Johannes Le Franc, qui hanc elemosinam concessit similiter liberam et quietam et eam tenetur garantizare eis sicut dominus feodi, presenti carte sigillum suum apposuit Actum anno Domini M° CC° tricesimo quinto.

## LXVI

1248. — *Guillaume de Chiray fait don à l'abbaye de la Trappe de douze sous de rente annuelle à prendre sur tous ses acquêts.*

### Carta Guillelmi de Chiraio.

Universis presentes litteras inspecturis, Guillelmus de Chiraio, salutem in Domino. Noveritis quod ego, pro salute anime mee, dedi et concessi monachis Domus Dei de Trappa duodecim solidos annui redditus ad faciendam pitanciam dictis monachis in die anniversarii mei annuatim. Quos duodecim solidos assignavi eis annis singulis in festo sancti Remigii super omnia acquiramenta mea, ubicumque sint, recipiendos per manum illius qui dicta acquiramenta possidebit et habendos in elemosinam perpetuam liberam ab omnibus rebus penitus et quietam. Et ut hoc firmum, etc..... Actum anno gracie M° CC° XL° octavo.

(1) Le Fosset, commune de Saint-Ouen-de-Sècherouvre.
(1) Jouis, commune de Saint-Ouen-de-Sècherouvre.

## LXVII

1246. — *Guillaume Chevalier vend à Guillaume de Chiray, pour cent sous tournois, une rente annuelle de douze sous, monnaie du Perche, à prendre sur trois terres situées dans la paroisse de Saint-Aubin de Courteraie.*

### Carta Guillelmi Chevalier.

Universis presentes litteras inspecturis, Willelmus dictus Miles et Richoudis uxor ejus, salutem in Domino. Noveritis quod nos, de assensu et voluntate heredum nostrorum, vendidimus et concessimus Villelmo de Chiraio et ejus heredibus, pro centum solidis turonensium nobis integre persolutis, duodecim solidos annui redditus communis monete patrie; et eos dicto Willelmo et ejus heredibus assignavimus super tres pecias terre nostre sitas in parrochia Sancti Albini de Curtahaaria : una quarum abotat superius groe Roberti Yrpelin et inferius terre Halberti Menier, et acostat ex una parte chemino quo itur de Sancto Albino apud Sanctum Stephanum (1) et ex altera parte terre Willelmi Borrel ; et secunda terre pecia sita in prato de Insula, et tercia abotat campo Ivonis de Broleto ex una parte et ex altera campo defuncti Willelmi Lebelais, et acostat ex una parte campo Willelmi Thomas et ex altera parte ruis quibus itur de Sancto Albino apud Mauritaniam, per manum nostram et heredum nostrorum ad festum Sancti Albini ad domum dicti Willelmi in Corboneto annuatim habendos et in perpetuum eidem Willelmo vel ejus mandato possidendos de omnibus rebus ad nos et heredes nostros et ad quoscumque alios quoquomodo pertinentibus liberos et quietos ; ita tamen quod si nos et heredes nostri in solutione dicti redditus termino annotato aliquando defecerimus, dictus Willelmus et heredes sui vel ejus mandatum [habens], absque contradictione nostra et heredum nostrorum et absque reclamatione aliqua, omnia predicta libere et quiete et pacifice de omnibus rebus, ad nos et heredes nostros pertinentibus, in perpetuam possidebunt. Ad hec autem que in presenti pagina continentur firmiter tenenda

---

(1) Saint-Etienne-sur-Sarthe, ancienne paroisse réunie à Saint-Aubin-de-Courteraie.

et fideliter observanda, et contra omnes dicto Willelmo et ejus heredibus vel ejus mandato garantizanda nos obligavimus, prestitis corporaliter sacramentis, et heredes nostros volumus penitus obligari per presentes litteras, etc..... Anno gracie M° CC° XL° sexto.

## LXVIII

1257. — *Jean Le Franc confirme à l'abbaye de la Trappe la possession du champ des Rôtis, acheté par elle moyennant une somme de vingt-cinq sous tournois.*

### Carta Johannis Le Franc.

Universis presentes litteras inspecturis, Johannes Le Franc, salutem in Domino. Noveritis quod ego concessi et confirmavi viris religiosis, abbati et conventu Domùs Dei de Trappa campum des Rotiz(1), quem tenet de ipsis Johannes Patier; ita quod ego et heredes mei non possumus, nec poterimus, aliquid in dicto campo infra viginti annos proximo et continue venturos reclamare, nec aliquam justitiam exercere; sed ego et heredes mei tenemur eis dictum campum garantizare et defendere et ab omnibus rebus quibuscumque ad me et ad meos heredes et ad Johannem Sellarium et heredes ipsius de sua uxore penitus liberare pro viginti quinque solidos turonensium, quos habui integre et recepi a religiosis supradictis; ad hoc etiam obligavi heredes meos. Et ut hoc firmum et stabile, etc. ... Actum anno Domini M° CC° L° septimo.

## LXVIII (bis).

1244. — *Jean Le Franc reconnaît avoir reçu dix sommes de vin de l'abbaye de la Trappe, à laquelle il a confirmé la possession du champ des Rôtis, et tenir d'elle, moyennant une rente annuelle de huit sous, le champ de l'Epine.*

### [Carta ejusdem Johannis Le Franc.]

Noverint universi, presentes et futuri, quod ego Johannes Le Franc concessi monachis de Trappa campum des Rotiz, situm

---

(1) Les Rotis, commune de Saint-Ouen-de-Sècherouvre.

in parrochia Sancti Audoeni, inter Menarderiam (1) et Maras (2), habendum et tenendum integre dictis monachis in perpetuum et possidendum libere et quiete, salvo jure meo et dominorum feodi ; et hoc totum teneor sub dicta forma garantizare et defendere dictis monachis, sicut dominus feodi debet defendere et garantizare. Et pro hac concessione et confirmatione dicti campi, apud Siccum Robur siti, dicti monachi de Trappa dederunt mihi decem summas vini quas habui de Baladone. (3) Preterea ego teneo de dictis monachis campum de Spina, situm apud Siccum Robur, juxta terram Martini des Joeiz et juxta terram defuncti Rogeri Gilbert, per annuum redditum octo solidorum communis monete dictis monachis annuatim in festo omnium Sanctorum integre reddendorum de me et meis heredibus successive. Et ut hoc firmum etc... Ego concedens omnia que dicti monachi habent de dono Gervasii de Chiraio et Aalicie sororis ejus defunctorum presentem confirmavi. Actum anno Domini M° CC° XL° quarto.

## LXIX

1225. — *Roger de Mesnil fait don à l'abbaye de la Trappe, de deux sous tournois de rente annuelle à prendre sur le pré Gobence.*

### Carta Rogeri de Mesnillio.

Sciant presentes et futuri quod ego, Rogerus de Mesnil, miles, pro salute anime mee et antecessorum meorum dedi Deo et monachis Beate Marie de Trappa in puram et perpetuam elemosinam liberam ab omnibus rebus penitus et quietam, duos solidos turonensium in prato Gobence per manum illius qui pratum tenuerit singulis annis in festo Sancti Remigii percipiendos ; et si in predicto termino soluti non fuerint, dicti monachi in eodem prato justitiam suam plenarie facient cum emenda. Et ut hoc firmum maneat, etc..... Actum anno Domini M° CC° vicesimo quinto.

(1) Bois-Ménard, commune de Saint-Ouen-de-Sècherouvre.
(2) Les Mares, commune de Saint-Ouen-de-Sècherouvre.
(3) Ballon, chef-lieu de canton, arrondissement du Mans (Sarthe).

## LXX

1230. — *Robert de Courpotin s'engage à faire respecter l'engagement pris par Guillaume Ivart et sa femme Marguerite, par Godefroy Chevalier et son frère Hugo, de donner à l'abbaye de la Trappe une pièce de terre.*

### Carta Roberti de Corpotein.

Universis presentem cartam inspecturis, Robertus de Corpotien (1) miles, salutem in Domino. Universitati vestre notum facio quod Willelmus Ivart et Margarita, uxor sua, Galfridus Chevalier et Hugo, frater ejus, dederunt monachis Beate Marie de Trappa in elemosinam perpetuam liberam ab omnibus rebus penitus et quietam, unam peciam terre sitam juxta bezium Morart, sicut limitata est, propter contentionem pacificandam que erat inter ipsos et dictos manachos de terragio capiendo ad exclusas dicti bezii faciendas; monachi vero poterunt capere in dicta terra ad exclusas dicti bezii faciendas terragium et portare per terram dictorum hominum quotienscumque voluerint sine aliqua contradictione. Et si ibi fuerit herba, predicti homines et heredes ipsorum post eos eam habebunt. Hanc autem elemosinam ego Robertus dominus dicti feodi teneor garantizare, defendere dictis monachis contra [omnes] et liberare. Et ad hoc idem volui heredes meos obligari. Et ut hoc firmum etc..... Actum anno Domini M° CC° tricesimo.

## LXXI

1230. — *Jean de Mortetruie et son frère Geoffroy reconnaissent la possession d'une terre à l'abbaye de la Trappe.*

### Carta Johannis de Mortetruie.

Noverint universi, presentes et futuri, quod ego Johannes de Mortetruie et Galfricus, (sic) frater meus, dedimus monachis Beate Marie de Trappa in elemosinam perpetuam, liberam ab omnibus

---

(1) Courpotin, commune de Coulonges-sur-Sarthe (*Orne*).

rebus penitus et quietam unam petiam prati et terram que sita est inter Troiam et quamdam petram que dividit hanc elemosinam, propter commotionem pacificandam, que erat inter nos et dictos monachos de terragio capiendo ad exclusas faciendas que sunt inter terram et quamdam petram que dividit pratum nostrum. In dicta vero petia prati et terra poterunt dicti monachi capere terragium, ad dictas exclusas faciendas quotiescumque voluerint sine aliqua contradictione. Et si ibi fuerit herba nos et heredes nostri, post nos, eam habebimus. Hanc autem elemosinam tenemur garantizare, defendre dictis monachis contra omnes et liberare; et ad hoc idem heredes nostri similiter tenebuntur. Et, ut hoc firmum, etc..... Anno M° CC° XXX°.

## LXXII

1230. — *Roger de Mesnil approuve la donation énoncée dans la charte précédente.*

### Carta Rogeri du Mesnil.

Noverint universi, presentes et futuri, quod ego Rogerus de Mesnil, miles, volui et concessi et approbavi elemosinam quam Johannes de Mortetruie et Galterus frater ejus fecerunt monachis Domus Dei de Trappa, videlicet unam petiam pratri et terram que sita est inter Troiam et quamdam petram que dividit dictam elemosinam. Hanc autem elemosinam volui esse liberam penitus et quietam, et eam teneor garantizare et defendere dictis monachis, sicut dominus feodi garantizare debet et defendere; et ad hoc idem heredes mei post me similiter tunebuntur. Et, ut hoc firmum, etc..... Anno M° CC° XXX°.

## LXXIII

1244. — *Raoul Le Borgne et son frère Garin confirment la donation faite à l'abbaye de la Trappe par leur oncle paternel, Gilbert Boisious, de quatre sous tournois.*

### Carta Radulphi Le Borgne.

Universis presentem cartam inspecturis, Radulphus Leborgne,

filius defuncti Odonis Liece, et Garinus, frater ejusdem Radulphi, salutem in Domino. Noveritis quod nos concessimus, voluimus et confirmavimus monachis Domus Dei de Trappa elemosinam quam fecit eisdem Gillebertus Boiscous clericus, patruus noster, jam defunctus, videlicet quatuor solidorum turonensium in Natali Domini eisdem monachis, ab illo qui terram de Broceis tenebit, annis singulis persolvendorum. Qui vero nisi in dicto festo fuerint persoluti, dicta terra ad dictos monachos deveniet sine contradictione. Hanc autem elemosinam nos predicti Radulphus et Garinus fratres tenemur supradictis monachis garantizare et ab omnibus liberare, vel alibi in propria hereditate nostra predictos quatuor solidos assignare liberos et quietos, si eos in predicta terra garantizare et ab omnibus liberare non possumus. Et ad hoc idem agendum et tenendum post nos obligavimus heredes nostros. Et, ut hoc firmum etc..... Actum anno Domini M° CC° quadragesimo quarto.

## LXXIV

1224. — *Guillaume de Bresnart confirme les aumônes faites à l'abbaye de la Trappe, sur ses fiefs par lui et ses prédécesseurs.*

### Carta Willelmi de Bresnart.

Noverint universi presentem cartam inspecturis quod ego Willelmus de Bresnart (1), miles, laudavi et concessi monachis Domus Dei de Trappa et presenti carta mea confirmavi omnes elemosinas, quas ipsi habebant in feodis meis, anno gratie M° CC° vicesimo quarto, de antecessoribus meis et de me et de hominibus meis, liberas ab omnibus rebus penitus et quietas, quantum ad me pertinet et ad meos successores; et ego teneor eas garantizare, sicut dominus feodi debet et potest, et heredes mei post me similiter. In cujus rei etc... Actum anno Domini M° CC° vicesimo quarto.

(1) Hameau et moulin, commune de Bazoches-sur-Hoëne.

## LXXV

1223. — *Herbert Postel reconnaît avoir vendu à Guillaume de Lormerie, clerc, pour six livres et douze deniers, une maison, située dans la paroisse de Saint-Aubin-de-Courteraie, l'acquéreur s'engageant à donner une rente annuelle de dix sous à Garin Le Reide, précédent détenteur du fief.*

### Carta Herberti Postel.

Ego, Herbertus Postel, notum facio omnibus presentem paginam inspecturis, quod ego, de assensu Juliane, uxoris mee, et Hugonis de Sancto Albino, domini feodi inferius annotati, vendidi Willelmo de Lormarin clerico, pro sex libris et duodecim nummis, masuram totam integram, quam Garinus Le Reide de me tenebat ad feodum censura decem solidorum in festo sancti Remigii annuatim solvendorum, que masura sita est in parrochia Sancti Albini de Curteharaia, videlicet inter metariam meam et feodum, de Tileio, dicto Willelmo et cuicumque ipse voluerit sive in elemosinam, sive quocumque alio modo ei placuerit, libere de omnibus rebus ad me et heredes meos, et ad dictum Hugonem et heredes ejus, et ad quoscumque alios pertinentibus, perpetuo possidendam. Ego vero dictum Garinum dicto Willelmo de dicta masura juxtavi, qui ei et ejus mandato dictos decem solidos ad dictum terminum, fide super hoc ab ipso prestita, reddet annuatim. Ad hec autem tenenda fideliter et garantizanda predicto Willelmo, et ejus mandato, et ad dictam masuram deserviendam de omnibus rebus erga dominos feodi, si opus fuerit, ego et dicta Juliana nos astrinximus, prestitis corporaliter juramentis : et heredes nostros, ad hec tenenda similiter obligari voluimus in futurum, quia omnia servicia, que de dicta masura dicto Hugoni et aliis dominis feodi debebam, converti penitus in aliam terram meam quam de eisdem dominis teneo. In cujus rei... et cetera. Dicto Hugone, domino feodi, cui, pro concessione hujus vendicionis, dedi quinque solidos, ad peticionem meam sigillum suum apponente. Actum anno gratie M° CC° vicesimo tercio.

# B

(De Eodem)

I

1236. — *Gervais, seigneur de Prulay, fait don à l'abbaye de la Trappe, des droits qu'exerçaient sur son fief, Guillaume Channon et son frère et qu'il leur a achetés, ainsi que de la rente de vingt sous que lui paie chaque année Jean Chauvel, en échange de deux rentes annuelles constituées antérieurement au profit de l'abbaye, l'une par lui et sa femme Emmeline, l'autre par sa mère Lucie.*

**[Carta Gervasii de Prulaio.]**

Noverint universi, presentes et futuri, quod cum ego Gervasius, dominus de Prulaio (1), et Emmelina, quondam uxor mea, pro salute animarum nostrarum, dedissemus monachis de Trappa annuum redditum duodecim librarum ad opus unius cappellanie, et Lucia, quondam mater mea, dedisset eisdem annuum redditum viginti solidorum, et ego et uxor mea assignavissemus dictum redditum duodecim librarum apud Alneolum, tandem, cum dicti monachi non possent prefatum redditum possidere ultra annum, secundum consuetudinem patrie, ego eisdem monachis, pro dicto redditu, dedi et concessi totam emptionem, quam feci a Guillelmo Channon primogenito et Guillelmo fratre ejus postnato, videlicet quicquid hereditatis habebant in feodo meo in herbergamentis, terris, pratis et pascuis in bosco et plano, in hominibus, redditibus, serviciis et rebus aliis. Hoc autem totum in feodo et dominio et quicquid juris ibidem habebam ante dictam emptionem, concessi habendum in perpetuum dictis monachis libere et quiete ab omnibus rebus ad me et heredes meos pertinentibus, quia nihil juris mihi aut heredibus meis retinui in homnibus supradictis. Et sciendum quod, cum hac predicta donatione, eisdem monachis dedi viginti solidos annui redditus, quos Johannes Chauvel tenetur reddere pro quadam terra, qua-

(1) Prulay, château, commune de Saint-Langis, canton de Mortagne.

tuor sextarios seminis recipiente, quam ipse tenet, similiter habendos eis in perpetuum a dicto Johanne et ejus heredibus successive. Quie vero denarii, nisi annuatim in festo sancti Remigii fuerint ex integro persoluli, tota illa dicta terra ad dictos monachos deveniet, ita quod de ea poterunt suam facere penitus voluntatem. Omnia vere predicta teneor garantire eis contra omnes et a dotibus et rebus omnibus liberare, vel valore ad valorem in feodo meo excambiare, si garantire et defendere non valerem. Et ad hoc, post me, agendum in perpetuum heredes meos obligo per presentem cartam. Anno Domini M° CC° tricesimo sexto.

## II

1234. — *Guillaume Channon et son frère cadet reconnaissent avoir vendu à Gervais de Prulay tous les droits qu'ils possédaient sur son fief, pour une somme de cinquante-cinq livres tournois.*

### Carta Guillelmi Channon.

Universis presentes litteras inspecturis Guillelmus Chaennon primogenitus et Willelmus, frater ejus postnatus, salutem. Noverint universi quod nos, de assensu et voluntate Johanne et Agathe uxorum nostrarum, vendidimus domino Gervasio de Pru'aio, militi, pro quinquaginta et quinque libris turonensium, quos nos habuimus, quicquid hereditatis habebamus et habere expectabamus in feodo dicti Gervasii in herbergamento, terra et in pratis et pasturis et in omnibus aliis rebus, videlicet feodum et dominium, que tenebamus in capite de Roberto Chaennon, nostro cognato germano, exceptis tantummodo quinque sextariis illis terre, quas prius eidem Roberto vendideramus, dicto Gervasio et ejus heredibus jure emptionis sue in hereditate perpetua pacifice possidenda sub hoc modo, quod nos et dicte Johanna et Agatha, uxores nostre, et heredes nostri in predictis omnibus, in futurum non possumus aliquid reclamare. Immo ea dicto Gervasio et ejus heredibus sub dicta forma tenemur garantizare in perpetuum contra omnes, datis corporaliter juramentis; et ad eadem tenenda similiter heredes nostros per presentes litteras voluimus obligari sigillorum nostrorum munimine confirmatas in testimonium predictorum. Anno M° CC° XXX° quarto.

## III

1220. — *Hugues de Villiers fait don à l'abbaye de la Trappe de la terre de Grand-Champ et de diverses autres terres, et lui confirme une donation de son père et de ses frères.*

**[Carta Hugonis de Vilers.]**

Sciant presentes et futuri quod ego, Hugo de Vilers, (1) dedi Deo et monachis Beate Marie de Trappa in perpetuam elemosinam, liberam penitus et quietam ab omnibus rebus, quamdam terram, que dicitur Magnus Campus, et campum de Cappella, et oscam Garini, et campum de Ernolderia, et duo jugera terre in campo Roberti, et pratum de Chasteler 2) et feodum Oliveri Marcel ; preterea concessi prefatis monachis, liberam penitus et quietam, totam terram, quam pater et fratres mei donaverunt eis, scilicet campum de Chatulle et pratum Novi Molendini et pratum de Spina. (3) Hec omnia tradiderunt mihi jam dicti monachi, tenenda de illis bene et pacifice mihi et Johanni filio meo et heredi ejus, si de desponsata sibi conjuge heredem habuerit, et inde reddemus monachis tredecim solidos annui redditus, currentis monete, ita quod sex solidi et dimidius reddentur in festo sancti Remigii, et alii sex et dimidius ad Natale Domini. Et, ut hoc firmum etc. Actum anno gratie M° CC° vicesimo.

## IV

1220. — *Angebaud et son frère Raoul reconnaissent à l'abbaye de la Trappe la possession d'une terre située à côté du bois de Champeaux.*

**Carta Angebaudi et fratris ejus.**

Noverint universi, presentes et futuri, quod cum ego, Angeboldus et Radulphus, frater meus, acquisissemus terram, que est juxta boscum de Chanpeaus (4), in feodo domini Reginaldi de

---

(1) Villiers-sous-Mortagne, commune du canton de Mortagne.
(2) Les Châtelets, commune de Villiers-sous-Mortagne.
(3) L'Epine, commune de Saint-Hilaire-lès-Mortagne.
(4) Champeaux-sur-Sarthe, commune du canton de Bazoches-sur-Hoëne.

Nonant, et dictus frater meus medietatem illius acquisitionis diu possedisset, tandem mortuus est et illa possessio ad filiam ejus Mariam et Robertum, maritum ejus, devenit, quam acquisivi de eisdem, ita quod duos denarios perticenses teneor eis et heredibus suis, post eos, reddere annuatim per festa sancti Remigii, et nichil in ea de cetero poterunt amplius reclamare ; ego vero, pro salute anime mee, dedi in elemosinam perpetuam, liberam ab omnibus rebus penitus et quietam, monachis Domus Dei de Trappa, exceptis duobus denariis predictis et redditu ad dominum feodi pertinente, omnes dictas acquisitiones et tenementum, quod acquisivi de Ricardo de Champeaus, liberum ab omnibus rebus et quietum per quatuordecim denarios perticenses in festo sancti Remigii annuatim sibi persolvendos et per unum fenatorem uno die fenationum tempore. Et ut hoc firmum etc..... Anno M° CC° vicesimo.

## V

1225. — *Robert de la Houssaye et sa femme renoncent, en faveur de l'abbaye de la Trappe, à tout droit sur une terre située auprès du bois de Champeaux et tenue en fief par Angebaud.*

### Carta Roberti de Hosseia.

Sciant presentes et futuri, quod ego, Robertus de Hosseia et Muria, uxor mea, dedimus et concessimus abbatie Domus Dei de Trappa totum jus, quod habebamus et habere poteramus post obitum Angeboldi in tota terra, quam ipse Angeboldus tenebat apud boscum de Champeaus, in elemosinam perpetuam, liberam ab omnibus rebus et quietam, exceptis duobus denariis perticensibus, quas inde reddent nobis per festa sancti Remigii et, post nos, nostris heredibus ; concessimus etiam eidem abbatie tenementum quod dictus Angeboldus tenebat de Ricardo de Chanpeaus. Et juravimus super sacrosancta nos nichil in hiis omnibus de cetero reclamaturos. Et ut hoc firmum etc. Anno M° CC° vicesimo quinto.

## VI

1213. — *Regnaud de Nonant donne à l'abbaye de la Trappe Angebaud de Champeaux et son héritier, ainsi que le fief, situé près du bois de Champeaux, que ledit Angebaud tenait de lui.*

### Carta Raginaldi de Nonant.

Sciant presentes et futuri quod ego, Raginaldus de Nonant, miles, pro salute anime mee et antecessorum et successorum meorum, dedi et concessi, in puram et perpetuam elemosinam, liberam penitus et quietam ab omnibus rebus, Deo et Beate Marie monachisque de Trappa, Angeboldum de Chanpeaus et heredem suum cum tenemento quod ipse tenebat de me ad nemus de Chanpeaus inter brociam Girardi Meriail et terram Renoldi Cornart. Ut autem stabile maneat etc..... Actum anno Domini M° CC° X° III°.

## VII

1225. — *Gervais, évêque de Séez, confirme la donation faite par Angebaud de Champeaux à l'abbaye de la Trappe, d'une terre située près du bois de Champeaux et d'une demeure, qu'il tenait en fief de Richard de Champeaux.*

### Confirmatio episcopi Sagiensis de dono Angebaudi.

Fidelibus Christi presentia inspecturis, Gervasius, divina permissione dictus Sagiensis (1) episcopus, salutem in Domino. Notum esse volumus universis quod Angeboldus de Chanpeaus, in presencia nostra constitutus, dedit in elemosinam perpetuam abbatie Domus Dei de Trappa totam terram quam habebat juxta boscum de Chanpeaus et herbergagium quod tenebat de Ricardo de Chanpeaus, libere et quiete ab omni servicio, per quatuordecim denarios monete currentis in festo sancti Remigii dicto Ricardo et heredi suo annuatim persolvendos, et per unum fenatorem uno die fenationum tempore. Ut igitur hec elemosi-

---

(1) Gervais I. évêque de Séez, 18 juillet 1221. — 10 février 1228. (*Gall. Christ.*, XI, p. 692).

na (1) perpetuam habeat firmitatem, ad petitionem partium, emisimus presens scriptum sigilli nostri appensione munitum, salvo jure quorumlib et aliorum. Anno M° CC° XX° V°.

## VIII

1227. — *Guillaume de Longpont reconnait avoir reçu de l'abbaye de la Trappe le fief qui avait été donné à cette abbaye par Angebaud de Champeaux, moyennant une somme de huit sous, monnaie du Perche, qu'il s'engage à payer chaque année à l'abbaye.*

### Carta Guillelmi de Longo-Ponte.

Universis presentem cartam inspecturis, Willelmus de Longuo-Ponte (2), salutem. Noverit universitas vestra quod venerabilis abbas Galterus et conventus Domus Dei de Trappa tradiderunt mihi et Johanne, uxori mee, et heredi nostro, qui de nobis exierit, totum tenementum quod Engeboldus de Chanpeaus tenebat de Roberto Forestario, et, post obitum ipsius, de Ricardo de Chanpeaus et Mabilia, uxore sua, quod tenementum dictus Engeboldus ipsis elemosinavit, Ricardo et Mabilia concedentibus. Et sciendum quod ego Willelmus et Johanna, uxor mea, et heres noster, post nos, reddemus monachis prefatis de dicto tenemento octo solidos, monete perticensis, in festo Sancti Johannis Baptiste annuatim et omnia servicia debemus facere, que dictus Engeboldus faciebat, videlicet prata sua custodire et querere bladum suarum decimarum, que sunt in partibus dicti tenementi, et hospitari fratres suos, quotiens ad nos venerint gratia hospitandi, et hoc totum debemus facere ad expensas nostras, excepto tempore fenationum, in quibus fenationibus frater, qui ad fena facienda missus fuerit, habebit victum suum de abbatia, et ego et heres meus, post me, sicut frater meus. Et quod hec omnia ego et predicta uxor mea et heres meus bene faciamus et fideliter, dedi dictis monachis in contraplegium quoddam pratum meum apud exclusas Longi Pontis, quod vocatur noa Matildis : in quo

---

(1) Le manuscrit porte *elemosinam*, qui est évidemment une faute.
(2) Longpont, hameau, commune de la Ménière, canton de Bazoches-sur-Hoëne, arrondissement de Mortagne.

prato monachi suam facerent justiciam, si ego aut heres meus a solucione dicti redditus deficeremus, domino Rotroldo (1), milite, fratre meo, hoc ipsum concedente et, ad majorem confirmationem, presenti carte sigillum suum apponente. Et ad hoc tenendum tenemur sacramento. Et, ut hoc firmum maneat etc... Actum anno gratie M° CC° vicesimo septimo.

## IX

1220. — *Richard de Champeaux confirme la donation faite à l'abbaye de la Trappe par Angebaud de Champeaux.*

### Carta Ricardi de Champeaus.

Noverint universi, presentes et futuri, quod ego, Ricardus de Champeaus et Mabilia, uxor mea, concessimus et laudavimus elemosinam quam Engeboldus de Chaupeaus fecit monachis Domus Dei de Trappa de toto tenemento quod ipse tenuit de Roberto Forestario, et, post obitum ipsius Roberti, de me et Mabilia uxore mea; et totum redditum quod ipse Engeboldus faciebat nobis de dicto tenemento, dedimus eisdem monachis pro salute animarum nostrarum in elemosinam perpetuam liberam et quietam. Et, ut hoc firmum. Anno M° CC° XX°.

## X

1227. — *Hugues de Villiers fait don à l'abbaye de la Trappe, de douze deniers tournois et lui vend, pour douze sous tournois, une rente annuelle de douze deniers.*

### Carta Hugonis de Vilers.

Noverint universi, presentes et futuri, quod ego, Hugo de Vilers, faber, dedi monachis Domus Dei de Trappa, pro salute anime mee et animarum heredum meorum, in elemosinam perpetuam, liberam ab omnibus rebus penitus et quietam, duodecim denarios turonenses. Vendidi etiam eisdem monachis alios duodecim denarios annui redditus et perpetui, dicte monete, pro

(1) Rotrou.

decem solidis turonensium, mihi integre persolutis ab eisdem. Quos duos solidos turonensium, videlicet duodecim denarios, quos eis elemosinavi et quos eisdem vendidi, ego assignavi eisdem monachis capiendos annuatim in festo sancti Remigii, super domo mea et herbergamento meo de Vilers; ita quod si dictus redditus duorum solidorum in dicto festo ab illo qui dictam domum et dictum herbergamentum tenuerit, non fuerit persolutus, ipsi poterunt in eis suam facere justiciam pro habendo dicto redditu cum emenda; et ad hoc obligavi heredes meos. Ego Robertus de Vilers, dominus predicti Hugonis, predicta omnia concessi et confirmavi predictis monachis, et sigillum meum apposui ad peticionum dicti Hugonis. Actum anno gratie M° CC° quinquagesimo.

## XI

1235. — *Guillaume Labèle, prévôt de Soligni, confirme la vente faite par Herbert Guiart et ses oncles Eudes et Renaud Guiart à l'abbaye de la Trappe, d'une terre située à Montchauvet, qu'ils tenaient de lui en fief.*

### Carta Guillelmi Labele.

Noverint universi, presentes et futuri, quod ego Guillelmus Labele, prepositus de Solegnio (1), laudavi et concessi venditionem, quam Herbertus Guiart et avunculi ejus Odo Guiart et Renaudus Guiart fecerunt monachis Domus Dei de Trappa, de tota terra in bosco et plano et pratis, quam ipsi tenebant de me apud Montchauvet (2), tali modo quod ego et heredes mei, post me, tenebimus a dictis monachis totam terram illam integre per decem solidos annui redditus, infra octabas Omnium Sanctorum, annuatim eisdem persolvendos et omnia servicia ad quoscumque dominos pertinentia de illa terra faciemus; et, nisi dicti decem solidi in dicto termino soluti fuerint, ipsa tota terra ad dictos monachos sine contradictione deveniet, et tunc de ea potuerunt facere quicquid voluerint. Et sciendum quod ego et heredes mei

(1) Soligni-la-Trappe, commune du canton de Bazoches-sur-Hoëne, arrondissement de Mortagne (Orne).
(2) Montchauvet, hameau de la commune de Lignerolles, canton de Tourouvre (Orne).

tenemur garantizare dictis monachis predictam terram et ab omnibus liberare. Et, ut hoc firmum etc..... Actum anno gratie M° CC° tricesimo quinto.

## XII

1235. — *Herbert Guiart et ses oncles Eudes et Renaud Guiart vendent à l'abbaye de la Trappe une terre située à Montchauvet, du consentement de Guillaume, prévôt de Soligni, seigneur du fief.*

### Carta Herberti Guiardi.

Noverint universi, presentes et futuri, quod ego, Herbertus Guiart, et avunculi mei, Odo et Renaudus Guiart, vendidimus monachis Domus Dei de Trappa totam terram, in bosco et plano et pratis, quam habebamus apud Montchauvet habendam sibi in perpetuum, Guillelmo preposito de Soligneio, domino illius feodi, volente penitus et concedente. Et sciendum quod in illa terra, nec nos, nec heredes nostri post nos, aliquid juris de cetero poterimus reclamare, sed eam totam tenemur gazantizare, nos et heredes nostri, dictis monachis et a dotibus et omnibus aliis rebus liberare. Et ut hoc firmum. Anno M° CC° XXX° V°.

## XIII

1238. — *Nicolas Chevreul confirme à l'abbaye de la Trappe la donation, faite par feu Girard Chevreul, d'une rente annuelle de cinq sous tournois que devra lui payer le détenteur du fief de La Galopinière.*

### Carta Nicholai Chevroel

Noverint universi, presentes et futuri, quod ego, Nicholaus Chevroel, dominus Soligneii, volui, laudavi et concessi elemosinam, quam bone memorie Girardus Chevroel fecit monachis Domus Dei de Trappa, videlicet quinque solidos turonensium annui redditus, quos legavit eis habendos in perpetuum et reddendos ad festum Omnium Sanctorum a Nichalao Le Maguinon et ab ejus heredibus vel a quibuscumque aliis, qui terram de La-Galopinere (1) tenuerint, de qua dictus Nicholaus Le Maguinon tenetur octo solidos turonensium reddere annuatim scilicet mihi et heredibus meis tres solidos et quinque dictis monachis sicut est predictum. Hanc autem elemosinam teneor garantizare eis defendere et liberare. Et sciendum quod si dicti quinque solidi, prefato termino, dictis monachis persoluti non fuerint, quicumque dictam terram tenebit a me et heredibus, cogetur ad reddendos illos dictis monachis cum emenda. Et, ut hoc firmum etc..... Actum anno Domini M° CC° tricesimo octavo.

## XIV

1251. — *Guillaume, prévôt du Mesnil, fait don à l'abbaye de la Trappe d'une rente annuelle de cinq sous à prendre sur une propriété située sur la route de Valdieu à Mortagne*

### Carta Villelmi de Mesnillio.

Noverint universi, presentes et futuri, quod Willelmus, prepositus de Mesnilio et ego Leiardis, uxor ejus, dedimus, pro salute animarum nostrarum, monachis Domus Dei de Trappa quinque solidos monete cursalis in Corboneto, in elemosinam perpetuam, liberam penitus et quietam, quos assignavimus eisdem monachis annis singulis recipiendos in festo sancti Remigii super quadam masura, quam habebamus sub foresta domini Johannis de Champhaous et juxta medietariam de Maletis et juxta cheminum quo itur a Valle Dei apud Mauritaniam ; ita quod si contigerit quod ille, qui dictam masuram tenuerit, defecerit aliquando a solucione predicti redditus, in predicto festo, ipsi monachi poterunt facere suam justiciam in tota masura predicta donec predictus redditus eis integre persolvatur. Et, ut hoc firmum etc.. ... Et ad hac obligavimus heredes nostros. Anno M° CC° L° primo.

---

(1) La Galopinière, commune de Sainte-Céronne, canton de Bazoches-sur-Hoëne (Orne).

(2) Le Grand et le Petit-Menil, hameau de la commune de Saint-Mard-de-Réno, canton de Mortagne (Orne).

## XV

1251. — *Richard, archidiacre du Corbonnais, notifie la concession faite par l'abbaye de la Trappe à Foulques de Buat et à sa femme Laurence, d'une terre située dans la paroisse de Sainte-Céronne, moyennant le paiement d'une rente annuelle de sept sous.*

### Confirmatio

Universis presentes litteras inspecturis, Ricardus, archidiaconus Corbonensis, salutem in Domino. Noverint universi quod, in nostra presencia constituti Fulco de Buato et Laurencia, uxor sua, dederunt et concesserunt se et sua, tam in morte quam in vita, Domui Dei de Trappa et monachis ibidem Deo servientibus, et abbas et conventus dicte domus tradiderunt dicto Fulconi et ejus heredibus quamdam peciam terrae sue, sitam in parrochia Sancte Ceranne (1), juxta clausum Garini Cheteaudun, et abotat superius noetis et abotat inferius chemino Carnoti (2), dictam terre peciam tenendam et habendam jure hereditario et in perpetuo possidendam sibi et heredibus suis, reddendo inde dictis abbati et conventui septem solidos monete currentis in patria annuatim in festo Natalis Domini ; ita quod [si] idem Fulco vel ejus heredes dictos septem solidos ad dictum terminum minime redderent, dicti monachi justiciam suam super dictum Fulconem et ejus heredes possent exercere capiendo. Et ad idem confirmandum, ad peticionem partium, sigillum apposui curie corbonensis. Actum anno Domini M° CC° L° primo.

## XVI

1210. — *Geoffroy, vicomte de Châteaudun, et sa femme Alice reconnaissent à l'abbaye de la Trappe une rente annuelle de vingt sous, destinée à pourvoir à le dépense du luminaire de l'autel.*

### Carta Gaufridi vicecomitis Castriduni.

Sciant presentes et futuri quod ego, Gaufridus (3), vicecomes

---

(1) Sainte-Céronne-les-Mortagne, commune du canton de Bazoches-sur-Hoëne, arrondissement de Mortagne (Orne).
(2) Voie romaine. (Vaugeois, voies romaines qui traversent l'arrondissement de Mortagne).
(3) Geoffroy IV, vicomte de Chateaudun.

Castriduni, concedentibus et laudantibus Aaliz uxore mea et G[aufrido], filio meo (1), pro salute animarum nostrarum, dedi Deo et monachis Sancte Marie de Trappa, in perpetuam elemosinam, liberam ab omnibus rebus et quietam, viginti solidos ad luminare coram altari Beate Marie de Trappa, recipiendos singulis annis primo die anni, in medietaria quae dicitur Ignis ardeat, per manum ipsius qui eamdem tenuerit vel censum ejusdem receperit. Et, ut hoc immutabile perseveret in perpetuum, ego G[aufridus] vicecomes et A[alis] uxor mea sigillorum nostrorum appositione munivimus presens scriptum. Actum anno gratie M° CC° decimo.

## XVII

1214. — *Guillaume, seigneur de La Ferté-Ernaud, fait don à l'abbaye de la Trappe d'une rente annuelle de dix sous tournois à prendre sur ses moulins de Mortagne.*

### Carta Willelmi domini Feritatis.

Sciant presentes et futuri quod ego, Willelmus, dominus Feritatis Ernaldi, pro salute anime mee et uxoris mee et liberorum et antecessorum meorum, dedi Deo et monachis Beate Marie de Trappa, in perpetuum elemosinam, liberam penitus ab omnibus rebus et quietam, decem solidos annui redditus currentis monete, recipiendos ad festum sancti Remigii per manum illius, quicumque fuerit, qui molendinos meos de Mauritania tenuerit. Et, ut hoc in perpetuum firmum permaneat et stabile, presens scriptum sigilli mei testimonio confirmavi. Actum anno gratie M° CC° quarto decimo.

## XIX

1253. — *Guillaume de Poix, chevalier, vend à l'abbaye de la Trappe, pour une somme de quarante sous tournois, ses droits sur le moulin de Coulhier et ses dépendances, à l'exception des trois aides féodales qu'il se réserve.*

### Carta Willelmi de Peiz.

Noverint universi, presentes et futuri, quod ego, Willelmus de

---

(1) Geoffroy V.

Peiz (1), miles, vendidi et penitus quitavi monachis Domus Dei de Trappa, pro XL<sup>a</sup> solidis turonensium, quos percepi integre ab eisdem, totum jus et districtionem quam habebam et habere poteram qualicumque ratione in molendino de Corlehier (2) et in pertinenciis suis quibuscumque : ita quod, in predicto molendino et in omnibus pertinenciis suis, nichil penitus possum nec potero, nec heredes mei, quocumque modo seu qualicumque ratione, de cetero reclamare, exceptis tribus auxiliis feodalibus, a predictis monachis, mihi et heredibus meis, quando evenerint, tantummodo faciendis. Tenemur etiam ego et heredes mei garantizare et defendere et sub forma prescripta liberare ab omnibus, monachis supradictis, predicta jus et districtionem predicti molendini, et eosdem indempnes penitus conservare. Et, ut hoc firmum etc. Et ad hoc obligavi heredes meos. Actum anno Domini M° CC° L° tercio.

## XXI

1252. — *Odeline de Ranqueroles, fille de feu Eudes de Ranqueroles, Denis Sacheth, sa femme Osenne et ses fils Garin et Jean Pilose, vendent à l'abbaye de la Trappe, pour une somme de onze livres dix sous tournois, le quart du moulin de Coulhier avec ses dépendances.*

### Carta Odeline de Ranquerolis.

Universis presencia inspecturis et audituris, presentibus et futuris, Odelina de Ranquerolis filia defuncti Odonis de Ranquerolis et Dyonisius Sacheth et Osenna uxor ejus, Garinus Pilose et Johannes, filii ejus, salutem in Domino. Noveritis quod nos omnes vendidimus et penitus quitavimus monachis Domus Dei de Trappa, pro undecim libris turonensium, quos integre percepimus ab eisdem, et decem solidis ejusdem monete, quartam partem molendini de Corleher, cum pertinenciis suis : que videlicet quarta pars predicti molendini, cum pertinenciis suis, [erit] predictis monachis et successoribus suis in perpetuum ad faciendam suam penitus voluntatem libere ab omnibus rebus ad nos

---

(1) Poix, village et chapelle, commune de Sainte-Céronne, canton de Bazoches-sur-Hoëne (Orne).
(2) Moulin de Couliet ou Coulhier, sur l'Hoëne, commune de Sainte-Céronne.

et ad heredes nostros et etiam ad quoscumque alios pertinentibus pacifice et quiete, salvo tamem jure capitalium dominorum, scilicet predicti Guillelmi de Feugerons et suorum dominorum. Et, ut hoc firmum etc. Et heredes nostros et nostra omnia ad hoc voluimus obligari. Actum anno Domini M° CC° L° secundo.

## XXII

1252. — *Guillaume de Feugerons confirme la vente précédente.*

### Carta Guillelmi de Feugeros

Ego, Guillelmus de Feugerons, miles, notum facio universis, presentibus et futuris, quod ego concessi et confirmavi monachis Domus Dei de Trappa vendicionem quam fecerunt Odelina, filia defuncti Odonis de Ranquerolis, et Dyonisius Sachet *(sic)* et Osenna, uxor ejus, Garinus Piloise *(sic)* et Johannes, filius ejus, de quarta parte molendini de Corleher, que de me tenebatur, tenendam et habendam predictis monachis libere et pacifice et quiete, salvo jure meorum capitalium dominorum. In cujus rei testimonium etc. Et ad hoc obligavi heredes meos, post me, ad predictam vendicionem garantizandam et defendendam, sicut dominus feodi, predicto modo monachis supradictis. Anno Domini M° CC° L° secundo.

## XXIII

1251. — *Jean de Moire, prêtre, vend à l'abbaye de la Trappe pour une somme de onze livres tournois, le quart du moulin de Coulhier, et Robert de Moire, seigneur du fief, confirme cette vente en stipulant la réserve des douze deniers tournois qui doivent lui être payés chaque année.*

### Carta Johannis de Moire *(sic)*.

Noverint universi, presentes et futuri, quod ego, Johannes de Moire, presbyter, persona ecclesie de Autolio (1), vendidi monachis Domus Dei de Trappa, pro undecim libris turonensium,

(1) Autheuil, commune du canton de Tourouvre, arrondissement de Mortagne Orne)

mihi ab ipsis integre persolutis, totam partem meam molendini de Corleher, scilicet quartam partem predicti molendini, excepta parte molendinarii, tenendam et habendam predictam partem meam predicti molendini predictis monachis cum omni jure et dominio que habebam in eodem molendino et in pertinenciis ejus, ab omnibus rebus ad me et ad heredes meos pertimentibus liberam penitus et quietam. Et, ut hoc firmum, et cetera. Et ad hoc garantizandum dicto modo, salvis tamen serviciis rationabilibus capitalium dominorum, monachis supradictis, et ego Robertus de Moire, dominus feodi et nepos predicti Johannis, predictam vendicionem concedens et confirmans et ratam et gratam habens, salvo jure meo, scilicet duodecim denariis turonensium, mihi et post me heredibus meis a molendinario predicti molendini solvendis pro auxiliis rationabilibus, quando contigerint, faciendis, sigilli mei munime roboravi presens scriptum. Et ego, Gervasius de Noceio (1), dicti feodi dominus capitalis, predictam venditionem concedens similiter et confirmans, ad majorem confirmationem, ex petitione utriusque partis, sigillum meum posui huic scripto, salvis meis serviciis et dominorum meorum. Actum anno gratie M° CC° L° primo.

## XXIV

1252. — *Guillaume de Buat fait cession à l'abbaye de la Trappe d'une rente annuelle de treize sous tournois sur le moulin de Coulhier, avec tous ses droits sur ledit moulin, en échange d'une rente de dix sous tournois léguée à ladite abbaye par feu Guillaume de Buat, son père, et qu'il avait assignée sur sa métairie de la Trapinière.*

### Carta Guillelmi de Buato.

Universis presentes litteras inspecturis, Guillelmus de Buato, salutem in Domino. Noveritis quod, cum ego tenerer annuatim reddere monachis Domus Dei de Trappa decem solidos turonensium, ex legato et elemosina Guillelmi de Buato, patris mei defuncti, et eosdem decem solidos assignavissem annis singulis percipiendos predictis monachis super medietaria mea de Trapi-

(1) Nocé, chef-lieu de canton de l'arrondissement de Mortagne (Orne).

neria, sita in parrochia de Torto Robore (1), in festo Omnium Sanctorum, ego predictus Guillelmus, de consensu et voluntate dictorum monachorum, postea dedi et concessi eisdem tredecim solidos turonensium pro excanbio predictorum decem solidorum, quos XIII solidos heredes defuncti Nicholai de Buato, militis, mihi annuatim in festo sancti Remigii persolvere tenebantur, pro eo quod habebam in molendino de Corleher quod tradideram predicto Nicholao sicut in carta mea, quam de dicta traditione eidem Nicholao tradidi, continetur. Et sciendum quod ego etiam concessi et penitus quitavi totum jus et districtionem que habebam et habere poteram quoquo modo in predicto molendino, monachis supradictis et heredibus Nicolai prenotati ; ita quod in predictis omnibus, nec ego, nec heredes mei, poterimus de cetero aliquid reclamare, sed tenebimur ea garantizare dictis monachis (2) ego et heredes mei et defendere et penitus liberare. Et si forte contigerit ut ego vel heredes mei non possemus predictis tredecim solidos defendere et liberare monachis sepedictis, eosdem caperent in predicta medietaria mea de Trapineria et in ea tota possent facere totam suam justitiam plenarie pro eodem redditu tredecim solidorum turonensium habendo integre cum emenda nisi eis a quocumque eamdem tenente medietariam esset, in dicto festo sancti Remigii persolutus. In quo festo, predicti Nicholai heredes tenebuntur persolvere predictum redditum tredecim solidorum annuatim sub eadem forma qua mihi eos persolvere tenebantur. Et ad hoc agendum heredes meos obligavi. In cujus rei testimonium etc. Actum anno Domini M° CC° L° secundo.

## XXV

1247. — *Robert de Montcolin et son fils Guillaume, chevaliers, donnent à l'abbaye de la Trappe la part qui leur appartient de la mouture du moulin de Coulhier.*

### Carta Roberti de Mont Corlain.

Universis presentes litteras inspecturis, Robertus de Monte Collano (3) et Guillelmus filius ejus, milites, salutem in Domino.

---

(1) Tourouvre, commune et canton (Orne).
(2) *Texte* : meis.
(3) Montcolin, hameau, commune de Saint-Hilaire-lès-Mortagne, canton de Mortagne (Orne).

Noveritis quod nos dedimus, concessimus et confirmavimus, pro salute animarum nostrarum et anime Isabelle domine de Monte Collano, monachis Domus Dei de Trappa, dilectis nostris, in elemosinam perpetuam, liberam ab omnibus rebus penitus et quietam, totam portionem nostram molterie molendini de Corleher, tenendam et habendam sibi in perpetuum, libere et quiete, ad agendam pitanciam conventui in die anniversarii nostri, videlicet quartam partem duarum partium predicti molendini. Hanc autem elemosinam nos et heredes nostri tenemur predictis monachis garantizare, defendere et ab omnibus rebus penitus liberare. Et, ut hoc firmum etc. Actum anno Domini M° CC° XL° septimo.

## XXVI

1251. — *Gereius Le Mercier, sa femme Aufride et sa sœur Héloïse La Mercière vendent à l'abbaye de la Trappe, pour une somme de sept livres tournois, deux pièces de terre situées auprès du Bois-Gerboux.*

### Carta Gereii Le Mercier.

Noverint presentes et futuri quod ego, Gereius Le Mercier, et ego Aufrida, uxor ejus, et ego Heloissa La Merciere, soror predicti Gereii, vendidimus et penitus quitavimus monachis Domus Dei de Trappa pro septem libris turonensium, quas integre recepimus ab eisdem, duas petias terre quas habebamus apud bos cum Gerbont (1), abotantes, ex una parte, limiti que juncta est dicto bosco et, ex altera parte, chemino quo itur de Linerolis (2), apud Bubertreium (3), et sunt juncte terre defuncti Roberti dicti Generis et terre Natalis de Reveleria, tenendas et habendas dictas duas petias terre cum parte nostra prati, eidem terre contigui, predictis monachis et successoribus suis ad faciendam, absque nostri vel heredum nostrorum aliqua reclamatione, de cetero, suam penitus voluntatem. Et, ut hec nostra venditio firma sit, etc. Et heredes nostros obligavimus ad garantizandum et penitus liberam venditionem dictis monachis, salvis serviciis capitalium dominorum. Ego autem Lambertus de Brueroletis,

(1) Le Bois-Gerboux commune de Lignerolles.
(2) Lignerolles, commune du canton de Tourouvre, arrondissement de Mortagne (Orne).
(3) Bubertré, commune du canton de Tourouvre.

gener prenominati Gereii, et ego Aelisia, filia ejus et uxor predicti Lamberti, supradictam venditionem dictis monachis factam a predictis G[ereio] et A[ufrida] et Heloissa La Merciere concedentes et ratam et gratam penitus habentes, ne contravenire valeamus in futurum, vel heredes nostri, sigillorum nostrorum munime confirmavimus presens scriptum. Actum anno gratie M° CC° L° primo.

## XXVII

1252. — *Guillaume de Colle vend à l'abbaye de la Trappe, pour trente-deux sous tournois, trois sous de rente annuelle, monnaie du Corbonnais, à ajouter aux cinq sous quatre deniers de rente qu'il paie déjà à ladite abbaye et à prendre sur ses biens propres.*

### Carta Guillelmi de Colle.

Universis presentes litteras inspecturis Guillelmus de Colle, clericis prepositus, salutem in Domino. Noveritis quod, cum ego et heredes mei teneamur in quinque solidis et quatuor denariis annui redditus et perpetui communis monete corbonensis abbati et conventui Domus Dei de Trappa, cisterciensis ordinis, annuatim ad festum Omnium Sanctorum vel in octava reddendis, postea ego, de assensu et voluntate heredum meorum, vendidi dictis abbati et conventui tres solidos alios annui redditus predicte monete pro triginta et duobus solidis turonensium, quos eisdem debebam de arreragiis dictorum quinque solidorum et quatuor denariorum annui redditus non solutis ; et dictos quinque solidos et quatuor denarios annui redditus et alios tres solidos annui redditus, quos ipsis vendidi, plenarie assignavi super totam hereditatem meam, ubicumque sit, in feodo et dominico, in terris et pratis, sive pasturis et quibuscumque aliis, dictis abbati et conventui, annuatim ad dictum terminum, per manum meam et heredum meorum, reddendos et habendos et in perpetuum possidendos ab omnibus rebus ad quoscumque pertinentibus liberos et quietos ; ita tamen quod, si ego et heredes mei a solutione dicti redditus defecerimus aliquando ad dictum terminum prenotatum, tota hereditas mea in feodo et dominio in terris, hominibus, pratis, pascuis, herbergamentis et quibuscumque rebus aliis, dictis abbati et conventui, absque contradictione mei vel heredum meorum et reclamatione aliqua, remanebit in perpetuum possidenda, salvis serviciis capitalium dominorum ; quam, si ipsis remanserit, ego et heredes mei eis garantizare tenebimur contra omnes Et ne ego et heredes mei contra hoc venire valeamus in futurum, iu hnjus rei testimonium eidem abbati et conventui presentes dedi litteras, sigilli mei munimine roboratas. Quibus ad majorem rei certitudinem et confirmationem sigillum curie archidiaconi corbonensis, mei judicis ordinarii, procuravi apponi, per quod ad hoc tenendum me et heredes meos, si neccesse fuerit, per penam excommunicationis nos compelli. Actum anno gratie M° CC° L° secundo.

## XXVIII

1219. — *Guillaume, évêque de Châlons et comte du Perche, fait don au couvent du Val-Dieu de quarante sous, monnaie du Perche, à prendre chaque année sur ses moulins de Maison-Maugis.*

**Carta Guillelmi, comitis Pertici et episcopi.**

Guillelmus, Dei gratia cathalaunensis episcopus et comes Pertici (1), universis, ad quos littere presentes pervenerint, salutem in Domino. Universitati vestre notum fieri volumus nos dedisse et concessisse in puram et perpetuam elemosinam Deo et ecclesie Beate Marie Vallis Dei et fratribus ibidem morantibus, pro salute anime nostre et antecessorum nostrorum et anniversario faciendo, XL solidos communis monete currentis in Pertico in molendinis nostris de Mesnilmauger (2) per manum prepositi, qui pro tempore erit, annuatim percipiendos hiis terminis subnotatis, videlicet, viginti solidos in Natali Domini et viginti in festo Sancti Johannis Baptiste. Et ne predicti redditus solutio ultra premissos terminos differatur, prepositum, si ultra terminum contra voluntatem predictorum fratrum detinuerit, singulis diebus in sex denariis volumus et precipimus condempnari. Quod, ut ratum et perpetuum, etc. Actum anno Domini M° CC° decimo.

(1) Voir la note de la page 7.
(2) Maison-Maugis, commune du canton de Rémalard (Orne).

## XXIX

1247. — *Guillaume de Bubertré, chevalier, donne à l'abbaye de la Trappe une pièce de terre située dans la paroisse de Bubertré et appelée le Champ-des-Poules.*

**Carta Guillelmi de Bubertreio.**

Universis presentem cartam inspecturis Guillelmus de Bubertreio, miles et dominus, salutem in Domino. Noveritis quod ego, pro salute anime mee et anime Johanne, uxoris mee defuncte, dedi et concessi monachis Domus Dei de Trappa, in elemosinam perpetuam, liberam ab omnibus rebus penitus et quietam, unam petiam terre, unam minam seminis capientem, sitam in parrochia de de Bubertre inter terram Cochart et terram canonicorum Omnium Sanctorum de Mauritania, quam acquisierunt a defuncto Petro Chachin, et vocatur Campus Gallinarum, et est juxta meum dominicum, tenendam sibi in perpetuum et habendam liberam ab omnibus rebus penitus et quietam. Hanc autem elemosinam pic factam ego et heredes mei, post me, tenemur prefatis monachis garantizare et defendere et ab omnibus, sicut supradictum est, liberare. Et, ut hoc firmum, etc. Actum anno Domini M$^e$ CC$^o$ L$^o$ septimo.

## XXX

1247. — *En vertu d'une sentence rendue dans un procès entre les deux communautés, l'abbaye de la Trappe doit céder à la Chartreuse du Val-Dieu tous ses droits sur la métairie de Mafoi, sur douze sous de rente annuelle provenant de Maître Laurent Eneis et sur la maison de Guillaume, feu curé de Saint-Mard-de-Réno ; ladite Chartreuse, en retour, lui paiera une rente annuelle de neuf livres tournois.*

**Compositio facta inter nos et fratres Vallis Dei.**

Universis presentes litteras inspecturis magister Petrus Burdegalensis, archidiaconus Vindocinensis, (1) judex a domino Papa delegatus, et magistri Theobaldus officialis majoris archidiaconi Carnotensis et Fabianus officialis decani Carnotensis, subdelegat[i] a viris venerabilibus abbate Sancti Vincencii de Nemore (2) et

---

(1) Archidiacre de Vendôme (Loir-et-Cher).
(2) Saint-Vincent-des-Bois, abbaye de l'ordre de Saint-Augustin, commune de Saint-Maixme (Eure-et-Loir).

majore archidiacono carnotense, conjudicibus dicti archidiaconi Vindocinensis, salutem in Domino. Noverit universitas vestra quod, cum contentio verteretur inter viros religiosos, abbatem et conventum Domus Dei de Trappa, cisterciensis ordinis, coram nobis auctoritate apostolica, ex una parte, et priorem et conventum Vallis Dei (1), cartusiensis ordinis, ex altera, de eo quod predicti prior et conventus ratione quorumdam privilegiorum, sibi a domino papa indultorum, petebant in jure coram nobis quod dicti abbas et conventus compellerentur ad vendendum omnia que acquisierant infra dimidiam leugam a terminis possessionum predictorum prioris et conventus, secundum rescripti tenorem ad nos directi, tandem, habito bonorum virorum consilio, dictam contentionem pacificavimus in hunc modum, quod predicti prior et conventus habebunt quicquid juris et dominii habebant dicti abbas et conventus in medietaria de Maphetis (2) et duodecim solidis redditus datis eis a magistro Laur[entio] Erneis et in domo defuncti Guillelmi, quondam rectoris ecclesie Sancti Medardi de Renou (3), cum pertinenciis suis, pro novem libris turonensium annui et perpetui redditus, quos dicti prior et conventus predictis abbati et conventui tenentur reddere annuatim in terminis subnotatis, videlicet, ad festum sancti Remigii, quatuor libras turonensium, et, ad Natale Domini, centum solidos turonensium, donec dictas novem libras dictis abbati et conventui predicti prior et conventus alibi assignaverint eque competenter. Et sciendum, quod predicti abbas et conventus infra terminos modernos Vallis Dei non poterunt aliquid de cetero acquirere. Si quid tamen eis datum vel elemosinatum fuerit infra dictos terminos, predicti abbas et conventus, tenentur significare dictis priori et conventui, qui illud datum vel elemosinatum, quotiens voluerint vel potuerint, habere poterunt, dato dictis abbati et conventui equivalenti excambio vel in pecunia vel in justo precio. Si vero habere noluerint infra dictum biennium, dicti abbas [et conventus] illud datum vel elemosinatum libere possidebunt, non obstantibus privilegiis supradictis. Poterunt etiam infra dimidiam leugam que ultra predictos terminos cunctis religiosis ab acquirendo prohibetur, acquirere et omnia que modo habent infra predictos ter-

(1) La Chartreuse du Val-Dieu, commune de Feings, canton de Mortagne (Orne),
(2) Mafoi, commune de Saint-Mard-de-Réno.
(3) Saint-Mard-de-Réno, commune du canton de Mortagne (Orne).

minos pacifice possidebunt, exceptis medietaria et duodecim solidis superius nominatis, non obstantibus privilegiis supradictis. Nos vero presentem oppositionem laudavimus, etc. Actum anno Domini M° CC° XL° septimo.

## XXXI

1245. — *Hugues Espervier fait don à l'abbaye de la Trappe d'une rente de trois sous, réduite, sa vie durant, à douze deniers, à prendre sur une terre, appelée la Mare-d'Hugues, qu'il possède dans la paroisse de Saint-Germain de Soligni.*

### Carta Hugonis Espervier.

Noverint universi, presentes et futuri, quod ego, Hugo Espervier, dedi et concessi, pro salute anime mee et parentum meorum, in elemosinam perpetuam, liberam penitus et quietam, tres solidos annui redditus currentis monete monachis Domus Dei de Trappa assignatos super tota terra quam habeo in parrochia Sancti Germani de Soligneio, sitam juxta Landas (1) inter terras domini de Bosco Guillelmi (2), et vocatur Mara Hugonis, et superius abotat terre defuncti Guillelmi Renaut ; ita quod annuatim in festo sanctis... a quocumque dictam terram tenente dictus redditus integre dictis monachis persolvetur, hoc tamen excepto quod ego in vita mea duodecim denarios tantummodo reddam. Et hoc totum ego teneor garantizare eis et defendere, et heredes mei, post me, similiter tenebuntur ad garantizandum et defendendum, et maxime ad reddendum dictos tres solidos annuatim monachis supradictis. Et, ut hoc firmum. Actum anno M° CC° XL° quinto.

## XXXII

1238 — *Guillaume des Châtelliers transfère à l'abbaye de la Trappe, sous forme de donation, un cens annuel de cent sous tournois que lui devait Guillaume d'Aunay, son neveu.*

### Carta Guillelmi des Chastelers.

Ego, Willelmus des Chastelers (3), notum facio universis quod,

---

(1) Les Landes, commune de Soligni-la-Trappe.
(2) Le Bois-Guillaume, château de la commune de Soligni-la-Trappe, canton de Bazoches-sur-Hoëne, arrondissement de Mortagne (Orne).
(3) Le château des Châtelliers, commune de Lanneray, arrondissement de Châteaudun ; ou les Châtelliers-Notre-Dame, canton d'Illiers (Eure-et-Loir).

cum ego primo dedissem Guibergi de Alneto, sorori mee, quamdam oscham terre apud Alnetum, inter pratum Isenborc et cheminum, ad faciendum ibidem herbergamentum suum, pro portione hereditatis nostre, et secundo illud herbergamentum, sicut possidebat (1), de assensu et voluntate ejusdem Guibergis et Heloisse tunc temporis uxoris mee et etiam W[illelmi] primogeniti mei et Odeline filie mee, heredum meorum, dedissem et concessissem Willemo de Alneto, pellipario, filio dicte sororis mee et nepoti meo, pro suo servicio, sibi et heredibus suis jure hereditario in perpetuum possidendum, reddendo exinde michi et heredibus meis annuum censum centum solidorum turonensium in festo sancti Remigii (2) pro omnibus serviciis ad nos et quoscumque alios pertinentibus; ego postea, de assensu et voluntate Sedille alterius uxoris mee et dictorum heredum meorum necnon et dicti Willelmi de Alneto, pro salute anime mee et dictarum uxorum meorum, monachis de Trappa ibi Deo servientibus dedi et concessi dictum redditum et quicquid habebam dominii vel habere poteram super dictum nepotem meum, ratione dicti herbergamenti sui, eisdem monachis in puram, liberam et perpetuam elemosinam perpetuo possidenda[m]; et eumdem W[illelmum] supradictum de Alneto atornavi eisdem, de voluntate ipsius, et heredes suos ad faciendum pro ipsis de dictis redditu et herbergamento quantum pro me vel pro meis heredibus, secundum quod dictum est, facere tenentur. Istam vero elemosinam teneor ego garantizare dictis monachis bona fide contra omnes et deliberare de omnibus. Meos autem heredes successive ad hoc volui obligari per presentes litteras. Actum anno Domini M° CC° tricesimo octavo.

## XXXIII

1246. — *Martin d'Autheuil vend à Guillaume de Chiray, moyennant soixante sous tournois, une rente annuelle de sept sous assignée sur un héritage sis à Autheuil.*

### Carta Martini de Autolio.

Universis presentes litteras inspecturis, Martinus de Autolio

(1) Il faut peut-être lire *possidebam*.
(2) Le 1ᵉʳ octobre.

et Aalessis uxor ejus, salutem in Domino. Noveritis [quod] nos, de assensu et voluntate heredum nostrorum, vendidimus et concessimus Willelmo de Chiray (1) et ejus heredibus, pro LX<sup>a</sup> solidis turonensium nobis integre persolutis, septem solidos annui redditus communis monete Corboneti (2), et eos eidem Willelmo et ejus heredibus assignavimus super totam hereditatem quam habemus apud Autolium in parrochia Sancte Ceronne (3) per manum nostram vel heredum nostrorum annuatim ad festum Omnium Sanctorum, liberos et quietos de omnibus rebus ad nos et heredes nostros et ad quoscumque alios quoquo modo pertinentibus, reddendos et capiendos et in hereditate perpetua possidendos, vel mandato Willelmi de Chiray memorati. Ita tamen quod, si nos et heredes nostri de reddendo dicto Willelmo et heredibus ejus vel ejus mandato dictum redditum annuatim aliquando defecerimus, dictus Willelmus et heredes sui vel ejusdem mandatum [habentes] licite absque justicia seculari et absque contradictione nostra et heredum nostrorum in dicta hereditate plenariam justiciam poterunt exercere et omnes res in dicta hereditate inventas in manu sua capere et tenere quousque a nobis dictum redditum et heredibus nostris habuerint, cum emenda ad usus et consuetudines Corboneti. Ad hec autem que in presenti pagina continentur firmiter tenenda et fideliter observanda et contra omnes dicto Willelmo et heredibus ejus vel ejusdem mandato garantizanda, nos obligavimus et heredes nostros voluimus penitus obligari per presentes litteras. In cujus rei, etc. Datum anno M° CC° XL° sexto.

## XXXIV

1248. — *Laurent, prévôt de Soligni, et Agnès Labèle, vendent à l'abbaye de la Trappe une pièce de terre dans la paroisse de Sainte Céronne.*

**Carta Laurencii prepositi de Soligneio.**

Universis presentem cartam inspecturis, Laurentius, prepo-

---

(1) Chiray, commune de Saint-Ouen-de-Sècherouvre, canton de Laigle, arrondissement de Mortagne.
(2) Corbon, canton et arrondissement de Mortagne.
(3) Sainte-Céronne-les-Mortagne, canton de Bazoches-sur-Hoêne, arrondissement de Mortagne.

situs de Soligney (1), et Agnes Labele, salutem in Domino. Noveritis quod, cum nos haberemus quandam peciam terre in parrochia Sancte Ceronne inter terram Radulphi Leteissier et terram Galleni Johanne, et abotat ex una parte chemino carnotensi et ex altera Marmerel (2) ; nos, de communi assensu, eamdem peciam terre vendidimus monachis Domus Dei de Trappa pro viginti et quinque solidis turonensium, de quibus nobis plenarie satisfecerunt in pecunia numerata ; et ipsis nos tenemur eamdem peciam terre garantizare, defendere et ab omnibus rebus penitus liberare. Et ad hoc idem agendum post nos heredes nostros obligavimus, et super sacrosancta juravimus quod ratione minoris etatis nec etiam alia aliqua ratione in dicta pecia terre poterimus aliquid de cetero reclamare. Sciendum est insuper quod Fulco de Buato (3), de quo dicta pecia terre tenebatur, dictam peciam terre concessit et sigilli sui impressione confirmavit. Et ut hoc firmum, etc. Datum anno Domini M° CC° XL° octavo.

## XXXV

1247. — *Guillaume Havart et sa femme se reconnaissent redevables envers l'abbaye de la Trappe d'une rente annuelle de sept sous, monnaie courante de Corbon.*

### Carta Guillelmi Havart.

Universis presentem cartam inspecturis, Guillelmus Havart (4) et uxor ejus Orient, salutem in Domino. Noveritis quod, de mandato et atornatione Guillelmi de Chiraio (5), nos et heredes nostri tenemur reddere annuatim in festo Omnium Sanctorum monachis Domus Dei de Trappa septem solidos communis monete corbonensis, ita quod si dictus redditus quem dictus Guillelmus dictis monachis elemosinavit annis singulis in dicto ter-

---

(1) Soligni-la-Trappe, canton de Bazoches-sur-Hoêne, arrondissement de Mortagne (Orne).
(2) La Mare-Morel, commune de Sainte-Céronne.
(3) Le Buat, ancien fief, commune de Lignerolles, canton de Tourouvre. arrondissement de Mortagne (Orne).
(4) Un Guillaume Havart, qui est peut-être le père de celui-ci, est mentionné dans le *Gallia Christ.*, comme bienfaiteur de l'abbaye de Saint-Taurin d'Evreux. (Tom. XI, col 583 )
(5) V. la charte XXXIII où figure déjà Guillaume de Chiray.

mino non fuerit integre persolutus, tota terra quam dicto Guillelmo vendidimus, pro LXa solidis turonensium quos integre habuimus, in manus dictorum deveniet monachorum et eis penitus remanebit libere et quiete possidenda, salvis tantummodo octo denariis pro rebus omnibus inde persolvendis. Et sciendum quod una pecia terre vocatur Campus Reclivi, qui situs est inter terram Guillelmi Arrucart, militis, et terram Rogeri Anglici ; alia vero terre pecia sita est inter terram nostram et terram Nicholai de Buato, militis. Et hanc venditionem ego et dicta Orient, uxor mea, tenemur garantizare dictis monachis sub dicta forma qua dicto Guillelmo tenebamur. Et ad hoc idem similiter faciendum heredes nostros obligamus per presentes litteras. Anno Mo CCo XLo VIIo

## XXXVI

1236. — *Vivien de la Berquière, prêtre, déclare faire les religieux de la Trappe donataires après sa mort de plusieurs pièces de terre lui appartenant dans la paroisse de Bivilliers, de tous ses immeubles de la Berquière et de la moitié de ses cateux, en vue d'avoir sa sépulture dans leur abbaye et d'être, dès le présent, associé à leurs biens spirituels.*

**Carta Viviani de la Bercere.**

Noverint universi presentes et futuri quod ego, Vivianus de Labercere (1), presbyter, dedi et concessi monachis Domus Dei de Trappa, pro salute anime mee, in elemosinam perpetuam, liberam penitus et quietam, duas pecias terre quas acquisivi a Guiardo molendinario, sitas in parrochia de Biviler (2), inter terram Guillelmi Pelerin et terras Roberti Berselone ; et eisdem monachis similiter dedi duas pecias terre quas acquisivi a Guillelmo Moinet, sitas in parrochia de Biviler, quarum una sita est inter terram Rad[ulphi] Balrin ex una parte et terram filii defuncti Garini Berselone ex altera, et alia pecia terre juncta est herbergamento Roberti Moinet juxta medietariam Girardi de Toriel (3), militis ; ita tamen, quod ille qui has duas pecias terre

(1) La Ferquière, commune de Bivilliers.
(2) Bivilliers, commune, canton de Tourouvre, arrondissement de Mortagne (Orne).
(3) Thoriel, commune de Bivilliers.

tenebit nomine monachorum, annuatim in festo sancti Remigii quinque denarios currentis monete Roberto Moinet vel ejus heredibus tenebitur tradere, et facere servicia illius feodi dominorum. Preterea dedi eisdem monachis quamdam peciam terre, quam ego similiter acquisivi a predicto Guiardo molendinario, sitam in parrochia de Biviler inter terram predicti Guillelmi Pelerin ex una parte et terram supradicti Roberti Berselone ex altera, faciendo inde servitia dominorum feodalium que de jure debentur. Insuper eisdem dedi quamdam peciam terre, tria minota seminis recipientem, in feodo Roberti Pepin sitam, que superius jungitur Spine Nigre et inferius terre dicti Roberti, et acostat ex una parte terre proprie ejusdem Roberti et ex altera parte terre Theobaldi dicti Burgensis, reddendo inde annuatim in festo sancti Remigii, pro omnibus serviciis, supradicto Theobaldo Burgensi, de quo dictam peciam terre acquisivi, et ejus heredibus tres denarios. Omnem autem hereditatem de Labercere in pratis, terris, domibus, bosco et herbergamento, quam ego teneo de predictis monachis pro duodecim denariis annui redditus, concessi eisdem monachis habendam in perpetuum et possidendam post decessum, et omnes predictas terras quas a predictis hominibus emi post decessum meum, similiter concessi dictis monachis absque alicujus reclamatione et impeditione habendas in perpetuum et tenendas, ita quod de omnibus his terris et de tota hereditate poterunt ipsi omnino suam facere voluntatem. Et sciendum quod predicti monachi, in quorum domum elegi sepulturam, debent habere ad mortem meam medietatem omnium catallorum meorum ; et ipsi mihi concesserunt ad vitam et ad mortem omnium bonorum suorum spiritualium participationem. Et ut hoc totum, etc. Datum anno Domini M° CC° tricesimo sexto.

## XXXVII

1234. — *Denys Chevrol, chapelain de Poix, fait donation à l'abbaye de la Trappe d'une rente de trois sous, monnaie courante.*

### Carta Dyonisii Chevroel.

Ego, Dyonisius Chevrol, cappellanus de Poiz (1), notum facio

(1) Chapelle-de-Poix, commune de Sainte-Céronne-les-Mortagne, canton de Bazoches-sur-Hoêne, arrondissement de Mortagne (Orne).

universis quod ego, pro salute anime mee, dedi monachis Domus
Dei de Trappa in elemosinam perpetuam, liberam penitus et
quietam, tres solidos currentis monete annuatim reddendos in
festo Omnium Sanctorum ab illo qui tenebit herbergamentum
meum de Havarderia, quod habui de dono Roberti Havart pro
servicio meo, liberum penitus et [quietum ad faciendum inde
voluntatem meam. Omnia quecumque de dicto herbergamento
dominis feodi debebat, convertit penitus in aliam terram suam
quam tenebat de eisdem. Et hoc donum quod assignavi super
dicto herbergamento, ego et heredes mei tenemur garantizare
dictis monachis et liberare, ita quod dictum herbergamentum
tenebitur de eis et poterunt ibidem facere suam justiciam pro
habendo redditu cum emenda. Et ut hoc firmum, etc. Actum
anno Domini M° CC° XXX° quarto.

## XXXVIII

1252. — *Robert de Champs fait don à l'abbaye de la Trappe
d'une rente de deux sous, monnaie courante.*

### [Carta Roberti de Campis].

Ego, Robertus de Campis (1), notum facio universis presentibus et futuris quod ego, pro salute anime mee, dedi monachis
Domus Dei de Trappa duos solidos monete cursalis annui redditus in perpetuum, quos assignavi eis annis singulis in festo
Purificationis sancte Marie virginis super quadam noa abotante
noe Sancti Gervasii de Feins (2) et acostante beezio molendini
novi ex una parte, et ex parte altera Mortue Aque et abotante
noe regis, ab eo qui dictam noam tenuerit eisdem monachis annis singulis persolvendos in dicto termino, liberos et quietos. Et
ut hec elemosina mea firma sit et stabilis in perpetuum, dedi eis
presentem cartam per quam oblivavi (sic) me et heredes meos
post me ad eamdem elemosinam garantizandam et defendendam
et penitus liberandam. Anno M° CC° L° secundo.

(1) Champs, commune du canton de Tourouvre, arrondissement de Mortagne
(Orne).

(2) Feings, commune du canton de Mortagne (Orne).

## XXXIX

1252. — *En échange de propriétés qu'il reçoit dans la paroisse de Bubertré, Jean Martin s'engage à fournir à l'abbaye de la Trappe une rente annuelle de cent-trente sous tournois et diverses autres redevances.*

### Carta Johannis Martini.

Universis presentes litteras inspecturis, Johannes Martin, salutem in Domino. Noveritis quod, cum viri religiosi, abbas et conventus Domus Dei de Trappa tradiderint michi totum illud quod habebant apud Chaagnoveriam (1) sitam in parrochia de Bubertreio (2), excepto redditu et servitio quod debet illis Gaufridus faber, tenendum et habendum michi Johanni predicto et heredibus meis de me ex legitimo matrimonio procreatis et procreandis, pro annuo redditu triginta et centum solidorum turonensium, ipsis annis singulis in Purificatione beate Marie virginis a me et post me ab heredibus meis supradictis reddendorum, et pro una dieta unius falcatoris tempore facienda ipsis annuatim a me et heredibus meis, et pro servitiis dominis capitalibus faciendis a me et a predictis heredibus meis, et pro viginti solidis turonensium, releveii termino, quotiens de morte mea vel heredum meorum predictorum oportuerit relevari, pro unoquoque releveio, ego predictus Johannes Martin de predictis omnibus reddendis predictis abbati et conventui et aliis dominis capitalibus tenendis et fideliter ac firmiter faciendis obligavi me et heredes meos, et unam peciam terre, que vocatur Campus de Rua, abotantem inferius terre Odonis Martin et superius terre Roberti Martin, dedi eisdem in contraplegium ita, quod si ego vel heredes mei defecerimus sive aliquo modo ex hoc predictum illud totum quod michi tradiderunt dimiserimus, tota illa pecia terre ad dictos abbatem et conventum deveniet ad faciendam suam penitus voluntatem, salvis tamen serviciis capitalium dominorum. Et ut hoc firmum, etc... Actum anno Domiui Mº CCº Lº secundo.

(1) La Chénonière, commune de Bubertré.
(2) Bubertré, commune du canton de Tourouvre, arrondissement de Mortagne Orne).

## XL

1252. — *Guillaume des Châtelliers et sa femme font donation à l'abbaye de la Trappe de douze deniers tournois de rente à prendre sur deux maisons sises à Marchéville (?).*

### Carta G[uillelmi] des Chastelers.

Universis presentes litteras inspecturis, Guillelmus des Chastelers (1) et Aoissa uxor ejus, salutem in Domino. Noveritis quod nos, pro salute animarum nostrarum, dedimus monachis Domus Dei de Trappa, in elemosinam perpetuam, liberam penitus et quietam, duodecim denarios turonenses annui redditus et perpetui, quos assignavimus eisdem annuatim in festo Omnium Sanctorum super duabus domibus sitas (sic) apud Marchelvillani (2), quarum una sita est inter domum Gilleberti Bruslart et domum Guillelmi Formi, et altera domus sita est inter domum defuncti Roberti Le Mercier et burdesiam que fuit defuncti Moeleron. Hanc autem elemosynam nos et Engerendus Le Mercer et Gaufridus Le Noble et Jaquelina uxor ejus et heredes eorum qui dictas duas domos tenebunt, predictum redditum duodecim denariorum tenemur et tenebimur de cetero persolvere in predicto termino monachis supradictis. Et ut hoc firmum, etc... Et ad hoc obligavimus predictos Engenrendum et G[aufridum] et Jaquelinam et heredes eorum, etc. [Anno] M° CC° L° secundo.


## XLI

1248. — *Guillaume des Châtelliers dispose d'une pièce de terre, paroisse de Feings, en faveur de l'abbaye de la Trappe pour en jouir après sa mort.*

### Carta ejusdem Guillelmi.

Universis presentes litteras inspecturis, Guillelmus de Chaste-

---

(1) Guillaume des Châtelliers apparaît précédemment comme auteur de la donation de la charte XXXII.

(2) Peut-être Marchéville, commune du canton d'Illiers, arrondissement de Chartres (Eure-et-Loir), ou Marchainville, canton de Longny, arrondissement de Mortagne (Orne).

lers (1), salutem in Domino. Noveritis quod ego, pro salute anime mee et Haoys uxoris mee, dedi Beate Marie de Trappa monachisque ibidem Deo servientibus, in elemosynam perpetuam, quamdam peciam terre mee sitam in parrochia de Fenis que vocatur Campus de Groselier, desuper vineam Colins de Alneto (2), tenendam et habendam dictis monachis jure perpetuo, ita quod, quandiu vixero, si voluero, dictam peciam terre potero possidere, et post decessum meum ad dictos monachos, sine aliquorum heredum meorum contradictione, dicta terra deveniet, ad suam voluntatem penitus faciendam. Et ut hoc firmum, etc... Et sumus condonati ill[is]. Actum anno M° CC° XL° VIII°.

## XLII

1253. — *Robert de Moire se libère d'une rente de trente sous tournois et demi qu'il devait à l'abbaye de la Trappe moyennant la cession de trois pièces de terre et d'une rente de sept sous tournois qu'il fait à ladite abbaye.*

### Carta Roberti de Moire.

Ego, Robertus de Moire, notum facio universis presentibus et futuris quod, cum ego tenerer abbati et conventui Domus Dei de Trappa annuatim in festo Omnium Sanctorum persolvere triginta solidos et dimidium turonensium de redditu sexaginta et unius solidorum turonensium quos eisdem quondam dederat defunctus Gervasius de Mont Rihart, ego, predictus Robertus, pro excambio triginta solidorum et dimidii redditus, dedi predictis abbati et conventui tres pecias terre, quarum una est juncta terre filii Renaudi de Boscheel ex una parte, et abotat inferius et superius duobus cheminis ducentibus de Noerio ad Molendinum de Cortleher et ad Symoneriam et est juncta terre Thome molendinarii; altera pecia terre abotat beezio dicti molendini et chemino quo itur de dicto molendino apud Noerium et jungitur terre Dyonisii Sachet et includitur erga dictum cheminum quodam fossato predicto beezio aboutante; tercia autem pecia terre juncta est ex una parte cuidam pecie terre predicti Thome molendinarii et ex

---

(1) De ce personnage émanent déjà les chartes XXXII et XL.
(2) Launay, commune de Feings.

altera parte terre domini Johannis de Moire, avunculi mei, et abotat a capite uno terre Dyonisii de Cortlehier et a capite alio campo de Roussel ; et septem solidos turonensium annui redditus quos reddebat michi predictus Thomas molendinarius pro herbergamento et terra quam tenebat de me juxta predictum molendinum ; tenenda et habenda, scilicet predictas pecias terre et predictum redditum septem solidorum, prenominatis abbati et conventui cum omni jure et dominio ac districtu que habebam et habere poteram quoquo modo et qualicumque ratione in omnibus supradictis, ab omnibus rebus et hominibus quibuscumque libera penitus et quieta. Quin omnia servicia et redibencias que debentur dominis meis quibuscumque de predictis omnibus ego et heredes mei post me facere tenemur et semper tenebimur super aliud dominium nostrum, quotienscumque evenerint facienda. Et si propter defectum garantizandi et tenendi, deffendendi et penitus liberandi omnia supradicta, aliqua dampna sustinuerint, vel sumptus et expensas fecerint predicti abbas et conventus in placito vel extra placitum, tenemur eisdem resarcire et plenarie satisfacere de eisdem ad plenum dictum unius monachorum suorum, sine alia probatione facienda et sine aliquo sacramento. Et ut hoc maneat firmum, etc... Actum anno Mº CCº Lº IIIº, mense julii.

## XLIII

1253. — *Robert de Moire fait remise à l'abbaye de la Trappe d'une somme de douze deniers tournois qu'elle lui devait à raison du moulin de Coulhier.*

### Item, ejusdem Roberti.

Ego, Robertus de Moire, notum facio universis presentibus et futuris quod, cum dominus Johannes de Moire, avunculus meus, vendidisset abbati et conventui Domus Dei de Trappa quartam partem molendini de Cortlehier, et ego venditionem predictam prenotatis abbati et conventui concessissem et impressione sigilli mei confirmassem, retinendo in eodem molendino michi et heredibus meis duodecim denarios turonenses pro auxiliis rationabilibus, quando evenissent, nobis persolvendos ab abbate et conventu supradictis ; ego, predictus Robertus, postea predictis abbati et conventui dimisi et penitus quitavi predictos duodecim denarios et totum aliud jus et districtionem quam habebam et habere poteram quocumque modo seu quacumque ratione in predicto molendino et in pertinenciis ejus quibuscumque. Ita, quod nec ego nec heredes mei poterimus aliquid in predictis omnibus de cetero reclamare neque justiciam sive districtionem aliquam exercere, sed tenemur ea garantizare predictis abbati et conventui, defendere et liberare penitus bona fide. Et ut maneat, etc. Anno M° CC° L° tercio.

## XLIV

1253. — *Jean de Barillet fait don à l'abbaye de la Trappe d'une pièce de terre sise à Jabrière.*

### Carta Johannis de Barilli.

Ego, Johannes de Barilleio, notum facio universis presentibus et futuris quod ego, pro salute anime mee et Erenburgis, uxoris mee, dedi Deo et monach'is Domus Dei de Trappa in elemosinam perpetuam, liberam penitus et quietam ab omnibus, quamdam peciam terre sitam apud Jabieram, acostantem ex una parte ducteio de Jabieria, et ex altera parte acostat terre relicte defuncti Henrici Bouchier, et abotantem superius terre Guillelmi de Neverz et inferius rivo fontis Jabri. Ita quod ego et heredes mei post me tenebimur eamdem peciam terre et tenemur garantizare, defendere et ab omnibus rebus penitus liberare et de residuo hereditatis mee de cetero deservire. Et ut hoc firmum, etc... Actum anno Domini M° CC° L° tercio.

## XLV

1253. — *Hugues de Bresnart fait don à l'abbaye de la Trappe d'une pièce de terre sise à Saint-Ouen-de-Sècherouvre.*

### Carta Hugonis Bresnart.

Sciant universi quod ego Hugo de Bresnart, miles, dedi et concessi abbati et conventui domus Dei de Trappa, pro salute anime mee et animarum patris mei et matris mee, quamdam peciam terre quam habebam in parrochia sancti Audoeni de sicco Robore (1), sitam inter terram Radulphi de Montchevrel (2) et terram Guillelmi de Colonches (3), aboutantem superius terre Guillelmi de Boschcel et inferius terre Hugonis Le Huluel, tenendam et habendam predictam peciam terre prenotatis abbati et conventui et mandato ipsorum in elemosinam perpetuam, liberam ab omnibus penitus et quietam ; et ad hoc obligavi heredes meos. Et ut hoc firmum, etc... Actum anno Domini M° CC° L° tercio.

## XLVI

1252. — *Hugues Le Prévost fait don à l'abbaye de la Trappe de trois sous de rente annuelle.*

### Carta Hugonis dicti Prepositi.

Ego Hugo dictus Prepositus notum facio universis presentibus et futuris quod ego, pro salute anime mee, dedi Deo et concessi et abbatie domus Dei de Trappa et monachis ibidem Deo servientibus tres solidos annui redditus et perpetui monete currentis in Corboneto, quos assignavi dictis monachis annuatim recipiendos in festo Assumptionis beate Marie virginis (4) ab heredibus meis qui post me tenebunt et habebunt partem meam campi mei Alneoli et cujusdam pecie terre site ad Champ de Bois (5), aboutantis terre Nicholai des Chesveriz, et cujusdam pecie terre site in fundo vallis Sancti Audoeni, aboutantis Campo de Spina a capite uno et a capite altero terre de Bresnardo (6), et adcostantis ex una parte terre Hugonis Huluel (7) et ex altera parte campo Nicholai des Eveiz. Ita quod, si predicti monachi non habuerint predictum redditum infra octabas predicti festi, ipsi poterunt facere suam justiciam pro habendo redditu supradicto in parte

---

(1) Saint-Ouen-de-Sècherouvre, commune du canton de Bazoches-sur-Hoêne, arrondissement de Mortagne (Orne).
(2) Montchevreuil, commune de Saint-Ouen-de-Sècherouvre.
(3) Coulonges-sur-Sarthe, commune du canton du Mesle, arrondissement d'Alençon (Orne).
(4) Le 15 août.
(5) Chaudebois, commune de Saint-Ouen-de-Sècherouvre.
(6) Hugues de Bresnard est nommé dans la charte précédente.
(7) Hugues Huluel ou Le Huluel figure dans la pièce qui précède.

mea peciarum terre supradictarum, hoc adjecto, quod, si forte contigerit quod predicti heredes qui tenebunt partes meas predictarum peciarum terre non velint aut non possint redditum persolvere prenotatum, ego volui et concessi predictis monachis ut ad ipsos deveniant predicte partes predictarum peciarum terre ad faciendum suam penitus voluntatem, absque aliqua reclamatione sive contradictione predictorum heredum seu quorumlibet aliorum, ab omnibus rebus penitus quiete et libere, salvis serviciis capitalium dominorum. Et ut hoc firmum maneat, etc..... Actum anno Domini M° CC° L° secundo.

## XLVII

1253. — *Philippe de Bréthel fait donation à l'abbaye de la Trappe de deux pièces de terre dans la paroisse de Saint-Ouen-de-Sècherouvre.*

### Carta Philippi de Bredel.

Noverint universi presentes et futuri quod ego, Philippus de Beidrel, (1) dedi et concessi monachis Domus Dei de Trappa, pro salute anime mee et animarum patris et matris mee, duas pecias terre sitas in parrochia Sancti Audoeni de sicco Robore, quarum una aboutat ex una parte vie per quam itur des Peiz (2) apud ecclesiam Sancti Audoeni de sicco Robore et ex altera parte noe Nicholai des Eveiz (3), et adcostat in latere uno campo Mathei prepositi et in latere altero semite per quam itur de Chiráyo ad Botereriam ; et altera pecia terre est juncta ruelo quod vocatur Rouel, et abotat noe Nicholai des Eveiz ex una parte et ex altera parte terre predicti Mathei Prepositi et vocatur Campus de Prato : tenendas et habendas duas pecias terre predictis monachis in perpetuum, liberas ab omnibus rebus penitus et quietas, salvis serviciis capitalium dominorum. Ita quod ego et heredes mei in predictis peciis terre nichil poterimus de cetero reclamare, sed tenemur eas predictis monachis garantizare, defendere et ab omnibus rebus penitus liberare, exceptis serviciis supradictis. Et ut firmum, etc... Actum anno Domini M° CC° L° tercio.

(1) Bréthel, commune du canton de Moulins-la-Marche, arrondissement de Mortagne (Orne).
(2) Poix, commune de Sainte-Céronne-les-Mortagne, canton de Bazoches-sur-Hoêne, arrondissement de Mortagne (Orne).
(3) Les Evées commune de Saint-Ouen-de-Sècherouvre.

## XLVIII

1252. — *Hugues Picart, frère et héritier de feu Guillaume Picart, confirme la donation d'une rente de vingt sous tournois faite à l'abbaye de la Trappe par ce dernier pour la fondation d'une pitance à l'anniversaire de sa mort.*

### Carta Hujonis Picart.

Universis presentes litteras inspecturis, Hugo Picart, salutem in Domino. Noveritis quod, cum Guillelmus Picart, defunctus frater meus, dedisset in elemosinam, pro salute anime sue, abbatie Domus Dei de Trappa viginti solidos turonensium ad faciendam pitanciam conventui ejusdem ecclesie in die anniversarii predicti Guillelmi, et eosdem viginti solidos assignasset annuatim percipiendos in medietaria quam acquisierat apud Poteriam (1), ego predictus Hugo, frater et heres predicti Guillelmi, obligavi me et heredes meos post me ad persolvendum predictum redditum viginti solidorum predicto conventui singulis annis infra octabas sancti Andree (2) ad pictanciam, ut dictum est, predicto conventui faciendam, tali modo, quod si predictus redditus infra predictum terminum non fuerit persolutum, predictus conventus sive procurator ipsius poterunt facere justiciam suam in predictam medietariam pro habendo predicto redditu et emenda. Et ut hoc firmum, etc... Actum anno Domini M° CC° L° secundo.

## XLIX

1254. — *Idoine, dame de Courgeon, donne à l'abbaye de la Trappe dix sous tournois de rente pour la fondation d'un anniversaire en faveur de Robert de Courgeon, son mari défunt.*

### Carta Idonee de Corjon domine.

Universis presentes litteras inspecturis, Idonea, domina de Corjon, salutem in Domino. Noverint universi quod ego, pro

---
(1) La Poterie-au-Perche, commune du canton de Tourouvre, arrondissement de Mortagne (Orne)
(2) La saint André, le 30 novembre.

salute anime mee et defuncti Roberti de Corjon (1), militis, quondam mariti mei, et antecessorum meorum, et pro anniversario meo singulis annis faciendo, dedi et concessi abbatie sancte Marie de Trappa decem solidos turonensium annui redditus de proprio meo redditu sito in parrochia Sancti Martini de Sancto Loherio (2), sagiensis dyocesis (3), super tenementum quod tenet a me Guillelmus dictus Carnifex, hereditariens et suis heredibus pertingens, reddendos videlicet singulis annis monachis dicte abbatie vel eorum certo mandato a dicto Guillelmo vel suis heredibus in festo beati Remigii (4), tali conditione apposita, quod si dicti decem solidi turonensium redditus in dicto festo dictis monachis vel eorum mandato a dicto Guillelmo vel ejus heredibus non redderentur, dictus Guillelmus vel ejus heredes pro qualibet ebdomada pro qua solutio fuerit detempta duos solidos turonensium dictis monachis solvere tenerentur. Ita tamen quod dicti monachi super dictum tenementum possent facere justiciam suam et capere nanna si neccesse esset pro dicto redditu, et pena si fuerit commissa, secundum consuetudinem patric generalem, tamen salvo jure capitalium dominorum. In cujus rei, etc... Actum anno Domini M° CC° L° quarto.

## L

1255. — *Mathieu Le Prévost fait don à l'abbaye de la Trappe de trois sous tournois de rente à prendre sur un four.*

### Carta Mathei Prepositi.

Noverint universi presentes et futuri quod ego, Matheus, dictus Prepositus, de la Bercerie de Sancto Audoeno de sicco Robore, de furno Nivelon sancti Michaelis carnotensis dedi, volui et concessi et presenti carta confirmavi, pro salute anime mee, patris et matris mee et Hugonis, fratris mei defuncti (5), Deo et Beate

---

(1) Courgeon, commune du canton et de l'arrondissement de Mortagne (Orne)·
(2) Saint-Loyer-des-Champs, commune du canton de Mortrée, arrondissement d'Argentan (Orne).
(3) Diocèse de Séez.
(4) La saint Remy, le 1ᵉʳ octobre.
(5) Hugues Le Prévost, dont émane la charte XLVI.

Marie Domus Dei de Trappa, cisterciensis ordinis, et monachis ibidem Deo servientibus tres solidos turonensium annui et perpetui redditus, in festo sancti Remigii annuatim a me et heredibus mei in perpetuum persolvendos, quos eisdem assignavi capiendos in quadam pecia terre apud Campum de Bois (1), que adcostat ex una parte terre Roberti de Maris et ex altera terre Marie de Cesneriz, et superius abotat ad Chaucheiz de Chandebois (2) et inferius terre mee quam ibidem habeo. Ita quod si predicti tres solidi in predicto festo predictis monachis a me vel heredibus meis integre annuatim non fuerint persoluti, dicti monachi super dictam peciam terre suam justiciam facere poterunt donec de dictis tribus solidis se tenuerint integre pro pagatis. Et si infra natale subsequeus dicti tres solidi non fuerint persoluti, dicta terra ad ipsos omnino deveniet. Ita quod ego nec heredes mei in dicta pecia terre non poterimus aliquid de cetero reclamare. Et hanc donationem ego et heredes mei post me tenemur dictis monachis bona fide in perpetuum garantizare, defendere et ab omnibus liberare, quam dicti monachi possidebunt in perpetuum libere, pacifice et quiete. Et ut hoc firmum, etc... Actum anno Domini M° CC° L° quinto.

## LI

1254. — *Guillaume Larchier et Isabeau, sa femme, vendent à l'abbaye de la Trappe une terre sise dans la paroisse de Saint-Ouen-de-Sècherouvre.*

Universis presentes litteras inspecturis, Guillelmus Larchier, carnifex, et Isabellis, uxor ejus, salutem in Domino. Noveritis quod nos vendidimus et penitus quitavimus viris religiosis, abbati et conventui domus Dei de Trappa, cirterciensis ordinis, pro sexaginta solidis turonensium, quos habuimus integre et recepimus ab eisdem, totam terram quam habebamus ex dono defuncti Roberti Le Franc in parrochia Sancti Audoeni de Sicco Robore, sitam apud le Hamel in tribus tornalliis (3) junctis insi-

---

(1) Chandebois, commune de Saint-Ouen-de-Sècherouvre.
(2) Id.
(3) *Tornaglium* est défini par Du Cange *instrumentum quod aquae vi versatur*; dans un texte qu'il cite à l'appui, on voit *aliquod molendinum seu tornaglium*. Il est probable que le copiste a écrit ici *tornalliis* pour *jornaliis* et qu'il s'agit simplement de *trois journaux de terre*.

mul. Et aboutat predicta terra superius cuidam chemino per quod itur apud molendina, et inferius terre Girardi de Hamel. Tenendam et habendam predictam totam terram et in perpetuum possidendam de cetero libere, pacifice et quiete ab omnibus rebus pertinentibus ad quoscumque quoquo modo. Et nos et heredes nostri tenemur et in perpetuum tenebimur predictam terram totam garantizare, defendere et ab omnibus rebus, ut dictum est, penitus liberare religiosis supradictis et eosdem in omnibus et per omnia indempnes penitus observare, omnia bona nostra mobilia et immobilia et heredes nostros ad hoc obligantes. Et ut hoc maneat firmum et stabile in perpetuum, dedimus predictis religiosis presentes litteras, sigillorum nostrorum munimine roboratas. Et ego, Johannes Le Franc, predictam venditionem predicte terre concedens et confirmans, presentes litteras sigilli mei munimine roboravi, ad precem utriusque partis, nichil penitus in predicta terra michi et meis heredibus retinens in futurum. Actum anno Domini M° CC° L° quarto.

## LII

1254. — *Les religieux de l'Hôtel-Dieu de Mortagne déclarent avoir fait remise à Guillaume Larcher d'une rente de douze deniers sur une terre lui appartenant, dans la paroisse de Sècherouvre.*

**Carta Domus Dei de Maurit[ania].**

Universis presentes litteras inspecturis, Henricus, procurator Domus pauperum de Maurit[ania], et fratres ejusdem domus, salutem in Domino. Noveritis quod nos quitavimus ac dimisimus Willelmo Larcher (1) duodecim denarios annui redditus quos habebamus super terram ipsius sitam in parrochia de Sicco Robore, in feodo Johannis de Bellaies, ita quod de dicta terra et de dicto redditu predictus Guillelmus suam plenarie faciat voluntatem, sine contradictione et reclamatione nostri in posterum facienda. In cujus rei, etc... Actum anno M° CC° L° IIII°.

---

(1) Voyez, sur ce Guillaume Larcher ou Larchier, la charte précédente.

## LIII

1255. — *Jean Erneis confirme aux religieux de la Trappe, du Val-Dieu et de Chênegalon, moyennant six livres seize sous tournois, la possession d'une terre que leur avait attribuée feu Laurent Lacroix.*

### Carta Johannis Erneis.

Universis presentes litteras inspecturis, Johannes Erneis, Bancrius Mauritanie, salutem in Domino. Noveritis quod, cum defunctus Laurencius Crucis contulisset viris religiosis et honestis abbati et conventui Domus Dei de Trappa, cirterciensis ordinis, et priori et conventui Vallis Dei, cartusiensis ordinis, et magistro et fratribus Quercus Galadonis, ordinis Grandis Montis (1), pro salute anime sue, in elemosinam perpetuam, liberam ab omnibus rebus penitus et quietam, quamdam peciam terre aboutantem ex una parte chemino quo itur de Bellismo (2) ad Mauritaniam superius, et inferius semite que est in valle per quam itur de Rivellon (3) apud Mauritaniam, et adcostat ex una parte terre defuncti Guillelmi Gauduni et terre Radulfi Copel ex una parte ; ego, prenominatus Johannes Erneis, prenominatis religiosis antedictam peciam terre concessi et confirmavi habendam et tenendam et mandato ipsorum in elemosinam perpetuam, liberam ab omnibus rebus penitus et quietam, pro sex libris et quindecim solidis turonensium quos ab eisdem religiosis accepi et habui integre et percepi pro concessione hac et confirmatione. Et ut hoc maneat firmum et stabile in perpetuum, ego, prenominatus Johannes Erneis, dedi supradictis religiosis presentes litteras, sigilli mei munimine roboratas, per quas ego obligavi me et heredes meos ad garantizandam supradictam peciam terre predictis religiosis et mandato eorum et defendendam contra omnes et ab omnibus penitus liberandam. Actum anno Domini M° CC° L° quinto.

---

(1) Notre-Dame de Chênegalon, prieuré de l'Ordre de Grandmont, commune d'Eperrais, canton de Pervenchères (Orne).
(2) Bellême, arrondissement de Mortagne (Orne).
(3) Réveillon, commune du canton et de l'arrondissement de Mortagne (Orne).

## LIV

Novembre 1255. — *Gervais Binet s'engage à payer chaque année, à l'abbaye de la Trappe, une rente de huit sous tournois, en échange d'un pré reçu à charge de cens féodal.*

### Carta Gervasii Binet.

Universis presentes litteras inspecturis, Gervasius Binet, salutem in Domino. Noverit universitas vestra quod, cum viri religiosi, abbas et conventus Domus Dei de Trappa, cisterciencis ordinis, michi et heredibus meis tradiderint in feodalem censum annuum quamdam peciam prati quam habebant in feodo de Cuirées (1) super calceiam Montis Isemberti (2), sitam inter prata canonicorum ecclesie Omnium Sanctorum de Mauritania (3) hinc et inde, et abotantem ex una parte aque que Herina (4) nuncupatur et ad pratum Guillelmi de Cuirées ex altera, quod ego et heredes mei exinde annuatim reddere tenebimur octo solidos turonensium annui redditus seu census ad festum Omnium Sanctorum vel infra octabas dicti festi dictis religiosis vel eorum successoribus, tali apposita conditione quod, si ego vel heredes mei in solutione dictorum denariorum cessaverimus per annum dictum pratum ex tunc ad dictos religiosos plenius et pacifice revertetur, sine contradictione vel reclamatione aliqua mei vel meorum heredum supra dicta pecia prati de cetero facienda. Dedi insuper et concessi dictis religiosis in complegium duos solidos turonensium annui census, annuatim percipiendos dictis religiosis et eorum successoribus, super prato meo quod teneo de feodo de Mesneria (5), sito juxta pratum Dyonisie dicte Hylaric, prope pratum dictorum canonicorum. Si contigerit quod ego vel heredes mei in solutione dictorum octo solidorum turonensium annui census per annum cessaverimus, quos duos solidos turonensium annui census ex tunc singulis annis percipient et habe-

(1) Curée, commune de la Ménière, canton de Bazoches-sur-Hoëne (Orne).
(2) Chaussée de Mont-Isembert, commune de Buré, canton de Bazoches-sur-Hoëne (Orne).
(3) Collégiale de Toussaint à Mortagne.
(4) L'Erine, affluent de la Sarthe.
(5) La Ménière, commune du canton de Bazoches-sur-Hoëne, arrondissement de Mortagne (Orne).

bunt dicti religiosi ad festum Omnium Sanctorum super prato meo antedicto, sine contradictione aliqua mei et heredum meorum super hoc de cetero ex tunc facienda, dicta pecia prati quam michi tradiderint ipsis religiosis et eorum successoribus nichilominus remanente. Sciendum est etiam quod ego vel heredes mei dictum pratum meum non poterimus aliquo modo alienare quin dicti religiosi et eorum successores super eodem dictos duos solidos turonensium annui census annuatim termino percipiant et habeant supradicto, ex quo cessaverimus a solutione dictorum octo solidorum turonensium annui census per annum. Et ad premissa omnia facienda et ad implenda et dictis religiosis et eorum successoribus garantizanda et defendenda et erga dominos capitales deservienda in omnibus et per omnia, me et heredes meos obligavi et obligo et volo et volui obligari. In cujus rei testimonium dedi dictis religiosis presentes litteras sigillo meo sigillatas. Et ad majorem confirmationem, presentibus litteris sigillum meum una cum sigillo curie sagiensis apposui. Actum anno gracie M° CC° L° quinto, mense novembris.

## LV

1256. — *Mathieu de Bois-Landry confirme, en la portant au double, une donation faite par feu Raoul Payen, son père, à l'abbaye de la Trappe, d'une rente de cinq sous tournois qu'il assigne sur sa métairie de Bois-Landry.*

### Carta Mathei de Bosco Lamdri.

Universis presentes litteras inspecturis, Matheus de Bosco Lamdri (1), salutem in Domino. Noveritis quod, cum Radulfus dictus Paganus, miles, pater meus jam defunctus, dedisset pro salute anime sue Deo et monachis Domus Dei de Trappa, cisterciensis ordinis, quinque solidos turonensium annui et perpetui redditus, ego predictus Matheus, filius ejus primogenitus, dictum redditum approbans et confirmans addidi dictis quinque solidis, pro salute anime mee, quinque alios solidos in elemosinam perpetuam, liberam penitus et quietam. Quos, cum aliis quinque

---

(1) Bois-Landry, commune de Champrond-en-Gatine (Eure-et-Loir), ancien fief vassal de Nogent-le-Rotrou.

dictis solidis, videlicet insimul decem solidos, assignavi dictis monachis annuatim in festo Omnium Sanctorum super medietariam meam de Bosco Lamdri, sine contradictione aliqua ant dilatione in perpetuum capiendos. Quos etiam decem solidos quicumque dictam medietariam tenuerit, similiter dictis monachis in dicto termino persolvere tenebitur. Quod si dicti decem solidi non fuerint in dicto termino dictis monachis integre persoluti, ego et heredes mei aut quicumque dictam medietariam tenebunt, septem solidos dictis monachis cum supradictis decem solidis tenebimur solvere pro emenda. Et hanc donationem a me dictis monachis factam teneor bona fide eisdem garantizare, defendere et ab omnibus in perpetuum ab omnibus *(sic bis)* liberare. Ad quod similiter faciendum heredes meos omnes pari sententia obligavi per presentes meas litteras, quas dedi dictis monachis sigilli mei munimine roboratas. Actum anno Domini M° CC° L° sexto.

## LVI

1252. — *Jean Le Franc donne à l'abbaye de la Trappe un abergement et une maison à Saint-Ouen-de-Sècherouvre.*

### Carta Johannis Le Franc.

Noverint universi presentes et futuri quod ego, Johannes Le Franc, dedi et concessi monachis Domus Dei de Trappa, pro salute animarum patris et matris mee et antecessorum et uxoris mee, totum illud quicquid habebam et habere poteram in herbergamento et domo quam habebam ex Symone de Comblehaut, cantore Omnium Sanctorum de Mauritania, apud Sanctum Audoenum de Sicco Robore prope ecclesiam, ita quod nec ego nec heredes poterimus in eis scilicet herbergamento et domo aliquid de cetero reclamare. Sed ego et heredes mei tenemur et tenebimur ab omnibus garantizare et defendere et penitus liberare, salvis servitiis meorum capitalium dominorum. Et ut hoc maneat firmum et stabile in perpetuum, ego predictus Johannes dedi predictis monachis presentes litteras, sigilli mei munimine roboratas, per quas obligavi me et heredes meos ad hoc, ut in predictis non possimus aliquid juris sive districtionis seu rei cujuslibet reclamare vel exercere. Actum anno Domini M° CC° L° secundo.

## LVII

1256. — *Gervais de Longpont confirme une donation de rente de cinq sous tournois faite par Raoul de Longpont, son père défunt, et Jeanne, sa mère, à l'abbaye de la Trappe.*

### Carta Gervasii de Longo Ponte.

Universis presentes litteras inspecturis, Gervasius, filius defuncti Radulphi de Longuo Ponte (1), salutem in Domino. Noveritis quod, cum Radulfus, pater meus, et Johanna, mater mea, pro salute animarum suarum et liberorum suorum, dedissent Deo et Beate Marie de Trappa, cisterciensis ordinis, et monachis ibidem Deo servientibus quinque solidos turonensium annui et perpetui redditus, annuatim in festo sancti Remigii capiendos super unam peciam terre centum boissellos sementis, sitam in parrochia de Basochis (2), acostantem ex una parte terre defuncti Gervasii de Vilers, et ex altera terre defuncti Gervasii Le Cerf, et superius abotantem terre à l'Espagnol et inferius chemino quo itur de Vilers (3) apud Champeaus (4), in elemosinam perpetuam, liberam ab omnibus rebus penitus et quietam, quam dictus Radulfus, pater meus et dicta Johanna, mater mea, uxor ipsius, acquisierant de Roberto Patore; ego dictus Gervasius, filius dicti Rad[ulfi], dictam elemosinam dictis monachis a dicto R[adulfo] patre meo et J[ohanna] matre mea factam volui, concessi et presenti carta mea confirmavi, ita quod, si dicti quinque solidi supra dictam peciam terre assignati in dicto festo sive infra octabas ipsius non fuerint integre persoluti, dicta pecia terre ad dictos monachos integre deveniet, et eam sine reclamatione aliqua mei vel heredum meorum libere, quiete et pacifice in perpetuum possidebunt. Et hanc donationem ego et heredes mei tenemur bona fide dictis monachis sub conditione predicta garantizare, defendere et ab omnibus penitus liberare. Similiter et ego

---

(1) Longpont, commune de La Ménière, canton de Bazoches-sur-Hoêne.
(2) Bazoches-sur-Hoêne, chef-lieu de canton de l'arrondissement de Mortagne (Orne).
(3) Villiers, hameau et château, commune de Bazoches-sur-Hoêne.
(4) Champeaux-sur-Sarthe, commune du canton de Bazoches-sur-Hoêne.

Johanna, uxor dicti Rad[ulfi] defuncti, matris dicti Gervasii de Longo Ponte, volui et concessi et per appositionem sigilli mei presentibus litteris, dictam donationem sub forma predicta confirmavi, ita quod ego in dicta pecia terre, si dicti quinque solidi dicto festo non fuerint integre persoluti, nichil de cetero ratione aliqua reclamabo, sed dicti monachi dictum redditum ante dictum festum a dicto Gervasio petent vel suis, aut, si non petierint aut dicti quinque solidi soluti non fuerint, dicta pecia terre dictis monachis nunc maneret. Quod ut firmum maneat et stabile in perpetuum, ego dictus Gervasius de Longo Ponte presentem cartam dedi dictis monachis sigilli mei munimine roboratam. Actum anno Domini M° CC° quinquagesimo sexto.

## LVIII

1236. — *Robert de Marches, peaussier, donne à l'abbaye de la Trappe une rente annuelle de cinq sous, assignée sur une terre sise en la paroisse de Soligny*

### Carta Roberti, pelliparii, de Marches.

Noverint universi presentes et futuri quod ego, Robertus, pelliparius, de Marches, de assensu Agnetis, uxoris mee, et heredum meorum, dedi, pro salute animarum nostrarum, monachis Domus Dei de Trappa, in elemosinam perpetuam, liberam penitus et quietam, quinque solidos annui redditus monete currentis in Corboneto, persolvendos eis annuatim in Ascensione Domini a me et heredibus meis post me, tali siquidem pactione quod, si dictus redditus prefato termino eisdem integre solutus non fuerit a me vel heredibus meis, dicti monachi facient justiciam suam pro dicto redditu super terram quam ego teneo de Ra[dulfo] de Valnoise (1) in parrochia Soligneii ; super quam terram dictis monachis assignavi dictum redditum capiendum. Et sciendum quod dicta terra abotat ex una parte pratis de Valnoise, ex altera campo David, et adcostat terre elemosinariorum des Bons-Molins (2) ex una parte, et terre Garini Gillebert ex altera. Quam

---

(1) Vaunoise, commune de Soligni-la-Trappe.
(2) Bonmoulins, commune du canton de Moulins-la-Marche, arrondissement de Mortagne (Orne).

terram ego non possum vendere, dare aut invadiare nisi salvo prefato redditu monachorum, nec heredes mei post me. Hec autem omnia predicta teneor garantizare dictis monachis contra omnes et ab omnibus liberare, et ad hec idem heredes meos volu; obligari. Quod ut firmum sit in perpetuum, presentem cartam sigilli mei munimine roboravi. Datum anno gracie M° CC° XXX° sexto.

## LIX

Mars 1257. — *Etienne de Marnes et Alice, sa femme, vendent à l'abbaye de la Trappe sept arpents de prés que ladite Alice avait reçus en dot de Guérin de Brézoles, son père. (Voyez la charte LX).*

### Carta Stephani de Marnis.

Universis presentes litteras inspecturis, Stephanus de Marnis et Aalicia, uxor ejus, salutem in Domino. Noveritis quod, cum Garinus de Bruerol (1), defunctus, acquisisset a Guillelmo Corbin quedam prata, cujus acquisitionis carte tenor talis est : « Noverint universi presentes et futuri quod ego, Guillelmus Corbin, de assensu et voluntate Johanne, uxoris mee, et heredum meorum, vendidi et concessi Garino de Bruerol, Johanne ejus uxori et eorum heredibus, pro triginta libris turonensium quas integre habui in pecunia numerata, tria arpenta pratorum in uno anno, et quatuor arpenta pratorum in alio anno, que tria arpenta sita sunt inter molendinum Berout (2) et La Cochardere, et junguntur ex una parte pratis a la Hoirele et ex altera parte junguntur dimidio arpento prati quod est Roberti dicti Fabri; et predicta quatuor arpenta sita sunt inter dictum molendinum et La Cochardere, et ex una parte junguntur pratis Richardi de Maris et ex altera parte pratis heredum defuncti Philippi Quarrel, militis; inter Becium et Mortuam Aquam sita sunt predicta tria arpenta et quatuor. Que tria arpenta et quatuor communia erant michi et Roberto dicto Fabro, qui dictorum trium et quatuor arpentorum medietatem possidet nomine canonicorum ecclesie Omnium Sanctorum de Mauritania. Dicta vero tria et quatuor

---

(1) Brézolles, chef-lieu de canton, arrondissement de Dreux (Eure-et-Loir).
(2) Berou, commune du canton de Brezolles.

arpenta ego et dictus Robertus dictus Faber tali modo partiri consuevimus, quod alter nostrum habebat in uno anno tria arpenta et in alio quatuor, ita quod, quando ego habebam dicta tria arpenta, dictus Robertus dicta quatuor arpenta habebat, et e converso. Dicta tria et quatuor arpenta tenenda et habenda dictis Garino, Johanne uxori ejus et eorum heredibus et jure hereditario in perpetuum possidenda libere et quiete de omnibus servitiis, talliis, auxiliis, relevatione, omni exactione et rebus aliis ad me et ad heredes meos et quoscumque alios pertinentibus quoquomodo, reddendo exinde tantummodo michi et meis heredibus tres denarios monete corbonensis ad Pascham Domini annuatim. Et ego et heredes mei dictos tres denarios a dicto G[arino] J[ohanna] uxore ejus et eorum heredibus requirere tenebimur annuatim. Et ego et Johanna, uxor mea, et heredes nostri dicta forma dictis G[arino], J[ohanne] uxori ejus et eorum heredibus garantizare tenemur et defendere contra omnes. Et proinde converti et retinui sub residuo totius hereditatis mee de residuo dictis pratis servicia quibuscumque debita facienda. Ad hec autem fideliter firmiterque servanda et garantizanda, ut dictum est, ego Guillelmus et dicta uxor mea nos astrinximus prestitis corporaliter juramentis. Ut hoc autem firmitatis robur obtineat in futurum et ne contra hoc de cetero veniamus, ego Guillelmus Corbin et Johanna, uxor mea, dictis Gar[ino] et J[ohanne] uxori ejus litteras istas concessimus et fecimus, sigillorum nostrorum munimine roboratas, per quas ad hec tenenda heredes nostros successive volumus obligari. Actum anno Domini M° CC° L° quarto, mense martio. » Et cum predictus Garinus de Brueroles nobis Stephano et Aalicie, filie predicti Garini, dedisset predicta prata in maritagium habenda et tenenda eodem modo quo ea acquisierat, nos, prenominati Stephanus et Aalicia uxor ejus, de communi assensu et voluntate, predicta pratorum arpenta vendidimus viris religiosis, abbati et conventui Domus Dei de Trappa, cisterciensis ordinis, pro viginti libris turonensium quas habuimus integre et percepimus ab eisdem in pecunia numerata, habenda et tenenda in perpetuum sibi et successoribus suis, ab omnibus rebus supradictis, in litteris prenominati Guillelmi Corbin contentis, et etiam ab omnibus ad nos et heredes nostros pertinentibus quocumque modo libere penitus et quiete. Et ut hoc maneat firmum et stabile in perpetuum, nos predicti Stephanus et Aalicia dedimus antedictis religiosis presentes litteras, sigillorum nostrorum munimine roboratas, per quas obligavimus nos et heredes nostros predictis religiosis et omnia que tenemus de ipsis ac omnia alia bona nostra mobilia et immobilia ad garantizanda, defendenda contra omnes et ab omnibus liberanda predicta arpenta pratorum sub forma prescripta, reddendo predictos tres denarios predicto Guillelmo et suis heredibus a dictis religiosis in festo et modo et forma contentis in litteris predicti Guillelmi Corbin superius annotatis. Actum anno Domini M° CC° L° septimo, mense martio.

## LX

[Mars] 1244. — *Guillaume Corbin vend à Guérin de Brézoles, pour trente livres tournois et à charge d'une rente annuelle de trois deniers, ses droits sur sept arpents de prés qu'il possédait conjointement avec Robert Lefèvre.*

### Carta Willelmi Corbin.

Noverint universi presentes litteras inspecturis quod ego, Willelmus Corbin, de assensu et voluntate Johanne, uxoris mee et heredum meorum, vendidi et concessi Garino de Brueroles, Johanne, ejus uxori, et eorum heredibus, pro triginta libris turonensium quas integre habui in pecunia numerata, tria arpenta pratorum in uno anno et quatuor arpenta pratorum in altero anno, que tria arpenta sita sunt inter molendinum Berout et La Cochardere et junguntur ex una parte pratis à la Hoirele et ex altera parte junguntur dimidio arpento quod est Roberti dicti Fabri ; et predicta quatuor arpenta sita sunt inter dictum molendinum et La Cochardere et ex una parte junguntur pratis Richardi de Maris et ex altera parte pratis heredum defuncti Philippi Carrel, militis ; inter becium et Mortuam Aquam sita sunt predicta tria arpenta et quatuor. Que tria arpenta et quatuor communia erant michi et Roberto dicto Fabro. Quorum dictorum trium et quatuor arpentorum medietatem possidet nomine canonicorum ecclesie Omnium Sanctorum de Mauritania. Dicta vero terra et quatuor arpenta ego et dictus Robertus dictus Faber tali modo partiri consuevimus. quod alter nostrum habebat in uno anno tria arpenta et in alio quatuor, ita quod, quando ego habebam dicta tria arpenta, dictus Robertus dicta quatuor arpenta habebat, et e converso. Dicta tria arpenta et quatuor tenenda et habenda dictis Garino, Johanne uxori ejus et eorum heredibus, et jure hereditario in perpetuum possidenda libere et quiete de omnibus serviciis, talliis, auxiliis, relevatione, omnium exactione et rebus aliis ad me et heredes meos et quoscumque alios pertinentibus quoque modo, reddendo exinde tantummodo michi et heredibus meis tres denarios monete corbonensis ad Pascha Domini annuatim. Et ego et Johanna uxor mea et heredes mei dictos tres denarios a dicto G[arino], Jo[hanna] uxore ejus et eorum heredibus requirere tenebimur annuatim. Et ego et Jo[hanna] uxor mea et heredes nostri dicta prata libere et quiete sub dicta forma dictis G[arino], J[ohanne] uxori ejus et eorum heredibus garantizare tenemur et defendere contra omnes. Et proinde converti et retinui sub residuo totius hereditatis mee de dictis pratis servicia quibuscumque debita facienda. Ad hec autem fideliter firmiterque servanda et garantizanda, ut dictum est, ego Willelmus Corbin et Johanna uxor mea dictis Garino et J[ohanne] uxori ejus litteras istas concessimus et fecimus sigillorum nostrorum munimine roborari, per quas ad hec tenenda heredes nostros sucessive volumus obligari. Actum anno Domini M° CC° quadragesimo quarto.

## LXI

1258. — *Silvestre Corbin approuve la vente faite par Etienne Oger de Marnes et Alice, femme de ce dernier, à l'abbaye de la Trsppe* (Voyez la charte LIX).

### Carta Silvestri Corbin.

Universis presentes litteras inspecturis, Silvester Corbin, salutem in Domino. Noveritis quod ego volui, laudavi et concessi viris religiosis, abbati et conventui de Trappa, cisterciensis ordinis, venditionem quam Stephanus Ogeri de Marnis et Aalicia, uxor ejus, fecerunt dictis religiosis, abbati et conventui de Trappa, videlicet tria arpenta prati que sita sunt inter molendinum Berout et La Cochardere, et quatuor arpenta que junguntur pratis Richardi de Maris et pratis defuncti Philippi Carrel, militis. Que tria arpenta et quatuor sita sunt inter Becium et Mortuam Aquam, que communia erant prenominato Stephano et Aaïcie et Roberto dicto Fabro. Qui dictus Robertus Faber dictorum trium et quatuor arpentorum medietatem possidet nomine canonicorum ecclesie Omnium Sanctorum de Mauritania. Que supradicta prata defunctus Garinus de Brueroles acquisierat a Guillelmo Corbin (1), jam defuncto, retentis sibi tribus denariis annui redditus, in Pascha dicto Guillelmo et ejus heredibus reddendis a prefatis religiosis, abbate et conventu. Hanc autem venditionem supradictorum pratorum ego, predictus Silvester Corbin, teneor garantizare sepedictis religiosis, abbati et conventui de Trappa et defendere contra omnes, tamquam dominus feodi, et ab omnibus ad me et ad heredes meos et etiam quoscumque alios quoquo modo [pertinentibus] liberare penitus et quittare, reddendo predictos tres denarios predicto Guillelmo et ejus heredibus a dictis religiosis. In cujus rei testimonium dedi presentes litteras antedictis religiosis, sigilli mei munimine roboratas, per quas obligo me et heredes meos ad omnia predicta garantizanda et defendenda contra omnes, sub forma prescripta, dictis religiosis et ab omnibus penitus liberanda. Datum anno Domini M° CC° L° octavo.

## LXII

1258. — *Gervais de Boschel fait avec l'abbaye de la Trappe un échange et une vente de rentes.*

### Carta Gervasii de Boscheel.

Universis presentes litteras inspecturis, Gervasius de Boscheel et Agnes, uxor ejus, salutem in Domino. Noveritis quod nos dedimus et concessimus in excambio viris religiosis, abbati et conventui Domus Dei de Trappa duos solidos et quinque denarios annui redditus pro duobus solidis et quinque denariis redditus quos dictis religiosis tenebantur reddere annuatim Girardus Piloese et heredes ejus de feodo de La Piloescre, quod ipse et participes ejus tenebant de dictis religiosis. Et vendidimus eisdem religiosis et concessimus, pro viginti solidis turonensium, quos ab ipsis habuimus integre, duos solidos et tres denarios annu$^i$ redditus; quos predictos quatuor solidos et octo denarios monete

---

(1) Voir la charte précédente.

cursalis in Corboneto Thomas molendinarius de Croch debebat nobis de terra quam tenebat de nobis apud Corleher in campo de Jarrieto. Et habebunt et tenebunt predicti religiosi de cetero in perpetuum predictos quatuor solidos et octo denarios predicte moncte, pro excambio predictorum duorum solidorum et quinque denariorum et pro predictis viginti solidis et pro omni jure et dominio que dicti religiosi habebant in predicto feodo de La Piloesere, ratione predictorum duorum solidorum et quinque denariorum, a predicto Thoma et heredibus suis in festo Omnium Sanctorum annua im, ab omnibus rebus libere penitus et quiete. Predicta autem pecia terre de qua debetur predictus redditus abotat terre Dyonisii de Corleher et adcostat prato Nicholai des Eveiz juxta Mortuam Aquam, et abotat fosse Girardi Gamin et adcostat ex altera parte terre religiosorum predictorum. Et sciendum quod nos et heredes nostri tenemur et in perpetuum tenebimur garantizare, defendere et ab omnibus et contra omnes liberare predictum redditum quatuor solidorum et octo denariorum in omni jure, dominio et districtu que habebamus in predicta pecia terre religiosis supradictis, vel alibi in nostra hereditate propria, valore ad valorem excambiare, si forte aliquando hoc quod predictum est facere non possemus. Et ut hoc maneat firmum et stabile in perpetuum, dedimus antedictis religiosis presentes litteras, sigillorum nostrorum munimine roboratas, per quas obliga vimus nos et heredes nostros predictis religiosis ad agenda et tenenda fideliter ac firmiter omnia supradicta. Actum anno Domini M° CC° L° octavo.

## LXIII

1258. — *Nicolas de Buat s'engage à payer à l'abbaye de la Trappe une rente annuelle de sept sous en échange d'une pièce de terre et d'une redevance annuelle d'un boisseau de blé.*

**Carta Nicholai de Buato.**

Universis presentes litteras inspecturis, Nicholaus de Buato, filius Nicholai defuncti de Buato, militis, salutem in Domino. Noveritis quod, cum viri religiosi abbas et conventus tradiderint et concesserint michi unam peciam terre junctam ex una parte terre que fuit predicti Nicholai, patris mei, et ex altera parte magno fossato, et est inter cheminum quo itur de Prato Potini (1) apud Mauritaniam et viam per quam itur directe de domo defuncti Tustanni ad domum defuncti Odonis Hoberel, tenendam michi et meis heredibus et habendam in perpetuum cum uno boissello frumenti quod debebat ipsis Rogerus Chardon de quadam petia terre juncta supradicte terre et cum omni jure quod habebant in dictis peciis terre, pro septem solidis monete cursalis in Corboneto annui redditus ipsis et successoribus suis a me et ab heredibus meis persolvendis pro omnibus ad ipsos et ad quoscumque pertinentibus, in festo Omnium Sanctorum annuatim, tali modo, quod si predictus redditus infra octabas predicti festi non fuerit ipsis persolutus, ipsi poterunt facere suam justiciam super predictam terram, donec de dicto redditu eisdem fuerit satisfactum. Et de emenda, ad usus et consuetudines Corboneti. Et cum, ut hoc maneat firmum et stabile in perpetuum, dederint michi prenominati religiosi suas litteras, suo sigillo roboratas, per quas obligaverint se ad garantizandam predictam terre peciam, cum predicto boissello frumenti et omni jure supradicto, michi et heredibus meis et penitus sub predicta forma liberandam, ego predictus Nicholaus obligavi me et heredes meos in perpetuum ad redditum supradictum ipsis et suis successoribus persolvendum sine contradictione aliqua, sub forma prescripta, in termino prenotato, per presentes litteras quas in hujus rei testimonium et confirmationem dedi predictis abbati et conventui, sigilli mei munimine roboratas. Actum [anno] Domini M° CC° L° octavo.

## LXIV

Avril 1258. — *Geoffroy Malnourri vend à l'abbaye de la Trappe, pour la somme de trente-quatre livres tournois, un abergement sis dans la paroisse Saint-Jean, à Mortagne.*

### Carta Gaufridi Malnorri.

Ego, Gaufridus dictus Malnorri, notum facio universis presentibus et futuris quod ego vendidi viris religiosis, abbati et conven-

(2) Prépotin, commune du canton de Tourouvre (Orne).

tui Domus Dei de Trappa pro triginta quatuor libris turonensium, quas habui ab eisdem integre et recepi, totum herbergamentum quod habebam in parrochia Sancti Johannis de Mauritania (1) cum platea et domo et omnibus pertinenciis suis. Quod herbergamentum situm est inter domum Philippi dicti Cocci et domum Stephani de Boeriis, generis Helyoth, et jungitur a parte posteriori muro Domini Regis et a parte anteriori chemino quo itur de porta Normannie ad portam aquariam. Et habebunt antedicti religiosi predictum herbergamentum totum integre de cetero in perpetuum cum suis pertinenciis, ab omnibus rebus quibuscumque ad me et ad meos heredes et ad quoscumque alios pertinentibus, libere penitus et quiete. Et ut hoc maneat firmum et stabile in perpetuum, ego predictus Gaufridus dedi predictis religiosis presentes litteras, sigilli mei munimine roboratas, per quas ego obligavi me et meos heredes et bona mea ad garantizandum predictum herbergamentum et defendendum contra omnes predictis religiosis et penitus liberandum, salvo tamen jure Domini Regis si aliquid jus in eo habere debuerit, et ipsos religiosos indempnes super hoc conservandos, ad hoc insuper me astringens sacramento seu juramento prestito corporali. Actum anno Domini M° CC° L° octavo, mense aprilis.

## LXV

1258. — *Eudes Le Feutrier donne à l'abbaye de la Trappe une pièce de terre sise dans la paroisse de Saint-Hilaire.*

### Carta Odonis Le Feutrier.

Sciant universi presentes et futuri quod ego, Odo Le Feutrier, dedi et concessi Deo et monachis Beate Marie de Trappa, cisterciensis ordinis, pro salute anime mee et patris et matris mee, unam peciam terre, acostantem ex una parte terre Engenol Hardoin, in parrochia sancti Hylarii (2), in elemosinam perpetuam, liberam penitus et quietam, salvo tamen [jure] capitalium dominorum. Quam elemosinam ego, dictus Odo Le Feutrier, teneor

---

(1) L'église Saint-Jean a été détruite pendant la Révolution.
(2) Saint-Hilaire-les-Mortagne, commune des canton et arrondissement de Mortagne (Orne).

garantizare et defendere contra omnes dictis monachis fideliter et firmiter et ab omnibus liberare. Ad quod similiter faciendum heredes meos post me volui obligari. Si vero dictam peciam terre ego vel heredes mei dictis monachis non potuerimus garantizare, nos tenemur sepedictis monachis dictam peciam terre valore ad valorem in hereditate nostra propria excambiare. Quod ut firmun et stabile permaneat in perpetuum, ego sepedictus Odo dedi presentes litteras prenominatis monachis, sigilli mei munimine roboratas, in confirmationem et testimonium dicte rei. Actum anno M° CC° L° octavo.

## LXVI

1258. — *Girard Le Sage, du consentement d'Isabelle, sa femme, vend à l'abbaye de la Trappe, pour cent sous tournois, un abergement à Bellefilière et deux pièces de terre.*

[Carta Girardi dicti Sapientis].

Noverint universi presentes et futuri quod ego, Girardus dictus Sapiens, vendidi et concessi viris religiosis, abbati et conventui Domus Dei de Trappa pro centum solidis turonensium, quos ab eisdem habui et percepi, totum herbergamentum quod habebam apud Bellefileriam (1), et duas petias terre, quarum una sita est in campo de Spina et adcostat ex una parte elemosine monachorum de Tyron (2) et aboutat chemino de Labevroer, altera pecia terre juncta est terris dictorum religiosorum de Marseis et aboutat ex una parte chemino de Boeriis et ex altera parte terris de Bordeleis ; que omnia ego tenebam de eisdem religiosis, scilicet herbergamentum et duas pecias terre ; habenda et tenenda predicta omnia ab omnibus rebus ad me et ad meos heredes pertinentibus libere penitus et quiete, ita quod ego et heredes mei non poterimus in predictis herbergamento et peciis terre aliquid de cetero reclamare. Et ut hoc maneat firmum et stabile in perpetuum, ego dedi eisdem religiosis presentes litteras, sigilli mei munimine roboratas. Ego autem, Ysabella, uxor predicti Girardi, venditionem omnium predictorum ratam habens et concedens,

---

(1) Bellefilière, hameau, commune de Saint-Hilaire-les-Mortagne.
(2) Thiron (Eure-et-Loir), abbaye de l'Ordre de Saint-Benoit.

presentes litteras sigilli mei munimine roboravi, obligans me ad hoc, quod in predictis omnibus non possum nec potero aliquid ratione dotis seu alterius rei cujuslibet reclamare. Actum anno Domini M° CC° L° octavo.

## LXVII

1233. — *Robert Martin, Gélain Le Comte, son beau-frère, et Asceline, sa sœur, vendent à Philippe de Bubertré, prêtre, pour six livres tournois, deux pièces de terre contiguës.*

**Carta Roberti, filii Viviani.**

Ego, Robertus, filius defuncti Viviani Martini, et Gelanus, filius Willelmi de Chorrel, dicti Comitis, et Ascelina, uxor ejus, soror mea, notum facimus universis presentes litteras inspecturis quod nos domino Philippo de Bubertreio, presbytero, pro sex libris turonensium quas nos habuimus, duas pecias terre sitas in uno continuo, que recipiunt semen duorum sextariorum bladi, vendidimus ; quarum peciarum dictus Vivianus, pater meus, dedit in maritagium dicto Gelano unam ; altera sita est juxta terram domini Willelmi de Bubertreio, militis : Que sunt dicti Viviani, patris mei ; dictas duas terre pecias dicto Philippo et cuicumque illas conferre voluerit in puram et perpetuam elemosinam possidendas, liberam et immunem de omnibus serviciis et rebus omnibus spectantibus ad quoscumque. Ad hec autem tenenda fideliter et servanda et garantizanda sub dicta forma dicto Philippo et cuicumque dictam terram contulerit et ab omnibus dicto modo liberanda, ego et dictus Gelanus et dicta A[scelina], uxor sua, nos astrinximus, datis corporaliter juramentis, et ad eadem tenenda similiter heredes nostros per presentes litteras voluimus obligari, sigillorum nostrorum munimine roboratas Quibus dictus W[illelmus] de Bubertreio, miles, dominus feodi capitalis, qui dicta manucepit garantizare sub dicta forma dicto Ph[ilippo] et ejus mandato, sigillum suum apposuit, ad peticionem nostram, in confirmationem et favorem et testimonium predictorum. Actum anno gracie M° CC° tricesimo tertio.

## LXVIII

1239. — *Mathieu de Mont-Goubert, tenu, en vertu d'une donation de ses ancêtres, à une rente annuelle de cinq sous envers l'abbaye de la Trappe, assigne ladite rente sur une terre sise à la Ménière, le revenu qui la constituait à l'origine ayant passé aux mains d'un tiers.*

### Carta Mathei de Mont-Goubert.

Universis presentes litteras inspecturis, Matheus de Mont-Goubert (1), salutem in Domino. Noverint universi quod, cum ego tenerer annuatim persolvere in festo sancti Remigii quinque solidos monachis de Trappa libere et quiete de rebus omnibus, quos iidem monachi de dono antecessorum meorum habebant apud Maharu (2), assignatos in quadam terra quam Gillebertus Bille tenere solebat quia dictus redditus in portione domine Eremburgis de Campis, nomine dotis, quamdiu vivet habendus eidem contigit, et ego eumdem redditum nequeam ad presens dictis monachis ab eadem E[remburge] liberare, ego postea dictos quinque solidos eisdem assignavi apud Mesneriam, habendos annuatim ad dictum terminum per manum Willelmi Malart et heredum suorum eo modo et eo jure quibus illos michi reddere tenebantur, et de illis persolvendis eisdem monachis dictum Willelmum penitus atornavi sub hoc modo, quod quanto (*sic*) ego dictos quinque solidos apud Maharu assignatos a dicta E[remburge], domina mea, liberavero, dicti monachi presentes litteras michi reddere tenebuntur, [et ego dictos quinque solidos reddere tenebor] eisdem, habendos sicuti prius habebant et in puram, liberam et perpetuam elemosinam pacifice possidendos. In cujus rei testimonium presentes litteras sigilli mei munimine confirmavi, per quas me et heredes meos ad hoc tenendum fideliter dictis monachis sub dicta forma volui obligari. Actum anno gracie M° CC° tricesimo nono.

(1) Mont-Goubert, commune de Saint-Julien-sur-Sarthe, canton de Pervenchères, arrondissement de Mortagne (Orne).

(2) Mahéru, commune du canton de Moulins-la-Marche, arrondissement de Mortagne (Orne).

## LXIX

12 mai 1260. — *Robert de Moire abandonne, moyennant quarante sous tournois, tous les droits qu'il pouvait avoir sur les biens que les religieux de la Trappe ou leurs hommes possédaient à Boisselle, La Fauvellière et ailleurs dans l'étendue de son fief.*

### Carta Roberti de Moire

Universis presentes litteras inspecturis, Robertus de Moire, salutem in Domino. Noveritis quod ego concessi et penitus quitavi viris religiosis, abbati et conventui Domus Dei de Trappa totum illud sive omnia quecumque ego et mei heredes habebamus et habere poteramus quocumque modo in omnibus hiis quecumque ipsi et homines eorum tenebant et habebant apud Boesseel et apud Fauvelleriam et alibi in feodo meo ubicumque ; ita quod in predictis omnibus ego et heredes mei non poterimus aliquid penitus de cetero reclamare nec aliquam justiciam qualemcumque modo quolibet exercere. Pro hac autem omnimoda quitatione, predicti religiosi dederunt michi XL solidos turonensium, de quibus me teneo pro pagato. Et ut hoc firmum maneat et stabile in perpetuum, ego predictus Robertus dedi predictis religiosis presentes litteras, mei sigilli munimine roboratas, per quas volui me et meos heredes ad hoc agendum et tenendum firmiter obligari. Actum anno gracie M° CC° LX°, quarto ydus maii.

# C

## Incipit de Aquila [1] et circa partes illas.

### I

1136. — *Richer II, seigneur de Laigle, confirme à l'abbaye d'Aulnay les donations de terres, droits et rentes qui lui avaient été faites par Gauburge et Guillaume d'Apres.*

**Carta prima.**

In nomine sancte et individue Trinitatis. Anno ab incarnatione Domini $M^o C^o$ tricesimo $VI^o$. Notificamus tam presentibus quam futuris quod Gerburgis, mater Guillelmi Goidi de Asperis, et omnes filii ejus, predictus Goidus et Richardus Diaconus, Gillebertus Paganus et Galterus, dederunt Viviano, abbati de Alneto (2), et fratribus suis locum et terram que prius dederant Rad[ulpho], presbytero, de Crusladio (3), ipso presbytero concedente. Et unam carrucatam terre dederunt ab divisione quam ostenderunt usque ad aquam Arve (4) cum omnibus pratis. Concesserunt etiam predicti fratres ut proprii porci monachorum pargant sine pasnagio in omnibus nemoribus. Iterum volumus sciri quod Guillelmus de Asperis, dapifer, de Aquila, dedit eisdem monachis quicquid habebat ultra haias in plano et bosco et $XX^{ti}$ solidos de redditu suo quos habebat in theloneo de Aquila, ad Purificationem sancte Marie singulis annis monachis reddendos. Pre-

---

(1) Laigle, chef-lieu de canton, arrondissement de Mortagne.

(2) Vivien, qui était encore abbé en 115? (*Gall. christ.*, XI, 443). — L'abbaye d'Aunay, de l'ordre de Citeaux, au diocèse de Bayeux, passait pour avoir été fondée par Jordan de Saio et Lucie, sa femme. Elle fut enrichie par Richard de Humet, connétable du roi d'Angleterre. (Migne, *Dictionn. des Abbayes*).

Les premiers moines qui peuplèrent l'abbaye de la Trappe venaient de la communauté d'Aunay. (*Gallia christ.* t. XI, col. 747.)

(3) Crulai, canton de Laigles.

(4) L'Avre, affluent de gauche de l'Eure, dans laquelle il se jette un peu en aval de Dreux, après avoir arrosé Verneuil et Nonancourt.

dictorum concessu dominorum, hec munera ego Richerius, Dei gratia dominus de Aquila, concedo et confirmo in eternum permansura. Concedo insuper consuetudines illorum esse liberas et quietas in tota terra mea et in theloneo et in omni seculari donatione. Horum munimen testes sunt, etc...

II

1211. — *Gilbert II, seigneur de Laigle, confirme à l'abbaye de la Trappe tous ses droits, possessions et privilèges, dans l'étendue de son fief.*

### Carta Gilleberti de Aquila.

Sciant presentes et futuri quod ego, Gillebertus, dominus Aquile, pro salute anime mee et antecessorum meorum, concessi et concedo Deo et monachis de Trappa omnes elemosinas liberas penitus et quietas ab omnibus rebus quas habebant in feodo meo et hominum meorum, scelicet : Contrebis, Lacheondere, et terram de Hericoneria ad vallem Lejard, et locum quem tenuerunt heremite ad Barras, et apud Aquilam unam plateam extra muros in foloneria, et in prefectura Aquile unum miliare harengorum et dimidium pro platea quam habere debebant infra muros et pro quitatione guesde, que reddenda sunt annuatim prima die mar tis quadragesime cum quodam alio miliari quod ipsi habebant annuatim in eadem prefectura, et viginti solidos annui redditus de dono Willelmi de Feritate (1) in dicta prefectura, et medietariam quamdam juxta foramen Jaujupe, et quietam libertatem emendi et vendendi, transportandi res suas per totam terram meam. Et ho_ minibus dictorum monachorum concessi et concedo omnem libertatem et quitanciam per totam terram meam manentibus in predictis elemosinis, ita quod in predictis hominibus et elemosinis nullum michi vel heredibus meis retinui nisi tantummodo *geddam* (2) et eternam a domino retributionem. Et ut hoc ratum sit, etc... Actum anno M° CC° undecimo.

(1) Guillaume de la Ferté-Fresnel. — La Ferté-Fresnel, chef-lieu de canton, arrondissement d'Argentan (Orne).
(2) Ce mot étrange, sans doute d'origine germanique, ne se trouve pas dans Du Cange ; il parait avoir quelque parenté avec *gelt, geld*, et signifierait alors *compensation, récompense.*

## III

[S. d.]. — *Richer, seigneur de Laigle, notifie et confirme la donation de la terre du Bois-Hardi, paroisse de Cisai, faite par Gautier de Charnelles à l'abbaye de la Trappe.*

### Carta Richerii de Aquila.

Richerius, de Aquila dominus, omnibus hominibus suis et universis fidelibus, salutem. Notum sit universis, tam presentibus quam futuris, quod Galterus de Carnaliis (1), pro salute anime sue et antecessorum suorum et liberorum, dedit monachis Domus Dei de Trappa terram de Bosco Hardi (2), quod est in parrochia de Cisie, a feodo de Cace usque ad inferiorem viam, ad tenendum in perpetuam elemosinam libere et quiete. Hujus autem elemosine Silvester, filius ejus, coram Willelmo priore, capellano meo, et Gilleberto Laboiste et Gilleberto Laval, senescalco meo, et Garino de Carneliis et aliis compluribus ad tenendum affidavit et in presentia mea concessit Et hujus elemosine donum Garinus de Carneliis, de cujus feodo predicta est elemosina, coram me concessit. Et ego hanc donationem contestor. Et ut predicti fratres libere in perpetuum possideant concedo et in presenti carta confirmo coram his testibus, etc...

## IV

[S. d.] — *Guillaume de Mont Colin accorde à l'abbaye de la Trappe une rente annuelle de vingt-six sous huit deniers d'Anjou à prendre sur la prévôté de Laigle.*

### Carta Guillelmi de Monte Collain

Guillelmus de Monte Collano, cunctis fidelibus, salutem. Sciatis me dedisse et presenti carta mea confirmasse Deo et monachis Sancte Marie de Trappa, in elemosinam perpetuam, liberam et quietam ab omni servitio et seculari consuetudine, pro salute

---

(1) Charnelles, commune de Verneuil, arrondissement d'Evreux (Eure).
(2) La terre du Bois-Hardi.

anime mee et antecessorum meorum, XX$^{ti}$ VI solidos et octo denarios andegavenses, in prepositura de Aquila annuatim reddendos a preposito quocumque prefecturam tenente, in die Purificationis Beate Marie, cum aliis XX$^{ti}$ solidis quos predicti monachi habent in eadem prefectura ad eumdem terminum ex dono Willelmi de Asperis (1), dapiferi, de Aquila. Hanc elemosinam concesserunt et fideliter tenendam promiserunt dilectus frater meus Robertus de Monte Collano et R., filius meus. Et ego, Gillebertus de Aquila, hanc elemosinam concessi et de cetero, ne ab aliquo malignante infringi valeat aut pertubari, sigillum meum cum sigillo predicti Willelmi presenti carte ob firmitatem et testimonium apposui.

V

[S. d.]. — *Guillaume de la Ferté-Fresnel accorde à l'abbaye de la Trappe une rente annuelle de vingt sous tournois sur la prévôté de Laigle et trois bourgeois dans la même ville.*

### Carta Willelmi de Feritate Fresnel.

Noverint tam presentes quam futuri quod ego, Willelmus de Feritate Fresnel, consentiente et condonante Symone, fratre meo, pro salute anime mee et antecessorum meorum, dedi et concessi Deo et ecclesie Beate Marie de Trappa et monachis ibidem Deo servientibus, in perpetuam, liberam et quietam elemosinam, viginti solidos turonensium, percipiendos annuatim in prepositura Aquile, et tres burgenses quos habebam in eadem villa, qui reddunt annuatim duos solidos turonensium et sex denarios. Et ut hec mea donatio et concessio robur optineat debite libertatis vel firmitatis, presentis scripti pagina, cum sigilli mei munimine, eam roboravi, testibus istis, etc...

---

(1) Il est question de cette donation dans la charte I de la présente série.

## VI

1240. — *Guillaume de Fontenil fait don à l'abbaye de la Trappe d'une rente de deux sous, monnaie courante, à recevoir du meunier de son moulin de Mérouvelle.*

### Carta Guillelmi de Fontenil.

Universis ad quos presens carta pervenerit, Guillelmus de Fontenil (1), miles, salutem. Noverit universitas vestra quod ego, pro salute anime mee, Guillelmi, patris mei, et matris mee et antecessorum meorum, dedi et elemosinavi in quietam et puram et liberam elemosinam Deo et ecclesie Beate Marie de Trappa et viris religiosis ibidem Deo servientibus duos solidos monete currentis publice per Normanniam, percipiendos annuatim ad Penthecostem in molendino meo de Merouel (2) per manum mulnerii illius molendini, ita quod nichil aliud poterunt exigere nec in illo molendino nec in mulnerio. Et ut hec elemosinatio mea rata et stabilis in perpetuum teneatur, istam presentem cartam sigilli mei munimine roboravi, Actum anno M° CC° XL°.

## VII

1241. — *Nicolas d'Estoni donne à l'abbaye de la Trappe dix sous annuels de rente à prendre sur les quarante sous de rente que lui devait Nicolas Le Charron pour une maison à Laigle.*

### Carta Nicholai d'Estoni.

Noverint universi presentem cartam inspecturi quod ego, Nicholaus de Estoni, dedi, pro salute anime mee et antecessorum meorum et successorum, monachis Domus Dei de Trappa, in elemosinam perpetuam, liberam ab omnibus rebus penitus et quietam, decem solidos in redditu meo XL$^a$ solidorum apud Aquilam, que michi solvere tenetur annuatim Nicholaus Le

---

(1) Fontenil, commune de Saint-Sulpice-sur-Rille, canton de Laigle.
(2) Mérouvelle, commune de Laigle.

Charron et heredes ipsius post eum de domo quam tenet de me dictus N[icholaus] jure hereditario in eadem villa. Que domu sita est inter domum Roberti Potrel et domum Nicholai Clopel. Hos decem solidos prefatus Nicholaus Le Charron et heredes sui post eum singulis annis in Pascha prefatis monachis absque contradictione aliqua solvere tenebuntur. Si vero dictam domum, quod absit, aliquo casu fortuitu (sic) depperire contigerit, dictus N[icholaus] et heredes sui post eum vel quicumque plateam ubi dicta domus sita est tenuerint, omni occasione postposita, dictos decem solidos prefatis monachis persolvent. Et ut hec elemosina firma sit, etc... Et ad hoc idem fideliter et firmiter tenendum, heredes meos obligavi. Actum anno M° CC° X L° I°.

## VIII

1226. — *Mathieu de Montgoubert cède aux religieux de la Trappe une pièce de terre pour recouvrer en échange une rente de quinze sous que feue Mabille, sa femme, avait aumônée à l'abbaye.*

### Carta Mathei de Mont-Goubert.

Noverint universi presentes et futuri quod ego, Matheus de Montgouberti, miles, dedi et assignavi in elemosinam perpetuam, liberam ab omnibus rebus penitus et quietam, monachis Domus Dei de Trappa unam peciam terre de dominico nostro in Valle Gelata, sicut monstrata est et limitata et sicut adcostat terris eorumdem monachorum ab utraque parte vallium et juxta Contrebis, Joncheria a doteio Arve usque ad fossata que facta sunt ad certas metas ne contentio posset oriri in posterum, pro quindecim solidis annui redditus, quos bone memorie Mabilia, quondam uxor mea, dedit eis pro salute anime sue et mee et nostrorum filiorum. Et ut hoc firmum, etc... Actum anno Domini M° CC° XX° sexto.

## IX

1242. — *Vivien Bérart déclare avoir donné à l'abbaye de la Trappe une pièce de terre vers Contrebis.*

**Carta Viviani Berart.**

Ego, Vivianus Berart, notum facio universis presentes litteras inspecturis quod ego, pro salute anime mee et uxoris mee, et antecessorum et successorum meorum, dedi Deo et Beate Marie de Trappa, in elemosinam perpetuam, liberam ab omnibus rebus penitus et quietam, quamdam peciam terre apud Les Abevroors versus Contrebis, sitam inter terram Garini de Noa et terram Guillelmi Marcel. Hanc autem elemosinam ego teneor garantizare et ab omnibus eis penitus liberare, vel valore ad valorem in alia hereditate mea excambiare. Et ad hoc idem tenendum et faciendum post me heredes meos penitus oblivavi (sic) per presentes litteras, sigilli mei munimine roboratas. Actum anno Domini M° CC° XL° secundo.

## X

1210. — *Robert Le Vicomte approuve la vente de la terre du Bois-Hardi faite par Hugues de Montfort, son vassal, à Gautier de Garrié, à condition que ce dernier lui fasse hommage chaque année, à Pâques, d'éperons d'or.*

**Carta Roberti Vicecomitis.**

Notum sit omnibus quod ego, Robertus Vicecomes, concessi Waltero de Garrie marchetum quod fecit Hugo de Monte Forti de terra de Bosco Hardi, quam ille Hugo de me tenebat, sibi et heredibus suis de me et heredibus meis libere et quiete tenendam tali conditione, quod dictus Walterus reddet michi annuatim quedam calcaria aurea, videlicet ad Pascham. Actum fuit hoc anno gracie M° CC° X°. Ut autem firmum sit et stabile, etc...

## XI

1232. — *Guillaume de Jarriet étant devenu propriétaire de la terre du Bois-Hardi, aliénée par un abbé de la Trappe, et ne croyant pouvoir la posséder sans péché parce que c'est une terre aumônée, la rend à l'abbaye moyennant restitution du prix d'acquisition.*

### Carta Willelmi de Jarrieto.

Universis presentem cartam inspecturis, Willelmus de Jarrieto, miles, eternam in christo salutem. Universi[tati] vestre notum facio quod, cum Guillelmus, quondam abbas Domus Dei de Trappa (1), et ejusdem loci conventus vendidissent totam terram et boscum quod habebant in parrochia de Cisie (2), juxta boscum de Guinegaut, a feodo de Gace (3) usque ad inferiorem viam, et dicta terra cum bosco ad me devenisset, ad petitionem G[alterii ?] (4) abbatis de Trappa, anno gracie M° CC° XXX° secundo, reddidi dicte abbatie de Trappa, consilio prudentum virorum, totam terram cum bosco cum eam, quum elemosina erat, sine peccato tenere non valerem, reddita michi inde pecunia quam acceperant, videlicet sexaginta quinque libris turonensium et uno pullo de haratio. Teneor autem supradicta omnia abbatie prefate garantizare bona fide et liberare, maxime a dotibus et ab omni parentela mea, et heredes mei post me similiter. Et ut hoc firmum, etc... Actum anno gracie prenotato.

(1) Cet abbé Guillaume est inconnu des auteurs du *Gallia Christiana* qui ne mentionnent aucun abbé de ce nom avant 1276. (Tom. XI, col. 749). D'ailleurs, il semble résulter d'une inspection minutieuse du manuscrit que le nom de Guillelmus a été écrit pour remplacer un autre nom effacé, probablement Gervasius. L'abbé Gervais Lambert mourut en 1173. *(Gallia Christ.*, ibid., col 748).

(2) La terre du Bois-Hardi, commune de Cisai-Saint-Aubin, canton de Gacé. La charte III est relative à une première acquisition de cette terre déjà faite par l'abbaye.

(3) Gacé, chef-lieu de canton, arrondissement d'Argentan (Orne).

(4) L'abbé Gautier, appelé aussi Adam. Il obtint en 1189, de Rotrou IV, comte du Perche, une confirmation des biens de l'abbaye. En 1202, il suivit en Syrie Renaud de Dampierre. Il mourut postérieurement à 1236, après avoir obtenu plusieurs bulles de papes en faveur de son abbaye. (*Gallia Christ.* tom. XI, col. 748-749).

## XII

1241. — *Guillaume de Jarriel reconnait ne pouvoir exercer aucun droit sur la terre aumônée que l'abbaye de la Trappe possède, paroisse de Cisai, dans son fief.*

### Carta W[illelmi] de Jarrie.

Noverint universi presentem cartam inspecturi quod ego, Willelmus de Jarreio, miles, et heredes mei non possumus nec debemus facere aliquam justiciam, pro qualicumque re in elemosina monachorum Domus Dei de Trappa quam habent in feodo meo in parrochia de Ciseio, videlicet a feodo de Gaceio usque ad inferiorem viam (1); et tenemur dictam elemosinam garantizare predictis monachis in omnibus libertatibus in quibus eam tenebant antequam ad manus antecessorum meorum et meas devenisset. Et ut hoc firmum, etc... Actum anno gracie M° CC° XL° primo.

## XIII

1226. — *Philippe de Montfort cède aux religieux de la Trappe six acres de terre en échange de trois mines de blé qu'ils prenaient sur le moulin d'Aunay, à Saint-Evroult-de-Montfort.*

### Carta Philippi de Montfort.

Noverint universi presentes et futuri quod ego, Philippus, miles, dominus Montis Fortis, dedi monachis Domus Dei de Trappa sex acras terre apud Fonteleiam Ullee, quas Godefridus Sellonis de me tenebat, in excambio trium minarum bladi quod ipsi habebant in molendino de Alneto, sito apud Sanctum Ebrulfum de Montfort (2), de dono Alexandri de Grantval, militis. Has autem sex acras tenebit dictus Godefridus, et heredes sui post eum

---

(1) Il s'agit encore ici de la terre du Bois-Hardi. V. la charte précédente et la charte III.

(2) Saint-Evroult-de-Montfort, commune du canton de Gacé.

de monachis prefatis in perpetuum, per novem solidos turonensium annui redditus, in festo sancti Mathei (1) persolvendos. Hoc totum concedo libere et quiete, salva molta mea et consuetudinibus de vendendo et emendo de hominibus qui essent in dicta terra residentes. Et ut hoc firmum, etc... Actum anno gracie M° CC° XX° sexto

## XIV

1230. — *Beaudoin de la Fangée donne à l'abbaye de la Trappe, en échange d'un setier de blé qu'il lui avait cédé précédemment, une rente de cinq sous tournois sur sa terre de Coulimer.*

### Carta Baldini de la Fangee (2).

Noverint universi presentem cartam inspecturi quod ego, Balduinus de la Fangée, miles, dedi, de assensu et voluntate Johanne, uxoris mee, et filiorum meorum Thome et Johannis, pro salute animarum nostrarum, monachis Domus Dei de Trappa, in elemosinam perpetuam, liberam ab omnibus rebus penitus et quietam, quinque solidos turonensium pro excambio unius sextarii bladi quem eis antea dederam, capiendos singulis annis in festo sancti Remigii in tenemento quod Garinus Joe tenebat de me apud Corlimer, de feodo Gruellorum (3), per manum illius qui dictum tenementum tenebit. Quod si a solutione dicti redditus in termino jam prefato defecerit, monachi justiciam suam plenarie facient in dicto tenemento, donec dicti quinque solidi persoluti fuerint cum emenda ad usum patrie. Hanc autem elemosinam ego et heredes mei tenemur garantizare dictis monachis bona fide. Et ut hoc firmum, etc... Actum anno M° CC° XXX°

---

(1) La Saint-Mathieu, le 21 septembre.
(2) Il y a au moins deux fiefs nommés la Fangée : l'un près de Gacé, l'autre près d'Exmes. Ce dernier a été possédé jusqu'en 1860 ou à peu près, par les de Gruel, nommés plus bas. Il est probable qu'il ne s'agit ici ni de l'un ni de l'autre de ces deux fiefs ; mais il devait exister quelque rapport intime entre ces deux noms de Gruel et de la Fangée.
(3) Coulimer, commune du canton de Pervenchères, arrondissement de Mortagne.

## XV

1218. — *Mathilde de Val-Suzanne, dame de Grandval, donne à l'abbaye de la Trappe, avec l'assentiment de son fils Thomas, deux sous tournois de rente.*

### Carta M[atildis] de Valle [Suzanne].

Noverint universi presentes et futuri quod ego, Matildis de Valle Suzanne, domina Grandis Vallis (1), concedente Thoma, filio meo, dedi Deo et Beate Marie Domus Dei de Trappa, pro salute anime mee et filii mei, in elemosinam perpetuam, liberam ab omnibus rebus penitus et quietam, quicquid Gillebertus Hericon et Ric. filius ejus de me et de filio meo tenebant, nichil in eis nobis retinentes. Et sciendum est quod ego et dictus Thomas, filius meus tenemur garantizare hanc elemosinam, scilicet duos solidos turonensis monete, et ab omnibus hominibus dictis monachis dicte domus liberare. Sciendum est etiam quod predicti monachi facient justiciam suam et quicquid ego et heres meus poteramus facere in tenemento unde prefati homines duos dictos solidos in festo apostolorum Petri et Pauli solvere (2) tenentur annuatim. Et ut hoc firmum maneat, etc .. Actum anno gracie M° CC° XVIII°

## XVI

1212. — *Barthélemy Héricon fait donation à l'abbaye de la Trappe de cinq sous, monnaie courante, de rente et lui accorde, en outre, pour ses animaux, le droit de pâture dans son bois de l'Hériconière.*

### Carta Barthol[omei] Hericon.

Sciant presentes et futuri quod ego, Barthol[omeus] Hericon, dedi et concessi Deo et Beate Marie de Trappa monachisque ibidem Deo servientibus, in puram et perpetuam elemosinam, liberam penitus et quietam ab omnibus rebus, quinque solidos annui

---

(1) Granval, commune de Mardilli, canton de Gacé, arrondissement d'Argentan (Orne).

(2) Le 29 juin.

redditus currentis monete, in festo sancti Johannis in perpetuum singulis annis recipiendos. Et si contigerit quod ad predictum terminum prefatos quinque solidos dicti monachi non habuerint, facient justiciam suam in feodo meo de Hericoneria. Preterea, dedi prefatis monachis pasturam animalium suorum in bosco meo de Hericoneria. Et ut hoc ratum sit, etc... Actum anno gracie M° CC° duo decimo.

## XVII

1211. — *Robert de Courtenay accorde une rente de soixante sous tournois, à prendre sur la prévôté de Conches, à l'abbaye de la Trappe pour l'entretien du luminaire pendant la célébration des messes.*

### Carta Roberti de Cortenayo.

Ego, Robertus de Corteniaco (1), notum facio universis tam presentibus quam futuris quod ego, intuitu pietatis et pro salute anime mee et antecessorum meorum, dedi et concessi Deo et Beate Marie Domus Dei de Trappa et monachis ibidem christo servientibus sexaginta solidos turonensium (2), in puram et perpetuam elemosinam, ad luminaria candelarum in celebratione missarum predicte ecclesie, in prepositura Concharum (3) singulis annis in crastino Purificationis Beate Marie (4) recipiendos. Et, ut donatio ista firma sit, etc... Actum anno M° CC° undecimo.

## XVIII

1215. — *Thomas d'Echauffour fait donation à l'abbaye de la Trappe d'une terre et du tiers de deux prés; il reçoit pour la vente des deux autres tiers la somme de sept livres dix sous tournois.*

### Carta Thome d'Escaufou.

Noverint universi presentes et futuri quod ego, Thomas de

---

(1) Robert II de Courtenay reçut de Philippe-Auguste, son cousin, Conches confisqué en 1204 sur les Tosny, partisans de Jean-sans-Terre.
(2) En 1277, Guillaume, abbé de la Trappe, vendit ces 60 sous tournois aux religieux de Bonport (*Cart. de Bonport*).
(3) Conches, chef-lieu de canton, arrondissement d'Evreux (Eure).
(4) La Purification se célèbre le 2 février.

Eschaufoio (1), dedi monachis Domus Dei de Trappa, in elemosinam perpetuam, tertiam partem quorumdam pratorum que habebam apud Regium (2), et alteras duas partes eisdem vendidi septem libris turonensium et decem solidos. Quorum alterum est ad exitum ejusdem ville juxta pratum de Barris, alterum vero juxta vadum quod est subtus domum Hugonis de Portis (3). Et sciendum quod ego et heres meus post me tenemur garantizare illa prata prefatis monachis erga dominos meos et omnes alios homines et uxorem meam, si post decessum meum de illis dotem exigeret. Si autem aliquo casu contingeret quod ea monachis non possemus garantire, alibi in dominio meo ego et heres meus ad valorem illorum faceremus excambiationem. Sciendum est etiam quod dedi eisdem monachis in elemosinam perpetuam quamdam terram quam Hugo Doce et pater ejus de me censualiter tenuerunt. Hec omnia dedi dictis monachis ab omnibus rebus libera penitus et quieta. Et ut hoc ratum esset, etc... Actum anno M° CC° XV°

## XIX

1227. — *Guérin d'Echauménil reçoit de l'abbaye de la Trappe, à charge d'un cens annuel de huit sous six deniers tournois, les terres aumônées à ladite abbaye par Thomas d'Echauffour (Voir la charte précédente).*

**Garinus d'Eschaumesnil.**

Universis presentem cartam inspecturis, Garinus de Eschaumesnil, salutem. Noverit universitas vestra quod venerabilis abbas Galterus (1) et conventus Domus Dei de Trappa tradiderunt michi et heredi meo omnes elemosinas quas Thomas de Eschaufou fecit eis in terris et in pratis apud Reium, videlicet terram quam Hugo Doce de dicto Thoma tenuit censualiter, et terciam partem pratorum de Barris et de juxta vadum quod est

---

(1) Echauffour, commune du canton du Merlerault, arrondissement d'Argentan (Orne).
(2) Rai, commune du canton de Laigle.
(3) Porte, ferme et moulin, commune de Rai.
(4) Voyez sur cet abbé la note de la page 119.

subtus domum Hugonis de Portis, que idem Thomas ipsis elemosinavit. De his autem elemosinis debeo reddere dictis abbati et conventui, annis singulis per festa nativitatis sancti Johannis Baptiste, octo solidos et sex denarios turonenses, et heres meus post me, et redibencias que debentur dominis, solvere tenebimur. Si vero a solutione dicti redditus ego vel heres meus in prefato termino deficeremus, dicti abbas et conventus justiciam suam plenarie facerent in tota masura de Colle. Et ut hoc firmum, etc Actum anno gracie M° CC° XX° VII°.

## XX

1213. — *Vidimus de Luc, évêque d'Evreux, portant mention d'une rente de un setier et deux sous tournois accordée par Guillaume de Brethel à l'abbaye de la Trappe.*

### Carta Guillelmi de Bretel.

Lucas (1), Dei gracia ebroicensis episcopus, universis christi fidelibus ad quos presens scriptum pervenerit, in Domino salutem, Nos inspeximus litteras venerabilis patris nostri Ham[elini] (2), cenomannensis episcopi, continentes quod Guillelmus de Bretel (3), in presencia ipsius constitutus, dedit et concessit, assensu uxoris et filiorum suorum, abbati et monachis de Trappa, in puram et perpetuam elemosinam, unum sextarium frumenti et duos solidos turonensium, annuatim reddendos in festo sancti Remigii. Nos vero, ad testimonium prefati episcopi, prefatum sextarium frumenti et dictos duos solidos ipsis abbati et monachis confirmamus et presenti scripto communimus. Actum anno gracie M° CC° tercio decimo.

(1) Luc, évêque d'Evreux de 1203 à 1220. (*Gall. Christ.*, XI, 582-583).
(2) Hamelin, évêque du Mans de 1190 à 1218. (*Gall. Christ.*, tom. XIV, col. 389-393).
(3) Brethel, commune du canton de Moulins-la-Marche, arrondissement de Mortagne (Orne). La paroisse de Brethel dépendait de l'évêché d'Evreux avant le Concordat.

## XXI

1253. — *Etienne Langlois, clerc, fait donation à l'abbaye de la Trappe d'un tiers de son héritage paternel, et lui vend les deux autres tiers pour la somme de sept livres tournois.*

### Carta Stephani Anglici, monachi.

Universis presentes litteras inspecturis, Stephanus dictus Anglicus, clericus, filius defuncti Gaufridi dicti Anglici, de Contrebis, salutem in Domino. Noveritis me, pro salute anime mee, dedisse et concessisse Deo et Beate Marie de Trappa, in elemosinam perpetuam, liberam penitus et quietam tertiam [e] partibus totius hereditatis mee michi ex successione dicti G[aufridi], patris mei, contingentis, tam in pratis quam terris et ceteris quibuscumque rebus aliis. Monachis autem dicte abbatie duas alias partes ejusdem hereditatis vendidi pro septem libris turonensium, quas habui et de quibus me teneo pro pagato. Sciendum est etiam quod in predictis omnibus nichil penitus de cetero reclamabo. Sed insuper eisdem monachis teneor omnia predicta, scilicet tam venditionem quam elemosinam, fideliter garantire et defendere contra omnes. Et hec omnia dicti monachi libere, quiete et pacifice in perpetuam possidebunt. Quod ut firmum, etc... Actum anno Domini M° CC° L° tercio.

## XXII

1257. — *Arnoul de Brethel confirme, comme héritier de Guillaume de Brethel, son père, une donation de un setier de blé et deux sous tournois faite par ce dernier à l'abbaye de la Trappe.*

### Carta Guillelmi de Bretel.

Universis presentes litteras inspecturis, Arnulfus, faber, de Bretel, salutem in Domino. Noveritis quod, cum defunctus Guillelmus de Bretel, antecessor meus, dedisset quondam viris religionis, abbati et conventui Domus Dei de Trappa, cisterciensis ordinis, in elemosinam perpetuam, liberam penitus et quietam, unum sextarium frumenti, ad mensuram aquilensem, et dos solidos turonensium annui redditus et perpetui, persolvendum antedictum redditum predicti frumenti et predictorum duorum solidorum ipsis in festo sancti Remigii annuatim apud Bretel (1); ego prenominatus Alnulfus, successor et heres predicti Guillelmi, supradictam elemosinam supradicti frumenti et duorum solidorum concessi et confirmavi predictis religiosis habendam et integre precipiendam ab ipsis, vel eorum mandato, in antedicto festo sancti Remigii annuatim per manum meam vel ab illo, quocumque sit, qui tenuerit herbergamentum meum de Baldoineria (2), situm in parrochia de Escorceio (3); tali modo, quod predictum fumentum erit bonum, non minus valens predictum sextarium quam duodecim denarios, electo frumento, et quod si antedicti religiosi non habuerint predictam elemosinam in crastino sancti Remigii annuatim, ipsi poterunt ex tunc poterunt (*sic bis*) facere suam justiciam in predicto herbergamento, absque aliqua contradictione mei vel heredum meorum aut impedimento, donec de prenominato redditu frumenti et denariorum eisdem fuerit plenarie et integre satisfactum. Et, ut hoc maneat firmum, etc,.. Et ad hoc obligavi heredes meos. Actum anno gracie M° CC° L° septimo.

(1) Cette donation de Guillaume de Bretel fait l'objet de la charte XX.
(2) La Beaudonnière, commune d'Ecorcei.
(3) Ecorcei, commune du canton de Laigle.

# D

(Incipiunt carte de Esseio [1]).

I

1211. — *Robert d'Essai, chanoine de l'église de Rouen, fait donation du tiers de son héritage à Essai aux abbayes de Perseigne et de la Trappe, à charge de célébration d'offices et de services pour lui, après sa mort, et pour ses père et mère.*

### Carta Roberti d'Essei.

Omnibus ad quos presens scriptum pervenerit, Robertus de Esseio, canonicus rothomagensis, salutem in Domino. Noverit universitas vestra quod ego, pro salute anime mee et patris mei, matris mee et antecessorum meorum, dono et in perpetuam elemosinam concedo de Persenia (2) et de Trappa ecclesiis et monachis ibidem Deo servientibus, de consensu et voluntate Matildis, matris mee, terciam partem totius hereditatis mee apud Esseium, constitute tam in hominibus et masuris quam in terris et pratis, ut, sicut Deus eos in eadem religionis observantia conjunxit, ita et in hac elemosina sint pro equis portionibus participes. Abbates autem predictarum ecclesiarum et conventus michi liberaliter concesserunt quod post decessum meum duos monachos specialiter assignabunt, videlicet in utraque domo unum, qui in eisdem ecclesiis singulis diebus pro anima mea divina officia celebrabunt et anniversarium patris mei et matris mee, et in die anniversarii patris mei habebit uterque conventus predictarum ecclesiarum pro pitancia X solidos turonensium de elemosina predicta. Concesserunt etiam et dederunt et cartis suis confirmaverunt matri mee tota vita sua fructus omnes quos ipsi percipient in eadem

---

(1) Essai, arrondissement d'Alençon, canton du Mesle-sur-Sarthe.
(2) L'abbaye de Perseigne (diocèse du Mans), de l'ordre des Citeaux, fondée dans la forêt dont elle prit le nom, en 1145, par Guillaume III, comte de Bellême et d'Alençon. (*Dictionn. des Abbayes, Encyclop. Migne*).

elemosina, si me ante ipsam premori contigerit, nisi ipsa inde eis aliquid duxerit remittendum. Ego vero, ad hujus rei perpetuum testimonium, presenti scripto sigillum meum apposui. Dominus autem rothomagensis archiepiscopus hanc elemosinam et concessiones predictas, in presentia sua factas, ad instantiam meam et predictorum monachorum confirmavit. Actum anno gratie M° CC° undecimo.

## II

1211 — *Robert, archevêque de Rouen, confirme la donation faite par maître Robert, chanoine de l'église dudit Rouen, du tiers de son héritage à Essai en faveur des abbayes de Perseigne et de la Trappe, à charge de célébration d'offices et d'anniversaires pour lui, après sa mort, et pour ses père et mère. (Voir la charte précédente).*

**Confirmatio archiepiscopi de dono illo.**

Universis Christi fidelibus ad quos presens scriptum pervenerit, Robertus (1), Dei gratia rothomagensis archiepiscopus, salutem in Domino. Noverit universitas vestra quod magister Robertus de Esseio, canonicus rothomagensis, in mea presentia constitutus, donavit et concessit in propriam et perpetuam elemosinam, pro salute anime sue, patris sui et matris sue et antecessorum suorum, ecclesiis de Persenia et de Trappa et monachis ibidem Deo servientibus tertiam partem totius hereditatis sue apud Esseium, constitute tam in hominibus et masuris quam in terris et pratis. Abbates autem ecclesiarum predictarum et conventus prefato Roberto liberaliter concesserunt quod, post decessum ipsius, duos monachos in ecclesiis suis specialiter assignabunt, videlicet in utraque ecclesia unum, qui in eisdem ecclesiis singulis diebus pro anima ipsius divina officia celebrabunt et anniversarium patris et matris sue. Et in die anniversarii patris sui, habebit uterque conventus predictarum ecclesiarum, pro pitancia, decem solidos turonensium in elemosina antedicta. Idem autem monachi concesserunt et dederunt matri predicti Roberti, tota vita sua, omnes fructus quos ipsi percipient in eadem elemosina, si ante

---

(1) Robert II Poulain ou plutôt le Baube, archevêque de Rouen de 1208 à 1221, (*Gall. christ.*, XI, 59-60). C'est ce prélat qui fit la consécration de l'église de la Trappe, le 27 avril 1214. (*Ibid.*, col. 747-748).

ipsam eumdum Robertum premori contigerit, nisi ipsa aliquid inde eis de voluntate sua duxerit remittendum. Nos vero hanc elemosinam et concessiones predictas coram nobis factas, ratas et gratas habentes, eas ad instantiam partium, sicut pie et juste facte sunt, confirmamus. Actum anno Domini M° CC° undecimo.

## III

1220. — *Guillaume Le Bigot approuve la donation faite aux abbayes de Perseigne et de la Trappe par Robert d'Essai (Voir la charte I) d'un tiers de ses biens et renonce, en faveur desdites abbayes, à ses droits sur les deux autres tiers, moyennant une rente annuelle de deux sous, monnaie courante.*

### Carta W[illemi] Le Bigot.

Sciant presentes et futuri quod ego, Willelmus Le Bigot, cognomento Pinacle, concedo et confirmo, pro salute anime mee et antecessorum meorum, duabus abbatiis, scilicet de Trappa et de Persenia, illam elemosinam quam fecit eis Magister Robertus de Esseio de tercia parte hereditatis sue quam habebat in parrochia de Esseio. De aliis vero duabus partibus, quas predictus Robertus obligaverat pro centum libris turonensium dictis abbatiis, cum assensu heredum meorum, scilicet Philippe et Aaliz, neptum mearum, taliter ordinavi : quod quicquid in duabus dictis partibus jure successionis per eschaetam dicti magistri Roberti habebam vel habere poteram, duabus supradictis abbatiis tradidi et concessi per annuum redditum duorum solidorum currentis monete, annuatim michi et heredibus meis, ad Purificationem Beate Marie, sine emenda, solvendorum. Et ut, hoc ratum, etc.., Actum anno gratie M° CC° vicesimo.

## IV

### Item, alia de eodem.

Est et alia carta de hoc eodem, et per verba ipsa, scripta immediate sub isto numero [IV] (1).

(1) L'abbaye possédait donc en double exemplaire la charte de Guillaume Le Bigot Dans un autre recueil ou cartulaire, dont celui-ci ne serait alors qu'une reproduction, ainsi que le donne à penser cette phrase, le copiste aurait poussé 'e scrupule jusqu'à transcrire l'une après l'autre ces deux pièces identiques. Dans celui-ci, le scribe, mieux inspiré, a jugé qu'un texte suffirait.

## V

1220. — *Maître Robert d'Essai, ayant de son vivant donné aux abbayes de Perseigne et de la Trappe le tiers de ses biens à Essai, à sa mort, Guillaume Le Bigot, son héritier, leur cède les deux autres tiers, moyennant le paiement de quarante sous tournois et d'une rente viagère de vingt sous.*

### Carta G[uillelmi] Le Bigot.

Universis Christi fidelibus presentes litteras inspecturis, Willelmus Le Bigot, salutem in Domino. Noverit universitas vestra me, post mortem magistri Roberti de Esseio, cujus heres eram, de assensu et voluntate Philippe et Aaliz, neptum mearum, dedisse et concessisse, in puram et perpetuam elemosinam, duas partes hereditatis dicti Roberti apud Esseium existentes, tam in terris quam in pratis, redditibus et masuris, duabus de Persenia et de Trappa abbatiis et fratribus ibidem Deo servientibus. Pro ista vero donatione et concessione, dederunt michi prefati monachi quadraginta solidos turonensium in presenti et XX$^{ti}$ solidos turonensium, quoad vixero tantummodo, annuatim michi reddendos in Purificatione Beate Marie. Preterea, sciendum est quod prefatus Robertus dedit et concessit in puram et perpetuam elemosinam, predictis duabus abbatiis tertiam partem totius predicte hereditatis, et alias duas partes obligavit eis pro centum libris turonensium (1); et hoc totum cum voluntate mea et assensu factum fuit (2). Quod, ut ratum, etc... Actum anno gratie M° CC° vicesimo.

## VI

1220. — *Guillaume Godefroy, prêtre, approuve, comme héritier de maître Robert d'Essai, la donation faite par ce dernier aux abbayes de Perseigne et de la Trappe du tiers de ses biens ; héritier pour le reste, il en abandonne aux mêmes abbayes un tiers à titre gratuit et les deux autres tiers pour six deniers tournois de rente.*

### Carta Guillelmi Godefridi.

Sciant presentes et futuri quod ego, Willelmus Godefridi,

---
(1) Cfr. charte I.
(2) Voyez la charte III.

presbyter, concedo et confirmo, pro salute anime mee et antecessorum meorum, duabus abbatiis, scilicet de Trappa et de Persenia, illam elemosinam quam fecit eis magister Robertus de Esseio de tercia parte hereditatis sue quam habebat in parrochia de Esseio, sicut in carta ipsius continetur. De aliis vero duabus paribus, quas predictus Robertus obligaverat pro centum libris turonensium dictis abbatiis, ex assensu et voluntate fratrum meorum Juliani, Odonis, et Gondree et Johanne, sororum mearum, et Regniardi Lemarie, cognati mei, tertiam partem dedi illis in elemosinam perpetuam, liberam penitus et quietam ; de duabus residuis ita ordinavi, quod quicquid in illis jure successionis per eschaetam dicti magistri Roberti habebam vel habere poteram, sepedictis abbatiis tradidi et concessi libere et quiete in perpetuum, quantum ad me et heredes meos pertinet, per sex denarios turonensis monete annuatim michi, et heredibus meis post me, ad Purificationem Beate Marie, sine emenda, persolvendos. Ego vero et heredes mei tenemur garantizare totum hoc sine nostro mittendo et tenere bona fide. Et, ut hoc firmum. etc... Actum anno gratie M° CC° vicesimo.

## VII

1226. — *Hugues de Beaumont, après avoir fait aux religieux de l'abbaye de la Trappe une donation de trois sous tournois, leur en confère une seconde de dix sous, même monnaie, à prendre annuellement sur deux champs.*

### Carta Hugonis de Bello Monte.

Noverint universi, presentes et futuri, quod, cum ego, Hugo de Bello Monte, dedissem monachis Domus Dei de Trappa, pro salute anime mee et uxoris mee Matricie et antecessorum et successorum meorum, tres solidos turonensium, postea dedi eisdem, pro remedio animarum nostrarum, alios decem solidos turonensium, recipiendos annis singulis in Purificatione Beate Marie (1) ab illo qui tenebit campum de Fossa Faudere et campum de Mara de Ceons. Hos autem tresdecim solidos dedi prefatis monachis in elemosinam perpetuam, liberam ab omnibus rebus peni-

(1) Le 2 février.

tus et quietam, et hoc debeo eis garantizare contra omnes homines et liberare, et heredes mei post me similiter. Et si hec elemosina in dicto termino soluta non fuerit, monachi prefatos campos in manu sua capient sicut domini, et tenebunt donec ex integro persolvatur. Ad hujus rei notitiam, etc .. Actum anno gratie M° CC° vicesimo sexto.

## VIII

1223. — *Hugues de Beaumont acquiert de l'abbaye de la Trappe tout ce qu'elle possédait à Essai en vertu de la donation de Robert d'Essai, à charge d'un cens de quatre livres tournois et demie.*

### Carta ejusdem Hugonis.

Universis sancte matris Ecclesie filiis, ego, Hugo de Bello Monte (1), eternam in Christo salutem. Universitati vestre notum facio quod venerabilis abbas Galterus (2) et conventus Domus Dei de Trappa tradiderunt michi et Matricie, uxori mee, et heredibus nostris qui de nobis exierint, quicquid habebant apud Esseium de dono magistri Roberti de Esseio (3), tenendum de illis in perpetuum, scilicet : herbergamentum quod Matheus presbyter tenuit, campum de Marneria cum pertinentiis culture, terram de porta de Marcheis, plateas de Bingo quas tenuit Robertus filius Tustini, masuram Garnerii Le Masner, masuram Hais de Laboere, pratum Chevrel et pratum Aguernel, et masuram et terram juxta fossatum quam Nicholaus de Loure jure hereditario possidebat, que debet quinque solidos cenomannensium annuatim, et masuram quam tenet Radulfus Renoudin, que debet decem et octo denarios cenomannenses et tres solidos turonensium annui redditus de dono nostro de Bursart (4), reddendo super hiis omnibus illis quatuor libris et dimidia turonensium singulis annis, dominica proxima post Purificationem Beate Marie. Nos vero et heredes nostri solvemus redditus et servicia ad dominos pertinentia. Ipsi vero michi et heredibus meis omnia supradicta garantizare tenentur sicut sibimet ipsis garantizarent. Et, ut hoc firmum, etc... Actum anno gratie M° CC° vicesimo tertio.

(1) Hugues de Beaumont est déjà l'auteur de la charte précédente.
(2) L'abbé Gautier, ou Adam, sur lequel v. la note 4, page 119.
(3) Voir sur cette libéralité de maître Robert d'Essai, les chartes I et II (D).
(4) Bursard, commune du canton du Mesle-sur-Sarthe (Orne).

## IX

1219. — *Jean de Bursard, prêtre, Raoul de Bursard, chevalier, et Robert Foillard font donation à l'abbaye de la Trappe de vingt-et-un deniers du Mans, de rente annuelle, à eux dus par Hugues de Beaumont.*

### Carta Johannis de Buresart, presbyteri.

Omnibus ad quos presens scriptum pervenerit, Johannes de Bursart, presbyter, Radulfus de Buresart, miles, et Robertus Foillart, salutem. Noverit universitas vestra quod nos, intuitu Dei, dedimus et concessimus Deo et ecclesie Beate Marie et abbati et monachis de Trappa, in puram et perpetuam elemosinam, redditum annuum quem Hugo de Bello Monte (1) et heredes sui nobis et nostris heredibus reddere tenebantur, videlicet michi, Johanni presbytero, VI denarios cenomannenses, et michi, Roberto Foillart, duodecim denarios cenomannenses, salvo tamen redditu trium denariorum cenomannensium quos annuatim tenebar reddere predicto Radulpho, militi. Et ego, Radulphus, miles, eos dictis monachis nichilominus contuli et concessi, pro terris et omnibus aliis que prefatus Hugo de nobis tenebat et habebat, sine contradictione et reclamatione aliqua de cetero facienda. Quod ut ratum, etc... Actum anno gratie Mº CCº et nono decimo.

## X

1209. — *Raoul des Bois-Gaucher donne à l'abbaye de la Trappe une rente annuelle de sept sous tournois sur une maison à Mont-Chevrel, avec clause de fondation d'une pitance pour les moines, chaque année, le jour de la Toussaint.*

### Carta Radulfi de Bois Gaucher.

Sciant omnes qui sunt et qui futuri sunt quod ego, Radulfus de Bosco Gaucheri (2), voluntate et assensu Aelaidis, uxoris mee,

---

(1) C'est l'auteur des deux chartes précédentes.
(2) Les Bois-Gaucher, commune de Montchevrel.

pro salute animarum nostrarum et omnium antecessorum nostrorum, dedi Deo et monachis Beate Marie de Trappa, in perpetuam elemosinam, liberam penitus ab omnibus rebus et quietam, septem solidos turonensium annui redditus in masura mea de Mont Chevrel (1), que dicitur le clos Galteri, recipiendos ad festum sancti Remigii, a quocumque illa teneatur. Et si forte contigerit ut inde monachi eos habere non possint libere et quiete, ego et heredes mei post me excambiabimus illos in alio meo feodo, ubicumque ipsi voluerint. Volo autem et constituo ut ex hac elemosina habeat singulis annis conventus supradicte abbatie pitanciam in festo Omnium Sanctorum. Et, ut hec elemosina firma sit, etc... Actum anno gratie M° CC° nono.

## XI

1247. — *Jean des Bois-Gaucher, fils de Raoul des Bois-Gaucher, accorde à l'abbaye de la Trappe trois sous tournois de rente annuelle, destinés à subvenir aux frais d'une pitance qu'il fonde pour le lendemain de la Saint-Nicolas de chaque année.*

### Carta Johannis Boisgaucher.

Noverint universi, presentes et futuri, quod ego, Johannes Boisgaucher, pro salute animarum patris et matris mee, dedi et concessi monachis Domus Dei de Trappa, in elemosinam perpetuam, liberam ab omnibus rebus penitus et quietam, tres solidos annui redditus ad agend[um] pitanciam conventui in crastino beati Nicholai, episcopi (2). Quos assignavi eis annis singulis, in festo Omnium Sanctorum, recipiendos super tenemento quod tenet de me Guillelmus Hachedor, ab ipso Guillelmo vel ab illo qui dictum tenuerit tenementum. Et sciendum quod dicti monachi suam poterunt facere justiciam pro habendo predicto redditu trium solidorum turonensium, quos antea dictis monachis contulerat predictus Radulfus, pater meus (3). Et ut hoc firmum maneat, etc... Actum anno Domini M° CC° XL° septimo.

(1) Montchevrel, commune du canton de Courtomer, arrondissement d'Alençon.
(2) La Saint-Nicolas se célèbre le 6 décembre.
(3) La donation dont il est ici question fait l'objet de la charte précédente.

## XII

1225. — *Guillaume, évêque de Châlons et comte du Perche, cède à l'abbaye de la Trappe, pour vingt livres, le moulin de Buré, sur la Sarthe, à charge de verser annuellement dix livres, monnaie courante du Perche, de son produit à la chancellerie de la Toussaint de Mortagne et de faire célébrer quotidiennement une messe pour le repos de son âme.*

**Carta Willelmi, comitis Pertici et episcopi cathala[u]nensis.**

Willelmus, Dei gratia, cath[alaunensis] episcopus et comes Pertici (1), universis ad quos presentes littere pervenerint, salutem in Domino. Ad universorum notitiam volumus pervenire nos dedisse in perpetuum in elemosinam et assignasse ecclesie Beate Marie de Trappa molendinum nostrum de Bureio (2), super Sartam, pro XX$^{ti}$ libris, cum omni integritate et immunitate quam nos et antecessores nostri quondam tenebamus (3), tenendum et habendum et pacifice possidendum, ita quod, in tota castellaria de Mont Isenbert, ab heredibus et successoribus nostris alia non poterunt de cetero construi molendina; tali conditione, quod monachi de Trappa qui dictum tenebunt molendinum, de redditu ejusdem molendini cancellario ecclesie Omnium Sanctorum de Mauritania, pro cancellaria quam in eadem ecclesia statuimus, decem libras communis monete perticensis annuatim et in perpetuum reddere tenebuntur, videlicet centum solidos in festo sancti Remigii et centum in Pascha. Et sciendum quod dicti monachi in eadem abbatia, pro salute anime mee et antecessorum nostrorum, per proprium monachum missam propriam cothidie celebrare tenebuntur. Quod ut firmum, etc... Actum anno M° CC° XX° quinto.

---

(1) Guillaume, évêque de Châlons et comte du Perche. V. la note 2 de la page 7.

(2) Buré, commune du canton de Bazoches-sur-Hoêne, arrondissement de Mortagne (Orne).

(3) V. un mandement de Louis VIII, en 1226, dans le *Cartulaire normand* publié par M. Léopold Delisle, n° 359.

## XIII

1241. — *Agnès de Curée, de l'assentiment de Gervais de Vil liers, son mari, abandonne aux religieux de la Trappe le pré du moulin de Buré, moyennant un cens annuel de trois sous tournois au profit de l'église Notre-Dame dudit Buré.*

### Carta Annetis de Curies.

Noverint universi, presentes et futuri, quod ego, Agnes de Curies (1), voluntate et assensu Gervasii de Vilers (2), mariti mei, et heredum meorum, dedi et concessi, pro salute anime mee, monachis Domus Dei de Trappa pratum molendini de Bureio quod fuit de masura Bermont, habendum eis in perpetuum et tenendum libere et quiete absque mei et heredum meorum aliqua reclamatione, ita quod dicti monachi reddent annuatim, in festo sancti Remigii, ecclesie Beate Marie de Bureio tantummodo tres solidos turonensium. Et dictum pratum ego et heredes mei tenemur garantizare dictis monachis contra omnes, et a rebus omnibus liberare. In cujus rei, etc... Actum anno M° CC° XL° primo.

## XIV

1222. — *Gervais de Bellavilliers, chevalier, seigneur de Courgeoût, approuve une donation de prés faite par Philippe de Prulay, clerc, à l'abbaye de la Trappe.*

### Carta Gervasii de Bellaviler.

Ego, Gervasius de Bellaviler (3), miles, dominus de Corichout (4), notum facio omnibus presentem paginam inspecturis quod ego elemosinationis donationem quam Philippus de Pruleio, clericus, fecit abbatie de Trappa de pratis que ipse a Willelmo Doc et fratribus ejus et matre eorum et Gervasio Valleto, avunculo eorumdem fratrum, et Hugone Stulto et Roberto Torto et Richolde Raciquat acquisivit, que prata erant de feodo meo,

---

(1) Curée commune de la Menières.
(2) Villiers, commune de Bazoches-sur-Hoéne.
(3) Bellavilliers, commune du canton de Pervenchères (Orne).
(4) Courgeoût, canton de Bazoches-sur-Hoéne.

eidem abbatie, pro salute anime mee et antecessorum meorum, necnon pariter et heredum, concessi in perpetuum libere et quiete de omnibus rebus ad me et ad heredes meos et ad quoscumque alios pertinentibus, exceptis sex nummis qui dicto Willemo Doe et ejus heredibus debentur annuatim, in festo sancti Remigii, et excepta custodia illius qui prata custodit, qui de singulis arpentis, pro eadem custodia, habet duos nummos annuatim. In cujus rei testimonium, etc... Actum anno gratie M° CC° vicesimo secundo.

## XV

[S. d. 1217-1226]. — G[uillaume], comte du Perche, notifie que Jean de Champeaux est entré in extremis dans l'ordre de Citeaux et a fait donation aux religieux de cet ordre de la maison de la Trappe, de deux arpents de pré.

### Guillelmi confirmatio

Universis Christi fidelibus, G[uillelmus] (1), comes Pertici, salutem. Noverint universi quod Johannes de Campellis (2), in extremis vite sue, contulit se ad ordinem cisterciencem in Domo Dei de Trappa et dedit monachis ibidem Deo servientibus duo arpenta pratorum ad molendinum Quercu (3), pro salute anime sue, concedente Guillelmo, filio ejus, et Pagano, fratre Guillelmi. Que donatio, ut rata fieret in posterum et monachi contra malitiam modernorum et posterorum presidium haberent, presens scriptum sigilli mei impressione munire curavi.

## XVI

1209. — Nicolas Le Forestier échange aux moines de l'abbaye de la Trappe un pré sis à Longpré, moyennant trois sous, trois setiers d'avoine et une rente annuelle de cinq sous sur le moulin de Champeaux.

### Carta Nicholai Forestarii.

Sciant universi qui sunt et qui futuri sunt quod ego, Nicholaus

(1) V. p. 7, note 2.
(2) Champeaux-sur-Sarthe, commune du canton de Bazoches-sur-Hoëne (Orne).
(3) Moulin du Chêne, sur la Sarthe, commune de Sainte-Scolasse.

Forestarius, dedi monacnis Domus Dei de Trappa, in elemosinam perpetuam, liberam penitus et quietam ab omnibus rebus, totum illud pratum quod habebam in Longo Prato, quod junctum est cum prato eorumdem monachorum quod habent ex dono Herberti, fratris mei, in eodem loco. Hanc autem donationem laudaverunt et concesserunt et sic voluerunt mater mea et frater meus junior. Et propter hanc donationem, donaverunt michi prefati monachi XL solidos et tres sextarios avene. Et p[ro]p[ter] hec quictaverunt michi in perpetuum quinque solidos de redditu quos ipsi capiebant in molendino de Champeaus (1) annuatim. Et sciendum est quod ego teneor, et heredes mei post me, garantizare hanc elemosinam sepedictis monachis contra omnes homines. Et si ego hoc non possem facere, vel heredes mei, teneremur excambiare illam monachis ad valorem illius prati. Et, ut hoc ratum esset, etc. Actum anno gratie M° CC° nono.

## XVII

1219. — *Philippe de Prulay, chanoine de la Toussaint de Mortagne, donne à l'abbaye de la Trappe plusieurs prés pour la fondation de trois pitances annuelles et à charge d'un cens de six deniers au profit de Guillaume Doe.*

### Carta Philippi de Prulaio.

Universis Christi fidelibus presentem paginam inspecturis, Philippus de Pruelio, ecclesie Omnium Sanctorum de Mauritania canonicus, salutem in eo qui est vera salus. Universitati vestre notum volo fieri quod ego, divine pietatis ac caritatis intuitu et pro salute ac remedio anime mee et antecessorum et successorum meorum, donavi et concessi in perpetuam elemosinam Domui de Trappa et monachis ibidem Deo servientibus prata que habebam apud Villam Expansam (2), sita inter Albicrium et Doitum, que prata a Willelmo Doe et ejus heredibus, fratribus et matre eorum et Hugone Stulto et Roberto Torto et Richolde Raciquant acquisivi ; hoc adjecto quod dicti monachi dicto Willelmo Doe

---

(1) Champeaux-sur-Sarthe.
(2) *Villa expansa*, *Villa espandue* dans la charte suivante : Villependue, hameau de la commune de la Ménière.

de dictis pratis sex nummos in festo sancti Remigii pro rebus omnibus reddent annuatim. De fenis autem dictorum pratorum tertia pars prima die lune adventus, secunda vero pars eorumdem fenorum die lune medie que dicitur gesime, tercia siquidem pars in die anniversarii mei, prout eedem partes in peccunia numerata valuerint, in usus monachorum dicte domus ad pitantiam expendentur annuatim. Et, ne ista per successionem temporis oblivioni tradi valeant in futurum, illa scripti memorie volui commendari et sigilli mei munimine roborari. Actum anno M° CC° XIX°.

## XVIII

1219. — *Guillaume Doe approuve la donation de prés faite par Philippe de Prulay à l'abbaye de la Trappe, réservant toutefois à son profit un cens annuel de six deniers.* (Voyez la charte précédente).

### Carta Guillelmi Doe.

Ego, Willelmus Doe, notum facio universis christi fidelibus presentem paginam inspecturis quod ego, divine pietatis intuitu, et pro anima mea et antecessorum meorum pariter et heredum, concessi donationem et elemosinationem pratorum que Philippus de Prulaio apud Villam Espandue possidebat, ecclesie Beate Marie de Trappa perpetuo possidendam, sex denarios communis monete ad festum beati Remigii pro omnibus servitiis persolvendo michi et heredibus meis. Ad hanc autem elemosinam tenendam fideliter nominate ecclesie et garantizandam volui obligari. Et in veritatis testimonium, dedi cartam istam, sigilli mei munimine roboratam. Actum anno gratie M° CC° et nono decimo.

## XIX

1230. — *Hugues, évêque de Séez, notifie une transaction intervenue entre l'abbaye de la Trappe et les hommes de Mont-Isembert au sujet des meules et des écluses du moulin de Buré.*

### Littere episcopi de pace de Bureio.

Universis Christi fidelibus, Hugo, Dei gratia sagiensis episcopus (1), salutem in Domino. Noveritis universi quod contentio que erat inter abbatem et monachos Domus Dei de Trappa, ex una parte, et homines de Monte Isembert, ex altera, super molis adducendis ad molendinum de Bureio et exclusis ejusdem molendini, quotiescumque opus esset, reficiendis, pacificata est in hunc modum. Vavassores pro adductione molarum, quotiescumque erunt adducende, pro una mola reddent monachis duodecim solidos et dimidium turonensium infra octo dies cum a monachis fuerint requisiti; et hoc faciendo, remanebunt in pace quantum ad adductionem molarum. Vavassores etiam et alii homines in castellaria de Mont Isembert et qui sunt de molta de unoquoque foco singulis annis prefatis monachis persolvent tres denarios turonenses in festo Omnium Sanctorum, et ita faciendo, de exclusis reficiendis quieti remanebunt. De veteribus vero molis, duas partes habebunt monachi et tertiam vavassores, et cum appreciate fuerint, qui duos denarios pro eis plus donare voluerit, eas habebit. Et sciendum quod si prefati homines defecerint a solutionibus in terminis prenotatis, ipsi hoc emendabunt domino terre, et per singulas septimanas quibus deffecerint a solutione, reddent monachis, de pena, pro unaquaque mola sex denarios et sex similiter pro exclusis. Et, ut hoc ratum, etc... Actum anno gratie M° CC° tricesimo.

## XX

[S. d]. — *Geoffroy, comte du Perche, notifie un arrangement en vertu duquel une redevance annuelle de cinq aunes de bureau dont Robert de Bubertré était grevé envers l'abbaye de la Trappe, est convertie, à cause de la difficulté qu'il avait à se procurer ledit bureau, en une rente de trois setiers de blé sur le moulin de Mondion.*

**Carta Gaufridi, comitis perticensis.**

Universis Christi fidelibus, Gaufridus, comes perticensis (2), salutem in Domino. Noverit universitas vestra quod Robertus de Bubertre dedit Deo et monachis Beate Marie de Trappa, pro

---

(1) Hugues II, d'abord prieur des chanoines de l'église de Séez, puis évêque de cette ville de 1228 à 1240. (*Gallia christ.*, tom. XI, col. 693-694).

(2) Geoffroy IV, comte du Perche de 1191 à 1202.

anima patris sui, qui ibidem christianam habet sepulturam, quinque alnas burelli annuatim reddendas. Et quia minus poterat habere burellum, placuit sibis ingulis annis dare et dictis monachis accipere, pro illo burello, tria sextaria bladi in molendino de Montgion (1), in quo molendino habent monachi alia tria sextaria bladi de dono memorati patris prefati Roberti. Et si illa tria sextaria de dono sepedicti Roberti de Bubertre, que sunt pro burello, minus plene possent haberi in molendino de Montgion, in molendino de stanno de Bresnart (2) perfici debent. Monachi siquidem dederunt Roberto unum equum, et Robertus dedit monachis hanc elemosinam singulis annis solvendam, jure elemosine perpetuo monachis possidendam. Et, ne super hoc ulterius contentio oriatur, etc... Hoc concessit uxor Roberti.

## XXI

1215. - *Gervais Martel fait don à l'abbaye de la Trappe d'une mine de blé, mesure de Laleu, à prendre annuellement sur sa grange de la Martellière.*

### Carta Gervasii Martel.

Sciant presentes et futuri quod ego, Gervasius Martel, pro salute anime mee et antecessorum meorum, dedi Deo et ecclesie Beate Marie de Trappa, in puram et perpetuam elemosinam, unam minam frumenti ad mensuram de Allodio, liberam penitus et quietam ab omnibus rebus, in festum sancti Remigii singulis annis, in grancia mea de Martelleria capiendam. Ad cujus rei testimonium et confirmationem, etc... Actum anno Domini M° CC° quinto decimo.

## XXII

1218. — *Guillaume de Médavi donne à l'abbaye de la Trappe un setier de seigle, mesure de Sainte-Scolasse, à prendre chaque année, à la Toussaint, sur sa dîme de Bures.*

### Carta Willelmi de Medavi.

Universis presentes litteras inspecturis, Willelmus de Me-

---

(1) Moulin de Mondion, sur l'Hoêne, commune de Bazoches.
(2) Moulin de Brénard, sur l'Hoêne, commune de Bazoches.

davi (1), salutem in Domino. Universitati vestre notum facio me dedisse, pro salute anime mee et Marie, uxoris mee, et antecessorum meorum, Deo et Beate Marie Domus Dei de Trappa, in elemosinam perpetuam, liberam ab omnibus rebus penitus et quietam, unum sextarium siliginis, ad mensuram Sancte Scolastice (2), in decima mea de Buris (3), in festo Omnium Sanctorum annuatim capiendum. Et sciendum quod monachi dicte domus facient justitiam suam super illum qui decimam tenuerit, nisi prefatum bladum in predicto termino (4) fuerit persolutum. Ut autem hoc firmum, etc... Datum anno gratie M° CC° octavo decimo.

## XXIII

1248. — *Guillaume de Villiers fait donation à l'abbaye de la Trappe de cinq sous tournois de revenu annuel assignés sur sa terre de Villiers et payables par Raoul de Longpont, Hugues Lefèvre et Jean, frères dudit Raoul.*

### Carta Guillelmi de Vilers.

Notum sit omnibus, presentibus et futuris, quod ego, Willelmus de Vilers (5), dedi et concessi, pro salute anime mee, monachis Domus Dei de Trappa quinque solidos turonensium annui redditus, quos assignavi eis capiendos et habendos per manum heredis mei primogeniti in redditu meo de Vilers et persolvendos a Rad[ulpho] de Longo Ponte (6), a[b] Hugone Fabro et a Johanne, fratribus, et ab eorum heredibus in festo sancti Remigii annuatim; ita quod, si dictus redditus solutus dictis monachis non fuerit, capient in manu sua et habebunt totam partem meam de prato de Pomer, quod habeo juxta Sartam, sociatum cum prato aus Choletaus, habendum in perpetuum et tenendum dictis monachis sine heredum meorum reclamatione. Et hoc totum ego et heredes mei tenemur dictis monachis garantizare et defendere contra omnes. Et hoc, ut firmum sit, etc... Actum anno gratie M° CC° quadragesimo octavo.

(1) Médavi, canton de Mortrée, arrondissement d'Argentan (Orne).
(2) Sainte-Scolasse, canton de Courtomer, arrondissement d'Alençon.
(3) Bures, canton de Courtomer.
(4) Le manuscrit porte : *non fuerit*.
(5) Villiers, commune de Bazoches-sur-Hoëne.
(6) Longpont, commune de La Ménière.

## XXIV

1249. — *Raoul de Longpont et sa femme font donation à l'abbaye de la Trappe d'une rente de cinq sous, monnaie du Corbonais, assignés sur une pièce de terre sise dans la paroisse de Bazoches.*

### Carta Radulphi de Longo Ponte.

Noverint universi, presentes et futuri, quod ego, Radulphus de Longo Ponte, et uxor mea dedimus, pro salute animarum nostrarum, abbatie Domus Dei de Trappa et monachis ibidem Deo servientibus quinque solidos monete currentis in Corbon[ensi], annui et perpetui redditus, quos assignavimus eisdem monachis capiendos annuatim, infra octabas sancti Remigii, super una petia terre sita in parrochia de Basochis, et est juncta ex una parte terre Johannis dicti Cervi et ex altera terre Gervasii de Vilers, et aboutat inferius chemino quo itur de Vilers apud Champeaus, et superius terre que fuit defuncti Mathei de Champeaus, ab illo qui tenuerit dictam peciam terre. Et sciendum quod, si dicti monachi dictum redditum ad dictum terminum non haberent, ipsi possent suam facere justitiam in dicta terra pro habendo dicto redditu et emenda, ad usus patrie judicata. Et, ut firmum maneat, et cetera... Actum anno Domini M° CC° XL°. nono.

## XXV

1252. — *Robert Racine fait donation à l'abbaye de la Trappe de deux sous tournois de rente à recevoir de Richard Le Maître et ses héritiers sur le champ Ermenart.*

### Carta Roberti Racine.

Noverint universi, presentes et futuri, quod ego, Robertus Racine, dedi et concessi, pro salute anime mee, abbatie Domus Dei de Trappa et monachis ibidem Deo servientibus, in puram et perpetuam elemosinam, duos solidos turonensium annui et perpetui redditus, quos eisdem monachis assignavi percipiendos annuatim in festo Omnium Sanctorum super campo Ermenart, sito juxta prata Domini Gaufridi de Campellis ex una parte, et ex altera parte [jungitur] portioni Beatricis, uxoris Roberti Espinech, et aboutat chemino per quem itur ad molendinum de Solegneio, super tota portione mea predicti campi Ermanart, per manum Richardi dicti Magistri, cui dedi totam partem meam predicti campi, et ab heredibus suis qui post ipsum tenebunt supradictam meam partem dicti campi ; tali modo quod, si predictus Ric[hardus] vel heredes ejus aliquando defecerint a solutione redditus supradicti ad dictum festum, monachi poterunt facere suam justitiam super predictam meam partem dicti campi pro habendo eodem redditu et emenda. Et, ut hoc firmum maneat, etc. Actum anno Domini M° CC° L° secundo.

## XXVI

1252. — *Guillaume du Ménil, chevalier, en vue de la sépulture qu'il doit recevoir dans l'abbaye de la Trappe, fait donation à ladite abbaye d'une rente de dix sous tournois sur la terre des Closez pour une pitance annuelle à son anniversaire, et de cent sous, même monnaie, pour une autre pitance au jour de son inhumation.*

### Carta Guillelmi de Mesnil.

Noverint universi, presentes et futuri, quod ego, Guillelmus de Mesnillio, miles, pro salute et remedio anime mee et animarum uxoris, patris et matris mee, dedi et concessi monachis Domus Dei de Trappa, in qua domo donatus sum et meam elegi sepulturam, decem solidos turonensium annui redditus et perpetui ad faciendam pitantiam eisdem monachis in die anniversarii mei. Preterea dedi eisdem monachis, de bonis meis, centum solidos turonensium ad faciendam pitantiam conventui ea die in qua tradar sepulture. Predictos vero decem solidos predictis monachis assignavi super quamdam terram que vocatur terra des Closez, quam Stephanus de Theboderia tenet de me, ab ipso scilicet vel ab illo qui dictam terram tenebit, annis singulis, in festo sancti Remigii annuatim percipiendos, in elemosinam perpetuam, liberam ab omnibus rebus penitus et quietam. Hanc autem elemosinam pie factam ego et heredes mei tenemur garantizare, defendere et ab omnibus penitus liberare, auctoritate presentium litterarum. Actum anno gratie M° CC° L° secundo·

## XXVII

1252. — *Herbert Josselin s'engage à payer un cens de douze sous tournois pour une pièce de pré, sise au pré Gontier, qu'il a reçue de l'abbaye de la Trappe, et se reconnait, lui et les siens, hommes de ladite abbaye.*

### Carta Herberti Jocelini.

Universis presentes litteras inspecturis, Herbertus Joscelinus, salutem. Noveritis quod, cum viri religiosi, abbas et conventus Domus Dei de Trappa tradiderint michi quamdam petiam prati, sitam in prato Gontier, adcostantem ex utroque latere duabus petiis prati (1) que sunt ecclesie Sancti Gervasii de Mesniera, et aboutantem superius ripparie de Sarta et inferius chemino quo itur ad molendinum Vallis Fresci, tenendam et habendam dictam petiam prati michi et uxori mee et nostris heredibus ex nobis legitime procreatis et procreandis, pro annuo redditu duodecim solidorum turonensium, ipsis annuatim in festo sanctorum Jacobi apostoli et Christofori martyris a nobis et, post nos, ab heredibus nostris predictis reddendorum, obligavimus nosmetipsos abbati et conventui supradictis et omnia bona nostra et predictos homines (2) nostros qui post decessum nostrum tenebunt dictam peciam prati, ad redditum predictum, in predicto festo annuatim prenominatis abbati et conventui persolvendum, hoc addito, quod nos et predicti heredes nostri, si prefatam peciam prati post nos habere voluerint et tenere, predictorum abbati et conventui donati sumus et erimus, ita quod, post decessum nostrum, uniuscujusque de nobis tota decedentis suorum mobilium erit predictorum abbatis et conventus, parrochialis tamen ecclesie sue jure salvo. Et, ut hoc firmum, etc... Actum anno M° CC° L° secundo.

(1) Le manuscrit donne *pratis*.
(2) Il faut sans doute lire *heredes*.

## XXVIII

1252. — *L'abbaye de la Trappe approuve, sous certaines conditions, la vente faite par Gervais de Villiers du moulin de Buré, qu'il tenait d'elle, à Raoul, meunier, qui devient homme de ladite abbaye.*

**Littere abbatis et conventus de molendino.**

Universis presentes litteras inspecturis, frater J[ohannes] (1) dictus abbas et conventus Domus Dei de Trappa, salutem in Domino. Noveritis quod, cum tradidissemus molendinum nostrum de Bureio Gervasio de Vilers, quoad viveret tenendum et habendum, pro viginti et quinque libris turonensium annui redditus, de quibus reddebat nobis annuatim X libras, et canonicis Omnium Sanctorum de Mauritania decem libras, et capellano capelle de MontIsembert centum solidos, et monachis de Tyron decimam dicti molendini, praeter viginti et quinque libras predictas, et predictus Gervasius illud molendinum predictum tradiderit Rad[ulpho], molendinario, tenendum et habendum sibi quamdiu vixerit, cum quadam petia prati sita prope dictum molendinum, quam dedit nobis in elemosinam defuncta Agnes de Cuirees, quondam uxor predicti Gervasii, pro viginti et octo libris turonensium et pro predicta decima predictis monachis de Tyron facienda et pro tribus solidis annuatim reddendis, predicte monete, ad usum unius lampadis ante altare Beate Marie de Bureio permanentis, nos predicti molendini et predicte petie prati venditionem, predicto modo factam a predicto Gervasio prenotato Radulfo, concessimus quamdiu vixerit et ratam habuimus sub hac forma : quod nos habebimus de predicto redditu viginti et octo librarum, quamdiu vixerit predictus Gervasius, XL$^{ta}$ solidos, et predicti canonici et capellanus XV$^{cim}$ libras. Quo predicto G[ervasio] mortuo, si ipsum ante predictum Rad[ulfum] sive prius mori contigerit, habebimus cum predictis decem libris XL$^{ta}$ solidos, supradictos et predictus Rad[ulfus], debitis et statutis terminis, tenetur reddere nobis et aliis prenotatis totum redditum supradictum. Tenetur etiam dictus Rad[ulfus], domum

---

(1) Jean I$^{er}$ Herbert, déjà abbé en 1246, mort le 30 novembre 1274. (*Gall. christ.*, t. XI, col. 749).

dicti molendini totam novam facere de suo proprio, cum bona materia de petra, excepto quod nos mittemus tinna, latas et tegulas necessarias ad faciendum dictam domum. Sciendum est etiam quod ipse Rad[ulfus] et uxor ejus nostri donati sunt, ita quod, post uniuscujusque eorumdem obitum, medietas partis sue suorum mobilium que tunc habebunt, nostra erunt. In cujus rei testimonium, etc... Actum anno gratie M° CC° L° secundo.

## XXIX

1255. — *Par-devant l'official de Séez, Raoul, meunier, reconnait avoir reçu de l'abbaye de la Trappe, à charge d'une redevance annuelle de vingt-huit livres tournois, le moulin de Buré, et être devenu, lui et les siens, hommes de ladite abbaye.*

### Carta officialis sagiensis de eodem.

Universis presentes litteras inspecturis, officialis sagiensis, salutem in Domino. Noveritis quod Radulfus, molendinarius, in nostra presentia constitutus, in jure recognovit quod viri religiosi, abbas et conventus Domus Dei de Trappa, cisterciensis ordinis, tradiderunt eidem molendinum suum de Bureio, sibi et Odoni, filio suo, quoad viverent tantummodo, habendum et tenendum pro viginti octo libris turonensium annui redditus. De quibus tenentur ipsis reddere annuatim tredecim libras, et canonicis Omnium Sanctorum de Mauritania, loco ipsorum, decem libras, et capellano de Monte Isembert centum solidos, et monachis de Tyron decimam prati molendini, preter predictas viginti et octo libras prenotatas. Recognovit etiam quod predicti religiosi tradiderunt eis cum predicto molendino, quamdam petiam prati, sitam prope prenominatum molendinum, et herbergamentum pertinens ad illud molendinum, quam peciam prati dedit dictis religiosis defuncta Agnes de Cuirees, quondam uxor defuncti Gervasii de Vilers, habendam sibi cum prenominatis molendino et herbergamento et tenendam quoad vixerint tantummodo, pro redditu supradicto et pro tribus solidis annui redditus annuatim reddendis ad usum unius lampadis ante altare Beate Marie de Bureio, hoc addito, quod predictus Odo, filius predicti Rad[ulfi], post obitum predicti Rad[ulfi], patris sui, ipsis reddere tenebitur annuatim religiosis, preter antedictum redditum viginti et octo librarum, duas duodenas anguillorum inter festum beati Remigii et festum Purificationis Beate Marie. Tenentur etiam prenominati Rad[ulfus] et Odo predictum molendinum et herbergamentum ad illud pertinens in bono statu tenere, et quecumque necessaria fuerint ad predictum molendinum de suo proprio querere. Et, si forte contigerit quod antedicta molendinum et herbergamentum, cum ad dictos religiosos post obitum predictorum Rad[ulfi] et Odonis venerint, non fuerint in bono statu, de suo proprio debent emendari. Ad que facienda, predicti omnia bona sua, scilicet ad emendationem predictorum et ad tenendum in bono statu quoad vixerint, prenominatis religiosis obligaverunt. Sciendum est etiam quod solutio predictarum viginti et octo librarum debet annuatim fieri terminis annotatis, videlicet, in festo sancti Remigii debent solvi septem libre et dimidia et in Natali Domini sex libre et dimidia, et in Pascha Domini septem libre et dimidia et in Natali Sancti Johannis Baptiste sex libre et dimidia. Preterea recognovit idem Rad[ulfus] quod ipse et Margarita, uxor ejus, et Odo, prenominatus filius eorum, sunt donati predictorum religiosorum, ita quod, post uniuscujusque obitum ex eisdem, medietas totius partis sue suorum mobilium, quecumque tunc habebunt, erit religiosorum predictorum, post quorum, scilicet Rad[ulfi] et Odonis, obitum predicta molendinum et herbergamentum ac petia prati supradicti ad supradictos religiosos deveniet, absque reclamatione aliqua seu contradictione heredum eorumdem. Voluit insuper prenominatus Rad[ulfus] quod prenominatus Odo, filius ejus, quoniam infra etatem erat legitimam, cum in etate fuerit legitima, agat, teneat et rata penitus habeat omnia supradicta, si tenere et habere voluerit de predictis religiosis molendinum et herbergamentum ac predicti prati petiam supradictam. Qui prenominatus Rad[ulfus] astrinxit se, fide prestita corporaliter, de tenendis et faciendis et fideliter et firmiter antedictis. Et nos, audita confessione sepedicti Rad[ulfi], etc... Actum anno Domini M° CC° L° quinto.

## XXX

1255. — *Evrard de Villepierreuse, chevalier, et Béatrice, sa femme, donnent à l'abbaye de la Trappe, en échange des droits de ladite abbaye sur le moulin de Mondion, cinquante sous tournois de rente sur le forage de Mortagne et cinq autres sous de rente à toucher de Guillaume de Hael pour un immeuble sis dans la paroisse de Bazoches.*

### Carta Everardi de Villa petrosa

Universis presentes litteras inspecturis, Everardus de Villa Petrosa, miles, et Beatrix, uxor ejus, salutem in Domino. Noveritis quod nos dedimus et concessimus viris religiosis, abbati et conventui Domus Dei de Trappa, pro excambio omnium que ipsi habebant in molendino de Montgyon, quinquaginta solidos turonensium annui redditus et perpetui, quos assignavimus eis annuatim, in festo sancti Andree apostoli (1) recipiendos, ab omnibus rebus et hominibus libere penitus et quiete, ab eo quicumque tenebit foragium (2) Mauritanie, et quinque solidos, et a Guillelmo de Hael et heredibus suis quinque solidos quos debebat nobis de iis que tenebat de nobis idem Guillelmus in parrochia de Basochis, tali modo, quod nos et heredes nostri tenemur et tenebimur in perpetuum antedictos quinquaginta solidos predicte monete supradictis viris religiosis in predictis locis assignatis garantizare, defendere et ab omnibus et contra omnes penitus liberare, et omnia dampna et expensa que et quas sustinuerint et fecerint propter defectum garantizationis et defensionis predictorum in placitis vel extra placita ad dictum unius fratrum suorum monachorum integre restaurare cum omni jure, dominio et districtu. Actum anno gratie M° CC° L° quinto.

---

(1) Le 30 novembre.
(2) Outre deux sens particuliers qui ne semblent pas avoir ici leur application, Du Cange donne au mot *foragium* la signification générale d'*exactio quaevis*. Il désigne peut-être, dans cette charte, la prévôté de Mortagne ou plutôt le droit (*exactio*) que l'on faisait payer à ceux qui exposaient quelque marchandise dans les foires.

# E

## De Cadumo [1] et Normannja.

### I

1258. — *Eustache d'Anguerny vend à l'abbaye de la Trappe, pour la somme de trente-deux livres tournois, une pièce de terre sise au territoire d'Anguerny.*

**[Carta Eustacii de Agerneio].**

Universis presentes litteras inspecturis, Eustatius de Agerneio (2), miles, salutem. Noveritis quod ego vendidi viris religiosis, abbati et conventui Domus Dei de Trappa, cisterciensis ordinis, pro triginta duabus libris turonensium, quos ab eisdem religiosis habui integre et percepi in denariis numeratis, quamdam petiam terre, sitam in territorio de Agerneio, inter herbergamentum predictorum religiosorum et terram filiorum Hervei Le Manant, aboutantem ex una parte croterie heredum Samsonis Osmunt, et ex altera parte terre Hugonis Le Manant, habendam et tenendam predictam peciam terre predictis religiosis, sicut se proportat in latitudine et longitudine, de me et heredibus meis in perpetuum, libere et pacifice ac quiete ab omnibus rebus ad me et ad heredes meos pertinentibus quoquo modo, excepto uno pari cirothecarum (3), de precio trium denariorum turonensium, michi et meis heredibus annis singulis, in festo sancti Remigii, ab eisdem religiosis reddendo cum de reddendo eo fuerint requisiti, et exceptis tribus auxiliis feodalibus que dominis capitalibus, quando venerint, facere tenebuntur. Et, ut hoc maneat firmum et stabile in perpetuum, ego, prenominatus Eustachius, dedi antedictis religiosis presentes litteras, sigilli mei munimine roboratas, per quas ego obligavi me et heredes

---

(1) Caen, chef-lieu du département du Calvados, ancienne capitale de la Basse-Normandie.

(2) Anguerny, canton de Creully (Calvados).

(3) Une paire de gants.

meos ad garantizandam prenominatam petiam terre predictis religiosis et successoribus eorum et defendendam ac penitus sub prescripta forma de cetero liberandam, et ad eamdem alibi in nostro dominio excambiandam, valore ad valorem, si eam, prout dictum est, defendere et liberare sub forma predicta non possemus, et ad omnia dampna et deperdita et expensas que propter defectum defensionis ac liberationis sustinuerint et expenderint, in placitis vel extra placita, resarcienda religiosis prenotatis ad dictum unius de suis monachis, corporali prius prestito sacramento. Actum anno Domini M° CC° L° octavo

II

1257. — *Nicolas Rebellon, clerc, cède à l'abbaye de la Trappe son hébergement d'Anguerny en échange, d'une pièce de terre dans le territoire dudit Anguerny, de cent sous tournois et d'un cens annuel de six deniers.*

## Carta Nicholai Rebellon.

Sciant omnes, presentes et futuri, quod ego, Nicholaus Rebellon, de Agerneio, clericus, tradidi et concessi viris religiosis, abbati et conventui Domus Dei de Trappa, cisterciensis ordinis, pro excambio cujusdam petie terre quam dicti monachi habebant in territorio de Agerneio, inter duas vias, inter terram Ric[ardi] Restout, ex una parte, et terram predicti ejusdem Nicholai ex altera, sicut se protendit in longum et latum, et pro centum solidis turonensium quos ab eisdem recepi, et pro sex denarios monete currentis in Normannia, annui et perpetui redditus, michi et meis heredibus annuatim in festo sancti Michael (1) persolvendis, totum herbergamentum meum, quod tenuit Thomas Buignon de antecessoribus meis, apud Agerneium, situm juxta herbergamentum dictorum monachorum ex una parte et gardinum Hamelini Le Bohart ex altera, sicut se protendit in longum et in latum, tenendum et habendum sibi in perpetuum, sine contradictione aliqua mei vel heredum meorum, libere, pacifice et quiete, et jure hereditario possidendum, salvo jure

(1) Le 29 septembre.

capitalis domini, reddendo inde annuatim michi et heredibus meis predictos illos denarios a dictis monachis pro omnibus, et ego, predictus Nicholaus, et heredes mei similiter dictam petiam terre, michi et heredibus meis a dictis monachis pro dicto excambio (1) traditam, in perpetuum possidebimus libere et quiete, sicut eamdem dicti monachi possidebant. Et tenentur michi prefati monachi et meis heredibus ipsam petiam terre garantizare et defendere contra omnes et ab omnibus in omnibus liberare Similiter ego, predictus Nicholaus, et heredes mei, tenemur dictum herbergamentum a me, sicut predictum est, dictis monachis traditum, garantizare, defendere contra omnes per predictum redditum et ab omnibus in omnibus liberare, ita tamen quod, si impedimentum exinde deveniret, ut unusquisque ad suum excambium remearet. Ut autem hec omnia, etc... Actum anno M° CC° L° septimo.

I [bis].

1213. — *Henri [Clément], maréchal de France, fait don à l'abbaye de la Trappe de vingt sous tournois de rente à prendre sur ses cens et, à défaut, sur sa prévôté, pour l'entretien du luminaire et l'ornement de l'autel de saint Eustache.*

### Carta H[enrici] marescalli.

Ego, Henricus (2), domini regis Francorum marescallus, notum facio omnibus ad quos presentes littere pervenerint quod ego, pro remedio anime mee et anime Ameline, uxoris mee, et animarum filiorum et filiarum nostrarum et antecessorum nostrorum, concedo in elemosinam Domui de Trappa XX$^{ti}$ solidos turonensium, annuatim persolvendos ad festum sancti Remigii, de censibus meis, et, si census non sufficiant, de prepositura persolventur, ad serviendum in luminari altari in honore beati Eustachii consecrato; ita quod si aliquid post luminare de XX$^{ti}$ solidis predictis superfuerit, de residuo emantur necessaria altari. Et, ut hoc perpetuam, etc... Actum anno M° CC° tercio decimo.

(1) Ici se lisent dans le manuscrit les mots *predictam terram*, qui sont superflus et, embrouillant la phrase, la rendent inintelligible.
(2) Henri Clément, seigneur de Mez et d'Argentan, maréchal de France au commencement du XIII° siècle, surnommé le *petit maréchal* à cause de sa taille. Il était à la bataille de Bouvines, en 1214, et s'y distingua par son courage. Il mourut à Angers la même année et fut enterré au monastère de Turpenay. (*Le P. Anselme*, t. VI, p. 620).

## II [bis].

[S. d.] — *Hugues de Gournay fait donation à l'abbaye de la Trappe de soixante sous angevins, à prendre annuellement sur la prévôté d'Écouché affectés à l'achat de trois milliers de harengs pour le carême.*

### Carta Hugonis de Gornaco.

Universis ecclesie fidelibus ad quos presentes littere pervenerint, Husgo de Gornaco (1), salutem. Noverit universitas fidelium quod ego, Husgo de Gornaco, donavi in perpetuam elemosinam monachis Sancte Marie de Trappa, pro salute anime mee et antecessorum meorum, sexaginta solidos andegavensium, in prefectura mea de Escocheio (2), ad festum sancti Andree, quicumque eam teneat, capiendos, ad emendum allectium tria millia ad opus quadragesime. Et nisi nuntius monachorum ea die vel in crastino quo illuc venerit dictam elemosinam habuerit, nuntius ille cum equo et famulo ad expensas prefecti plenarie erit. Et, ut hoc ratum in perpetuum permaneat, etc...

## III

[S. d.] — *Hugues de Reux fait don à l'abbaye de la Trappe d'une rente de vingt sous angevins qu'il assigne sur son nouveau moulin de Saint-Hymer.*

### Carta Hugonis de Rotis.

Sciant presentes et futuri quod ego, Hugo de Rotis (3), dedi Deo et ecclesie Sancte Marie de Trappa et monachis ibidem Deo servientibus, in elemosinam liberam, perpetuam et quietam ab

---

(1) Hugues II de Gournay, seigneur d'Écouché, à la fin du 12ᵉ siècle La famille de Gournay, originaire de Gournay-en-Bray (Seine-Inférieure), suivit la fortune de Jean-sans-Terre, fut expulsée de France en 1202 et se retira en Angleterre où elle s'est perpétuée jusqu'à nos jours, sous le nom de Gurney. (De Caix, *His'oire du bourg d'Écouché*; Decorde, *Essai sur le canton de Gournay*; Daniel Gurney, *The record of the house of Gournay*).

(2) Écouché, chef-lieu de canton, arrondissement d'Argentan.

(3) Reux, canton de Pont-l'Évêque (Calvados).

omni servitio et seculari consuetudine, pro salute anime mee, XX$^{ti}$ solidos andegavensium, reddendos, singulis annis, in novo molendino meo de Sancto Imero (1), feria secunda que precedit diem dominice Resurrectionis. Et si ad predictum terminum redditi non fuerint, qui molendinum tenuerit de proprio suo reddet. Et si forte contigerit ut molendinum perdam, predictum (2) redditum adsigno monachis in dominico meo ubi voluerint. Quod ut firmum maneat in perpetuum, et cetera...

## IV

[S. d.] — *Hugues de Montfort donne à Hugues de Reux, chevalier, en récompense de ses services, le moulin de Saint-Hymer en retour de quoi ce dernier sera tenu de lui faire hommage chaque année, à Pâques, de deux éperons d'or.*

### Carta Hugonis de Montfort.

Sciant omnes, tam presentes quam futuri, quod ego, Hugo de Monte Forti, dedi Hugoni de Rotis, militi meo, pro servicio suo, molendinum meum de Sancto Imero cum molta (3) ad molendinum illum pertinenti, jure hereditario in perpetuum possidendum. Dedi insuper ei moltam provenientem de gastina de parrochia Sancti Imerii, si forte ad cultum redigeretur, ita quod liceat ei justitiam suam exercere super eos qui eum super predictis molestarent, tanquam michi licebat. Et idem Hugo michi inde reddet annuatim, ad Pascham, duo calcaria deaurata. Testibus hiis : Ric[ardo] de Argueno, Henrico de Mortuo Mari, et ceteris.

## V

1219. — *Olmer de Saint-Ouen reconnait avoir fait donation à l'abbaye de la Trappe d'un setier de mouture à prendre annuellement sur son moulin de Saint-Ouen.*

### Carta Olmeri de Sancto Audoeno.

Notum sit omnibus, presentibus et futuris, quod ego, Olmerus

---

(1) Saint-Hymer, canton de Pont-l'Evêque (Calvados).
(2) *Texte :* predicto.
(3) La molte ou moulte, droit qui se payait en nature sur les fruits d'une terre.

de Sancto Audoeno, dedi et concessi et per presentem cartam confirmavi Deo et Beate Marie et monachis de Trappa, pro salute anime mee, in puram et liberam et quietam et perpetuam elemosinam, unum sextarium bladi de moltura annui redditus, ad festum sancti Andree apostoli capiendum per annos singulos, sine contradictione vel molestia mei vel heredum meorum, in molendino meo de Sancto Audoeno. Quod ut firmum et fideliter de me et heredibus meis in perpetuum teneatur, etc. Actum anno gratie M° CC° XIX°.

## VI

[S. d.] — *Gilbert d'Argentelles, chevalier, fait donation à l'abbaye de la Trappe d'un setier de blé à prendre annuellement sur son moulin de Fel, pour célébrer par une pitance l'anniversaire de son frère Robert, inhumé dans ladite abbaye.*

### Carta Gilleberti de Argentela.

Notum sit tam presentibus quam futuris quod ego, Gillebertus de Argentela (1), miles, dedi in perpetuam elemosinam et presenti carta confirmavi ecclesie Beate Marie de Trappa et monachis ibidem Deo servientibus, pro salute anime Roberti, fratris mei, qui ibidem sepultus est, unum sextarium frumenti in molendino meo de Fel (2), reddendum predictis monachis, singulis annis, ad festum sancti Remigii, ita ut conventus habeat totum illum sextarium frumenti ad pitantiam, per singulos annos, in die anniversarii predicti Roberti.

## VII

[S. d. 1188-9.] — *En présence de Lisiard évêque de Séez, Simon fils et héritier de Hugues d'Ommoi, a confirmé la donation faite par son père à l'abbaye de la Trappe de dîmes à Ommoi, Guéprei et Coulonces, et en a donné l'investissement à l'abbé.*

### Confirmatio [donationis] Hugonis de Ulmeio.

Lisiardus (3), Dei gratia sagiensis episcopus, universis sancte

---

(1) Argentelles, ancienne paroisse réunie à Villebadin, canton d'Exmes.
Sous Philippe-Auguste, c'était un fief entier relevant du bailluge d'Exmes (*Rotuli*, p. 187)

(2) Fel, canton d'Exmes, arrondissement d'Argentan (Orne).

(3) Lisiard, évêque de Séez de 1188 à 1201 (*Gallia Christ.*, t. XI, col. 691).

matris ecclesie filiis, salutem in eo qui est salus. Noverit universitas vestra quod, cum Hugo de Ulmeio (1), miles, quicquid in decimis possederat in terris suis apud Ulmeium et apud Guepere (2) et apud Colunces (3), in perpetuam elemosinam dedisset abbatie de Trappa, Symon, ejus filius et heres, dictam donationem ratam habens, eam in presentia nostra predicte abbatie concessit, libere et quiete in perpetuum possidendam, et ejusdem abbatie L[ambertum ?] (4) abbatem investivit, nobis apud Barenas ante altare exsistentibus. Nos vero, ne aliquis malignandi locus occurrat, set [ut] quod in presentia nostra pie et fideliter factum est perpetua et inconcessa vigeat firmitate, predictam patris donationem et filii sui concessionem presentis pagine et sigilli nostri munimine munivimus. Testibus, etc ..

## VIII

[S. d.] — *Simon d'Ommoi confirme la donation faite par Hugues, son père, à l'abbaye de la Trappe, de la dîme d'Ommoi, de Guêprei et de Coulonces, dans le fief du comte de Leicester, et il y ajoute la donation d'une terre près de Maison-Cocherel.*

### Carta Symonis de Ulmeio.

Sciant presentes et futuri quod ego dedi et concessi Deo et monachis Beate Marie de Trappa, in elemosinam perpetuam, liberam et quietam ab omni servitio et tallia et seculari consuetudine, donationem quam eis fecerat Hugo, pater meus, scilicet totam decimam que ad ipsum pertinebat apud Ulmeium et apud Guepre et apud Colunces, que est in feodo comitis Leccestrie. Insuper dedi eisdem monachis unam virgatam terre que est juxta Domum Cocerel, liberam ab omni servicio et tallia et seculari consuetudine. Has elemosinas concessit Hugo, filius meus, et fideliter garantizandas promisit. Et, ut firma et rata...

(1) Ommoi, canton de Trun, arrondissement d'Argentan (Orne).
(2) Guêprei, canton de Trun.
(3) Coulonces, canton de Trun.
(4) A moins qu'il ne s'agisse d'un abbé inconnu des Bénédictins, celui que désigne ici l'initiale L ne peut être que Gervais Lambert, mentionné dès 1173 et mort en 1189. (Cfr *Gall. Christ.*, t. XI, c. 748). Cette pièce émanant d'ailleurs de Lisiard, évêque de Séez, dont l'épiscopat ne commence qu'en 1188, il faut la dater de 1188 ou 1189.

## IX

[S. d.] — *Simon d'Ommoi vend à l'abbaye de la Trappe, moyennant quinze livres angevines, plusieurs pièces de terre sises à Ommoi, Guêprei et Beaumoncel.*

**Item ejusdem.**

Sciant presentes et futuri quod ego, Symon de Ulmeio, concedentibus filiis meis Hugone, Matheo, Guillelmo, dedi Deo et monachis Beate Marie de Trappa, in perpetuam elemosinam, liberam penitus et quietam ab omni servitio et tallia et omni seculari consuetudine, duas acras et dimidiam terre apud Ulmeium, tres virgatas, scilicet totum campum illum qui est juxta domum Enguelete, et apud Garpre quinque virgatas in Campo Villon, et apud Belmoncel dimidiam acram. Hanc autem donationem ego Symon et Hugo, filius meus, prestito fidei sacramento, promisimus contra omnes homines sine nostro mittendo manutenendam et defendendam et garantizandam. Et propter hoc, recepimus de caritate Domus XV libras andegavensium, et pro cunctis aliis elemosinis quas habent in feodo manutenendis et garantizandis liberis et quietis. Ut autem hoc ratum, etc...

## X

[S. d.] — *Plaisance d'Ommoi cède à l'abbaye de la Trappe, moyennant quarante sous angevins, une dîme de deux gerbes sur son immeuble dotal dans le fief du comte de Leicester; ses fils Robert et Simon approuvent cette aliénation et reçoivent chacun de ladite abbaye cinq sous, monnaie que dessus.*

**Carta Plaisencie de Ulmo.**

Sciant presentes et futuri quod ego, Playsencia de Ulmeio, dedi Deo et Beate Marie de Trappa et monachis ibidem Deo servientibus duas garbas decime totius terre matrimonii mei que est in feodo comitis Leencestrensis (1) pro salute anime mee et ante-

---

(1) Simon IV de Montfort, comte de Leicester, v. p. 4, note 1.

cessorum et successorum meorum, in puram et perpetuam elemosinam, liberam penitus et quietam ab omni servicio et exactione et consuetudine seculari. Hanc vero donationem benigne concesserunt duo filii mei, Robertus videlicet et Symon, pro qua concessione habuit predictus Robertus, de caritate abbatie, quinque solidos andegavensium, et Symon totidem. Ego autem, pro presentis carte confirmatione, recepi a predictis monachis XL$^a$ solidos andegavensium. Et, ut ista donatio, etc.

## XI

1234. — *Roger d'Argences, chevalier, accorde à l'abbaye de la Trappe, une pesselle de sel à prendre annuellement sur un fief à Merville.*

### Carta Rogeri de Argenciis.

Sciant presentes et futuri quod ego, Rogerus de Argenciis (1), miles, dedi, pro salute anime mee et antecessorum meorum et successorum, monachis Domus Dei de Trappa, in elemosinam perpetuam, liberam ab omnibus rebus penitus et quietam, unam pessellam (2) salis apud Merreville (3), quam pessellam reddet eisdem monachis annuatim, mense martio, Willelmus nepos et heredes ipsius vel qui tenebit tenementum quod ipse Willelmus tenebat. Concedo etiam quod, si dicta pessella in prefato termino persoluta non fuerit, monachi in dicto feodo suam justitiam plenarie faciant, donec de dicta pessella eisdem fuerit satisfactum. Hanc autem elemosinam ego et heredes mei tenemur garantizare, defendere et liberare contra omnes. Et, ut hoc firmum maneat, etc. Actum anno Domini M° CC° tricesimo quarto.

---

(1) Argences, commune du canton de Troarn, arrondissement de Caen (Calvados).
(2) Ni Du Cange, ni La Curne-Sainte-Palaye ne donnent la définition de ce terme.
(3) Merville, commune du canton de Troarn.

## XII.

1211. — *Thomas d'Anguerny, chevalier, donne à l'abbaye de la Trappe, pour la célébration de son anniversaire, cinq setiers de froment à prendre sur deux fiefs à Cambes.*

### Carta Thome de Agerneio.

Notum sit presentibus et futuris quod ego, Thomas de Agerneio, miles, dedi et elemosimavi Deo et Sancte Marie Domus Dei de Trappa et monachis ibidem Deo servientibus, ad anniversarium meum faciendum, tres sextarios frumenti quos Hugo, filius Tustini, michi annuatim reddebat de tenemento quod de me tenebat apud Cambas (1), et duos sextarios frumenti quos Tustinus Tyson michi reddebat de tenemento quod de me tenebat ibidem, in puram et perpetuam elemosinam, liberam et quietam ab omni seculari exactione. Et ego et heredes mei post me predictam elemosinam contra omnes garantizare debemus. Quod, ut ratum habeatur, et cetera... Actum anno Domini M° CC° undecimo.

## XIII

[S. d.] — *Hugues de Grenesby confirme la donation de terres à Cambes faite à Thomas d'Anguerny, pour ses services, par Emma, femme de Denys Bochel.*

### Confirmatio ejusdem.

Hugo de Grenesbeio, omnibus, tam presentibus quam futuris, ad quos presens carta pervenerit, salutem. Sciatis me concessisse et hac carta confirmasse Thome de Agerneio donationem terre quam ei fecerat Eima, uxor Dyonisii Bochel, pro servitio suo, apud Cambas, coram hominibus ejusdem ville, scilicet apud Esperon (2) magnum campum, unam acram, in via de Maton (3), versus Londam unam acram, in valle de Esperon dimidiam acram. Et hoc concessum feci eidem Thome pro hominagio et

---

(1) Cambes, canton de Creully, arrondissement de Caen.
(2) Eprou, canton de Caen (Calvados).
(3) Mathieu, canton de Douvre (Calvados).

servitio suo et pro una libra ominii quam ipse inde michi reddet et heredibus meis annuatim, ad feriam Prati (1), de se et de heredibus suis, pro omnibus servitiis que michi pertinent. Et si evenerit quod predicta Emma vel aliquis alius de eadem terra velit ad malum ire eidem Thome vel suis, ego ero eidem Thome et suis inde in auxilio secundum posse meum, sine hoc quod inde non faciam eis excambium. Et si evenerit quod terra illa ad meum dominicum redeat, concedo quod idem Thomas et heredes sui habeant et teneant et possideant illam predictam terram jure hereditario de me et de heredibus meis, libere et quiete et honorifice, per predictum redditum unius libre ominii ad feriam Prati. Et propter hoc, prenominatus Thomas dedit michi unas caligas ferri quando inde recepi hominagium suum, adpreciatas ad L$^a$ IIII$^{or}$ solidos andegavensium. Et, ut hoc ratum sit et stabile, hac presenti carta, sigilli mei munimine ro[borata], confirmavi.

## XIV

[S. d.] — *Thomas d'Anguerny fait donation à l'abbaye de la Trappe de deux gerbes de dîme sur son fief, à Anguerny, et de plusieurs vergées de terre.*

### Item ejusdem Thome.

Thomas de Agerneio, cunctis fidelibus, salutem. Notum facio presentibus et futuris quod ego dedi Deo et ecclesie Sancte Marie de Trappa, concedentibus filiis meis Henrico et Eustachio, in elemosinam perpetuam, liberam et quietam ab omni servitio et seculari exactione et consuetudine, pro salute anime mee et antecessorum meorum, duas garbas decime feodi mei apud Agerai et quinque virgatas (2) terre in via de Plumecoq, que sunt inter terram Botellier et terram Hervei Manant, et unam virgatam et dimidiam in Monte Famelli, quam tenet Herveus de Rua. Et sciendum quod, si predicta decima et predicta terra non poterunt valere monachis predicte domus in aliquo anno pro aliqua

---

(1) La foire du Pré, appellée aussi foire Saint-Denis, se tenait dès le commencement du xi$^e$ siècle, dans la prairie de Caen pendant huit jours à partir du 9 octobre. (Abbé de La Rue, *Essais historiques sur la ville de Caen*. T. ii, p. 296).

(2) Vergée, ancienne mesure agraire, le quart de l'acre ou 20 ares.

causa, duos modios frumenti ego et heredes mei post me perficiemus in dominico meo de Agernie. Hec omnia dedi libera et quieta. Et, [ut] firma permaneant, etc...

## XV

[S. d. 1164-1205.] — *Henri II, évêque de Bayeux, notifie la donation ci-dessus.*

### Confirmatio ejusdem.

Henricus (1), Dei gratia baiocensis episcopus, cunctis fidelibus salutem. Notum facimus presentibus et futuris quod Thomas de Agerneio dedit in presentia nostra ecclesie Sancte Marie de Trappa duas garbas decime feodi sui apud Agerni, in elemosinam perpetuam, liberam et quietam. Et cum hac decima, dedit predictis monachis quinque virgatas terre in via de Plumecoc, que sunt inter terram Boteillier et terram Hervei Manant, et unam virgatam et dimidiam in Monte Famelli, quam tenet Herveus de Rua. Hec omnia libere dedit predictus Thomas, in presentia nostra. et quieta. Et ut firma in perpetuum permaneant, etc...

## XVI

[S. d.] — *Rainulfe de Presles confirme la donation faite par Thomas d'Anguerny à l'abbaye de la Trappe* (V. les deux chartes précédentes).

### Item de hoc eodem.

Ramnulfus de Praeriis (2), cunctis fidelibus, salutem. Sciatis me concessisse et presenti carta mea confirmasse Deo et ecclesie Sancte Marie de Trappa, in elemosinam perpetuam, liberam et quietam ab omni servitio et tallia et seculari consuetudine, pro salute anime mee et antecessorum meorum, donum et elemosinam quam eis fecit Thomas de Agerneio, scilicet duas garbas

---

(1) Henri II, évêque de Bayeux de 1164 à 1205, après avoir été d'abord doyen du chapitre de Salisbury. (*Gallia Christ.*, t. XI, col. 364 et s.).

(2) Presles, canton de Vassy (Calvados).

feodi sui in decima quod tenet de me apud Agerni et quinque virgatas terre in via de Plumecoc, inter terram Botellier et terram Hervei Manant, et unam virgatam et dimidiam in Monte Famelli quam tenet Herveus de Rua. Hec omnia libera concessi et quieta. Et, ut firma in perpetuum permaneant, presenti scripto et sigilli mei munimine confirmavi.

## XVII

1236. — *Henri d'Anguerny, chevalier, fonde une double pitance, dans l'abbaye de la Trappe, pour le jour de son anniversaire et pour la Sainte-Catherine, et, dans ce but, il fait donation à la dite abbaye d'un demi-boisseau de blé assigné sur trois pièces de terre de son fief au territoire d'Anguerny qu'il leur abandonne.*

### Carta Henrici de Agerneio.

Noverint universi, presentes et futuri, quod ego, Henricus de Agerneio, miles, dedi et concessi monachis Domus Dei de Trappa, pro salute anime mee, dimidium modium frumenti, videlicet tres sextarios ad faciendam pitantiam conventui in die anniversarii mei et tres alios sextarios in festo sancte Katharine, virginis (1); pro quibus sex sextariis assignavi et dedi eisdem monachis tres petias terre sitas in feodo meo in territorio de Agerneio; quarum una est in via de Matone inter terram Roberti, filii Thome, et terram Raginardi, filii Osere, et altera petia ad Quartellos Mainart, inter terram Sancti Martini et terram Willelmi de vico, et tertia petia apud Druc Fosse, juxta terram Hamelini Le Bohart; habendas dictis monachis in perpetuum et tenendas in elemosinam perpetuam, liberam penitus et quietam, absque mei et heredum meorum aliqua reclamatione, ita quod de illis petiis terre suam facient penitus voluntatem. Et eas teneor garantizare dictis monachis contra omnes et ab omnibus liberare, et ad hoc idem agendum heredes post me obligavi. Et si Hilaria, uxor mea, post decessum meum, petierit dotalitium suum in dictis omnibus petiis terre, assigno et do in campo de Fossa, post [h]ortum Renoudi Botellier, dotalitium supradictum. In cujus rei testimonium, etc... Actum anno Domini M° CC° tricesimo sexto.

(1) Le 25 novembre.

## XVIII

*Même objet.*

Noverint universi, presentes et futuri, quod ego, Henricus de Agerneio, miles, dedi et concessi..... *Per omnia ut supra*.....

## XIX

1237. — *Henri d'Anguerny stipule une indemnité de soixante livres tournois en faveur des religieux de l'abbaye de la Trappe pour le cas où, par la faute de ses héritiers, ils ne pourraient jouir de la donation ci-dessus.*

**Item, ejusdem.**

Universis presentes litteras inspecturis, Henricus de Agerneio, miles, salutem in Domino. Noveritis quod ego obligavi heredes meos ad reddendum monachis Domus Dei de Trappa sexaginta libras turonensium si contigerit quod dicti heredes voluerint vel nequeant garantire et penitus liberare dictis monachis illas tres petias terre quas in perpetuam elemosinam dedi eis ad faciendam pitantiam ipsis de fructu vel redditu illarum in die anniversarii mei et in festo sancte Katherine, virginis, annuatim. Et sciendum quod una de tribus predictis petiis terre sita est in via de Matone, videlicet inter terram Roberti, filii Thome, et terram Reginardi, filii Osere; et altera pecia ad quartellos Mainart, inter terram sancti Martini et terram Willelmi de Rua; et tertia petia apud Drue Fosse, juxta terram Hamelini le Bohart. In cujus rei testimonium et munimen, ego dictus Henricus, etc. Actum anno Domini M° CC° tricesimo septimo.

## XX

*Même objet.*

**Item, ejusdem.**

Universis presentes litteras inspecturis, Henricus de Agerneio, miles, salutem in Domino. Noveritis quod ego obligavi heredes meos..., *et cetera omnia ut in superiori carta.*

## XXI

1239. — *Thomas du Mesnil, chevalier, confirme la donation de trois pièces de terre sises au territoire d'Anguerny faite par Henri d'Anguerny à l'abbaye de la Trappe (Charte XVII).*

### Carta Thome de Mesinillio.

Notum sit presentibus et futuris quod ego, Thomas de Mesnillo, miles, concessi et presente carta, sigillo meo munita, confirmavi Deo et Beate Marie et monachis de Trappa, in puram et perpetuam elemosinam, liberam omnino et quietam, donationem illam quam fecit eis Henricus de Agerneio, videlicet quinque virgatas terre in territorio de Agernei, inter terram sancti Martini et terram Hamelini Le Bohart; ita quod in dicta terra ego et heredes mei nullam omnino justitiam amodo faciemus. Actum anno Domini M° CC° tricesimo IX°.

## XXII

1237. — *Henri d'Anguerny, chevalier, fait donation aux religieux de la Trappe de trois pièces de terre dans la paroisse d'Anguerny* (1) *et confirme les donations à eux faites par feu Thomas d'Anguerny, son père.*

### Carta Henrici de Agerneio.

Noverint universi, presentes et futuri, quod ego, Henricus de Agerneio, miles, dedi et concessi monachis Domus Dei de Trappa, pro salute anime mee, tres petias terre sitas in parrochia de Agerneio, quas tenuerunt de me filii Sansonis Osmunt, habendas dictis monachis et tenendas in elemosinam perpetuam, liberam penitus et quietam. Preterea omnes elemosinas quas dicti monachi habent de dono patris mei Thome de Agerneio, militis, volui, laudavi et concessi habendas eis in perpetuum et tenendas libere et quiete; et eas cum predictis terre petiis teneor

---

(1) Il s'agit probablement moins d'une donation nouvelle que d'une confirmation de la donation qui fait l'objet de la charte XVII (E).

garantizare eis contra omnes et ab omnibus liberare. Et ad hoc totum agendum post me heredes meos obligavi. Et sciendum quod dicti monachi, qui michi concesserunt participationem omnium bonorum suorum spiritualium, debent habere pitantiam annuatim in die anniversarii mei et in festo sancte Katherine de fructu vel redditu dicte terre. In cujus rei testimonium, etc. Actum anno Domini M° CC° tricesimo septimo.

## XXIII

1239. — *Robert de Presles, chevalier, seigneur de Colomby, confirme la donation ci-dessus.*

### Confirmatio ejusdem.

Noverint universi, presentes et futuri, quod ego, Robertus de Praeres, miles, dominus de Colombeio (1), pro salute anime me$^e$ et antecessorum meorum laudavi, volui et concessi donum et elemosinam quam dominus Henricus de Agerneio fecit monachis Domus Dei de Trappa, scilicet duas petias terre quas de me tenebat in parrochia de Agernie, quarum una sita est in via de Maton inter terram Renaldi, filii Osire, et Roberti, filii Thome, altera sita est apud Druefosse, inter terram Willelmi Dringuet et Hamelini Le Bohart. Hanc autem elemosinam pie factam, perpetuam, liberam ab omnibus rebus penitus et quietam, ego, predictus Robertus, miles, predictis monachis concessi et presenti carta confirmavi, et ad hoc idem tenendum post me heredes meos obligavi ; et ne super hoc molestentur in posterum, dedi predictis monachis presens scriptum [quod] sigilli mei munimine roboravi. Actum anno Domini M° CC° tricesimo nono.

## XXIV

1244. — *Eustache d'Anguerny, chevalier, confirme la donation (v. ci-dessus charte XVII) de feu Henri d'Anguerny, son frère, à l'abbaye de la Trappe.*

### Carta Eustachii de Agerni.

Noverint universi, presentes et futuri, quod ego, Eustachius de

---

(1) Columby sur-Than, canton de Creully (Calvados).

Agerneio, miles, volui, laudavi et concessi et etiam confirmavi monachis Domus Dei de Trappa elemosinam quam fecit eisdem Henricus de Agerneio, miles, frater meus defunctus, de dimidio modio frumenti, videlicet tribus sextariis ad faciendam pitantiam dictis monachis in die anniversarii sui, et tribus sextariis aliis in festo sancte Katherine, virginis ; pro quibus sex sextariis dedit et assignavit tres petias terre sitas in feodo suo, in territorio de Agerneio. Quarum una est in via de Matone, inter terram Roberti, filii Thome, et terram Raginaldi, filii Osere ; et altera petia est apud Quartellos Mainart, inter terram Sancti Martini et terram Willelmi de Vico ; et tertia petia est apud Drue Fosse, juxta terram Hamelini Le Bohart. Quas petias terre ego concessi et confirmavi sepedictis monachis, habendas et tenendas in perpetuum, in elemosinam perpetuam, liberam ab omnibus penitus et quietam, absque mei et heredum meorum aliqua reclamatione. ita, quod de illis petiis terre suam facient penitus voluntatem. Et eas teneor eis garantizare contra omnes et ab omnibus liberare. Et ad hoc idem agendum post me, heredes meos obligavi. In cujus rei, etc... Actum anno Domini M° CC° XL° quarto.

## XXV

1247. — *Eustache d'Anguerny, chevalier, vend à l'abbaye de la Trappe différentes redevances, tant en espèces qu'en nature, qui lui étaient dues à raison de plusieurs maisons à Caen.*

**Item ejusdem.**

Noverint universi, presentes et futuri, quod ego, Eustachius de Agerneio, miles, Thoma, filio meo primogenito, Martina, uxore mea, concedentibus et volentibus, vendidi monachis Domus Dei de Trappa quadraginta solidos turonensium annui redditus quos Guillelmus Belet reddebat michi annuatim de domo quam tenebat de me apud Cadomum in mercato, et sexdecim solidos et duos capones et triginta ova que Robertus dictus Amicus et Johannes Patori michi reddebant similiter annuatim de duabus domibus quas tenebant de me in Frigida Rua (1), et quatuordecim solidos et

(1) Cette rue, connue depuis le XI⁰ siècle, s'appelle encore *Rue froide*.

quatuor capones et sexaginta ova de duabus domibus, sitis inter abbatiam monialium et furnum abbatisse, quas de me tenebant heredes defuncti Michael de Baiocis et heredes defuncti Johannis de Wallemont. Que omnia predicti homines et heredes tenebunt de predictis monachis sicut eadem tenebant de me. Et in eis habebunt dicti monachi de cetero omne jus et omnem districtionem que habebam et habere poteram in predictis. Et sciendum quod medietas denariorum predictorum et dicti capones debent reddi in Nativitate Domini, et altera medietas dictorum denariorum in Nativitate sancti Johannis Baptiste, et ova predicta in Pascha Domini annuatim. Hec autem omnia predicta ego et heredes mei tenemur et in perpetuum tenebimur dictis monachis garantizare, defendere et ab omnibus rebus penitus liberare, vel alibi in nostra propria hereditate valore ad valorem excambiare. Et, ut hoc firmum maneat, etc...... Actum anno Domini M° CC° XL° septimo.

## XXVI

1251. — *Eustache d'Anguerny, chevalier, fait donation à l'abbaye de la Trappe d'une pièce de terre à Anguerny.*

**Item ejusdem.**

Noverint omnes, presentes et futuri, quod ego, Eustachius de Agerneio, miles, de assensu et voluntate Martine, uxoris mee, et Thome, filii mei primogeniti, dedi et concessi in puram et perpetuam elemosinam, ab omnibus rebus michi et heredibus meis pertinentibus liberam et penitus quietam, scilicet quamdam petiam terre quam habebam apud Agerneium, boutantem ab uno capite chemino quo itur ab Agernejo apud Aniseium (1), et a capite altero terre filiorum Sansonis Osmundi, et junctam ex una parte herbergamento heredum defuncti Thome de Buignon, videlicet latitudinem unius acre terre tantummodo, sine reclamatione mei vel heredum meorum de cetero. Quam elemosinam ego, dictus Eustachius, teneor dictis monachis garantizare, defendere et penitus converti totum residuum dicte terre, si opus fuerit, ad deserviendum et liberandum dictam elemosinam dictis

(1) Anisy, canton de Creully, arrondissement de Caen (Calvados).

monachis supradictis. Quod ut ratum sit, etc... Et ad hoc garantizandum heredes meos obligavi. Actum anno Domini M° CC° L° primo.

## XXVII

1250. — *Guillaume Belet, bourgeois de Caen, se libère par la cession de deux pièces de terre a Colomby, de la redevance de quarante sous dont il était tenu envers l'abbaye de la Trappe pour sa maison de Caen sur le marché.*

### Carta Guillelmi Belet de Cadumo.

Universis presentem cartam inspecturis, Guillelmus Belet, burgensis Cadomi, salutem in Domino. Noveritis quod, cum ego et heredes mei post me teneremur monachis Domus Dei de Trappa annuatim reddere XL solidos annui redditus et perpetui super domo mea de mercato, quem redditum eisdem vendiderat dominus Eustachius de Agerneio (1), miles, cui eumdem redditum reddere tenebamur priusquam illum vendidisset, ego, predictus Guillelmus, predictis monachis, de consensu et voluntate ipsorum, dedi et penitus quittavi, pro excambio predicti redditus, duas petias terre, quarum unam tenebant de me heredes Ade Boler pro undecim quarteriis frumenti in mense septembris et duobus caponibus et uno pane unius denarii in Natali Domini et XXX$^{ta}$ ovis annuatim in Pascha reddendis ; que petia terre sita est apud Columbeium inter terram Henrici de Logis et terram Thome Silvestris. Aliam autem petiam terre tenebat de me Guillelmus Johannis pro tribus sextariis frumenti in dicto mense et uno capone in Natali reddendis annuatim ; et est sita dicta petia terre apud Columbeium ad Magnas Terras, inter terram Henrici Le Botellier et terram filii Sarle. Et dessaisivi me de predicto redditu quem habebam in dictis duabus petiis terre et de omni jure et dominio que habebam et habere poteram in eisdem, et saisivi de eisdem scilicet redditu, jure et dominio et proprietate manualiter procuratorem dictorum monachorum nomine eorumdem, omnia que habebam in predictis et habere poteram quoquo modo, in dictos monachos transferendo, nichil

---

(1) Cette vente fait l'objet de la charte XXV (E).

michi et heredibus meis retinens in prefatis. Et ego et heredes mei tenemur garantizare omnia supradicta predictis monachis, defendere et ab omnibus rebus penitus liberare. Et si ob deffectum garantizandi, defendendi et, prout dictum est, liberandi, dicti monachi aliqua dampna sustinuerint, vel sumptus et expensas aliquo modo aliquando fecerint, tenemur ea sepedictis monachis resarcire et satisfacere de eisdem. Predictus autem redditus predictorum XL$^{ta}$ solidorum super predicta domo mea Cadomi, cum omni jure quod nunc habent ibidem, ad ipsos penitus revertetur (1) si aliquando defecerimus a predictis. Et, ut hoc firmum maneat et stabile, etc. Actum anno gracie M° CC° quinquagesimo.

## XXVIII

1243. — *Agnès Carruette, avec l'assentiment de Denys Le Barbier, son mari, aumône à l'abbaye de la Trappe une terre accensée, dans le territoire de Bénouville.*

### Carta Agnetis Carruete.

Noverint universi, presentes et futuri, quod ego, Agnes Carruete, de assensu et voluntate Dyonisii Le Barbier, mariti mei, dedi et concessi, pro salute anime mee, monachis Domus Dei de Trappa unam petiam terre sitam in territorio de Burnouvilla (2) apud Magnam Terram, quam tenet Samson, filius Silvestris, fratris presbyteri, ad feodalem firmam, habendam dictis monachis in perpetuum, in elemosinam liberam penitus et quietam, quantum ad me et ad heredes meos pertinet. Itaque dictus S[amson] et heres ejus de cetero tenebunt dictam terram de dictis monachis et eisdem reddent annuatim dictam firmam totam que inde debetur, quia ego et heredes mei in dicta terra et in dicta firma ejus nichil juris poterimus de cetero reclamare, set totam dictam elemosinam integre ego et dictus Dyonisius, maritus meus, tenemur quamdiu vixerimus defendere et garantizare dictis monachis contra omnes et a rebus omnibus liberare. Et ad hoc idem agendum et fideliter conservandum ego, dicta Agnes, heredes meos penitus obligavi. In cujus rei testimonium, etc... Actum anno Domini M° CC° XL° tertio.

(1) *Texte*: revertemur.
(2) Bénouville, canton de Douvres (Calvados).

## XXIX

1251. — *Philippe Oin fait donation à l'abbaye de la Trappe d'une rente annuelle de trois sous tournois sur un hébergeage et deux pièces de terre à Cottun.*

**Carta Philippi Oin.**

Sciant omnes, presentes et futuri, quod ego, Philippus dictus Oin, de Coutumo, dedi et concessi in propriam et perpetuam elemosinam, pro salute anime mee et antecessorum meorum, monasterio Beate Marie de Trappa et monachis ibidem Deo servientibus tres solidos turonensium annui redditus, ad festum sancti Dyonisii recipiendos annuatim, in herbergagio meo de Coutumo (1), inter herbergagium Rogeri Le Roer et herbergagium Thome de Cadumo, et in quadam petia terre sita in Capite Ville (2), juxta viam de Palverel de longo ex una parte et ex altera juxta terram Rogeri Le Roer, et in una pecia terre sita in *delà*, que vocatur Mala Cultura, per manum Bartholdi, fratris mei, et heredum suorum vel ejus qui dictas terras tenebit; ita quod dicti monachi in predictis herbergagio et terris, pro predicto et non pro plus, suam poterunt justitiam plenarie exercere. Et, ut hoc firmum sit, etc... Actum anno Domini M° CC° L° primo.

## XXX

*Répétition de la charte XXV (E).*

Noverint universi, presentes et futuri, quod ego, Eustachius de Agerneio, etc... *sicut in vicesima quinta.*

## XXXI

1252. — *Eustache d'Anguerny, chevalier, abandonne à l'abbaye de la Trappe, en accroissement d'une donation antérieure et moyennant dix livres tournois, une pièce de terre au territoire d'Anguerny.*

Notum sit omnibus, tam presentibus quam futuris, quod ego

(1) Cottun, canton de Bayeux (Calvados).
(2) Chef-de-Ville, hameau de la commune d'Osmanville (Calvados).

Eustachius de Agerneio, miles, dedi et concessi Deo et Beate Marie de Trappa et monachis ibidem Deo servientibus, unam petiam terre, in augmentationem illius elemosine quam illis monachis ante dederam, sitam in territorio de Agerneio, juxta viam qua itur ab Agerneio apud Aniseium, in dextera parte illius vie inter terram filii Thome Buignon, ex una parte, et terram meam quam Thomas dictus miles tenet ad firmam de Johanne Roussel et Meliore, uxore sua, quam habent in dotalitio, ex altera, que aboutat ad terram Hugonis Le Manant, tenendam, habendam et jure hereditario possidendam dictam terram eisdem monachis et successoribus eorumdem bene et in pace et libere in omnibus et quiete, sine aliqua reclamatione mei vel alicujus heredum meorum de cetero. Pro hac autem donatione et concessione, dederunt michi predicti monachi, de elemosina sua decem, libras turonensium ; unde ego et mei heredes tenemur illis monachis dictam terram garantizare, defendere et acquitare versus dominos capitales et versus omnes *gens* de omnibus actionibus et consuetudinibus et redditibus et eisdem in nostro proprio feodo equivalenter, si necesse fuerit, excambiare utcumque potuerit inveniri. Quod ut ratum sit, etc... Actum anno Domini M° CC° L° secundo.

## XXXII

1253. — *Hugues, clerc, fils et petit-fils d'Hervé et de Hugues de Cambes, cède à l'abbaye de la Trappe deux pièces de terre qu'il tenait d'elle en fief avec ses frères.*

### Carta Hugonis de Cambis.

Notum sit omnibus, tam presentibus quam futuris, quod ego, Hugo, clericus, filius Hervei, filii Hugonis de Cambis, de assensu et voluntate Clementis, fratris mei primogeniti, dedi et concessi et omnino dimisi, in puram et perpetuam elemosinam, Deo et monachis Beate Marie de Trappa, cisterciensis ordinis, pro salute anime mee et patris mei et matris mee et omnium antecessorum meorum, scilicet duas petias terre sitas in territorio de Cambis, quas ego dictus Hugo et dictus Clemens, frater meus et alii fratres mei tenebamus in feodo a dictis monachis ; quarum una petia terre sita est apud Magnum Campum, inter terram

Willelmi Trihan, ex una parte, et terram domini Ascelini, presbyteri; et alia petia terre, in valle d'Esperon, sita est inter terram Alexandri, filii Tustini filii Radulphi Roberti, ex una parte, et terram Ram[n]ulfi Dyonisii ex altera, tenendas, habendas et jure hereditario possidendas in puram et perpetuam elemosinam dictas duas petias terre, sicut se pretendunt in longum et latum, dictis monachis et eorum successoribus de me et heredibus meis, bene et in pace, libere et quiete de omnibus michi et heredibus meis pertinentibus, et sine aliqua reclamatione mei et heredum meorum de cetero. Quod ut ratum sit, etc.. Actum anno Domini M° CC° L° tercio.

## XXXIII

*Répétition de la charte ci-dessus.*

Notum sit omnibus, tam presentibus quam futuris, quod ego, Hugo... *Unde et supra per omnia.*

## XXXIV

1253. — *Robert de Tilly, clerc, donne à l'abbaye de la Trappe, pour la célébration de son anniversaire et de ceux de ses père et mère, une pièce de terre et une maison dans le territoire de Tilly.*

### Carta Roberti de Telleio.

Omibus Christi fidelibus presentes litteras inspecturis, Robertus Rogeri clericus filius, de Telleio (1), salutem. Noverint universi, presentes et futuri, quod ego, Robertus clericus, filius Rogeri Rohaiz, dedi Deo et Beate Marie de Trappa et monachis ibidem Deo servientibus, in puram et perpetuam elemosinam, pro annualibus patris mei et matris mee et mei ipsius, unam petiam terre et partem herbergagii mei et domus mee, que petia terre sita est in territorio de Telleio, juxta viam de Falesia (2) ex

---

(1) Tilly-la-Campagne, canton de Bourguébus; ou Tilly-sur-Seulle, chef-lieu de canton de l'arrondissement de Caen (Calvados).
(2) Falaise, chef-lieu d'arrondissement (Calvados).

una parte, et juxta terram Ric[ardi] Hais ex altera ; et domus sita est inter domum Ade, fratris mei, et domum Ric[ardi] fratris mei ; tenendas et habendas et jure hereditario possidendas sibi et successoribus eorum de me et heredibus meis bene et in pace, libere et quiete, salvo jure capitalis domini. Et ego, predictus Robertus, et heredes mei predictam petiam terre et predictam domum predictis monachis tenemur garantizare et defendere contra omnes. Et, ut hoc ratum, etc... Actum anno Domini M° CC° L° tertio.

## XXXV

1253. — *Raoul Gohier de Cambes, clerc, fait donation à l'abbaye de la Trappe d'un setier de blé à recevoir chaque année sur une terre sise à Cambes derrière l'abbaye*

### Carta Radulfi de Cambis.

Ego, Radulfus Goherii, clericus, de Cambis, notum facio universis, presentibus et futuris, quod ego, pro salute animarum patris et matris mee, dedi abbati et conventui Domus Dei de Trappa, in elemosinam perpetuam, liberam ab omnibus rebus penitus et quietam, unum sextarium frumenti annui redditus ; quem sextarium frumenti assignavi eis annis, singulis percipiendum in mense septembris, ab illo qui tenebit quamdam petiam terre sitam post monasterium de Cambis, junctam ex una parte terre Rogeri Macri, et ex altera parte terre Johannis Mauricii ; super quam petiam terre predictum redditum predicti sextarii frumenti dictis abbati et conventui assignavi tali modo quod, si forte heredes mei dictam elemosinam et dictam ejus assignationem contradicerent aliquando, ego concessi dictis abbati et conventui et obligavi totam partem meam omnium eschaetarum que michi possent et deberent jure hereditario devenire de cetero in parrochia de Cambis, ut in eisdem eschaetis faciant suam justitiam et eas teneant in manu sua donec a predictis heredibus meis, sive ab illo qui dictam petiam terre tenebit, predictus redditus abbati et conventui integre persolvatur. Et, ut hoc firmum sit, etc... Actum anno Domini M° CC° L° tercio.

## XXXVI

1253. — *Roger Goméril du Sollier, clerc, donne à l'abbaye de la Trappe deux setiers d'orge, mesure du Sollier, á prendre annuellement sur un hébergement et une terre tenus en fief de lui par son frère Robert Legrant.*

### Carta Rogeri Gomeril.

Notum sit omnibus, tam presentibus quam futuris, quod ego, Rogerus dictus Gomeril, clericus, de Solers (1), dedi et concessi in puram et perpetuam elemosinam, pro salute anime mee et omnium antecessorum meorum. Deo et monachis Beate Marie de Trappa, cisterciensis ordinis, duos sextarios ordei, ad mensuram de Solers, annui redditus, mense septembris percipiendos super quoddam herbergamentum situm apud Soliers, inter terram Ricardi Legrant, ex una parte, et terram Roberti Le Croisé, ex altera, et super dimidiam acram terre sitam apud Petit Ocreval, inter terram heredum Thome Drieu, ex una parte, et terram Willelmi Legrant ex altera, et super tres virgatas terre sitas in valle de Foubenfolie, inter terram Ricardi Legrant ex una parte, et terram Henrici de Columbeles (2) ex altera. Quod herbergamentum et quas terras Robertus Legrant, frater meus, tenet de me in feodo et hereditate ; et predictus Robertus, frater meus, et sui heredes, tenentur reddere annuatim dictos duos sextarios ordei predictis monachis libere et quiete de omnibus sicut puram elemosinam, ita tamen, quod dicti monachi et eorum successores poterunt facere annuatim (3) suam justitiam plenariam super dictum herbergamentum et super dictas terras pro dictis duobus sextariis ordei ad dictum [terminum] habendis, si necesse fuerit, sine contradictione aliqua mei et heredum meorum de cetero. Quod ut ratum sit, etc.... Actum anno Domini M° CC° L° tercio.

(1) Le Sollier, commune de Tourgeville, canton et arrondissement de Pont-l'Evêque (Calvados).

(2) Colombelles, commune du canton de Troarn, arrondissement de Caen (Calvados).

(3) *Manuscrit*: facere annuatim facere suam...

## XXXVII

1254. — *Richard III de Creully, chevalier, confirme comme sei
gneur suzerain, une donation de terre au territoire d'Anguer
ny faite par Eustache d'Anguerny à l'abbaye de la Trappe*

### Carta domini Ric[ardi] de Croileio.

Universis presentem paginam inspecturis, dominus Ric[ardus] (1) de Croileio (2), miles, salutem in Domino sempiternam. Noverit universitas vestra quod, cum Eustachius de Agerneio, miles, quamdam petiam terre, prout se extendit in longum et in latum, sitam in territorio de Agerneio, inter terram Gregorii Buignon, ex parte una, et terram quam tenet ad firmam Michael Lechevalier, in puram et perpetuam elemosinam, pro sue anime suorumque predecessorum salute, viris religiosis abbati et conventui de Trappa, cisterciensis ordinis, contulisset, que quidem petia terre de meo feodo de Croileio noscitur descendisse et a me tenebatur: ego, Ricardus, karitatis intuitu, dictam elemosinam a dicto Eustachio factam dictis religiosis, gratam et ratam modis omnibus habeo, ita videlicet quod ego, Ric[ardus], vel heredes mei in dicta petia terre nichil de cetero jure dominii poterimus reclamare. Insuper ego Ric[ardus] dictam elemosinam, prout a dicto Eustachio dictis religiosis facta est, in favorem elemosine confirmo per presentem paginam, sigilli mei munimine roboratam. Actum anno Domini M° CC° L° quarto.

## XXXVIII

1254. — *Thomas de Presles. chevalier, seigneur de Columby,
confirme à l'abbaye de la Trappe toutes les acquisitions
qu'elle a faites de feu Thomas d'Anguerny et feu Henri son
fils et de Guillaume Belet, bourgeois de Caen.*

### Carta Domini de Columbeio.

Ego Thomas de Pratariis, miles, dominus de Columbeio, no-

---

(1) Richard III, (Pezet, *Les Barons de Creully*, p. 90).
(2) Creully, chef-lieu de canton de l'arrondissement de Caen.

tum facio universis, presentibus et futuris, quod ego concessi et confirmavi viris religiosis abbati et conventui Domus Dei de Trappa, cisterciencis ordinis, omnia que ipsi habent in feodo meo et hominum meorum per elemosinam et per emptionem, videlicet ex dono defunctorum Thome de Agerneio atque Henrici filii ejus, militum : duas garbas decime feodi sui de Agerneio et quinque virgatas terre in via de Plumecoc, inter terram Botellier et terram Hervei Manant, et unam virgatam et dimidiam in Monte Famille (1), et duas petias terre, quarum una sita est in via de Matone inter terram Roberti filii Thome et terram Raginaldi filii Osere, et altera apud Druefosse juxta terram Hamelini Le Bohort (2), tenendas et habendas predictas decimam et petias terre antedictis religiosis et quibuscumque voluerint, ab omnibus rebus ad me et heredes meos pertinentibus libere, pacifice penitus et quiete ; ita quod nec ego nec heredes mei possumus in eis aliquid de cetero reclamare. Preterea concessi eisdem religiosis duas petias terre, quarum una [sita est] apud Columbeium inter terram Henrici de Logis et terram Thome Silvestris, et altera sita est apud Magnas Terras inter terram Henrici Le Botellier et terram filii Salle. Quas petias terre dedit predictis religiosis et penitus quitavit Guillelmus Belet, burgensis Cadomi, cum omni jure quod habebat in eis, pro excambio XL$^{ta}$ solidorum turonensium annui redditus et perpetui quos debebat eis super domo sua Cadomi de mercato (3) et quos ipsis vendiderat Eustachius de Agerneio, miles, ut in eisdem duabus petiis terre et eis... habeant et teneant et in perpetuum possideant totum jus, dominium et districtum quem habebat et habere poterat idem Guillelmus et heredes ejus in eis et ex ipsis, ab omnibus ad me et ad heredes meos pertinentibus libere penitus et quiete. Et ut hec mea concessio et confirmatio in perpetuum firma sit et stabilis, ego sigilli mei munimine roboravi presens scriptum. Actum anno Domini M° CC° L° IIII°.

*Tricesimam nonam et quadragesimam require primas sub ista littera E.*

(1) Voir la charte XIV (E).
(2) Cette donation fait l'objet de la charte XVII (E).
(3) Voir cette transaction dans la charte XXVII (E).

# F

## Hic incipiunt carte de Chesne Haudacre[1] sub hac littera.

### I

1182. — *Jean I, évêque d'Evreux, notifie un arrangement intervenu entre l'abbaye de la Trappe et l'abbaye Notre-Dame de Corneville au sujet des dîmes de la paroisse de Melicourt.*

[Carta episcopi ebroicensis de decima de Melicort].

In Dei gratia, ebroicensis episcopus (2), omnibus in Christo fidelibus salutem, et benedictionem. Notum sit omnibus, tam posteris quam presentibus, quod abbatia Sancte Marie de Trappa et abbatia Sancte Marie de Cornevilla (3) decimarum suarum que sunt in parrochia de Melicort (4) apud granchiam de Quercu Haudacre talem compositionem fecerunt : abbatia Sancte Marie de Trappa reddit abbatie Sancte Marie de Cornevilla, singulis annis, decem et octo solidos andegavensium in festo hyemali sancti Martini (5). Eapropter abbatia Sancte Marie de Cornevilla concessit abbatie Sancte Marie de Trappa decimas suas, quas in parrochia de Melicort acquisierat, a die compositionis et infra, liberas et quietas omnes in perpetuo possidendas, etc... Actum anno Domini M° C° LXXX° secundo.

(1) Le Chêne-Haute-Acre, aujourd'hui hameau et ferme partagés entre la Haye-Saint-Sylvestre et Mélicourt (Eure).

(2) Jean I, évêque d'Evreux' de 1181 au 1er juin 1192.

(3) Corneville-sur-Rille, commune du canton et de l'arrondissement de Pont-Audemer. L'abbaye d'hommes de Corneville, de l'ordre de Saint-Augustin, avait été fondée en 1143, par Gelbon de Corneville et Mathilde, sa femme. D'abord simple prieuré soumis à l'abbaye de Saint-Vincent-au-bois, cette communauté fut érigée en abbaye quelques années après sa fondation. (Migne, *Dictionn. des Abbayes*, col. 226 ; et *Gall. Christ..*, t. XI, col. 298).

(4) Melicourt, commune du canton de Broglie, arrondissement de Bernay (Eure).

(5) La Saint-Martin d'hiver, le 11 novembre.

## II

1203. — *Arnaud de la Selle cède à l'abbaye de la Trappe plusieurs fiefs à la Coiplière, le Chesne-Haute-Acre et la Havaierie, sous forme de donation pour un tiers, de vente pour les deux autres tiers.*

### Carta Ernaudi de Cella.

Sciant presentes et futuri quod ego, Ernaldus de Cella (1), concedente Willelmo, fratre meo, donavi et concessi monachis de Trappa, in elemosinam perpetuam, liberam ab omnibus rebus et quietam, tertiam partem toti tenementi quod habebam integre apud Lachoispeliere (2) et apud Chesne Haudacre et apud la Havairie (3), similiter et feodi Gilleberti molendinarii et tenementi Willelmi Landrici et tenementi Aales La Truande et tenementi Willelmi Luppi, et alias duas partes vendidi eis XL$^{ta}$ libras turonensium. Ipsi vero receperunt me et uxorem meam in fraternitate domus sue. Et ut hoc firmum maneat, etc Actum anno Domini M° CC° tertio.

## III

[1203]. — *Même objet que la charte précédente.*

### Item, ejusdem.

Omnibus ad quos presens scriptum pervenerit, Ernaldus de Cella, salutem in Domino. Noveritis omnes quod ego donavi et concessi monachis de Trappa, in perpetuam elemosinam, quicquid tenebam ex integro apud Chesnehaudacre et apud la Coispelière et apud La Haverie et feodum Gilleberti molendinarii, liberam penitus et quietam ab omni serviclo et seculari consuetudine ; et ipsi receperunt me cum uxore mea in confraternitate domus sue, et post mortem in ipsa habebimus sepulturam. Datum ut superius.

(1) La Selle, commune de Juignettes, canton de Rugles (Eure).
(2) La Coipliere, hameau de la commune de Mélicourt.
(3) La Havière, hameau de la commune de Mélicourt.

## IV

Pont-Échanfré, 1156. — *Simon de Grandvilliers confirme une donation de terre faite par Hugues de la Selle à l'abbaye de la Trappe dans la paroisse de Melicourt, et affranchit ladite terre de tous services féodaux à lui dus.*

### Carta Symonis de Granviler.

Ego Symo (1), filius Beaudoni de Grandi Villari (2), terram quam dedit Hugo de Cella et homines sui A[lboldo] (3) abbati et monasterio de Trappa, in parrochia Melicortis, in elemosinam concedo et impressione mei sigilli confirmo. Quod similiter Symo, filius meus, concedit, presente prefato Hugone, salva monach[is] omni libertate sua, quantum ad me et ad castellum meum pertinet. Testibus istis, et cetera... Datum Pontierchefrido (4), anno Domini M° C° L° VI°.

## V

Pont-Echanfré, 1175. — *Simon de Grandvilliers, fils du précédent, confirme la même donation dans les mêmes conditions.*

### Carta Symonis, filii ejusdem Symonis.

Notum sit omnibus, tam presentibus quam futuris, quod ego Symon, filius Symonis de Grandviler, concessi in elemosinam abbati et monachis Domus Dei de Trappa totam terram quam habent in feodo Hugonis de Cella, liberam et quietam de moltura et relevamento et de omni servitio ad me et ad castellum meum de Pontheirchefrido pertinente, et sigilli mei impressione confirmavi coram his testibus, et cetera... Actum Ponteerchenfrido, anno Domini M° C° LXX° quinto.

(1) Simon, seigneur de Grandvilliers, Pont-Echanfré, etc.

(2) Grandvilliers, commune du canton de Danville (Eure) et fief. (A. Le Prevost, *Mémoires et Notes pour servir à l'Histoire du département de l'Eure*, t. 2, p. 197).

(3) L'abbé Albold. On le voit, dès 1146, obtenir une bulle du pape Eugène III. D'après le *Gall. Christ.*, (t. XI, c. 748), il gouverna pendant trente-quatre années l'abbaye de la Trappe. Ce fut sous cet abbé que la communauté, déjà puissante, accrut ses domaines des terres du Chêne-Haute-Acre, de la Gastine, de Chantecok et de Mahéru.

(4) Pont-Echanfré, nom primitif de Notre-Dame-du-Hamel, commune du canton de Broglie.

## VI

1219 — *Roger de Plasnes, chevalier, confirme la donation faite par Arnaud de la Selle à l'abbaye de la Trappe et renonce à ses droits féodaux sur le fief qui en faisait l'objet.*

### Carta Rogeri de Planis.

Noverint omnes ad quos presens scriptum pervenerit quod ego, Rogerus de Plagnis (1), miles, concessi et presenti carta confirmavi donum quod Ernaldus de Cella fecit abbati et monachis de Trappa (2) et retentis omnibus servitiis michi et heredibus meis et dominis meis capitalibus pertinentibus (3). Preterea concessi in puram et perpetuam elemosinam relevamentum michi et heredibus meis pertinens et terram forifactam, si contigerit, et custodiam illius feodi, si obierit. Hec predicta concessi Deo et ecclesie Beate Marie de Trappa et monachis ibidem Deo servientibus pro salute anime mee et antecessorum meorum. Et, ut hoc ratum, etc. Actum anno M° CC° XIX°.

## VII

[S. d.]. — *Arnaud de la Selle, avec l'assentiment de Guillaume, son frère, remet à l'abbaye de la Trappe, moyennant huit livres angevines, la redevance annuelle de onze sous angevins que ladite abbaye lui devait pour la terre qu'elle tenait de lui au Chêne-Haute-Acre.*

### Carta Willemi de Planis.

Omnibus ad quos littere presentes pervenerint, Willelmus de Planis, salutem. Sciant qui fuerunt et qui futuri sunt quod Ernaudus de Cella Deo et monachis Beate Marie Domus Dei de Trappa, Willelmo fratre ejus concedente, in puram et perpetuam elemosinam et quietam ab omni servitio et exactione et seculari

---

(1) Plasnes, commune du canton de Bernay (Eure), autrefois fief relevant de Beaumont-le-Roger.
(2) Voir la charte II (F).
(3) Le fief de Mélicourt relevait de celui de Plasnes. (A. Leprevost, t. 2. p. 544).

consuetudine, undecim solidos andegavensium annui redditus quos predicti monachi memorato Ernaudo annuatim solvebant pro omni terra quam tenebant de eo ad Quercum Haudacre. Et pro hac donatione, recepit predictus Ernaudus a monachis octo libras andegavensium, et coram me super quatuor envangelia juravit quod predictos XI$^{cim}$ solidos contra omnes homines garantizabit monachis et nichil in eis de cetero reclamabit. Hanc autem donationem, sicut predictum est, concessi et, ne ex hoc predicti monachi molestarentur in posterum, presentem scriptum sigilli mei munimine confirmavi.

## VIII

[S. d.]. — *Gilbert du Plessis renonce, en faveur des religieux de l'abbaye de la Trappe, au droit de mouture qu'il percevait sur leurs terres de Pont-Echanfré.*

### Carta Gilleberti de Plesseio.

Sciant presentes et futuri quod ego, Gillebertus de Plesseio, dedi Deo et ecclesie Sancte Marie de Trappa et monachis ibidem Deo servientibus totam molituram que ad me pertinebat totius terre quam habent et quam acquirere poterunt in feodo et Ponte Archcinfredi (1), in perpetuam elemosinam, liberam et quietam ab omni servitio et redditu et consuetudine seculari, pro salute anime mee et uxorum mearum et liberorum meorum. Quod u$^t$ firmum in perpetuum maneat, etc... Teste Deo et me ipso.

## IX

1226. — *L'abbé de Lire et Nicolas de Glos, chevalier, choisis comme arbitres par l'abbaye de la Trappe et Raoul de Melicourt, procèdent à un partage de terres entre les deux parties.*

### Divisio terrarum.

Universis presentem paginam inspecturis, de Lira et de Trappa

---

(1) Le Plessis, fief voisin et relevant de Pont-Echanfré.

abbates (1) et Nicholaus de Gloz (2), miles, salutem in Domino.
Cum compromissum esset in nos a conventu Domus Dei de
Trappa et Radulpho de Melicort apud Britolium (3) malisia super
divisione terrarum dictorum monachorum et dicti Radulphi, nos
ad terras eorumdem accessimus, et, partibus utrisque consen-
tientibus, remanserunt prefatis monachis in pace terre Gastina,
Aspina, Bedehent per chiminum ad antiqua fossata descenden-
tia ad Noam, sicut fossata Joscei de Valle proportant. Remanserunt etiam in pace sepedictis monachis terre de Maresbollies,
sine contradictione, de quibus dictus Radulfus divisiones reqni-
rebat. Et, ne de cetero super divisione dictarum terrarum emer-
geret contentio, nos, de consensu partium, ad hujus rei firmitatem
et testificandam veritatem, dignum duximus presentem cartam
sigillorum nostrorum munimine confirmare. Actum anno Domini M° CC° vicesimo sexto.

## X

1224. — *Les exécuteurs testamentaires de Regnard Fromentin
notifient le legs de cinq sous tournois de rente fait par ce
dernier à l'abbaye de la Trappe.*

### Carta Reginardi Fromentini.

Universis presens scriptum inspecturis, Philippus, capellanus
ecclesie de Bonmolin (4), et Robertus de Montigneio (5) et Herbertus Bote-Vilain, exequtores testamenti Reginaudi Fromentini, salutem in Domino. Universitati vestre notum facimus quod
Reginaudus Fromentin legavit monachis Domus Dei de Trappa,

(1) L'abbaye de Lire, dans le diocèse d'Evreux, était une communauté d'hommes
de l'Ordre de saint Benoît, sous l'invocation de la Vierge, fondée vers 1050 par le
comte Guillaume, sénéchal de Normandie, et Adline, sa femme, fille de Roger de
Tolency. Elle avait pour abbé, en 1226, Jean I, d'Almenesches (mort en 1241).
L'abbé de la Trappe, était, à cette date, Adam, appelé aussi Gautier. (Migne,
*Dictionn. des Abbayes*, p. 458, et *Gall. Christiana*, t. XI, col. 644, 647, 748).

(2) Glos-la-Ferrière, commune du canton de la Ferté-Fresnel (Orne).

(3) Breteuil, chef-lieu de canton, arrondissement d'Evreux (Eure).

(4) Bonmoulins, commune du canton de Moulins-la-Marche, arrondissement de
Mortagne (Orne).

(5) Montigny-sur-Avre, commune du canton de Brezolles, arrondissement de
Dreux (Eure-et-Loir).

in elemosinam perpetuam, liberam penitus et quietam, pro salute anime sue et Mabilie, uxoris sue, quinque solidos turonensium annui redditus apud Cuchoneriam, quos acquisivit de Rad[ulfo] Goont, in festo sancti Remigii annis singulis reddendos dictis monachis per manum illius qui tenebit primogenituram in feodo Roberti Dolle. Nos autem, exequtores dicti testamenti Reginardi, ad hujus rei certitudinem et plenariam confirmationem, dedimus prefatis monachis presentem paginam, predictorum testimonialem, sigillorum nostrorum munimine roboratam. Actum anno Domini M° CC° XX° quarto.

## XI

[S d.]. — *Hugues de la Selle, moine de l'abbaye de la Trappe, cède à ladite abbaye deux terres sises au Chêne-Haute-Acre, moyennant une redevance annuelle en argent.*

### Confirmatio (1) de Hugone de Cella.

In nomine... Quamvis eo tempore notum fieret pluribus, posterorum tamen memorie per scriptum mandare studuimus quatinus Hugo de Cella, monachus Sancte Marie Domus Dei de Trappa, $XX^{ti}$ acras de terra quam habebat ad Quercum Haldacre circa locum ubi manere eligerent, solidas ac quietas habere donavit in elemosina in perpetuum ; item totam aliam suam terram, quicquid ibi habebat, exceptis $LX^{ta}$ acris quas sibi supra Melicurtem in unam partem retinuit, similiter in elemosina, pro anima sua ac predecessorum suorum, eis excolere concessit, hoc tamen pacto, ut primo anno XV solidos haberet a monachis pro concessione, tribus vero sequentibus annis denarios sol. (*sic*, aliis autem singulis annis ipse et heres suus $XX^{ti}$ solidos expeterent in futurum. Sed et hoc non est preterendum quod ille XL acre nulli ecclesie nullique alii persone gratis vel pro pretio dari vel etiam accommodari possent a prefato Hugone, nisi filio de muliere aut filie sue, sed monachi, sicut et aliam, eam terram excolerent sine pretii augmentatione, vel ut, e contrario si perderent, perderent sine nominati pretii diminutione. Preterea, in conventione eorum est quod, si quis, hereditario jure, aliquam partem in

(1) Cette charte est qualifiée *confirmation* parce qu'il s'agit ici, comme l'indiquent les premiers mots de l'acte, d'une convention faite d'abord verbalement.

terra illa sibi acclamaverit, cui equitatis ratione contradici non possit, habeat quidem patrimonium ita, ut redditus diminuatur et pretium. Nec hoc silendum esse putamus, quod si monachi in eadem terra (1) expensas aliquas habuerint, ut est, verbi gratia, ruppurta (2), marna, ediumtium (?) clausura, monachi, ut diximus, expensas suas non perdiderint. Item Riboldus, qui in eo tempore Pontem Elchesridum habebat, dominus et heres, concessit monachis ut, si qua contentio vel discordia inter ipsum et predictum Hugonem exoriretur, nichil per violentiam in terra illa quereret, nisi id redditus solummodo quod prefatus Hugo ibi haberet. Hanc concessionem fecit Hugo de Cella et uxor ejus Christiana, filius vero ejus Robertus et Richeldis, filia ; Riboldus similiter, sub cujus dominio terra tenebatur, insuper, pro salute anime sue et predecessorum suorum, totum servitium illius terre, quicquid ad eum pertineret, excepto hoc quod ad dominos suos pertinet, libere ac quiete condonavit, hoc excepto, quod si quando contingeret quod de annona, quum illa terra cresceret, in patria illa molerent, ad suum molendinum venirent. Maria autem, uxor ejus, hec concessit coram hiis testibus : Hugone de Plesseiz, Radulfo filio ejus, Ric[ardo] fratre ejus, Huberto de Monte Forti et multis aliis.

## XII

[S. d.]. — *Robert, comte de Leicester, fait remise à l'abbaye de la Trappe d'une partie des services féodaux à lui dus à raison d'un fief tenu par Simon de Grandvilliers au Chesne-Haute-Acre.*

**Carta comitis Legre[cerie].**

R[obertus], comes Legre[cerie], omnibus hominibus et amicis suis, tam presentibus quam futuris, salutem. Sciatis me dedisse et hac carta confirmasse Deo et monachis de Trappa, pro salute mea et antecessorum meorum, sextam decimam partem servitii quod pertinet ad me de feodo unius militis quod Symo de Granvil[ers] tenet de me in Chesne Haudacre. Quare volo et precipio quod ipsi habeant predictum servitium, quantum ad me pertinet, bene et in pace, in liberam et puram elemosinam. His testibus, etc...

---

(1) *Texte :* terras.
(2) Peut-être *ruptura,* que Du Cange définit : *ager recens proscissus ; census ex eo solvendus; teneturae species.*

# G

## Incipiunt carte de Gastina [1].

### I

1215. — *Nicolas de Mélicourt fait donation à l'abbaye de la Trappe de deux setiers de mouture à prendre chaque année sur son moulin de Mélicourt.*

**Prima hec.**

Sciant universi, presentes et futuri, quod ego, Nicholaus de Melicort (2), donavi monachis Sancte Marie Domus Dei de Trappa, pro salute anime mee et patris et matris mee et Rad[ulfi], fratris mei, et Anicie, uxoris mee, ipso Rad[ulfo] fratre meo et uxore concedentibus et laudantibus, duos sextarios bladi de molitura in molendino meo de Melicort ab amnibus rebus liberos et quietos. Et sciendum est quod alter ex istis duobus sextariis in festo sancti Remigii, alter vero in Natali Domini, singulis annis, nuntio monachorum persolvetur. Ad hujus autem rei confirmationem, etc... Actum anno gratie M° CC° quinto decimo.

### II

1204. — *Raoul de Sommaire confirme à l'abbaye de la Trappe, la possession, dans le fief des Bottereaux, d'une terre à elle donnée par feu Guillaume de Sommaire, père dudit Raoul.*

**Carta Rad[ulfi] de Summere.**

Sciant presentes et futuri quod ego, Rad[ulfus] de Summere (3)

---

(1) La Gastine, hameau du Mesnil-Rousset, canton de Broglie (Eure).
(2) Mélicourt, commune du canton de Broglie.
(3) Saint-Antonin de Sommaire, commune du canton de Rugles, sur le Val-de-Sommaire.

qui cognomento vocor Villanus (?), concessi Deo et monachis Beate Marie de Trappa, in perpetuam elemosinam, totam terram quam Willelmus de Summere, pater meus, donaverat eis apud Gastinam, scilicet quicquid habebat in dominico in feodo de Boterellis (1), que terra accidit in portione mea, quum ego et fratres mei partiti sumus hereditatem nostram. Pro hac autem concessione, donaverunt michi prefati monachi unum equum, tali conditione, quod tam ego quam heredes mei post me, de jure tenebimur defendere et garantizare contra omnes homines supradictam terram, liberam penitus et quietam ab omnibus rebus. Et, ut hoc firmum sit, etc. Actum anno M° CC° IIII°

III

1217. — *Jean de Caorches confirme à l'abbaye de la Trappe la possession des terres à elle données par ses ascendants dans le fief des Bottereaux.*

### Carta Johannis de Chaorcia.

Sciant omnes qui sunt et qui futuri sunt quod ego, Johannes de Chaorceia (2), concedo et presenti carta confirmo Deo et monachis Sante Marie de Trappa, in perpetuam elemosinam, liberam penitus et quietam ab omnibus rebus, exceptis custodiis Britolii (3), totam terram quam mater mea dedit eis in feodo de Boterellis et quicquid alii antecessores mei eisdem monachis donaverunt. Et has elemosinas tam ego quam heredes mei tenebimur supradictis monachis contra omnes homines garantizare et liberare. Et, ut hoc in perpetuum firmum permaneat et stabile, etc. Actum anno Domini M° CC° septimo decimo.

(1) Les Bottereaux, commune du canton de Rugles (Eure), autrefois baronnie ; il y avait, du reste, deux fiefs du même nom au même lieu.
(2) Caorches, commune du canton de Bernay (Eure), autrefois fief relevant de Montreuil et de Bernay.
(9) Breteuil-sur-Iton, chef-lieu de canton, arrondissement d'Evreux (Eure).

## IV

1226. — *Richard, évêque d'Evreux, confirme un accord intervenu entre l'abbaye de la Trappe et l'église Saint-Pierre du Mesnil-Mauduit au sujet des terres de l'abbaye dans ladite paroisse.*

**Carta episcopi ebroicensis de quadam pace.**

Ric[ardus] (1), Dei gratia ebroicensis episcopus, universis Christi fidelibus, salutem in perpetuum. Universitati vestre notum facimus quod inter abbatiam Domus Dei de Trappa et ecclesiam Sancti Petri de Mesnillio Maudeit .(2) facta est compositio de terris quas monachi dicte abbatie tradiderunt hominibus et tradituri sunt excolendas, que sunt in parrochia dicte ecclesie. Quam compositionem nos approbamus et confirmamus, factam in hunc modum. De omnibus terris quas prefati monachi habuerunt ante concilium, quas tradiderunt hominibus vel tradituri sunt excolendas, annis singulis infra octabas Omnium Sanctorum reddent dicte ecclesie tres minas frumenti talis quale ceciderit in area, ad mensuram de Gloz, in granchia sua de Gastina. De terris autem acquisitis et acquirendis post concilium, sive eas excolant monachi sive cedant ad excolendum, prefata ecclesia decimam suam percipiet sicut antea dinoscitur percepisse. Ut autem hec compositio immutabiliter observetur, dignum duximus presentem cartam sigilli nostri munimine roborare. Actum anno M° CC° vicesimo sexto.

## V

1243. — *Nicolas de Glos, chevalier, et Béatrice, sa femme, font donation à l'abbaye de la Trappe d'une rente de vingt sous, monnaie courante, à prendre sur la prévôté de Pont-Echanfré.*

**Carta Nicholai de Gloz.**

Noverint universi, presentes et futuri, quod ego, Nicholaus de

---

(1) Richard de Bellevue, abbé du Bec, et évêque d'Evreux de 1223 à 1236 (*Gall. Christ.*, t. XI, col. 584-585).

(2) Le Mesnil-Mauduit, fief et nom primitif de Saint-Pierre-du-Mesnil, commune du canton de Beaumesnil (Eure).

Gloz (1), miles, dedi karissimis amicis meis monachis Domus Dei de Trappa, pro salute anime mee et anime Biatricis, uxoris mee, viginti solidos monete currentis, in elemosinam perpetuam, liberam ab omnibus rebus penitus et quietam, de redditu meo quem habeo in prepositura de Ponte Archenfredi, annis singulis in Natali Sancti Johannis Baptiste a preposito dicte ville dictam preposituram tenente persolvendos. Et si contigerit quod ego hanc elemosinam non possem garantizare, defendere et liberare, ego teneor eis eam excambiare in meo feodo alibi ad vallorem. Et ad hoc idem faciendum post me, heredes meos obligavi. Et, ut hoc firmum maneat et stabile, etc... Actum anno Domini M° CC° XL° tercio.

## VI

[S. d.]. — *Guillaume de Plasnes confirme à l'abbaye de la Trappe la possession de deux terres relevant de lui.*

### Carta Willelmi de Plagnis.

Sciant qui sunt et qui futuri sunt quod ego, Willelmus de Plagnis (2), pro salute anime mee et antecessorum meorum, concessi et dedi Deo et monachis Beate Marie de Trappa totam terram quam homines illi qui vocantur Les Croisez dederunt illis in partitione Rogeri (3), fratris sui, et duas acras quas habent de Willelmo de Chesne Haudacre in puram et perpetuam elemosinam, liberam ab omnibus que ad me pertinent et quietam. Que terra tota est in feodo Ernaudi de Cella (4). Et, ut ista donatio firma maneat et stabilis, ego et Rogerus, frater meus, etc...

## VII

1194. — *Jean de Sacquenville, Gilon, son frère, et Euphémie, sa femme, exemptent de tous services féodaux, en ce qui les concerne, une terre que l'abbaye de la Trappe tenait dans le fief des Bottereaux.*

### Carta Johannis de Saquenvilla.

Notum sit omnibus, tam presentibus quam futuris, quod ego,

(1) Glos-la-Ferrière, commune du canton de la Ferté-Fresnel (Orne).
(2) Personnage déjà nommé dans la charte VII F.
(3) Roger de Plasnes, dont émane la Charte VI F.
(4) Arnaud de la Selle, auteur de la charte II F.

Johannes de Saquenvilla (1), et Gillo, frater meus, et Eufemia, uxor mea, et heredes mei abbati et monachis Domus Dei de Trappa, pro salute animarum nostrarum, totam terram quam habebant in feodo de Boterellis in anno ab Incarnatione Domini M⁰ C⁰ nonagesimo quarto a Willelmo Bosci et heredibus ejus et a Willelmo de Chauorces et heredibus ejus, liberam et quietam ab omni servitio, quantum ad nos et ad feodum nostrum pertinet, concessimus. Et ut hoc ratum et firmum teneatur, sigilli mei impressione confirmavi.

## VIII

[S. d.]. — *Gui, prêtre de l'église d'Evreux, atteste la donation faite par Guillaume Dubois et Lambert, son fils, à l'abbaye de la Trappe, de la terre de la Gastine, dans le fief des Bottereaux.*

**Confirmatio doni Willelmi Bosci.**

Universis sancte matris Ecclesie filiis, tam presentibus quam futuris, Egidius, Dei gratia ebroicensis ecclesie humilis sacerdos, debitam et devotam karitatem. Noverit universitas vestra quod Willelmus Bosci et Lambertus, filius ejus, in presentia nostra donaverunt monachis de Trappa in perpetuam elemosinam terram de Vastina, que fuit de feodo de Boterellis, que est inter grangiam monachorum et Sanctum Johannem, sicut propriis metis monachorum est disterminata. Quum vero eam donationem vidimus in nostra presentia solempniter et canonice celebratam, religiosorum virorum prefati monasterii paci et securitati in posterum providentes, presentis scripti attestationem et sigilli nostri munimine eam roboravimus. Testibus : Garino, cantore, Olb[erto], Ric[ardo], Pagano et pluribus aliis.

## IX

*(Voir la charte IX F.)*

Universis presentem paginam inspecturis, de Lira et de Trappa abbates, etc... *Require in cartis de Chesne-Haudacre nonam.*

---

(1) **Sacquenville**, commune du canton et de l'arrondissement d'Evreux (Eure).

## X

[S. d.]. — *Guillaume d'Abernon et Julienne, sa femme, cèdent à l'abbaye de la Trappe, moyennant huit livres angevines, une terre sise près de la grange de la Gastine.*

### Carta Willelmi de Abernon.

Notum sit presentibus et futuris quod ego, Willelmus de Abernon (1), et Juliana, uxor mea, dedimus Deo et monachis Sancte Marie de Trappa, in elemosinam perpetuam, liberam et quietam ab omni servitio et tallia et seculari consuetudine, preter duos solidos et dimidium de garda annuatim reddendos, terram quam habebamus juxta grangiam de Gastina, sicut mete et signa ibi facta demonstrant. Pro qua donatione ecepimus a monachis, de caritate ecclesie, octo libras andegavensium. Hanc elemosinam concesserunt liberi nostri, scilicet Johannes, Nicholaus, Willelmus, Dionisia, Eufemia, Ada. Hec omnia, ut firma in perpetuum permaneant, presenti scripto et sigilli mei testimonio confirmavi. Hujus donationis ego, Johannes de Sacenvilla, dominus feodi, testis sum. Et, ne aliquis in posterum dictis monachis aliquam injuriam faciat, presenti carte sigillum meum in testimonium appono.

## XI

1176. — *Robert de Sacquenville et Isabelle des Botteraux, sa mère, affranchissent de toutes redevances féodales, pour ce qui les concerne, les terres que l'abbaye de la Trappe tient de Guillaume Dubois et de Guillaume de Caorches, dans le fief des Bottereaux.*

### Carta Roberti de Saquenvilla.

Notum sit omnibus, tam presentibus quam futuris, quod ego, Robertus de Sacenvilla et Isabel, mater mea, de Boterellis, et uxor et filii mei, abbati et monachis Domus Dei de Trappa, pro salute animarum nostrarum, totam terram quam habebant in feodo de Boterellis, in anno ab Incarnatione Domini M° C° LXX° VI°, a

---

(1) Abernon, fief, commune de Rugles (Eure).

Willelmo Bosci et heredibus ejus (1) et a Willelmo de Chauorces et heredibus ejus, liberam et quietam ab omni servicio, quantum ad nos et ad feodum nostrum pertinet, concessimus. Et, ut hoc [ratum] et firmum permaneat, sigilli mei impressione confirmavi coram testibus istis : Symone, fratre meo, et magistro Curoino, Radulfo de Mesnil, Rogero Espiete.

## XII

1175. — *Robert, abbé de Saint-Evroul, et Gervais, abbé de la Trappe, font un accord au sujet des dîmes de deux granges, l'une dans la paroisse de Mahéru, l'autre, dans le fief des Bottereaux, dite la Gastine.*

**De decimis.**

Anno ab Incarnatione Domini [M°] C° LXX° V°, facta est de decimis talis compositio inter dominum abbatem Robertum Sancti Ebrulfi (2) et Gervasium (3), abbatem Domus Dei de Trappa. Erant enim de duabus grangiis inter eos graviores cause ; quarum una in parrochia Sancti Dyonisii de Maheru consistit, alia in feodo de Boterellis, que dicitur La Gastina, de quibus monachi Sancti Ebrulfi ab eis decimas exigebant. Prefati igitur abbates inter se componentes, concedentibus utrinque capitulis, statuerunt grangiam illam que sita est in territorio de Boterellis, cum omnibus acquisitionibus suis, liberam et quietam ab omni decimarum exactione monachis de Trappa remanere. Proinde vero de omnibus terris ad grangiam de Maheru pertinentibus quas excoluerint vel excolere fecerint, monachi Sancti Ebrulfi omnem decimam plenarie persolvent. Statuerunt etiam,

---

(1) Cfr charte VIII G.

(2) L'abbaye de Saint-Evroult-d'Ouche, dans la forêt d'Ouche, à sept lieues de Seés, et dans l'ancien diocèse de Lisieux. Ce monastère d'hommes, de l'Ordre de Saint-Benoit, avait été fondé, au milién du vi° siècle, par saint Evroul, qui en fut le premier abbé. Il fut reconstruit au xi° siècle. (Migne. *Dictionnaire des Abbayes*, col. 282 ; et *Gall. Christ.*, t XI, col. 813 et suiv.). L'abbé de Saint-Evroult était, en 1175, Robert II de Blanges, connu par des démêlés avec Robert, comte de Glocester, fils naturel de Henri I<sup>er</sup>, d'Angleterre, et avec Froger, évêque de Seés (*ibid.*, col. 823).

(3) Gervais Lambert, déjà abbé de la Trappe en janvier 1173. (*Gal. Chris.t*, t. XI, col. 748).

paci sue et concordie providentes, quod si aliquando sepedictos monachos aliquas terras in decimationibus Sancti Ebrulfi adquirere contigerit que monachis Sancti Ebrulfi infra annos LX$^{ta}$ decimas reddiderint, de unaquaque carrucata quam excoluerint vel excolere fecerint, tres reddent sextarios, frumenti unum, siliginis unum vel ordei, et avene unum. Quod si minus a carrucata fuerit, secundum predictam pactionem quod justum videbitur reddent. De illis autem terris que infra decem annos decimas reddiderint si similiter eos aquirere contigerit, monachi Sancti Ebrulfi decimas ex integro persolvent. Hanc autem compositionem quam inter se facerunt, ut rata et inconcussa maneat, sigillo domini Frogerii (1), sagiensis episcopi, et sigillis propriis abbates munierunt.

## XIII

1246. — *Jean Chaperon fait don à l'abbaye de la Trappe, pour la fondation, après sa mort, d'une pitance à son anniversaire, de vingt sous tournois de rente, assignés sur plusieurs pièces de terre.*

### Carta Chaperonis.

Noverint universi, presentes et futuri, quod ego, Johannes Chaperon, de assensu Aalesie, uxoris mee, dedi et concessi, pro salute animarum nostrarum, abbati et conventui Domus Dei de Trappa viginti solidos turonensium annui redditus, in festo sancti Remigii annuatim percipiendos, ad faciendam pitanciam conventui predicte abbatie singulis annis, in die commemorationis obitus nostri. Et sciendum quod predictum redditum predictis assignavi monachis [in] locis subnotatis, videlicet apud Torrure (2) decem solidos super unam plateam sitam inter domum Michaelis Loce et grangiam meam et super unam peciam terre sitam inter terras illorum de Aquila et terras Rogeri Fabri, et abotat pratis de Buota ex una parte et beio Le Comte ex altera, et super aliam petiam terre que est en Louel inter terras defuncti Rad[ulfi] Chauvin et Theobaldi Le Barbe. Horum autem viginti solidorum predictorum heredes mei, post obitum, meum X solidos assignatos super predictis platea et petiis terre garantizare et defendere et

---

(1) **Froger**, évêque de Séez, de déc. 1158 à 1184.
(2) Tourouvre, chef-lieu de canton, arrondissement de Mortagne.

ab omnibus liberare tenebuntur abbati et conventui supradictis, et debent reddi per manum heredum predictorum. Et, ut hoc firmum maneat et stabile, etc... Actum anno Domini M° CC° XL° sexto.

## XIV

[S. d.]. — *Guillaume de Sommaire fait donation à l'abbaye de la Trappe d'une terre qu'il possédait à la Gastine.*

**Carta Willelmi de Summeria.**

Willelmus de Summeria, cunctis sancte Ecclesie fidelibus, salutem. Sciant presentes et futuri quod ego dedi Deo et monachis Sancte Marie de Trappa, in elemosinam perpetuam, liberam et quietam ab omni servitio et tallia et seculari consuetudine, quantum ad me et ad heredes meos pertinet, pro salute anime mee et antecessorum meorum, terram quam habebam apud Gastinam, sicut mete et signa ibi facta demonstrant. Hanc elemosinam concesserunt et fideliter tenendam promiserunt filii mei Willelmus, sacerdos, Galterus, Bernardus, Radulfus, Nicholaus. Hoc, ut ratum et firmum permaneat, presenti scripto et sigilli mei testimonio confirmavi.

## XV

1168. — *L'abbaye de la Trappe accorde à l'église du Mesnil-Mauduit et au prêtre la desservant, pour un tiers de la dîme de la Gastine qui faisait entre eux l'objet d'un litige, un setier de blé, mesure de Glos.*

**De decimis illius terre.**

Noverint omnes, tam presentes quam futuri, quod conventus Domus Dei de Trappa ecclesie de Mesnil Mauduit et sacerdoti in ea Deo servienti, consilio et ortatu Rotroudi (1), archiepiscopi, pro tertia parte decime de Vastina quam possidebant ex feodo de Boterellis, pro qua decima sacerdos predicte ecclesie

---

(1) Rotrou de Beaumont-le-Roger ou de Warwich, archevêque de Rouen de 1164 au 16 nov. 1183. (*Gall. christ.*, t. XI, col. 48 et s.).

contra monachos contendebat, ad mensuram de Gloz unum sextarium frumenti concessit perpetuo esse reddendum. Hec conventio facta est anno ab Incarnatione Domini M° C° LX° octavo (1). Si vero predicti monachi alias terras in eodem feodo acquisierint, quantum nunc reddunt de acquisitis, tantumdem reddent de acquirendis ; aut si amplius, amplius ; aut si minus, minus. Hujus rei testes sunt Rogerus, archidiaconus, Paganus, decanus, et ceteri.

## XVI

1211. — *Richard du Boishibout cède sa dîme de Pisselou à Roger Cornu, de Glos, en échange de douze sous tournois de rente.*

### Carta Ricardi de Bosco Hubout.

Sciant presentes et futuri quod ego, Ri[cardus] de Bosco Hubout (2), filius Osberti de Monte Forti, dedi et concessi Rogero Cornuto de Gloz decimam meam de Pisselou (3), habendam sibi et heredibus suis a me et heredibus meis, libere et quiete, pro duodecim denariis turonensibus annui redditus ad Pascha floridum (4), ita quod dictus R[ogerus] dictam decimam poterit dare vel vendere, vel etiam elemosinare, salvo predicto redditu meo, quia pro hac conventione dedit michi X libras turonensium tali conditione et pacto, quod si contigerit R[ogerum] Cornu, vel eos quos inde fecerit heredes, predictam decimam amittere, ego vel heres meus ad valorem dicte decime de jure tenebimur excambiare. Et, ut hoc firmum maneat, etc. Actum anno Domini M° CC° undecimo.

## XVII

1212. — *Yvon de Boishibout souscrit à la donation de la dîme de Pisselou faite par Roger Cornu à l'abbaye de la Trappe et s'en porte garant.*

### Carta Ivonis de Bosco Hubout.

Sciant presentes et futuri quod ego, Ivon de Bosco Hubout,

---

(1) Cette date a subi un grattage sans lequel on lirait *M° CC° LXX° octavo*.
(2) Le Boishibout, hameau et quart de fief à Notre-Dame-du-Hamel, canton de Broglie, (Eure).
(3) Pisselou, v. la charte suivante.
(4) Dimanche des Rameaux.

concessi Deo et monachis Beate Marie de Trappa, in perpetuam elemosinam, decimam de feodo de Tremblei (1) quod dicitur Pisselou, quam Ric[ardus], frater meus, vendiderat Rogero Cornuto de Gloz (2), qui eam donavit prefatis monachis in elemosinam. Et ego manucapio eamdem decimam garantizandam eisdem monachis contra omnes homines, liberam penitus et quietam ab omnibus rebus, sicut in carta continetur quam predictus R[icardus], frater meus, inde fecerat prefato Rogero. Et, ut hoc in perpetuum, etc... Actum anno gratie M° CC° duodecimo.

## XVIII

[S. d.]. *Lambert Boufei fait donation à l'abbaye de la Trappe de tout ce qu'il avait à Mesnil-Rousset, dans le fief des Botteraux.*

### Carta Lamberti Boufei.

Sciant presentes et futuri quod ego, Lambertus Boufei (3), dedi Deo et Ecclesie Sancte Marie de Trappa et monachis ibidem Deo servientibus, voluntate et assensu Juliane, uxoris mee, totum tenementum meum, quicquid habebam, de feodo de Boterellis apud Mesnil Rosset (4), scilicet in hominibus, in terris cultis et incultis, in pratis, in viis, in semitis, sicut integre tenebam, ita integre dedi predictis monachis, pro salute anime mee et antecessorum meorum, in elemosinam perpetuam, liberam et quietam ab omni servitio et tallia et seculari consuetudine et omnibus aliis que ad me pertinebant, preter duos solidos andegavensium ad Botas quos monachi Sancti Ebrulfi reddent michi et heredibus meis annuatim ad Natale Domini ; insuper et duos solidos andegavensium dedi eis quos monachi Sancti Ebrulfi reddebant michi pro duabus garbis decime quas habebant apud Mesnil Rosset in hominibus quos ego dedi predictis monachis de Trappa. Quam elemosinam, ut rata sit, etc...

---

(1) Le Tremblay, château, commune de Francheville, canton de Breteuil, arrondissement d'Evreux (Eure).

(2) Cette vente fait l'objet de la charte précédente.

(3) Lambert Boufei figure deux fois dans les *Rotuli* de 1198.

(4) Mesnil-Rousset, commune du canton de Broglie, arrondissement de Bernay (Eure).

## XIX

[S. d., 1166-1177]. — *Osbert, abbé de Lyre, notifie la donation à l'abbaye de la Trappe, par Richard Hurel, sa mère, son fils et ses sœurs, du fief qui avait appartenu à Gillemer, leur père.*

### Carta abbatis de Lira.

Osbertus (1), Dei gratia lirensis ecclesie abbas, totusque ejusdem loci conventus, omnibus sancte matris Ecclesie filiis, salutem. Universitati vestre notum esse volumus quod Ric[ardus] Hurel et mater ejus et filius ipsius Ric[ardi] et sorores ejus et neptis ejusdem Ric[ardi] filia Durandi, fratris ejus, dederunt in perpetuam elemosinam Deo et Beate Marie de Trappa et monachis ibidem Deo servientibus omne feodum Gillemeri, patris eorum, quod tenebat de Guillelmo Bufai sub dominio Roberti de Sakenvilla. Hanc autem elemosinam concessit Guillelmus Bufai (2) et Lambertus filius ejus predictis monachis liberam et quietam ab omni servitio, quantum ad eos pertinet, sub pensione tamen duorum solidorum eis annuatim persolvenda. Quia vero grave erat eis ad Trappam pergere, consilio inter eos habito, omnes isti posuerunt hanc elemosinam super altare Beate Marie sub nomine monachorum de Trappa. Ne autem predictis monachis super hoc aliqua in posterum moveretur calumpnia, Ric[ardus] Hurel et mater ejus et filius ipsius Ric[ardi] et sorores ejus et neptis ejus filia Durandi, fratris ejus et avunculi ipsius puelle, hanc elemosinam coram nobis jurejurando confirmaverunt, etc...

## XX

[S. d., 1153-1167]. — *Robert III, comte de Leicester, accorde à l'abbaye de la Trappe différents droits d'usage, de chauffage et de pâture dans la forêt de Breteuil.*

### Carta comitis Legrenc[erie].

Robertus, filius comitis Legrece[rie] (3), omnibus hominibus

---

(1) Osbert, abbé de Lyre, de 1166 à 1177. Il avait succédé, dans les fonctions abbatiales, à un de ses frères ; un de ses frères lui succéda. (*Gall. christ.*, t. XI col 646).

(2) Boufei.

(3) Robert II, comte de Leicester et seigneur de Breteuil, prit, vers 1152, l'habit de chanoine régulier dans l'abbaye de Notre-Dame de Leicester, où il mourut en 1167.

Son fils, Robert III, fut reconnu vers 1153 par Henri II. qui n'était encore que

suis, tam presentibus quam futuris, salutem. Sciatis quod ego dedi et presenti carta confirmavi in perpetuam elemosinam, pro amore Dei et pro animabus antecessorum meorum et mei ipsius et uxoris mee Petronille (1) et heredum meorum, in foresta Britolii (2) monachis Domus Dei de Trappa mortuum boscum ad calfagium et ad domos suas construendas, ad usum scilicet necessarium in grangiis que sunt in meo feodo, ubi scilicet concedo capi boscum ubi burgenses mei britolienses sive glocenses vel lirienses capiunt. Et in eadem foresta do eisdem monachis pasnagium LX$^{ta}$ porcorum liberum et quietum (3). Hanc etiam donationem concessit Petronilla, uxor mea, testibus Fulc[one] de Alnou (4), filio suo, Willelmo de Diva (5), et pluribus aliis.

## XXI

[S. d., 1153-1167]. — *Robert III, comte de Leicester, confirme à l'abbaye de la Trappe la possession des terres qui lui ont été aumônées dans le territoire des Bottereaux.*

### Item, ejusdem.

R[obertus], filius comitis Legren[cerie], omnibus amicis et hominibus suis, prelatis, subjectis, clericis et laicis in Normannia et Anglia, salutem. Quod illis diebus notum fuit pluribus, posterorum memorie per scripta commendare studuimus, quod dicturus sum. Hoc est : Ego, Rob[ertus], consilio quorumdam amicorum fultus, dignum duxi quatinus qui pro ecclesia Dei contra hostes in prelio gladiis accincti stare debemus, etsi omnino non valemus, aliquantulum tamen fructum offerre non negligamus. Inde est quod discretionem vestram scire volumus

duc de Normandie, comme seigneur de Breteuil et comme héritier de ses domaines en Angleterre; il porta aussi le titre de comte de Leicester, et mourut en 1190.

Les deux chartes n° XX et n° XXI ont été données de 1153 à 1167. (A. Le Prévost. *l. c. t.* I, p. 416.).

(1) Pernelle, héritière de la célèbre maison de Grantemesnil.

(2) La forêt de Breteuil, au sud-ouest du département de l'Eure, s'étend sur les cantons de Rugles et principalement de Breteuil.

(3) Cette donation fut confirméé par Louis VIII, en 1226. (Leopold Delisle, *Cartulaire Normand*, n° 359).

(4) Aunou-le-Faucon, canton et arrondissement d'Argentan (Orne) ?

(5) Dives, canton de Dozulé, arrondissement de Pont-l'Evêque (Calvados).

quod terra illa quam monachi abbatie Domus Dei, que alio nomine Trappa vocatur, ab hominibus nostris in territorio de Boterellis excolendam in elemosinam susceperunt, scilicet centum acras, ab omni exactione et inquietudine, quantum ad me pertinet, solidam et quietam possidere in perpetuum confirmamus, etc..

## XXII

1212. — *Gervais de La Haye fait remise à l'abbaye de la Trappe de six sous, monnaie courante, qu'il percevait d'elle injustement chaque année à titre de dîme.*

### Carta Gervasii de Haia.

Sciant presentes et futuri quod ego, Gervasius de Haia (1), quittavi monachis Domus Dei de Trappa sex solidos currentis monete quos ab eis singulis annis nomine decime indebite et injuste exigebam. Ad cujus rei testimonium, etc. Actum anno Domini M° CC° duodecimo.

## XXIII

[S. d., peu après 1189]. — *A la suite d'un jugement des assises de Bernay lui reconnaissant la propriété d'une terre, sise dans la paroisse de La Haye, à elle donnée par Robert de La Haye, mais que lui contestait Gervais de La Haye, neveu dudit Robert, l'abbaye de la Trappe fait plusieurs concessions à ce dernier pour obtenir son adhésion au jugement.*

### Carta ejusdem de avunculo ipsius.

Universis sancte matris Ecclesie filiis ad quos presens scriptum pervenerit, Gervasius de Haia, salutem. Noverit universitas vestra quod Robertus de Haia, avunculus meus, dedit quamdam terram quam habebat in dominium, in parrochia de Haia, monachis Domus Dei de Trappa in puram et perpetuam elemosinam ; sed quia hec donatio me nesciente facta est, magna contro. versia inter me et monachos exorta et in curia Regis diu venti-

---

(1) La Haye-Saint-Sylvestre. En 1210, Gervais de la Haye tenait un fief entier relevant de Pont-Echanfré. (Charpillon et Caresme, *Dictionnaire Historique de toutes les Communes de l'Eure).*

lata atque deducta, sed in assisia de Bernaio (1) est terminata ; quia prefata terra in eadem assisia eisdem monachis est recognita in perpetuam elemosinam, anno videlicet coronationis Ric[ardi] regis Anglie (2) apud Rothomagum, per Willelmum, filium Rad[ulfi], tunc senescallum Normannie, eisdem monachis est adjudicata et apud Liram Castellum per manum Rogeri de Angoville (3), tunc ministri regis, sepedictis monachis plenarie restituta. Predicti vero monachi, super hoc facto benivolentiam meam habere cupientes, dederunt michi XL solidos andegavensium et dimidium modium avene et duos sextarios frumenti, et insuper susceperunt me in fratrem et pro fraternitate dabunt michi unas botas vel duos solidos et dimidium andegavensium, quamdiu vixero, ad festum Omnium Sanctorum annuatim persolvendos. Post decessum vero meum, heredes mei nichil reclamabunt in botis. Igitur prefatam terram sepedictis monachis liberam et quietam et ab omni redditu et servitio immunem, sicut mete discernunt et sicut monstrata est coram famulis regis, Anfredo de Angulo et Henrico de Bona Willa et multis aliis, concessi et, concessu Isabellis, matris mee, et Roberti et Ric[ardi], filiorum meorum, sigilli mei munimine confirmavi. Testibus, et cetera...

## XXIV

1236. — *Gervais de La Haye, chevalier, acquéreur du moulin de La Fosse, sur lequel l'abbaye de la Trappe jouissait d'une rente de quatre setiers de blé, convient avec ladite abbaye de convertir cette rente en une redevance annuelle de vingt-quatre sous, monnaie courante, assignés sur le même moulin.*

### Carta ejusdem Gervasii

Universis presentem cartam inspecturis, Gervasius de Haia, miles, salutem in Domino. Noveritis quod, cum monachi Domus Dei de Trappa haberent annuatim quatuor sextarios bladi in molendino de Fossa, de dono Garini de Grantval qui in domo ipsorum elegit sepulturam, et ego predictus Gervasius acquisis-

---

(1) Bernay, chef-lieu d'arrondissement du département de l'Eure.
(2) Richard 1er dit *Cœur-de-Lion*, roi d'Angleterre de 1189 à 1199.
(3) Angoville-en-Roumois, canton de Bourgtheroulde (Eure).
Roger d'Angoville figure au grand-rôle de 1180. (Lechaudé d'Anisy, p. 24).

sem a successoribus dicti Garini quicquid habebant in dicto molendino, ita compositum est inter me et dictos monachos super dictis quatuor sextariis bladi, quod ego assignavi eis viginti quatuor solidos annui redditus monete currentis in patria, in crastino Natalis Domini annuatim a tenente dictum molendinum dictis monachis persolvendos. Si vero dicti viginti quatuor solidi, pro quatuor dictis sextariis assignati, in dicto termino a quocumque dictum molendinum (1) tenente non fuerint integre persoluti, dicti monachi suam facient justitiam in dicto molendino, donec dictus redditus eis integre persolvatur. Et, ad hoc firmiter tenendum et garantizandum, eis bona fide me et heredes meos penitus obligavi. Sed, si forte contigerit ad predicti Garini successores et heredes iterum devenire partem illam quam acquisivi, predicti monachi quatuor sextarios bladi in dicto molendino capient sicut prius. Et, ut hoc firmum sit et stabile in perpetuum, etc... Actum anno Domini M° CC° tricesimo sexto.

## XXV

[S. d.]. — *Payen Fresnel. au cours d'une maladie, pour obtenir la rémission de ses péchés, fait donation à l'abbaye de la Trappe de cinq acres de terre à Marnefer.*

### Carta Pagani Frenelli.

Quamvis eo tempore notum fieret pluribus, posteros tamen post temporis successionem ignorare noluimus quod Paganus Fresnellus, in infirmitate non modica positus, pro remissione delictorum suorum atque predecessorum, dedit monachis ecclesie Sancte Marie de Domo Dei tunc degentibus et in futurum instituendis quinque acras terre apud Marnefai (2), juxta terram quam prefati monachi de donatione Willelmi Bufai habebant ex altera tamen parte vall[is]. Quod, ut regulariter fieret, concessit uxor ejus Milesenz et Ric[ardus] Fresnellus, primogenitus frater ejus, sub cujus dominio terram tenebat, coram hiis testibus : Rad[ulfo], capellano, atque Berengario et multis aliis.

(1) Le texte du mn. porte *dicto molendino*.
(2) Marnefer, canton de la Ferté-Fresnel, arrondissement d'Argentan (Orne).

## XXVI

1256. — *Gervais de la Haye, chevalier, acquéreur du moulin de La Fosse, sur lequel l'abbaye de la Trappe jouissait d'une rente de quatre setiers de blé, convient avec ladite abbaye de convertir cette rente en une redevance annuelle de trente sous, monnaie courante, assignés sur le même moulin (1).*

### Item, Gervasii de Haia.

Universis presentem cartam inspecturis, Gervasius de Haia, miles, salutem in Domino. Noveritis quod, cum monachi Domus Dei de Trappa, cisterciensis ordinis, haberent quatuor sextarios bladi et cetera in molendino de Fossa de dono Garini de Grantval, qui in domo ipsorum elegit sepulturam, et ego predictus Gervasius acquisissem a successoribus dicti Garini quicquid habebant in dicto molendino, ita compositum est inter me et predictos monachos super dictis quatuor sextariis bladi, quod ego assignavi eis triginta solidos annui redditus, monete currentis in patria, in crastino Nativitatis Domini a tenente dictum molendinum dictis monachis persolvendos. Si vero dicti triginta solidi, pro quatuor dictis sextariis assignati, in dicto termino a quocumque tenente dictum molendinum non fuerint integre persoluti, dicti monachi suam facient justitiam in dicto molendino, donec dictus redditus eisdem integre persolvetur. Et ad hoc firmiter tenendum et garantizandum eis bona fide, me et heredes meos penitus obligavi. Sed, si forte contigerit ad predicti Garini successores et heredes iterum partem illam quam acquisivi devenire, predicti monachi quatuor sextarios bladi in dicto molendino capient, sicut prius. Et, ut hoc firmum sit et stabile, et cetera .. Anno Domini M° CC° L° sexto.

## XXVII

1248. — *Eudes Héron, prêtre, fait donation à l'abbaye de la Trappe d'un cens annuel de soixante sous tournois à prendre sur sa vavassorie de La Haye-Saint-Sylvestre.*

### Carta Odonis Heron, presbyteri.

Noverint universi, presentes et futuri, quod ego, Odo Heron,

---

(1) On remarquera l'identité de cette charte, pour la teneur, avec la charte XXIV G. sauf en ce qui concerne la date et un seul chiffre.

presbyter, dedi et concessi, pro salute anime mee, in elemosinam perpetuam, liberam ab omnibus rebus penitus et quietam, sexaginta solidos turonensium annui redditus monachis Domus Dei de Trappa, quos assignavi eis capiendos super una vavassoria (1) patrimonii mei de fabrica scilicet et de telaria, sitis in parrochia Sancti Silvestris de Haia (2), ab hominibus dictam vavassoriam tenentibus et ab eorumdem heredibus successive, hiis duobus terminis annuatim, videlicet ad festum sancti Remigii, annis singulis, quadraginta solidos turonensium, et ad sequentem Purificationem sancte Marie Virginis, alios viginti solidos turonensium. Et sciendum quod totum jus et districtionem que habebam et habere poteram in predicta vavassoria de fabrica et de telaria dedi eis. Dicti autem homines et eorum heredes omnia servitia dominis capitalibus debita facere tenentur et in perpetuum tenebuntur. Et hoc totum ego et heredes mei tenemur dictis monachis garantizare, deffendere et penitus liberare. In cujus rei testimonium, etc. Actum anno M° CC° XL° octavo.

## XXVIII

1249. — *Guillaume, neveu de Eudes Héron, prêtre, confirme la donation d'un cens de soixante sous tournois faite par son oncle à l'abbaye de la Trappe* (V. la charte ci-dessus).

### Confirmatio ejusdem.

Noverint universi, presentes et futuri, quod ego, Guillelmus, concessi et confirmavi monachis Domus Dei de Trappa domum et elemosinam quam fecit eis dominus Odo Heron, presbyter, avunculus meus, de sexaginta solidis turonensium annui redditus quos assignavit eisdem recipiendos annuatim in vavassoria de fabrica et de telaria sita in parrochia Sancti Silvestris de Haia ab hiis qui dictam tenuerint vavassoriam scilicet de fabrica et de telaria ; ita quod nec ego nec heredes mei aliquid in eadem vavassoria poterimus de cetero reclamare, sed tam ego quam heredes mei tenemur predictam vavassoriam garantizare et defendere et ab omnibus, sicut in carta predicti Odonis, avunculi mei, continetur, penitus liberare. In cujus rei testimonium, etc... Actum anno Domini M° CC° XL° nono.

(1) Une vavassorie était un fief d'ordre inférieur.
(2) La Haye-Saint-Sylvestre, commune du canton de Rugles.

# H

Incipiunt carte de Legneio[1] sub ista littera.

## I

[S. d. 1181-1191]. — *Rotrou IV, comte du Perche, notifie que Gervais Chevreuil a fait donation à l'abbaye de la Trappe d'une métairie à Ligni, moyennant un cens annuel de deux boisseaux de blé pour lui et ses héritiers.*

**Prima, Rotrudi, comitis perticensis.**

Ego Rotrudus [2], perticensis comes et dominus, notum facio presentibus et futuris quod, cum ex indulgentia bone memorie pape Alexandri [3], monachi de Domo Dei que dicitur Trappa medietariam Gervasii Capreoli [4], apud Lagn[eium], in vadium tenuissent pro L libris andegavensium, et exinde quinque solidos annuatim redderent, tandem idem G[ervasius], assensu meo et voluntate, eamdem medietariam dedit prefatis monachis in per- perpetuam elemosinam, pro salute anime sue et antecessorum suorum necnon et uxoris sue et liberorum suorum, liberam et quie- tam ab omni genere redditus et servitii, excepto quod ei et heredibus ejus [reddent] annuatim, ad festum sancti Remigii, duos modios bladi, unum videlicet avene, dimidium alterius frumenti et dimi- dium siliginis et ordei. Sepedictus autem G[ervasius] et Garinus, primogenitus ejus, fide in manu nostra corporaliter prestita conven-

---

(1) Ligni, commune de Saint-Hilaire-les-Mortagne, arrondissement et canton de Mortagne.

(2) Rotrou IV (1144-1191). Louis du Bois a publié une autre charte par laquelle le même comte confirma, en 1189, la fondation de la Trappe par Rotrou III son père et les donations de plusieurs seigneurs et autres ses sujets. (*Histoire civile religieuse et littéraire de l'abbaye de la Trappe*, p. 294.

(3) Alexandre III (1159-1181). La bulle par laquelle ce pape prit l'abbaye de la Trappe sous la protection du Saint-Siége, lui confirma ses biens, droits et privi- léges et l'exempta de tout paiement de dixmes est de 1173. Louis Du Bois en a donné des extraits (*Loc. cit.* p. 303].

(4) Gervais Chevreuil, seigneur de Soligny.

tiones has bona fide tenendas firmaverunt et me fidejussorem pro se monachis dederunt. Predictus vero Garinus equum unum in karitate habuit ut hoc concederet. Et quum volo ut hec elemosina rata et stabilis usibus monachorum in perpetuum perseveret, sigilli mei et scripti presentis munimine confirmavi coram hiis testibus. Et cetera. .

## II

[S. d. 1191-1202]. — *Geoffroi IV, comte du Perche, notifie la cession à l'abbaye de la Trappe par Guiard, fils de Gautier de Ligni, d'une terre sise à Ligni qu'il tenait de Robert Gruel.*

### Carta Gaufridi, comitis perticensis

Gaufridus (1), Dei gratia comes perticensis, universis in Christo, salutem. Notum fieri volumus presentibus et futuris quod Guiardus, filius Galteri de Lagneio, cum assensu et voluntate matris sue et sororum suarum, dedit Domui de Trappa totam terram, cum pratis, quam a Roberto Gruel et filiis ejus apud Lagneium tenebat, super quam terram monachi predicte Domus decem et novem libras habebant ; et insuper predicto Guiardo et matri et sororibus ejus novem libras dederunt de dimidio. Hanc igitur donationem Robertus Gruel et filii ejus in puram et perpetuam elemosinam predictis monachis absque redditu et servitio concesserunt. Et ego, G[aufridus], comes perticeusis, hoc factum libere concessi et presentem cartam sigilli mei munimine confirmavi.

## III

1208. — *Hubert Chevreuil renonce, en faveur de l'abbaye de la Trappe, aux prétentions qu'il élevait sur un cens de vingt setiers de blé et sur une métairie, sise à Ligni, que ladite abbaye tenait de Guérin et de Gervais Chevreuil, parents dudit Hubert.*

### Carta Huberti Chevrol.

Sciant omnes, qui sunt et qui futuri sunt, quod ego, Hubertus Chevrol, assensu et voluntate fratrum meorum Girardi, clerici

(1) Geoffroy IV (1191-1202).

et Gaufridi, concessi in pace abbati et monachis de Trappa viginti sextarios bladi quos Garinus Chevrol, cognatus meus, dedit eis in elemosinam in quadam medietaria quam habuerunt apud Legneium de Gervasio Chevrol, patre jam dicti Garini. Et etiam totam supradictam medietariam, cum prefato blado et cum molitura ejusdem medietarie et omnibus aliis pertinentiis suis, concessi prefatis abbati et monachis in elemosinam, possidendam pacifice, jure hereditario et perpetuo, et tenendam libere penitus et quiete. Quam medietariam clamabam adversus prefatos monachos cum predictis blado et moltura. Istas et omnes alias querelas omnino et contentiones, quas habebam et habere poteram adversus eosdem monachos, similiter eis in pace dimisi et concessi libere et quiete. Et, ut hoc in perpetuum firmum permaneat, etc. Actum anno Domini M° CC° VIII°.

## IV

1205. — *Guérin Chevreuil fait remise à l'abbaye de la Trappe d'un cens de vingt seliers de blé dont il jouissait sur une grange donnée à ladite abbaye par son père. En échange, il reçoit cinquante livres tournois des moines qui s'engagent, en outre, à célébrer une fois par an un anniversaire en mémoire de lui et des siens.*

### Carta Garini Capreoli.

Sciant qui sunt et qui futuri sunt quod ego, Garinus Capreolus, donavi, pro salute anime mee, patris et matris et fratrum meorum necnon et sororum et antecessorum et successorum meorum, monachis Domus Dei de Trappa, in perpetuam elemosinam, liberam et quietam ab omni servitio et seculari consuetudine, viginti sextarios bladi quos habere solebam in grangia eorumdem monachorum, apud Legeium, in quadam medietaria quam pater meus donavit eisdem monachis, me ipso concedente. Hanc autem elemosinam posui super altare Beate Marie virginis, apud Trappam, et juravi quod contra omnes homines illam garantizarem. Hanc donationem concesserunt Johanna, mater mea, Isabel, soror mea, Girardus, frater meus, Johanna et Aveline, sorores mee et mariti earum, Guido scilicet de Fontanis et Stephanus de Calcea. Et sciendum quod, pro ista donatione, fiet anniversarium patris et matris et fratrum meorum in abbatia Domus Dei de Trappa singulis annis, in die dedicationis ecclesie carnotensis. Et pro donatione hujus elemosine et garantizatione, recepi de karitate dictorum monachorum quinquaginta libras turonensium. Facta est autem ista donatio anno ab Incarnatione Domini M° CC° quinto.

## V

1208. — *Gervais Guimant approuve la cession de vingt setiers de blé et la donation de la métairie de Ligni faites à l'abbaye de la Trappe par Guérin et Gervais Chevreuil.*

### Carta Gervasii Guimaut.

Sciant omnes, qui sunt et qui futuri sunt, quod ego, Gervasius Guismant, concessi in pace abbati et monachis de Trappa viginti sextarios bladi quos Garinus Chevrol, cognatus meus, dedit eis in elemosinam in quadam medietaria quam habuerunt apud Legneium de Gervasio Chevrol, patre jam dicti Garini, et etiam totam supradictam medietariam, cum prefato blado et omnibus aliis pertinentiis suis, concessi prefatis abbati et monachis in elemosinam, possidendam pacifice, jure perpetuo, et tenendam libere penitus et quiete ab omnibus rebus Et, ut hoc firmum, etc... Actum anno Domini M° CC° VIII°

## VI

1208. — *Robert de Ferrières, sénéchal de Mortagne, notifie un jugement de la cour du comte de Perche, à Mortagne, confirmant l'abbaye de la Trappe dans ses droits, contestés par Hubert Chevreuil, sur une métairie sise à Ligni.*

### Carta Roberti de Ferrariis.

Omnibus ad quos presens scriptum pervenerit, Robertus de Ferrariis, salutem. Scialis omnes quod querela quam Hubertus Chevrol habebat adversus abbatem et monachos de Trappa super quamdam medietariam quam habuerunt apud Legneium de Gervasio Chevrol et super molturam ejusdem medietarie et super viginti sextarios bladi quos Garimus Chevrol, filius jam dicti Gervasii et cognatus dicti Huberti, donaverat prefatis monachis in elemosinam in predicta medietaria, quam elemosinam idem Hubertus vocabat emptionem, tali modo tractata fuit apud Mauritaniam, in curia comitis perticensis, coram me, tunc senescallo Mauritanie, scilicet quod judicium curie prefati comitis supra dicta medietaria, cum prefato blado et moltura et omnibus aliis pertinentiis suis, jam dictis abbati et monachis remansit in pace possidenda et tenenda jure perpetuo libere, penitus ab omnibus rebus et quiete. Tunc enim coram me judicatum fuit, presente utraque parte, nemine contradicente, quod totum hoc erat elemosina et non emptio et quod jure et ratione poterant talem elemosinam facere sepe dicti Gervasius et Garinus. Huic judicio affuerunt Gervasius de Prulai, Hugo de Corsesant et plures alii. Actum anno M° CC° VIII°.

## VII

[S. d. 1205]. — *Guillaume, archidiacre de Corbon, notifie la remise faite à l'abbaye de la Trappe par Guérin Chevreuil, chevalier, d'une rente de vingt sous que lui devait ladite abbaye sur une grange à Ligni.*

### Confirmatio ejusdem.

Omnibus ad quos presentes littere pervenerint, Willelmus, archidiaconus corbonensis, salutem. Sciant omnes qui presentes visuri sunt litteras, quod Garinus Capreolus, miles, donavit monachis Domus Dei de Trappa, in perpetuam elemosinam, viginti sextarios bladi quos ab eisdem monachis recipere solebat apud Legneium, in grangia eorumdem monachorum. Hanc autem elemosinam resignavit in manu nostra prefatus miles et nos ea abbatem de Trappa investivimus, multis andientibus et videntibus, priore videlicet belismensi, Magistro Roberto Lecingat, magistro R[oberto] de Loiseel (1) et pluribus aliis. Et ut ratum sit, etc.

## VIII

[S. d.]. — *Herbert, archidiacre de Corbon, notifie la cession faite, pour la somme de seize livres, à l'abbaye de la Trappe, par Eudes Troché, d'une terre qu'il tenait de Payen de Gemmardées dans la paroisse de Theval.*

### Carta Odonis Troche.

Herbertus, corbonensis archidiaconus, omnibus sancte Ecclesie

---

(1) Loisail, commune du canton de Mortagne.

filiis, salutem. Notum sit omnibus, tam presentibus quam futuris, quod Odo Troche et uxor ejus et filii donaverunt Sancte Marie de Trappa et monachis ibi Deo servientibus totam terram quam tenebant de Pagano de Gemmardees in parrochia de Telval (1), in perpetuam elemosinam. Ipse vero Paganus et filii ejus et filie concesserunt hanc elemosinam liberam, et quietam ab omni exactione, exceptis sex solidis in Pascha reddendis; et ita disposuit atque concessit Iuierannus de Nocei (2) et filii ejus, ad cujus dominium pertinebat terra illa. Et hoc factum est in presentia comitis Rotroldi, ipso concedente coram his testibus : Girardo Goheri, Hugone de Catharabia et aliis. Et sciendum quod ipse Odo Troche, cum familia, propter hanc elemosinam acceperunt de sustantia monasterii XVI libras ; similiter supradictus Paganus cum sua familia C solidos. Et ego ista confirmo sigillo meo.

## IX

[S. d , après janvier 1206 n. st.]. — *Simon, sénéchal de Mortagne, atteste la donation de vingt setiers de blé, sur une métairie à Ligni, faite par Guérin Chevreuil, chevalier, à l'abbaye de la Trappe.*

### Confirmatio de eodem.

Omnibus ad quos presentes littere pervenerint, Symo, senescallus Mauritanie, salutem. Sciant omnes qui presentes visuri sunt litteras quod, in anno ab Incarnatione Domini M° CC° quinto, mense januario, Garinus Capreolus, in presentia nostra constitutus, donavit monachis Domus Dei de Trappa, pro salute anime sue et antecessorum suorum, viginti sextarios bladi, in perpetuam elemosinam, liberam et quietam ab omni servitio et exactione, quos solebat recipere de quadam medietaria a monachis, in grangia eorumdem monachorum apud Legneium. Ego, non volens certificari utrum dictus Garinus, miles, talem posset facere elemosinam, convocatis multis sapientibus viris, Willelmo videlicet archidiacono Corbonensi, priore belismensi et multis aliis, inquisivimus de donatione ista deligenter, et intellecta rei

(1) Théval, ancienne paroisse réunie à la commune de Saint-Langis-lès-Mortagne, canton et arrondissement de Mortagne.
(2) Nocé, chef-lieu de canton, arrondissement de Mortagne (Orne).

veritate, approbavimus et judicavimus elemosinam istam recte factam et canonice. Ad hujus igitur rei veritatem confirmandam, et testificandam elemosinam jam dictam, presentem paginam sigillavi.

## X

1211. — *Gervais Guimant fait donation à l'abbaye de la Trappe d'un serf avec la terre tenue de lui par ledit serf.*

### Carta Gervasii Guimant.

Sciant presentes et futuri quod ego, Gervasius Guimant, pro salute anime me, dono et concedo Deo et Beate Marie de Trappa monaschisque ibidem Deo servientibus, in puram et perpetuam elemosinam, liberam penitus et quietam ab omnibus rebus, quantum ad me et ad heredes meos pertinet, preter moltam, Robertum Chuchii cum tenemento quod de me tenuit apud Valeian, ita quod, in jam dicto Roberto et heredibus suis vel ipso tenemento, nullum jus michi vel heredibus meis retineo preter, moltam dicti tenementi. Ut autem hoc sit firmum in perpetuum, sigilli mei impressione munivi. Actum anno Damini M° CC° undecimo.

## XI

[S. d.]. — *Henri, archidiacre, notifie la cession d'une terre, à Ligni, faite à l'abbaye de la Trappe par Richer Gastinel moyennant une somme de vingt sous.*

### Carta Richeri Gastinel.

Ego, Henricus, archidiaconus, hoc volo omnes nosse, quod Richerus Gastinel dedit in elemosinam Deo et Beate Marie et monachis Domus Dei de Trappa terram apud Legneium, quasi dimidium jugeris, accipiens a monachis pro karitate viginti solidos. Hanc etiam donationem super altare ecclesie predicti loci manu sua inposuit, videntibus pluribns, Odone scilicet et fratre ejus Roberto et aliis. Et hoc sigillavi.

## XII

1217. — *Hugues, archidiacre de Corbon, notifie la donation faite par Thomas de Mauregard à l'abbaye de la Trappe d'une terre qu'il possédait à Mauregard.*

### Carta Thome de Mauregart.

Universis sancte matris ecclesie filiis, Hugo, archidiaconus corbonensis, in perpetuum salutem. Noveritis quod Thomas de Mauregart, in nostra presentia constitutus, donavit monachis Domus Dei de Trappa, pro salute anime sue et patris sui, in elemosinam perpetuam, liberam ab omnibus rebus penitus et quietam, totam terram quam habebat juxta terram eorumdem monachorum apud Mauregart (1), que in partem patri suo de morte materterarum suarum dinoscitur devenisse; et sciendum est quod ipse tenetur sacramento dictis monachis hanc elemosinam garantizare et ab omnibus liberare. Et Hugo et Willelmus, fratres sui, et Radulfus de Mauregart et Robertus de Husseio, cognati sui, eamdem laudaverunt et concesserunt. Ego autem, ad hujus rei firmam stabilitatem, dignum duxi presentem cartam, etc. Actum anno M° CC° X° VII°.

## XIII

1217. — *Thomas de Mauregard, du consentement de ses frères Hugues et Guillaume, fait donation à l'abbaye de la Trappe d'une terre qu'il possédait à Mauregard.*

### Carta Thome de Mauregart.

Notum sit universis, presentibus et futuris, quod ego, Thomas Mauregart, laudantibus et concedentibus Hugone et Willelmo, fratribus meis, dedi, pro salute anime patris mei et nostrarum, monachis Domus Dei de Trappa, in elemosinam perpetuam, liberam ab omnibus rebus penitus et quietam, totam terram quam habebam juxta terras eorumdem monachorum apud Mauregart, que in partem patri meo de morte materterarum suarum dinoscitur devenisse. Hanc autem elemosinam teneor dictis monachis garantizare et ab omnibus liberare. Ad cujus rei, etc... Actum anno M° CC° XVII°.

(1) Mauregard, château, commune de Saint-Hilaire-lès-Mortagne (Orne).

## XIV

1250. — *Nicolas d'Aigue vend à l'abbaye de la Trappe, moyennant huit livres tournois, une rente annuelle perpétuelle de douze sous, monnaie du Corbonnais, sur lui et ses héritiers.*

### Carta Nicholai de Aqua.

Ego, Nicholaus de Aqua, presbyter, notum facio universis presentes litteras inspecturis quod ego, de assensu et voluntate Gervasii, fratris mei, et omnium heredum meorum, vendidi et concessi abbati et conventui Domus Dei de Trappa, pro octo libris turonensium quos habui ab eisdem in pecunia numerata, duodecim solidos cursalis monete corbonensis annui et perpetui redditus, habendos et percipiendos dictis abbati et conventui, de me et heredibus meis, ad natalem Domini annuatim, ita quod, si ego et heredes mei deffecerimus a solutione dicti redditus ad terminum supradictum, campus meus de Montcorlain (1) qui jungitur ex utroque latere terre domini de Montcorlain et aboutat inferius terre Gervasii de Guicent et superius chemino per quod itur de Montcorlain apud Sanctam Ceronnam, super quem campum assignavi dictum reditum et dictis abbati et conventui dedi in contraplegium, ille campus remaneret dictis abbati et conventui tenendus et in perpetuum possidendus, in liberam et puram et perpetuam elemosinam, ab omni jure, districtu et dominio feodali liber penitus et immunis, absque ulla reclamatione mei et heredum meorum ; imo etiam teneremur dictum campum dictis abbati et conventui sub dicta forma garantizare contra omnes et ab omnibus rebus penitus liberare, et de omnibus quibuscumque servitiis erga quoscumque dominos deservire, quia omnia servitia et jura feodalia exinde quibuscumque debita et quecumque sint et quandocumque facienda contigerint, in alio dominico meo et feodo retinui penitus et converti. Ad hec autem que in presentibus litteris continentur tenenda bona fide et garantizanda et ab omnibus penitus liberanda dictis abbati et conventui, ego, dictus Nicholaus, presbyter, obligavi me, et heredes meos volui obligari per presentes litteras, sigilli mei munimine roboratas. Ego autem,

---

(1) Montcolin, hameau de la commune de Saint-Hilaire-lès-Mortagne.

Hugo de Valnosia, miles, dominus feodi capitalis, dictam venditionem, dicto modo factam, dictis abbati et conventui volui, laudavi et concessi et confirmavi et eam teneor garantizare, ad quod faciendum me et heredes meos obligavi sigillum meum presentibus litteris apponendo. Actum anno gracie M° CC° L°.

## XV

1226. — *Robert Lethier vend à l'abbaye de la Trappe, pour la somme de cent livres tournois et un cheval, tout ce dont il avait hérité dans le Corbonnais.*

### Carta Roberti Letheri.

Noverint universi, presentes et futuri, quod ego, Robertus Letheri, vendidi monachis Domus Dei de Trappa, pretio centum librarum turonensium et unius equi, quicquid habebam in Corboneto jure hereditatis de frarechia ad me devenientis, tam in dominico quam in feodo, in terris, in hominibus, in pratis, in redditibus et in omnibus rebus aliis, Matilde, uxore mea, et filiabus meis Johanna, Aales, Hersent, Sibilot et Amelot concedentibus ; et in omnibus hiis nichil michi retinui nec heredibus meis, sed totum quitavi libere et quiete quantum, ad me et ad heredes meos pertinet, et garantizare teneor dictis monachis et liberare. Ut autem hoc firmum maneat, etc... Actum anno gratie M° CC° XX° sexto.

## XVI

1226. — *Guillaume Lethier approuve la vente (ci-dessus) faite par Robert Lethier, son frère, à l'abbaye de la Trappe.*

### Confirmatio ejusdem.

Noverint universi, presentes et futuri, quod ego, Willelmus Letheri, concessi et approbavi venditionem quam Robertus Letheri, frater meus, fecit monachis Domus Dei Trappa, videlicet quicquid habebat in feodo Mart[ini] Percheron, in Corboneto, salvis auxiliis feodalibus ad me et ad heredes meos pertinentibus et salvo omni jure dominorum illius feodi. Et hoc totum debeo dictis monachis garantizare et liberare, sicut garantizarem et liberarem dicto Roberto, fratri meo. Ut autem hoc firmum maneat, et cetera... Actum anno Domini M° CC° XX° VI°.

## XVII

1226. — *Guillaume Lethier approuve la vente faite à l'abbaye de la Trappe par Robert Lethier, son frère, de toute la part de ce dernier dans un héritage du Corbonnais (V. les deux chartes précédentes).*

### Item ejusdem

Noverint universi, presentes et futuri, quod ego, Willelmus Letheri, concessi et approbavi venditionem quam Robertus Letheri, frater meus, fecit monachis Domus Dei de Trappa de tota parte sua quam habebat in Corboneto, que jure hereditatis de frarechia ad eum devenerat, scilicet in feodo et dominico, in terris, in hortis, in pratis, in redditibus et in omnibus rebus aliis, pacifice et quiete, salvis auxiliis feodalibus ad me et ad heredes meos et ad dominos meos pertinentibus. Et hoc totum debeo dictis monachis garantizare et liberare, sicut dominus feodi, bona fide. Ut autem hoc firmum maneat... Actum anno Domini M° CC° XX° sexto.

## XVIII

1226. — *Gauthier de Laleu approuve la vente faite à l'abbaye de la Trappe, par Guillaume Lethier, du fief que ledit Guillaume tenait à Bellefillière.*

### Carta Galteri de Alodio.

Sciant universi, presentes et futuri, quod ego, Galterus de Alodio (1), et Isania (2), uxor mea, concessimus et presenti carta confirmavimus monachis Domus Dei de Trappa venditionem quam Robertus Letheri fecit eisdem de toto tenemento quod ipse habebat apud Bellam Fileriam (3) in terris et hominibus et rebus

---

(1) Laleu, commune du canton du Mesle-sur-Sarthe.
(2) Isabelle Gruel, épouse de Gauthier de Laleu, figure déjà dans deux chartes (n°° 38 et 39, série A).
(3) Bellefillière, hameau, commune de Saint-Hilaire-les-Mortagne.

aliis omnibus, salvo jure dominorum nostrorum, et ita, quod molta feodi, excepto dominico quod Robertus tenebat ante venditionem, ibit ad molendinum de Sancto Hylario (1) et quod redibentie feodi ad nos pertinentes per manus monachorum nobis fient, et si ipsi a faciendo deficerent, nos justitiam faceremus in feodo sicut faciebamus antequam monachi haberent jam dictum feodum, si per deffectum Willelmi Letheri aut heredum suorum jus quod ipsi in dicto feodo habebant ad nos deveniret; et sic prefati monachi a relevamento et homagio nostro et heredum nostrorum immunes et liberi remanerent. Et, ut hoc firmum maneat et stabile... Anno Domini M° CC° vicesimo sexto.

## XIX

1229. — *Geoffroy Cocherel vend à l'abbaye de la Trappe, pour la somme de quatre livres tournois six sous, tout ce qu'il avait à Bellefillière.*

### Carta Gaufridi Cocherel.

Sciant universi, presentes et futuri, quod ego, Galfridus Cocherel, assensu et voluntate Roberti, filii mei, vendidi monachis Domus Dei de Trappa, pro quatuor libris turonensium et sex solidis, quicquid habebam apud Bellam Fileriam in feodo et dominico, tali modo, quod nec ego nec heredes mei in toto feodo de Bella Fileria de cetero quicquam poterimus reclamare. Et ut hoc firmum, etc... Actum anno M° CC° XX° nono.

## XX

1249. — *Raoul de Boissel, chevalier, cède à l'abbaye de la Trappe une pièce de terre à Bellefillière, dans le fief de Noël Sellier ; en retour, l'abbaye lui fait remise d'un cens de deux sous qu'elle percevait sur son fief du Nuisement.*

### Carta Radulfi de Boisseel.

Ego, Radulfus de Boisseel, miles, notum facio universis pre-

(1) Saint-Hilaire-les-Mortagne, arrondissement et canton de Mortagne. Le moulin de Saint-Hilaire est sur l'Hoëne.

sentes litteras inspecturis quod ego dedi et concessi monachis Domus Dei de Trappa quamdam petiam terre, quam habebam apud Bellam Fileriam in feodo Natalis Sellarii, tenendam et habendam dictis monachis libere, pacifice et quiete et ab omnibus rebus ad quoscumque pertinentibus, exceptis duodecim denariis turonensium dicto Natali reddendis in festo sancti Remigii annuatim. Et dicti monachi, pro hac donatione, michi et heredibus meis quitaverunt duos solidos annui redditus quos habebant in tenemento meo de Nuisement (1) ex dono Herberti de Maheru, presbyteri, defuncti. Et ego et heredes mei, dictam donationem dicte terre dictis monachis tenemur defendere et ab omnibus liberare, exceptis XII denariis supradictis. Et sciendum quod dicta petia terre jungitur terris dictorum monachorum. In cujus rei testimonium, etc... Actum anno Domini M° CC° XL° nono.

## XXI

1228 — *Hugues de Saint-Aubin fait donation à l'abbaye de la Trappe d'un pré, à Fleuse, appelé le pré Gilles.*

### Carta Hugonis de Sancto Albino.

Sciant universi, presentes et futuri, quod ego, Hugo de Sancto Albino (2), dedi, concedentibus filiis meis Nicholao et magistro Willelmo, pro salute animarum nostrarum, monachis Domus Dei de Trappa pratum quod habebam apud Floeres (3), quod vocatur pratum Egidii, in elemosinam perpetuam, liberam ab omnibus rebus penitus et quietam. Et ad hoc garantizandum et liberandum [ego et] heredes mei tenebimur. Et, ut hoc firmum maneat et stabile, etc... Actum anno Domini M° CC° vicesimo octavo.

---

(1) Le Nuisement, commune de Mortagne.

(2) Saint-Aubin-de-Courteraie, canton de Bazoches-sur-Hoéne, arrondissement de Mortagne.

(3) Fleuse, hameau, commune de Saint-Hilaire-lès-Mortagne.

## XXII

1231. — *Gauthier de Laleu fait donation à l'abbaye de la Trappe d'un pré à Marseis.*

### Carta Galteri de Alodio.

Noverint universi, presentes et futuri, quod ego, Galterus de Alodio, dedi abbatie de Trappa, pro salute anime mee et ejusdem abbatie servitio, totum pratum quod habebam commune apud Marseis cum prato monachorum dicte abbatie, in elemosinam perpetuam, liberam ab omnibus rebus penitus et quietam, nichil michi ibi omnino retinens nec heredibus meis. Hanc autem elemosinam teneor dictis monachis contra omnes garantizare, defendere et ab omnibus rebus liberare. Et ad hoc idem firmiter et integre faciendum et tenendum, presenti hac carta heredes meos obligavi. Et, ut hoc firmum maneat, etc. Actum anno M° CC° XXX° primo.

## XXIII

1221. — *Guillaume de Barillet, avec le consentement de ses fils et de sa femme Hugueline, fait donation à l'abbaye de la Trappe du pré des Planchets.*

### Carta Willelmi de Barilleio.

Sciant universi, presentes et futuri, quod ego, Willelmus de Barilleio (1), concedentibus filiis meis Ricardo Gilleberto et Hugelina, uxore mea, dedi et concessi monachis Domus Dei de Trappa, in elemosinam perpetuam, liberam ab omnibus rebus penitus et quietam, pratum de Planchetis et noas et hautetas que sunt super pratum. Et, ut hoc ratum sit... Actum anno M° CC° XX° primo.

---

(1) Barillet, hameau, commune de Lignerolles.

## XXIV

1250. — *Guillaume Herbert et Marguerite, sa femme, font donation à l'abbaye de la Trappe d'une rente de six deniers tournois sur leur héritage de Nulli, pour être associés aux biens spirituels de ladite abbaye.*

### Carta Willelmi Herberti et uxoris sue.

Noverint universi, presentes et futuri, quod nos, Guillelmus Herberti et Margarita, uxor mea, donavimus monachis Domus Dei de Trappa, pro salute animarum nostrarum, sex denarios turonensium annui redditus, quos assignavimus eis recipiendos annuatim, in festo sancti Remigii, super totam hereditatem meam que est in parochia de Nuilleio (1), ab omnibus rebus ad nos et ad quoscumque alios pertinentibus liberos et quietos. Et, ut hoc firmum maneat, etc... Sciendum est etiam quod ipsi nos receperunt ad participationem bonorum spiritualium Domus sue, in qua nostram elegimus sepulturam, volentes et precipientes ut habeant totam partem nostram mobilium nostrorum, cum obierimus, parrochialis ecclesie jure salvo. Actum anno gratie M° CC° quinquagesimo.

## XXV

1251. — *Jean Le Monnier, de Saint-Hilaire, et Nicole, sa femme, vendent à l'abbaye de la Trappe, au prix de trente sous tournois, une rente de quatre sous sur une pièce de pré à Ronel.*

### Carta Johannis Le Monnier.

Noverint universi presentes litteras inspecturi quod ego, Johannes Le Monnier, de Sancto Hylario, et Nicholaa, uxor mea, assensu et voluntate heredum nostrorum, vendidimus abbati et monachis Domus Dei de Trappa, pro triginta solidis turonensium quos inde integre recepimus, quatuor solidos annui redditus et perpetui, quos eisdem assignavimus capiendos singulis

(1) Saint-Sulpice-de-Nulli, ancienne paroisse réunie à Saint-Hilaire-lès-Mortagne.

annis, in Natali Domini, super unam petiam prati sitam apud Ronel (1), que abotat ex una parte noe dictorum monachorum que vocatur Bona Noe et ex altera parte exclusis, et jungitur pasticio Roberti Jalet; ita tamen quod, si dicti quatuor solidi in dicto termino dictis monachis non fuerint integre persoluti a nobis, vel ab heredibus nostris vel a quocumque dictam petiam prati tenente, dicta petia prati ad dictos monachos integre deveniet, sine contradictione nostri vel successorum nostrorum, ab eisdem in perpetuum possidenda. Et hec omnia nos et successores nostri tenemur dictis monachis garantizare et ab omnibus omnino liberare. Et si contigerit quod, occasione dicte venditionis, dicti monachi aliqua dampna incurrerint vel expensas fecerint, tenemur predictis monachis integre resarcire ad planum dictum unius monachorum dicte Domus. Et, ut hec omnia rata sint, etc... Actum anno Domini M° CC° L° primo.

## XXVI

1250. — *Jean, meunier, de Saint-Hilaire, fait donation à l'abbaye de la Trappe de huit deniers tournois de rente, assignés sur ses terres à Nulli et à Saint-Hilaire, et dispose en faveur de ladite abbaye de ses biens mobiliers après sa mort.*

### Carta ejusdem Johannis.

Noverint universi, presentes et futuri, quod ego, Johannes, molendinarius, de Sancto Hylario, dedi monachis Domus Dei de Trappa, pro salute anime mee, octo denarios turonensium annui redditus quos assignavi eis, quatuor recipiendos annuatim in festo sancti Remigii super tota terra mea quam habebam in parrochia de Nuilleio, et alios quatuor super tota parte mea tenementi quod tenebam apud Sanctum Hylarium, in predicto termino persolvendos. Et, ut hoc firmum, etc... Preterea cum ipsi receperint me in bonis spiritualibus Domus sue, ubi meam elegi sepulturam, volo et precipio ut habeant totam partem meam mobilium meorum, cum obiero, mee parrochialis ecclesie jure salvo. Actum anno Domini M° CC° quinquagesimo.

(1) Ronnel, hameau de la commune de Saint-Hilaire-lès-Mortagne.

[XXVI bis].

[S. d.]. — *L'abbaye de la Trappe échange à Geoffroy Gonel un abergement et une terre à Ligni, pour un autre abergement et une autre terre, à charge, pour ledit Geoffroy, d'un cens annuel de cinq deniers.*

## Copia (1).

Noverint universi, presentes et futuri, quod ego, N., abbas, et conventus Domus Dei de Trappa excambiavimus Gaufrido Gonel quoddam herbergamentum in terra nostra de Legneio, tenendum sibi et heredi suo hereditarie pro excambio herbe[r]gii sui quod erat nimis contiguum nostro, et inde reddent nobis quinque solidos annui redditus, in festo sancti Remigii recipiendos. Excambiavimus etiam ei quamdam terram, que est ante domum suam, pro alia quadam terra quam ipse intra terras nostras habebat. Ipsum autem et uxorem suam in nostra recepimus fraternitate et, post obitum suum, cum portione omnium rerum suarum ad abbatiam deferentur. Et, ut hoc firmum maneat in perpetuum, sigilli nostri testimonio munivimus...

## XXVII

1217. — *Sylvestre, évêque de Séez, confirme à l'abbaye de la Trappe la possession des terres à elle aumônées dans les paroisses de Lignerolles et de Bubertré.*

**Confirmatio episcopi sagiensis de elemosinis de Linerollis.**

Silvester (2), Dei gratia sagiensis episcopus, universis presentes litteras inspecturis in perpetuum. Noveritis me confirmasse Beate Marie de Trappa omnes elemosinas quas ipsi habent in parrochiis de Linerollis (3) et de Bubertre (4), terram scilicet de

---

(1) Cette pièce est transcrite sur la marge inférieure du folio où se trouve le commencement de la précédente. La dernière ligne qui, vraisemblablement, contenait la date, a été rognée. L'écriture n'accuse pas une date postérieure à celle de la confection générale du *Cartulaire*.
(2) Sylvestre, évêque de Séez de 1202 au 26 juin 1220.
(3) Lignerolles, commune du canton de Tourouvre, arrondissement de Mortagne.
(4) Bubertré, commune du canton de Tourouvre.

Basseres, que sita est juxta terram Chardon, quam Galerannus de Asperis (1) dedit eis in elemosinam, et terram quam Rad[ulfus] de Maerol (2) dedit eis, et terram quam Rad[ulfus] Manchet dedit eis apud La Pigonnere (3), et terram quam Guillelmus de Barillei dedit eis apud Vallem Herberti, et pratum sicut stagnum de Ronceria (4), quod Robertus comes dedit eis, et pratum quod Guillelmus Farot dedit eis, quod vocatur *le pré Baous*, et pratum quod Rogerus Magnus dedit eis, quod vocatur pratum Galerani, et pratum quod Rogerus Leroille dedit eis, situm juxta pratum de la Forest, et terram quam Guar[inus], presbyter de Bubertreio, dedit eis, quam dominus de Bubertreio donaverat illi, que est juxta terram quam Guillelmus de Barille dedit eis. Ut autem hec omnia perpetuam obtineant firmitatem, dignum duxi presentem cartam sigilli mei munimine confirmari. Actum anno M° CC° XVII°.

## XXVIII

*Décembre 1258. — Hugues de Bordeaux vend à l'abbaye de la Trappe, pour la somme de huit livres tournois, tous les droits dont il a hérité sur un abergement à Ligni et sur plusieurs pièces de terres à Ligni, Bellefillière, etc.*

### Carta Hugonis de Bordellis.

Noverint universi, presentes et futuri, quod ego, Hugo, de Bordellis, frater defuncti Dyonisii de Bordellis, vendidi monachis Beate Marie Domus Dei de Trappa, cisterciensis ordinis, pro octo libris turonensium quas ab eisdem recepi in pecunia numerata, quicquid michi jure hereditatis contingit in herbergamento de Laigncio et in terra ad ipsum herbergamentum pertinente et in duabus petiis terre que site sunt in plano, quarum una adcostat ex una parte terre Girardi Gonel et ex altera terre Guiloti Cocherel ad Longum ; altera vero petia adcostat terre uxoris defuncti Guiloti Pristot ex una parte et ex altera terre Roberti quadrigarii, fratris dicti Guillelmi Pristot ; similiter et in tota

---

(1) Les Apres, canton de Moulins-la-Marche, arrondissement de Mortagne.
(2) Marolles, commune de Bubertré.
(3) Le Pré Pigeon, commune de Bubertré.
(4) La Roncière, commune de Bubertré.

terra de Bella Filleria, acostante haie ibidem site que procedit ad longum de Piro Richender usque ad aque ductum : habendum et possidendum in perpetuum, jure hereditario, dictis monachis, sine contradictione mei vel heredum meorum, libere, pacifice et quiete, salvis tamen servitiis vel jure capitalium dominorum que dicti monachi facient, quecumque contigerint facienda. Et hanc venditionem ego, dictus Hugo, teneor dictis monachis garantizare, defendere et ab omnibus liberare. Ad quod totum faciendum similiterque observandum heredes meos penitus obligavi per presentes litteras, quas dedi dictis monachis testimoniales hujus rei, sigilli mei munimine roboratas. Actum anno Domini M° CC° L° octavo, mense decembrio.

# I

## Incipiunt carte de Nocumento [1].

### I

[S. d.]. — *Guillaume de Soles, connétable de la terre de Moulins, déclare avoir délivré à l'abbaye de la Trappe le fief du Tremblai, terre aumônée à ladite abbaye par Gauthier d'Apres.*

Sciant tam presentes quam futuri quod ego, Guillelmus de Soliis, eo tempore constabularius totius terre de Molins (2), deliberavi monachis Sancte Marie de Trappa totam terram illam quam dedit eis in elemosinam Gualterus de Asperis hoc est totum feodum de Tremulo (3), quidquid habebat in dominio et in feodo, in nemore et in terra plana ; divisiones vero ejusdem terre sicut juraverunt viri antiqui, ejusdem loci vicini, prefatis monachis quiete ac libere habere feci. Hoc autem concessit Tustinus de Val Fermen (4) et uxor ejus, soror videlicet prefati Gualteri et filius ejus, et Gualterus Anglicus, famulus meus, et uxor ejus, filia videlicet ipsius Tustini de Val Fremen. Monachi vero dederunt eis de caritate ecclesie sue, Huberto Anglico quatuor libras andegavensium et uxori ejus vaccam unam, et Tustino XXX solidos et uxori ejus vaccam unam. Hoc autem, ut firmum et stabile in perpetuum permaneret, testes ydoneos huic rei assignavimus, id est, Guillelmum de Lingenria, Hugonem de Ferreriis, Gervasium de Pleraliis et alios (*texte* : aliis).

---

(1) Le Nuisement, commune de Sainte-Gauburge-Sainte-Colombe-sur-Rille, canton du Merlerault, arrondissement d'Argentan (Orne).

(2) Moulins-la-Marche, chef-lieu de canton, arrondissement de Mortagne.

(3) Le Tremblai, commune de Notre-Dame-d'Apres, canton de Moulins-la-Marche.

(4) Vauferment, Petit-Vauferment, hameaux de la commune de Sainte-Gauburge-Sainte-Colombe.

## II

1167. — *Froger, évêque de Séez, notifie et confirme la donation faite par Guillaume du Tremblai et son frère à l'abbaye de la Trappe de leur terre du Tremblai.*

Frogerius (1), Dei gratia sagiensis episcopus, omnibus fidelibus, tam presentibus quam futuris, in perpetuum. Notum vobis sit *Guillelmum de Tremelo* et fratrem ejus dedisse Domui Dei de Trappa totam terram quam habebant apud Tremulum, in perpetuam elemosinam, ipsamque terram in manu mea posuisse meque eam presentis scripti munimine predicte Domui confirmasse ; insuper et Gualterum de Asperis, dominum scilicet terre illius, ipsam terram totumque feodum quod circa eam, tam in plano quam in nemore habebat, predicte Domui dedisse et concessisse, habendam liberam et quietam, exceptis quatuor solidis Andegavensium annuatim reddendis. Testibus Rogero archidiacono, Guauterus de Maheru, Girardo de Molins, etc... Actum anno gratie M° C° LX° VII°.

## III

Moulins-la-Marche [s. d.]. — *Hugues de Ferrière et Raoul de Ferrière, son fils, font donation à l'abbaye de la Trappe du fief du Bigre et du fief d'Aveline, à Pont-sur-Iton.*

Hugo de Ferraria (2), cunctis sancte Ecclesie fidelibus, salutem. Sciant presentes et futuri quod Rad[ulfus] de Ferraria, filius meus, dedit, consensu et voluntate mea, Deo et ecclesie Sancte Marie de Trappa et monachis ibidem Deo servientibus, in elemosinam perpetuam, liberam et quietam ab omni servitio, tallia et seculari consuetudine et omnibus aliis rebus ad nos et ad heredes nostros pertinentibus, totum feodum de Bigro (3), quod emerat a Guillelmo de Blavo. Et sicut integre idem Guillelmus illud feo-

---

(1) Froger, évêque de Séez, de décembre 1158 à 1184.
(2) La Ferrière-au-Doyen, commune du canton de Moulins-la-Marche, arrondissement de Mortagne.
(3) Le Bigre, hameau commune de Sainte-Gauburge-Sainte-Colombe.

dum de me tenebat et tenere debebat, ita integre et plenarie totum predictis monachis dedimus, scilicet in hominibus, in redditibus, in terris cultis et incultis, in pratis et in omnibus aliis rebus ad illud feodum pertinentibus. Et ego quicquid habebam in terra illa de Bigro et in feodo et in vademonio, totum dedi eisdem prefatis monachis. Preterea dedimus sepedictis monachis feodum Aveline, cum omnibus pertinentiis suis, quod est apud Pontem super Ytum (1). Hec omnia fideliter tenenda ego et pre dictus Radulfus super quatuor evangelia juravimus et presenti scripto et sigilli mei testimonio confirmavi. Idem Robertus, filius meus, concessit et perpetua tenenda promisit. Hec omnia facta sunt et recordata in curia regis Anglici apud Molins, tempore Guarini de Glapion (2), coram Pagano de Mesheudin (3) et Roberto de Cortomer (4), Gilleberto de Asperis, Symone de Manou (4), Hugone de Rivellon, Rad[ulfo] Trove, Chigan Heron, Girardo Tusne et pluribus aliis.

## IV

[S. d.]. — *Guillaume de Blavou vend son fief du Bigre à l'abbaye de la Trappe, pour la somme de sept livres angevines.*

Sciant presentes et futuri quod ego, *Guillelmus de Blavo* (6), dedi Deo et monachis Sancte Marie de Trappa, in elemosinam perpetuam, liberam et quietam ab omni servitio et tallia et seculari consuetudine, totum feodum meum de Bigro, sicut in dominico et in feodo tenebam de Hugone de Ferraria, scilicet in terris cultis et in hominibus, nichil michi et heredibus meis in eodem feodo retinens. Quam donationem concesserunt filii mei Matheus,

---

(1) Le Pont, hameau et moulin, commune de Crulai, arrondissement de Mortagne. — L'Iton, affluent de gauche de l'Eure.

(2) Glapion, commune de Sainte-Scolasse-sur-Sarthe, canton de Courtomer, demi-fief relevant de la baronnie de Sainte-Scolasse. V. sur Guérin, de Glapion, une note de M. Léopold Delisle (*Cartulaire normand*, p. 153).

(3) Méhéudin, commune du canton d'Écouché, arrondissement d'Argentan.

(4) Courtomer, commune et canton, arrondissement d'Alençon.

(5) Manou, commune et canton de la Loupe, arrondissement de Nogent-le-Rotrou (Eure-et-Loir).

(6) Blavou, château, commune de Saint-Denis-sur-Huine, canton de Mortagne.

Robertus, Gervasius, Guillelmus, et super quatuor evangelica ego et ipsi juravimus quod nichil in eodem feodo vel terra reclamabimus et per omnia et contra omnes secundum posse nostrum garantizabimus sine nostro mittendo. Pro hac donatione, de karitate ecclesie recepimus VII libras andegavensium. Et sciendum quod calengium illud, quod Matildis de Sancto Joriniaco (1) faciebat in predicto feodo, totum dimisit; et super quatuor evvangelia juravit quod nichil in eodem feodo deinceps reclamabit, et pro hoc habuit XXIII solidos andegavensium et quatuor denarios. Hanc autem elemosinam super altare Beate Marie de Trappa misi et presenti scripto et sigilli mei testimonio confirmavi. Quam elemosinam concessit Hugo de Ferraria, in eodem feodo dominus meus.

V

[S. d.] — *Guillaume de Blavou vend son fief du Bigre à Raoul de la Ferrière, pour la somme de sept livres angevines.*

Sciant universi, presentes et futuri, quod ego, *Guillelmus de Blavo*, vendidi Radulfo de Ferraria totum feodum meum de Bigro sicut in dominico et feodo tenebam de Hugone de Ferraria, scilicet in terris cultis et incultis, in pratis, in hominibus, nichil michi et heredibus meis in eodem feodo retinens. Quam venditionem concesserunt filii mei Robertus, Matheus, Gervasius, Guillelmus, et super quatuor evvangelia ego et ipsi juravimus quod nichil in eodem feodo ulterius reclamabimus, et per omnia et contra omnes ad posse nostrum garantizabimus sine nostro mittendo. Pro hoc recepimus a predicto Radulfo VII libras andegavensium. Et sciendum quod calengium illud, quod Matildis de Sancto Joviniaco faciebat in predicto feodo, totum dimisit, et super quatuor evvangelia juravit quod nichil in eodem feodo deinceps reclamabit. Pro quo predictus Radulfus habuit XXIII solidos andegavensium et quatuor denarios. Et sciendum quod in quacumque manu prefatus Rad[ulfus] dederit vel miserit hanc terram, nos tamen faciemus in garantizatione et in omnibus rebus sicut ipsi faceremus. Hec omnia ut firma in perpetuum permaneant, presenti scripto et sigilli mei testimonio confirmavi.

(1) Saint-Jouin-de-Blavou, commune du canton de Pervenchères.

## VI

1218. — *Foulques de Louvières, chevalier, fait don à l'abbaye de la Trappe de dix sous tournois de rente à prendre annuellement sur le moulin de Pont.*

Sciant universi, presentes et futuri, quod ego, *Fulco de Loveriis* (1), miles, pro salute anime mee et antecessorum meorum et heredum meorum, dedi monachis Domus Dei de Trappa ad serviendum lampadem, in elemosinam perpetuam, liberam ab omnibus rebus penitus et quietam, decem solidos turonensium, singulis annis in festo sancti Remigii a molendinario molendini mei de Ponte, quicumque fuerit molendinarius, percipiendos. Et sciendum quod ego teneor, et heredes mei post me, hanc elemosinam garantizare, defendere et liberare. Si vero contingeret quod per defectum molendinarii prefatus redditus in dicto termino non redderetur, ab eodem termino monachi haberent totum bladum de molendino ad valorem decem solidorum donec prefatus redditus ex integro solveretur. Et, ut hoc firmum maneat et stabile in perpetuum, dignum duxi presentem cartam sigilli mei munimine confirmari. Actum anno graiie M° CC° XVIII°.

## VII

1211. — *Symon de la Ferrière confirme aux religieux de l'abbaye de la Trappe la possession de tous leurs biens dans l'étendue de son fief.*

Sciant omnes, presentes et futuri, quod ego, *Symon de Ferraria*, pro salute anime mee et antecessorum meorum, concessi et dedi Deo et monachis Beate Marie de Trappa, in perpetuam elemosinam, liberam ab omnibus rebus et quietam, quicquid habent in feodo meo. Et, ut hec elemosina firma permaneat et stabilis, sigilli mei appositione confirmavi presens scriptum. Actum anno gratie M° CC° XI°.

(1) Louvières, commune du canton de Trun, arrondissement d'Argentan.

## VIII

[S. d.]. — *Hugues de la Ferrière abandonne à l'abbaye de la Trappe la terre du Bigre, qui faisait entre lui et ladite abbaye l'objet d'un litige.*

Sciant presentes et futuri quod ego, *Hugo de Ferraria*, dedi et concessi monachis Sancte Marie de Trappa terram illam de Bigro de qua contentio erat inter me et dictos monachos, ut eam habeant pacifice et excolant sicut suam, concedente filio meo Roberto; quam terram ego ipse recognosco esse de feodo Guillelmi de Blavou et dignam elemosinam monachorum. Et, ut hoc ratum permaneat in posterum, presens scriptum sigilli mei munimine confirmavi.

## IX

1213. — *Foulques de Louvières, chevalier, fait donation à l'abbaye de la Trappe de la dîme du moulin de Pont, dans la paroisse de Sainte-Colombe.*

Sciant presentes et futuri quod ego, *Fulco de Loveriis*, miles, pro salute anime mee et antecessorum meorum, dedi et concessi Deo et Beate Marie de Trappa monachisque ibidem Deo servientibus, in puram et perpetuam elemosinam, liberam penitus et quietam ab omnibus rebus, decimam molture mee molendini mei de Ponte, siti in parrochia sancte Columbe, tali conditione quod, si contigerit amittere predictam decimam, ego vel heres meus post me ad valorem predictis monachis tenebimur de jure excambiare. Et, ut hoc maneat stabile et firmum, sigilli mei munimine roboravi presens scriptum. Actum anno gratie M° CC° XIII°.

## X

1209. — *Gervais et Simon de Manou confirment deux donations de terres faites à Aucher de Moulins, et lui en font une nouvelle, comprenant vingt acres, avec bois, etc.*

Nos, *Gervasius et Symon de Manou*, notum fieri volumus

presentibus et futuris quod Symon de Manou, pater noster, de assensu et voluntate nostra, dedit et concessit Auchero de Molins, pro servitio suo, viginti acras de terra que est apud Vadum Petre, cum toto guttario eidem terre adjuncto, ipsi A[uchero] et heredibus suis jure hereditario in perpetuum possidendas, ita quod dictus A[ucherus] vel heres ejus debet reddere patri nostro vel ejus heredibus XII denarios andegavensium de censu, annuatim in festo santi Remigii solvendos, ab omnibus aliis servitiis liber in perpetuum et quietus, hoc tamen adjuncto, quod si quis alius a dicto Auchero vel ejus herede terram illam coluerit, molturam reddet de parte sua bladorum, si extra moltam maneret ; si autem intra moltam manserit, molet ad molendinum patris nostri. Dictus vero Aucherus vel ejus heres sua blada, ubicumque portentur, quieta a molta et ab omni alio servitio, ut dictum est, habebit. Illud tamen additum est quod, si relevationem de predicta terra deberi contigerit, dupplicatio dicti census tantum pro relevatione persolvetur. Hoc etiam nobiscum concessit Nicholaus, frater noster primogenitus, qui exinde accepit decem solidos andegavensium. Preterea laudamus et confirmamus donationem terre de Mineriis quam Belengerius et Guillelmus Belensent et Guillelmus Foontel et Eremborc de Foontel fecerunt eidem Auchero, ipsi et heredibus suis jure hereditario in perpetuum possidende. Pro qua dictus Aucherus vel ejus heredes reddent annuatim, pro omnibus servitiis, dictis donatoribus vel eorum heredibus quatuor solidos andegavensium ; cujusmodi donationem pater noster, coram quo facta est, eidem Auchero et ejus heredibus concedens in perpetuum ab omni exactione et servitio ad se vel suos heredes pertinente, voluit esse penitus absolutam, hoc adjecto quod, quemadmodum de terra quam pater noster dederat ordinatum est super molta et relevatione, similiter erit et de hac ultima donatione. Dictus autem Aucherus, ut super premissis liberalitatibus patri nostro gratus existeret, eidem XX libras andegavensium dinoscitur contulisse. Nos autem dicti Auchero, pro suo servitio, XX acras terre dedimus et concessimus, juxta dictam terram quam pater noster eidem dederat, et totam noam quam habebamus in valle illa juxta nostram culturam, et magnum boscum de Mineriis, ipsi Auchero et ejus heredibus jure hereditario in perpetuum possidenda, sub annuo servitio quatuor solidorum andegavensium in festo sancti Remigii, octo diebus antea vel octo diebus postea, sine calumpnia, solvendorum, nullo alio servitio pro hac donatione amplius, excepta dupplicatione census, cum relevatio contigerit persolvenda. Nos autem a dicto Auchero, pro ea donatione, X libras andegavensium accepimus. Hoc siquidem premissis adjungi volumus quod, quicquid idem Aucherus de feodo nostro acquirere poterit, salvo censu qui erit impositus, cum libertatibus premissis donationibus assignans sibi et suis heredibus in perpetuum possidebit. Ut autem omnia premissa debita firmitate gaudeant in perpetuum, sigillorum nostrorum testimonia presenti pagine duximus apponenda. Actum anno ab Incarnatione Domini M° CC° nono.

## XI

1210. — *Gervais de Manou, avec l'assentiment de son frère Simon, fait donation à l'abbaye de la Trappe de tout ce que Aucher de Moulins tenait dans son fief.*

Sciant presentes et futuri quod ego, Gervasius de Manou, concedente Symone fratre meo, pro salute anime mee dono et concedo Deo et monachis Beate Marie de Trappa, in perpetuam elemosinam, liberam ab omnibus rebus et quietam. integre totum tenementum quod Aucherus de Molins habet in feodo meo et hominum meorum, excepto quod qui in tenemento illo manserint, jure perpetuo ibunt ad molendina mea Sancti Hylarii (1), cujuscumque modi ipsa fuerint. Si vero ad aliud molendinum perrexerint, ego vel serviens meus, in ipso molendino vel etiam in itinere extra dictam elemosinam, potero eos capere et tunc per meam curiam justiciare, ita tamen quod per suum juramentum, si facere voluerint, liberabuntur. Si vero intra elemosinam jam dictam eos causari voluero, per famulum monachorum michi justiciabuntur infra metas predicte elemosine. Ita tamen erunt de molta mea, quod nullum servitium vel corveiam aut quicquid aliud facient michi vel heredibus meis, quia in dicta elemosina nichil juris michi vel heredibus meis retineo, preter moltam, ut dictum est, tali pacto, quod ad manendum ibi nullus de residen-

(1) Saint-Hilaire-sur-Rille.

tibus meis, tam Francie quam Normannie, sine meo vel heredum meorum assensu recipietur. Ut autem hoc factum sit stabile et firmum, sigilli mei munimine roboravi presens scriptum. Et ego, Symon de Manou, hoc factum volui, laudavi et concessi, et sigillo meo confirmavi. Actum anno ab Incarnatione Domini M° CC° decimo.

## XII

[S. d.]. — *Simon de Manou accorde à Aucher de Moulins, pour ses services, vingt acres de terre, à charge d'un cens annuel de douze sous angevins, et confirme la donation d'une terre, voisine de la première, faite au dit Aucher.*

Noscant lecturi, presentes atque futuri quod ego, Symon de Manou, dedi Auchero et heredibus suis, pro servitio suo, XX acras de terra que est apud Vadum Petre cum toto gotario eidem terre juncto, jure hereditario possidendum, ita quod predictus A[ucherus] reddet michi vel heredibus meis annuatim, per festa sancti Remigii, XII [solidos] andegavensium, ab omnibus aliis serviciis liber et quietus, excepto quod si quis alius quam dictus Aucherus terram illam coluerit, molturam reddet de bladis suis, et item si alius in eadem terra manserit, ad molendinum meum ibit. Satis vero memoratus Aucherus vel heres ejus sua blada propria, ubicumque sint, quieta et sine moltura, et omnia alia, sicut jam dictum est, libere et pacifice ab omni servitio habebit, excepto tamen religio (1), si forsitan dari contigerit. Hoc totum concessit Nicholaus, primogenitus filius meus, qui accepit X solidos andegavensium. Et item Belengerius et W[illelmus] Belessent et Willelmus de Fooutel (2) et Eremborc dederunt Auchero sepedicto et concesserunt terram quamdam quam habebant suprascripte terre vicinam, quam dedi ei jure hereditario, ipsi et heredibus suis in perpetuum possidendam, ita quod sepius memoratus Aucherus, vel heres ejus, reddet eis annuatim per festa sancti Remigii quatuor solidos andegavensium, ab omni alio servitio liber et quietus. Ego autem, Symo de Manou, concessi Auchero et heredibus suis eamdem terram, ab omni servitio libere et quiete de me et heredibus meis in perpetuum et in hereditario

(1) De *religium* ou *relagium*, *relief*.
(2) Le Futel, commune de Saint-Hilaire-sur-Rille.

jure tenendam, ita tamen quod eadem conditione que superius scripta est de terra quam dedi ei, detur michi vel heredibus meis moltura et religium. Hoc item non taceatur, quod ipse Aucherus dedit michi XIX libras andegavensium propter domum quam dedi eidem, sicut supra dictum est, et heredibus suis. Ut autem hoc totum firmius teneatur, munimine sigilli mei roboravi. T[estibus] Evrardo, Guiardo, N[icholao] Troue et pluribus aliis.

## XIII

Octobre 1227. — *Herbert Boutevilain et ses frères Jean et Guérin, moyennant huit livres tournois, font abandon à l'abbaye de la Trappe d'un fief qu'ils tenaient de ladite abbaye dans la paroisse de Saint-Hilaire-sur-Rille.*

Noverint universi, presentes et futuri, quod ego, Herbertus Botevilein, et fratres mei Johannes et Guarinus, quitavimus monachis Domus Dei de Trappa totum tenementum in domibus, terris, nemoribus, pratis, quod ab ipsis tenebamus per annicum redditum LV solidorum et quatuor denariorum, in parrochia Sancti Hylarii super Rillam (1). Et pro hac quitatione, habuimus ab eisdem quadraginta octo libras turonensium et unum pullum de haracio. Omnia vero predicta debemus eis garantizare bona fide et, quantum ad nos pertinet, liberare. Et, ut hoc firmum maneat et stabile in perpetuum, presentem cartam sigillorum nostrorum munimine confirmavimus. Actum anno gratie M° CC° XXVII°, mense octobri.

## XIV

Octobre 1227. — *Herbert, Jean et Guérin Boutevilain accordent à Samson, leur frère, pour sa part d'héritage, tout ce qu'ils avaient dans la paroisse de Saint-Hilaire-sur-Rille, et consentent à ce qu'il en fasse donation à l'abbaye de la Trappe, où il a pris l'habit religieux.*

Noverint universi, presentes et futuri, quod ego, Herbertus

---

(1) Saint-Hilaire-sur-Rille, commune du canton de Moulins-la-Marche, arrondissement de Mortagne.

*Botevilein* et fratres mei Johannes et Guarinus, concessimus Sansoni, fratri nostro, quicquid habebamus in parrochia sancti Hylarii super Rillam in domibus, terris et nemoribus et pratis, pro parte quam debebat habere in hereditate nostra, ita quod ipse quitavit nobis totam aliam hereditatem nostram, apud Bommolins, in assisia. Concessimus etiam ut ipse totam dictam partem suam conferret in elemosinam abbatie de Trappa, in qua suscepit habitum religionis; et, quum dictus Guarinus, frater noster, infra tales annos erat, quod concessio ejus sufficiens non erat, nos obligavimus totam aliam hereditatem nostram monachis de Trappa in contraplegium, quod ipse concedet dictam partem factam fratri suo Sansoni et elemosinam, cum ad congruam etatem pervenerit. Et, ut hoc maneat firmum et stabile in perpetuum, presentem cartam sigillorum nostrorum munimine confirmavimus. Actum anno gratie M° CC° XXVII°, mense octobri.

## XV

Avril 1228. — *Robert de Montcolin, chevalier, fait remise à l'abbaye de la Trappe d'un cens de quatre sous tournois qu'elle lui payait à raison du fief de Guillaume du Tremblai, et affranchit de toutes redevances, quant à lui, les terres aumônées à ladite abbaye au Nuisement.*

Noverint universi, presentes et futuri, quod ego, *Robertus de Montcorlein*, miles, donavi ecclesie Domus Dei de Trappa et monachis ibidem Deo servientibus, in elemosinam perpetuam, liberam ab omnibus rebus penitus et quietam, quatuor solidos turonensium quos ipsi michi reddebant de feodo Guillelmi de Tremulo et fratris ejus; et omnes alias elemosinas quas ipsi habebant apud le Nuesement (1), quantum ad me et ad heredes meos pertinet, liberas eis, pro salute anime mee et antecessorum et successorum meorum, concessi penitus et quietas. Et sciendum quod, de feodo meo de Ferraria fient omnes redibentie dominis capitalibus, ita quod predicte elemosine libere remanebunt et quiete. Et, ut hoc firmum maneat et stabile in perpetuum, dignum duxi presentem sigilli mei munimine confirmare. Actum anno gratie M° CC° XX° VIII°, mense aprili.

(1) Le Nuisement, commune de Sainte-Gauburge-Sainte-Colombe.

## XVI

1237. — *Guillaume de Vauferment confirme aux religieux de l'abbaye de la Trappe tous les biens qu'ils possèdent dans son fief du Nuisement, affranchis envers lui de tous droits et redevances.*

Noverint universi, presentes et futuri, quod ego, Guillelmus de Valfermant, concessi monachis Domus Dei de Trappa quicquid ipsi et homines eorum tenent de feodo meo et antecessorum meorum apud Nocumentum et alibi, habendum in perpetuum libere et quiete, absque mei et heredum meorum aliqua reclamatione, quia in omnibus eorum et hominum suorum tenementis que de feodo meo habent, nichil juris michi aut heredibus meis retinui, sed totum jus quod in hiis omnibus habere poteram, eis et successoribus suis, in elemosinam perpetuam, liberam penitus et quietam, dedi, pro salute anime mee, cui ipsi participationem omnium bonorum suorum spiritualium concesserunt. Et, ne super hiis a me vel heredibus meis possint aliquatenus molestari, presentem cartam sigilli mei munimine roboravi. Actum anno Domini M° CC° XXX° VII°.

## XVII

Août 1228. — *En présence de l'official de Séez, Hersende de Ménil renonce aux prétentions qu'elle élevait, contre l'abbaye de la Trappe, sur la terre du Nuisement, moyennant la réception d'une somme de vingt sous tournois.*

Omnibus Christi fidelibus ad quos presens scriptum pervenerit, R., officialis curie sagiensis, salutem in omnium Salvatore. Noverit universitas vestra quod, cum condam contentio verteretur inter abbatem et conventum de Trappa, cisterciensis ordinis, ex una parte, et Hersent de Mesnil (1), viduam, ex altera super hoc quod ipsi proponebant contra ipsam in jure quod abjuraverat quondam quandam terram que dicitur terra de Nese-

---

(1) Le Ménil-Bérard, commune du canton de Moulins-la-Marche, arrondissement de Mortagne ; ou le Ménil-Géru, commune de Sainte-Gauburge, canton du Merlerault, arrondissement d'Argentan.

ment, prestito corporaliter sacramento, ita quod nichil in ea reclamaret, et ipsa, contra sacramentum temere veniens, ut dicebant, eos in foro seculari traxit in causam : tandem, de consilio bonorum virorum, pax in hunc modum fuit inter eos reformata, quod ipsa, receptis a predictis abbate et conventu XX solidis turonensium, R. filio suo presente, fide ab ipsis prestita corporali et tactis sacrosanctis evangeliis, abjuravit quod in feodo terre predicte nichil de cetero reclamaret, et dictus filius ejus similiter abjuravit. Quod ut ratum et firmum in posterum permaneat, sigillum curie sagiensis presenti scripto duximus apponendum. Actum coram nobis in jure, anno gratie M° CC° XX° VIII°, die dominica post festum sancti Petri ad vincula.

## XVIII

1215. — *Thomas, comte du Perche, fait donation à l'abbaye de la Trappe de terrains mis en culture dans la forêt du Nuisement.*

Universis presentem cartam inspecturis, Thomas (1), comes perticensis, salutem in Domino. Noverint universi, presentes et et futuri, quod ego, Thomas, comes perticensis, donavi, pro salute anime mee et patris mei et matris mee et antecessorum et successorum meorum, monachis meis Domus Dei de Trappa essartia que Aucherus fecit in foresta de Nuisement, in tempore Gaufridi, dulcis memorie patris mei, in elemosinam perpetuam, liberam ab omnibus rebus penitus et quietam. Et sciendum est quod illa essartia vocantur Liverie Aucheri. Ut autem hec elemosina mea firma maneat et stabilis in perpetuum, dignum duxi presentem cartam sigilli mei munimine confirmari. Actum anno gracie M° CC° XV°.

## XIX

1220. — *Robert de Fomucon fait remise à l'abbaye de la Trappe d'une redevance annuelle de trois setiers de blé qu'elle lui devait sur la grange du Nuisement.*

Noverint universi tam presentes quam futuri quod ego, Ro-

---

(1) Thomas, comte du Perche de 1202 à 1217.

bertus de Fomucon, dedi et concessi monachis de Trappa quietantiam trium sextariorum bladi quos michi debebant reddere annuatim in grangia sua de Nocumento ; unde cartam illorum habui, quam perdidi. Quare volo et immutabiliter dispono ut, si quis eam invenerit vel fraudulenter quoquo modo abstulerit, causam querens malignandi contra monachos predicte carte auctoritate, nullatenus audiatur. Actum anno gratie M° CC° XX°.

## XX

Août 1218. — *L'abbaye de Saint-Père de Chartres et l'abbaye de la Trappe règlent, par un commun accord, certaines difficultés qui s'étaient élevées entre elles au sujet des dîmes d'une terre sise près de la forêt de Moulins.*

Ego, Guido (1), divina miseratione Sancti Petri carnotensis (2) abbas, totusque ejusdem loci conventus, notum facimus universis, presentibus pariter et futuris, quod, cum quedam contentio esset inter nos, ex una parte, et abbatem et monachos de Trappa ex altera, super decimis quarumdam terrarum que Cocheta foreste de Molins vocantur, quas idem monachi de Trappa ex dono comitis perticensis possidebant, sopita est ipsa contentio in hunc modum, quod de omnibus terris prefatis quas idem monachi de Trappa tradiderunt vel tradituri sunt aliis excolendas, medietatem decime percipiemus, etiam si ad propriam ipsorum culturam terre ille redierint, medietate alia eisdem monachis reservata ; de terris vero quas dicti monachi excoluerint, eis eorum privilegia salva et integra permanebunt, absque prejudicio nove constitutionis que in generali concilio dinoscitur promulgata, salvis etiam omnibus rationibus quas nos pro parte nostra et ipsi pro sua poterimus legitime allegare. Si vero prefati monachi de Trappa ibidem ecclesiam construxerint, jus patronatus illius ecclesie, quod ad eos ratione fondi et prestatione soli dinoscitur pertinere, eis salvum et integrum, sine reclamatione aliqua, dimittemus. Servientes vero, tam nostri quam sui, per quorum manus decima trahetur, juramento corporaliter prestito firmabunt quod utrique

(1) Gui I$^{er}$, 1198-1231.
(2) Saint-Père-en-Vallée, abbaye de bénédictins dans le diocèse et près de Chartres.

parti jus suum, sine diminutione aliqua, pro posse suo fideliter observabunt. Quod ut perpetua gaudeat firmitate nec oblivione deleri valeat in posterum, presenti scripto et sigillorum nostrorum appositione fecimus confirmari. Actum anno gratie M° CC° XVII°, mense augusto.

## XXI

1226. — *Agnès de Ménil-Renard reconnaît avoir donné, du consentement de sa sœur Odeline, à Guillaume Renart, clerc, pour ses service et hommage, deux tiers de son héritage à Sainte-Colombe-sur-Rille, à charge d'un cens annuel de trois [deniers] tournois.*

Noverint universi presentem paginam inspecturi quod ego, Agnes de Mesnil Renart, assensu et voluntate Odeline, sororis mee, dedi et concessi, tempore viduitatis mee, Guillelmo Renart, clerico, pro suo servitio et homagio, duas portiones mee hereditatis quam habeo in parrochia Sancte Columbe super Rillam, tertia tamen michi remanente, tenendas et habendas sibi vel suis heredibus jure hereditario per tres turonenses redditus, in festo sancti Remigii michi vel meis heredibus reddendos. Pro hac autem donatione et concessione, dictus Guillelmus IX libras turonensium michi contulit diligenter. Ut autem supradicta omnia perpetua vigeant firmitate, presens scriptum sigillorum nostrorum testimonio ambo voluimus communiri. Actum anno Domini M° CC° XXVI°.

## XXII

11 avril 1244. — *Guillaume Renart, prêtre, et Mathieu Renart font donation à l'abbaye de la Trappe d'une pièce de terre de six arpents, sur la Rille, et d'un pré contigu à ladite pièce de terre.*

Ego, Guillelmus Renart, presbyter, et ego Matheus Renart, notum facimus universis presentes litteras inspecturis quod nos, pro salute animarum nostrarum, dedimus et concessimus Deo et Beate Marie et Monachis de Trappa, in elemosinam perpetuam, liberam ab omnibus rebus penitus et quietam, quandam petiam terre nostre continentem sex jugera, que terra sita est super Rillam (1), juxta pratum des Eveiz, et jungitur ex uno latere Valli de Maris et ex altero terre Thome Repile. Dedimus etiam predictis monachis totum pratum nostrum des Eveiz, predicte terre contiguum, similiter omnino liberum et quietum. Si quid vero servitii vel exactionis secularis de predictis terra et prato alicui de jure debeatur, (2) nos et heredes nostri similiter omne residuum feodi illius et hereditatis nostre tenebimur omnino deservire. Et ad hec omnia predicta fideliter tenenda, garantizanda et ab omnibus omnino liberanda, sacramento corporaliter prestito nos astrinximus et obligavimus, et heredes nostros similiter post nos in perpetuum volumus obligari. Quod ut ratum et stabile maneat in perpetuum, presentes litteras predictis monachis dedimus, sigillorum nostrorum munimine roboratas. Datum anno Domini M° CC° X° L° IIII°, die dominica qua cantatur *Quasi modo*...

## XXIII

Décembre 1239. — *Guillaume Renart, prêtre, cède, à titre de donation pieuse, à l'abbaye de la Trappe, plusieurs terres acquises par lui d'Odeline de Ménil-Renart, dans la paroisse de Sainte-Colombe.*

Universis presens scriptum inspecturis, Guillelmus Renart, presbyter, salutem in Domino. Noveritis quod, cum ego acquisissem ab Odelina de Mesnilio Renart duas partes totius hereditatis quam habebat in parrochia Sancte Columbe super Rillam, et monachi de Trappa haberent in elemosinam, de dono dicte Odeline, tertiam partem dicte hereditatis, ego postea dedi eisdem monachis, pro salute anime mee, dictas duas partes, habendas cum alia tertia parte sibi in perpetuum, et tenendas in elemosinam liberam et quietam ab omnibus rebus ad me et ad heredes meos pertinentibus, scilicet : unam petiam bosci in Valle Booleti (3) et unam petiam terre arabilis ibidem sitam, et in Valle Arram duas petias terre et medietatem prati de Vado Fulcheri (4),

---

(1) La Rille, petite rivière qui prend sa source dans le canton de Courtomer (Orne), passe à Laigle, Pont-Audemer, et se jette dans la Seine, dont elle est le dernier affluent.

(2) Texte : *debeantur*.

(3) Le Boulay, commune de Sainte-Gauburge-Sainte-Colombe.

(4) Le Gué-Fouché, sur la Rille, commune de Sainte-Gauburge-Sainte-Colombe.

et tertiam partem medietatis prati des Eveiz et medietatem quarte partis molendini Renart (1), et undecim cenomanenses quos debet Willelmus Murie annuatim, ad festum sancti Remigii, et quicquid alterius juris ego et heredes mei in dictis hominibus habebamus. Preterea dedi eisdem monachis, de dominico meo, duas petias terre sitas in valle Booleti et quartam partem prati de Motai cum alia parte quam jamdudum habuerunt in eodem prato. Et sciendum quod tertia pars quam dedit dictis monachis dicta Odelena nominatur herbergamentum W[illelm]i Malcuvert, cum terra arabili ad illud pertinente. Hec omnia prenominata teneor garantizare et defendere contra omnes, et heredes mei post me, monachis supradictis, salvis tribus auxiliis feodalibus. In cujus rei testimonium, presens scriptum sigilli mei munimine roboravi. Actum anno Domini M° CC° XXXIX°, mense decembri.

## XXIV

Avril 1235. — *Guillaume Renart, clerc, fait donation à l'abbaye de la Trappe de terres, sises dans la paroisse de Sainte-Colombe, qu'il avait acquises d'Odeline de Ménil-Renart.*

Universis presentem cartam inspecturis, Guillelmus Renart, clericus, salutem in Domino. Noveritis quod, cum Odelina de Mesnilio Renardi, pro salute anime sue, dedisset in elemosinam monachis Domus Dei de Trappa tertiam partem totius tenementi sui quod ipsa habebat in parrochia Sancte Columbe, et ego postea ab eadem Odelina alias duas partes ejusdem tenementi totas acquisissem, easdem dedi integre dictis monachis, pro salute anime mee, in elemosinam perpetuam, liberam ab omnibus rebus et quietam. Et de hiis omnibus poterunt dicti monachi facere quicquid voluerint. Et, ut hoc firmum maneat et stabile in perpetuum, dedi eis presentem cartam, sigilli mei munimine roboratam. Actum anno gratie M° CC° XXXV°, mense aprili.

---

(1) Moulin de Renard, commune de Sainte-Gauburge-Sainte-Colombe.

## XXV

1224. — *Odeline de Ménil-Renard, du consentement d'Agnès, sa sœur, cède à Guillaume Renart, clerc, pour ses service et hommage, deux tiers de son héritage dans la paroisse de Sainte-Colombe, à charge d'un cens annuel de trois [deniers] tournois.*

Sciant omnes qui sunt et qui venturi sunt quod ego, Odelina de Mesnil Renart, assensu et voluntate Agnetis, sororis mee, dedi et concessi tempore viduitatis mee W[illelm]o Renart, clerico, pro servitio suo et homagio, duas portiones hereditatis quam habeo in parrochia Saucte Columbe super Rillam, tertia tamen michi remanente, tenendas et habendas sibi vel suis heredibus jure hereditario per tres turonenses redditus, in festo sancti Remigii michi vel meis heredibus reddendos. Pro hac autem donatione et concessione, dictus Guillelmus IX libras turonensium michi contulit diligenter. Et [ne] forte heredum posteritas hanc meam donationem, futuris temporibus, adnichilare presumat, ego et Agnes, soror mea, presenti carte sigillorum nostrorum testimonium adhibuimus et munimen. Actum anno gratie M° CC° XXIII°

## XXVI

Bonmoulins, mars 1244 (n. st.). — *Guillaume Renart, prêtre, fait donation à l'abbaye de la Trappe de six arpents de terre, sur la Rille, et du pré des Eveiz.*

Noverint universi, presentes et futuri, quod ego, Guillelmus Renart, presbyter, pro salute anime mee, dedi Deo et Beate Marie et Monachis de Trappa, in elemosinam perpetuam, liberam ab omnibus rebus penitus et quietam, sex jugera terre mee que sita est super Rillam juxta pratum des Eveiz ; et jungitur ex uno latere Mare (1) et ex altero terre Thome Repile. Dedi etiam eisdem totum pratum des Eveiz, quod jungitur predicte terre. Hanc autem elemosinam concessit Matheus, nepos meus et heres, qui super residuum hereditatis mee, quam ei in vita mea dimisi,

---

(1) La Mare, commune de Sainte-Gauburge-Ste-Colombe.

predictam elemosinam tenebitur omnino deservire, si que inde servitia de jure debebantur. Et ad hoc fideliter tenendum sacramento corporaliter prestito se astrinxit, et heredes suos ad idem tenendum post se penitus obligavit. Et ego, Guillelmus, de residuo hereditatis mee nichil de cetero vendere potero aut invadiare, sed totum predicto Matheo dimitto hereditarie possidendum, ut predictam elemosinam predictis monachis teneatur hereditarie in perpetuum defendere et ab omnibus omnino liberare. Et, ut hoc ratum maneat in perpetuum, presentes litteras sigilli mei munimine roboravi. Et predictus Matheus, ad majorem confirmationem, presenti scripto sigillum suum apponere dignum duxit. Actum in assisia apud Bonmolins (1), anno Domini M° CC° XLIII°, mense martio.

## XXVII

1248. — *Mathieu Renart, moyennant le paiement de trente sous tournois et la remise d'une rente annuelle de cinquante sous tournois qu'il devait à l'abbaye de la Trappe, cède à ladite abbaye une rente annuelle de cinq sous tournois qu'il percevait sur le moulin Renart et une autre de deux sous et demi, même monnaie, à lui due par Alice de la Chéné.*

Noverint universi, presentes et futuri, quod ego, Matheus Renart, dedi et penitus quitavi monachis Domus Dei de Trappa, pro quinquaginta solidis turonensium quos ipsis debebam et pro triginta solidis turonensium quos percepi integre ab eisdem, quinque solidos turonensium annui redditus quos habebam in molendino Renart, per manum Radulfi de Vado Fulcheri, ad Natalem Domini [habendos], et duos solidos et dimidium annui redditus quos michi debebat Aalicia de Chesneia et Philippus, maritus ejus, de quadam terra quam tenebant de me, que terra juncta est Fosse Ganient, et aboutat superius campo Roberti Logre, et inferius chemino quo itur apud Loharderiam. Quos duos solidos et dimidium turonensium predictis monachis garantizare et defendere et ab omnibus rebus penitus liberare tenemur et totum jus et districtionem quam habebamus et habere debe-

(1) Bonmoulins, commune du canton de Moulins-la-Marche, arrondissement de Mortagne.

bamus et poteramus in molendino et terra et denariis supradictis, quia eisdem monachis quittavi omnia supradicta, nec ego nec heredes mei in ipsis poterimus aliquid de cetero reclamare. Et, ut hoc maneat firmum et stabile in perpetuum, dedi presentem cartam sepe dictis monachis, sigilli mei munimine roboratam. Actum anno Domini M° CC° XL° VIII°.

## XXVIII

1238. — *Philippe Boder, de Sainte-Colombe, vend à l'abbaye de la Trappe, moyennant cinquante sous tournois, six sous tournois de rente annuelle payables par Robert Le Magnien et Hubert Du Moulin.*

Noverint universi, presentes et futuri, quod ego, Philippus Boder de Sancta Columba, vendidi monachis Domus Dei de Trappa, pro quinquaginta solidis turonensium quos ab eisdem integre recepi, sex solidos annui redditus, videlicet tres solidos turonensium et sex denarios, quos Hubertus Le Maignen reddere tenebatur michi pro terra quam de me tenebat, et duos solidos et sex denarios turonensium quos Hubertus de Molendino debebat michi similiter de terra quam de me tenebat, habendos dictis monachis in perpetuum et recipiendos annuatim, in festo sancti Remigii, a predictis duobus hominibus Roberto et Huberto et ab eorum heredibus successive, quia totum dictum redditum sex solidorum turonensium et quicquid juris in dictis hominibus habebam concessi habendum dictis monachis, nichil michi aut meis heredibus retinens in futurum. Et hoc totum teneor garantizare dictis monachis contra omnes, et a rebus omnibus liberare. Et ad hoc idem agendum post me heredes meos obligavi. Et sciendum quod terra de qua predictus Robertus reddet dictis monachis tres solidos et sex denarios eisdem monachis, sita est ante molendinum de Ponte. Et, ut hoc firmum sit et stabile in perpetuum, presentem cartam sigilli mei munimine roboravi. Actum anno Domini M° CC° XXX° VIII°.

## XXIX

1215. — *Robert de Longpont approuve la cession faite par Gauthier Froger à l'abbaye de la Trappe d'un pré, à titre de donation pour un tiers, à titre de vente et moyennant une somme due huit livres tournois pour les deux autres tiers.*

Noverint universi, presentes et futuri, quod Gualterus Frogerii de Ductu Profundo donavit monachis Domus Dei de Trappa, in elemosinam perpetuam, tertiam partem prati sui de Ductu Profundo quod habebat inter partes fratrum suorum, et duas vendidit, de quibus recepit octo libras turonensium. Et sciendum est quod elemosinam et venditionem donavit et fecit liberam ab omnibus rebus penitus et quietam. Ego autem, Robertus de Longo Ponte, hoc factum laudavi et volui, et concessi monachis prefatum pratum bene et integre, liberum ab omnibus rebus et quietum. Et, ut hoc firmum maneat in perpetuum, dignum duxi presentem cartam sigilli mei munimine confirmari. Actum anno gratie M° CC° XV°.

## XXX

1215. — *Gauthier Froger, avec l'assentiment de ses frères Gilbert et Firmin, donne à l'abbaye de la Trappe le tiers d'un pré constituant sa portion héréditaire, et lui vend les deux autres tiers dudit pré.*

Sciant omnes, presentes et futuri, quod ego, Gualterus Frogerii de Ductu Profundo, concedentibus fratribus meis Gilleberto, presbytero, et Firmino, nostro primogenito, donavi monachis Domus Dei de Trappa, in elemosinam perpetuam, tertiam partem prati mei de Ductu Profundo, et duas eisdem vendidi ; et ita monachi habent totum pratum quod habebam inter partes predictorum fratrum meorum, liberum ab omnibus rebus penitus et quietum. Et, ut hoc firmum maneat in perpetuum, appositione sigilli mei presentem cartam confirmavi. Actum anno gratie M° CC° XV°.

## XXXI

Juillet 1249. — *Raoul Payen de Champeaux, chevalier, confirme à l'abbaye de la Trappe la possession de tout ce qu'elle tient de son fief dans la paroisse de Sainte-Colombe.*

Universis presens scriptum inspecturis, Radulfus Paganus de Campellis, miles, et Haois, uxor ejus, salutem in Domino. Noveritis quod nos concessimus et confirmavimus abbati et conventui de Trappa ut ipsi vel homines eorum habeant pacifice et possideant libere et quiete, absque contradictione nostri aut heredum nostrorum, omnia que de feodo nostro habent et tenent in parrochia Sancte Columbe super Rillam, ita quod nos aut heredes nostri non poterimus facere justitiam seu districtionem aliquam in toto tenemento quod ipsi vel homines qui subiciuntur monachis possident et habent in dicta parrochia, nec aliquid servitii vel exactionis extorquere ab ipsis, nisi tantummodo releveium et tria auxilia feodalia, quando de jure evenerint, et quod semel in anno per juramentum solius manus poterunt se defendere, si a nobis vel nostris heredibus de corporali convitio nobis injecto poterunt accusari. Et hanc pactionem nos et heredes nostri tenemur garantizare et defendere contra omnes, salvo in omnibus jure capitalium dominorum. Et, ut firmum sit et stabile in perpetuum presens scriptum, roboravimus nostrorum munimine sigillorum. Actum anno Domini M°CC°XLIX°, mense julio.

## XXXII

Mars 1250 (n. st.). — *Philippe Boder, écuyer, cède à l'abbaye de la Trappe, en échange d'une dîme sur le moulin de Pont, un pré dit des Eveiz et plusieurs autres terres à Planches, au Bois-Brunel, etc.*

Noverint universi, presentes et futuri, quod ego, Philipus Boder, armiger, de assensu et voluntate Aales, uxoris mee, et heredum meorum, tradidi et penitus quitavi, ratione permutationis, monachis Domus Dei de Trappa, videlicet pro quadam decima quam ipsi monachi habebant in molendino de Ponte, in parrochia Sancte Columbe super Rillam, pratum unum quod habebam, quod vocatur pratum des Eveiz, et quicquid habebam vel habere poteram in feodo de Molendinaria, et in feodo Mathei Boele, in parrochia de Planches (1), et in feodo Margarete de molendino Restout, et in feodo Mathei de Bosco Burnelli (2), et in feodo Robini de molendino Restout; que omnia quitavi penitus dictis monachis, in perpetuum quiete et pacifice possidenda, renuncians omni dominio et juri quod habebam vel habere poteram in rebus

---

(1) Planches, commune du canton du Merlerault, arrondissement d'Argentan.
(2) Le Bois-Brunel, commune de Planches.

omnibus supradictis, cum omnibus pertinentiis dictorum feodorum. Et hec omnia ego, Philippus, et heredes mei post me tenemur dictis monachis bona fide defendere contra omnes et etiam garantire, vel, si necesse fuerit, ad nutum suum, valore ad valorem alibi excambiare. Dicta vero Aales, uxor mea, ad hoc se dictis monachis obligavit, corporali prestito sacramento quod in predictis omnibus, ratione dotis nichil ulterius poterit reclamare. Et cum obligatus essem ego, sepedictus Philippus, per meas patentes litteras domino Guillelmo Jarrieto, militi, sororio meo, quod de hereditagio meo non possemus nisi de voluntate ejus vendere quicquid vel modo aliquo commutare, dictam permutationem et quitationem, ad petitionem meam et maxime quia utile michi et heredibus meis videbatur in posterum, laudavit penitus et voluit, et sigillum suum presenti pagine apponere dignum duxit. Preterea ego, jam dictus Philippus, et heredes mei post me tenemur reddere sepedictis monachis, vel eorum mandato, pro recognitione dicte decime, sex denarios, in festo sancti Remigii annuatim in dicto molendino capiendos. Et si dicti sex denarii in dicto festo dictis monachis vel eorum mandato non fuerint persoluti, ipsi monachi poterunt justitiam suam facere in dicto molendino, sine contradictione aliqua mei vel heredum meorum, donec dicti sex denarii persoluti fuerint cum emenda. In cujus rei testimonium, ego, Philippus, et Aalesia, uxor mea, dictis monachis presentem paginam tradidimus, sigillorum nostrorum munimine roboratam. Actum anno Domini MCC°XLIX°, mense martio.

## XXXIII

Décembre 1234. — *Thomas de Bonval confirme la donation d'une rente annuelle de cinq sous tournois faite par Haoïse Pasquerée, sa tante, à l'abbaye de la Trappe, et assigne la dite rente sur le fief que Roger de la Galonnière tenait de lui.*

Universis presentem cartam inspecturis, Thomas de Bona Valle, salutem in Domino. Noveritis quod, cum Haoïsa Paskeree, matertera mea, dedisset pro salute anime sue monachis Domus Dei de Trappa quinque solidos annui redditus, in elemosinam perpetuam, liberam ab omnibus rebus penitus et quietam, ego,

Thomas, heres ejus, similiter pro salute anime mee, dictam concessi elemosinam et assig[navi] capiendam in perpetuum, in crastino sancti Remigii, annis singulis, in tenemento quod Rogerus de Gualonneria (1) et Emmelina, uxorejus, tenent de me de eschaeta dicte Haoisie, matertere mee. Et in dicto tenemento poterunt dicti monachi facere plenarie justitiam suam pro dictis quinque solidis, nisi in dicto termino fuerint persoluti. Hanc autem elemosinam teneor eis garantizare contra omnes et liberare. Et ad hoc idem faciendum heredes meos obligavi. Et, ut hoc firmum maneat et stabile in perpetuum, presentem cartam sigilli mei munimine confirmavi. Actum anno gratie M°CC°XXXIIII°, mense decembrio.

## XXXIV

Septembre 1217. — *Guérin d'Echauménil reconnaît avoir reçu de l'abbaye de la Trappe, des terres et des prés à Rai-sur-Rille, à charge d'un cens annuel de huit sous six deniers tournois.*

Universis presentem cartam inspecturis, Guarinus de Eschaumesnil (2), salutem. Noverit universitas vestra quod venerabilis abbas Gualterus et conventus Domus Dei de Trappa tradiderunt michi et heredi meo omnes elemosinas quas Thomas de Eschaufou (3) fecit eis in terris et in pratis apud Reium (4), videlicet terram quam Hugo Doe de dicto Thoma tenuit censualiter, et tertiam partem pratorum de Barris et de juxta vadum quod est subtus domum Hugonis de Portis (5), que idem Thomas ipsis elemosinavit. De hiis autem elemosinis debeo reddere dictis abbati et conventui, annis singulis per festa Nativitatis sancti Johannis Baptiste (6), VIII solidos et VI denarios turonenses, et heres meus post me, et redibentias que debentur dominis solvere tenebimur. Si vero a solutione dicti redditus ego vel heres meus in prefato termino deficeremus, dicti abbas et conventus justitiam

---

(1) La Galonnière, commune de Sainte-Gauburge-Sainte-Colombe.
(2) Echauménil, commune de Saint-Pierre-des-Loges, canton de Moulins-la-Marche, arrondissement de Mortagne.
(3) Echauffour, canton du Merlerault, arrondissement d'Argentan.
(4) Rai-sur-Rille, commune du canton de Laigle, arrondissement de Mortagne.
(5) Les Portes, commune de Rai-sur-Rille.
(6) Le 24 juin.

suam plenarie facerent in tota masura de Colle. Et, ut hoc firmum maneat et stabile in perpetuum, presentem cartam sigilli mei munimine confirmavi. Actum anno gratie M° CC° XXVII°, mense septembri.

## XXXV

1213. — *Luc, évêque d'Evreux, vidime et confirme une charte d'Hamelin, évêque du Mans, établissant que Guillaume de Brethel a donné à l'abbaye de la Trappe une rente annuelle de un setier de froment et deux sous tournois.*

L[ucas] (1), Dei gratia ebroicensis episcopus, universis Christi fidelibus ad quos presens scriptum pervenerit, salutem in Domino. Nos inspeximus litteras venerabilis patris nostri Hamel[ini] (2), cenomanensis episcopi, continentes quod Guillelmus de Brethel (3), in presentia ipsius constitutus, dedit et concessit, assensu uxoris et filiorum suorum, abbati et monachis de Trappa, in puram et perpetuam elemosinam, unum sextarium frumenti et duos solidos turonensium, annuatim reddendos in festo sancti Remigii. Nos vero, ad testimonium prefati episcopi, prefatum sextarium frumenti et dictos duos solidos ipsis abbati et monachis confirmavimus et presenti scripto communivimus. Actum anno gratie M° CC° XIII°.

## XXXVI

Bonmoulins (?), août 1244. — *Pour mettre fin à un litige pendant entre lui et l'abbaye de la Trappe, au sujet d'une métairie sise dans la paroisse de Saint-Hilaire-sur-Rille, Jean Aucher de Moulins renonce, moyennant vingt-sept livres tournois et demie, à tous ses droits sur la dite métairie.*

Universis presentem cartam inspecturis, Johannes Aucheri de Molins (4), salutem. Noveritis quod, cum contentio verteretur inter me, ex una parte, et abbatem et conventum Domus Dei de Trappa, ex altera, in assisia domini regis apud Bonmolins, super

---

(1) Luc, évêque d'Evreux, de 1203 au 30 janvier 1220.
(2) Hamelin, évêque du Mans du 1er décembre 1190 à 1214.
(3) Brethel, commune du canton de Moulins-la-Marche.
4) Moulins-la-Marche, chef-lieu de canton, arrondissement de Mortagne.

medietaria quam de dictis abbate et conventu tenuit Aucherus, pater meus, in parrochia Sancti Hylarii super Rillam (1), pro quinquaginta solidis annui redditus, tandem dicta contentio pacificata est in hunc modum, quod predicti abbas et conventus dederunt michi XXVII libras turonensium et dimidiam, quas integre recepi ab eisdem, et ego quitavi penitus ipsis dictam medietariam, cum omnibus pertinentiis suis, nichil in predictis michi vel heredibus meis retinens in futurum. Et, ut hoc firmum [maneat] et stabile in perpetuum, predictam medietariam cum suis pertinentiis in predicta assisia abjuravi, et presentem cartam sigilli mei munimine roboravi. Actum anno Domini M° CC° XL° IIII°, mense augusto, presente Wuone de Verberia, baillivo vernol[iensi] (2).

## XXXVII

Bonmoulins, 3 août 1244. — *Jean Aucher de Moulins renonce à tous droits ou poursuites à faire valoir ou exercer sur les possessions de l'abbaye de la Trappe.*

Universis ad quos presens scriptum pervenerit, Johannes Aucheri de Molins, salutem. Noverit universitas vestra quod ego et heredes mei abbatem et conventum Beate Marie de Trappa et tenentes de ipsis, super omnibus possessionibus quas possident et possederunt a retroactis temporibus usque modo, non possumus molestare nec in causam trahere, nec in predictis aliquid de cetero reclamare. Quod ut firmum et stabile permaneat in futurum, presens scriptum sigilli mei testimonio confirmavi. Actum in assisia Bonorum Molendinorum, in festo Inventionis beati Stephani, anno Domini M° CC° XL° IIII°, coram Wuone de Verberia et multis aliis.

## XXXVIII

[S. d., 1158-1184]. — *Froger, évêque de Séez, notifie la cession faite, moyennant cinquante sous angevins, par Gauthier d'Apres et les héritiers de Mauger, à l'abbaye de la Trappe, de tout ce qu'ils avaient au Tremblai.*

Frogerius (3), Dei gratia sagiensis episcopus, omnibus sancte

---

(1) Saint-Hilaire-sur-Rille, commune du canton de Moulins-la-Marche.
(2) Huon de Verberie, bailli de Verneuil (Eure), arrondissement d'Evreux).
(3) Froger, évêque de Séez de décembre 1158 à 1184.

ecclesie filiis in perpetuum. Innotescat universitati vestre quod Gualterus de Aspres et heredes Malgeri concesserunt et dederunt, in perpetuam elemosinam, Deo et Beate Marie et monachis trappensibus quicquid habebant in bosco et in plano in loco qui dicitur le Tremblai, juxta le Nuisement (1), et ad opus eorumdem monachorum in manu nostra resignaverunt, fide corporaliter prestita, quod nichil unquam in eadem elemosina reclamare[n]t. Prefati quoque monachi, pro hac concessione, dederunt eis quinquaginta solidos audegavensium. Hoc idem concessit Robertus de Mont Corlein et filii ejus, quorum Guillelmus, primogenitus, fide data nobis, se super hoc astrinxit; et propter hoc habuerunt de monachis equum unum. Tostenus vero de Valferman hoc ipsum concessit et inde XXX solidos audegavensium ab eisdem monachis accepit, et Lucia, uxor ejus, vaccam unam, et Guillelmus, filius ejus, V solidos audegavensium. Concesserunt etiam hoc ipsum Hubertus Anglicus et Hersent, uxor ejus, et inde quatuor libras audegavensium de caritate dictorum monachorum habuerunt. Hec itaque, quum in nostra presentia sollempniter et canonice facta sunt, sigilli nostri auctoritate communire dignum duximus. Testes : Henricus Holeren, Herbertus Corb[in] et Johannes, oximensis archidiaconus (2).

## XXXIX

4 Mai 1242. — *Gervais Le Forestier vend à l'abbaye de la Trappe, pour une somme de vingt-deux livres tournois, tout ce qu'il possédait dans le fief des Boscheaux.*

Sciant universi, presentes et futuri, quod ego, Gervasius dictus Forestarius, vendidi monachis Domus Dei de Trappa, pro viginti et duabus libris turonensium, quas habui in pecunia numerata, quicquid habebam in feodo des Boscheaus, in hominibus, terris, pratis, nemoribus et omnibus rebus aliis quibuscumque ; quod feodum contiguum est essartis domini regis ex una parte, et ex alia ducteio des Boscheaus, et affrontat bosco de Foresteria a

(1) Le Nuisement, commune de Sainte-Colombe, canton du Merlerault, arrondissement d'Argentan.
(2) Jean, archidiacre d'Exmes, chef-lieu de canton de l'arrondissement d'Argentan.

parte superiori, et a parte inferiori feodo ad Fromondeis. Hec omnia supradicta, tradidi predictis monachis in perpetuum possidenda libere et quiete, salvo jure domini capitalis, sub hac forma, quod ego et uxor mea et heredes nostri in predictis omnibus nichil poterimus de cetero reclamare. Et si forte contigerit predictam uxorem meam, cui nomen Johanna, in predictis nomine dotis reclamare ego volui et assignavi ei ut in medietaria mea de Bona Fide (1) dotem habeat, ad valorem quem perciperat in predictis. Ego autem dato corporaliter sacramento teneor dictis monachis hanc venditionem, ub predicta forma factam, garant izare contra omnes et defendere, et ipsos super hoc indempnes in omnibus locis penitus conservare Et ad hoc idem tenendum similiter heredes meos succe ssive per presentem cartam voluio bligari, sigilli mei munimine roboratam. Actum anno Domini M° CC° XL° secundo, in crastino Inventionis sancte Crucis.

## XL

4 Mai 1242. — *Gervais Le Forestier vend, pour la somme de vingt-deux livres tournois, à l'abbaye de la Trappe. tout ce qu'il possédait dans le fief des Boscheaux, réservé le droit de Simon de Gâprée à deux deniers de cens annuel comme seigneur suzerain.*

Sciant universi presentem cartam inspecturi quod ego, Gervasius dictus Forestarius, vendidi monachis Domus Dei de Trappa, pro viginti et duabus libris turonensium quas habui in pecunia numerata, quicquid habebam in feodo des Boscheaus in hominibus, terris, pratis, nemoribus et omnibus aliis quibuscumque; quod feodum contiguum est essartis domini regis ex una parte, et ex alia ducteio des Boscheaus, et affrontat bosco domini de Foresteria a parte superiori et a parte inferiori feodo ad Fromondeis. Hec omnia supradicta tradidi predictis monachis in perpetuum possidenda quiete et libere, reddendo exinde annuatim in Nativitate sancti Johannis Baptiste sex denarios monete currentis Symoni de Gasprea, militi, domino feodi, et ejus heredibus, sub hac forma quod ego et uxor mea et heredes nostri in predictis omnibus nichil possumus de cetero reclamare Et si forte contigerit uxorem meam in predictis nomine dotis aliquid reclamare,

(1) Bonnefoi, commune du canton de Moulins-la-Marche, arrondissement de Mortagne.

volui et assignavi ei ut in meeteria mea de Bona Fide dotem habeat, ad valorem quem perciperet in predictis. Et ego, dato corporaliter sacramento, teneor dictis monachis hanc venditionem, sub forma predicta factam, garantizare contra omnes et defendere, et ipsos super hoc indempnes in omnibus locis penitus conservare. Et ad hoc idem tenendum similiter heredes meos successive per presentem volui obligari, sigilli mei munimine confirmatam. Actum anno Domini M° CC° XL° secundo, in crastino Inventionis sancte Crucis (1).

## XLI

Mai 1242. — *Gervais Le Forestier vend à l'abbaye de la Trappe, pour vingt-deux livres tournois, quarante sous, monnaie courante, de revenu annuel à prendre sur plusieurs hommes pour le fief des Boscheaux.*

Sciant universi, presentes et futuri, quod ego, Gervasius dictus Forestarius, vendidi monachis Domus Dei de Trappa, pro viginti duabus libris turonensium quas integre habui, quadraginta solidos annui redditus, monete currentis, quos debent homines subnotati, videlicet : Durandus Filloel, XVIII solidos et tres denarios ; Foubertus Fromont, quinque solidos et tres denarios ; Foquetus Ysembert, XVII denarios ; Ric[ardus] de Foveis, XX denarios ; Odo Le Baronel, IIII solidos et tres denarios ; Johannes Celri, III solidos et dimidium ; Gaufridus Mirel, V solidos et V denarios ; Rogerus Pichart, III denarios. Hunc autem redditum XL solidorum tenentur reddere annuatim, in festo Omnium Sanctorum, predicti homines et eorum heredes predictis monachis, pro feodo des Boscheaus, quia in dicto redditu et in dicto feodo et in dictis hominibus nichil districtionis seu cujuscumque juris michi aut meis heredibus retinui, sed totum integre concessi dictis monachis, et defendere contra omnes et a rebus omnibus liberare. Et ad hoc idem agendum post me heredes meos obligavi. Et sciendum quod, post sex annos, debet dictus Durandus Fillol facere residentiam in dicto feodo, et interim, usque ad terminum dictum sex annorum, debet reddere annuatim in predicto festo dictis

---

(1) Cette charte est presque identique à la précédente ; elle n'en diffère qu'en ce que la formule *salvo jure domini capitalis* est ici remplacée par sa traduction : on nous dit en quoi consistait ce droit qu'on réserve

monachis duodecim denarios pro residentia quam debet, ita quod Guarinus Fillol postnatus est socius dicti Durandi et particeps tenementi. Et, ut hoc totum firmum sit et stabile in perpetuum, presens scriptum sigilli mei munimine roboravi. Actum anno Domini M° CC° XL° II°, mense maio.


## XLII

Février 1250 (n. st.) — *Guillaume de la Genevraie, chevalier, seigneur du fief des Boscheaux, confirme toutes les acquisitions faites par l'abbaye de la Trappe de Gervais Le Forestier dans le dit fief des Boscheaux.*

Noverint, universi presentes et futuri, quod ego, Guillelmus de Geneveria (1), miles et dominus feodi de Boscheaus, volui et concessi monachis Domus Dei de Trappa ut ipsi habeant et teneant omnia que acquisierunt in dicto feodo de Boscheaus a Gervasio Forestario, reddendo michi et post me heredibus meis, pro unoquoque releveio quod evenerit faciendum (2) de morte domini Forestarie primogeniti predicti feodi, viginti solidos turonensium, et pro unoquoque auxilio trium feodalium et pro unoquoque dimidio releveio, quando evenerit, decem solidos tantummodo predicte monete per manum primogeniti supradicti, et sex denarios turonenses, in festo sancti Remigii, per manum ejusdem primogeniti feodi. Et tam ipsi quam homines ipsorum de dicto feodo liberi erunt et quieti penitus ab omnibus rebus aliis ad me et ad heredes meos pertinentibus. Et, ut hoc firmum maneat et stabile in perpetuum, dedi eisdem monachis presentem cartam, sigilli mei munimine roboratam, per quam obligavi me et heredes meos ad tenendum firmiter et fideliter garantizandum et deffendendum, sicut dominus feodi, omnia supradicta. Actum anno Domini M° CC° XL° nono, mense februario

---

(1) La Genevraie, commune du canton du Merlerault.
(2) *Texte* : faciendo.

## XLIII

1236. — *Raoul de Chailloué fait donation à l'abbaye de la Trappe d'une rente annuelle de douze deniers tournois à recevoir de Pierre Cholart et, après lui, de ses héritiers ou des détenteurs de l'hébergement de Pied-Val.*

Noverint universi, presentes et futuri, quod ego, Radulfus de Challoei (1), dedi et concessi monachis Domus Dei de Trappa, pro salute anime mee, in elemosinam perpetuam, liberam penitus et quietam, duodecim denarios turonenses annui redditus, persolvendos eis annuatim per festa sancti Remigii a Petro Cholart et ejus heredibus post eum, vel a quoque alio tenente herbergamentum dictum de Pede Vallis et illud in posterum possidente; ita quod, si dicti duodecim denarii eis soluti non fuerint integre termino prenotato, ipsi poterunt facere suam justiciam in dicto herbergamento pro dicto redditu habendo, cum emenda ad usus patrie persolvenda. Et hoc teneor garantizare eis bona fide et ab omnibus liberare, et heredes mei post me similiter tenebuntur. Quod ut ratum sit et stabile in perpetuum, presentem cartam sigilli mei munimine roboravi. Actum anno gratie M° CC° XXX° sexto.

## XLIV

Avril 1251. — *Jean Cohy, autrement dit Jean Puille, renonce en faveur de l'abbaye de la Trappe à tout ce qu'il tenait d'elle dans le fief des Boscheaux.*

Noverint universi, presentes et futuri, quod ego, Johannes Cohy, aliter vocatus Johannes Puille, dimisi et penitus quitavi monachis Domus Dei de Trappa totum illud integre quod tenebam de ipsis in feodo de Boscheaus, scilicet illud totum quod tenebant de me Rad[ulfus] Avenel et Fobertus Fromundi et Joscetus Sutor, de parrochia de Mesnilio Berart (2), ex feodo prenotato, ita quod

---

(1) Chailloué, commune du canton de Séez, arrondissement d'Alençon.
(2) Ménil-Bérard, canton de Moulins-la-Marche, arrondissement de Mortagne.

nec ego nec heredes mei post me poterimus in dicto toto quod predicti homines tenebant de me et quod tenebam de predictis monachis in dicto feodo des Boscheaus, aliquid de cetero reclamare. In cujus rei testimonium, dedi predictis monachis presens scriptum, sigilli mei munimine roboratum, desaisiens me et heredes meos de omni jure, dominio et districtione que habebamus et habere poteramus in predictis. Actum anno gratie M° CC° L° primo, mense aprilis.

## XLV

17 avril 1254 (n. st.) — *Robert Hersent, de la paroisse de Saint-Hilaire-sur-Rille, fait abandon à l'abbaye de la Trappe de tous les droits qu'il avait sur les possessions de ladite abbaye au Nuisement.*

Noverint universi, presentes et futuri, quod ego, Robertus Hersent, de parrochia Sancti Hylarii super Rillam, dimisi et penitus quitavi monachis Domus Dei de Trappa totum jus quod habebam et habere poteram, quocumque modo seu qualicumque ratione, in omnibus que habent apud Nocumentum, tam in grangia ipsorum quam in pertinentiis suis, terris, pratis, pascuis, nemoribus, hominibus, redditibus et rebus aliis quibuscumque, ita quod nec ego, nec heredes mei poterimus aliquid juris, districtionis, sive cujuslibet alterius rei, quocumque modo vel quacumque ratione, de cetero reclamare. Et, ut hoc maneat firmum et stabile in perpetuum, ego, predictus Robertus, dedi predictis monachis presens scriptum, sigilli mei munimine roboratum, per quod obligavi me et heredes meos successive ad hoc quod non possimus aliquid in predictis omnibus de cetero reclamare, sive qualemcumque justitiam exercere, corporali prius prestito sacramento. Actum anno Domini M° CC° L° tercio, XV° kalendas maii.

## XLVI

Février 1259 (n. st.) — *Mathieu Renart fait donation à l'abbaye de la Trappe de cinq sous tournois de rente annuelle à prendre sur un hébergement sis au Ménil-Renart, et vend à la même abbaye, au prix de dix livres et demie, même monnaie, vingt-cinq sous tournois de rente annuelle assignés sur une pièce de terre dans la paroisse de Sainte-Colombe-sur-Rille.*

Universis presentes litteras inspecturis, Matheus dictus Renart, salutem in Domino. Noveritis quod ego, pro salute anime mee, dedi et concessi viris religiosis, abbati et conventui Domus Dei de Trappa, in elemosinam perpetuam, liberam penitus et quietam, quinque solidos turonensium annui redditus, quos assignavi eisdem religiosis percipiendos annuatim in festo sancti Remigii super herbergamentum meum de Mesnelio Renart. Vendidi insuper ego, predictus Matheus, antedictis religiosis, pro decem libris et dimidia turonensium quos habui ab eisdem integre et percepi in denariis numeratis, alios viginti quinque solidos turonensium, quos assignavi predictis religiosis habendos et recipiendos annuatim terminis subnotatis, videlicet : in predicto festo sancti Remigii, decem solidos cum predictis quinque solidis, et in Natali Domini, quindecim solidos, super unam petiam terre sitam in parrochia Sancte Columbe super Rillam, aboutantem superius terre Thome Repile et terre Herberti Le Selne et aboutantem inferius terris ad Brueres, et adcostantem ex una parte terre quam tenet mater mea in dote ; que terra juncta est terris predictorum religiosorum et adcostat ex altera parte campo meo de via Monasterii. Et habebunt et tenebunt antedicti religiosi predictos triginta solidos, scilicet quinque solidos datos in elemosinam et viginti quinque solidos venditos, libere penitus et quiete in perpetuum, terminis supradictis. Et, si in predictis terminis vel in aliquo eorum deffecerimus ego vel heredes mei a solutione predicti redditus, ipsi facient justitiam suam in predicto herbergamento meo et in predicta terra mea pro habendo predicto redditu, cum emenda decem solidorum turonensium. Et, si infra quindecim dies a predictis terminis vel uno eorum, ego vel heredes mei deffecerimus a solutione redditus supradicti et predicte emende, tota predicta petia terre, prout superius dividitur. ad dictos religiosos deveniet ad faciendum suam penitus voluntatem. Et sciendum quod si predicta terra ad dictos religiosos pro deffectu solutionis predicte, ut dictum est, devenerit, et Mabilia, uxor mea, in eadem terra dotem petierit, ego assignavi eidem et dedi predictum campum de via Monasterii, ut habeat illum et teneat, quoad vixerit, pro dote sua terre superius notate. Et, ut hoc maneat firmum et stabile in perpetuum, ego dedi predictis religiosis presentes litteras, sigilli mei munimine roboratas, per quas obligavi me et heredes meos et omnia bona mea, mobilia et immobilia, ad garantizanda firmiter et fideliter agenda et tenenda omnia supradicta, et predictos religiosos indempues super hoc penitus conservandos. Ego autem, Haoysia, domina de Bosco Lamdri, domina capitalis seu feodalis predictorum, omnia ista concedens et confirmans, ad precem et petitionem partium, pro salute anime mee et ut particeps fiam omnium bonorum que in predicta domo fient de cetero, ad majorem confirmationem, presentibus litteris sigillum meum apponere dignum duxi. Actum anno Domini M° CC° L° octavo, mense februarii.

## XLVII

30 janvier 1259 (n. st.) — *Mathieu Renart vend à l'abbaye de la Trappe, pour la somme de dix livres tournois et demie, une rente annuelle de vingt-cinq sous, même monnaie, à prendre sur une pièce de terre sise dans la paroisse de Sainte-Colombe-sur-Rille.*

Noverint universi, presentes et futuri, quod ego, Matheus Renart, vendidi viris religiosis, abbati et conventui Domus Dei de Trappa, pro decem libris et dimidia, XXV solidos turonensium annui redditus, quos ego assignavi annuatim habendos et recipiendos predictis religiosis super unam petiam terre sitam in parrochia Sancte Columbe super Rillam, terminis subnotatis, videlicet: in festo sancti Remigii decem solidos, et in Natali Domini quindecim solidos. Que petia terre aboutat superius terre Thome Repile et terre Huberti Le Fesne, et aboutat inferius terris ad Brueres, et adcostat ex una parte terre quam mater mea tenet in dote, et est juncta terris predictorum religiosorum et adcostat antedicta petia terre ex altera parte campo meo de via Monasterii. Et sciendum est quod, si ego vel heredes mei defecerimus a solutione predicti redditus in aliquo predictorum terminorum, predicti religiosi poterunt facere suam justitiam super predictam petiam terre pro habendo predicto redditu et emenda decem solidorum tantummodo. Et si deffecerimus aliquando post quindecim dies post quemlibet predictorum terminorum a solutione predictorum redditus et emende, ex tunc predicta tota terra, prout superius dividitur, ad eosdem religiosos deveniet ad faciendam suam, absque contradictione mei vel heredum meorum, penitus voluntatem. Et si, postquam ad ipsos religiosos predicta petia terre devenerit, Mabilia, uxor mea, post decessum meum, in eadem petia terre dotem petierit, ego assignavi ei et dedi predictum campum de via Monasterii, ut habeat illum et teneat quoad vixerit, pro dote sua terre superius notate. Et ut hoc maneat firmum et stabile in perpetuum, ego dedi predictis religiosis presentes litteras, sigilli mei munimine roboratas, per quas ego obligavi me et heredes meos et omnia bona mea, mobilia et immobilia, ad deffendendum eisdem religiosis et penitus liberandum ab omnibus predictum redditum et ad agenda et tenenda et penitus liberanda omnia supradicta, meipsum astringens insuper corporali juramento..... et eosdem religiosos indempnes super hoc conservandos. Ego autem, Haoysia de Loveriis, domina capitalis omnium predictorum, omnia ista concedens et rata habens et confirmans, ad precem et petitionem partium, pro salute anime mee et ut fiam particeps omnium bonorum que in predicta Domo fient, de cetero ad majorem confirmationem, presentibus litteris sigillum meum apponere dignum duxi. Actum anno Domini M° CC° L° octavo, quarto kalendas februarii.

## XLVIII

1214. — *Robert de Longpont fait don à l'abbaye de la Trappe, pour la dédicace de l'église de ladite abbaye, de deux boisseaux de blé, mesure d'Echauffour, à prendre chaque année à la Saint-Remi sur son moulin de Loges*

Sciant omnes, presentes pariter et futuri, quod ego, Robertus de Longo Ponte (1), dedi monachis Domus Dei de Trappa, in dedicationem sue *ecclesie* (2) in *elemosinam perpetuam, pro salute anime mee, duos boessellos frumenti ad mensuram de Eschaufou, in molendino meo de Logis singulis annis, in festo sancti Remigii, nuncio dictorum monachorum persolvendos.* Ut autem hec elemosina rata sit in perpetuum, dignum duxi presentem cartam sigilli mei munimine confirmari (3). Actum anno gratie M° CC° XIIII°

(1) Longpont, commune de la Ménière, canton de Bazoches-sur-Hoêne, arrondissement de Mortagne.
(2) L'église de la Trappe fut consacrée le 27 avril 1214.
(3) *Texte* : confirmavi.

# K

## Incipiunt carte de Haia [1].

### I

1214. — *Gohier de Morville fait donation à l'abbaye de la Trappe, pour le salut de son âme, de terres sises à Chantecoq.*

Sciant omnes, presentes et futuri, quod ego, *Goherus de Morvilla* (2), pro salute anime mee, donavi monachis Domus Dei de Trappa, in elemosinam perpetuam, liberam penitus ab omnibus rebus et quietam, partem meam haie de Chantecoc in bosco et in terra, partem videlicet tertiam que mea erat a parco de sancto Christoforo (3) usque ad viam que transit Haiam, a terra decani ex una parte usque ad terram Borree ex altera, nichil omnino michi in ea retinens aut heredi meo. Si quis autem presumeret prefatos monachos molestare super hac elemosina et injuriari, ego et heredes mei post me eam garantizare tenemur. Ad confirmationem hujus elemosine, ut rata sit et stabilis in perpetuum, dignum duxi cartam hanc presentem sigilli mei munimine roborari. Actum anno gratie M° CC° quarto decimo.

### II

[S. d.]. — *Gohier de Chennebrun fait cession à l'abbaye de la Trappe d'une terre sise dans son fief, à charge pour ladite abbaye de célébration de messes et d'anniversaires pour lui et ses amis.*

Notum sit omnibus, tam presentibus quam futuris, quod ego,

---

(1) La Haie de Chantecoc, commune de Saint-Christophe-sur-Avre. « Le fief, « terre noble et seigneurie de Chantcoq, assis en la paroisse de Christophle, « vicomté de Verneuil, baillage d'Alençon et relevant du Roi, s'étend aux paroisses « des Barils, Petite-Ville et Bourg.... Il y a eu chapelle en l'honneur de Saint-« Symphorien » (*Instruction générale pour connaître les droits, domaines, etc., suivant les titres de l'abbaye de la Trappe*, p. 66 du m. conservé aux Archives de la Trappe).

(2) Un des meurtriers de Thomas Becket, archevêque de Cantorbéry, s'appelait Hugues de Morville (Aug. Thierry, *Conquête de l'Angleterre*, t. III, p. 164).

(3) Saint-Christophe-sur Avre, canton de Verneuil, arrondissement d'Evreux.

*Goherus de Chesnebrun* (1), assensu et voluntate Agnetis, uxoris mee, et filii mei G., dedi et sigilli mei munimine confirmavi, pro salute anime mee et animarum amicorum meorum, Domui Dei de Trappa, in puram et perpetuam elemosinam, totam terram quam habebam in manu mea et in dominio circa duas mansuras quas primo eadem Domus eodem modo habebat in feodo meo, liberam et immunem ab omni redditu et servitio. Abbas vero et conventus ejusdem loci michi concesserunt et statuerunt quatinus mei memoria et meorum in missa una cothidie habeatur in perpetuum ; missa autem quamdiu vixero erit de Spiritu Sancto vel de Sancta Maria, post mortem vero, pro defunctis. Et anniversarium fiet pro me et amicis meis in die obitus mei. Et sciendum quod prenominatus abbas et monachi dederunt michi in karitate centum solidos andegavensium, et uxori mee unam vacam, et filio meo quinque solidos andegavensium. Inde sunt testes Guillelmus Gruel, Robertus de Normandel (2), Hugo Baneors, Robertus Berruer, Richerius Unglel, Radulfus Molendinarius.

## III

1206. — *Gohier de Morville confirme la donation faite par son père à l'abbaye de la Trappe de terres sises entre Laigle et les Haies, ainsi que toutes les autres acquisitions faites dans son fief par ladite abbaye.*

Ego, *Goherus de Morvilla*, pro salute anime mee et antecessorum meorum et heredum, concessi et confirmavi Deo et monachis Domus Dei de Trappa elemosinam quam fecit illis pater meus de tota terra que erat de dominio suo inter feodum de Aquila (3) et Haias. Et sciendum quod ego garantizo et confirmo et concedo hanc elemosinam dictis monachis et omnes alias elemosinas quas habent in feodo meo, liberas et quietas ab omni servitio et seculari consuetudine, sicut carte quas dicti monachi

---

(1) Chennebrun, commune du canton de Verneuil. Gohier de Chennebrun était mort en 1202, à cette date son fils Gohier de Chennebrun ; du consentement d'Agnès sa mère et de Cécile sa femme, confirma les libéralités de ses ancêtres à l'église de Saint-Père de Chartres (Le Prévost, *Mémoires et Notes*, t. I, p. 507).

(2) Normandel, commune du canton de Tourouvre, arrondissement de Mortagne.

(3) L igle, chef-lieu de canton, arrondissement de Mortagne.

habent de me et de patre meo garantizant et testantur. Ad hujus igitur rei testimonium et firmitatem, ego, Goherus, de Morvilla, in anno Incarnationis Domini M° CC° VI°, dignum duxi presentem cartam sigilli mei munimine roborari (1).

## IV

Juillet 1233. — *Gohier, seigneur de Morville et de Chennebrun, fait don à l'abbaye de la Trappe de terres sises à la Chauvellière.*

Noverint universi, presentes et futuri, quod ego, Goherus de Morvilla et de Chesnebrun dominus, dedi monachis Domus Dei de Trappa, in elemosinam perpetuam liberam ab omnibus rebus penitus et quietam, quantum ad me et ad heredes meos pertinet, totam terram quam habebam in dominio et feodo, sitam inter Chaveleriam (2) et Maniboderiam, juxta haiam de Petite Vile. Et hanc terram teneor eis garantizare, defendere et liberare. Et ut hoc firmum maneat et stabile in perpetuum, dignum duxi presentem cartam sigilli mei munimine confirmare. Actum anno gratie M° CC° tricesimo tertio, mense julio.

## V

Mars 1231 (1232 ?). — *Gohier de Morville, chevalier, seigneur de Chennebrun, fait une donation de terre à l'abbaye de la Trappe et lui confirme toutes celles antérieurement faites par ses prédécesseurs.*

Noverint universi, presentes et futuri, quod ego, Goherus de Morvilla, miles, dominus de Chesnebrun, dedi monachis Domus Dei de Trappa, in elemosinam perpetuam, liberam ab omnibus rebus penitus et quietam, quantum ad me et ad heredes meos pertinet, quicquid habebam a plesseio Gaufridi Eschalart usque ad Foramen Anguli, videlicet tertiam partem haiarum, sive sint in bosco, sive sint in plano, nichil michi ibi retinens nec heredi-

(1) *Texte :* roboravi.
(2) La Chauvellière, commune d'Armentières, canton de Verneuil, arrondissement d'Evreux

bus meis, set pro salute anime mee et patris mei et uxoris mee istam elemosinam et omnes alias quas ipsi habent in feodo meo ex dono antecessorum meorum, eis liberaliter concedens. Et sciendum est quod ipsi patrem meum a debito quod debebat eis quitaverunt et penitus absolverunt. Et, ut hoc firmum sit et stabile in perpetuum, presentem cartam sigilli mei munimine confirmavi. Actum anno Domini M° CC° tricesimo primo, mense martii.

## VI

[S. d.]. — *Gohier de Morville notifie la vente de terres, sises à Chantecoq, faite par Alice et Héloïse, filles de Jean Le Sergent, à l'abbaye de la Trappe, ainsi que la donation par Mathieu Ménart à la même abbaye d'une terre voisine.*

Goherus de Morvilla, omnibus dominis suis et hominibus, salutem. Sciant presentes et futuri quod Aales et Heloys, filie Johannis Servientis, dederunt in presentia mea ecclesie Sancte Marie de Trappa et monachis ibidem Deo servientibus, in elemosinam perpetuam, liberam et quietam, totam terram suam quam habebant juxta haiam de Chantecoc, que terra fuit Johannis, patris eorum. Quam donationem concessit Robertus, maritus Aales. Pro qua donatione receperunt de monachis septem libras andegavensium. Hanc autem donationem concessit Matheus Menart liberam et quietam ab omni servitio, preter duos solidos andegavensium quos recipiet annuatim a monachis ad festum sancti Remigii. Item dedit predictus Matheus aliam terram de dominico suo, juxta predictam, monachis in elemosinam perpetuam, liberam et quietam ab omni servitio, preter sex denarios andegavensium reddendos ad predictum terminum. Has elemosinas ego, Goherus, concessi liberas et quietas ab omni servitio et seculari consuetudine, pro salute anime mee et antecessorum meorum. Concessi etiam predictis monachis malagium suum sufficiens in haia de Chantecoc, sicut concessit dominus Petrus de Ripparia, liberum et quietum, sicut fossata eorum et closure continent, et ut plessient haiam sicut voluerint extra fossata sua, et faciant fortem quantum voluerint, sed plessia nostra erit. Hec omnia, ut firma in perpetuum permaneant, presenti scripto et sigilli mei testimonio confirmavi, testibus his : Gohero, presbytero, Petro de Riparia, Waltero de Gornaio (1), Auberto Gemello et multi[s] alii[s].

## VII

1213. — *Gohier de Morville confirme, comme suzerain, à l'abbaye de la Trappe la possession d'une terre par elle acquise d'Amaury Héron, et spécifie les droits qu'il entend se réserver sur ladite terre.*

Sciant presentes et futuri quod ego, Goherus de Morvilla, pro salute anime mee, concedo Deo et Beate Marie de Trappa monachisque ibidem Deo servientibus, in perpetuam elemosinam, terram quam habent juxta haias domini regis (2), de Amaurico Hairon et G. et H., fratribus ejus, quam emerunt de Matheo Renard, ita quod in hominibus qui nunc ibi sunt vel fuerunt, michi vel heredi meo tantummodo subscripta retinui, scilicet : per manus monachorum tres tallias, unam ad corpus meum redimendum de captione, aliam ad militiam filii mei et tertiam ad filiam meam primogenitam maritandam, et justitiam meam de bello et sanguine et furto, quando contigerint. Si autem de rebus aliis venerit ad me clamor, monachis tenebor reddere curiam suam cum illam quesierint. De debitis burgensium de Chesnebrun, tenebunt justitiam apud Chesnebrun; de rebus autem aliis, ubicumque voluerint intus feodum. Et sciendum quod amodo de feodo meo vel dominio, nichil omnino accipient sine meo assensu vel heredis mei, nec de residentibus meis aliquem ad habitandum in terris suis. Ut hoc ratum permaneat et firmum, sigilli mei munimine roboravi presens scriptum. Datum anno gratie M° CC° tertio decimo.

## VIII

1235. — *Gohier de Morville, chevalier, concède à Pierre de la Rivière tout ce qu'il avait au Genetai.*

Noverint universi quod ego, *Goherus* de Morvilla, miles, as-

---

(1) Gournay-le-Guérin, commune du canton de Verneuil, arrondissement d'Evreux.

(2 La Haye-le-Roi, bois dans la commune de Pullay, canton de Verneuil,

sensu et voluntate heredum meorum, contuli et concessi Petro de Ripparia, militi, et suis heredibus, totum id quod habebam in fossato de Genestei (1). Et quod hoc sit firmum et stabile, presens scriptum sigillo meo sigillavi. Actum anno M° CC° XXX° V°.

## IX

1243. — *Pierre de la Rivière affranchit les hommes de l'abbaye de la Trappe résidant dans son fief de plusieurs redevances qu'il percevait d'eux injustement*

Noverint universi, presentes et futuri, quod ego, Petrus de Ripparia, miles, omnes homines de Genestei tenentes de monachis Domus Dei de Trappa et omnes alios homines dictorum monachorum residentes et manentes in elemosinis sive emptionibus quas dicti monachi habent in feodo meo ubicumque, absolvi penitus et in perpetuum quitavi ab annua solutione jarbe, tortelli et onorum que ab eis injuste petebam, quia omnes elemosinas sive emptiones predictas, in feodo meo sitas, cum omnibus residentibus suis volui et concessi esse liberas penitus et immunes ab omni exactione, tallia, servitio, redditu et seculari consuetudine, quantum ad me et ad heredes meos et servientes nostros pertinet. Et ne dicti homines vel eorum heredes super hiis de cetero molestentur a nobis vel servientibus nostris, dedi eis presentem cartam sigilli mei munimine roboratam. Actum anno M° CC° XL° tertio.

## X

1211. — *André Lefèvre, de Chennebrun, donne à l'abbaye de la Trappe cinq acres de terre vers le chemin de Verneuil à Chennebrun.*

Noverint universi, tam presentes quam futuri, quod ego, Andreas Faber, de Chesnebrun, pro salute anime mee et antecessorum meorum, dedi et concessi, in pura et perpetua elemosina, Deo et ecclesie Sancte Marie de Trappa et monachis ibidem Deo servientibus, quinque acras terre juxta haiam Petri de Rip-

---

(1) Le Genetai, commune de Saint-Christophe-sur-Avre,

paria, militis, versus cheminum ducentem (1) de Vernolio ad Chesnebrun, sicut mete ibi posite illas discernunt, liberas penitus et quietas ab omnibus rebus. Hoc autem firmum esse volens, scriptum sigilli mei impressione confirmavi. Actum anno M° CC° undecimo.

## XI

1234. — *Herbert Belot, de Chennebrun, fait don à l'abbaye de la Trappe de trois sous tournois de rente à prendre chaque année, à la Saint-Remi, sur sa terre du Parc.*

Noverint universi, tam presentes et futuri, quod ego, Herbertus Belot, de Chesnebrun, volens esse particeps omnium bonorum que fiunt et de cetero fient in abbatia Beate Marie de Trappa, misericorditer dedi et concessi, de assensu et voluntate uxoris mee, viris religiosis, abbati et conventui in dicta abbatia Deo servientibus, tres solidos turonensium annui redditus, in elemosinam liberam penitus et quietam, pro salute anime mee, in terrra mea de Parco, singulis annis, ad festum sancti Remigii, a quocumque tenente dictam terram integre persolvendos. Et ut hec elemosina firma sit et stabilis in perpetuum, ego, jam dictus Herbertus, dedi dictis monachis presentem cartam, sigilli mei munimine confirmatam. Et ad majorem confirmationem, Goherus de Morvilla, miles, dominus feodalis, hanc elemosinam volens et concedens libere et quiete, in testimonium dicte donationis presenti carte sigillum suum apponere dignum duxit. Actum anno Domini M° CC° tricesimo quarto.

## XII

[S. d.]. — *Pierre de la Rivière fait cession à l'abbaye de la Trappe d'un emplacement pour construire une grange, d'un champ à convertir en jardin et d'une autre terre, le tout situé à Plessis ou auprès.*

Notum sit omnibus, tam presentibus quam futuris, quod ego, Petrus de Riveria, cum assensu et voluntate Margerie, uxoris mee, dedi in puram et perpetuam elemosinam Domui Dei de

---

(1) *Texte* : ducens.

Trappa, in loco qui dicitur Plesseium Girardi, locum ad grangiam edificandam, et partem quandam plesseii ut mete determinant, et campum qui juxta est ad ortum excolendum, et alibi terram, que estimata est ad duodecim jugera, in loco qui dicitur Lomtenie. Hec omnia concessi libera et quieta et ab omni redditu et servitio immunia. Insuper concessi eidem abbatie, habendam libere et quiete, omnem terram quam habent *(sic)* in feodo meo de elemosinis Goherii de Chesnebrun et hominum ipsius. Monachi vero predicte Domus concesserunt michi et uxori mee participationem omnium bonorum, tam spiritualium quam temporalium, Domus sue et totius ordinis cisterciensis. Insuper et dederunt michi, de karitate Domus sepedicte, XL solidos andegavensium et congugi (*sic*) mee X solidos, et filie mee Cecilie X solidos. Hujus rei sunt testes : Girardus de Chirai, Richerus Quastinel, Gaufridus de Riveria, Girardus de Roseria, Symon Pilatus, Godardus, frater ejus, et plures alii.

## XIII

1240. — *Pierre de la Rivière accorde aux religieux de l'abbaye de la Trappe le droit de pâturage dans son bois pour les animaux de leur grange de Chantecoq, à l'exception toutefois des chèvres et des moutons.*

Noverint universi presentem cartam inspecturi quod ego, Petrus de Ripparia, miles, dedi et concessi monachis Domus Dei de Trappa, in elemosinam perpetuam, liberam ab omnibus rebus penitus et quietam, pro salute anime mee, pasturam omnibus animalibus suis de grangia ipsorum de Chantecoc, exceptis capris et ovibus, per totum parcum meum, ita quod si nemus dicti parchi talliatum fuerit usque ad duo arpenta continue vel amplius per tres annos continuos, facient predicta animalia a talliatis dicti nemoris custodiri. Et si forte in dictis talliatis predicta animalia infra predictos tres annos inventa fuerint custodiri, pro singulis sex animalibus reddent michi vel meis heredibus predicti monachi unum denarium turonensem pro emenda. Et ad hoc tenendum et garantizandum post me, heredes meos obligavi per presentem cartam, sigilli mei munimine confirmatam. Actum anno Domini M° CC° quadragesimo.

## XIV

Verneuil, 1211. — *Pierre de la Rivière confirme à l'abbaye de la Trappe la possession du tiers du bois de Chantecoq, à elle donné par Gautier de Gournay.*

Sciant presentes et futuri quod ego, Petrus de Ripparia, concedente Petro primogenito meo, laudo et presenti carta confirmo monachis de Trappa tertiam partem haie de Chantecoc quam habent de dono Galteri de Gornaio, liberam penitus ab omnibus rebus et quietam, a parco Sancti Christofori (1) usque ad viam que transit haiam a terra decani ex una parte usque ad (2) terram Borree ex altera. Et ut hec elemosina firmiter maneat, sigillo meo confirmavi. Anno. gratie M° CC° undecimo. Actum apud Vernolium coram multis.

## XV

1237. — *Pierre de la Rivière, chevalier, exempte, moyennant le paiement d'une somme de vingt sous tournois, l'abbaye de la Trappe de tout droit de sergenterie.*

Universis presens scriptum inspecturis, Petrus de Ripparia, miles, salutem in Domino. Noveritis quod, cum servus meus feodatus, culpis suis exigentibus, exutus fuisset apud Vernolium, per judicium assisie, ab officio serganterie tunc in manu mea penitus devenientis, et ego homines monachorum de Trappa residentes in tenementis Chavelerie garbas et alia ad dictam serganteriam pertinentia reddere cogerem, ipsi dederunt michi viginti solidos turonensium et ego quitavi eis et heredibus suis in perpetuum omne jus serganterie, ita quod nec ego nec heredes mei nec servus meus feodatus possimus de cetero aliquid juris in dictorum tenementis hominum reclamare. Et hoc totum tenemur garantizare eis et defendere contra omnes, vel reddere eisdem decem libras turonensium, si garantizare et deffendere non possemus. Et sciendum est expresse quod nec gar-

---

(1) Le Bois de Saint-Christophe sur les communes de Saint-Christophe, Gournay, les Barils, canton de Verneuil.

(2) *Texte* : et.

bas nec tortellos vel quecumque alia ad serganteriam pertinentia ab eis exigere possumus vel extorquere. In cujus rei testimonium roboravi sigilli mei munimine presens scriptum. Actum anno gratie M° CC° tricesimo septimo.

## XVI

1226. — *Pierre de la Rivière, chevalier, approuve la donation de bois, prés et autres. terres, faite par Richard du Châtelet à l'abbaye de la Trappe.*

Noverint universi, presentes et futuri, quod ego, Petrus de Ripparia, miles, volui et concessi elemosinam quam Ricardus de Chastelet (1) fecit abbatie Domus Dei de Trappa, tenendam sibi pacifice et quiete, quantum ad me et ab heredes meos pertinet, videlicet quicquid idem Ricardus habebat inter domum Galfridi Eschalart et Furnelia (2), scilicet tertiam partem haiarum et partem suam pratorum que cum pratis regis sunt inter nemora mea, et tres acras terre junctas terre monachorum quam habent de dono Hugonis Beroldi. Et in hiis omnibus supradictis, ego dictus Petrus de Ripparia et heredes mei nichil de cetero poterimus reclamare. Hanc autem elemosinam ego et heredes mei garantizare et liberare tenemur predicte abbatie contra omnes homines, sicut dominus feodi garantizare tenetur et liberare. Et ut hoc firmum maneat et stabile in perpetuum, dignum duxi presentem cartam sigilli mei munimine confirmare. Actum anno gratie M° CC° vicesimo sexto.

## XVII

1213. — *Pierre de la Rivière donne à l'abbaye de la Trappe des terres à Chantecoq et lui cède tous les droits qu'il avait dans le fief d'Aimeri Héron.*

Noverint universi presentem paginam audituri quod ego, Petrus de Ripparia, miles, dedi et concessi Deo et Beate Marie de Trappa et conventui ibidem Deo servienti, quicquid apud

---

(1) Le Châtelet, ferme, commune des Barils.
(2) Les Fournieux, commune de Bourth, canton de Verneuil.

haiam de Chantecoc possidebam de fundo Wall[is?], scilicet usque ad parcum dicti Petri, et insuper a Plesseio Gaufridi Eschalart usque ad Foramen Anguli. Preterea dedi memorate ecclesie quicquid ad me et ad heredem meum pertinebat in feodo Haimerici Hairon. Hec omnia supradicta de consensu benigno et voluntate propria Petri, filii mei primogeniti, in perpetuam elemosinam dedi libere et quiete. Quod ut ratum et firmum in perpetuum habeatur, sigilli mei munimine confirmavi. Actum anno Domini M° CC° tertio decimo.

## XVIII

Février 1235 (n. st.). — *Pierre de la Rivière, chevalier, confirme à l'abbaye de la Trappe les donations de terres qu'elle a reçues antérieurement de ses prédécesseurs, et affranchit les hommes de l'abbaye sur ces terres de toutes redevances envers lui autres que les aides féodales.*

Sciant universi, presentes et futuri, quod ego, Petrus de Ripparia, miles, concessi et presenti carta mea confirmavi monachis Domus Dei de Trappa, in elemosinam perpetuam, liberam ab omnibus rebus penitus et quietam, quantum ad me et ad heredes meos pertinet, omnes elemosinas quas ipsi habent de me et antecessoribus meis et hominibus meis et de hominibus hominum meorum, et in feodis meis habituri sunt. Concessi etiam eisdem monachis ut homines ipsorum in predictis habitantes elemosinis liberi sint ab omnibus rebus, exceptis auxiliis feodalibus. Que cum evenerint, unusquisque hominum pro unoquoque auxilio sex denarios reddet michi et heredi meo post me, et sic ab omnibus aliis rebus quietus remanebit. Et sciendum quod dicti homines et etiam alii qui de foris sunt qui terras dictorum monachorum excoluerint, fructus earum poterunt ducere ubicumque voluerint de licencia monachorum, nec ego nec heredes mei huic concessioni mee possumus contraire, sed dictos monachos et homines ipsorum teneor defendere et liberare bona fide in hiis que ad me pertinent. Et ad hoc totum faciendum, heredes meos per presentem cartam obligavi. Et ut hoc firmum maneat et stabile in perpetuum, presentem cartam sigilli mei munimine confirmavi. Actum anno gratie M° CC° tricesimo quarto, mense februario.

## XIX

Août 1232. — *Pierre de la Rivière, chevalier, confirme à l'abbaye de la Trappe la possession de toutes les terres qu'elle a reçues tant de lui que de son père.*

Noverint universi, presentes et futuri, quod ego, Petrus de Ripparia, miles, concessi et confirmavi monachis Domus Dei de Trappa omnes elemosinas quas ipsi habent de me et de patre meo et de hominibus nostris, tam in dominicis quam in feodis, habendas et tenendas in perpetuum libere, pacifice et quiete, quantum ad me et ad heredes meos pertinet. Et eas teneor eis garantizare contra omnes et ab omnibus liberare. Et ad hoc idem faciendum post me heredes meos obligavi. Et ut hoc firmun sit et stabile in perpetuum, presentem cartam sigilli mei munimine roboravi. Actum anno gratie M° CC° tricesimo secundo, mense augusti.

## XX

1222. — *Pierre de la Rivière, chevalier, confirme à l'abbaye de la Trappe toutes les donations qu'elle a reçues dans son fief de lui, de ses vassaux ou de ses hommes.*

Sciant universi, presentes et futuri, quod ego, Petrus de Ripparia, miles, laudavi et concessi et confirmavi Deo et Beate Marie Domus Dei de Trappa et monachis ibidem Deo servientibus, omnes elemosinas sitas in dominico et in feodis meis quas ego feci eis et quas fecerunt eis homines mei et omnes illi qui tenent de feodo meo, in puram et perpetuam elemosinam, liberam et quietam ab omnibus rebus que ad me et ad heredes meos et ad feodum meum pertinent et possunt pertinere, ita quod nec ego nec heredes mei in omnibus hiis elemosinis nichil de cetero poterimus reclamare. Et ut hoc firmum maneat in perpetuum, dignum duxi presentem cartam sigilli mei munimine confirmare. Actum anno M° CC° XX° secundo.

## XXI

1231. — *Pierre de la Rivière, chevalier, fait donation à l'abbaye de la Trappe de terres près des Fournieux et d'un abergement sis dans la paroisse des Barils.*

Noverint universi, presentes et futuri, quod ego, Petrus de Riparia, miles, dedi monachis Domus Dei de Trappa, in elemosinam perpetuam, liberam et quietam ab omnibus rebus ad me et ad heredes meos pertinentibus, quicquid habebam inter domum Gaufridi Eschalart et Furnelia, videlicet tertiam partem haiarum de la Jaujuppe (1), pro salute anime patris mei, qui confrater erat dictorum monachorum et eis nichil aliud delegavit. Preterea concessi eisdem monachis totum herbergamentum, cum suis pertinentiis, quod Gerois, filia Girardi de la Saouliere, dedit eis pro salute anime sue, quod est in parrochia des Bariz (2) et quod ante eam tenuerat Gillebertus Marie, et totam terram que est ante illud herbergamentum, scilicet inter viam que est ante domum Bernendis, sororis Hugonis Pepin, que via ducit ad Vallem Foreste, et inter viam que est ante domum Roberti Le Sauvage, que via ducit ad domum eorumdem monachorum de Chantecoc, usque ad tornalliam que vertitur ad Vallem Foreste. Hec omnia concessi predictis monachis libere et quiete in perpetuum possidenda et tenenda, reddendo pro omnibus rebus annuatim tantummodo sex capones infra duodecim dies Nativitatis dominice absque emendatione et salvis tribus auxiliis feodalibus. Et ut hoc firmum sit et stabile in perpetuum, presentem cartam sigilli mei munimine confirmavi. Actum anno M° CC° XXX° primo.

## XXII

1231. — *Héloyse, fille de feu Evrard de la Soulière, fait donanation à l'abbaye de la Trappe d'un abergement et d'une terre sis au Plessis, paroisse des Barils, et grevés d'une redevance annuelle de six chapons envers le seigneur suzerain, Pierre de la Rivière.*

Noverint universi, presentes et futuri quod ego, Geroys, quon-

---

(1) La Jaujuppe, commune de Grandvilliers, canton de Damville (Eure).
(2) Les Barils, commune du canton de Verneuil.

dam filia Evrardi de la Saoulière, dedi pro salute anime mee in elemosinam perpetuam, liberam penitus et quietam, quantum ad me et ad heredes meos pertinet, monachis de Trappa totum herbergamentum meum, cum suis pertinentiis in bosco et in plano, apud Plesseium (1), in parrochia des Barilz, quod ante me tenuit Gillebertus Marie. Et preterea dedi eis totam terram que est ante illud herbegamentum sita, inter duas vias, scilicet inter viam que est ante domum Bernendis, sororis Hugonis Pepin, que via ducit ad Vallem Foreste, et inter viam que est inter domum Roberti Le Sauvage, que via ducit ad domum monachorum eorumdem de Chantecoc, usque ad tornalliam que vertitur ad Vallem Foreste. Hec autem omnia dedi predictis monachis libere et quiete possidenda in perpetuum et tenenda, reddendo pro omnibus annuatim domino Petro de Ripparia, militi, et ejus heredibus, infra duodecim dies Nativitatis Domini, sex capones, salvis autem tribus auxiliis feodalibus. Et ut hoc ab humana in perpetuum non possit deleri memoria, dedi eis presentem cartam sigilli mei munimine confirmatam. Actum anno Domini M° CC° XXX° I°.

## XXIII

1225. — *Pierre de la Rivière, chevalier, concède à Héloyse, fille de feu Evrard de la Soulière, pour sa vie durant et à charge d'une redevance annuelle de six chapons, un abergement et une terre sis au Plessis, dans la paroisse des Barilz.*

Noverint universi, presentes et futuri, quo dego, Petrus de Ripparia, miles, ad preces et petitionem domini Willelmi de Ambenaio (2), presbyteri, dedi et concessi Giroys, quondam filie Evrardi de la Saoulière, totum herbergamentum, cum suis pertinentiis, quod Gillebertus Marie tenuit in bosco et in plano apud Plesseium, in parrochia des Barilz, et preterea totam terram que est ante illud herbergamentum sita, inter duas vias, scilicet viam que est inter domum Bernendis, sororis Hugonis Pepin, que via ducit ad Vallem Foreste, et inter viam que est ante domum Ro-

---
(1) Le Plessis, commune des Barils.
(2) Ambenay, commune du canton de Rugles.

berti Le Sauvage, que via ducit ad domum monachorum de Chantecoc, usque ad La Tornalle, que vertitur ad Vallem Foreste, prenominate Gerois quamdiu vixerit tenendum et possidendum absque gravamine, juste, pacifice, libere et quiete, reddendo annuatim, quamdiu vixerit, michi vel heredibus meis, infra duodecim dies Nativitatis dominice absque emendatione, tantum modo sex capones pro omnibus, salvis tamen tribus auxiliis feodalibus. Post decessum autem predicte Herois, predictum herbergamentum cum suis pertinentiis et predicta terra ad me vel heredes meos libere et absolute et sine contradictione revertetur. Quod ut ratum sit, presentes litteras sigilli mei munimine roboravi. Actum anno gratie M° CC° XX° quinto.

## XXIV

[S. d.]. — *Pierre de la Rivière confirme à l'abbaye de la Trappe la possession d'une terre, à Chantecoc, aumônée à ladite abbaye par Gauthier de Gournay.*

Universis Christi fidelibus, Petrus de Ripparia, salutem. Noverint universi quod ego, Petrus de Ripparia, concedo et confirmo monachis Sante Marie de Trappa totam terram illam, liberam et quietam ab omni servitio et tallia et seculari consuetudine, quam Galterus de Gornaio (1) dedit eis in elemosinam, terram scilicet que est inter maisnagium monachorum et Sanctum Christoforum, juxta haiam de Chantecoc, quam terram ego et heredes mei garantizabimus dictis monachis. Quam donationem concessit nepos predicti Galteri, Ursetus nomine, in presentia mea. Et ut hoc ratum in perpetuum maneat, presenti scripto et sigilli mei testimonio confirmavi.

## XXV

1254. — *Pierre de la Rivière, fils du précédent, donne à l'abbaye de la Trappe une pièce de terre et de bois, à Chantecoc, en échange d'une autre pièce de terre et d'un droit de pâture aumônés par son père à ladite abbaye.*

Ego, Petrus de Ripparia, filius et heres defuncti Petri de Rip-

(1) Gauthier de Gournay confirma en 1207 les donations faites par ses parents à l'abbaye de Jumièges (Le Pérvost, *Mémoires et Notes*, t. II, p. 190).

paria, militis, notum facio universis presentibus et futuris quod ego dedi et concessi et penitus quitavi abbati et conventui Domus Dei de Trappa quamdam petiam terre et nemoris sitam inter terras Egidii de Mesnillio et terram Seinceii Chotart, sororii mei, et inter haiam predictorum abbatis et conventus de grangia eorumdem de Chantecoc et parchum meum, que petia terre fuit de dicto parcho meo, tenendam et habendam predictam petiam terre et nemoris predictis abbati et conventui in elemosinam perpetuam, liberam ab omnibus rebus penitus et quietam, pro excambio cujusdam petie terre et nemoris quam tradidit eis predictus Petrus, pater meus, ad excolendum, et pasture animalium suorum de grangia eorum predicta, quam dederat eis et concesserat prenominatus pater meus in toto predicto parcho, quas scilicet petiam terre et nemoris et pasturam predictas predicti abbas et conventus michi penitus quitaverunt, ita quod in eis non poterunt aliquid de cetero reclamare. Et ego, predictus Petrus, filius et heres predicti Petri, et heredes mei post me, in predicta petia terre et bosci et in fundo ipsius quam dedi eis in excambio predictorum, non poterimus de cetero aliquid reclamare nec justitiam aliquam modo quolibet exercere, sed tenemur ego et heredes mei et in perpetuum tenebimur eam predictis abbati et conventui garantizare, deffendere et ab omnibus rebus et contra omnes penitus liberare. Et ut hoc maneat firmum et stabile in perpetuum, ego dedi ipsis presentem cartam, sigilli mei munimine roboratam, per quam obligavi me et heredes meos post me ad garantizandam [et] defendendam predictam petiam terre et nemoris per metas que ibi facte sunt, et, ut predictum est, liberandam abbati et conventui supradictis. Actum anno Domini Mº CCº Lº quarto.

## XXVI

1218. — *Pierre de la Rivière aumône à l'abbaye de la Trappe deux terres attenantes aux propriétés de ladite abbaye.*

Notum sit universis, presentibus et futuris, quod ego, Petrus de Ripparia, dedi Deo et monachis Sancte Marie de Trappa, in elemosinam perpetuam, liberam ab omnibus rebus et quietam, totam terram que est juxta terras suas inter duas vias, viam scilicet que venit de Haia per vallem, et viam que vadit de Sancto Christoforo ad Jaujuppam. Dedi etiam eisdem similiter quamdam terram, circa medietatem unius jugeris, que est in capite terrarum suarum juxta istam. Et sciendum est quod ego teneor garantizare eas dictis monachis et liberare ab omnibus hominibus. Et si forte non possemus, teneor excambiare illas eisdem alibi juxta terras suas in dominico meo ad valorem. Et ut hoc ratum maneat in perpetuum, dignum duxi presentem cartam sigilli mei munimine confirmari. Actum anno Domini M° CC° octavo decimo.

## XXVII

1214. — *Pierre de la Rivière fait donation d'une terre à l'abbaye de la Trappe, pour le salut de son âme, de ses prédécesseurs et de ses enfants.*

Noverint universi, presentes et futuri, quod ego, Petrus de Rip paria, dedi monachis Domus Dei de Trappa, pro salute anime mee et antecessorum meorum et liberorum meorum, in elemosinam perpetuam, liberam et quietam ab omnibus rebus, totam terram quam habebam inter viam de Logtein (Lostem ?) et terram Richardi Anglici et terram Rogeri Brouaut, et subtus usque in Vallem ad terras eorumdem monachorum. Ut autem hec elemosina stabilis esset et firma in perpetuum, dignum duxi presentem cartam sigilli mei munimine confirmari. Actum anno gratie M° CC° XIIII°.

## XXVIII

1233. — *Pierre de la Rivière, chevalier, accorde à Pierre Diguet, pour ses services, des terres sises à Petite-Ville, à charge d'un hommage de deux poules chaque année à Noël.*

Sciant presentes et futuri quod ego, Petrus de Ripparia, miles, dedi Petro Diget, pro servitio suo, tertiam partem haiarum de Parva Villa (1), videlicet a Foramine Anguli usque ad Furnelia (2), quam habui de domino Gohero de Chesnebrun, tenendam de

---

(1) Petite-Ville, commune de Gournay-le-Guérin, canton de Verneuil.
(2) Les Fournieux, commune de Bourth, canton de Verneuil.

me et heredibus meis, libere et quiete ab omnibus rebus ad me et ad heredes meos pertinentibus, per duas gallinas nobis reddendas annuatim infra octabas Natalis Domini. Et sciendum quod eam poterit dare cuicumque voluerit, sine contradictione quam ego aut heredes mei super hoc facere valeamus. Sciendum est etiam quod ego et heredes mei tenemur eam garantizare dicto Petro et liberare, et illis similiter quibus eam dederit. Et ut hoc firmum maneat et stabile in perpetuum, dignum duxi presentem cartam sigilli mei munimine confirmare Actum anno gratie M° CC° tricesimo tertio.

## XXIX

1233. — *Pierre Diguet fait cession à l'abbaye de la Trappe de terres, sises à Petite-Ville, par lui reçues de Pierre de la Rivière en récompense de ses services.*

Sciant presentes et futuri quod ego, Petrus Diguet, dedi pro salute mee anime monachis Domus Dei de Trappa in elemosinam perpetuam, liberam ab omnibus rebus penitus et quietam, per duas gallinas, tertiam partem haiarum de Parva Villa, videlicet a Foramine Auguli usque ad Furnelia, quam dominus Petrus de Ripparia, miles, dedit michi pro servitio meo et quam habuit de domino Gohero de Chesnebrun per excambium. Et in hac donatione, nec ego nec heredes mei aliquid de cetero poterimus reclamare, sed dictis monachis bona fide garantizare tenemur. Et ut hoc firmum maneat et stabile in perpetuum, presentem cartam sigilli mei munimine confirmavi. Actum anno gratie M° CC° tricesimo tertio.

## XXX

Décembre 1231. — *Pierre Diguet fait donation à l'abbaye de la Trappe d'une rente annuelle de cinq sous tournois payable à la Purification.*

Sciant presentes et futuri quod ego, Petrus Diguet, dedi, pro salute anime mee et antecessorum meorum et successorum meorum, monachis Domus Dei de Trappa, in elemosinam perpetuam, liberam ab omnibus rebus penitus et quietam, quinque solidos turonensium annui redditus, in festo Purificationis Beate Marie (1)

(1) Le 2 février.

eisdem monachis annis singulis persolvendos in terra mea de Breoneria de Ruteciis. Hoc autem teneor eisdem garantizare et ab omnibus liberare, et heredes meos obligo ad hoc idem faciendum. Et si predictus redditus in prefato [termino non fuerit persolutus, volo ut dicti monachi prefatum terram teneant donec dictus redditus ad usus patrie cum emenda 'fuerit persolutus. Et ut hoc firmum maneat et stabile in perpetuum, presentem cartam sigilli mei munimine confirmavi. Actum anno gratie M₀ CC° tricesimo primo, mense decembrio.

## XXXI

1241. — *Guillaume de la Rivière obtient de l'abbaye de la Trappe l'abandon d'un droit d'usage dans un bois acquis par lui de Pierre de la Rivière, chevalier, son frère; il confirme à ladite abbaye tous les biens qu'elle possède dans les limites de son fief et lui cède sept acres de bruyères.*

Universis presentem cartam inspecturis, Guillelmus de Ripparia, salutem in Domino. Noveritis quod abbas et conventus Domus Dei de Trappa michi concesserunt et quitaverunt totum usuagium quod habebant in nemore quod acquisivi a domino. Petro de Ripparia, milite, fratre meo, quod nemus junctum est ad haias domini regis et ad nemus Guillelmi Panetarii et ad campos, nichil in illo usuagio de cetero reclamantes. Et ego, predictus Guillelmus, concessi monachis prefatis pacifice et quiete omnes elemosinas quas habebant in toto feodo patris mei, de dono ipsius patris mei et de dono predicti Petri fratris mei et hominum suorum, sive per emptionem sive per elemosinam. Concessi etiam et volui ut habeant septem acras de brueriis que sunt de parcho, juxta cheminum contiguum terris Gilonis de Mesnillio, si dicto Petro placuerit et monachis jam prefatis. Actum anno Domi M° CC° quadragesimo primo.

## XXXII

1232. — *Hugues de Long-Essart approuve la donation de terres près des Fournieux, faite par Pierre de la Rivière, son gendre, ainsi que la donation d'un fief, dans la paroisse des Barils, faite à la même communauté par Héloïse, fille d'Evrard de la Soulière.*

Noverint universi, presentes et futuri, quod, Hugo de Longo

Essarto (1), volui, laudavi et concessi donationem quam Petrus de Ripparia, miles, gener meus, fecit monachis Domus Dei de Trappa de parte sua haiarum que sunt a domo Gaufridi Eschalart usque ad Furnelia, videlicet quicquid ad dictum Petrum in illis haiis pertinebat, in bosco et plano et rebusaliis, et totum tenementum quod Gerois, filia Evrardi de la Saoulière, dedit dictis monachis, quod est in parrochia des Barils. Pro hac autem concessione, concesserunt michi abbas et conventus de Trappa quod de dominico dicti Petri nichil de cetero capient, quamdin vixero, nisi de voluntate mea et consensu. Et ut hoc firmum et stabile permaneat in futurum, presentem cartam sigilli mei munimine confirmavi. Actum anno gratie M° CC° tricesimo secundo.

## XXXIII

1244. — *A la suite de contestations réciproques entre Jean de Gournay et Alice, sa femme, d'une part, et l'abbaye de la Trappe, d'autre part, au sujet de deux pièces de terre sises dans la paroisse des Barils, les intéressés concluent un accord en vertu duquel ladite abbaye acquiert en toute popriété les terres litigieuses, moyennant le paiement à Jean de Gournay de quatre livres cinq sous tournois.*

Universis presentes litteras inspecturis, Johannes de Gornaio et Aalicia, uxor ejus, salutem in Domino. Noveritis quod, cum contentio verteretur inter nos, ex una parte, et abbatem et conventum Domus Dei de Trappa, ex altera, super duabus petiis terre sitis in parrochia des Barilz, quarum una aboutat angleie des Murgers et altera juncta est haic dictorum monachorum, tandem dicta contentio pacificata fuit in hunc modum, quod dicti monachi dederunt nobis quatuor libras et quinque solidos turonensium, de quibus nos tenemur pro pagatis, et nos quitavimus predictis monachis dictas duas petias terre, nichil penitus nobis nec nostris heredibus de cetero reclamantes in eisdem. Et si contigerit dictos monachos super predictis duabus petiis terre in aliquo tempore molestari, nos et heredes nostri tenemur garantizare et defendere et ab omnibus ad nos et ad dictos heredes nostros pertinentibus liberare. Et ut hoc firmum maneat et stabile

(1) Long-Essarts, ancienne paroisse réunie à Epinai, canton de Beaumesnil (Eure)

in perpetuum, presentes litteras dedimus dictis monachis, sigillorum nostrorum munimine roboratas. Actum anno M° CC° XL° quarto.

## XXXIV

1222. — *Richard du Châtelet fait cession aux hommes de l'abbaye de la Trappe demeurant à la Jaujuppe de la terre qu'il possède audit lieu de la Jaujuppe, moyennant une somme de quarante sous tournois.*

Notum sit omnibus presentibus et futuris quod ego, Ricardus de Chastelet (1), dedi et concessi in perpetuum possidendum omnibus hominibus monachorum de Trappa manentibus apud La Jaujupe atque ipsorum successoribus, totam partem meam haie de la Jaujupe, ab omnibus rebus liberam penitus et quietam, a[b] herbergamento Gaufridi Eschalart usque ad Foramen Anguli, et tam ego quam heredes mei tenemur garantizare contra omnes homines hanc donationem et ab omnibus liberare. Pro qua donatione recepi a predictis hominibus XL solidos turonensium. Et ut hoc firmum et stabile in perpetuum maneat, sigilli mei testimonio confirmavi presens scriptum. Actum anno gratie M° CC° vicesimo secundo.

## XXXV

1243. — *Richard de Gournay affranchit l'abbaye de la Trappe de tout droit de relief pour le fief du Buisson, moyennant le paiement d'une rente annuelle de deux sous, monnaie courante, à son profit.*

Ego, Richardus de Gornaio, notum facio universis quod, cum contentio verteretur inter me, ex una parte, et monachos Domus Dei de Trappa, ex altera, super quodam releveio quod ego Ric[ardus] ab eisdem petebam de feodo de Buisson (2), quod tenent de me, tandem composuimus ita, quod ego, Ric[ardus], volui et concessi quod dicti monachi dictum feodum de Buisson teneant de me et heredibus meis, de cetero liberum a releviis,

(1) Le Châtelet, aujourd'hui ferme, commune des Barils.
(2) Le Buisson, canton et commune de Verneuil, arrondissement d'Evreux.

per duos solidos currentis monete annui redditus, annuatim, ad festum sancti Remigii, persolvendos michi et heredibus meis pro omnibus rebus michi et meis heredibus spectantibus, salvo jure capitalium dominorum, et salvis michi et heredibus meis moltis in dicto feodo et tribus auxiliis feodalibus, scilicet redemptione corporis, milicia mei vel filii mei et conjugio filie mee. Hoc enim tenemur ego et heredes mei dictis monachis fideliter garantizare. In cujus reites timonium, presentem cartam, sigilli mei munimine confirmatam, dedi monachis supradictis. Actum anno Domini M° CC° XL° tertio.

## XXX VI

1222. — *Richard du Châtelet aumône à l'abbaye de la Trappe une terre sise près des Fournieux, des prés, et trois acres de terrain contigus aux propriétés de ladite communauté.*

Sciant universi, presentes et futuri, quod ego, Ric[ardus] de Casteleto, dedi abbatie Domus Dei de Trappa, in elemosinam perpetuam, liberam et quietam ab omnibus rebus ad me et ad heredes meos pertinentibus, quicquid habebam inter domum Gaufridi Eschalart et Furnelia, videlicet tertiam partem haiarum. Dedi etiam eidem abbatie libere et quiete partem meam pratorum que sunt cum pratis regis inter nemora domini Petri de Ripparia, et tres acras terre, junctas terre monachorum, quam habent de dono Hugonis Beroldi. Et si contigeret quod ego aut heredes mei non possemus eis omnia hec predicta garantizare et liberare, in dominico nostro teneremur excambiare ad valorem. In hiis omnibus supradictis, nichil de cetero ego aut heredes mei poterimus reclamare, sed contra omnes homines garantizare tenemur et liberare. Et ut hoc firmum maneat et stabile in perpetuum, dignum duxi presentem cartam sigilli mei munimine confirmare. Actum anno M° CC° XX° secundo.

## XXXVII

Novembre 1245. — *Richard de Gournay vend à l'abbaye de la Trappe une pièce de terre sise près de Chantecoq, et se désiste de tous ses droits sur une autre terre sise à la Roche, donnée à la même abbaye par Girard Drocon, clerc.*

Noverint universi, presentes et futuri, quod, cum ego, Richardus de Gornaio, tradidissem ad terminum nominatum monachis Domus Dei de Trappa quamdam petiam terre, sitam juxta terras eorumdem monachorum que sunt supra vallem que est subtus grangiam suam de Chantecoc, et contigua[m] terris meis, sicut mete que ibi facte sunt demonstrant, termino adhuc non completo, videlicet duodecim annorum qui adhuc supererant, ego vendidi eis eamdem terram ad perpetuitatem, pro undecim libris turonensium quas integre habui, liberam et quietam ab omnibus que ad me et ad heredes meos possent pertinere. Et sciendum quod, si aliquis de mea parentela dictam venditionem vellet retrahere, ego teneor in terris meis que juxta illam terram sunt, dictis monachis tantum assignare, ad valorem dicte terre, ad tenendum et elaborandum, donec predictus terminus duodecim annorum compleretur. Et ad hoc tenendum et garantizandum et liberandum ab omnibus rebus ad me et ad heredes meos pertinentibus, ego et heredes mei tenemur per presentem cartam, quam in hujus rei testimonium sigilli mei munimine confirmavi. Actum anno Domini M° CC° XL° quinto, in octava Omnium Sanctorum. Qua die et quo anno ego concessi predictis monachis quicquid juris et districtionis ego habebam et habere poteram in terra quam ipsi habent inter cheminum quo itur de Chesnebrun apud Vernolium et haias domini regis, scilicet ad vallem de la Roche (1). Quam terram dedit eis Girardus Droconis, clericus, qui eam ab Andrea Fabro acquisivit.

## XXXVIII

Novembre 1245. — *Richard de Gournay vend à Guillaume Eveillard et à Guillaume Labbé une propriété sise dans la paroisse de Saint-Christophe-sur-Avre, pour la somme de cinquante sous, monnaie courante, et à charge d'une redevance annuelle d'un denier à la Saint-Remy.*

Sciant universi, presentes et futuri, quod ego, Richardus de Gornaio, vendidi Guillelmo Esvellart et Guillelmo dicto Labe totum dominicum illud, scilicet minereium quod ego acquisivi de Lamberto de Monte Braudrici (2), situm in parrochia Sancti

---

(1) La Roche, commune de Pullay, canton de Verneuil.
(2) Mont-Baudry, ancien fief, commune de Verneuil.

Christofori, inter domos de]Genesteio et feodum Leporis, et inter fossatum domini Regis et terram Rogeri de la Ruete, pro quinquaginta solidis monete currentis quos ab eisdem hominibus recepi, ab omnibus rebus michi et heredibus meis spectantibus liberum et immune, et absque ulla reclamatione mei vel heredum meorum de cetero, salvo tamen jure capitalium dominorum. Hoc totum tenemur ego et heredes mei per unum denarium, ad festum sancti Remigii (1) solvendum, sine districtione emende garantizare contra omnes vel, si necesse fuerit, excambiare. In cujus rei testimonium, presentem cartam sigilli mei munimine confirmavi. Actum anno gratie M° CC° XL° tertio, mense novembrio.

## XXXIX

1210. — *Gauthier de Gournay, de l'assentiment de ses deux fils Richard et Jean, fait une donation de terres, sises à Chantecoq, à l'abbaye de la Trappe.*

Sciant presentes et futuri quod ego, Galterus de Gornaio, concedentibus filiis meis Ric[ardo] et Johanne, pro salute anime mee dono et concedo Deo et Beate Marie de Trappa monachisque ibidem Deo servientibus, in puram et perpetuam elemosinam, liberam ab omnibus rebus et quietam, meam partem haie de Chantecoc, silicet tertiam partem que mea erat, a parcho de Sancto Christophoro usque ad viam que transit Haiam, a terra decani ex una parte ad terram Barree ex altera. Hanc autem elemosinam feci eis concedente P[etro] de Ripparia, ita quod in predicta haia nullum jus michi vel heredibus meis retinui. Et ut hoc maneat firmum in perpetuum, sigilli mei munimine roboravi presens scriptum. Anno gratie M° CC° decimo.

## XL

[S. d.] — *Gauthier de Gournay vend à l'abbaye de la Trappe, pour la somme de quatre livres angevines, une terre sise près de Chantecoq et voisine des propriétés de ladite abbaye.*

Cunctis sancte Ecclesie fidelibus, Galterus de Gornaio, salu-

---

(1) Le 1ᵉʳ octobre,

tem. Sciant presentes et futuri quod ego dedi Deo et ecclesie Sancte Marie de Trappa et monachis ibidem Deo servientibus, in elemosinam perpetuam, liberam et quietam ab omni servitio et seculari consuetudine, quandam terram quam habebam ante haiam de Cantecok, juxta terram predictorum monachorum, sicut mete et signa ibi facta demonstrant. Pro qua donatione, recepi de karitate monachorum quatuor libras andegavensium, et uxor mea pro concessione, quinque solidos. Concessi, preter hec, predictis monachis malagium suum sufficiens eis, liberum penitus et quietum, sicut fossata eorum continent ; et poterunt plessare haiam extra fossata sua sicut voluerint, et facient fortem sicut poterunt, et in haia manebunt et domos suas habebunt et aisiamenta facient. Hec omnia, ut firma, et cetera... Testes : Buardus, sacerdos, et alii.

## XLI

[S. d.]. — *Gauthier de Gournay vend à l'abbaye de la Trappe une terre sise près de Chantecoq, moyennant un prix de dix livres angevines pour lui et de trente sous pour sa femme Julienne.*

Universis christi fidelibus, Galterus de Gornaio salutem. Sciatis quod ego, pro salute anime mee, concedentibus sorore mea Mabilla cum filio ejus, Urseto nomine, dedi in perpetuam elemosinam, liberam et quietam ab omni servitio, tallia et seculari consuetudine, monachis Beate Marie de Trappa totam terram quam habebam inter masnagium monachorum et Sanctum Christoforum, juxta haiam de Chantecoc. Hoc autem concessit Petrus de Ripparia, dominus meus, ad cujus feodum pertinebat terra illa. Et ego, pro hac donatione, habui de karitate monachorum X libras andegavensium, et uxor mea Juliana XXX solidos. Et sciendum est quod, si quis in illa terra aliquid clamaverit, ego et heredes mei predictam terram ab omni querela liberabimus, et tantum supra hoc faciemus, quod eam monachi quiete et pacifice possidebunt. Et ut hoc firmum et stabile sit in perpetuum, presentem cartam sigilli mei munimine confirmavi,

## XLII

[S. d.] — *Albert Le Jumel confirme la donation faite à l'abbaye de la Trappe par Engobert, son vavasseur, d'une terre sise à Saint-Christophe, en réservant toutefois à son profit une rente annuelle de douze deniers sur ladite terre.*

Albertus Gemellus, cunctis sancte Ecclesie fidelibus, salutem. Sciant presentes et futuri quod ego dedi et concessi Deo et abbatie Sancte Marie de Trappa et monachis ibidem Deo servientibus terram quam eis dederat Enjobertus, vavassor meus, concessione patris mei, apud Sanctum Christoforum, scilicet totam terram illam que est inter duas vias juxta Sanctum Christoforum, a valle usque prope villam. Et sicut predictus vavassor illam terram integre tenebat, sic eam integre [et] plenarie concessi monachis, in elemosinam perpetuam, liberam et quietam ab omni servitio et tallia et seculari consuetudine, preter duodecim denarios andegavenses, quos annuatim reddent michi predicti monachi ad festum sancti Christofori (1). Pro hac concessione, habui de karitate Ecclesie XL solidos andegavensium, et uxor mea X solidos, et Herbertus, filius meus, XII denarios, et Willelmus VI, et Gillebertus VI, et Drogo VI. Ut autem hoc ratum et firmum in perpetuo perseveret, presenti scripto et sigilli mei testimonio confirmavi. Testes, et cetera...

## XLIII

2227. — *Herbert Le Jumel confirme la donation que Guillaume Héron et Roger, fils dudit Guillaume, ont faite à l'abbaye de la Trappe d'une terre sise près du Génetai.*

Noverint universi, presentes et futuri, quod ego, Herbertus Le Jumel (2), concessi et presenti carta confirmavi monachis Domus Dei de Trappa terram quam Willelmus Haeron et Rogerus, filius ejus, elemosinaverunt eisdem monachis, que sita est juxta Genestez Lonez (3), tenendam et possidendam in perpetuum,

---

(1) Le 25 juillet.
(2) Peut-être le même que l'auteur de la charte ci-dessus, désigné sous le nom d'Albert le Jumel.
(3) Le Genetai, commune de Saint-Christophe-sur-Avre.

libere et quiete ab omnibus rebus, quantum ad me pertinet et ad meos successores. Et sciendum quod ego et heredes mei hanc elemosinam predictis monachis tenemur garantizare, defendere et liberare, quantum ad nos pertinet. Et ut hoc firmum et stabile in perpetuum maneat, dignum duxi presentem cartam sigilli mei munimine confirmare. Actum anno Domini M° CC° vicesimo septimo.

## XLIV

1233. — *Geoffroi du Buisson vend à l'abbaye de la Trappe, au prix de douze livres tournois et demi, la terre qu'il tenait de Richard de Gournay, dans le voisinage d'Armentières.*

Sciant presentes et futuri quod ego, Galfridus de Buisson (1), vendidi monachis Domus Dei de Trappa, pro decem libris et dimidia turonensium, totam terram quam tenebam de Ric[ardo] de Gornaio, que est inter terras sororum domini Petri de Ripparia et terras monachorum de Hermenteriis (2), inter Harvam et feodum Andree de Trenaio. Hanc autem venditionem ego et heredes mei tenemur garantizare dictis monachis bona fide, quantum ad nos pertinet, et in dicta terra nec ego nec heredes mei aliquid de cetero poterimus reclamare. Et ut hoc firmum maneat et stabile in perpetuum, presentem cartam sigilli mei munimine confirmavi. Actum anno M° CC° XXX° tertio.

## XLV

[S. d.] *Mathieu Ménard confirme la donation faite à l'abbaye de la Trappe par Alice et Héloïse, filles de feu Le Sergent, d'une terre sise près de Chantecoq, et vend lui-même à la même abbaye une terre contigue à la précédente, pour cinquante sous angevins une fois payés et six deniers angevins de rente annuelle à son profit.*

Cunctis sancte Ecclesie filiis, Matheus Menart, salutem. Sciant presentes et futuri quod Aales et Helois, filie Johannis Servientis,

---

(1) Le Buisson, canton et commune de Verneuil, arrondissement d'Evreux.
(2) Armentières, commune du canton de Verneuil; autrefois prieuré dépendant de l'abbaye de Saint-Père de Chartres.

et Rob[ertus], maritus Aales, dederunt terram suam que fuit Johannis, patris earum, que est juxta haiam de Chantecoc, ecclesie Sancte Marie de Trappa et monachis ibidem Deo servientibus, in elemosinam perpetuam, liberam et quietam ab omni servitio et tallia et seculari consuetudine. Pro qua donatione habuerunt de monachis VII libras audegavensium, et filii predicte Aales XII denarios. Et predicte sorores et Rob[ertus] juraverunt super altare Beate Marie de Quercu Bruna quod nichil ulterius in illa terra reclamabunt et eam monachis garantizabunt. Quam donationem ego, Matheus, concessi liberam et quietam ab omni servitio et seculari consuetudine, preter duos solidos andegavensium quos reddent michi monachi per annum, ad festum sancti Remigii. Et pro hac concessione, habui de monachis X solidos. Preter hoc, ego, Matheus, dedi predictis monachis aliam terram, quam habebam de Dominico meo, juxta predictam terram, ante haiam de Chantecoc, liberam et quietam ab omni servitio et seculari consuetudine, sicut aliam, preter sex denarios andegavenses quos reddent michi ad predictum terminum. Pro hac donatione, recepi a monachis LXV solidos andegavensium, et uxor mea, pro concessione, V solidos. Et sciendum quod utraque terra incipit a[b] haia de Chantecoc usque ad terram quam habent monachi de Alberto Gemello ; sicut dividit via que egreditur de masnagio quod fuit Johannis Servientis, integre usque ad terram que fuit Alberti Gemelli, sic eas divisi et tradidi monachis. Et juravi super altare Sancte Marie de Quercu Bruna quod nichil ulterius in predictis terris reclamabo, et eas monachis garantizabo. Et ut hec in perpetuum firma et stabilia permaneant, presenti scripto et sigilli mei testimonio confirmavi.

## XLVI

1212. — *Mathieu Ménard confirme la donation faite à l'abbaye de la Trappe d'une terre sise dans la paroisse de Saint-Christophe, en réservant toutefois sur ladite terre, à son profit, une rente annuelle de deux sous, monnaie courante, payable à Noël.*

**Carta Mathei Mainart.**

Sciant omnes, tam presentes quam futuri, quod ego, Matheus

Menardi, concessi et confirmavi Deo et Beate Marie de Trappa et monachis ibidem Deo servientibus donum illud, scilicet terram que est in parrochia Sancti Christofori, inter willam et haiam domini regis, quam Esmauricus Heron, Hermericus, W[illelmus], fratres, dicte ecclesie Sancte Marie et dictis monachis in perpetuam concesserunt elemosinam (1), a me et heredibus meis habendum et in perpetuum possidendum, libere et quiete ab omnibus servitiis michi pertinentibus, exceptis duobus solidis monete currentis michi de redditu, singulis annis ad natale Domini, persolvendis. Quod ut robur obtineat in futurum, sigilli mei impressione corroboravi. Actum anno gratie M° CC° duodecimo.

## XLVII

1225. — *Mathieu Ménard fait remise à l'abbaye de la Trappe d'une rente annuelle de deux sous qu'elle lui devait, et déclare exemptes de tous droits envers lui les aumônes de ladite abbaye dans son fief.*

### Carta ejusdem.

Noverint universi, presentes et futuri, quod ego, Matheus M[en]ardi, quitavi monachis Domus Dei de Trappa duos solidos annui redditus quos ipsi michi debebant de terra quam habuerunt de Almarrico Hairon et fratribus ejus Hemerico et Willelmo (2). In prefatis duobus solidis nec ego, nec heredes mei aliquid de cetero poterimus reclamare, nec in aliis elemosinis quas ipsi habent in feodo meo et dominico. Sed totum eis concedo libere et quiete, quantum ad me et ad meos pertinet successores, et totum teneor garantizare et liberare. Et ut hoc firmum maneat et stabile in perpetuum, presentem cartam sigilli mei munimine confirmavi. Actum anno Domini M° CC° XX° quinto.

## XLVIII

1220. — *Richard de Gournay approuve une donation de trois arpents de terre à Genetai, faite par Guillaume Héron à l'abbaye de la Trappe.*

Sciant presentes et futuri quod *Willelmus Hairon*, concedente

(1) Voir plus loin cette aliénation, pièce XLIX de la présente série.
(2) Cfr. la charte ci-dessus.

Lamberto, primogenito suo, dedit Deo et monachis Beate Marie de Trappa, in elemosinam perpetuam, tria jugera terre juxta Genesteium Loueiz. Ego vero, Ric[ardus] de Gornaco, laudo et concedo et hac presenti carta confirmo hanc elemosinam, liberam ab omnibus rebus penitus et quietam, et garantizare et liberare teneor, quantum ad me pertinet et ad meos heredes. Et ut hoc firmum sit et stabile in perpetuum, presentem cartam sigilli mei munimine confirmavi. [Anno] M° CC° XX°.

## XLIX

1212. — *Amaury Héron, avec l'assentiment de ses frères Guillaume et Hémeri, cède à l'abbaye de la Trappe, à titre de donation pour un tiers, de vente et moyennant soixante sous tournois pour les deux autres tiers, une terre, sise dans la paroisse de Saint-Christophe, par lui acquise de Mathieu Ménard.*

Sciant presentes et futuri quod ego, *Amauricus Hairon*, concedentibus fratribus meis Willelmo et Haimerico, dedi et concessi pro salute anime mee et antecessorum meorum Deo et Beate Marie de Trappa monachisque ibidem Deo servientibus, in puram et perpetuam elemosinam, liberam penitus et quietam ab omnibus rebus, tertiam partem terre quam emi de Matheo Menart (1), concedente G[ohero] de Morvilla, domino feodi, sitam in parrochia Sancti Christofori inter willam et haiam regis; et pro reliquis duabus partibus dicte terre, concedentibus jam dictis fratribus meis Willelmo et Hamerico, recepi de karitate predictorum monachorum LX solidos turonensium. Et concessi eis dictam terram habendam et possidendam in perpetuum, tali pacto quod dictam terram contra omnes homines ego vel heres meus defendere tenebimur et garantizare. Et ut hoc maneat stabile et firmum, sigilli mei impressione munivi presens scriptum. Anno gratie M° CC° duodecimo.

(1) On a vu dans une des pièces précédentes (K xLvi), qui serait d'ailleurs mieux à sa place à la suite de celle-ci, Mathieu Ménard approuver ce transfert comme propriétaire antérieur. On remarquera que l'acte indiqué là comme une simple donation, était complexe, mais, en réalité, se composait principalement d'une vente. Il faut se défier, au Moyen-Age, des donations faites aux abbayes, elles cachent bien souvent de véritables ventes; seulement le cédant se contentait, dans ces transactions, d'un prix peu élevé, pour jouir du titre de bienfaiteur de la communauté et participer à ses biens spirituels comme un donateur désintéressé.

## L

*1236.— Geoffroy Eschalart se reconnaît redevable, envers l'abbaye de la Trappe, d'un cens annuel de deux sous tournois, payable à Noël, à raison d'une terre qu'il tient de ladite abbaye.*

Universis presentes litteras inspecturis, Gaufridus Eschalart, salutem in Domino. Noveritis quod ego teneor reddere, annis singulis, ad Nativitatem Domini, monachis Domus Dei de Trappa duos solidos turonensium annui redditus, pro quadam terra super qua ego traxi eos quondam in causam et injuste vexavi. Quam terram, sitam inter marneria que sunt in haia de la Chachevelière (1) et inter boscum meum, sicut mete ibi posite demonstrant, scilicet lapides et fossatum, ipsi tradiderunt habendam michi in perpetuum, et heredibus meis post me similiter, per redditum supradictum. Et ne de cetero inter nos pro dicta terra et dicto redditu oriatur contentio, dedi eis presentes litteras, sigilli mei munimine confirmatas. Actum anno Domini M° CC° tricesimo sexto.

## LI

*1208. — Guillaume Biset fait donation à l'abbaye de la Trappe de sa terre de « Loupendu », près de Petite-Ville, et désigne sa métairie du fief de Laigle comme devant servir à dédommager ladite abbaye, au cas où, après sa mort, elle serait dépossédée de ladite terre.*

Sciant omnes, qui sunt et qui futuri sunt, quod ego, Villelmus Biset, voluntate et assensu uxoris mee, pro salute animarum nostrarum, dedi Deo et monachis Beate Marie de Trappa, in perpetuam elemosinam, liberam penitus ab omnibus rebus et quietam, totam terram quam habebam apud Loupendu, quam de Guillelmo, nepote Landrici, emeram. Que terra est inter haias Parve Ville (2) et terram Andree Seebouth. Et si forte eve-

---

(1) La Chauvellière (?), commune d'Armentières, canton de Verneuil.
(2) Petite-Ville, commune de Gournay-la-Guérin, canton de Verneuil.

niret quod uxor, maligno consilio, post mortem meam vellet reclamare partem in hac terra, quam totam dono in elemosinam, ego constituo et immutabiliter dispono quod monachi capiant in medietaria quam habeo in feodo de Aquila, quicquid in ista donatione amitterent, et in quantitate et in valore, si [in] ista donatione pars adjudicaretur mulieri, vel tunc mulier teneret se ad medietariam, si melius vellet, et monachi cum tota prefata terra in pace remanerent. Et ut ratum sit in perpetuum, ego presentem cartam sigilli mei testimonio confirmavi. Actum anno gracie M° CC° octavo.

### In secundo ordine (1).

#### I

1245. — *Barthélemy Drocon jeune, chevalier, fait abandon, sans réserves ni restrictions, à l'abbaye de la Trappe, d'une maison sise à Verneuil, que Girard Drocon, son oncle, avait cédée, sous certaines conditions, à ladite abbaye.*

Universis presentem cartam inspecturis, Bartholomeus Droconis junior (2), miles, salutem in Domino. Noveritis quod, cum Girardus Droconis, patruus meus, dedisset monachis Domus Dei de Trappa domum quandam (3) apud Vernolium concedente pie memorie Philippo (4), rege Francorum, et confirmante, tali modo quod Bartholomeus Drochonis, pater meus, et heres ipsius dictam domum tenerent de monachis supradictis per duos solidos annui redditus, in festo sancti Remigii ipsis persolvendis, ego predictus, Bartholomus, nepos prefati Girardi et filius et heres supradicti Bartholomei, dictam domum cum pertinenciis suis predictis monachis dimisi penitus et quitavi, ita quod nichil in predictis nec ego, nec heredes mei poterimus de cetero reclamare. Et ut hoc firmum maneat et stabile in perpetuum, dedi eisdem monachis presentem cartam, sigilli mei munimine roboratam. Actum anno Domini M° CC° XL° quinto.

(1) Ce titre est inscrit en marge du manuscrit. Les pièces qui le suivent, au nombre de huit, portent une nouvelle numérotation, de I—VIII, et forment ainsi une seconde section ou un supplément dans la série K.
(2) V. les chartes A VIII, IX, X et la note p 8.
(3) Voir plus loin cette donation, présente série, *supplément*, II.
(4) Bien probablement Philippe-Auguste, roi de France de 1180 à 1223.

## II

1212. — *Girard Drocon, clerc, fait donation à cause de mort à l'abbaye de la Trappe des bâtiments et terres qu'il possède à Contrebis, de vingt livres sur ses cateuls, d'une maison à Verneuil et d'une terre près de la Roche.*

Sciant presentes et futuri quod ego, Girardus Droconis, clericus, dono et concedo, post mortem meam, monachis de Trappa omnia edificia que sunt in loco suo de Contrebis (1), et volo quod ipsi habeant viginti libras de catallis meis in morte mea. Si autem segetes tempore decessionis mee adhuc fuerint in agris, inde meam faciam voluntatem. Et sciendum quod heredes mei in predicto loco de Contrebis, nec in bosco, nec aqua vel molendino, aliquid de jure poterunt reclamare, nec etiam in edificiis ibidem constructis. Illud etiam sciendum, quod prefatis monachis dedi domum quandam apud Vernolium, quam B[artholomeus] Droconis et heres ejus post eum tenebunt de predictis monachis pro duobus solidis annui census in festo sancti Remigii. Et dedi eisdem monachis terram quamdam juxta haiam ad vallem Roche (2), quam emi ab Andrea Fabro de Chesnebrun. Insuper dedi eis omnia que circa predictum locum de Contrebis potero adipisci. Ut autem hoc maneat firmum et stabile in perpetuum, sigilli mei appositione roboravi presens scriptum. Actum anno gracie M° CC° duo decimo

## III

1213. — *Plusieurs chanoines de l'église d'Evreux, nommés juges dans un litige entre l'abbaye de la Trappe et Guillaume, curé de Petite-Ville, au sujet de dîmes, font intervenir entre les parties un accord amiable en vertu duquel elles se contentent chacune d'une moitié desdites dîmes.*

H[enricus], cantor, thesaurarius et magister Willelmus, canon[ici] ebroic[enses], omnibus qui presentes litteras viderint, salu-

---

(1) Contrebis, commune de Randonnai, canton de Tourouvre, arrondissement de Mortagne.
(2) La Roche, commune de Pullay, canton de Verneuil.

tem in Domino. Delegavit nobis summus pontifex causam que vertebatur inter abbatem et monachos de Trappa, ex una parte, et Willelmum, presbyterum, ex altera, super decima cujusdam terre que dicitur Pencleu, que in hunc modum coram nobis judicibus des[ignatis], interveniente amicabili concordia, est terminata. Siquidem abbas et monachi de Trappa per procuratorem suum, fratrem Durandum, monachum, concesserunt quod quicumque predictam terram de Pencleu coluerit, sive sit religiosus, sive secularis, predictus (1) Willelmus, presbyter Parve Ville vel successores ejus, sine ulla contradictione, decimarum medietatem jure perpetuo possidebit, ipsi autem monachi alteram medietatem. Et quum causa nobis fuerat commissa et coram nobis est terminata, nos veritati testimonium perhibentes, scripto tradidimus, sigillorum nostrorum munimine roborantes. Anno gracie M° CC° tercio decimo.

## IV

1243. — *Jacques Bovelinguehan, seigneur de Tillières, Hilaire, sa femme, et Gilbert, leur fils, reconnaissent à l'abbaye de la Trappe la possession de toutes les aumônes à elle faites par les seigneurs de la Rivière, de Chennebrun, de Gournay et leurs hommes.*

Jacobus, *Tilleriarum* (2) dominus, et Hilaria, uxor ejus, et Gillebertus, filius eorum, universis presentem cartam visuris et audituris, salutem in Domino Jhesu Christo. Noveritis nos concessisse dilectis nostris monachis Domus Dei de Trappa, cisterciencis ordinis, omnes elemosinas quas habent, sive per emptionem, sive per donationem, in fe[o]do nostro, a dominis de Ripparia, de Chesnebrun et de Gornaio et de eorum hominibus, liberas penitus et quietas ab omnibus ad manus nostras et heredum nostrorum venientibus, sive eas teneant, sive eas hominibus tradant, seu tradiderint, nichil in predictis omnibus feodorum nostrorum nobis aut heredibus nostris retinentes ; sed eas tene-

---

(1) *Texte :* predictos.
(2) Tillières, commune du canton de Verneuil. Jacques de Bovelinguehan était alors seigneur de de Tillières. V. sur ce personnage la charte A xvii et la note p. 14.

mur eis garantizare et ab omnibus defendere, quantum ad nos pertinet, contra omnes. Et ut hoc firmum et stabile permaneat in perpetuum, sigillorum nostrorum impressiönibus confirmavimus presens scriptum. Predicti vero, ab hac die in posterum, nichil in feodis prenominatis poterunt acquirere absque nostra vel heredum nostrorum licentia speciali. Actum anno Domini M° CC° XL° tertio.

## V

[S. d.] — *Pierre de la Rivière concède à Roger des Avènes, bourgeois de Verneuil, pour ses services, huit acres de terre sis dans la paroisse des Barils, à charge d'un cens annuel de douze deniers.*

Sciant omnes, tam futuri quam presentes, quod ego, Petrus de Riveria, dedi Rogero de Avenes, burgensi Vernolii, VIII acras de terra, pro suo servitio, sita in parrochia des Bariz, tenendas de me et heredibus meis libere et quiete et sine aliquo gravamine sibi et heredibus suis, reddendo annuatim XII denarios, sine alio servicio, ad festum sancti Remigii. Predictus vero Rogerus et heres ejus poterunt illam terram dare vel expendere, salvo predicto redditu. Et ut hoc ratum sit et firmum, sigilli mei munimine confirmavi (1). Testibus hiis : Villelmo, presbytero des Bariz, Rogero Ellot, et pluribus aliis.

## VI

1215. — *Pierre de la Rivière fait donation à l'abbaye de la Trappe de la terre que Roger Broant tenait de lui dans la paroisse des Barils.*

Sciant presentes et futuri quod ego, Petrus de Ripparia, dedi Deo et monachis Beate Marie de Trappa, in perpetuam elemosinam liberam penitus et quietam ab omnibus rebus, totam terram quam Rogerus Broant possidebat et tenebat de me in parrochia des Bariz, que est inter terram predictorum monachorum

---

(1) *Texte :* et ut hoc... firmum, munimine sigilli mei munimine (*sic bis*) confirmavi.

de Lira (1). Et ut hoc in perpetuum firmum maneat et stabile, sigilli mei testimonio confirmavi presens scriptum. Actum anno gracie M° CC° quinto decimo.

## VII

1225. — *Roger Broant fait don à l'abbaye de la Trappe d'une rente annuelle de vingt sous, monnaie courante, payable à la Saint-Jean-Baptiste, sur une terre sise dans la paroisse des Barils, et, en cas d'insuffisance, sur une vigne.*

Sciant presentes et futuri quod ego, Rogerus Broant, dedi Deo et monachis Sancte Marie de Trappa, in perpetuam elemosinam, liberam penitus et quietam ab omnibus rebus, viginti solidos currentis monete super totam terram quam habeo in parrochia de Barilles, reddendos singulis annis in Nativitate sancti Johannis Baptiste (2). Et si in predicto festo persoluti non fuerint, totam predictam terram tenebunt monachi donec persolvantur, cum emenda septem solidorum et dimidii. Et ego et heredes mei tenemur garantizare monachis predictum redditum contra omnes homines et ab omnibus liberare. Et si predicta terra viginti solidos non valuerit, in vinea quam emi de Christiano Mercennario et Rohes, uxore ejus, integre perficientur. Et ut hoc in perpetuum firmum permaneat et stabile, presens scriptum sigilli mei munimine roboravi. Actum anno gracie M° CC° vicesimo quinto.

## VIII

1252. — *Robert du Breuil, avec l'assentiment de ses fils Arnoul et Geoffroy, fait don à l'abbaye de la Trappe d'une rente annuelle de deux sous tournois, à prendre, à la Saint-Remi, sur une pièce de pré.*

Universis presentes litteras inspecturis, Robertus de Brolio (3),

---

(1) L'abbaye de bénédictins de Lire-la-Vieille, au diocèse d'Evreux, sur laquelle voir note 1, page 183.

(2) Le 24 juin.

(3) Le Breuil, commune de Verneuil, arrondissement d'Evreux ; ou Le Breuil, château, commune de Beaulieu, canton de Tourouvre, arrondissement de Mortagne.

salutem. Noveritis universi quod ego, concedentibus filiis meis Ernulfo et Gaufrido, dedi (2) Deo et Beate Marie de Trappa et monachis ibidem Deo servientibus, in elemosinam perpetuam, liberam penitus et quietam, duos solidos turonensium pro salute anime mee, quos eisdem assignavi aunuatim capiendos, in festo sancti Remigii, super quadam pecia prati mei, que pecia vadit de vado Belet usque ad divisionem terre mee que est super. Hanc autem elemosinam ego et heredes mei tenemur garantizare, defendere et ab omnibus liberare. Et ut hoc firmum sit et stabile in perpetuum, dedi predictis monachis presentes litteras, sigilli mei munimine roboratas. Anno M° CC° L° secundo.

(2) *Texte* : dedo.

# L

## Carte de Valnoisia [1]

### I

[S. d.]— *Patrice de Sourches accorde, sur ses terres, à l'abbaye de La Trappe, la franchise de tous droits à percevoir sur le transport des marchandises appartenant à ladite abbaye.*

Universis ecclesie filiis, *Patricius de Cadurcis* (1), salutem. Noverint omnes, tam presentes quam futuri, quod concedo monachis de Trappa, pro salute anime mee et parentum meorum, quitantiam rerum suarum propriarum per totam terram meam, ut liberum habeant transitum, prohibens ne quis eos molestare vel impedire ullo modo presumat. Testibus hiis : Patricio Forsane, Garino de Puisat, Henrico Anglico, Ricardo Genero, Odone Teibot.

### II

[S. d.] — *Guillaume des Illiers fait cession à l'abbaye de la Trappe d'une vigne qu'il possédait à Origni-le-Butin, ladite abbaye le décharge, en retour, d'une redevance annuelle d'un demi-boisseau de grain qu'il lui devait.*

Notum sit omnibus, tam presentibus quam futuris, quod ego, *Willemus de Illeres*, cum assensu et voluntate uxoris mee A. et liberorum meorum, Gaufridi, primogeniti, et Johannis,

---

(1) Une commune du canton de Bellême s'appelle Vaunoise; mais il s'agit probablement, sous ce titre, du manoir que l'abbaye possédait dans la commune d'Origni-le-Butin (n° xxii), qui porte encore le nom de *La Trappe* ou de *La Petite-Trappe*, et qui renfermait une chapelle dédiée à sainte Catherine. Toutes les terres dont il est question dans les chartes de la présente série sont situées dans les communes d'Origni-le-Butin, Chemilli, le Gué-de-la-Chaîne, une seule dans celle de Vaunoise (n° xxvii).

(2) Chaourses, aujourd'hui Sourches, château et terre seigneuriale, commune de Saint-Symphorien, canton de Conlie (Sarthe). Cette terre a donné son nom à une des plus anciennes et des plus illustres familles du Maine.

dedi in perpetuam elemosinam monachis Domus Dei de Trappa vineam meam que sita est apud Origne (1), et concessi habendam integre et plenarie, sicut tenuit eam pater meus in manu sua. Predicti vero monachi absolverunt me et heredes meos a redditu dimidii modii annone quam debebam illis annuatim persolvere. Predicti vero monachi dederunt michi pullum unum et fecerunt anniversale unum pro animabus patris et matris mee. Hoc autem concessit Fulcherius de Vienteis (2), et voluit quantum prefati monachi vineam ipsam possiderent liberam et quietam ab omni redditu et servicio, excepto quod monachi ipsi Fulcherio annuatim persolvent XII denarios cenomanenses censuales. Et ut hoc ratum et firmum in perpetuum conservetur, sigilli mei munimine confirmavi. Testibus hiis : Roberto de Bubertre, Rob[erto] Gruel, Rob[erto] de Malregart, et multis aliis.

## III

1225. — *Hugues Botin fait donation à l'abbaye de La Trappe d'une redevance de huit sous tournois, payables à la saint Léonard, à lui dus par Durand Trichard et ses héritiers pour la tenure de deux censives.*

Noverint universi, presentes et futuri, quod ego, *Hugo Bottin*, dedi Deo et monachis Domus Dei de Trappa, in elemosinam perpetuam, liberam et quietam ab omnibus rebus, VIII solidos turonensium, annis singulis in festo sancti Leonardi (3) recipiendos a Durando Trichart et heredibus suis, quos dictus Durandus michi solebat reddere de duabus censivis quas de me tenebat, scilicet de masura defuncti Gilleberti, cum noa que masure est conjuncta, et de terra et de prato in Valle Symonis, usque ad broceiam herbergamenti mei. Et sciendum quod, si dicti VIII solidi in festo sancti Leonardi soluti non fuerint monachis jam prefatis, dicti monachi capient dictas censuras et tenebunt eas in manu sua, donec persolutus fuerit redditus cum

(1) Origni-le-Butin, commune du canton de Bellême, arrondissement de Mortagne.
(2) Viautais, commune de Chemilli, canton de Bellême.
(3) Saint Léonard de Vendœuvre, patron de la collégiale, fondée vers 1207, par Guillaume de Bellême, dans l'enceinte de son château. La fête se célébrait le 15 octobre.

emenda, ad usus patrie judicata. Hanc autem elemosinam ego et heredes mei tenemur garantizare predictis monachis contra omnes homines et ab omnibus liberare. Et ut, hoc firmum maneat et stabile in perpetuum, presentem cartam sigilli mei munimine confirmavi. Actum auno gracie M° CC° XX° V°.

## IV

1224. — *Hugues Botin fait cession à l'abbaye de La Trappe, pour une somme de dix-neuf livres tournois, de deux pièces de terre sises au territoire d'Origni-le-Butin.*

Sciant presentes et futuri quod ego, Hugo Botin, dedi Deo et Beate Marie de Trappa, in elemosinam perpetuam, liberam penitus ab omnibus rebus et quietam, unam peciam terre sitam in Magna Cultura, versus forestam (1), juxta viam que ducit ab Origneio-le-Botin ad domum meam de Botineria (2), et alteram peciam terre inter predictam terram, sicut mete ibi posite demonstrant. Et inde recepi XIX libras turonensium. Et tam ego quam heredes mei tenemur hec omnia predicta garantizare predictis monachis et ab omnibus liberare. Et ut hoc in perpetuum firmum maneat et stabile, dignum duxi presentem cartam sigilli mei testimonio confirmare. Actum anno gracie M° CC° XX° quarto.

## V

1228. — *Hugues Botin vend à l'abbaye de La Trappe, avec exemption de toutes charges et redevances, une terre sise auprès de la terre de Geoffroy Hugot, pour le prix de sept livres tournois.*

Sciant presentes et futuri quod ego, *Hugo Botin*, vendidi abbati et monachis Domus Dei de Trappa quamdam terram sitam juxta terram Gaufridi Hugot ex una parte, et ex altera parte juxta Vallem Symonis; pro qua terra ego recepi a predictis

---

(1) La forêt de Bellême.
(2) Le moulin Butin existe encore entre Origni et la forêt, sur le ruisseau de Commercon.

monachis septem libras turonensium. Quam terram ego et heredes mei tenemur garantizare et defendere et ab omnibus liberam penitus et quietam liberare, ita quod omnes redibencie terre illius de residuo feodi mei capitalibus dominis fient. Et si, sicut predictum est, eamdem terram ego et heredes mei garantizare, defendere et liberare non potuerimus, tenebimur eam ad valorem jam dictis monachis excambiare. Et, ut hoc in perpetuum firmum et stabile permaneat, sigilli mei appositione presens scriptum confirmavi. Actum anno Domini M° CC° XX° octavo.

## VI

1225. — *Hugues Botin, approuvant la donation d'un pré de son fief faite par Julien de Théval à l'abbaye de La Trappe, renonce, en faveur de ladite abbaye, à tous ses droits sur ledit pré et notamment à une rente annuelle de deux deniers dont il était grevé à son profit.*

Universis presentem cartam inspecturis, *Hugo Botin*, eternam in Christo salutem. Universitati vestre notum facio quod Julianus de Tesval (1) dedit in puram et perpetuam elemosinam monachis Domus Dei de Trappa pratum quod ab Odone de Jai acquisivit. Quod cum esset de feodo meo et inde reciperem singulis annis duos denarios de redditu, pro salute anime mee dedi dictis monachis illos duos denarios in elemosinam perpetuam, donationem prati quam fecit dictus Julianus laudans et concedens, nichil de cetero in illo prato michi nec heredibus meis retinens, set totum jus quod ibi habebam monachis donans libere et quiete. Et ut hoc firmum sit et stabile in perpetuum, presentem cartam sigilli mei munimine confirmavi. Actum anno Domini M° CC° vicesimo tertio.

## VII

1230. — *Hugues Botin approuve la donation faite par Richard de la Rougerie (?) à l'abbaye de La Trappe d'une terre et d'un pré qu'il avait près de La Fresnaye.*

Noverint universi, presentes et futuri, quod ego, *Hugo Botin*,

(1) Théval, ancienne paroisse réunie à Saint-Langis-les-Mortagne, arrondissement et canton de Mortagne.

laudavi, volui et concessi elemosinam quam Ric[ardus] de Rogo (1) fecit monachis Domus Dei de Trappa de tota terra et de toto prato quod ipse habebat juxta Fresneiam (2). Et hanc elemosinam, liberam ab omnibus rebus et quietam, quantum ad me et ad heredes meos pertinet, presenti carta mea confirmavi. Et ut hoc firmum maneat et stabile in perpetuum, dignum duxi presentem cartam sigilli mei munimine confirmare. Actum anno gracie M° CC° tricesimo.

## VIII

1233. — *Hugues Botin approuve la vente, faite à l'abbaye de La Trappe par Geoffroy de la Fresnaye, de cinq sous de rente annuelle dus audit Geoffroy, à raison d'une censive, par Odin de la Fresnaye.*

Noverint universi, presentes et futuri, quod ego, *Hugo Botin*, volui, laudavi et concessi monachis Domus Dei de Trappa venditionem quam fecit eis Gaufridus de Fresneia, videlicet de quinque solidis quos Odinus de Fresneia reddebat ei annuatim, in festo sancti Leonardi, de censiva que est juxta terram Odini de Jae. Et omnes redibencias quas illa censiva debet michi, faciet michi et heredibus meis ille qui censivam tenebit supradictam. Et nisi in festo sancti Leonardi dictus redditus quinque solidorum turonensium persolutus fuerit a tenente censivam dictis monachis, ipsi justiciam quam debent facient in censiva. Ad hoc autem garantizandum, eis ego teneor sicut dominus feodi garantizare debet, et heredes mei post me similiter tenebuntur. Et, ut hoc firmum sit et stabile in perpetuum, presens scriptum sigilli mei munimine confirmavi. Actum anno Domini M° CC° XXX° tertio.

## IX

1251. — *Hugues Botin vend à l'abbaye de La Trappe, pour treize livres tournois seize sous, un clos et plusieurs censives sises dans le voisinage de Clinchamp.*

Noverint universi, presentes et futuri, quod ego *Hugo Botin*,

---

(1) La Rougerie (?), commune de Chemilli.
(2) Ce tènement est désigné sous le nom de la Basse-Frenaye, autrement le Pissot ou la Brianderie, le Gué ou Croix-Richard ou le Gué-du-Vivier. Le Frêne et le Pissot, commune d'Origni-le-Butin. (*Inventaire des titres de l'abbaye de la Trappe.*).

vendidi monachis Domus Dei de Trappa, pro tredecim libris
turonensium et XVI solidis, clausum Gilleberti defuncti et omnes
censivas que sunt in campo de Lardiler, quas tenent hereditarie
homines subnotati, videlicet : W[illelmus] Lapine, qui debet
X solidos de censiva sua; Odinus Gilleberti, III solidos;
Ric[ardus] Tessier, II solidos; W[illelmus] Le Tebout, III solidos; Renaut Herom, quinque solidos, ad festum sancti Leonardi
annuatim reddendos. Que censive incipiunt a haiis de Clinchamp (1) et finiunt ad terram Durandi Trichart, quam tenet de
monachis. Hec autem omnia supradicta vendidi dictis monachis,
libere et quiete in perpetuum habenda et tenenda, nichil michi
in omnibus hiis retinens nec heredibus meis, sed hec omnia
debeo eis contra omnes garantizare et ab omnibus liberare. Et
ad hoc idem faciendum post me heredes meos obligavi. Et, ut
hoc firmum sit et stabile in perpetuum, presentem cartam sigilli
mei munimine confirmavi. Actum anno Domini M° CC° XXX°
primo.

## X

1224. — *Hugues Botin fait abandon aux religieux de l'abbaye
de La Trappe. pour l'avenir, de toutes les redevances grevant
leur hébergeage d'Origni-le-Butin et les terres aumônées
qu'ils ont auprès.*

Sciant presentes et futuri quod ego, Hugo Botin, dedi Deo et
monachis Beate Marie de Trappa, in elemosinam perpetuam,
liberam ab omnibus rebus penitus et quietam, omnes consuetudines que de cetero fient in herbergagio eorum de Origneio le
Botin et in elemosinis quas habent juxta illud. Et tam ego quam
heredes mei tenemur hec omnia predicta garantizare predictis
monachis et ab omnibus liberare. Et, ut hoc in perpetuum
firmum maneat et stabile, dignum duxi presentem cartam sigilli
mei testimonio confirmare. Anno Domini M° CC° XX° IIII°.

## XI

1233. — *Geoffroy de la Fresnaye vend à l'abbaye de La Trappe
une rente annuelle de cinq sous tournois, à lui due, par
Odin de la Fresnaye, pour la tenure d'une censive.*

Noverint universi, presentes et futuri, quod ego, Gaufridus de

---

(1) Bois de Clinchamps, commune de Suré, canton de Pervenchères (Orne).

Fresneia, vendidi monachis Domus Dei de Trappa quinque solidos turonensium annui redditus quos Odinus de Fresneia reddebat michi de censiva que sita est juxta terram Odini de Jae, nichil michi in ea retinens nec heredibus meis preter venditionis garantizationem (1). Et sciendum quod prefati quinque solidi annis singulis in festo sancti Leonardi a tenente censivam dictis monachis debent reddi. Et ut hoc firmum maneat et stabile in perpetuum, presentem cartam sigilli mei munimine confirmavi Actum anno Domini M° CC° tricesimo tertio.

## XII

1224. — *Richard de la Rougerie (?) fait donation à l'abboye de La Trappe de douze deniers, monnaie du Perche, à lui dus par Thibaud Renois, sur la terre de Latrogne.*

Sciant presentes et futuri quod ego, Ric[ardus] de Rogo, dedi Deo et monachis Beate Marie de Trappa, in elemosinam perpetuam, liberam penitus et quietam, XII denarios perticensis monete quos acquisieram de Odone de Jae, quos Thebaldus Renois michi reddebat jure hereditario de oscha (2) de Latroigne, sita super Longam Vineam. Et ego, Hugo Botin, dominus feodi, hanc elemosinam concessi et laudavi et, ad majorem affirmationem, sigillum meum cum sigillo predicti Ric[ardi] presenti scripto apposui. Actum anno gracie M° CC° XX° quarto.

## XIII

1230.— *Richard de la Rougerie (?) cède à l'abbaye de La Trappe, moyennant une somme de huit livres tournois et demie, sa terre de la Frénaie avec un pré contigu à ladite terre.*

Noverint universi, presentes et futuri, quod ego, Ric[ardus] de Rogo, concedentibus Aalicia, uxore mea, Johanne, filio meo, et Aalicia, filia mea, dedi in elemosinam perpetuam, liberam ab

(1) On a vu précédemment (pièce VIII) la confirmation de cette vente par Hugues Botin.
(2) L'*Ousche*, terre close cultivée, est définie par Du Cange : *terrae portio arabilis fossis vel saepibus undique clausa.*

omnibus rebus penitus et quietam, monachis Domus Dei de Trappa, totam terram meam campi de Fresneia cum toto prato eidem terre juncto. Et propter hoc, recepimus de karitate dictorum monachorum octo libras et dimidiam turonensium ; et propter hoc debemus eam eisdem garantizare et ab omnibus liberare. Et ad hoc similiter tenendum ego et uxor mea dicta tenemur sacramento. Tenentur etiam heredes hoc totum garantizare et liberare sicut ego. Et ut hoc firmum maneat et stabile in perpetuum, presentem cartam sigilli mei munimine confirmavi. Actum anno gracie M° CC° XXX°.

## XIV

1232. — *Richard de la Rougerie (?) avec l'assentiment de sa femme Alice et de ses enfants, et le consentement de Hugues Botin, son suzerain, vend à l'abbaye de La Trappe, au prix de six livres tournois, une terre sise dans le territoire d'Origni-le-Butin.*

Noverint universi, presentes et futuri, quod ego, Ric[ardus] de Ro[go], vendidi monachis Domus Dei de Trappa, Aalicia, uxore mea, et filiis meis, Johanne et W[illelmo], et W[illelmo], aurifabro, et Leta, uxore sua, concedentibus, totam terram inter ductum de Torche Asnesse (1) et cheminum per quod itur a Fresneia ad Origneium, et sicut dividit ex una parte de longuo cum terra quam dictus Ric[ardus] tenet de Johanne de Bres, et sicut dividit ex altera parte cum terra Gaufridi de Fresneia. Pro hac autem venditione, habui sex libras turonensium. Et pro hoc, ego et dicta Aalicia, uxor mea, et Johannes et Willelmus, filii mei, tenemur dictam terram garantizare, defendere et liberare dictis monachis contra omnes. Et, ad petitionem nostram, Hugo Botin, dominus feodi, hanc venditionem fieri voluit et in perpetuam elemosinam, liberam ab omnibus rebus penitus et quietam dictis monachis concessit, ita tamen quod si ibi habuerint estagiarium, estagiarius faciet dicto Hugoni debita servicia. Et ad hujus rei firmam stabilitatem, ipse apposuit sigillum suum presenti carte cum sigillo meo. Et ad hec firmiter et fideliter tenenda, ego et prefata A[alicia], uxor mea, tenemur sacramento corporaliter prestito. Actum anno gracie M° CC° tricesimo secundo.

(1) Ruisseau du Torchenais, commune d'Origni-le-Butin.

## XV

1235. — *Odin de Jai vend, pour cent sous tournois, à l'abbaye de La Trappe un pré acquis par lui de Hugues Botin; Eudes de Jai, son frère, consent à ladite vente moyennant le paiement, chaque année, à son profit, d'un denier du Mans.*

Sciant presentes et futuri quod ego, Odinus de Jac, vendidi, centum solidis turonensium, abbati et monachis de Trappa totum pratum quod acquisieram de Hugone Botin, situm ex una parte juxta pratum quod habent monachi de elemosina Juliani de Tesval et pratum meum ex altera. Unde recepi quatuor libras turonensium, et predictus Hugo XX solidos, qui dederat predictis monachis in elemosinam tertiam partem dicti prati. Et hanc venditionem et elemosinam concessit Odo de Jac, frater meus, liberam penitus ab omnibus rebus et quietam, quantum ad nos et ad heredes nostros pertinet, pro uno denario cenomannensis monete, ad Natalem Domini annuatim persolvendo. Et tam ego quam heredes mei tenemur garantizare memoratum pratum predictis monachis et ab omnibus liberare. Dictus vero Hugo, de quo acquisieram dictum pratum, ad petitionem meam et stabilem ejus rei confirmationem, hanc venditionem et elemosinam concessit monachis sicut in presenti carta continetur, ita tamem, quod, si aliquis fenum in prato emerit et extra elemosinam monachorum portaverit, reddet consuetudinem Hugoni sepedicto. Et ut hoc firmum et stabile maneat in perpetuum, dignum duximus presentem cartam sigillorum nostrorum munimine confirmare. Actum anno Domini M° CC° XXX° quinto.

## XVI

1244. — *Eudes de Jai concède à l'abbaye de La Trappe, moyennant la redevance d'un cens annuel de seize sous tournois, payable à la Saint-Léonard, la terre et le pré qu'il possédait dans la paroisse d'Origni-le-Butin.*

Notum sit omnibus, presentibus et futuris, quod ego, Odo de Jae, de assensu Nichol[ae], uxoris mee, et heredum meorum, videlicet Heloys, Johanne, Gillete et Gaufridi, tradidi et concessi monachis de Trappa, pro annuo censu XVI solidorum turonensium, totam terram et totum pratum, que (1) habebam sita in parrochia de Oregneio le Botin, inter noam ecclesie de Origneio et pratum dictorum monachorum, juxta docteium de Torche Asnesse, ita quod dicti monachi dictam terram et dictum pratum in perpetuum tenebunt de me et heredibus meis, libere et quiete, quantum ad me et ad heredes meos et quoscumque alios pertinet, per dictum censum XVI solidorum turonensium michi et heredibus meis annuatim, in festo sancti Leonardi, pro rebus omnibus persolvendum. Et hoc totum sub dicta forma ego et heredes mei tenemur garantizare dictis monachis et deffendere contra omnes et a rebus omnibus ad quoscumque pertinentibus liberare. Et ut hoc firmum sit et stabile in perpetuum, presens scriptum sigilli mei munimine roboravi. Actum anno Domini M° CC° XL° quarto.

## XVII

1231. — *Thibaud Renois accorde à l'abbaye de La Trappe, sur sa vigne de Latrogne, près La Fresnaye, qu'il tient de ladite abbaye, trois sommes de vin à prendre au temps de la vendange, sur la meilleure qualité.*

Sciant omnes, presentes et futuri, quod ego, Theb[aldus] Renois, dedi monachis Domus Dei, de assensu et voluntate Marie, uxoris mee, et filiarum mearum, Heloys, Aalicie et Borgine, pro salute anime mee et ipsorum servicio, tres summas vini in vinea mea de La Trogue, juxta Fresneiam, quam vineam de eisdem monachis teneo. Has autem tres summas vini debent dicti monachi recipere annis singulis, in tempore vindemiarum, quas debeo reddere de primo vino et meliori, et heredes mei post me similiter. Si vero ab hoc faciendo ego et heredes mei deficeremus, prefati monachi dictam vineam in manu sua capient sicut veri domini, et tenebunt donec vinum et emenda sufficiens, juxta consuetudinem patrie, reddantur. Et ut hoc firmum maneat et stabile in perpetuum, presentem cartam sigilli mei munimine confirmavi. Anno Domini M° CC° XXX° primo.

(1) **Texte :** *quod.*

## XVIII

1243. — *Mathieu Dumoulin et Mabile, sa femme, vendent à l'abbaye de La Trappe un cens annuel de six sous six deniers, monnaie courante, payables à la Saint-Léonard, sur un héritage acquis par eux de Geoffroy Trichard.*

Noverint universi, presentes et futuri, quod ego, Matheus de Molendino et Mabilia, uxor mea, vendidimus monachis Domus Dei de Trappa sex solidos et sex denarios monete currentis annui census super hereditatem et emptionem quam acquisivimus a Gaufrido Trichart, reddendos annuatim, in festo sancti Leonardi, cum quinque denariis quos dicti monachi antea habebant in eadem emptione ad dictum festum. Et sciendum quod, si nos vel heredes nostri deficeremus a solutione dicti census, tota predicta emptio ad dictos monachos sine contradictione aliqua deveniret. Et ut hoc firmum et stabile maneat in perpetuum, dedimus predictis monachis presentem cartam, sigillorum nostrorum munimine roboratam. Actum anno Domini M° CC° XL° tertio.

## XIX

1243. — *Mathieu Dumoulin et Mabile, sa femme, vendent à l'abbaye de La Trappe une rente annuelle de quatorze deniers du Mans et un denier tournois, payables à Noël, sur un tènement qu'ils avaient de ladite abbaye.*

Noverint universi, presentes et futuri, quod ego, Matheus de Mo'endino et Mabilia, uxor mea, vendidimus monachis Domus Dei de Trappa XIV cenomannenses et unum denarium turonensem annui redditus super tenementum quod de eisdem tenebamus antea per VIII denarios turonenses. Et sciendum quod omnis predictus redditus reddendus est a nobis et heredibus nostris post nos in Natali Domini annuatim. Et ad hoc tenendum firmiter et fideliter nosmet ipsos constrinximus juramento, et presentem cartam confirmavimus nostrorum munimine sigillorum. Actum anno Domini M° CC° XL° tercio.

## XX

1244. *Renaud Pinel et Jeanne, sa femme, fille de feu Durand Trichard, vendent à l'abbaye de La Trappe un cens annuel de douze deniers tournois, payables à la Saint-Léonard, sur la maison de feu Gilbert, qu'ils tenaient déjà de ladite abbaye.*

Noverint universi, presentes et futuri, quod ego. Raginaldus Pinel, et Johanna, filia defuncti Durandi Trichart (1), uxor mea, vendidimus monachis Domus Dei de Trappa XII denarios turonenses annui census super masuram defuncti Gilleberti, quam de eis tenebamus, cum noa que dicte masure est juncta (2), per annuum censum VII solidorum turonensium. Et sciendum quod nos et heredes nostri tenemur predictum censum XII denariorum cum VII solidis supradictis reddere dictis monachis annuatim in festo sancti Leonardi. Et si ad dictum festum dictos XII denarios non haberent, ipsi suam justiciam facerent in predictis masura et noa pro eis habendis cum emenda, sicut de VII solidis facerent supradictis. Ad hoc tenendum fideliter et firmiter, nosmet ipsos juramento constrinximus et presentem cartam confirmavimus nostrorum munimine sigillorum. Anno Domini M° CC° XL° quarto.

## XXI

1255. — *Guillaume, orfèvre, et Lète, d'Origni-le-Butin, sa femme, font donation de dix-huit deniers tournois de rente annuelle, payables à la Saint-Remi, par moitié, sur deux terres, à l'abbaye de La Trappe, pour participer à ses biens spirituels et en vue d'y avoir leur sépulture.*

Noverint universi, presentes et futuri, quod ego, Will[elmus],

---

(1) Ce Durand Trichard nous est déjà connu par la charte III de la présente série.

(2) Il est question de cet immeuble dans la charte III sus-indiquée. Il avait appartenu à Durand Trichard avant d'appartenir à Renaud Pinel, aux mains duquel il vint par sa femme Jeanne, fille de Durand Trichard.

aurifaber (1), et Leta, de Origneio le Botin, uxor mea, de communi assensu, dedimus et concessimus, pro salute animarum nostrarum, monachis Domus Dei de Trappa, in elemosinam perpetuam, liberam penitus et quietam, XVIII denarios turonenses, de quibus assignavimus eis IX denarios in terra que est ante domum Gaufridi de Fresneia, juxta vivarium, persolvendos annuatim ad festum sancti Remigii ab illo qui dictam terram tenebit, quicumque sit ille. Alios vero IX denarios assignavimus eisdem in noa que est desubtus molendinum Botin, quam tenet Johannes molendinarius, reddendos similiter, annis singulis, ad dictum festum sancti Remigii a dicto Johanne vel quocumque alio dictam noam tenente. Hanc autem elemosinam ego, predictus W[illelmus], et predicta Leta, uxor mea, tenemur garantizare et liberare dictis monachis, qui nos receperunt in spiritualibus bonis domus sue, ubi nostram elegimus sepulturam. Et, ad eamdem elemosinam garantizandam dictis monachis et liberandam, post mortem nostram, heredes nostros volumus similiter obligari. Et ut hoc firmum sit et stabile in perpetuum, presentem cartam sigillorum nostrorum munimine roboravimus. Actum anno Domini M° CC° XXX° quinto.

## XXII

1235. — *Thibaud Renois et Marie, sa femme, vendent pour la somme de vingt livres tournois, à l'abbaye de La Trappe, une rente annuelle de quarante-cinq sous, même monnaie, payable en deux fois, à la Saint-Léonard et à Pâques, sur le produit de deux vignes, et s'engagent, en outre, à quitter le manoir de ladite abbaye, sis dans la paroisse d'Origni-le-Butin.*

Noverint universi, presentes et futuri, quod ego, Theob[aldus]

---

(1) *Aurifaber* est-il ici un nom commun, désignant simplement la profession d'un individu, ou bien est-ce un nom propre ? Il est assez difficile de répondre à cette question ; le xiii° siècle, en effet, représente précisément l'époque de transition où s'opère la transformation du nom commun, tiré bien souvent de la profession, en nom patronymique, héréditaire. Les contemporains eux-mêmes auraient été fort empêchés, dans plus d'un cas, de trancher la difficulté. Il est vrai qu'elle était moins grande pour eux que pour nous, l'emploi de la majuscule initiale, dans l'écriture, n'étant pas alors, comme il l'est aujourd'hui, imposé pour les *noms propres*, celui de la minuscule pour les *noms communs*. On comprend, pour nous, notre embarras dans un grand nombre de chartes de ce *Cartulaire*. Avouons qu'à défaut de règles sur ce point, nous n'avons guère suivi, dans chaque cas qui s'est présenté, que l'inspiration du moment Il était bon de le dire une fois pour toutes.

Renois, et ego, Maria, uxor ejusdem, vendidimus monachis de Trappa, pro viginti libris turonensium, de quibus nos tenemus pro pagatis in pecunia numerata, quadraginta quinque solidos turonensium annui redditus, percipiendos de fructibus vinee nostre de Valle de Genest, quam tenebamus de W[illelmo] de Spernant, et de fructibus vinee quam nos acquisivimus de W[illelmo] Le Bovier, ita quod annis singulis, in festo sancti Leonardi, tenemur fide interposita reddere dictis monachis medietatem dicti redditus et in Pascha subsequenti aliam medietatem. Et sciendum quod, si per negligentiam vel paupertatem nostram ant heredum nostrorum, vel per defectum fructuum dictarum vinearum, prefatus redditus integre solutus non fuerit dictis monachis in terminis prenotatis, dicte vinee omnino devenient, sine ulla contradictione, in jus et usus proprios monachorum. Et ad hec omnia obligavimus heredes nostros. Preterea tota illa conventio quam per cartam ipsorum ego, Theob[aldus], habeo de manendo in suo manerio sito in parrochia Origneii, et de aliis rebus unde illa carta loquitur, erit penitus evacuata, et ipsis fide prefata dictam cartam tenebor reddere et de dicto manerio recedere in instanti. Et ut hoc firmum sit et stabile in perpetuum, ego et predicta Maria, uxor mea, presentem cartam roboravimus nostrorum munimine sigillorum. Actum anno Domini M° CC° XXX° quinto.

## XXIII

1236. — *Hugues de Nocé, chevalier, moyennant réception d'une somme de dix livres tournois, approuve entièrement la donation faite dans son fief de Vaunoise en faveur de l'abbaye de La Trappe, par Robert le Tort et son frère, ainsi que la vente conclue avec la même abbaye par Thibaud Renois et sa femme.*

Noverint universi, presentes et futuri, quod ego, Hugo de Noceio (1), miles, volui, laudavi et concessi monachis Domus Dei de Trappa donationem integre quam ipsi habent in feodo meo apud Valnoisiam de dono Roberti Le Tort et fratris ejus, et venditionem (2) quam fecerunt eisdem monachie Theob[aldus]

(1) Nocé, chef-lieu de canton, arrondissement de Mortagne.
(2) Vente qui fait l'objet de la charte ci-dessus.

Renois et Maria, uxor ejus, videlicet quadraginta quinque solidos annui redditus, reddendos annis singulis dictis monachis ad festum sancti Leonardi et ad Pascha de fructu vinee de Valle de Genest (1), quam dictus Theob[aldus] et dicta uxor ejus tenent de W[illelmo] de Spernant, tali vero conditione, quod si prefatus redditus prefatis monachis integre solutus non fuerit duobus terminis prenotatis, dicta vinea omnino deveniet sine ulla contra‑ dictione in jus et usus proprios monachorum, ad faciendum de ea et de ejus fructibus suam penitus voluntatem. Hec omnia suprascripta penitus concessi habenda dictis monachis in perpetuum et tenenda sub dicta forma, salvo jure nostro. Et ne dicti monachi in posterum a me vel heredibus meis possent super hiis ullo modo molestari, ipsi dederunt michi decem libras turonensium et ego dedi eis presens scriptum in testimonio predictorum. Et sciendum quod dictus Theob[aldus] et uxor ejus non possunt dictam vineam vendere aut invadiare, nisi de assensu monachorum. Et, ut hoc sit firmum et stabile in perpetuum, sigilli mei munimine roboravi presens scriptum. Anno M° CC° XXXVI°.

## XXIV

15 août 1260. — *Guillaume dit l'Ane vend à l'abbaye de La Trappe, pour vingt sous tournois, une pièce de terre et de vigne sise dans la paroisse d'Origni-le-Butin.*

Universis presentes litteras inspecturis, Guillelmus dictus Asinus, salutem in Domino. Noveritis quod ego vendidi viris religiosis, abbati et conventui Domus Dei de Trappa, pro viginti solidis turonensium, quos habui ab eisdem integre et recepi, totam peciam terre et vinee quam tenebam de ipsis in parrochia Origneii le Botin junctam ex una parte vinee dictorum religiosorum et ex altera terre heredum Guillelmi Segnoret, defuncti, habendam et tenendam predictam peciam predictis religiosis in perpetuum, jure emptionis sue, ab omnibus rebus ad me et meos heredes quoquo modo pertinentibus libere penitus et quiete. Et ut hoc firmum maneat et stabile in perpetuum, ego, predictus Guillelmus, dedi dictis religiosis presentes litteras, sigilli mei

(1) Les Vaux-Genets, commune du Gué-de-la-Chaîne, canton de Bellême (Orne).

munimine roboratas, per quas obligavi me et heredes meos ad hoc, ut non possimus in dicta pecia terre et vinee aliquid de cetero reclamare. Actum anno Domini M° CC° LX°, in die Assumptionis Beate Marie virginis (1).

## XXV

1235. — *Guillaume de Pernant ratifie et s'engage à respecter et à faire respecter, comme seigneur du fief, la vente de quarante-cinq sous tournois de rente annuelle faite par Thibaud Renois et sa femme à l'abbaye de La Trappe.*

Noverint universi, presentes et futuri, quod ego, W[illelmus] de Spernant (2), volui, laudavi et concessi monachis Domus Dei de Trappa venditionem (3) XLV solidorum turonensium annui redditus quam fecerunt eis Theob[aldus] Renois et Laria, uxor ejus, habendam eis in perpetuum, quantum pertinet ad assignationem factam eisdem monachis super vineam de Valle de Genest, quam dictus Theob[aldus] et dicta uxor ejus tenent de me, juxta tenorem carte quam dicti monachi habent de eis super dicti redditus venditionem. Et sciendum quod dictus Theob[aldus] et uxor ejus dictam vineam non possunt vendere ant invadiare, nisi de assensu dictorum monachorum, nec heredes eorum post eos. Et hoc teneor garantizare, defendere et liberare dictis monachis bona fide, sicut dominus feodi. Et ad hoc idem faciendum post me heredes meos volui obligari. Et, ut hoc firmum sit et stabile in perpetuum, presens scriptum sigilli mei munimine roboravi. Actum anno Domini M° CC° tricesimo quinto.

## XXVI

1238. — *Les religieux du prieuré de Saint-Martin-du-Vieux-Bellême, dans un litige avec les moines de l'abbaye de La Trappe, au sujet des dîmes d'une vigne appartenant à ladite abbaye, acceptent l'arbitrage et la sentence de maître Robert de Théval et de Jean, chantre de la Toussaint de Mortagne.*

Universis presentes litteras inspecturis, frater Raginaldus,

(1) Cette pièce est transcrite sur la marge inférieure du folio où se trouve la précédente. Il semble donc qu'elle ait été ajoutée au *Cartulaire* après son achèvement, ou au moins après l'achèvement de la série dont elle fait partie. La date relativement tardive qu'elle porte (1260) rendrait compte suffisamment, d'ailleurs, de cette insertion après coup.
(2) Pernant, hameau, commune du Gué-de-la-Chaîne.
(3) Voir plus haut l'acte constitutif de ladite vente, pièce XXII.

prior de Belismo (1), et ejusdem loci monachi, salutem in Domino. Universitati vestre notum fieri volumus quod, cum nos traheremus in causam abbatem et monachos de Trappa super decima cujusdam vinee que jungitur vinee de la Bretesche, consilio bonorum virorum compromisimus ex utraque parte super illa causa in viros discretos, videlicet in magistrum Robertum de Tesval et Johannem, cantorem Omnium Sanctorum de Mauritania. Qui, compromissionem recipientes, statuerunt, pro bono pacis, ut, anno quo facta est compromissio, redderent monachi de Trappa priori de Belismo dimidiam summam vini et anno subsequenti unam summam, de cetero duas summas singulis annis in vinea de novo plantata, que est juxta antiquam vineam de la Bretesche et est de feodo domini Hugonis de Noce, recipiendas. Et ut hoc firmum sit et stabile in perpetuum, presentes litteras dedimus monachis de Trappa, sigilli nostri munimine roboratas. Actum anno Domini M° CC° tricesimo octavo.

## XXVII

Bellême, 1210. — *Robert II, archevêque de Rouen, ratifie un accord intervenu entre l'abbaye de La Trappe et le prieuré de Saint-Martin-du-Vieux-Bellême, dans un litige entre lesdites communautés au sujet des dîmes de deux clos de vigne appartenant à l'abbaye.*

Universis Christi fidelibus ad quos presens scriptum pervenerit, Rob[ertus] (2), Dei gratia rothomagensis archiepiscopus, salutem in Domino. Noverit universitas vestra quod, cum controversia verteretur inter abbatem et conventum de Trappa, ex una parte, et priorem et monachos de Belismo, ex altera, super duobus clausis vinearum, quarum unum vocatur Vinea Comitis, et alterum vocatur Vinea Garboudi, quia prior dicebat decimas vinearum illarum ad ecclesiam suam pertinere, eo quod decimatio illius territorii in parrochia sua esset, e contrario abbas dicebat ecclesiam suam a prestatione decimarum esse immunem,

---

(1) Saint-Martin-du-Vieux-Bellême, prieuré relevant de l'abbaye de Marmoutiers.
(2) Robert II Poulain ou Le Bobe, archevêque de Rouen du 23 août 1208 au 4 mars 1221.

auctoritate privilegii sibi a domino papa indulti, prior vero privilegio privilegia opponebat, dicens sua potiora esse, et ob id debere obtinere, controversia ista taliter per gratiam Dei coram nobis sopita est : abbas et conventus debent solvere annuatim priori et monachis de Belismo, de prenominatis vineis que fuerint tempore transactionis, duas summas vini quod crescet in illis vineis vel altera earum pro decima earundem vinearum, et illud vinum intra continentiam vinearum illarum solvetur (1). Nos vero, eamdem compositionem ratam habentes, confirmamus et eam, ad majorem securitatem, presentis scripti et sigilli nostri munimine dignum duximus roborandam. Datum apud Belismum, anno Verbi incarnati M° CC° decimo.

## XXVIII

[S. d., 1143-1191]. — *Rotrou IV, comte du Perche, fait donation à l'abbaye de La Trappe d'un clos de vigne à Vaunoise.*

Ego, Rotroldus (2), perticensis comes, presentis scripti annotatione, sigilli quoque mei et subscriptorum virorum atestatione, omnibus presentibus et posteris notum fieri volo quod ego, pro salute anime mee antecessorumque meorum, dedi Deo et monachis Sante Marie de Trappa in perpetuam elemosinam, clausum vinee quod apud Valnoise habebam, ita videlicet libere et quiete possidendum sicut illud liberum quietumque possedi. Atque, ut hoc meum donum ratum et inconcussum permaneat, sigilli mei inpressione presentem cartulam inde conscriptam roboravi. Hoc igitur testantur Girardus Goheri, magister Gar[inus] Rufus et alii plures.

(1) Cette redevance fut remplacée par une rente de quatre livres ou une pipe de vin blanc, chaque année, au choix de l'abbaye, conformément à une transaction reçue par les notaires de Bellême, le 17 août 1524. (*Inventaire des titres de l'abbage de la Trappe*, p. 232.)

(2) Rotrou IV, comte du Perche de 1143-1191.

## XXIX

13-31 avril 1255 (n. st.) — *Payen de Sourches, seigneur de Clinchamp, pour mettre fin à un litige entre lui et les religieux de l'abbaye de La Trappe au sujet de l'exercice du droit de justice sur un abergement sis à Origni-le-Butin et des vignes leur appartenant, conclut une transaction avec ladite abbaye.*

Omnibus presentes litteras inspecturis, Paganus (1) de Chaorcis, dominus de Clincampo (2), salutem in Domino. Noveritis quod, cum contentio verteretur inter me, ex una parte, et abbatem et monachos Beate Marie de Trappa, ex altera, super eo quod habere volebam et petebam habere omnimodam justitiam et districtum et viariam et costumas et res alias ad feodalem dominum pertinentes, in herbergamento ipsorum de Origneio le Botin, sicut se possidet cum pressorio et omnibus pertinentiis, et similiter in vineis eorumdem, tandem, de consilio bonorum virorum ac prudentium, compositio facta fuit inter nos in hunc modum, quod volui et concessi libenter et benigne abbati et monachis supradictis quod ipsi predictum herbergamentum, sicut clauditur de sepibus et sicut se proportat cum pressorio et suis pertinentiis et cum vineis omnibus supradictis, habeant et teneant et in perpetuum possideant, libere et pacifice et quiete de omnibus rebus prenominatis et aliis rebus quibuscumque ad me et heredes meos pertinentibus et ad quoscumque alios quoquo modo, ita quod justiciam aliquam seu districtum vel viariam in predictis herbergamento et pressorio ego aut heredes mei [n]ullatenus poterimus exercere, nisi forte contigerit aliquem latronem vel aliquem homicidam, communi clamore vel delicto patenti persecutos, vel aliquos sese vulnerantes vel verberantes, clamore publico vel patenti delicto similiter insecutos, venire vel fugere ad dictum herbergamentum, refugium requirentes : predicti monachi non poterunt hujuscemodi homines garantire; immo

---

(1) Payen était fils de Patrice de Sourches, dont émane la charte n° 1 de cette série. Il épousa Odeline, fille et héritière d'Emeric de Clinchamp. (*Le château de Sourches au Maine et ses seigneurs*, p. 33, par le duc des Cars et l'abbé A. Ledru).

(2) Clinchamp, commune de Chemilli, ancienne forteresse féodale érigée en *comté* en 1565.

tenebuntur eosdem malefactores movere ut recedant. Quod si recedere noluerint, ipsos poterimus ibidem capere et extrahere, in eodem loco nichil amplius facientes. Et si contigerit aliquos extraneos, in vineis eorum extra herbergamentum predictum sitis, sese ad invicem verberare vel vulnerare, ego et mei heredes haberemus ibidem nostram justitiam et cam [possemus] illic exercere, exceptis propriis servientibus dictorum monachorum, qui si in dictis vineis sese ad invicem verberarent, nullam in eisdem possemus justitiam exercere. Si vero aliquis de servientibus eorumdem monachorum forte extra dictum herbergamentum manifestum delictum usque ad effusionem sanguinis fecerit, et qui lesus fuerit manifeste coram me vel mandato meo querimoniam de illo detulerit serviente, et idem qui forefactum commiserit, monitus a dictis monachis competenter, coram nobis emendare voluerit, sepedicti monachi ipsum amplius in suo servitio non tenebunt. Et, pro ista compositione, ego habui a dictis monachis XXX libras turonensinm, de quibus teneo me penitus pro pagato. Ad hec autem omnia et singula tenenda fideliter et servanda et contra omnes omni tempore garantizanda et ab omnibus rebus ad me et heredes meos pertinentibus penitus liberanda, ego astrinxi me et heredes meos in perpetuum [et] per presentes litteras obligavi, quas prefatis monachis contuli, sigilli mei munimine confirmatas (1). Et ego, Odelina, domina de Clincampo, uxor dicti Pagani, militis, presentibus litteris sigillum meum apposui, spontanea voluntate, in concessionem et testimonium hujus rei. Actum anno gratie M° CC° L° quinto, mense aprilis (2).

(1) Cette transaction ne mit pas fin aux difficultés entre l'abbaye de la Trappe et les seigneurs de Clinchamp. L'*Inventaire des titres* nous fait connaître de nombreuses pièces de procédure relatives à cette affaire. Elle paraît s'être terminée par un arrêt du Grand Conseil, en date du 30 décembre 1743, qui « condamna l'abbay: « à fournir à M. de Moras, seigneur de Clinchamps, lors de la confection de son « terrier, une déclaration simple de tous les biens qu'elle possédait dans l'éten- « due de Clinchamps; dans laquelle déclaration, elle serait tenue de reconnaître « ledit sieur de Moras haut, moyen et bas justicier relativement et conformément « aux termes de l'acte du mois d'avril 1255 »

(2) Cette pièce se trouve transcrite dans le manuscrit, en très menus caractères, dans l'espace laissé libre à la fin de la série L. Elle doit être regardée, par suite, comme une addition faite au contenu primitif de la série.

# M

## De Baladone [1]

### I

[S. d., 1142-1186]. — *Guillaume I<sup>er</sup>, évêque du Mans, notifie la cession faite par Prince Forsene, à l'abbaye de la Trappe, d'une terre sise au val de Courtavon, du clos de la Hoinière, près de ladite terre, et d'un cens de quatre deniers, le tout à charge d'une redevance annuelle de deux sous du Mans pour lui et ses héritiers.*

Villelmus [2], Dei gratia cenomannensis episcopus, universis fidelibus, salutem. Nos, intelligentes quod veritas sub scripti auctoritate tutior debeat conservari, notum fieri curavimus quod, [cum] Princius Forsene in valle de Cortavon [3] terram haberet que Muceto pignori obligata erat, et juxta terram illam clausum de Hoinaria et quatuor denarios censuales quos idem Mucetus de duobus jugeribus terre debebat, predictus Princius illa omnia, scilicet terram illam et clausum et denarios censuales abbatie de Trappa, libera et quieta ab omni servitio et talliata et omni exigentia ad memoratum Princium [4] pertinente, in perpetua elemosina dedit et concessit, hoc solo retento, quod monachi de Trappa, singulis annis, in festo Omnium Sanctorum, sepe dicto Princio et post ipsum heredibus suis, per recognitionem illius donationis, reddent duos solidos cenomannensium. Ipsi quoque, pro elemosina illa, predicto Princio et uxori ejus Haois et primogenito eorum et duobus fratribus ejus, Princio et Herberto,

---

(1) Ballon, chef-lieu de canton, arrondissement du Mans (Sarthe). — Le prieuré de La Trappe était situé dans la paroisse de Saint-Mars-sous-Ballon. La chapelle, dont l'architecture annonce le douzième siècle, est aujourd'hui convertie en grange. Elle était dédiée à sainte Agathe. On ignore à quelle époque cette communauté cessa d'exister; en 1792, l'Abbaye ne possédait plus à Saint-Mard que la métairie de *La Petite-Trappe*. (Abbé Aubry, *Ballon, Saint-Mard et Saint-Ouen*, p. 339; Legeay, *Documents sur la vente des biens nationaux dans la Sarthe*, t. I<sup>er</sup>, p. 149; *Instruction générale*, p. 28.)

(2) Guillaume I<sup>er</sup> de Passavant, évêque du Mans de 1142 au 27 janvier 1186.

(3) Courtavon, commune de Ballon.

(4) *Manuscrit*: principium.

et sorori eorum Dyonisie dederunt decem libras cenomannensium. Hanc elemosinam posuerunt in manu nostra predictus Princius et Matheus, ejus primogenitus filius, eamdem elemosinam predictis monachis in perpetuum concedentes. Nos autem, per manum Ranerii, prioris monasterii de Trappa, monachis abbatie de Trappa elemosinam illam dedimus et concessimus et illos in possessionem illius elemosine misimus. Predicta vero uxor Princii et filii ejus et soror eorum in manu decani de Baladone, cui mandatum dederamus ut in manu ipsius dimissionem illius elemosine susciperet, elemosinam illam ad opus monachorum posuerunt, eis in perpetuum concedentes. [Testes] : Esgaretus, capellanus, magister Ernaudus, et plures alii.

## II

[S. d., 1142-1186]. — *Guillaume I*er*, évêque du Mans, notifie la cession faite par Blanchard, de Souligné-sous-Ballon, à l'abbaye de la Trappe, moyennant trente-trois livres du Mans dix sous, de vignes sises près du chemin de Courtavon, et la ratification faite par Geoffroy Morin, tenancier desdites vignes, moyennant vingt-cinq sous du Mans et un cens annuel de douze deniers, de ladite aliénation.*

Villelmus (1), Dei gratia cenomannensis episcopus, universis sancte Ecclesie filiis, salutem. Quum inter improbos veritas subscripti auctoritate tutior conservari solet, notum fieri curavimus quod, cum Blanchardus de Soligne (2) vineas, prope viam de Cortavon sitas, quas acquisierat, possideret, ille omnes vineas illas ecclesie de Trappa, intuitu pietatis, in elemosinam in perpetuum dedit et concessit, susceptis de karitate, pro vineis illis, monachorum dicte ecclesie XXXIII libris cenomannensium et X solidis. Gaufridus quoque Morini, de cujus feodo erant vinee ille, de karitate ejusdem ecclesie recipiens XXV solidos cenomannensium, vineas illas liberas et a servitio immunes eidem ecclesie in perpetuum concessit, hoc solum retento, quod ipsi et postea heredibus suis, pro vineis illis, a memorata ecclesia XII denarii censuales singulis annis, in festo Nativitatis sancti Johan-

---

(1) Voir ci-dessus, p. 316, note 2.

(2) Souligné-sous-Ballon, commune du canton de Ballon, arrondissement du Mans.

nis Baptiste, reddentur. Quod ut fideliter conservetur, ideo, ad petitionem supradictorum monachorum et Blanchardi, litteris annotari et sigillo nostro fecimus communiri. Huic facto interfuerunt Eustachius, archidiaconus, Esgaretus, cappellanus, et plures alii.

## III

[S. d., 1142-1186]. — *Guillaume I<sup>er</sup>, évêque du Mans, notifie un accord, passé entre l'abbaye de la Trappe et Mucet de Ballon, en vertu duquel ledit Mucet délivre à ladite abbaye une terre qu'il tenait d'elle en gage, à condition qu'elle lui en laissera la possession, sa vie durant, à charge seulement d'une redevance annuelle de deux setiers du meilleur blé.*

Villelmus, Dei gratia cenomannensis episcopus, universis fidelibus, salutem. Notum fieri curavimus quod, cum abbas et monachi Sancte Marie de Trappa terram que data fuerat eis in elemosina de Princio Forsene, videlicet duas ochas de valle de Ruanderia, vadio obligassent Muceto (1) de Baladone pro XII libris cenomannensis monete, tandem inter eosdem monachos et illum Mucetum super vadio illo talis compositio intervenit, quod Mucetus condonavit et quitavit XII libras monachis illis, tali inserta conditione, quod prefatam terram toto tempore vite sue possidebit, ita tamen, quod singulis annis reddet eisdem monachis duo sextaria melioris annone que crescet in terra illa, post decessum vero ejusdem Muceti, terra illa ad sepedictos monachos quiete et absque ulla contradictione revertetur. Testes hujus rei sunt : Robertus, filius Rad[ufi], Theob[aldus] Tragin, et plures alii.

## IV

Le Mans [s. d., 1142-1173]. — *Guillaume I<sup>er</sup>, évêque du Mans, notifie la cession faite par maître Bernard, son chapelain, à l'abbaye de la Trappe, d'un arpent et demi de vignes, dans le fief de Notre-Dame-de-Mézières, lesdites vignes chargées de diverses redevances envers Guillaume Chabot, seigneur dudit fief, la Confrérie de Saint-Julien-de-Ballon et l'Eglise de Mézières.*

Villelmus, Dei gratia cenomannensis episcopus, universis fide-

---

Mucet de Ballon, déjà nommé dans la première pièce de cette série.

libus, salutem. A presentibus et posteris sciri volumus quod magister Bernardus, capellanus noster, quoddam arinpennium vinee, situm in feodo *Beate Marie de Macheriis* (1) Willelmi Chabot, militis, et dimidium arinpennium vinee situm in feodo Beate Marie de Macheriis, que legitime idem B[ernardus] acquisierat, dedit in elemosinam et concessit abbatie de Trappa. Hujus autem beneficii gratia, dedit Gervasius abbas et monachi illius abbatie prefato Bernardo triginta quinque libras cenomannensium. Reddet autem memorata abbatia, sicut magister B[ernardus] reddere solebat, prefato W[illelmo] Chabot quinque denarios in Natali Domini et unam summam vini confrerie beati Juliani de Baladone, pro integro arinpenno illo, in vindemiis, et ecclesie de Macheriis III denarios, pro dimidio arinpenno, in Natali beati Johannis (2). Actum est hoc Cenomannis, presentibus Nicholao, decano Cenomannorum, et W[illelmo] Revel, clerico suo, et magistro Garino Anglensi et W[illelmo], abbate de Tyronello (3), et pluribus aliis. Super elemosina illius arinpenni et dimidii firmiter et fideliter conservanda, dedit plegios sepedicdictus B[ernardus] supradictum W[illelmum] Chabot, et Princium, filium ejus, qui elemosinam illam concesserunt. Et pro concessione sua, habuit idem W[illelmus] Chabot XXX solidos cenomannensium, et Princius, filius ejus, habuit pro concessione sua III solidos cenomannensium. Nos autem, id ratum habentes, ad petitionem partium id litteris annotari et sigillo nostro fecimus communiri.

## V

1208. — *Hamelin, évêque du Mans, notifie une conciliation amenée par l'official dudit Mans dans un désaccord entre l'abbaye de la Trappe, d'une part, Ernaud de Souligné, clerc, et plusieurs personnes laïques, d'autre part, au sujet de vignes et d'un tènement aumônés à ladite abbaye.*

Hamelinus (4), Dei gratia cenomannensis ecclesie minister

(1) Mézières-sous-Ballon, commune du canton de Marolles-les-Braux, arrondissement de Mamers (Sarthe).

(2) Le 24 juin.

(3) Tyronneau, commune de Saint-Aignan, canton de Marolles-les-Braux, Abbaye de l'Ordre de Cîteaux, fondée, en 1151, par Payen de Sourches et Guiburge, sa mère (Cauvin, *Géographie ancienne du diocèse du Mans*, p. 202 et 529).

(4) Hamelin, évêque du Mans, du 1er décembre 1190 à 1214.

humilis, cunctis fidelibus qui presens scriptum viderint, salutem. Noverit universitas vestra quod contentio que vertebatur inter abbatem et monachos de Trappa, ex una parte, et Ernaldum de Soligne, clericum, Blanchardum, Garnerium, Ph[ilippum] Boton et Johannam, sororem ipsorum, et Philippum de Corgoei, sororium ipsorum, ex alia, super quibusdam vineis quas predicti abbas et monachi sibi ex dono Mathei de Arableio, concessione liberorum ejusdem Mathei, scilicet Mathei, Inberti, Odonis, W[illelmi], Margarite, Richeldis, ex assensu et voluntate pie memorie Gaufridi de Bruslon (1), elemosine titulo vindicabant, tamdem coram nobis, dilecto C. tunc temporis officiali nostro, post multas contentiones super illis vineis, quarum una dicitur Dyabolaria et altera Quarreleria et tertia Malmuceneria, et tenementum de Monte Frielous, in hunc modum fuit terminata, ita scilicet quod, pro bono pacis. prefati laici et clericus receperunt, coram prefato archidiacono, quinquaginta solidos cenomannensis monete ab abbate et monachis de Trappa et juraverunt quod super dictis rebus nullatenus deinceps moverent questionem, set sese contra omnes pro dictis monachis, sine suis expensis, opponerent adjutores. Hec omnia dilecto nostro C., archidiacono et quondam officiali nostro, coram nobis testificante, nos, ne tam celebre factum oblivioni traderetur, scripto tradidimus et sigilli nostri impressione munivimus. Actum anno ab Incartione Domini M° CC° octavo.

## VI

Le Mans, 25 mai 1192. — *Hamelin, évêque du Mans, notifie la cession faite à l'abbaye de la Trappe, par Geoffroy Morin et son fils aîné Herbert, de vignes sises près du chemin de Courtavon et d'un pré, le tout à charge d'un cens annuel de quatorze deniers, payable audit Geoffroy et à ses héritiers.*

Hamelinus, Dei gratia cenomannensis episcopus, universis sancte Ecclesie filiis, salutem. Quum inter improbos subscripti auctoritas tutior conservari solet, notum fieri curavimus quod Gaufridus Morin et primogenitus suus Herb[ertus], anno ab Incarnatione Domini M° C° nonagesimo secundo, feria secunda

---

(1) Brûlon, chef-lieu de canton, arrondissement de La Flèche (Sarthe).

post Penthecostem, apud Cenomannos, in aula episcopali, abbatie Domus Dei de Trappa per manum meam, fid[e]i cautione interposita, vineas quas de Blanchardo de Soligne, prope viam de Cortavon sitas (1), habet et quamdam vineam que juxta est, in qua quidam antiquitus habitavit, censum et servitium prefato Gaufrido inde persolvens, et prata Pagani Pardiel concesserunt, omnia hec habenda et tenenda, libera et immunia ab omni redditu et servitio, quantum ad ipsos pertinet et ad omnes dominos suos, hoc solum retento, quod a memorata abbatia ipsi G[aufrido] et post et eum heredibus suis quatuordecim denarii censuales, in festo Nativitatis sancti Johannis Baptiste, annuatim reddentur. Hoc autem in presentia mea, multis mecum existentibus, sollempniter factum est. Quod ut fidelius conservetur, litteris annotari et sigillo nostro fecimus communiri. Huic facto interfuerunt Adam (2), abbas de Persenia; Guillelmus (3), abbas de Campania (4); Benedictus, archidioconus, et multi alii (5).

## VII

*Autre charte d'Hamelin, évéque du Mans, sur l'accord passé par Blanchard et ses frères avec l'abbaye de la Trappe au sujet de vignes.*

Item, alia carta ejusdem Hamelini, episcopi, de pace Blanchardi et fratrum suorum de quibusdam vineis, que suprascripta est simili forma (6).

(1) V. précédemment, sur ces vignes de Courtavon et l'aliénation dont elles avaient fait antérieurement l'objet, la pièce II de la présente série. Guillaume Geoffroy ne fait ici, en somme, que renouveler ou confirmer l'adhésion qu'il avait donnée, plusieurs années auparavant, comme tenancier, à la cession de ces vignes à l'abbaye par son suzerain. L'occasion qui l'y invite est celle d'une nouvelle transaction avec la communauté au sujet d'un pré.

(2) Adam, abbé de Perseigne de 1189 à 1221 (cfr *Gall. christ.*, t. XIV, c. 519 et ss.)

(3) Guillaume I, abbé de Champagne dès 1190 (*Gallia christ.*, XIV, c. 530.)

(4) L'abbaye de Champagne, au diocèse du Mans (Sarthe), de l'ordre de Citeaux, fondée en 1188, sous l'invocation de la Vierge, par Foulque, seigneur d'Assé (*Gall. christ*, t. XIV, c. 529-530).

(5) *Texte* : Multis aliis.

(8) C'est l'indication d'un double de la charte d'Hamelin qui figure ci-dessus sous le n° V (présente série).

## VIII

1208. — *Hamelin, évêque du Mans, notifie la donation faite à l'abbaye de la Trappe par Guillaume des Roches, sénéchal d'Anjou, d'une somme d'huile par an sur ses revenus de la Suze.*

Ego, Hamelinus, Dei gratia cenomannensis episcopus, omnibus presentem paginam inspecturis, salutem in salutis a[u]ctore. Noverit universitas vestra quod Willelmus de Rupibus (1) senescallus andegavensis, pro salute anime sue et Margarite, ejus uxoris, et parentum et amicorum suorum, dedit et concessit, in perpetuam et puram elemosinam, ecclesie Beate Marie de Trappa unam summam olei in redditibus suis de Susa (2), concedente dicta Margarita, uxore sua. Ne vero tam celebre donum oblivioni traderetur, nos, ad petitionem dicti Willelmi, andegavensis senescalli, ejus elemosiam aprobantes, presentem cartam, rei seriem continentem, sigilli nostri munimine confirmavimus. Actum apud Hussum (3), [anno] M° CC° VIII°.

## IX

1208. — *Guillaume des Roches, sénéchal d'Anjou, donne à l'abbaye de la Trappe, pour le luminaire de son église, une somme d'huile, mesure du Mans, à recevoir chaque année, le 5 novembre, du bailli de la Suze.*

Ego, Guillelmus de Rupipus, senescallus andegavensis, omnibus presentes litteras inspecturis, in vero salutari salutem. Noverit universitas vestra quod ego, cum assensu Margarite, uxoris

---

(1) Guillaume des Roches, sénéchal d'Anjou, Maine et Touraine, et. par son mariage avec Marguerite, fille de Robert IV de Sablé, seigneur de la Suze et de Sablé. Il mourut en 1222 et fut enterré dans l'abbaye de Bonlieu. Marguerite de Sablé était morte dès 1209 et avait été inhumée dans l'abbaye du Perray-Neuf, à la fondation de laquelle elle avait contribué avec son mari (cfr. Pesche, *Dictionn. topographique, historique, etc., de la Sarthe*, tome VI, p. 265, et t. IV, p. 748).

(2) La Suze, chef-lieu de canton de l'arrondissement du Mans (Sarthe).

(3) Prieuré du Houx, fondé en 1219, par Guillaume des Roches. Commune de Jupille, canton de Château-du-Loir, arrondissement du Mans (Pesche, t. II, p. 176).

mee, dedi Deo et Beate Marie et monachis Domus Dei de Trappa, pro salute anime mee et uxoris mee et antecessorum meorum, in puram et perpetuam elemosinam, unam summam olei, ad mensuram Cenomanni, ad luminarium ecclesie sancte Marie de Trappa, quam baillivi mei de Susa, quicumque fuerint, reddent annuatim, apud Suseiam, tertia die post festum Omnium Sanctorum (1). Si vero idem baillivi predictam summam olei aliqua occasione, quod absit, die superius nominato reddere distulerint, ipsi de propria bursa monachis vel eorum nuntiis oleum expectantibus expensas necessarias providebunt. Quod, ut ratum sit, sigilli mei munimine roboravi. Anno gratie M° CC° octavo.

## X

1208. — *Marguerite, dame de Sablé, ratifie la donation d'une somme d'huile annuelle faite par Guillaume des Roches, son mari, à l'abbaye de la Trappe, pour le luminaire de son église.*

Ego, Margarita, domina Saboleti (2), omnibus presentes litteras visuris, salutem. Noverint universi me ratam habere elemosinam illam quam dominus Guillelmus de Roches, sponsus meus, dedit Deo et monachis de Trappa, scilicet unam summam olei, ad mensuram cenomannensem, ad luminarium ecclesie Sancte Marie de Trappa, recipiendam annuatim, apud Susam, tertia die post festum Omnium Sanctorum, per manum baillivi, quicumque sit baillivus de Susa. Et ut hec donatio stabilis et firma permaneat, presentem cartam sigilli mei munimine roboravi. Actum anno Domini M° CC° octavo.

## X (bis).

1228 (?) — *L'official du Mans vidime deux chartes de feu Guillaume des Roches, de son vivant sénéchal d'Anjou, et de Marguerite, dame de Sablé, sa femme. (Voir les deux pièces ci-dessus).*

Universis Christi fidelibus presentes litteras inspecturis, officia

(1) Le troisième jour après la Toussaint, soit le 3 novembre.
(2) Sablé, chef-lieu de canton de l'arrondissement de La Flèche (Sarthe).

lis cenomannensis, salutem in Domino. Noveritis nos vidisse cartas Guillelmi bone memorie, quondam senescalli andegavensis, et Margarite, uxoris ejus, sanas et integras, non deletas nec in aliquo loco cancellatas, in hec verba : « Ego, Guillelmus de Rupibus, senescallus andegavensis.. » *et cetera ut in nona carta,* — et : « Ego, Margareta, domina Saboleti, omnibus presentes litteras visuris, salutem. Noverint universi me ratam habere elemosinam illam quam dominus Guillelmus de Rupibus, sponsus [meus], dedit Deo et monachis de Trappa... » *et cetera ut in carta decima, ipsius Margarete, continentur.* Actum anno Domini M° CC° octavo (1).

## XI

[S. d.] — *Geoffroy de Brûlon notifie la cession faite par Mathieu d'Arablé à l'abbaye de la Trappe, pour trente-cinq livres du Mans et un cens annuel de douze deniers, même monnaie, d'une maison avec dépendances, vignes, etc., à Mont-Frileux.*

Gaufridus de Bruillon, cunctis fidelibus sancte Ecclesie, salutem. Sciant presentes et futuri quod Matheus de Arableio dedit, in presentia mea, Deo et monachis Sancte Marie de Trappa, in elemosinam perpetuam, liberam et quietam ab omni servitio et tallia et seculari consuetudine, preter XII denarios cenomannenses, annuatim reddendos ad festum sancti Johannis Baptiste, mesnagium de Montefriologo cum omnibus que ad illud pertinent, scilicet cum columbario et arboribus et vineis, primaque dicitur Diabolaria, altera de Quarreria et alia de Malmuceneria. Dedit quidem predictus Matheus jam dictis monachis totam costumam omnium rerum que vendentur et ementur in predicto loco. Pro hac donatione, recepit Matheus a monachis, de caritate ecclesie, decem et septem libras, et decem solidos cenomannensium, et alias XVII libras et X solidos cenomanensium quos ego, Gaufridus, dedi predictis monachis pro amore Dei, qui simul

(1) Charte ajoutée en marge, dans le manuscrit, pour faire suite à la précédente. La date est forcément erronée, Guillaume des Roches, qu'elle donne comme défunt (*bone memorie*), n'étant mort qu'en 1222. Il faut lire probablement *M° CC° vicesimo octavo.*

fuerunt XXXV libre cenomannensium. Hanc elemosinam concesserunt liberi Mathei, scilicet Matheus, W[illelmus], Odo, Margarita, Richeldis. Hujus elemosine plegii sumus et testes, ad petitionem predicti Mathei, ego, Gaufridus de Bruillon, Princius Chabot, Rogerus de Conge, Paganus de Malmuchon (1), Johannes Bloins. Et sciendum quod monachi reddent Matheo XII denarios suos ad Parresac (2). Hec omnia, ut firma in perpetuum permaneant, presenti scripto et sigilli mei testimonio confirmavi.

## XII

[S. d.] — *Geoffroy de Brûlon notifie la cession faite par Blanchard de Souligné à l'abbaye de la Trappe, pour six livres douze sous, monnaie du Mans, d'une vigne dite la Sarrasinière, réserve faite de certaines redevances sur ladite vigne.*

Gaufridus de Bruillon, cunctis fidelibus, salutem. Sciant presentes et futuri quod Blanchardus de Soligne, concessione et voluntate Erenburgis, uxoris sue, et liberorum suorum et fratrum suorum, dedit Deo et monachis Sancte Marie de Trappa, in elemosinam perpetuam, liberam et quietam ab omni servitio et tallia et seculari consuetudine, vineam suam que dicitur Sarrazinaria, pro qua donatione recepit predictus Blanchart VI libras et XII solidos cenomannensium. Hanc elemosinam concessit Matheus de Arableio, ad cujus feodum pertinebat, liberam et quietam ab omni servitio et tallia et seculari consuetudine, preter unum denarium cenomannensem, annuatim reddendum ad festum sancti Johannis Baptiste, et alium denarium cenomannensem de decima, reddendum Hugoni de Curtaam (3). Hanc elemosinam ego, Gaufridus, concedo, et ut firma in perpetuum permaneat, presenti scripto et sigilli mei testimonio confirmo.

(1) Maumusson, commune de Congé-sur-Orne, canton de Marolles-les-Braux, arrondissement de Mamers (Sarthe).
(2) Poissac (?), canton de Ballon.
(3) Courtavon (?), commune de Ballon.

## XIII

1200. — *Geoffroy de Brûlon donne à l'abbaye de la Trappe, pour être employé au service de ladite abbaye, Hubert Landry, avec sa maison et l'exemption pour lui de tous services, tailles et impositions.*

Ego, Gaufridus de Bruillon, omnibus, tam presentibus quam futuris, notum facio quod ego, pro amore Dei et pro salute anime mee et animarum parentum et antecessorum meorum, dedi monachis Beate Marie de Trappa, in perpetuam elemosinam, ad negotia eorum tractanda et facienda, Hubertum Landrici, ab omnibus talliis, servitiis, consuetudinibus et exactionibus, quantum ad me et ad castellum meum pertinet, cum domo sua et cum cressemento in ea facto post combustionem de Baladone per regem de gerra factam (1), liberum penitus et immunem. Ita etiam cum de eo humanitus contigerit, domus ejus predictis monachis accidet, et heres ipsius vel quicumque in domo manserit, homo et serviens monachorum erit, ab omnibus servitiis, talliis, consuetudinibus et exactionibus, sicuti predictus Herbertus, liber penitus et immunis. Quod, ut ratum sit et firmum, nec a posteris possit infirmari, litteris confirmavi et sigilli mei munimine roboravi. Anno Domini M° CC°.

## XIV

[S. d.] — *Par-devant G[eoffroy ?] Mauchien, vice-sénéchal, tenant plaid à Ballon, Philippe de Maumusson reçoit de l'abbaye de la Trappe dix sous du Mans, moyennant quoi il se désiste de ses prétentions sur les vignes de Mont-Friloux.*

Universis Christi fidelibus presentem paginam inspecturis, G[aufridus ?] Malus Canis, salutem in Domino. Noverit universitas vestra quod contraversia que vertebatur inter abbatem de Trappa, ex una parte, et Ph[ilippum] de Malmuc[hon], ex altera, super quibusdam vineis que sunt apud Montem Friclosum, co-

---

(1) Ballon, alors place forte, était tombé, en 1199, au pouvoir de Philippe-Auguste, qui fit incendier et démanteler la ville.

ram nobis, vice senescalli apud Baladonem placita tenentibus, publice in curia domini regis sopita est in hunc modum : dictus P[hilippus], exinde accipiens a dicto abbate X solidos cenomannensium, eamdem controversiam de assensu Hugonis, filii sui, in nostra presentia resignavit. Quod ut debita vigeat firmitate, sigilli nostri testimonium duximus adhibendum.

## XV.

1213. — *Raoul III, vicomte de Beaumont, donne à l'abbaye à la Trappe trente sous tournois à prendre chaque année, de la Saint-Jean, sur sa prévôté de Beaumont.*

Sciant presentes et futuri quod ego, Rad[ulphus], vicecomes Belli Montis (1), donavi monachis Domus Dei de Trappa, pro salute anime mee et antecessorum meorum necnon et liberorum meorum, in perpetuam elemosinam et quietam ab omnibus rebus, triginta solidos turonensium in prepositura mea de Bello Monte, a preposito meo, qui redditus ipsos meos ibi recipit, in Nativitate sancti Johannis Baptiste, singulis annis, persolvendos. sciendum est quod, si nuntius dictorum monachorum ibi moram fecerit propter dilationem prefati reddibus, cum equo et serviente suo erit ad expensas dicti prepositi, donec redditus ex integro persolvatur. Et ut hoc ratum maneat in perpetuum, dignum duxi presentem cartam sigilli mei munimine roborari. Actum anno gratie M° CC° tertio decimo.

## XVI

1208. — *Lucie, vicomtesse de Sainte-Suzanne, avec l'assentiment de son fils Raoul III, vicomte de Beaumont, donne à l'abbaye de la Trappe un tènement qu'elle avait à Rouillon, consistant en une maison, un pressoir, des terres et des vignes.*

Universis Christi fidelibus ad quos presens scriptum pervene-

---

(1) Beaumont-sur-Sarthe ou Beaumont-le-Vicomte, chef-lieu de canton de l'arrondissement de Mamers. — Raoul III, dont il s'agit ici, devint vicomte de Beaumont en 1194 et mourut en 1236 ou 1237.

rit, Lucia, vicecomitissa Sancte Susanne, salutem. Sciant tam presentes quam futuri, quod ego, Lucia, vicecomitissa Sancte Susanne (1), dedi Deo et monachis Domus Dei de Trappa, cum assensu et bona voluntate R[adulfi], vicecomitis Belli Montis, filii mei, in perpetuam elemosinam, omne tenementum quod habebam apud Roillon (2), videlicet domum cum torculari, terram et vineas (3), liberum et quietum ab omni servitio et seculari consuetudine, pro salute anime mee et domini R[adulfi], viri mei, et R[adulfi], vicecomitis, filii mei, et antecessorum et successorum nostrorum. Quod, ut ratum et inconcussum in perpetuum habeatur, ego, Lucia, et R[adulfus], vicecomes, filius meus, sigillorum nostrorum munimine confirmavimus. Actum anno Domini M° CC° octavo.

## XVII

1218. — *Herbert Lancelin, moyennant quarante sous du Mans, reconnaît à l'abbaye de la Trappe, dans son fief de Rouillon, la possession d'un pressoir et de vignes qu'elle devait à la libéralité de la vicomtesse de Beaumont et de Bénévente d'Argentan.*

Notum sit universis, presentibus et futuris, quod ego, Herbertus Lancelin, concessi in elemosinam perpetuam monachis de Trappa pressorium et vineas quas ipsi habent, in feodo meo de Rivellon, de dono vicecomitisse Belli Montis et Benevente de Argentonio; nec a me nec ab heredibus meis cogentur vendere de cetero, sed de elemosina sua poterunt facere quicquid voluerint, libere et quiete, salvis consuetudinibus meis et censuali justitia mea in hominibus ibi manentibus facienda. Et sciendum quod, propter hoc, accepi, de caritate dictorum monachorum, quadraginta solidos cenomannensium. Hanc autem elemosinam debeo garantizare monachis, sicut dominus, fideliter et in suo jure fovere. Et, ut hoc firmam obtineat stabilitatem et liberam, dignum duxi presentem cartam sigilli mei munimine confirmari. Actum anno Domini M° CC° XVIII°.

(1) Sainte-Suzanne, chef-lieu de canton de l'arrondissement de Laval (Mayenne). Lucie, héritière de la maison de Sainte-Suzanne, épousa Raoul II, vicomte de Beaumont; elle mourut avant 1227. (*Le Paige, Dict du Maine*, t. I$^{er}$, p. 82, t II, p. 520).

(2) Rouillon, commune du canton du Mans.

(3) Cette propriété, appelée d'abo d la Trappe. ensuite l'Epiné, fut aliénée, en 1407, pour 48 sols de rente. (*Instruction générale*, p. 40).

## XVIII

1236. — *L'official du Mans atteste que Geoffroy Menout a reconnu, par-devant lui, avoir vendu à l'abbaye de la Trappe, moyennant dix livres du Mans, reçues comptant, une pièce de vigne sise à la Changuegnère, dans la paroisse de Saint-Mars-sous-Ballon.*

Universis Christi fidelibus presentes litteras inspecturis, officialis cenomannensis, salutem in Domino. Noverit universitas vestra quod, in nostra presentia constitutus, Gaufridus Menout recognovit in jure coram nobis, quod ipse vendiderat abbati et conventui Beate Marie de Trappa, cisterciensis ordinis, quamdam peciam vinee, sitam apud la Changaingnere, in parrochia de Sancto Medardo de Baladone, juxta vineas dictorum abbatis et conventus, in feodo monialium de Bella Silva (1), ut dicebant, pro X libris cenomannensium, de quibus denariis dictus Gaufridus se tenuit coram nobis pro pagato in pecunia numerata. Et dedit fidem in manu nostra dictus G[aufridus], pro se et ejus heredibus, quod ipse dictam vineam liberam et integram dictis abbati et conventui contra omnes garantizabit et tres costerellos vini de provisionibus reddendos dictis monialibus, singulis annis, in vindemiis, quantum jus dictabit, et quod ipse in dicta vinea, nomine elemosine vel ratione caduci, vel alio aliquo titulo sibi modo competenti, per se vel per alium, nichil de cetero reclamabit. In cujus rei testimonium presentes litteras, ad petitionem partium, sigillo curie cenomannensis fecimus sigillari. Actum anno Domini M° CC° XXX° VI°.

## XIX

[S. d., après 1236.] — *Le doyen de Ballon atteste que Geoffroy Menout a reconnu, par-devant lui, avoir vendu à l'abbaye de la Trappe, moyennant dix livres du Mans, payées comptant, une vigne sise à la Chauguenière, et que Robert de Courcemont, prieur de la communauté de Belle-Saule, dans le fief de laquelle se trouvait ladite vigne, a ratifié la vente.*

Universis presentes litteras inspecturis, decanus de Baladon e

---

(1) Bel'e-Saule, commune de Courcebœuf, canton de Ballon, ancien prieuré à la présentation de l'abbesse de Saint-Sulpice. (*Le Paige, Dict. top. hist. géneal. et bibl. de la province et du diocèse du Maine*, t. I, p, 239).

salutem in Domino. Noveritis quod, in nostra presentia constitutus, Gaufridus Menout recognovit in jure se vendidisse abbati et monachis Beate Marie de Trappa quamdam vineam sitam apud Lachauguenere, juxta vineas dictorum abbatis et monachorum, in feodo monialium de Bella Silva, pro decem libris cenomannensium, de quibus dictus G[aufridus] coram nobis se tenuit pro pagato in pecunia numerata. Hanc vero venditionem ratam et gratam habuit Robertus, persona de Corsesmont (1), tunc temporis prior et vicarius de Bella Silva, ut dicebat, et dictos abbatem et monachos ad tres costerellos vini annuatim de provisione dicto prioratui, apud Baladonem vel apud Sanctum Medardum, reddendos a dictis monachis, sesivit pro abbatia de Sancto Supplicio redonensi (2), de vinea supradicta, pro qua sesina dicti abbas et monachi dicto Roberto quinque solidos cenomannensium coram nobis in presenti persolutos contulerunt. In cujus rei testimonium, ad petitionem partium, presentes litteras dictis abbati et monachis dedimus, sigilli nostri munimine roboratas. Actum anno Domini M° CC° XXX° sexto.

## XX

1222. — *L'official du Mans constate qu'en vertu d'un arrangement conclu entre eux, Assalé de Courvalain concède à l'abbaye de la Trappe une servitude de passage sur sa terre pour avoir accès à la vigne de la Chauguenière, en compensation de quoi l'abbaye lui paiera un cens annuel d'un denier tournois.*

Universis presentes litteras inspecturis, officialis cenomannensis, salutem in Domino. Cum inter abbatem et monachos de Trappa, cisterciensis ordinis, ex una parte, et Assaleium de Cortvasen (3), ex alia, super via quam dicti monachi dicebant se habere ad vineam suam de Leschaugagnere per vineam et herbergamentum dicti Assalleii, controversia verteretur, tamdem partes inter se taliter composuerunt, quod dicti abbas et monachi

---

(1) Courcemont, commune du canton de Ballon.
(2) L'abbaye de Saint-Sulpice, à quelques lieues de Rennes (Ille-et-Vilaine), de l'ordre de saint Benoît, fondée, vers 1112, par le duc de Bretagne Alain, suivan l'opinion la plus vraisemblable. (Cfr Migne, *Dictionn. des abbayes*).
(3) Courvarain, hameau près Ballon.

per vineam et herbergamentum prenominati Assalleii liberam viam eundi et redeundi ad vineam suam predictamha bebunt; et, ob hoc, dicto Assaleio reddent annui census unum denarium turonensem, ita tamen quod ex his introitu vel exitu nulla dampna, salva via predicta, dicti monachi Assaleio inferant supradicto. Nos vero, ad petitionem partium, sigillum curie cenomannensis presentibus litteris duximus apponendum. Actum anno gratie M° CC° XX° secundo

## XXI

1236. — *L'official du Mans notifie que Mathieu d'Arablé a, pardevant lui, reconnu à l'abbaye de la Trappe la libre possession de toutes les vignes par elle acquises dans son fief, à la réserve toutefois de six deniers du Mans de cens à son profit.*

Universis presentes litteras inspecturis, officialis cenomannensis, salutem in Domino. Noveritis quod, in nostra presentia constitutus, Matheus de Arableio, pro salute anime sue et antecessorum suorum, videlicet Mathei, patris sui, et matris sue et successorum suorum, concessit monachis Beate Marie de Trappa, in elemosinam perpetuam, liberam et quietam ab omni servitio et tallia et seculari consuetudine, preter XVI denarios cenomannenses censuales, reddendos annuatim in festo sancti Johannis Baptiste apud Porresach, omnes vineas, cum omnibus pertinentiis suis, quas dicti monachi habent in feodo dicti Mathei. Quarum vinearum una dicitur Dyaboleria, et alia Quarreria, et alia Malvra Coneria. Concessit etiam dictus Matheus prefatis monachis totam costumam omnium rerum que vendentur in locis predictis et ementur. Et ad hoc idem tenendum heredes suos obligavit. Et nisi predicti monachi predictos denarios redderent ad terminum supra scriptum, tenerentur emendare. Datum anno Domini M° CC° XXX° VI°.

## XXII

1224 — *Guérin Bouis reconnaît et garantit, comme seigneur du fief, et moyennant un cens annuel d'un denier du Mans à son profit, la cession d'un pré faite à l'abbaye de la Trappe, pour un tiers à titre de donation, pour les deux autres tiers à titre de vente, par Guiet de Dangeul et son frère Herbert.*

Universis presentem paginam inspecturis, Gar[inus] Bouis,

salutem. Noverint universi quod Guiet de Angeol (1) et Herbertus, frater ejus, dederunt Deo et monachis Beate Marie de Trappa, in perpetuam elemosinam, ab omnibus rebus liberam penitus et quietam, tertiam partem prati quod habebant apud Cortavun, juxta Obnam (2), cum oseria que est in ipso ; duas vero reliquas partes ejusdem prati vendiderunt predictis monachis XII libris turonensium, nichil penitus in eodem prato sibi vel heredibus suis retinentes. Et ego, G[arinus], dominus feodi, hanc elemosinam et venditionem concessi et, ad predictorum Guiet et Herberti [petitionem], presenti scripto confirmavi. Et tam ego quam heredes mei tenemur eamdem elemosinam et venditionem garantizare liberam et quietam et ab omnibus liberare, pro uno nummo cenomannensis monete michi et heredibus meis, in Natali sancti Johannis Baptiste, singulis annis, persolvendo. Et ut hoc in perpetuum firmum maneat et stabile, dignum dux$^i$ presens scriptum sigilli mei munimine confirmari. Actum anno gratie M° CC° XX° IV°.

## XXIII

1232. — *L'official du Mans notifie que, par-devant lui, Robert Lescuyer a vendu à l'abbaye de la Trappe, pour cent-vingt-cinq sous, monnaie du Mans, et à charge d'un denier, même monnaie, de cens annuel, un pré sis près de Congé-sur-Orne.*

Universis presentes litteras inspecturis, officialis cenomannensis, salutem in Domino. Noveritis quod Rob[ertus] Lesquier, in nostra presentia constitutus, dedit monachis Domus Dei de Trappa, in elemosinam perpetuam, liberam ab omnibus rebus penitus et quietam, per unum denarium cenomannensem, illi in Ascensione Domini reddendum annuatim, et, post illum, heredibus suis, totum pratum quod est inter pratum Ric[ardi] de Villa (3) et portum de Conge (4). Et hoc voluit Heremburgis,

---

(1) Dangeul, commune du canton de Marolles-les-Braux, arrondissement de Mamers.

(2) Le manuscrit porte *Obnam*; il y a là sans doute une faute du copiste pour *Osnam*, car il s'agit bien évidemment, dans ce passage, de l'Orne, petit affluent de gauche de la Sarthe, désigné plus loin (pièce XXXIX) sous le nom de *ripparia Osne*, et qu'il ne faut pas confondre avec le cours d'eau qui a donné son nom au département voisin.

(3) Villiers, ancien fief, aujourd'hui ferme, commune de Congé.

(4) Congé-sur-Orne, commune du canton de Marolles-les-Braux, arrondissement de Mamers.

mulier ejus, et coram nobis concessit. Et ambo juraverunt quod nichil in dicto prato de cetero reclamarent. Et sciendum quod ipsi tenentur, per prefatum juramentum, garantizare nominatis monachis dictum pratum et ab omnibus liberare. Et, propter hoc, a prefatis monachis habuerunt CXV solidos cenomannensium. Et si contingeret quod garantizare non possent, alibi in hereditate sua ad valorem excambiare tenerentur. Et ut firmum maneat et stabile in perpetuum, ad petitionem partium presenti carte dignum duximus sigillum nostrum apponere. Anno M° CC° XXX° II°.

## XXIV

1232. — *Le doyen de Ballon atteste que, par devant lui, Robert Lescuyer a vendu à l'abbaye de la Trappe, pour cent-dix sous du Mans, reçus comptant, un pré sis dans la paroisse de Mézières-sous-Ballon.*

Universis presentes litteras inspecturis, decanus de Baladone, salutem. Noverit universitas vestra quod Rob[ertus] Lescuier, in nostra presentia constitutus, vendidit abbati et conventui de Trappa quoddam pratum situm in parrochia de Messeres (1), inter fossatum prati Ric[ardi] de Villa, ex una parte, et pratum de Congeio, ex altera, ex longitudine de Labeile usque ad Campos, pro C et X solidis cenomannensium et pro quodam supertunicali (2); quos denarios et quod supertunicale dictus Rob[ertus] exinde habuit. Istam autem venditionem concesserunt, coram nobis, mater dicti Roberti, et Johannes et Guiardus, fratres ejus, et Clementia et Dyonisia et Guibergis, sorores dicti Roberti. Nos autem, ad petitionem partium et ad dicte venditionis munimen, presentibus litteris sigillum nostrum apposuimus. Actum anno M° CC° XXX° II°.

## XXV

1231. — *Calais de Cloué donne à l'abbaye de la Trappe le tiers d'un pré, sis à Congé, qu'il avait reçu, pour ses services, de Robert de Lescurie.*

Universis presentem cartam inspecturis, Karilefus de Cloie,

(1) Mézières-sous Ballon, commune du canton de Marolles-les-Braux, arrondissement de Mamers.
(2) S'agit-il ici de la même vente que dans l'acte précédent? La date et la désignation du pré vendu sembleraient l'indiquer, mais comment s'expliquer alors que le prix et les conditions du contrat ne soient plus les mêmes?

salutem in Domino. Universitati vestre notum facio quod, cum Robertus de Lescuierie (1), et Erenburgis, mater ejus, dedissent michi, pro servitio meo, totum pratum quod ipsi et antecessores sui tenuerunt, situm juxta insulam portus de Conge, et quod pratum communicat cum prato (2) Rad[ulfi] buticularii et Guichardi et Contesse et est inter duas heureias, ego, divine pietatis intuitu, dedi in elemosinam perpetuam, liberam ab omnibus rebus penitus et quietam, monachis Domus Dei de Trappa, confratribus meis, tertiam partem hujus donationis, Richelde et Hugone, filio ejus, de Corcelart, concedentibus. Hanc autem elemosinam ego et uxor mea, et heredes mei post me, tenemur garantizare dictis monachis bona fide. Et ut hoc firmum et stabile perseveret in perpetuum, presentem cartam sigilli mei munimine confirmavi. Actum anno Domini M° CC° tricesimo primo.

## XXVI

1231. — *Calais de Cloué vend à l'abbaye de la Trappe les deux tiers d'un pré qu'il avait reçu, pour ses services, de Robert de Lescurie, avec clause d'un cens annuel d'un denier tournois payable, par ladite abbaye, à Richilde de Cortalart et à ses héritiers.*

Universis presentem cartam inspecturis, Karilefus de Cloe, salutem in Domino. Universitati vestre notum facio quod, cum Rob[ertus] de Lescuerie et Erenburgis, mater ejus, dedissent michi, pro servitio meo, totum pratum integre quod ipsi et antecessores sui tenuerunt, situm juxta insulam portus de Conge, quod pratum communicat cum prato Rad[ulfi] buticularii et Guichardi et Contesse et est inter heureias, ego vendidi monachis Domus Dei de Trappa duas partes hujus prati, nichil michi ibi retinens, nec uxori mee, nec heredibus meis. Sed tenebunt illud pratum, libere et quiete, per unum denarium turonensem, in Natali sancti Johannis Baptiste persolvendum, singulis annis, Richeldi de Cortalart et heredi suo. Que Richeldis et Hugo, filius ejus, dictam venditionem concesserunt et garantizare tenentur sicut domini. Hanc autem venditionem ego et uxor mea, et

(1) *Aliàs* Robert Lécuyer (Cf. pièces XIII et XIV, présente série).
(2) *Texte* : prata.

heredes mei post me, tenemur garantizare prefatis monachis bona fide. Et, ut hoc firmum maneat et stabile in perpetuum, presentem cartam sigilli mei munimine confirmavi. Actum anno gratie M° CC° tricesimo primo.

## XXVII

1225. — *L'official du Mans notifie que, par-devant lui, Robert de Moncé, chevalier, et Guillaume, son fils, ont reconnu à l'abbaye de la Trappe, sous réserve de leurs droits, la possession d'une vigne, sise à Ancines, dans leur fief, aumônée à la dite abbaye par Philippe de Coudrai.*

Universis presentes litteras inspecturis, officialis cenomannensis, salutem in omnium Salutari. Noveritis quod, in nostra presentia constituti, Rob[ertus] de Monceaus (1), miles, et Willelmus, filius ejus et heres, voluerunt et concesserunt quod abbas et monachi de Trappa possideant quamdam vineam, sitam apud Uncines (2), in feodo ipsius Roberti, militis, ut dicebant, quam Ph[ilippus] de Coudrai (3) dictis abbati et monachis dederat in elemosinam, retento sibi omni jure suo quod habebant antea in vinea memorata, hoc excepto, quod ad vendendum vel ad ponendum in manum laicam predictam vineam non poterunt compellere abbatem et monachos de Trappa supradictos. Nos autem, ut hec concessio firma permaneat, ad preces dictorum Roberti militis, et Willelmi, filii sui, presentes litteras fecimus sigilli curie cenomannensis munimine roborari. Actum anno gratie M° CC° vicesimo quinto.

## XXVIII

1244. — *Raoul de Foummecon, prétre, et Regnaud, son frère, vendent à l'abbaye de la Trappe une terre sise dans la paroisse de Saint-Mars-sous-Ballon, pour quatre-vingt livres tournois et à charge d'un cens annuel de treize deniers du Mans, payable au seigneur féodal, et de deux sous tournois de rente au profit de l'abbaye de Perseigne,*

Universis presentes litteras inspecturis, Rad[ulfus] de Falmu-

(1) Moncé-en-Sonnois, commune du canton de Marolles-les-Braux.
(2) Ancines, canton de Saint-Pater, arrondissement de Mamers.
(3) Le Coudrai, hameau, commune d'Ancines.

con, presbyter, et Rag[inaldus], ejus frater, salutem in Domino. Noveritis universi quod nos vendidimus abbati et monachis de Trappa, cisterciensis ordinis, sagiensis dyocesis, quamdam terram in parrochia Sancti Medardi de Baladone, in feodo Willelmi de Polleio (1), militis, prout dividitur a vineis dictorum monachorum, ex una parte, et chemino quod de Baladone ducit ad Proeium, ex altera, pro quater viginti libris turonensium, quas ab eisdem recepimus et de quibus nos tenemus pro pagatis in denariis numeratis, exceptioni non numerate et non tradite pecunie et non recepte penitus renunciantes. Et de dicta terra et de omni jure et omni domino que in ea habebamus vel habere poteramus, desaisivimus nos et abbatem dicte abbatie, nomine dictorum monachorum, saisivimus manualiter de eisdem, omne jus, dominium, proprietatem, possessionem naturalem et civilem, actionem realem et personalem que et quas habebamus et habere poteramus, in dictos abbatem et monachos transferendo, nichil juris nobis et heredibus nostris in perpetuum retinentes in eadem. Et tenemur garantizare, defendere pariter et garire dictam terram dictis monachis contra omnes, quantum jus dictabit. Et sciendum quod tenebunt dicti monachi dictam terram de domino feodali ad XIII denarios cenomannenses censuales, et faciendo eidem alia servitia exinde sibi debita et aliorum supradictorum feodi dominorum, et reddendo II solidos turonensium annui redditus monachis de Persenia, sine alia redditione. Et si, ob defectum garantizandi predictam terram, deffendendi seu gariendi, dicti monachi aliqua dampna sustinuerint vel sumptus et expensas facerint, in placito vel extra placitum, tenemur dictis monachis resarcire et plenarie satisfacere de eisdem ad plenum dictum procuratoris ipsorum post sacramentum, sine alia probatione, nos et heredes nostros et omnia bona nostra mobilia et immobilia, quoad hoc, penitus obligantes, et de promissis tenendis et de non veniendo contra tenemur dictis monachis, fide prestita corporali. Et ut hoc firmum et stabile maneat in perpetuum, dedimus predictis monachis presentes litteras, sigillorum nostrorum munimine roboratas. Actum anno Domini M° CC° XL° quarto.

(1) Poillé, commune du canton de Brûlon, arrondissement de La Flèche (Sarthe).

## XXIX

1244. — *L'official du Mans notifie l'abandon fait par Hersende, femme de Richard de Bures, chevalier, à Renaud de Foumecon, pour lui et ses frères Raoul et Guérin, de la terre de Mauray, dans la paroisse de Saint-Mars-sous-Ballon.*

Universis presentes litteras inspecturis, officialis cenomannensis, salutem in Domino. Noveritis quod domina Hersendis, uxor Ric[ardi] de Bures, militis, de assensu et voluntate dicti Rica[rdi], viri sui, dimisit ad presens Rag[inaldo] de Fomucon, filio suo, pro se et Rad[ulfo] et Gar[ino], ejus fratribus, et Guilloto, nepoti suo, qui presentes non erant, terram que dicitur terra de Marraio, sitam in parrochia Sancti Medardi de Baladone, prout clauditur a vineis monachorum de Trappa, ex una parte, et ex alia parte a chemino qui ducit de Baladone ad Pereram, quam dicta domina habebat in quadam petrina sita apud Baladonem, cum muris et pertinentiis sitis infra muros, et dimisit eis omnia supradicta de voluntate viri sui, ad presens habenda et ad voluntatem suam penitus faciendam. Et de dictis rebus et de omni jure et dominio que in eis habebat et habere poterat, de voluntate dicti Ricardi, viri sui, desaisivit se, et dictum Rag[inaldum], pro se et aliis supradictis, saisivit manualiter de eisdem ; et dedit fidem dicta domina quod in dictis rebus nichil de cetero reclamabit et aliquo titulo modo sibi competenti. Preterea (1)... de Chardonai et Alicia, ejus uxor, predictam dimissionem concesserunt spontanei et dederunt fidem quod in dictis rebus nichil de cetero reclamabunt aliquo titulo modo sibi competenti. In cujus rei testimonium, sigillo curie cenomannensi fecimus sigillari. Anno M° CC° XL° quarto.

## XXX

1244. — *L'official du Mans notifie la vente faite à l'abbaye de la Trappe, par Raoul de Foumecon, prêtre, et Renaud, son frère, pour le prix de quatre-vingt livres du Mans et à charge de diverses redevances, d'une terre dépendant du fief de Guillaume de Poillé, chevalier, sise dans la paroisse de Saint-Mars-de-Ballon.*

Universis presentes litteras inspecturis, officialis curie cenoman-

---

(1) Il y a ici, dans le manuscrit, un blanc, réservé vraisemblablement pour inscrire un prénom.

nensis, salutem in Domino. Noveritis quod, in presentia nostra constituti, Rad[ulfus] de Fomucon, presbyter, et Rag[inaldus], frater ejus, vendiderunt in jure abbati et conventui de Trappa, cisterciensis ordinis, sagiensis diocesis, quamdam terram sitam in parrochia Santi Medardi de Baladone, in feodo Guillelmi de Poelleio, militis, ut dicitur, prout dividitur a vineis dictorum monachorum, ex una parte, et chemino qui ducit de Baladone ad Percium, ex altera ; et vendiderunt predicti Rad[ulfus] et Rag[inaldus] predictis monachis dictam terram pro quater viginti libris turonensium, de quibus coram nobis Rad[ulfus] et Rag[inaldus] in jure tenuerunt se pro pagatis in denariis numeratis, exceptioni (1) non numerate pecunie et non tradite et non recepte renunciantes in jure, coram nobis, specialiter et expresse Et de dicta terra et de omni jure et dominio que in ea habebant et habere poterant, dessaisierunt se in jure coram nobis, et abbatem dicte abbatie, nomine dictorum monachorum, saisierunt manualiter de eisdem, omne jus, dominium et proprietatem, possessionem naturalem et civilem, actionem realem et personalem que et quas habebant et habere poterant in eadem, in dictos abbatem et monachos transferendo, nichil sibi et suis heredibus retinentes. Et tenentur predicti Rad[ulfus] et Rag[inaldus] garantizare, defendere pariter et garire dictis monachis dictam terram contra omnes, quantum jus dictabit, ad tredecim denarios cenomannenses censuales reddendos singulis annis domino feodali, cum aliis serviliis debitis domino feodali et aliorum superiorum dominorum, et II solidos turonensium annui redditus reddendos abbatie de Persenia, et tres solidos turonensium annui redditus reddendos ipsis monachis de Trappa (2), sine alia redditione ; se et heredes suos, et omnia bona sua, mobilia et immobilia, presentia et futura, quoad hoc obligando. Et, si, ob defectum garantizandi, defendendi seu gariendi, dicti monachi aliqua dampna sustinuerint, vel sumptus et expensas fecerint, in placito vel extra placitum, dicti Rad[ulfus] et Rag[inaldus] ea tenentur eis resar-

(1) *Texte* : exceptione.

(2) Cette charte est la reproduction presque littérale de la pièce qui figure ci-dessus sous le n° XXVIII. Remarquons toutefois, dans celle-ci, ce passage qui offre une clause que nous n'avons pas rencontrée dans la première, et qui ne laisse pas que d'être embarrassante. Comment, en effet, expliquer qu'on grève d'une rente au profit de l'abbaye de la Trappe une terre que l'on vend à cette abbaye elle-même ?

cire et plenarie satisfacere de eisdem, ad plenum dictum procuratoris ipsorum post sacramentum, sine alia probatione, se et heredes suos et bona sua, quoad hoc, obligando. Et de premissis tenendis et de non veniendo contra, predicti Rad[ulfus] et Rag[inaldus] tenentur, fide prestita corporali ; et, de voluntate [eorum], nos, et ad petitionem ipsorum, supradicta sempiternaliter tenenda decernimus et ea sigillo curie cenomannensis fecimus sigillari. Actum anno Domini M° CC° XL° quarto.

## XXXI

1244. — *L'official du Mans notifie l'adhésion donnée, par-devant lui, par Bénévente, femme de Regnaud de Foumecon, à la vente faite par ledit Regnaud et Raoul, son frère, à l'abbaye de la Trappe, d'une terre sise dans la paroisse de Saint-Mars-sur-Ballon.*

Universis presentes litteras inspecturis, officialis cenomannensis, salutem in Domino. Noveritis quod, cum Rad[ulfus] de Foum con, presbyter, et Rag[inaldus], frater ejus, vendidissent abbati et conventui de Trappa quamdam terram sitam in parrochia Sancti Medardi de Baladone, in f[e]odo domini Guillelmi de Polleio, militis, ut dicitur, prout dividitur a vineis monachorum de Trappa, ex una parte, et chemino quod de Baladone ducit ad Piretum (1), ex altera, tandem, constituta coram nobis in jure, Beneventa, uxore dicti Rag[inaldi], venditionem predictam spontanea concessit et ratam habuit et acceptam. Et dedit fidem in manu nostra dicta Beneventa quod in dicta terra, ratione dotalitii, vel elemosine, vel alio titulo modo sibi competenti, nichil de cetero reclamabit. In cujus rei testimonium, etc.. Actum anno Domini M° CC° XL° quarto.

## XXXII

1244. — *L'official du Mans notifie que, par-devant lui, Guillaume de Poillé, chevalier, a ratifié, comme seigneur du fief, la vente faite par Raoul de Foumecon et Renaud, son frère, à l'abbaye de la Trappe, d'une terre sise dans la paroisse de Saint-Mars-sous-Ballon.*

Universis presentes litteras inspecturis, officialis cenoman-

---

(1) Pérai, commune du canton de Marolles-les-Braux.

nensis, salutem in Domino. Noveritis quod, cum Rad[ulfus] de Folmucon, presbyter, et Rag[inaldus], frater ejus, vendidissent abbati et conventui de Trappa, cirterciensis ordinis, sagiensis dyocesis, quamdam terram sitam in parrochia Sancti Medardi de Baladone (1), in feodo Willelmi de Polleio, ut dicitur, militis, prout dividitur a vineis dictorum monachorum, ex una parte, et chemino quod ducit de Baladone ad Piretum, ut dicebatur, tandem in nostra presentia constitutus, predictus Guillelmus de Polleio, miles, feodalis dominus dicte terre, dictam venditionem concessit et ratam habuit et acceptam, volens et concedens in jure coram nobis quod dicti abbas et conventus, salvis eidem militi et suis superioribus dominis feodalibus omnibus suis redibentiis, teneant laice et possideant dictam terram in suo feodo in perpetuum, sicuti predicti Rad[ulfus] et Rag[inaldus] eam tenebant, ita, quod dicti monachi reddant annuatim dicto militi et suis heredibus tredecim denarios cenomannenses censuales, ad Natale sancti Johannis Baptiste, apud Balon, et rectas tallias, videlicet de qualibet sextariata terre unum denarium cenomannensem, quando in illo feodo rectas tallias contigerit evenire ipsi militi et superioribus dominis suis feodalibus. Et nos omnia supradicta adjudicavimus tenenda, et ea sigillo curie cenomannensis fecimus sigillari. Actum anno Domini M° CC° XL° quarto.

## XXXIII

1245. — *L'official du Mans notifie la ratification faite pardevant lui par Guillaume de Puisat, chevalier, comme seigneur en partie du fief, de la vente de la terre de Maurray, dans la paroisse de Saint-Mars-sous-Ballon, consentie par Raoul de Foumecon, prêtre, et Regnaud, son frère, en faveur de l'abbaye de la Trappe.*

Universis presentes litteras inspecturis, officialis cenomannensis, salutem in Domino. Noveritis quod, cum Rad[ulfus] de Folmucon, presbyter, et Rag[inaldus], frater ejus, vendidissent abbati et conventui de Trappa, cisterciensis ordinis, quamdam terram, sitam in parrochia Sancti Medardi de Baladone, in feodo Willelmi de Puisaz, militis, prout dividitur a vineis dictorum

(1) Voir, sur cette vente, les pièces XXVIII, XXX et XXXI de la présente série.

monachorum, ex una parte, et chemino quod ducit de Baladone apud Piretum, ex altera, et vocatur terra de Malrei, ut dicebant, tandem, in nostra presentia constitutus, dictus Guillelmus de Puisaz, medius dominus feodalis dicte terre, dictam venditionem concessit et ratam habuit et acceptam, volens et concedens in jure, coram nobis, quod dicti abbas et conventus teneant laice et possideant dictam terram in suo feodo in perpetuum, sine contradictione aliqua a dicto Willelmo, vel ejus heredibus, dictis monachis de cetero facienda, salvis eidem militi et suo superiori domino feodali omnibus suis redibentiis et rectis talliis, sibi per manum illius domini, a quo dicti monachi dictam terram tenent in medietate, a dictis monachis persolvendis, quando in illo rectas tallias contigerit evenire. Et nos omnia supradicta adjudicavimus tenenda, et ea sigillo curie cenomannensis fecimus sigillari. Actum anno gratie M° CC° XL° quinto.

## XXXIV

1239. — *L'official du Mans notifie que Prince Le Forsene, chevalier, a, par-devant lui, reconnu la donation faite par son aïeul, à l'abbaye de la Trappe, d'une terre sise au val de Courtavon, d'un clos et de quatre deniers de cens, le tout exempt de charges, à la réserve seulement d'une redevance annuelle de huit deniers du Mans au profit du donateur et de ses héritiers.*

Universis presentes litteras inspecturis, officialis cenomannensis, salutem in Domino. Noveritis quod, in nostra presentia constitutus, Princius Le Forsene, pro salute anime sue et antecessorum et successorum suorum, concessit monachis abbatie de Trappa, cisterciensis ordinis, in elemosinam perpetuam, liberam et quietam ab omni servitio, tallia et seculari consuetudine et exactione, donationem avi sui Princii, militis, de terra que est in valle de Cortavon et clauso de Doheneria, juxta illam terram, et quatuor denariis censualibus quos Mucetus de duobus jugeribus terre debebat eidem. Et sciendum quod, in hiis omnibus, nichil sibi retinuit, nec heredibus suis, preter octo denarios cenomannenses pro recognitione, in Natali sancti Johannis Baptiste annis singulis, sibi vel heredibus suis, vel cui jusserit apud Baladonem, persolvendos. Qui nisi in dicto festo persoluti fuerint, dicti monachi in emenda dicti Princii erunt de quinque solidis turonensium. Monachi vero, intuitu pietatis, sepedicto Princio et antecessoribus et successoribus ejus participationem omnium bonorum spiritualium qui in dicta abbatia fient de cetero concesserunt. Et, ut hec omnia perpetuam habeant firmitatem, dignum duximus presentes litteras, ad petitionem dicti Princii, sigilli curie cenomannensis munimine roborare. Actum anno Domini M° CC° tricesimo nono.

## XXXV

1230. — *Maurice, évêque du Mans, notifie la volonté de Gervais Assalé qu'après sa mort il soit fait remise à l'abbaye de la Trappe, par son héritier, de dix sous du Mans sur vingt qu'elle lui devait annuellement pour une servitude de passage qu'il lui avait accordée sur ses vignes.*

Universis presentes litteras inspecturis, Mauritius (1), Dei permissione cenomannensis ecclesie minister indignus, salutem in Domino. Noverit universitas vestra quod Gervasius Assalli de Corvarain, constitutus coram nobis, confessus est se concessisse viris religiosis, abbati et conventui de Trappa viam per vineas suas de la Changerniere, per quam ipsi monachi poterunt ire ad vineas suas de la Changernière, libere et quiete (2). Et intimavit nobis frater Gar[inus], monachus de Trappa, quod abbas et monachi supradicti dederunt dicto Gervasio, pro habenda via illa, viginti solidos cenomannensium et unum denarium turonensem, singulis annis, pro servitio. Dictus vero [Garinus] voluit et precepit quod heres suus de viginti solidis cenomannensium, de quibus se tenuit pro pagato, restituat decem solidos monachis antedictis, post decessum ejusdem Gervasii. In cujus rei testimonium, presentes litteras duximus concedendas. Datum anno Domini M° CC° tricesimo.

## XXXVI

1238. — *Le doyen de Ballon notifie la vente faite, moyennant quinze sous tournois, par la veuve de Jean Lescuyer, à l'abbaye de la Trappe, de tous les droits qu'elle avait à raison de sa dot, sur des prés possédés par ladite abbaye.*

Universis presentibus et futuris, G. decanus de Baladone,

(1) Maurice, évêque du Mans de 1216 à 1231.
(2) V. précédemment la pièce XX, qui a pour objet la concession de servitude dont il est ici question.

salutem in Domino. Noveritis quod, in nostra presentia constituta, relicta defuncti Johannis dicti Armigeri recognovit quod ipsa vendiderat abbati et conventui de Trappa omne illud quod habebat, juris nomine dotalitii, in quibusdam pratis et fileriis que dicti abbas et conventus possidebant, et que omnia defunctus Johannes dictus Armiger, quondam maritus dicte relicte, possederat, durante matrimonio inter dictum Johannem et dictam relictam, pro XV solidis turonensium, de quibus, coram nobis, se tenuit pro pagata. Et dedit fidem in manu nostra quod aliquid in rebus predictis, ratione dotalitii vel alio titulo, nullatenus reclamabit. Quod ut ratum habeatur in posterum, presentes litteras sigilli nostri munimine fecimus roborari. Anno Domini Mº CCº XXXº VIIIº.

## XXXVII

1208. — *Rotrou, seigneur de Montfort-sur-Huisne, accorde à l'abbaye de la Trappe un chêne à prendre dans ses forêts, au choix de ladite abbaye, chaque année, entre Pâques et la Saint-Jean.*

Universis ad quos presens carta pervenerit, Rotroldus, dominus Montis Fortis (1), dedi Deo et monachis Beate Marie de Trappa, in perpetuam elemosinam, liberam et quietam ab omni servitio et seculari consuetudine, unam quercum, quantamcumque elegerint, in forestis meis extra defensa, singulis annis capiendam, a Pascha usque ad Natale sancti Johannis Baptiste. Et ut hec elemosina mea, facta anno Verbi incarnatati Mº CCº octavo, rata sit et stabilis in perpetuum, nec ab aliquo possit infringi vel disturbari, ego dignum duxi presentem cartam sigilli mei munimine confirmare.

## XXXVIII

1231. — *Richilde de Cortalart, veuve de Barthélemi Mauchien, reconnait la donation d'un pré faite par Raoul de Cloué à l'abbaye de la Trappe, et affranchit le dit pré de toute charge envers elle, moyennant toutefois un cens annuel d'un denier tournois pour elle et ses héritiers.*

Noverint universi, presentes et futuri, quod ego, Richeldis de

(1) Montfort-le-Rotrou ou Montfort-sur-Huisne, chef-lieu de canton, arrondissement du Mans.

Cortalart, relicta Barthol[omei] Mauchien, concessi, volui et approbavi venditionem et elemosinam quam Rad[ulfus] de Cloe fecit monachis Domus Dei de Trappa, sicilicet pratum quod Rob[ertus] de Lescuerie et Eremburgis, mulier ejus, dederunt Karilefo pro servitio suo. Hoc pratum tenebunt dicti monachi libere et quiete ab omnibus rebus ad me et ad heredes meos pertinentibus, per unum denarium turonensem, michi et heredibus meis annuatim, in Natali sancti Johannis Baptiste, persolvendum, et per unum denarium turonensem de tallia rationabili, cum evenerit. Hec omnia que supra dicta sunt, teneor garantizare dictis monachis et defendere sicut dominus feodi. Et ad hoc idem, successores meos volui obligari. Hoc autem totum concessit Hugo, filius meus. Et ut hoc firmum maneat et stabile in perpetuum, dignum duxi presentem cartam sigilli mei munimine confirmare. Actum anno gratie M° CC° XXX° primo.

## XXXIX

1223. — *L'official du Mans notifie la donation, faite par Jean Lécuyer à l'abbaye de la Trappe, d'un pré sis dans le fief de Prince Chabot, ledit donateur ne s'y réservant qu'un cens annuel de deux deniers du Mans.*

Universis presentes litteras inspecturis, officialis cenomannensis, salutem in Domino. Noveritis quod, in nostra presentia constitutus, Johannes de Escueria recognovit quod, de consensu Guillelmi, clerici, fratris sui, dederat abbati et conventui de Trappa, in puram in perpetuam elemosinam, quoddam pratum situm in ripparia Osne (1), in feodo Princii Chabot, continens ducentas tesas in circuitu, sicut mete ostense dividunt, et octo pedes terre circumadjacentis, ad facienda fossata ubi fuerit oportunum ; ita, quod in dicto prato, dictus Johannes vel ejus heredes nichil de cetero reclamabunt, preter duos denarios cenomannenses censuales, annuatim in festo Ascensionis eidem Johanni vel ejus heredibus persolvendos. Et de hoc faciendo tenetur tam ipse quam heredes sui, dictum pratum, pro posse suo, garantire abbatie de Trappa superius memorate. Quod ut ratum habeatur et stabile, presentem cartam sigillo curie cenomannensis fecimus sigillari. Actum anno gratie M° CC° XX° tertio.

(1) L'Orne, affluent de gauche de la Sarthe.

## XL

1230. — *Prince Chabot, chevalier, approuve la vente, faite à l'abbaye de la Trappe par Jean Lécuyer, de prés sis à Champroux.*

Sciant presentes et futuri quod ego, Princius Chabot, miles, laudavi et fieri volui emptionem quam dilecti mei monachi de Trappa fecerunt a Johanne Scutario et heredibus suis apud Campum Ruffum, videlicet pratum et ea que de fossatis que ibi monachi fecerunt clauduntur, cum quibusdam aliis pratis et dictis fossatis, ad mensuram fossatorum de longo, et de lato ad extensionem quinque tesiarum et parum plus, ex una parte. Dedi etiam et concessi (1) dictis monachis, in elemosinam liberam perpetuam, ab omnibus rebus penitus et quietam, preter tres denarios censuales, annuatim reddendos, apud Baladonem, heredibus prefati Johannis Scutarii, [in festo beati Johannis Baptiste (2)... Et, ut hoc firmum et stabile permaneat in perpetuum, dignum duxi presentem cartam sigilli mei munimine roborare Anno M° CC° XXX°.

## XLI

1232. — *Prince Chabot, chevalier, confirme les donations faites à l'abbaye de la Trappe par Alice La Soudière et Eremburge, sa mère, et par Robert Lécuyer.*

Noverint universi, presentes et futuri, quod ego, Princius Chabot, miles, laudavi, volui et concessi, Johanne, filio meo, assentiente et volente, monachis Domus Dei de Trappa, elemosinam quam Aales La Soudeere et Eremburgis, mater ejus, fecerunt eis de omnibus que de me tenent et tenere debent, salvo jure meo ad me et ad heredes meos pertinente. Preterea volui et concessi, dicto Johanne, filio meo, concedente et volente, elemosynam quam fecit eis Robertus Lescuer (3) de prato quod est inter pratum Ric[ardi] de Villa et portum de Conge; quod pra-

---

(1) *Texte* : concessis.

(2) Cette phrase est évidemment incomplète. Il faut imputer la lacune au copiste.

(3) **Voir ci-dessus charte XXXIX.**

tum dictus Robertus et heredes ejus tenentur eis garantizare et liberare. Quod si facere non possent, ego teneor, et heredes mei post me, ad cogendum eos ut alibi, in hereditate quam de me tenent, illud exambient ad valorem. Et, ut hec omnia firma maneant in perpetuum et stabilia, dignum duxi presentem cartam sigilli mei munimine confirmare. Actum anno M° CC° XXX° secundo.

## XLII

1241. — *L'official du Mans notifie une transaction intervenue entre Eremburge de Champroux, veuve de Jean Lécuyer, et Robert, son fils, d'une part, et l'abbaye de la Trappe, d'autre part, au sujet d'un pré sis au Port et que lesdits héritiers dudit Jean Lécuyer revendiquaient sur l'abbaye ; par cette transaction, ils se désistent de leurs prétentions, moyennant une somme de quinze sous tournois.*

Universis presentes litteras inspecturis, officialis cenomannensis, salutem in Domino. Noverit universitas vestra quod, cum contentio verteretur coram nobis inter Eremburgem de Campo Ruffo, relictam defuncti Johannis Armigeri, et Rob[ertum], ejus filium, et ejus heredes, ex una parte, et abbatem et conventum de Trappa, cisterciensis ordinis, ex altera, super hoc videlicet, quod ipsi petebant a dictis abbate et conventu quoddam pratum situm apud portum de Conge (1), in feodo de Cortalart, ut dicebant, et ea ratione petebant, quod eisdem debebat devenire jure successionis, ex parte dicti Johannis, patris ipsorum puerorum, ut dicebant, et etiam super hoc, quod ipsa Eremburgis coram nobis peteret ab eisdem abbate et conventu, in dicto prato, dotalitium suum, secundum consuetudinem patrie generalem, quod detineret minus juste, ut dicebat, et peteret ea ratione quod dictus Johannes, dictus Armiger, maritus suus, possedit dictum pratum tanquam suum, durante quondam matrimonio inter ipsos, et fructus inde perceptos ad valorem centum solidorum, quod negatum erat a parte adversa; tamdem composuerunt in hunc modum dicte partes, de consilio bonorum virorum (2), quod dicti

(1) Le Port, commune de Mézières-sous-Ballon, canton de Marolles-les-Braux, arrondissement de Mamers.

(2) Les mots *dicte partes, de consilio bonorum virorum*, ne viennent, dans le manuscrit, qu'une ligne plus bas, après *omni jure*, où ils brisent absolument le sens du texte et le rendent incompréhensible Nous avons corrigé cette erreur du copiste et remis les mots sur lesquels elle porte à la place qu'ils occupaient certainement dans l'original.

abbas et conventus, pro bono pacis et pro omni jure quod dicta
Eremburgis, Rob[ertus] et ejusdem relicte heredes in dicto prato
habebant vel habere posterant, dederunt XV solidos turonensium, de quibus, coram nobis, se tenuerunt pro pagatis in pecunia numerata, renunciantes exceptioni pecunie non numerate.
Et dedit fidem in manu nostra dicta Eremburgis, pro se et ejus
heredibus, quod in dicto prato nichil nomine dotalitii vel elemosine, vel alio aliquo titulo nichil de cetero reclamabit. Dictus
autem Rob[ertus] dedit fidem quod in dicto prato nichil de cetero
reclamabit. In cujus rei testimonium, presentes litteras, ad petitionem partium, sigillo curie cenomannensis fecimus sigillari.
Actum anno Domini M° CC° XL° primo.

## XLIII

1224. — *Le doyen de Ballon notifie la donation, faite par
Richard Rebotin à l'abbaye de la Trappe, d'une vigne sise
aux Puisats, à charge seulement d'un denier de cens annuel
au profit de Mathieu des Puisats, seigneur du fief.*

Universis presentes litteras inspecturis, G., decanus de Baladone, salutem. Noveritis quod Ric[ardus] Rebotin, coram nobis
constitutus, dedit et concessit, cum assensu uxoris sue et heredum suorum, in perpetuam elemosynam, pro salute anime sue
et antecessorum suorum, monachis de Trappa vineam et omnia
que possidebat apud les Puisaz, que fuit sita inter domum Johannis Leferle et domum Martini des Puisaz. Huic autem elemosyne
Matheus des Puisaz, nomine feodi, favorabilem se prebuit et
benignum. Predicti vero monachi hec dicta libere et quiete per-
petualiter possidebunt, reddendo annuatim Matheo des Puisaz,
domino feodi, ad Natale Domini, unum denarium cenomannensis monete. Ut autem hec elemosyna perpetua gaudeat firmitate, et ne super eadem possit contra prefatos monachos de cetero
calumnia suboriri, nos, ad hujus rei confirmationem, presentem
cartam sigillo nostro curavimus roborare. Actum anno gratie
M° CC° XX° quarto.

## XLIV

1232. — *Hugues de Baucay, seigneur de Ballon, donne à l'abbaye de la Trappe sa chapelle du château de Ballon, avec le droit de nomination des chapelains, pour l'abbé de la Trappe.*

Noverint universi, presentes et futuri, quod ego, Hugo de Baucei (1) et dominus Baladonis, dedi abbatie Beate Marie de Trappa, cisterciensis ordinis, pro salute anime mee et antecessorum et successorum meorum, cappellam meam que est in castro de Baladone, cum omnibus pertinentiis suis, libere et pacifice in perpetuum possidendam (2). Abbas autem dicte abbatie de capellano et luminari capelle profate providebit. Qu, capellanus, si dominus prefati castri et uxor ejus in eodem castro moram fecerint, cotidie in eadem capella cantare tenebitur, et, ipsis absentibus, tribus vicibus, si potuerit, in septimana. Tenebitur etiam dictus capellanus michi, et heredibus meis post me, juramento, salva ecclesie libertate, in secretis meis et in omnibus aliis fidelitatem observare (3). Et, ut hoc firmum maneat et stabile in perpetuum, dignum duxi presentem cartam sigilli mei munimine confirmare. Anno M° CC° XXX° II°.

## XLV

[S d., 1158-1171]. — *Jean, fils de Guillaume, comte de Ponthieu, Béatrice, sa femme, et Jean, son fils, accordent à l'abbaye de la Trappe la franchise des transports sur leurs terres et dix sommes de vin annuelles.*

Notum sit omnibus, tam presentibus quam futuris, quatinus

---

(1) Hugues de Bauçay semble appartenir à une illustre famille Poitevine, originaire de Baussay-le-Noble, commune de Mouterre-Silly, canton et arrondissement de Loudun. (*Dict, hist. biogr. et généal. des familles de l'ancien Poitou*, t I, p. 235; Redet, *Dict. top. du département de la Vienne*, p. 24.

(2) Une sentence des assises de Ballon du 29 juillet 1506 condamna l'abbaye à rebâtir la chapelle du château. (*Inventaire général des titres de l'abbaye de la Trappe*, p. 49).

(3) Il résulte d'une déclaration donnée a la seigneurie de Ballon en 1704 et fondée sur des transactions de 1518. que l'abbaye est chargée, envers le seigneur, de 16 deniers de cens et d'une messe tous les lundis de chaque semaine à la chapelle du château ; en outre de quatre messes, à Pâques, la Pentecôte, la Toussaint et Noël, et une messe aux cinq fêtes de la sainte Vierge. (*Instruction générale*, p. 29).

ego, Johannes, filius Willelmi, comitis Pontivi (1), et Beatricia, uxor mea, atque Johannes, filius meus, condedimus habere in perpetuum in elemosynam ecclesie Domus Dei de Trappa et fratribus ibidem Deo servientibus liberum et quietum transitum per omnem terram nostram, tam in bigis quam in quibuslibet subvecturis, et decem summas vini mei apud Pereium, singulis annis, pro remedio animarum nostrarum, heredum quoque et predecessorum. Teste F[rogerio], sagiensi episcopo, et Bernardo, capellano, et multis aliis. Quod ut firmius teneatur, cartulam istam sigilli nostri impressione munire curavimus.

## XLVI

1257. — *Le doyen de Ballon notifie que, par-devant lui, la veuve de Guillaume Péchin s'est reconnue obligée envers l'abbaye de la Trappe à une redevance annuelle de deux sommes de vin, tant en vertu de donations faites par son mari et par Alard Couvertoir, qu'en vertu d'une vente par elle consentie avec ladite abbaye.*

Universis presentes litteras inspec.uris, decanus de Baladone, salutem in Domino. Noverint universi quod, in nostra presentia constituta, relicta defuncti Gouillermi Pechin recognovit in jure, coram nobis, quod defunctus Alardus Couvertoir, dederat, pro salute anime sue, unam summam vini, annui redditus, abbati et conventui Domus Dei de Trappa, et dictus Guillelmus Pechin, quondam ejus maritus, unum costerellum (2) vini eisdem abbati et conventui, similiter annui redditus, cum assensu et voluntate dicte uxoris habenda et percipienda annuatim, tempore vindemiarum, super quadam vinea sita apud la Covertere, in feodo Johannis Lassalli, quam dicta relicta tenet et possidet, ut asserit. De quibus summa vini et costerello predicti abbas et conventus, per longum tempus, fuerunt in possessione percipiendi et habendi.

(1) Guillaume Talvas III, comte d'Alençon (1112-1171), était depuis 1105 comte de Ponthieu, du chef de sa mère. Son fils, Jean Ier, comte d'Alençon (1171-1191), avait porté d'abord le titre de comte de Sées, il épousa Beatrix d'Anjou et il en eut un fils, Jean II, comte d'Alençon du 24 février au mois de mai 1191. (Odolant Desnos, *Mémoires historiques sur la ville d'Alençon et sur ses seigneurs*, t. I. p. 285).

(2) Le costeret, mesure pour les liquides. Il résulte de cette charte que le costeret équivalait à une demi-somme. (*V. plus bas*).

Recognovit etiam dicta relicta quod ipsa vendiderat dictis monachis unum costerellum vini annui redditus, habendum et percipiendum a dicta relicta, vel ejus heredibus, super dicta vinea, dicto tempore vindemiarum, annuatim ad mensuram Baladonis statutum, ad domum dictorum monachorum apud Trappam, in parrochia Sancti Medardi. Et facta fuit venditio predicta pro septem solidis cenomannensium, de quibus dicta relicta, coram nobis, se tenuit pro pagata, renuncians omni exceptioni pecunie non numerate et non solute. Hanc vero venditionem tenetur dicta relicta garire et defendere dictis monachis contra omnes, quantum jus dictabit, Et sacravit in jure coram nobis se reddituram dictis monachis, vel eorum certo mandato, de cetero duas summas vini puri et legitimi, dicto tempore et ad dictam mensuram et ad locum predictum, tam ratione donationis predicte quam ratione venditionis ab eadem relicta facte, ad hec se et sua et suos heredes obligando specialiter et expresse. Et dedit fidem in manu nostra quod contra donationes factas in tribus costerellis vini et contra venditionem predictam, per se vel per alium, de cetero non veniet in futurum. Et nos omnia, ad petitionem partium, adjudicavimus sempiternaliter observanda, et ea sigillo nostro fecimus sigillari. Datum anno Domini M° CC° L° septimo.

## XLVII

1258. — Par-devant le doyen de Ballon, Nicolas Béraud, clerc, vend, pour neuf livres du Mans, à l'abbaye de la Trappe, une pièce de terre sise dans la paroisse de Saint-Mars-sous-Ballon, à charge, pour ladite abbaye, d'un cens annuel de quatre sous du Mans, payable à Hugues Bérard, sa vie durant.

Universis presentes litteras inspecturis, R., decanus de Balun, salutem in Domino. Noverint universi quod, in nostra presentia constitutus, *Nicholaus Beraut*, clericus, recognovit in jure quod ipse vendiderat viris religiosis, abbati et conventui Beate Marie de Trappa, cisterciensis ordinis, quamdam petiam terre site in parrochia Sancti Medardi de Balun, in feodo fratrum hospitalium jherosolimitanorum, cum quadam noa subtus sita. Et facta fuit dicta venditio pro novem libris cenomannensium, de quibus denariis dictus Nicholaus, coram nobis, se tenuit pro pagato, renuncians omni exceptioni pecunie non numerate et non solute. Hanc vero venditionem tenetur dictus Nicholaus garire et defendere dictis abbati et conventui contra omnes, quantum jus dictabit, ad duos denarios cenomannenses annui census, reddendos die dominica ante *Letare Jherusalem* (2) apud Sanctum Medardum, in ecclesia ejusdem loci, si a dictis fratribus vel eorum mandato requiratur, sine alia redibitione. Et tenentur predicti abbas et conventus reddere singulis annis Hugoni Berart, vel ejus mandato, de dicta terra, quatuor solidos cenomannensium, ad Natale Beate Marie, quamdiu vixerit tantummodo. Hanc vero venditionem ratam habuit et acceptam uxor dicti Nicholai, et dedit fidem in manu nostra spontaneam quod contra venditionem predictam, per se vel per alium, de cetero non veniet in futurum. Et ita dictus Nicholaus dicte uxori excambiavit quamdam vineam sitam apud Lescallozere, in feodo Guillelmi de Poilleio, militis, sibi et heredibus suis jure hereditario possidendam. De quo excambio dicta uxor, coram nobis, se tenuit pro pagata et dedit fidem in manu nostra quod, in dicta terra vendita, nichil de cetero reclamabit aliqua ratione sibi modo competenti. Et nos omnia ista, ad petitionem partium, adjudicavimus sempiternaliter observanda. Datum anno Domini M° CC° L° octavo.

## XLVIII

Février 1259 (n. st.). — *L'official du Mans vidime la notification du doyen de Ballon ci-dessus.*

Universis presentes litteras inspecturis, officialis cenomannensis, salutem in Domino. Noveritis nos, anno Domini M° CC° L° octavo, mense februario, vidisse litteras decani de Baladone, sigillo suo sigillatas, sub hac forma : « R. decanus de Balun, salutem in Domino. Noveritis quod, in nostra presentia constitutus, Nicholaus Beraut, clericus, recognovit in jure, coram nobis, quod ipse vendiderat... » *Et cetera ut superius in alia littera.*

(2) L'introit du quatrième dimanche de carême commence par les mots *Lœtare Jerusalem,* il s'agit donc ici du troisième dimanche.

# N

## Carte apud Molins [1] et Bonmolins [2]

### I

1229. — *Richard Blancpoil vend à l'abbaye de la Trappe, pour quatre livres tournois quatorze sous, une rente de six deniers que lui devait Raoul Rivière, et une terre acquise par lui à Moulins-la-Marche d'Etienne Guénart.*

Noverint universi, presentes et futuri, quod ego, Ricardus Blancpoil, vendidi monachis Domus Dei de Trappa, pro quatuor libris turonensium et quatuordecim solidis, sex denarios quos debet [michi] Rad[ulphus] Rivere, et totam terram quam acquisivi apud Molins a Stephano Guenart, que juncta est terre quam idem monachi acquisierunt de Roberto Costentin. Hanc venditionem concesserunt filii mei Symon et Ric[ardus]. Et ad hoc garantizandum et liberandum fideliter tenemur, si quis super hiis faceret impedimentum, vel ad excambiandum, si garantizare non possemus. Et, ut firmum sit et stabile in perpetuum, sigilli mei munimine roboravi presens scriptum. Actum anno gratie M° CC° XX° nono.

### II

1236. — *Richard Blancpoil, du consentement de sa femme Odeline, vend à l'abbaye de la Trappe, au prix de cent sous tournois comptant, un étal à la boucherie de Moulins-la-Marche, n'y réservant qu'une redevance annuelle de 6 deniers, tant à son profit qu'à celui du Roi.*

Noverint universi, presentes et futuri, quod ego, Ricardus Blancpeil, de assensu et voluntate Odeline, uxoris mee, et heredum meorum, vendidi monachis de Trappa, pro centum solidis

---

(1) Moulins-la-Marche, chef-lieu de canton, arrondissement de Mortagne.
(2) Bonsmonlins, commune du canton de Moulins-la-Marche.

turonensium quos ab eisdem recepi, unum stallum quod ego acquisivi a Radulpho Trenchechol, situm in bocheria de Molins, scilicet tertium prope cheminum juxta stallum defuncti Roberti Costentin, habendum dictis monachis in perpetuum, et de cetero tradendum ab eisdem cuicumque voluerint et prout melius poterunt, sine mei et meorum reclamatione, cum omnibus libertatibus quas habebam in dicto stallo, exceptis tantummodo sex denariis domino regi et michi annuatim in festo sancti Remigii persolvendis. Et si contigerit igne vel alio infortunio illud deperire, in eadem platea semper poterit restitui et parari. Hanc autem venditionem teneor garantire et defendere dictis monachis contra omnes, sub dicta forma, et ab omnibus liberare, vel in eadem stallatura de Molins valore ad valorem excambiare, si liberare et defendere non valerem. Et ad hoc agendum post me heredes meos obligavi. In cujus rei testimonium et munimen, presentem cartam sigilli mei munimine roboravi. Anno Domini M° CC° XXX° VI°.

## III

Juillet 1249. — *Nicolas de Certelle assigne une rente annuelle de trois sous tournois, léguée par feu Robert de Certelle, son père, à l'abbaye de la Trappe, sur son abergement de Certelle, pour y être perçue chaque année à la Saint-Remi.*

Noverint universi, presentes et futuri, quod ego, Ric[ardus] de Sartella (1), assignavi monachis Domus Dei de Trappa tres solidos turonensium annui redditus quos eisdem legavit Robertus de Sartella, pater meus defunctus, super herbergamento de Sartella, annuatim in festo sancti Remigii recipiendos a me et heredibus meis post me; ita, quod, si infra octabam predicti festi beati Remigii, predicti tres solidi non fuerint persoluti monachis supradictis, ipsi poterunt suam facere justitiam in dicto herbergamento et tenemento, pro habendo dicto redditu et emenda dictis monachis a me et ab heredibus meis persolvendis pariter et tradendis. Et, ut hoc firmum maneat et stabile in perpetuum, dedi supradictis monachis presentem cartam, sigilli mei munimine roboratam, per quam me et heredes meos volui ad predicta

(1) Grande et Petite Certelle, hameaux, commune de Saint-Aquilin-de-Corbion.

omnia tenenda, garantizanda et defendenda penitus sepedictis monachis obligari. Actum anno Domini M° CC° XL° nono, mense julio.

## IV

1212. — *Renaud de Sainte-Colombe transfère à l'abbaye de la Trappe, à titre de donation, plusieurs tènements dont il était propriétaire à Rouxoux, Fay, Moulins-la-Marche, etc.*

Sciant presentes et futuri quod ego, Reinaldus de Sancta Columba (1), dedi et concessi Deo et Beate Marie de Trappa monachisque ibidem Deo servientibus, in puram et perpetuam elemosinam, liberam penitus et quietam ab omnibus rebus, totum tenementum quod tenebat de me Gaufridus Orient apud ruam Martini, quod debet duos solidos census; et totum tenementum quod tenebat Radulfus Murie apud Runcos (2), unde debet duodecim denarios; et totum tenementum quod tenebat Symon Berengarius apud Frais (3), unde debet XXI denarios; et totum tenementum quod tenebat Haymericus de Falandres (4), unde debet XVI denarios, scilicet XII denarios de domo sua et quatuor denarios de quadam terra que est apud Ronchous; et domum quam Agnes Chanin tenebat de me, unde debet duodecim denarios; et totum tenementum quod Garinus Lebret tenebat de me apud Roucos, unde debet XVIII denarios; et totum tenementum quod Odelina La Cornefiere tenebat de me apud Roncos, unde debet VII denarios; et totum tenementum quod Gaufridus Largus tenebat de me, unde debet VIII denarios; et domum quamdam quam Radulfus Nepos tenebat de me apud Molins, unde debet XII denarios; ita quod de predictis tenementis facient homines qui ea tenent predictis monachis quantum pro me faciebant et facere debebant, quia in predicto tenemento nichil michi vel heredibus meis retinui. Et sciendum quod, si ego vel heredes mei non poterimus dictis monachis predicta tenementa garantizare, tenebimur eis de jure, ego vel heres

(1) Sainte-Gauburge-Sainte-Colombe, commune du canton du Merlerault, arrondissement d'Argentan.
(2) Rouxoux, ancienne paroisse réunie à Moulins-la-Marche.
(3) Fay, commune du canton de Moulins-la-Marche ?
(4) Falandre, château, commune de Mahéru, canton de Moulins-la-Marche.

meus, quicquid inde amittere contigerit excambiare. Et, ut hoc firmum maneat in perpetuum, sigilli mei impressione munivi presens scriptum. Actum anno Domini M° CC° duodecimo.

## V

1229. — *Robert Costentin fait donation à l'abbaye de la Trappe de trois sous et demi de cens annuel, à lui dûs pour la moitié d'une terre lui appartenant, et lui vend, moyennant quarante sous tournois, un cens équivalant sur l'autre moitié.*

Sciant presentes et futuri quod ego, Robertus Costentin, dedi Deo et monachis Beate Marie de Trappa, in perpetuam elemosinam, liberam penitus ab omnibus rebus et quietam, tres solidos et dimidium quos Rad[ulfus] Riveri debebat michi, persolvendos annuatim in festo sancti Remigii de medietate pecie cujusdam terre que est inter terram Galteri Hunaut et terram Ricardi Blancpeil. Preterea vendidi prefatis monachis tres solidos et dimidium quos Galterus de Ulmo debebat michi de altera medietate ejusdem terre, reddendos annuatim similiter in festo sancti Remigii. Unde recepi ab ipsis monachis quadraginta solidos turonensium. Si vero uxor mea, post obitum meum, inde dotem habuerit, monachi jam dicti tenebunt in manu sua terram quam de illis teneo in feodo de Dispensaria (1), donec predicta elemosina et dicta venditio ad ipsos integre revertatur. Ego autem et heredes mei tenemur predictas elemosinam et venditionem contra omnes homines garantizare et ab omnibus liberare, nichil in eis de cetero reclamantes. Et sciendum quod supradicti Radulfus et Galterus tenebunt de sepedictis monachis supradictam terram sicut tenebant de me, et omnes redibitiones ejus solvere tenebuntur. Et, ut hoc in perpetuum firmum sit et stabile, presens scriptum sigilli mei testimonio confirmavi. Actum anno Domini M° CC° XX° nono.

---

(1) La Dépenserie, canton et commune de Moulins-la-Marche.

## VI

1243. — *Nicolas de Rué, seigneur de Courteraie, donne à l'abbaye de la Trappe dix sous tournois de rente à recevoir chaque année, à Pâques, sur la prévôté de Moulins-la-Marche.*

Noverint universi, presentes et futuri, quod ego, Nicholaus de Rue, miles et dominus Curteharaie (1), dedi et concessi monachis Domus Dei de Trappa, in elemosinam perpetuam, liberam penitus et quietam, pro salute anime mee et animarum patris et matris mee et Guillelmi, fratris mei, decem solidos turonensium annui redditus, quos assignavi eisdem monachis in prepositura de Molendinis, annuatim, in Pascha, per manum prepositi ejusdem ville reddendos et integre percipiendos. Hanc autem elemosinam ego, Nicholaus, teneor garantizare et defendere contra omnes molestantes et a rebus omnibus penitus liberare. Et ad hoc agendum post me et firmiter tenendum, heredes meos obligavi. Et, si contigerit quod dictum redditum ego et heredes mei garantizare et defendere dictis monachis non poterimus et apud Molins liberare penitus, tenemur excambiare eisdem monachis eumdem redditum in dominico nostro de Curtaharaia, et ibi valore ad valorem integre assignare. Et, ut hoc firmum sit et stabile in perpetuum, presentem cartam sigilli mei munimine roboravi. Actum anno Domini M° CC° XL° tertio.

## VII

[S. d.] — *Guillaume de Rué, seigneur de Courteraie, fait donation à Simon Lebret et à Isabelle, femme dudit Simon, d'une terre sise à Moulins-la-Marche, au-dessous du château, à charge d'une redevance annuelle de cinq sous d'Anjou.*

Willelmus de Rueio, dominus Curteharaie, omnibus ad quos presens scriptum pervenerit, salutem. Noveritis me donasse et presenti carta mea confirmasse Symoni Lebret et Isabel, uxori

---

(1) Saint-Aubin-de-Courteraie, commune du canton de Bazoches-sur-Hoëne, arrondissement de Mortagne (Orne).

sue, totam terram meam quam habebam subtus castrum de Molins, in perpetuam hereditatem, pro annuo redditu quinque solidorum andegavensium, ad festum sancti Remigii michi et heredibus meis solvendorum, ita quod eamdem terram, in vita sua vel ad obitum, quibuscumque voluerint donare poterunt, salvo in omnibus jure michi debito in eadem terra. — *Noverint... quod, anno Domini M° CC° LX° III° acquisivimus predictos quinque solidos de domino Curteharie, preter IV libras turonensium* (1).

## VIII

1222. — *Sylvestre du Breuil, clerc, assigne trois sous tournois, donnés à l'abbaye de la Trappe par son frère Richard, sur un tènement affermé par lui aux héritiers de Roger Bodin.*

Sciant presentes et futuri quod ego, Silvester de Brolio (2), clericus, concessi et assignavi Deo et monachis Domus Dei de Trappa, in perpetuam elemosinam, liberam ab omnibus rebus penitus et quietam, in tenemento quod tenent de me heredes Rogeri Bodin jure hereditario, tres solidos turonensium quos Ricardus, frater meus, dedit eis, a quocumque tenente illud tenementum, in festo sancti Remigii annuatim persolvendos. Et, si in dicto termino persoluti non fuerint, monachi in illo tenemento plenarie justitiam suam facient, donec integre persolvatur. Et sciendum quod monachi in predicto tenemento nichil amplius poterunt reclamare. Et, ut hoc ratum sit et stabile in perpetuum, presentem cartam sigilli mei munimine confirmavi. Actum anno gratie M° CC° vicesimo secundo.

## IX

1244. — *Mathilde la Maconesse fait donation de l'abbaye de la Trappe de douze deniers tournois à prendre, chaque année, à la Saint-Remi, sur sa terre de Tournay, dans la paroisse de Moulins-la-Marche.*

Noverint universi, presentes et futuri, quod ego, Matildis La

---

(1) Ces dernières lignes sont une addition faite au xiv° siècle, ainsi que l'indique l'écriture, au texte primitif de la charte transcrite.

(2) Le Breuil, commune de Moulins-la-Marche.

Maconesse, dedi, pro salute anime mee, monachis Domus Dei de Trappa, in elemosinam liberam penitus et quietam, duodecim denarios turonensium quos assignavi eis super tota terra mea de Tornai, sita in parrochia de Molins, juxta Fontem, habendos eis in perpetuum et percipiendos annuatim, in festo sancti Remigii, et reddendos a me, vel heredibus meis, vel a quocumque alio tenente dictam terram, ita quod justitiam suam in ea plenarie facere poterunt pro habendis dictis denariis, cum emenda, et pro habendo redditu suo de domo sua quam tradiderunt nobis apud Molins, tenendam michi et matri mee, tantummodo ad vitam nostram. In cujus rei testimonium, ego, predicta M[atildis], sigilli mei munimine presentes litteras roboravi. Actum anno Domini M° CC° XL° quarto.

X

1225. — *Marguerite de Rouxoux, veuve de Guérin Menier, donne à l'abbaye de la Trappe trois sous tournois de cens annuel et douze deniers de cens annuel, à elle dus par Raoul Leneveu et par les héritiers de Roger Gilon.*

Noverint universi, presentes et futuri, quod ego, Margarita de Roucos, relicta Garini Menier, concedentibus filiis meis Radulfo et Johanne, dedi monachis Domus Dei de Trappa, in elemosinam perpetuam, liberam ab omnibus rebus penitus et quietam, tres solidos turonensium annui redditus quos michi debebat Radulfus Nepos de terra quam tenebat de me, quam terram totam quitavi dictis monachis ita, quod nec in terra, nec in dicto Radulfo, nec in herede suo, aliquid de cetero potero reclamare, nec heredes mei post me. Dedi etiam eisdem, in elemosinam liberam et quietam, duodecim denarios turonensium quos heredes Rogeri Gilonis debebant michi de quodam tenemento quod tenebant de me. Quod tenementum penitus quitavi ita, quod nec a me, nec ab heredibus meis ibi aliquid de cetero poterit reclamari, sed ab omnibus tenemur liberare. De iis autem supradictis feci monachis sepedictis seisinam apud Molins, in ecclesia, coram parrochia. Et ad notissimam hujus rei firmitatem et perpetuam, dedi eis presentem cartam, sigilli mei munimine roboratam. Actum anno Domini M° CC° vicesimo quinto.

## XI

1231. — *Robert et Guérin Leneveu se reconnaissent redevables envers l'abbaye de la Trappe de deux sous tournois chaque année, à la fête de l'Assomption.*

Noverint universi, presentes et futuri, quod ego, Robertus Le Nevo, et ego, Garinus le Nevo, tenemur reddere monachis Domus Dei de Trappa, et heredes nostri post nos, duos solidos turonensium annuatim, in Assumptione Beate Virginis Marie, de terra que est supra viam vinarii de Molins, que fuit quondam Radulfi Le Nevo (1) et Hemmesendis, uxoris ejus. Et ex eadem terra debemus sex denarios annui redditus vinetariis de Molins. Et hanc terram debent garantizare nobis et heredibus nostris dicti monachi sicut ipsi sibimet garantizarent. Et, ut hoc firmum et stabile maneat in perpetuum, presentem cartam sigillorum nostrorum munimine dignum duximus confirmare. Actum anno Domini M° CC° XXX° primo.

## XII

1236. — *Robert de Vals, du consentement de Simon de Gâprée chevalier, son seigneur suzerain, assigne à l'abbaye de la Trappe, sur une terre sise dans la paroisse de Saint-Germain, près du moulin de Vals, une rente annuelle de deux sous, monnaie courante, payable à la Saint-Jean.*

Noverint universi, presentes et futuri, quod ego, Robertus de Vals, assignavi monachis Domus Dei de Trappa, super quadam terra sita juxta molendinum de Vals, inter boscum meum et bezium ejusdem molendini, duos solidos annui redditus usualis monete, persolvendos annis singulis, in festo sancti Johannis Baptiste, a me et heredibus meis post me, vel a quocumque alio dictam terram tenente, monachis supra dictis ; ita quod, si dicti duo solidi in predicto termino soluti non fuerint, ipsi poterunt dictam terram in manu sua capere et tenere, donec de dicto redditu eis integre satisfactum fuerit, cum emenda ad usus patrie

---

(1) Raoul Leneveu, déjà mentionné dans la pièce ci-dessus.

persolvenda. Et hoc teneor garantire eis contra omnes quamdiu vixero, et a rebus omnibus liberare ; ad quod agendum post me heredes meos similiter volui penitus obligari. Et sciendum quod ego et heredes mei non possumus dare, vendere aut invadiare aut aliquo modo commutare terram supradictam, nisi salvo dicto redditu duorum solidorum quos tenemur reddere annuatim prefatis monachis, ut superius est relatum. In cujus rei testimonium et munimen, presentem cartam sigilli mei munimine roboravi. Preterea sciendum est quod dominus Symon de Gaspree, miles, de quo teneo predictam terram, in parrochia Sancti Germani de Curia sitam, hoc libere voluit et concessit dictis monachis habendum in perpetuum sub dicta forma. Et, sicut dominus feodi, hoc tenetur eis garantizare, defendere et liberare. Quod ut firmum sit et stabile in perpetuum, dictus Symon, ad precem et petitionem meam, cum sigillo meo, in majus testimonium et munimen, huic carte sigillum suum apponere dignum duxit. Actum anno Domini M° CC° tricesimo sexto.

## XIII

1210. — *Girard de Réveillon cède à l'abbaye de la Trappe quatre arpents de terre dans le fief de Richard de Certelle, et deux sous de cens annuel dus, pour les trois quarts, par Aucher et, pour un quart, par Constantin.*

Sciant presentes et futuri quod ego, Girardus de Rivellon (2), concessi et presenti carta confirmavi Deo et Beate Marie de Trappa monachisque ibidem Deo servientibus, in perpetuam elemosinam, liberam penitus et quietam ab omnibus rebus, quatuor jugera terre in feodo dicti Ric[ardi] de Sartella ad marnerias, juxta terram Symonis Lebret, et duos solidos annui census, de quibus debet Aucherus, et heres ejus post eum, pro terra sua quam tenet juxta Fosseta (2), XVIII denarios, et Constantinus VI denarios, pro terra quam habet super Itun, tali conditione, quod qui residuum feodi jam dicti Ric[ardi] tenuerit, predictam elemosinam in omnibus deserviet. Ut autem hoc ratum sit et stabile in perpetuum, presenti scripto et sigilli mei testimonio roborans confirmavi. Actum anno Domini M° CC° decimo.

(1) Réveillon, commune de Moulins-la-Marche.
(2) Le Fosset, commune de Saint-Ouen-de-Sécherouvre, canton de Bazoches-sur-Hoêne.

## XIV

1239. — *Gilbert du Vieux-Pont, de l'assentiment d'Alice, sa femme, et de son fils, vend un pré à l'abbaye de la Trappe pour la somme de sept livres tournois comptant.*

Noverint universi, presentes et futuri, quod ego, Gillebertus de Veteri Ponte (1), concedentibus filio meo et Aalesia, uxore mea, vendidi monachis Domus Dei de Trappa quamdam noam quam tenebam de Roberto Pesaz, que juncta est ad noam Robes, pro septem libris turonensium quos integre habui. Et si quis eos super hoc in placitum traheret vel aliquo modo perturbaret, ego teneor defendere et liberare. Et ad hoc idem heredes meos obligavi. Si vero dicta uxor mea dotalitium in predicta noa post mortem meam requireret, ego volui et assignavi ut in campo qui est super prefatam noam ei ad valorem excambiaretur. Ad quod agendum heredem meum volui obligari. Et ut hoc firmum sit et stabile in perpetuum, presens scriptum sigilli mei munimine roboravi. Anno M° CC° XXX° IX (2).

## XV

1231. — *Robert Pesaz ratifie la vente d'un pré faite à l'abbaye de la Trappe par Gilbert du Vieux-Pont et abandonne à ladite abbaye douze deniers de cens annuel qu'il avait sur ledit pré.*

Noverint universi, presentes et futuri, quod ego, Robertus Pesaz, volui et concessi venditionem prati quam Gillebertus de Veteri Ponte fecit monachis Domus Dei de Trappa (3), quod pratum ipse de me tenebat pro duodecim denariis annui census. Et sciendum est quod illud pratum junctum est ad pratum Robes. Illos vero duodecim denarios dedi dictis monachis in elemosinam

---

(1) Le Vieux-Pont, commune de Moulins-la-Marche.
(2) On lit dans le manuscrit, en marge de cette pièce, écrit en caractères de la même époque et de la même main que la transcription, le mot *duplex*, souligné au minium. Il faut sans doute entendre par cette mention que l'acte qu'elle accompagne existait en double exemplaire dans les archives de l'abbaye.
(3) Cette vente fait l'objet de la charte précédente.

perpetuam, liberam ab omnibus rebus et quietam. Pratum autem et prefatos duodecim denarios ego et heredes mei tenemur jam dictis monachis garantizare et liberare ab omnibus rebus que ad nos pertinent et possent pertinere. Quod ut ratum et stabile permaneat in perpetuum, presentem paginam sigilli mei testimonio roboravi. Actum anno Domini M° CC° tricesimo primo.

## XVI

1239 — *Herbert Moinet et sa femme Yseult donnent à l'abbaye de la Trappe une maison, à Moulins-la-Marche, pour la tenir de ladite abbaye moyennant un cens annuel de douze deniers et en vue d'avoir leur sépulture dans le monastère.*

Noverint universi, presentes et futuri, quod ego, Herbertus Moinet, de assensu et voluntate Yseudis, uxoris mee, dedi et concessi, in elemosinam perpetuam, monachis Domus Dei de Trappa domum meam de Molins, sitam inter domum defuncti Galteri Prior, ex una parte, et inter domum Guillelmi de Nonnant, ex altera; ita quod ego et heredes mei tenebimus de dictis monachis dictam domum pro annuo redditu duodecim denariorum communis monete, eis reddendorum annuatim ad Purificationem Beate Marie, et omne jus inde regi debitum et cuicumque alteri integre persolvemus. Preterea sciendum est quod ego H[erbertus] et dicta Y[seudis], uxor mea, in abbatia de Trappa nostram elegimus sepulturam, dantes et concedentes nos eidem abbatie, cum omnibus partibus nostris omnium catallorum que habemus et habebimus in futurum, salvo omni jure alieno. Dicti vero monachi nobis concesserunt participationem bonorum suorum spiritualium ad nostram vitam pariter et ad mortem. Et, ut hec nostra donatio rata sit et stabilis in perpetuum, presens scriptum roboravimus nostrorum munimine sigillorum. Actum anno Domini M° CC° tricesimo nono (1).

---

(1) En marge de cette pièce se lit, dans le manuscrit, la mention *duplex*.

## XVII

1225. — *Robert du Houssay et sa femme confirment à l'abbaye de la Trappe les donations qu'elle a reçues tant d'eux que de leurs prédécesseurs, et les reconnaissent exemptes de toutes charges, à l'exception de six deniers, monnaie du Mans, grevant le fief de Bouillon.*

Noverint universi, presentes et futuri, quod ego, Robertus de Hosseia (1), et ego, Muria, uxor ejus, laudavimus et concessimus abbatie Domus Dei de Trappa et monachis ibidem Deo servientibus omnes elemosinas quas ipsi habent de nobis et de antecessoribus nostris, sive sint in dominicis, sive in feodis nostris, liberas et quietas. Et eas garantizare tenemur et liberare, et heredes nostri similiter, quantum ad nos et ad ipsos pertinet, exceptis sex denariis monete perticensis de feodo de Bullon, per festa sancti Remigii annuatim nobis sine emenda, et, post nos, heredibus nostris, persolvendis. Ut autem hoc firmum maneat et stabile in perpetuum, presentem cartam sigillorum nostrorum munimine confirmavimus. Actum anno gratie M° CC° vicesimo quinto.

## XVIII

1243. — *Aufroy Lolier le jeune vend, au prix de cinquante-cinq sous tournois comptant, à l'abbaye de la Trappe, quatre sous tournois trois deniers que lui devait annuellement Guillaume Deschamps à raison d'un hébergement.*

Noverint universi, presentes et futuri, quod ego, Aufridus Lolier junior, vendidi monachis Domus Dei de Trappa, pro quinquaginta et quinque solidis turonensium quos ab eisdem recepi, quatuor solidos turonensium et tres denarios annui redditus quos michi reddebat annuatim Guillelmus de Campis de herbergamento suo, quod tenebat de me, juxta herbergamentum meum et juxta herbergamentum Symonis Le Tessier deffuncti, annis singulis ipsis monachis in perpetuum persolvendis a pre-

---

(1) Le Houssay, château, commune de Saint-Aquilin-de-Corbion, canton de Mouins-la-Marche.

dicto Guillelmo et heredibus suis, terminis subnotatis, videlicet : in Natali Domini duos solidos et tres denarios, et in Nativitate sancti Johannis Baptiste (1), duos solidos ; nichil in predictis scilicet redditu et herbergamento, nec michi, nec heredibus meis retinens in futurum. Set tam ego quam heredes mei tenemur predictis monachis predictum redditum et predictum herbergamentum garantizare, defendere et ab omnibus liberare. Et si forte contigerit quod Johanna, uxor mea, post obitum meum, super predicto redditu vel super dicto herbergamento dotalitium petierit, in clauso meo contiguo dicto herbergamento ei dictum dotalitium a meis heredibus assignetur. Preterea reddidi et quitavi dictis monachis quoddam herbergamentum quod ab eisdem tenebam pro annuo redditu duodecim denariorum, situm inter cheminum de Bonmoulins et herbergamentum predicti Symonis Letessier ; ita quod nec ego, nec heredes mei in predicto herbergamento aliquid poterimus de cetero reclamare. Et, ut hoc firmum et stabile maneat in perpetuum, presentem cartam sigilli mei munimine roboravi. Actum anno Domini M° CC° XL° tertio.

## XIX

1211. — *Orient de la Couardière et ses deux fils, avec leurs femmes, font abandon de leurs personnes et de plusieurs terres leur appartenant à l'abbaye de la Trappe.*

Sciant presentes et futuri quod ego, Orient de Lacrosardière (2), concedentibus Renaudo, filio meo, et Roberto, fratre ejus, dedi Deo et monachis Beate Marie de Trappa, in perpetuam elemosinam, liberam penitus et quietam ab omnibus rebus, unam acram terre et dimidiam in clauso nullius vicini et duas acras in guttariis et duo jugera super molendinum Calceate. Preterea ego et predicti Renaudus et Robertus et uxores eorum, dedimus nosmet ipsos Deo et prefatis monachis cum catallis nostris. Itaque unus quisque nostrum deferetur ad abbatiam, post obitum, cum portione sua omnium catallorum suorum, salvo

(1) Le 24 juin.
(2) La Couardière, commune de Saint-Aubin-de-Courteraie, canton de Bazoches-sur-Hoéne ?

jure sacerdotis. Et, ut hoc in perpetuum firmum permaneat et stabile, presens scriptum sigilli mei testimonio confirmavi. Anno M° CC° XI°.

## XX

1236. — *Raoul de Vaunoise ratifie la donation faite par Robert de Marches à l'abbaye de la Trappe d'une redevance annuelle de cinq sous, monnaie du Corbonnais, sur une terre sise dans la parroisse de Soligni-la-Trappe.*

Noverint universi, presentes et futuri, quod ego, Radulfus de Valnoise (1), concessi monachis Domus Dei de Trappa, pro salute anime mee, donationem quam fecit eis Robertus, pelliparius, de Marches, videlicet quinque solidos annui redditus, monete currentis in Corboneto, reddendos dictis monachis annuatim, in Ascensione Domini, a dicto Roberto, quandiu vixerit, et ejus heredibus post eum, tali vero pactione, quod si dictus redditus, prefato termino, eisdem integre solutus non fuerit, dicti monachi suam justitiam facient, pro dicto redditu, in terra quam dictus Robertus tenet de me in parrochia Solignei (2) ; super qua terra ipse assignavit dictis monachis dictum redditum capiendum. Et sciendum quod illa terra aboutat, ex una parte, pratis de Valnoise, et, ex altera, Campo David ; et adcostat terre elemosinariorum de Bonmoulins, ex una parte, et terre Garini Gillebert, ex altera. Quam terram dictus Robertus aut heredes ejus non possunt vendere, dare aut invadiare, nisi salvo redditu monachorum. Hec autem omnia, libera penitus et immunia ab omnibus ad me et heredes meos pertinentibus, teneor garantizare dictis monachis et liberare, sicut dominus feodi, et heredes mei post me. Quod ut firmum sit in perpetuum, presens scriptum sigillo meo roboravi. Et ad majorem confirmationem, Rad[ulfus], primogenitus meus, sigillum suum apposuit. Actum anno gratie M° CC° tricesimo sexto (3).

(1) Vaunoise, commune de Soligni-la-Trappe.
(2) Soligni-la-Trappe, commune du canton de Bazoches-sur-Hoëne, arrondissement de Mortagne.
(3) En marge de cette charte figure, dans le manuscrit, la mention *duplex*. Ce n'est cependant pas un duplicata, mais la confirmation par le seigneur suzerain de la donation rapportée sous le n° LVIII B.

## XXI

1243. — *André Poulain engage à l'abbaye de la Trappe une terre en garantie du paiement d'un cens annuel de cinq sous, monnaie courante, qu'il doit payer à ladite abbaye pour un hébergement qu'il tient d'elle près de Bonmoulins.*

Noverint universi, presentes et futuri, quod, cum ego, Andreas Polein, acceperim de monachis Domus Dei de Trappa unum herbergamentum quod est juxta villam de Bonmoulins, inter cheminum dicte ville et herbergamentum Symonis Le Tessier defuncti, michi et heredibus meis in perpetuum possidendum, pro quinque solidis monete currentis annui redditus, annuatim in festo sancti Remigii persolvendis, ego, predictus Andreas, de dicto redditu ad dictum terminum reddendo et de dicto herbergamento semper in bono statu tenendo, dedi eisdem monachis in contraplegium totam terram quam habeo inter terram Gilleni Polein, patris mei, et terram Guiardi fullonis, ita quod nec ego, nec heredes mei poterimus eam vendere nec invadiare, nec alio modo de nostris manibus alienare, quia in ea poterunt facere dicti monachi suam justitiam pro habendo dicto redditu et emenda et dicto herbergamento faciendo, si necesse fuerit, emendari, et, si per defectum meum vel heredum meorum deciderit, restaurari. Et, ut hoc firmum maneat et stabile in perpetuum, presentem cartam sigilli mei munimine roboravi. Actum anno Domini M° CC° quadragesimo tertio.

## XXII

1217. — *Aucher de Moulins-la-Marche et sa femme cèdent à l'abbaye de la Trappe, pour un tiers à titre de donation et pour deux tiers à titre de vente et moyennant douze livres tournois, une maison, avec dépendances, sise sur la chaussée de Bonmoulins, et deux terres à la Rue et à Saint-Aquilin-de-Corbion.*

Sciant universi, presentes et futuri, quod ego, Aucherus de Moulins, concedente et mecum faciente Osanna, uxore mea, vendidi monachis Domus Dei de Trappa duas partes cujusdam

domus, cum pertinentiis suis, quam habebam in calceia de
Bomolins, et duas partes quarumdam terrarum et cujusdam noe
que est inter duas terras. Quarum terrarum una est apud
Ruam (1), in parrochia de Bomolins, altera in parrochia Sancti
Aquilini (2). Et inde habui duodecim libras turonensium. Ter-
cias vero partes domus et terrarum et noe jam dictarum dedi eis
in elemosinam perpetuam, nichil michi retinens nec heredibus
meis in hiis omnibus. Hec autem omnia debeo dictis monachis
garantizare et deffendere contra omnes homines. Et, ut hoc
firmum maneat in perpetuum, dignum duxi presentem cartam
sigilli mei munimine confirmari. Actum anno Domini M° CC°
septimo decimo.

## XXIII

1222. — *Aubert Perer fait donation à l'abbaye de la Trappe de
deux sous tournois à prendre chaque année, à la Saint-Remi,
sur une terre sise à Bonmoulins, près de la Léproserie.*

Sciant presentes et futuri quod ego, Aubertus Perer, assensu
et voluntate Guibergis, uxoris mee, et Johannis, filii mei, pro
salute animarum nostrarum, dedi Deo et monachis Beate Marie
de Trappa, in elemosinam perpetuam, liberam ab omnibus rebus
penitus et quietam, duos solidos turonensium quos dicti monachi
capient singulis annis, in festo sancti Remigii (3), in terra que
est juxta domum leprosorum de Bonmolins (4), quam tenent
Gillenus Osmundi et Stephanus Moreer de dicto Auberto. Et si
contigerit quod dicti monachi prefatos denarios in jam dicto termino habere non potuerint in prenominata terra, inde justitiam
suam plenarie facient. Et, ut hoc firmum sit et stabile in perpetuum, presentem cartam sigilli mei munimine confirmavi. Actum
anno Domini M° CC° vicesimo secundo.

(1) La Rue, commune de Saint-Aquilin-de-Corbion, près de celle de Bonmoulins.
(2) Saint-Aquilin-de-Corbion.
(3) Le 1er octobre.
(4) Les lépreux de Bonmoulins sont mentionnés dans les grands rôles de l'échiquier de Normandie en 1180 et 1195, comme jouissant d'une rente sur l'aumône
établie (*Mémoires de la Société des Antiquaires de Normandie*, t. XV, p. 33 et 75).

## XXIV

1249. — *Guillaume Le Teinturier vend à l'abbaye de la Trappe, au prix de trente sous tournois, un cens annuel de trois sous, même monnaie, à recevoir de Roger Goyen et de ses héritiers sur une pièce de terre sise au lieu dit Villedieu.*

Noverint universi, presentes et futuri, quod ego, Guillelmus Tincturarius, vendidi monachis de Trappa, pro triginta solidis turonensium, quos ab ipsis integre jam recepi, tres solidos monete currentis, scilicet turonensium, annui et perpetui redditus, quos assignavi eis annuatim, in festo sancti Remigii, recipiendos per manum Rogeri Goyen, qui eosdem tres solidos michi annis singulis reddere tenebatur pro quadam petia terre, quam tenebat de me, sita in loco illo qui dicitur Villa Dei, inter cheminum quo itur de Bonmolins apud Mauritaniam et cheminum quo itur de dicta villa de Bonmolins ad Chiraium (1), et per manum illius qui post dictum Rogerum dictam petiam terre tenebit; ita quod predictus Rogerus et ille qui post ipsum dictam petiam terre tenebit, tenebuntur de cetero dictis monachis, cum dicto redditu trium solidorum, facere omnia que michi et heredibus meis de supradicta petia terre facere tenebantur, vel in posterum tenerentur, quia in predictis omnibus nichil michi nec meis heredibus retinui; presentem cartam, in hujus rei testimonium, sigilli mei munimine confirmans, per quam me et heredes meos ad omnia predicta tenenda fideliter et garantizanda et ab omnibus penitus liberanda et defendenda volui obligari. Actum anno Domini M° CC° XL° nono.

## XXV

1243. — *Guillaume Héron, chevalier, se reconnaît, lui et ses héritiers, tenu envers l'abbaye de la Trappe à une redevance annuelle de douze deniers, à raison d'une terre dont il avait hérité de feu Raoul Langlois, son sergent.*

Noverint universi, presentes et futuri, quod ego, Guillelmus

(1) Chiray, commune de Saint-Ouen-de-Sècherouvre, canton de Bazoches-sur-Hoëne, arrondissement de Mortagne.

Heron, miles, et heredes mei tenemur reddere annuatim, in festo sancti Remigii, monachis Domus Dei de Trappa, duodecim denarios currentis monete pro quadam terra de Braachins, quam habui de eschaeta defuncti Rad[ulfi] Anglici, quondam servientis mei, qui eam acquisivit de cementariis et inde faciebat michi decem et octo denarios annui redditus, et dictis monachis duodecim denarios supradictos. Et, ne dicti monachi super solutione dictorum duodecim denariorum possint a me vel heredibus meis in posterum molestari, dedi eis presentem cartam, sigilli mei munimine roboratam, per quam obligavi me et heredes meos vel quoscumque alios dictam terram tenentes ad reddendum annis singulis, in dicto termino, dictos denarios monachis supradictis. Actum anno Domini M° CC° quadragesimo tercio.

## XXVI

Mai 1245. — *Guillaume Héron, chevalier, confirme à l'abbaye de la Trappe, libres et exemptes de tous droits quant à lui, toutes les possessions qu'elle avait dans son fief.*

Noverint universi, presentes et futuri, quod ego, Guillelmus Heron, miles, concessi et confirmavi monachis Domus Dei de Trappa, in elemosinam perpetuam, liberam ab omnibus rebus penitus et quietam ad me et ad heredes meos pertinentibus, omnia que habebant in feodis meis in anno ab Incarnatione Domini M° CC° XL° quinto, mense maii, tam in elemosina quam ex emptione; ita quod nec ego, nec heredes mei poterimus in prefatis omnibus aliquid de cetero reclamare, nec justitiam nec districtionem aliquam exercere. Preterea omnia que dictis monachis amodo collata fuerunt in elemosinam, in feodis supradictis, concessi et confirmavi eisdem similiter, salvo jure domini regis, libera penitus et quieta. Et, ut hoc firmum maneat et stabile in perpetuum, presentem cartam dedi eis sigilli mei munimine roboratam. Actum anno Domini M° CC° XL° quinto.

## XXVII

1238. — *André Lecomte, avec l'assentiment de son fils maître Simon, clerc, fait donation à l'abbaye de la Trappe de sa maison de Bonmoulins.*

Noverint universi, presentes et futuri, quod ego, Andreas,

dictus Comes, de assensu et voluntate magistri Symonis, clerici, filii mei, et aliorum heredum meorum, dedi et concessi, pro salute anime mee, monachis Domus Dei de Trappa, domum meam de Bomolins, sitam juxta domum Guillelmi Amendrot, ex una parte, et juxta parcum des Molins, ex altera, habendam sibi et successoribus suis in elemosinam perpetuam, liberam penitus et quietam, quantum ad me et heredes meos pertinet, quia in dicta domo et ejus platea michi aut dictis heredibus nichil juris retinui, set, absque mei et ipsorum aliqua reclamatione, totum concessi dictis monachis, ad faciendam inde suam penitus voluntatem, salvo in omnibus jure regis. Et hoc totum sub dicta forma teneor garantizare eis et defendere contra omnes et ab omnibus liberare. Et ad hoc idem faciendum post me heredes meos volo penitus obligari. Quod ut firmum sit et stabile in perpetuum, presentem cartam sigilli mei munimine roboravi. Anno M° CC° tricesimo VIII°.

## XXVIII

1243. — *Maître Simon Lecomte, clerc, ratifie la donation faite par André Lecomte, son père, d'une maison sise à Bonmoulins.*

Noverint universi, presentes et futuri, quod ego, magister Symon, clericus, dictus Comes, volui, laudavi et concessi monachis Domus Dei de Trappa, donum et elemosinam quam fecit eis pater meus Andreas (1), videlicet domum quamdam sitam in villa de Bonmolins inter parcam vivarii et domum quam tenuit quondam Guillelmus Amendrot; ita quod ego, in dicta domo quam dedit eis dictus pater meus, nichil juris potero de cetero reclamare, sed dictam elemosinam teneor garantizare dictis monachis contra omnes et penitus liberare. Et ad hoc idem agendum post me, heredes meos volo penitus obligari. Et, ut hoc firmum sit et stabile in perpetuum, presentem cartam sigilli mei munimine roboravi. Actum anno Domini M° CC° XL° tertio.

(1) Donation qui fait l'objet de la charte précédente.

## XXIX

1225. — *Guillaume Omond fait donation d'un pré à l'abbaye de la Trappe pour le salut de son âme.*

Noverint universi, presentes et futuri, quod ego, Gillenus Osmundi, dedi, pro salute anime mee, patris et matris mee, ecclesie Sancte Marie de Trappa totum pratum quod habebam juxta Pissotum in acris, in elemosinam perpetuam, liberam ab omnibus rebus penitus et quietam. Et hoc debeo garantizare dicte ecclesie et ab omnibus liberare, et heredes mei post me. Et, ut hoc firmum maneat et stabile in perpetuum, dedi monachis dicte ecclesie presentem paginam hujus rei testimonialem, sigilli mei munimine roboratam. Actum anno gratie M° CC° vicesimo quinto.

## XXX

1222. — *Guillaume de Barillet approuve la donation, faite à l'abbaye de la Trappe par Guillaume Anesgoch, d'un pré sis près des Hauteis.*

Sciant universi, presentes et futuri, quod ego, *Willelmus de Barilli* (1), laudo, concedo et confirmo Deo et monachis Domus Dei de Trappa, in elemosinam perpetuam, liberam ab omnibus rebus penitus et quietam, donum quod fecerunt eis Gillenus Anesgoch et Willelmus, avunculus ejus, et Hersendis, soror ejus, Rogero, marito ejus concedente, de toto prato suo quod habebant juxta Hauteias et curteriam quamdam quam ipsi monachi habent, de elemosina mea, ibi. Et, ut ratum sit et stabile in perpetuum, ad petitionem dictorum Gilleni et Willelmi et Hersendis, quia sigilla non habebant, presentem cartam sigilli mei munimine confirmavi. Actum anno Domini M° CC° vicesimo secundo.

(1) Barillet, commune de Lignerolles.

## XXXI

Bonmoulins, 1253. — *Emmeline, veuve de Guillaume Biseth, abandonne à l'abbaye de la Trappe, moyennant une somme de cent sous tournois, tous ses droits sur une maison sise à Bonmoulins et sur cinq arpents de terre litigieux entre elle et ladite abbaye.*

Ego, Emmelina, relicta defuncti Guillelmi Biseth, notum facio universis, presentibus et futuris, quod, cum contentio esset inter me et dictum Guillelmum, dum adhuc viveret, ex una parte, et abbatem et conventum Domus Dei de Trappa, ex altera parte, in curia domini regis apud Bomolins, in assisia, super eo, quod dicebamus contra dictos abbatem et conventum quod tradideramus ipsis in vadimonium quamdam domum sitam juxta introitum porte de Molins per quam itur de burgo ad ecclesiam Beati Nicholai de eadem villa, et quinque jugera terre, sita apud Dispensariam, et peteremus ab eisdem, predicta ratione pignoris et feodi, tamdem ego, predicta Emmelina, post decessum predicti Guillelmi, quondam mariti mei, de bonorum virorum consilio, ego et dicti abbas et conventus, dictam contentionem pacificavimus in hunc modum : quod dicti abbas et conventus dederunt michi centum solidos turonensium, quos habui ab eis integre et recepi, et ego predictas domum et terram, et totum jus quod dicebam me habere et quod habere possem quocumque modo seu qualicumque ratione in eisdem, dimisi eis penitus et quitavi ; ita quod nec ego, nec heredes mei poterimus in eis aliquid de cetero reclamare, sed tenemur et amodo tenebimur eisdem ego et heredes mei omnia predicta garantizare et defendere contra omnes et ab omnibus liberare et omnia dampna, si aliqua sustinuerint, et sumptus omnes quos fecerint, in placitis vel extra placita, propter deffectum nostrum garantizandi et defendendi predicta, eis plenarie satisfacere de eisdem, ad dictum unius de suis monachis, facto prius ab eodem sacramento, sive altera probatione, et restaurare. Ad hec autem tenenda et agenda omnia predicta, ego obligavi me et heredes meos et omnia bona mea, mobilia et immobilia, presentia et futura, predictis abbati et conventui per corporale juramentum, a me sibi prestitum, et per presentem cartam, quam dedi ipsis, sigilli mei munimine roboratam. Actum anno Domini M° CC° quinquagesimo tertio, in assisia de Bomolins.

## XXXII

1254. — *Simon Gauson cède à l'abbaye de la Trappe neuf deniers tournois qu'il réclamait d'André Poulain à raison de la tenure d'une terre, ainsi que tous ses droits sur ladite terre.*

Ego, Symon Gauson, notum facio universis, presentibus et futuris, quod, cum peterem ab Andrea Polein (1) novem denarios turonenses, ratione cujusdam petie terre quam tenebat, site juxta domum quam idem Andreas tenebat de religiosis viris, abbate et conventu Domus Dei de Trappa, et eosdem novem denarios dicerem michi et meis heredibus de predicta petia terre deberi annuatim, ego, predictus Symon, postea predictos novem denarios et totum jus et districtum que habebam et habere poteram in eis et in predicta petia terre quocumque mòdo, prenominatis religiosis dimisi penitus et quitavi, pro duodecim solidis turonensium, quos habui ab ipsis integre et recepi ; ita quod ego et heredes[mei], in antedictis terra et denariis et herbergamento, nichil penitus poterimus de cetero reclamare, sed tenebimur et tenemur eisdem religiosis ea garantizare et defendere contra omnes et ab omnibus liberare. Et, ut hoc maneat firmum et stabile in perpetuum, dedi eis presentem cartam. Actum anno Domini M° CC° quinquagesimo quarto.

## XXXIII

1258. — *Philippe Hunaut reconnaît avoir reçu, de l'abbaye de la Trappe, une pièce de terre, sise à Moulins-la-Marche, sous la tour du château, à charge d'un cens annuel de vingt-six sous tournois, en garantie du paiement duquel il engage à ladite abbaye une pièce de terre sise à la Chénaie.*

Universis presentes litteras inspecturis, *Philippus Hunaut,* salutem in Domino. Noveritis quod, cum viri religiosi, abbas et conventus Domus Dei de Trappa tradiderint et concesserint michi totum illud quicquid habebant in quadam petia terre sita

(1) Ce nom nous est déjà connu par la charte XXII ci-dessus.

subtus turrem castelli de Molins, juxta terram prioris Sancti Laurentii de Molins (1), habendum et tenendum de ipsis michi et heredibus meis in perpetuum, pro annuo redditu viginti sex solidorum turonensium, de quibus ipsi tenentur reddere annuatim quinque solidos domino de Curteharaia, qui eidem debentur de terra supradicta, et ego et heredes mei tenemur predictos viginti sex solidos reddere predictis religiosis in festo Natalis annuatim. Et, si infra octabas predicti Natalis Domini predicti viginti sex solidi ipsis non fuerint persoluti, ipsi poterunt facere suam justitiam super predictam terram et super unam petiam terre quam ego habebam apud La Chesnaie, abotantem terre dicti prioris, sitam inter terram filie Jordani de Sancto Laurentio (2), donec habuerint predictum redditum et emendam. Quam predictam petiam terre ego dedi predictis religiosis in contraplegium, tali modo, quod, si a predictis octabis ego vel heredes mei cessaverimus de reddendis ipsis predictis viginti sex solidis cum emenda usque ad festum Natalis Sancti Johannis Baptiste primum post dictas octabas, predicte due petie terre ex tunc ad ipsos devenient, absque contradictione aliqua, ad faciendum ex ipsis suam penitus voluntatem. Sciendum est etiam quod ego et heredes mei faciemus debita servitia de predicta terra quam michi tradiderunt, exceptis quinque solidis supradictis. Et, ne ego et heredes mei possimus venire de cetero contra aliquid de predictis, ego dedi prenominatis religiosis presentes litteras, sigilli mei munimine roboratas, per [quas] obligavi me et heredes meos ad omnia predicta agenda fideliter ac firmiter et tenenda. Actum anno Domini M° CC° quinquagesimo octavo.

---

(1) Le prieuré de Saint-Laurent, situé dans l'enceinte du château, avait été donné vers la fin du xi° siècle à l'abbaye de Saint-Evroult, par Guillaume, seigneur de Moulins.

(2) Saint-Laurent, commune de Moulins-la-Marche.

O

## De Dispensaria [1] et Maheru [2]

### I [3]

Bonmoulins, 3 septembre 1273. — *Robert L'Huissier, bailli de Verneuil et de Gisors, atteste, à la suite d'une enquête, que l'abbaye de la Trappe jouit de droits d'usage, d'herbage, de pacage, etc , dans la forêt de Mahéru.*

**Transcriptio inquisitionis sive inqueste usuagii foreste de Maheru.**

Sciendum est quod nos, Robertus Hostiarius, baillivus Vernolii (4) et Gisortii (5), invenimus, per inquisitionem bonam et legitimam, quod religiosi viri monachi de Trappa usi sunt habere in foresta de Maheru, per manum forestarii, tribus vicibus in anno, merrenum ad carrucas dicte domus faciendum et reparandum, et folium, herbagium, fougeriam et pasturam animalibus dicte domus, et clausuram ad pratum dicte domus de ante domum Gilleberti Chaperon. Et nos, predictus baillivus, injunximus forestario dicti loci ut dimitteret dictos religiosos uti de rebus supradictis bene et quiete. Actum anno Domini M° CC° LXX° tertio, in festo beati Gregorii (6), pape, in assisia de Bonis Molendinis.

Homines inqueste supradicte : Rogerus de Sarte Fortin, de Alnetis, Valetus Ciroel, Rogerus Coulunbel, Guarinus de Toucha, Guarinus Pichon, Johannes de Fengalous, Guillotus Christianus, Gillebertus Hurel, Gervasius Hurel, Gillebertus Chaperon.

---

(1) La Dispenserie, canton et commune de Moulins-la-Marche, arrondissement de Mortagne.
(2) Mahéru, commune du canton de Moulins-la-Marche.
(3) Cette pièce et la suivante figurent, dans le manuscrit, à titre d'additions inscrites dans les marges au début de la présente série.
(4) Verneuil, chef-lieu de canton de l'Eure, arrondissement d'Evreux.
(5) Gisors, chef-lieu de canton de l'Eure, arrondissement des Andelys.
(6) Le 5 septembre.

## II

[S. d., 1154-1189]. — *Henri II, roi d'Angleterre. duc de Normandie et d'Aquitaine, et comte d'Anjou, fait donation à l'abbaye de la Trappe de sa métairie de Mahéru.*

H[enricus], rex Anglie, dux Normannie et Aquitanie, et comes Andegavie, archiepiscopo Rothomagensi, episcopis, abbatibus, comitibus, baronibus, justiciis, vicariis et omnibus ministris suis fidelibus Normannie, salutem. Sciatis me dedisse et presenti carta confirmasse abbatie de Trappa, in perpetuam elemosinam, et monachis ibidem Deo servientibus, pro salute mea et liberorum meorum, et pro animabus antecessorum meorum, meteeriam meam de Maheru. Quare volo et firmiter precipio quod predicta abbatia et predicti monachi eamdem meteeriam habeant et teneant, bene et in pace, libere et quiete, integre et plenarie, cum omnibus libertatibus et liberis consuetudinibus suis, sicut eam tenui in manu mea. Testibus : episcopo lexoviensi, episcopo sagiensi, Roberto, filio comitis Legr[ecerie], et pluribus aliis (1).

## III

1225. — *Richard Le Dépensier vend à l'abbaye de la Trappe, pour la somme de trente livres tournois, tout ce qu'il possédait à la Dépenserie et dans la terre de Moulins-la-Marche, à la réserve seulement de deux sous tournois de cens dus à Guillaume Le Chanu, chevalier, son suzerain.*

Sciant presentes et futuri quod ego, Ricardus Dispensator, vendidi abbati et monachis de Trappa, pro triginta libris turo-

---

(1) Les historiens de la Trappe, Gaillardin, Louis Du Bois, Pitard, l'abbé Fret, disent que le roi Henri II donna la métairie de Mahéru en expiation du meurtre de saint Thomas Becket (1170). Henri Ier (1107-1135), fut aussi un bienfaiteur de la Trappe. A défaut du titre original, perdu aujourd'hui, l'*Inventaire des titres de l'abbaye*, p. 545, en contient l'analyse suivante : « Une charte, sans date, par la« quelle Henri Ier, roi d'Angleterre, duc de Normandie, etc., nous donne la terre « et fief de Mahéru, avec tous les droits honorifiques qui lui appartenaient, à « l'exception de la haute justice, nous accorde en outre trois fouteaux dans la « forêt de Mahéru pour faire des charrues, le droit de panage, pâturage, litière, « et le bois nécessaire pour la clôture de nos héritages. »

nensium, quos ab eis inde recepi, quicquid habebam et jure hereditario possidebam apud Dispensariam et in quocumque alio loco in terra de Molins, in dominico et in feodo, in bosco et plano, in terris et pratis, in hominibus et redditibus, et in omnibus rebus aliis, salvis duobus solidis turonensium domino Willelmo Le Chanu, militi, de quo tenebam, pro omnibus servitiis, singulis annis, in festo sancti Johannis Baptiste persolvendis, et salvis tribus auxiliis feodalibus; tenendum sibi tali libertate quali ego et antecessores mei tenuerunt. Nec ego, nec heredes mei in omnibus hiis aliquid de cetero poterimus reclamare. Et hanc venditionem tam ego quam heredes mei tenemur garantizare contra omnes homines predictis monachis et ab omnibus liberare. Et, ut hoc firmum maneat et stabile in perpetuum, presentem cartam sigilli mei munimine confirmavi. Actum anno gratie M° CC° vicesimo quinto.

## IV

1225. — *Richard Le Dépensier fait donation à l'abbaye de la Trappe d'un tiers de son héritage à la Dépenserie et dans le territoire de Moulins.*

Sciant presentes et futuri quod ego, *Ricardus* Dispensator, pro salute anime mee et antecessorum meorum, dedi Deo et monachis Beate Marie de Trappa, in puram et perpetuam elemosinam, liberam ab omnibus rebus penitus et quietam, tertiam partem totius hereditatis mee quam habebam apud Dispensariam et in quocumque alio loco in terra de Molins, scilicet in dominico et in feodo, in bosco et plano, in terris et pratis, in hominibus et redditibus et in omnibus rebus aliis. Quam elemosinam tam ego quam heredes mei tenemur garantizare contra omnes homines dictis monachis et ab omnibus liberare. Et, ut hoc firmum maneat et stabile in perpetuum, presentem cartam sigilli mei munimine confirmavi. Actum anno gratie M° CC° vicesimo quinto.

## V

1217. — *Richard Le Dépensier transfère à l'abbaye de la Trappe, à titre de donation pour un tiers, à titre de vente et moyennant neuf livres tournois pour les deux autres tiers, une terre que Geoffroi Maunouri tenait de lui, à Aunai.*

Notum sit universis, presentibus et futuris, quod ego *Ricardus L<sup>e</sup> Despensier*, dedi monachis Domus Dei de Trappa, in elemosinam perpetuam, liberam ab omnibus rebus penitus et quietam, tertiam partem tenementi quod Gaufridus Maunorri tenebat de me apud Alnetum (1) Loueiz, et alias duas partes vendidi eis, cum servitiis et omnibus aliis rebus ad illud tenementum pertinentibus. Et ita dictus Gaufridus faciet monachis de toto prefato tenemento quicquid michi faciebat, quia nichil ibi michi retinui, set juravi super sacrosanctum altare Beate Virginis Marie hoc totum garantizare monachis et liberare ab omnibus et per omnia. Et, si non potero garantizare, teneor eisdem excambiare de meo feodo in alio loco ad valorem dicti tenementi. Et sciendum est quod, propter hoc, habui de monachis novem libras turonensium. Ad hujus rei testimonium et firmam stabilitatem, dignum duxi presentem cartam sigilli mei munimine roborari. Actum anno gratie M° CC° septimo decimo.

## VI

1231. — *Guillaume Le Chanu, chevalier, confirme à l'abbaye de la Trappe, moyennant une redevance annuelle de deux sous tournois à son profit, toutes les acquisitions faites par elle dans son fief de Cour-l'Evêque.*

Noverint universi, presentes et futuri, quod ego, Willelmus Le Chanu, miles, laudavi et concessi monachis Domus Dei de Trappa omnes elemosinas et emptiones quas ipsi habent in feodo meo de Cortevesque (2), libere, pacifice et quiete possidendas, quantum ad me et ad heredes meos pertinet, per duos solidos

---

(1) Les Aunais, hameau, commune de Mahéru.
(2) Cour-l'Évêque, ancienne paroisse réunie à Moulins-la-Marche.

turonensium, in festo sancti Johannis Baptiste annuatim michi et heredibus meis persolvendos, et salvis tribus auxiliis ad usus Normannie. Et, ut hoc firmum maneat et stabile in perpetuum, dignum duxi presentem cartam sigilli mei manimine confirmare. Actum anno gratie M° CC° tricesimo primo.

## VII

1225. — *Simon Lebret vend à l'abbaye de la Trappe, au prix de trente livres tournois, tout ce qu'il avait acheté de Raoul Le Dépensier à la Dépenserie et au territoire de Moulins, à la réserve toutefois d'un cens annuel de deux sous tournois existant au profit de Guillaume Le Chanu, chevalier.*

Sciant presentes et futuri quod ego, Symon Lebret, vendidi abbati et monachis de Trappa, triginta libras turonensium, quas ab eis inde recepi, quicquid Ric[ardus] Dispensator vendidit michi (1) apud Dispensariam et in quocumque alio loco in terra de Molins, scilicet in dominio et in feodo, in bosco et plano, in terris et pratis, in hominibus et redditibus, et in omnibus rebus aliis, tenendum et jure hereditario possidendum tali libertate quali predictus Ricardus et antecessores sui tenuerunt, salvis duobus solidis turonensium domino Willelmo Le Chanu, militi, de quo predictus Ricardus tenebat, pro omnibus serviliis, singulis annis, in festo sancti Johannis Baptiste, persolvendis, et salvis auxiliis feodalibus. Nec ego, nec heredes mei in omnibus hiis aliquid de cetero poterimus reclamare. Et hanc venditionem ego teneor garantizare contra omnes homines dictis monachis, salvis catallis meis, et ab omnibus liberare. Et, ut hoc firmum maneat et stabile in perpetuum, presentem cartam sigilli mei munimine confirmavi. Actum anno gratie M° CC° vicesimo quinto.

## VIII

1225. — *Richard Le Dépensier vend à Simon Lebret, au prix de trente livres tournois, tout ce qu'il possédait à la Dépenserie et dans la terre de Moulins, à la réserve toutefois de deux sous tournois de cens au profit de Guillaume Le Chanu, chevalier, son suzerain, et d'une redevance annuelle de six deniers, monnaie courante, à son profit.*

Sciant presentes et futuri quod ego, Ricardus Dispensator,

(1) Cfr la pièce qui suit.

vendidi Symoni Lebret, triginta libras turonensium, quas ab eo inde recepi, quicquid habebam et jure hereditario possidebam apud Dispensariam et in quocumque alio loco in terra de Molins, in dominico et in feodo, in bosco et plano, in terris et pratis, in hominibus et redditibus, et in omnibus rebus aliis, salvis elemosinis quas monachis de Trappa feceram, et salvis duobus solidis turonensium domino Willelmo Le Chanu, de quo tenebam, pro omnibus serviliis, singulis annis, in festo sancti Johannis Baptiste, persolvendis, et salvis auxiliis feodalibus; tenendum sibi aut cui vendiderit vel dederit, tali libertate quali ego et antecessores mei tenuimus. Nec ego nec heredes mei in omnibus hiis aliquid de cetero poterimus reclamare, nisi sex denarios currentis monete michi et heredibus meis, singulis annis, in festo sancti Johannis Baptiste, persolvendos. Et sciendum est quod hanc venditionem poterit prefatus Symon dare et vendere aut elemosinare et plenarie voluntatem suam facere, salvis dictis duobus solidis et auxiliis feodalibus. Et hanc venditionem tam ego quam heredes mei tenemur garantizare contra omnes homines predicto Symoni, vel cui dederit aut vendiderit, et ab omnibus liberare. Actum anno gratie M° CC° vicesimo quinto.

## IX

*Répétition (avec variante) de la pièce précédente.*

Sciant presentes et futuri quod ego, Ricardus Dispensator, dedi Symoni Lebret, pro servitio suo, quicquid habebam et jure hereditario possidebam apud Dispensariam et in quocumque alio loco in terra de Molins... *Et cetera ut superius.*

## X

1225. — *Richard Le Dépensier vend à Simon Lebret, pour cent sous tournois, un cens de six sous tournois que lui devaient Guérin, Robert et Raoul Letelier, pour la tenure d'une terre aux Minières.*

Noverint universi, presentes et futuri, quod ego, Ricardus Dispensator, vendidi Symoni Lebret totum redditum, cum hiis que ad redditum pertinent, quem reddebant michi Garinus Le Telier, Robertus Le Telier et Rad[ulfus] Le Telier de terra de Mineriis, videlicet sex solidos turonensium, in festo sancti Johannis Baptiste, ipsi aut cui vendiderit vel dederit, annis singulis, persolvendos. Et propter hanc venditionem, recepi ab eo centum solidos turonensium. Et si contigeret quod hunc redditum garantizare et liberare non possemus, ego teneor assignare dicto Symoni, aut cui vendiderit vel dederit dictum redditum, duodecim solidos turonensium annui redditus in terra mea de Escagol. Et ad hoc idem faciendum obligavi heredes meos, qui post me hanc obligationem facere tenentur (1). Et, ut hoc firmum maneat et stabile in perpetuum, presentem cartam sigilli mei munimine confirmavi. Actum anno gratie M° CC° vicesimo quinto.

## XI

1225. — *Guillaume Le Chanu, chevalier, approuve, sous réserve d'un cens annuel de deux sous tournois à son profit, la donation faite par Richard Le Dépensier de ce qu'il tenait de lui à la Dépenserie en faveur de Simon Lebret.* (V. ci-dessus pièce VI.)

Noverint universi, presentes et futuri, quod ego, Willelmus Chanu, miles, laudavi et concessi donationem quam Ricardus Dispensator fecit Symoni Lebret, pro servitio suo, scilicet quicquid tenebat de me apud Dispensariam, in dominico et feodo, in bosco et plano, in terris et pratis, in hominibus et redditibus, et in omnibus rebus aliis. Nec in omnibus his dictus Ricardus aliquid de cetero poterit reclamare. Et hec omnia tenebit dictus Symon pacifice, quiete et libere, quantum ad me pertinet et heredes meos, per duos solidos turonensium michi et heredi meo post me, in festo sancti Johannis Baptiste, persolvendos, et salvis auxiliis feodalibus. Et sciendum est quod hanc donationem poterit prefatus Symon dare aut vendere aut invadiare, et plenarie voluntatem suam facere, salvis dictis duobus solidis et auxiliis feodalibus. Et, ut hoc firmum maneat et stabile in perpetuum, dignum duxi presentem cartam sigilli mei munimine confirmare. Actum anno gratie M° CC° vicesimo quinto.

(1) *Texte* : tenerentur.

## XII

*1212. — Gauthier, chevalier, fait don à l'abbaye de la Trappe d'une rente annuelle de deux sous, monnaie courante, payable à la Saint-Jean, sur une terre que Simon Berenger tenait de lui à la Dépenserie.*

Sciant presentes et futuri quod ego, Galterus, miles, concedente Andrea, filio meo, dedi et concessi Deo et monachis Beate Marie de Trappa, in perpetuam, elemosinam, liberam penitus et quietam ab omnibus rebus, duos solidos currentis monete annui redditus, reddendos in festo sancti Johannis Baptiste, in terra quam Symon Berengarius tenet de me apud Dispenseriam. Et, si ego vel heredes mei non poterimus garantizare predictis monachis supradictos duos solidos, tenebimur de jure excambiare eos in feodo Aveline, vel in alio feodo meo quod teneo de eisdem monachis. Et, ut hoc in perpetuum firmum sit et stabile, presens scriptum sigilli mei testimonio confirmavi. Actum anno gratie M° CC° duodecimo.

## XIII

*1231. — Jean de Falandre fait don à l'abbaye de la Trappe d'une redevance annuelle de cinq sous dont il jouissoit sur le tènement de Raoul Crochet, à la Dépenserie.*

Noverint, universi presentes et futuri, quod ego, Johannes de Falandris, dedi, pro salute anime mee et antecessorum et successorum meorum, monachis Domus Dei de Trappa, in elemosinam perpetuam, liberam ab omnibus rebus et quietam, quinque solidos quos habebam in feodo de Dispenseria, in tenemento de Radulfi Crochet, apud Collem, annis singulis, ab illo qui tenementum tenuerit eisdem monachis in festo sancti Remigii persolvendis. Hanc autem elemosinam ego et heredes mei tenemur garantizare, defendere dictis monachis et a dote et ab omnibus rebus aliis liberare. Et, ut hoc firmum maneat et stabile in perpetuum, presentem cartam sigilli mei munimine confirmavi. Actum anno gratie M° CC° tricesimo primo.

## XIV

1231. — *Jean de Falandre vend à l'abbaye de la Trappe, au prix de dix livres tournois, une rente annuelle de quinze sous tournois dont il jouissait sur plusieurs tènements, à la Dépenserie.*

Noverint universi, presentes et futurt, quod ego, Johannes de Falandris, vendidi monachis Domus Dei de Trappa quindecim solidos turonensium annui redditus, quos habebam apud Dispensariam, de terris quas tenent homines subnotati, videlicet : Gervasius Vesinel tres solidos et octo denarios, de tribus acris terre que sunt apud Tertreium (1); Angenoldus Ruffus viginti denarios, de una acra et dimidia apud Pasticia; Herbertus Pelliparius quatuor solidos, de acra et dimidia apud Tertreium, et dimidium de groia apud Vallem de la Nucinniere; Herbertus Geindre duos solidos, de una acra apud Vallem de Tilia (2); Robertus Lougus viginti denarios, de dimidia acra apud Pasticia ; nichil in his omnibus michi vel heredibus meis de cetero retinens. Et sciendum est quod dicti monachi ita libere et quiete tenebunt prefatum redditum, cum omnibus pertinenciis suis, sicut ego tenebam, annis singulis, in festo sancti Remigii, eisdem monachis a prefatis hominibus et eorum heredibus persolvendis. Pro autem hac venditione et quitatione et omnimoda liberatione, habui de dictis monachis decem libras turonensium. Et hanc venditionem teneor eisdem monachis garantizare, defendere et ab omnibus liberare. Et ad hoc idem faciendum, heredes meos obligavi. Et ut hoc firmum maneat et stabile in perpetuum, presentem cartam sigilli mei munimine confirmavi. Anno M° CC° XXX° primo.

## XV

1232. — *Jean, seigneur de Falandre, approuve les vente et donation faites par Jean de Falandre, son oncle, à l'abbaye de la Trappe, dans la terre de la Dépenserie.*

Noverint universi, presentes et futuri, quod ego, Johannes,

(1) Le Tertre, commune de Mahéru.
(2) La Tillière, commune de Mahéru.

dominus de Falandris, volui, laudavi et concessi monachis Domus Dei de Trappa venditionem et elemosinam (1) quam Johannes de Falandris, avunculus meus, fecit eis apud Dispensariam, habendas in perpetuum et tenendas, salvo michi et heredibus meis tali jure, quale dictus Johannes michi de illo feodo faciebat. Et, ut hoc firmum et stabile perseveret, et cetera... Anno gratie M° CCXXX° secundo.

## XVI

1228. — *Jeanne La Dépensière fait abandon à l'abbaye de la Trappe d'une terre que son père lui avait donnée près de son hébergement de la Dépenserie.*

Noverint universi, presentes et futuri, quod ego, Johanna La Despensière, dedi Deo et monachis Beate Marie de Trappa, in elemosinam perpetuam, liberam ab omnibus rebus penitus et quietam, terram quam pater meus dedit michi juxta herbergamentum suum de Dispensaria, quam ego tradidi excolendam Herberto Geindre (2) quamdiu michi placeret. Et de hac poterunt facere monachi quicquid voluerint, sicut ego faciebam. Et, ut hoc firmum maneat et stabile in perpetuum, presentem cartam sigilli mei munimine confirmavi. Anno M° CC° XX° octavo.

## XVII

1237. — *Jeanne La Dépensière, du consentement de sa fille Mathilde et de son frère Richard Le Dépensier, vend à l'abbaye de la Trappe, moyennant cent dix sous tournois comptant, une pièce de terre qu'elle possédait dans la paroisse de Mahéru.*

Noverint universi, presentes et futuri, quod ego, Johanna Dispensatrix, de assensu et voluntate Matildis, filie mee, vendidi monachis Domus Dei de Trappa, pro centum et decem solidis turonensium, quos integre habui, totam petiam terre quam habebam in parrochia de Maheru, sitam inter terram eorum-

---

(1) Cette vente et cette donation font l'objet des deux chartes ci-dessus.
(2) Personnage qui figure précédemment dans la pièce XII.

dem monachorum et terram Radulfi Quoquart, juxta terram Lamb[erti] Crochet, et aboutantem chemino superiori, habendam dictis monachis in perpetuum et tenendam libere et quiete, ita quod, sine mei et meorum aliqua reclamatione, poterunt ipsi de illa facere suam penitus voluntatem; quia michi et heredibus meis nichil juris retinui in tota terre petia supradicta, sed eam teneor garantizare dictis monachis contra omnes et a rebus omnibus liberare, vel alibi in eadem parrochia valore ad valorem excambiare, in meo maritagio seu alio tenemento, si garantizare eis et deffendere non valerem. Et ad hoc totum agendum post me heredes meos penitus obligavi. Et sciendum quod Ricardus Dispensator, frater meus, hoc totum sub dicta forma concessit habendum dictis monachis in perpetuum, liberum et quietum, et quicquid juris de cetero ibidem habere poterat et debebat. Et predicta Matildis, filia mea, ad hoc idem garantizandum penitus et liberandum dictis monachis se astrinxit, prestito corporaliter juramento. In cujus rei testimonium et munimen, presentem cartam sigilli mei munimine roboravi. Et predictus Ricardus, frater meus, cum sigillo meo presenti carte sigillum suum apposuit, in hujus rei majus testimonium et munimen. Actum anno gratie M° CC° tricesimo septimo.

## XVIII

1240. — *Julienne de Bel-Érable confirme à l'abbaye de la Trappe toutes les acquisitions faites par ladite abbaye de Richard Le Dépensier.*

Noverint universi presentem cartam inspecturi quod ego, Juliana de Belerable (1), concessi et presenti carta mea confirmavi monachis Domus Dei de Trappa quicquid habeut de Ricardo Dispensatore, tam ex emptione quam ex elemosina. Et super sacrosancta juravi me super hoc nichil de cetero reclamaturam; sed hoc totum garantizare et defendere teneor bona fide. Et ad hoc idem garantizandum et tenendum heredes meos obligavi. Et, ut hoc sit firmum et stabile in perpetuum, presentem cartam sigilli mei munimine confirmavi. Anno Domini M° CC° XL°.

(1) Bel-Érable, commune de Moulins-la-Marche.

## XIX

1243. — *Robert dit Robes vend à l'abbaye de la Trappe trois sous trois deniers de rente annuelle sur la terre du Tertre, dans le fief de la Dépenserie.*

Noverint universi, presentes et futuri, quod, cum ego, Robertus dictus Robes, de Molins, tenerem de monachis Domus Dei de Trappa, in feodo de Dispensaria, terram que est apud Tertreium, per quinque solidos et novem denarios annui redditus, ego vendidi eisdem monachis, concedentibus filiis meis Herberto et Galtero, alios tres solidos et tres denarios annui redditus super eadem terra, in festo sancti Remigii annuatim, cum predictis quinque solidis et novem denariis, persolvendos. Et ad hoc tenendum fideliter et firmiter ego et predicti filii mei obligavimus nos, prestitis corporalibus sacramentis. In cujus rei testimonium, sigilli mei munimine confirmavi presens scriptum. Actum anno gratie M° CC° XL° tertio.

## XX

1227. — *Gauthier Gastinel fait donation à l'abbaye de la Trappe de terres et d'un pré.*

Noverint universi, presentes et futuri, quod ego, Galterus Gastinel, dedi monachis Domus Dei de Trappa, in elemosinam perpetuam, liberam ab omnibus rebus penitus et quietam, quasdam terras et quoddam pratum, videlicet campum de rivis et campum de sub bosco et pratum de Haseio. Et hanc elemosinam teneor garantizare eisdem monachis et liberare, et de residuo feodi erga dominos deservire. Et ad hoc idem heredes mei tenebuntur. Et, ut hoc firmum maneat et stabile in perpetuum, presentem cartam sigilli mei munimine confirmavi. Actum anno gratie M° CC° vicesimo septimo.

## XXI

1228. — *Jean Le Bourgong fait don à l'abbaye de la Trappe de tout ce qu'il avait acquis à titre gratuit, à la Dépenserie, de Richard Le Dépensier.*

Noverint universi, presentes et futuri, quod ego, Johannes Le

Borgong, presbyter, dedi Deo et Beate Marie de Trappa, in elemosinam perpetuam, liberam ab omnibus rebus penitus et quietam, quicquid habebam apud Dispensariam de dono Ricardi Le Despensier, videlicet tenementum Johannis Mulete cum redditu et tali servitio et quale debet. Et, ut hoc firmum maneat et stabile in perpetuum, presentem cartam sigilli mei munimine confirmavi. Anno M° CC° XX° VIII°.

## XXII

1209. — *Simon Lebret et Isabelle, sa femme, font abandon à l'abbaye de la Trappe de leurs personnes et de leurs propriétés, moyennant qu'ils tiendront celles-ci à ferme, leur vie durant, et qu'ils auront, après leur mort, leur sépulture dans ladite abbaye.*

Omnibus ad quos presens scriptum pervenerit, Symon Lebret, salutem. Noveritis omnes quod ego, Symon Libret, voluntate et assensu Isabel, uxoris mee, pro salute animarum nostrarum, dedi Deo et monachis Beate Marie de Trappa, in perpetuam elemosinam, omnes terras quas emi, scilicet quamdam terram quam habebam sub turre de Molins, quam emi de Willelmo de Rive, et alias terras quas habebam in Valle Vinitoris et in Valle Guiech, quas emi de Guillelmo vinitore, et aliam quamdam terram quam habebam apud Roncos, quam emi de Gaufrido de Roncos, et tertiam partem totius hereditatis mee quam tenebam de Girardo de Rivellon. Hec omnia predicta posui in manu domini Silvestris (1), sagiensis episcopi, et dedi et concessi coram ipso prefato episcopo prefatis monachis in perpetuam elemosinam. Et Nicholaus (2), tunc abbas de Trappa, in presentia dicti episcopi, omnes predictas terras tradidit michi et Isabel, uxori mee, solummodo quamdiu ambo vixerimus, tenendas ad firmam pro decem solidis currentis monete et duobus modiis bladi cor-

(1) Sylvestre, évêque de Séez de 1202 au 26 juin 1220.
(2) Adam Gautier gouverna l'abbaye de la Trappe de 1188 à 1243. C'est, avant Rancé, le plus célèbre des abbés de ce monastère par sa sainteté, les missions dont il fut chargé par les rois et les souverains pontifes ; ce fut lui qui présida, en 1214, à la consécration de l'église de la Trappe. On ne s'explique donc pas comment, dans la présente charte, en 1209, on trouve un abbé *Nicolas* que ne citent ni le *Gallia christiana* ni aucuns de ceux qui ont écrit sur la Trappe. Il y a là un petit problème historique plus facile à poser qu'à résoudre.

bonensis, scilicet uno modio frumenti, dimidio modio ordei et dimidio avene, ad festum sancti Remigii. Tradidit etiam nobis jam dictus abbas quamdam masuram terre, apud perrerias de Molins, pro qua reddemus singulis annis quinque solidos currentis monete ad festum sancti Johannis Baptiste. Si tamen de I[sabelle], uxore mea, heredem habuero, si autem de ea heredem habuero (sic), ipse heres habebit duas partes predictarum emptionum, et reddet monachis predictos quinque solidos; reliquam vero tertiam partem, cum tertia parte hereditatis mee et quinque solidis, monachi in elemosinam jure perpetuo possidebunt et quamcumque terram amodo acquisiero, habebunt monachi pacifice, ut et de aliis terris, quas ante emeram. est predictum. Preterea ut sciatur volo quod ego et jam dicta I[sabel], uxor mea, dedimus nos Deo et monachis de Trappa cum omnibus catallis nostris, et in predicta abbatia ut confratres ordinis habebimus sepulturam; ad quam [abbatiam], cum obierimus, quilibet nostrum cum portione sua omnium rerum nostrarum deferetur, illi tamen qui superfuerit, carruca, prout fuerit, integra remanente. Et, ut hec omnia immutabiliter fiant, presens scriptum sigilli mei testimonio confirmavi. Actum anno gratie M° CC° nono.

## XXIII

[S. d.] — *Guillaume de Solères, connétable de Moulins et Bonmoulins, atteste la cession faite par Raoul Lemaigre à l'abbaye de la Trappe, moyennant une somme de quarante sous, d'un champ et d'un bois.*

Ego, Willelmus de Soleriis, eo tempore conestabularius (1) domini mei regis Anglie de Molins et de Bomolin, testificor tam presentibus quam futuris quod Radulfus Macer dedit monachis Sancte Marie de Trappa, in elemosina, campum Delmereser, de feodo Galteri de Maheru, quem habebat de dono regis Anglie, pro servitio suo, cum bosco adherente domui ipsorum et cum jugero terre de quo facta fuerat inter eos contentio. Prefati autem fratres dederunt ei quadraginta solidos de caritate sua.

(1) Ducange définit ce mot; Judex civitatis et pagi circumjacentis, idem qui alibi *Baillivus* aut *præpositus*.

Et, ut hoc donum monachis firmum et stabile fieret in perpetuum, sigilli mei impressione firmavi coram his testibus : Rogero videlicet Capellan[o] et Roberto, clerico de Felgerolis, Richerio de Aquila, Willelmo de Melheudin et multis aliis.

## XXIV

1208. — *Guérin de Glapion fait donation à l'abbaye de la Trappe de sa métairie du Val de Mahéru, réserve faite toutefois des hommes de ladite métairie.*

Notum sit omnibus, presentibus et futuris, quod ego, Garinus de Glapion (1), dedi et concessi, in perpetuam et puram elemosinam et quietam, monachis de Trappa, pro salute anime mee, totum dominicum meum de medietaria de valle de Maheru (2), preter homines meos; quod presenti scripto, in sigilli mei testimonio roboravi. Anno Domini M° CC° VIII°.

## XXV

[S. d.] — *Mathieu de Montgoubert, seigneur de Champs, confirme la donation d'un champ et d'une terre, dans la paroisse de Mahéru, consentie par Nicolas, fils aîné d'Arnaud Trove, son tenancier, en faveur de l'abbaye de la Trappe.*

Omnibus qui presens scriptum viderint, Matheus de Montgoubert, dominus Camporum, salutem. Sciant omnes qui sunt et qui futuri sunt quod Nicholaus, filius Ernaldi Trove primogenitus, concedente fratre ejus Thoma et sorore ejus Gezira, dedit Deo et monachis Beate Marie de Trappa, in elemosinam ab omni re liberam penitus et quietam, quoddam pratum quod dicitur Viatoris, quod tenebat de me, cum alia terra, in parrochia de Maheru. Et sciendum quod predictus Nicholaus et Ascelina, mater ejus, juraverunt super altare Sancti Dyonisii de Maheru, coram multis, quod, secundum posse suum, garantizabunt jam dictis monachis prefatum pratum contra omnes homines et defendent. Et

(1) V. p. 225, note 2.
(2) La Vallée, hameau, commune de Mahéru.

ego, Matheus de Monte Gouberti, dominus Camporum, voluntate et assensu Mabilie, uxoris mee, concessi predictis monachis hanc elemosinam et hac mea presenti carta confirmavi, quam sigilli mei testimonio communivi.

## XXVI

1209. — *Dans une contestation avec H. Simon Lebret et Isabelle, sa femme, au sujet de terres sises à Moulins-la-Marche, Ronchoux, etc., l'abbaye de la Trappe accepte une transaction par laquelle elle reçoit quatre livres tournois et se désiste de ses prétentions sur lesdites terres.*

Sciant omnes, tam presentes quam futuri, quod, cum ego, R[aginaldus], abbas Sancti Ebrulfi (1), et conventus noster duceremus in causam Symonem Lebret et Isabel, uxorem suam, super quibusdam terris sitis scilicet sub castello de Molins et ad vallem de Guiech et in Valle Vinetarii et ad Roncos et in feodo domini Girardi de Rivellon (2), pro bono pacis, accepimus a predicto Symone et Isabel, uxore ejus, quatuor libras turonensium. Et, ut hec diffinitio inter nos et predictum Symonem et predictam Isabel et suos heredes rata sit et stabilis, ne a nobis ex eisdem terris amodo possint molestari, cartam presentem sigilli nostri impressione curavimus corroborare. Actum anno gratie M° CC° nono.

## XXVII

1227. — *Guillaume de Corru, prêtre, fait donation à l'abbaye de la Trappe d'un champ, sous réserve, en faveur de Guillaume Le Chanu, chevalier, d'une rente annuelle de douze deniers tournois sur ledit champ.*

Noverint universi, presentes et futuri, quod, cum ego, Willelmus de Corru, presbyter, de propriis proventibus hereditatis mee adquissem campum de Bosco Fulconis, quem emi de Hamerus (?) Hericon, assensu et voluntate filiorum suorum, in audien-

---

(1) Abbé de Saint-Evroult de 1190 à 1214 (*G. Chr.* XI, 823).

(2) Sur une cession de ces terres à l'abbaye de la Trappe par Simon Lebret et sa femme, voir ci-dessus la pièce XX de la présente série.

tia parrochie de Cortevesque, dedi campum illum, pro salute anime mee, abbatie Domus Dei de Trappa, in elemosinam perpetuam, liberam ab omnibus rebus penitus et quietam, exceptis duodecim denariis turonensium, in Nativitate Beate Marie, domino Willelmo Le Chanu, militi, et heredi suo post eum persolvendis. Et, ut hoc firmum maneat et stabile in perpetuum, dignum duxi presentem cartam sigilli mei munimine confirmare. Actum anno Domini M° CC° vicesimo septimo.

## XXVIII

1244. — *Gervais Le Forestier approuve la donation d'une rente annuelle de vingt sous tournois faite par son frère Thomas, clerc, à l'abbaye de la Trappe.*

Noverint universi, presentes et futuri quod, cum ego, Gervasius Le Forestier, de assensu heredum meorum, dedissem et concessissem, anno Domini M° CC° tricesimo sexto, mense novembris, Thome, clerico, fratri meo, pro tertio partis sue de hereditate nostra, viginti solidos turonensium annui redditus, et eos assignavissem ei super toto tenemento meo de Ardena, in terris, pratis et rebus aliis, a me et heredibus meis, vel a quocumque alio dictum tenementum tenente, dicto Thome, vel ejus mandato, annuatim persolvendos, hiis duobus terminis, videlicet in Pascha decem solidos et in festo sancti Remigii alios decem solidos, et dictus Thomas, clericus, viginti solidos supradictos, de voluntate mea, dedisset et concessisset secum in elemosina Domui Dei de Trappa, habendos in perpetuum, libere et quiete, monachis ibidem Deo servientibus, de me et heredibus meis vel quocumque dictum tenementum tenente, duobus terminis supradictis; ita quod, si dictus redditus non fuisset persolutus terminis supradictis, ipsi suam justitiam facerent in dicto tenemento, et illud in manu sua possent tenere donec predictus redditus eis integre persolveretur, cum emenda ad usus patrie judicata; ego, dictus G[ervasius], postea predictum tenementum eisdem monachis quitavi penitus et dimisi, excepto prato. Et per desuper ego dedis eis et quitavi duodecim denarios turonenses, quos michi reddebat heres defuncti Herberti Botevilain de terra quam de me tenebat in Ardena, annuatim in Nativitate sancti Johannis Baptiste, dictis monachis persolvendos ab herede Herberti supradicti. In his autem omnibus supradictis, nichil michi nec meis heredibus retinui, sed ea omnia tam ego quam heredes mei tenemur supradictis monachis garantizare et defendere et ab omnibus liberare, vel alibi valore ad valorem excambiare, si garantizare et defendere non possemus. Et, ut hoc firmum maneat et stabile in perpetuum, presentem cartam sigilli mei munimine roboravi. Actum anno gratie M° CC° XL° quarto.

## XXIX

1246. — *Robert de Réveillon cède à l'abbaye de la Trappe, en échange d'une pièce de terre et de quatre sous tournois de rente annuelle, trois acres de terre, près de Moulins-la-Marche, reçus par lui, pour ses services, de Guiliaume Héron, chevalier, son suzerain.*

Noverint universi, presentes et futuri, quod ego, Robertus de Rivellon, tradidi monachis Domus Dei de Trappa et assignavi tres acras terre mee, quam dedit michi, pro servitio meo, Guillelmus Heron, miles et dominus meus, inter castrum de Molins et Dispensariam. Que tres acre juncte sunt ex una parte terre Gaufridi de Ulmo, et ex altera parte residuo dicte terre, et aboutat inferius terre defuncti Garini Menier, et superius chemino quo itur a castro de Molins apud Planchas (1), tenendas et habendas dictis monachis, in elemosinam perpetuam, liberam ab omnibus rebus penitus et quietam, pro excambio unius petie terre quam ipsi habebant in feodo Ricardi de Sartella, ad marnerias, juxta terras Simonis Lebret, et pro excambio quatuor solidorum turonensium quos eis annuatim reddebant Jordanus et Garinus et Gervasius Neenbarbe et Radulfus Durant. Que omnia, videlicet prefatam petiam terre et predictos quatuor solidos, prefati monachi michi et heredibus meis dimiserunt penitus et quitaverunt, nichil in hiis de cetero reclamantes, sicut nec ego nec heredes mei in prefatis tribus acris aliquid poterimus reclamare; sed tenemur eisdem monachis garantizare et defendere et ab omnibus liberare. Et si hec omnia garantizare et defendere et ab

(1) Planches, commune du canton du Merlerault, arrondissement d'Argentan.

omnibus liberare non poterimus, ad ipsos monachos prefata petia terre et prefati quatuor solidi, absque contradictione aliqua, revertentur. Et, ut hoc firmum maneat et stabile in perpetuum, presentem cartam sigilli mei munimine roboravi. Et sciendum quod ego, Guillelmus Heron, miles et dominus feodi, prefatas tres acras terre, concessi et confirmavi sepedictis monachis in elemosinam perpetuam, liberam ab omibus rebus ad me et ad quoscumque alios pertinentibus, et quietam. Et, ad hujus rei testimonium et munimen, ad petitionem prefati Roberti, in presenti carta sigillum meum apponere dignum duxi. Actum anno gratie M° CC° XL° sexto.

## XXX

*1247. — Robert de Réveillon vend à l'abbaye de la Trappe, pour une somme de cinquante sous tournois comptant, ce qui lui restait d'une pièce de terre, sise entre Moulins-la-Marche et la Dépenserie, dont il avait précédemment cédé trois acres à ladite abbaye.*

Noverint universi, presentes et futuri, quod, cum ego, Robertus de Rivellon, tradidissem et assignassem monachis Domus Dei de Trappa tres acras terre mee quam dederat michi, pro servitio meo, Guillelmus Heron, miles et dominus meus, inter castrum de Molins et Dispensariam, que tres acre sunt in una petia terre juncta ex una parte terre Gaufridi de Ulmo et ex altera valle fondo qui est subtus dictam Dispensariam, et aboutat inferius terre defuncti Garini Mener et superius chemino quo itur a castro de Molins apud Planchas, pro excambio cujusdam terre et quatuor solidorum turonensium redditus ; ego, predictus Robertus, residuum prefate petie vendidi predictis monachis et quitavi, pro quinquaginta solidis turonensium quos recepi integre ab eisdem, tenendum et habendum dictum residuum predicte petie terre, cum predictis tribus acris, integre, ab omnibus rebus libere, pacifice penitus et quiete. Hanc autem venditionem, cum prefatis tribus acris, ego et heredes mei tenemur predictis monachis garantizare, defendere et ab omnibus rebus penitus liberare. Et, ut hoc firmum maneat et stabile in perpetuum, presentem cartam dedi sepedictis monachis, sigilli mei munimine roboratam. Et sciendum quod ego, Guillelmus Heron, miles et dominus feodi, predictam petiam terre concessi et confirmavi predictis monachis in elemosinam perpetuam, liberam ab omnibus rebus ad me et ad quoscumque alios pertinentibus et quietam. Et, ad hujus rei testimonium et confirmationem, ad petitionem predicti Roberti, in presenti carta sigillum meum apponere dignum duxi. Actum anno Domini M° CC° XL° septimo.

## XXXI

1241. — *Jean Menier vend à l'abbaye de la Trappe, pour une somme de cinquante-cinq sous tournois, deux pièces de terre dont il était propriétaire à la Dépenserie.*

Noverint universi, presentes et futuri, quod ego, Johannes Mencier, vendidi monachis Domus Dei de Trappa, pro quinquaginta et quinque solidis turonensium, quos ab ipsis jam recepi, duas petias terre quas habebam in feodo de Dispensaria, quarum una vocatur Campus desuper boscum, et altera sita est inter predictum campum et noam Rogeri Gerois, habendas predictis monachis in perpetuum et possidendas liberas ab omnibus rebus penitus et quietas, ita quod nec ego, nec heredes mei in dictis duabus petiis terre aliquid poterimus de cetero reclamare, sed eas tenemur garantizare predictis monachis, defendere et ab omnibus liberare, et maxime a dotibus et ab omni mea parentela. Et si, post mortem meam, in dictis duabus petiis terre uxor mea dotalitium petierit, ego predictis monachis, pro excambio dicti dotalitii, duas petias terre, sitas inter leprosariam de Molins (1) et herbergamentum meum de Ronchos, assignavi capiendas. Et, ut hoc firmum maneat et stabile in perpetuum, presentem cartam sigilli mei munimine confirmavi. Actum anno Domini M° CC° XL° primo.

## XXXII

1241. — *Jean Menier confirme une donation de deux sous tournois de rente annuelle faite par Pierre Menier, prêtre, son frère, à l'abbaye de la Trappe.*

Universis, presentem cartam inspecturis, Johannes Menier,

(1) La Maladrerie, commune de Moulins-la-Marche.

salutem in Domino. Noveritis quod, cum Petrus Menier, presbyter, frater meus, dedisset in e'emosinam, pro salute anime sue, monachis Domus Dei de Trappa duos solidos turonensium annui redditus, et assignasset eos capiendos, in Nativitate sancti Johannis Baptiste annuatim in reddilu trium solidorum quos ipsi Petro et michi faciebat Petronilla, relicta Nicholai Malgaaing, pro quadam petia terre, sita in parrochia de Ronchos, inter terram Galteri Soleil et terram Guillelmi Piscatoris. ego, predictus Johannes, concessi predictis monachis predictos duos solidos, et confirmavi in elemosinam perpetuam, liberam ab omnibus rebus penitus et quietam, a predicta Petronilla et ab heredibus suis, annuatim, in predicto festo, cum residuo predicti redditus, videlicet duodecim denariorum quos ipsis monachis vendidi pro decem solidis turonensium quos habui, recipiendos. In quibus predictis denariis, cum omnibus pertinentiis suis, nichil michi nec heredibus meis retinui in futurum, sed tam ego quam heredes mei predicta dictis monachis tenemur garantizare, defendere et ab omnibus liberare. Et, ut hoc firmum et stabile maneat in perpetuum, presentem cartam sigilli mei munimine confirmavi. Actum anno Domini M° CC° XL° primo.

## XXXIII

1239. — *Jean Menier vend deux terres à l'abbaye de la Trappe, au prix de dix sous tournois.*

Noverint universi, presentes et futuri, quod ego, Johannes Menier, vendidi monachis Domus Dei de Trappa, pro centum solidis turonensium quos integre habui, noam de Foeis, que aboutat ex una parte feodo domini de Roncos, et ex altera terre Roberti Robes, et totam terram quam habebam in valle Rabue, scilicet quatuor jugera sita inter Fonteleiam et domum Gaufridi Dalifart, juxta terram Roberti Dordam, ita, quod de dictis noa et terra poterunt de cetero dicti monachi, absque mei et heredum meorum aliqua reclamatione, suam penitus facere voluntatem. Et hoc totum teneor garantizare dictis monachis et defendere contra omnes et ab omnibus liberare, maxime a dotibus et ab omni mea parentela. Et ad hoc agendum post me, heredes meos obligavi. In cujus rei testimonium, presentem cartam sigilli mei munimine confirmavi. Actum anno Domini M° CC° XXX° nono.

## XXXIV

1255. — *Héloïse de la Dépenserie fait don à l'abbaye de la Trappe d'une rente annuelle perpétuelle de deux sous tournois, à prendre sur son tènement de la Dépenserie.*

Ego, Geroys de Dispensaria, notum facio universis, presentibus et futuris, quod ego, pro salute anime mee, dedi viris religiosis et honestis, abbati et conventui Domus Dei de Trappa, dominis meis, in elemosinam perpetuam, liberam ab omnibus rebus penitus et quietam, duos solidos turonensium annui redditus et perpetui, quos assignavi, annuatim percipiendos, in festo sancti Remigii, super totum tenementum meum quod tenebam de ipsis apud Dispensariam, ab illis qui tenementum tenuerint antedictum, religiosis supradictis. Et, ut hoc maneat firmum et stabile in perpetuum, ego, prenominata Geroys, dedi eis presentem cartam, sigilli mei munimine roboratam. Actum anno Domini M° CC° L° quinto.

## XXXV

1256. — *Gilbert Bisson vend à l'abbaye de la Trappe, au prix de quarante-quatre sous tournois, deux pièces de terre qu'il avait à Mahéru.*

Noverint universi, presentes et futuri, quod ego, Gillebertus Bisson, vendidi abbati et conventui de Trappa, cisterciensis ordinis, duas petias terre ad facienda duo herbergamenta, in illa terra quam de ipsis teneo apud Maheru, quarum petiarum una tendit de spinis que ibi sunt usque ad cheminum, altera progreditur de terra nepotum meorum usque ad communem exitum existentem inter duo herbergamenta predicta, qui exitus communis est tam ad duo dicta herbergamenta quam ad proprium meum herbergamentum, pro quadraginta et quatuor (1) solidis turonensium, de quibus teneo me integre pro pagato. Nam, pro

(1) Le manuscrit donne ici, à tort, *qualuordecim*.

ista solutione, accepi de dictis monachis duos sextarios ordei et duos boissellos frumenti pro quadraginta quatuor solidis, et triginta solidos in pecunia numerata. Et has dictas duas petias terre dicti monachi, vel omnes illi qui nomine ipsorum eas tenuerint, vel quibus dederint aut vendiderint aut tradiderint, libere et quiete et pacifice, sine aliqua contradictione mei vel heredum meorum, in perpetuum possidebunt. Unde ego et heredes mei post me tenemur bona fide dictas duas petias dicte terre dictis monachis, vel omnibus qui eas ab ipsis quoquo modo habuerint vel tenuerint, garantizare et contra omnes defendere et ab omnibus in omnibus liberare. Si vero Emelina, uxor mea, in ipsis dictis petiis dotalitium habere voluerit aut petierit, ego vel heredes mei tenemur eidem dotalitium suum excambiare valore ad valorem in alio herbergamento meo cum suis pertinentiis, quod vel que sunt juxta duas petias terre jam dicte. Quod ut firmum sit et stabile in perpetuum, presentes litteras meas dedi dictis monachis, sigilli mei munimine roboratas. Actum anno Domini M° CC° L° sexto.

## XXXVI

1248. — *Jean Menier vend à l'abbaye de la Trappe, moyennant un prix de quatre livres tournois, une pièce de terre qu'il possédait à Mahéru.*

Noverint universi, presentes et futuri, quod ego, Johannes Menier, vendidi monachis Domus Dei de Trappa, pro quatuor libris turonensium, quos ab eis jam recepi, quamdam petiam terre que sita est in parrochia Sancti Dyonisii de Maheru, et aboutat superius terre Gaufridi Malnorri et inferius prato Garini Serpinel et prato Herberti de Dispensaria, quam petiam terre retraxeram de Roberto Lavele, qui eam emerat a Sebilla, sorore mea, tenendam et habendam sibi et successoribus suis in perpetuum, et ad faciendum quicquid voluerint, abque mei et heredum meorum aliqua reclamatione. Et sciendum quod ego et heredes mei tenemur dictam petiam terre supradictis monachis garantizare et ab omnibus rebus penitus liberare et eos indempnes in omnibus et per omnia observare. Et, ad hec omnia facienda et tenenda, obligavi eisdem monachis totam terram quam habeo inter leprosariam de Molins et Roncos, ut ad ipsos penitus deveniat, sine contradictione mei et heredum meorum aliqua reclamatione, ad suam voluntatem faciendam, si accideret me vel heredes meos, quos ad omnia supradicta facienda et tenenda volui obligari, deficere de predictis. Et, ut hoc firmum maneat et stabile in perpetuum, presentem cartam dedi sepedictis monachis, sigilli mei munimine roboratam. Actum anno M° CC° XL° VIII°.

## XXXVII

1256. — *Colin Gorran abandonne à l'abbaye de la Trappe un hébergement, avec terres et prés, sis à la Vallée, que son père et lui avaient reçu de ladite abbaye.*

Ego, Colinus Gorran, notum facio universis presens scriptum inspecturis quod, cum abbas et conventus Domus Dei de Trappa, cisterciensis ordinis, tradidissent patri meo et michi, jure hereditario in perpetuum possidendum, quoddam herbergamentum, cum terris et pratis illi herbergamento pertinentibus, apud Vallem (1), in parrochia de Maheru, et ego redditus dicti tenementi reddere non valerem, dictum tenementum jam dictis monachis penitus cum bona voluntate dimisi ita, quod in ipso tenemento, terris vel pratis, nec ego nec heredes mei in perpetuum aliquid de cetero poterimus reclamare; sed etiam eadem omnia predicta eisdem tenemur bona fide garantizare, defendere et ab omnibus penitus liberare. Si vero Albereda, uxor mea, in dicto tenemento, terris vel pratis, dotalitium habere voluerit seu petierit, ego et heredes mei obligamus nos ad faciendum eidem dotalitium suum in alio herbergamento meo cum pertinentiis suis, quod habeo in parrochia de Maheru, valore ad valorem. Et, ut hec omnia predicta firma et inconcussa permaneant in perpetuum, presentem cartam dedi dictis monachis, sigilli mei munimine roboratam. Actum anno Domini M° CC° L° sexto.

## XXXVIII

1259. — *Mathilde, fille de feue Jeanne la Maconesse, se désiste, en faveur de l'abbaye de la Trappe, de tous les droits qu'elle avait sur les terres de ladite abbaye à Moulins-la-Marche.*

Ego, Matildis, filia defuncte Johanne La Maconesse, notum

(1) La Vallée, commune de Mahéru.

facio universis, presentibus et futuris, quod ego dimisi penitus et quitavi viris religiosis, abbati et conventui Domus Dei de Trappa totum illud quicquid habebam vel habere debebam et poteram et petebam in tota hereditate quam predicti religiosi et homines eorum habent et tenent per emptionem et donum in tota terra de Molins, ita quod ego et heredes mei, in tota predicta hereditate, nichil possumus, ratione qualicumque, de cetero penitus reclamare nec predictos religiosos in aliquo super hoc molestare, sed tenemur eis quicquid de predicta matre mea predicti religiosi et homines eorum habent et tenent, garantizare et defendere et penitus liberare in perpetuum, per presentes litteras quas antedictis religiosis dedi sigilli mei munimine roboratas, corporali insuper prestito juramento. Pro hac autem quitatione omnimoda, habui et recepi triginta solidos turonensium ab eisdem in denariis numeratis. Actum anno Domini M° CC° L° nono.

# P

## De bladis et decimis in sagiensi dyocesi [1]

### I

[S. d., 1188-1201.] — *Lisiard, évêque de Séez, fait donation à l'abbaye de la Trappe d'une dîme résignée entre ses mains par Herbert, clerc, dans la paroisse de Bubertré.*

L[isiardus] (2), Dei gratia sagiensis episcopus, universis fidelibus, salutem. Noverint universi quod Herbertus, clericus, nepos magistri Garini de Sancto Hylario, resignavit in manu nostra quamdam decimam quam habebat in parrochia de Pubertre (3), in feodo Guillelmi de Barillie. Nos vero decimam illam, voluntate et assensu dicti Herberti, dedimus et concessimus monachis Sancte Marie de Trappa, jure elemosine, libere et quiete perpetuo possidendam. Et, ne super hoc ultra vexentur monachi, hanc elemosinam appositione sigilli nostri confirmavimus.

### II

[S. d., 1191-1202]. — *Geoffroy IV, comte du Perche, notifie la donation faite à l'abbaye de la Trappe par Hugues des Récrétis et Arnoul de Sommaire de leurs dîmes de Champs et de Ligneroles.*

Gaufridus, comes Pertici, universis Christi fidelibus, salutem. Notum sit omnibus quod Hugo des Recretiz et Arnulfus de Summera dederunt monachis Domus Dei de Trappa totam decimam suam quam habebant in feodo de Campis (4) et in parrochia de

---

(1) Diocèse de Séez.
(2) Lisiard, évêque de Séez, de 1188 au 24 septembre 1201.
(3) Bubertré, commune du canton de Tourouvre, arrondissement de Mortagne.
(4) Champs, commune du canton de Tourouvre.

Linerol (1) jure hereditario, in perpetuam elemosinam, ita, quod nichil omnino in decima illa de cetero reclamabunt, concedentibus Gervasio de Prulai (2) et Mabilia, herede et domina feodi de Campis. Hanc autem donationem et ego concedo et sigilli mei appositione confirmo.

### III

*Répétition de la notification ci-dessus.*

*Item alia ad idem per eadem verba* : Gaufridus, comes perticensis... et cetera.

### IV

[S. d., 1144-1191]. — *Rotrou IV, comte du Perche, notifie la reconnaissance que G., sénéchal de Mortagne, a faite, pardevant lui, d'une donation de son père en faveur de l'abbaye de la Trappe consistant en un demi-boisseau de blé et un demi-boisseau de seigle.*

Que cito oblivioni tradi possunt scribi debent ut scripto commendetur quod memoria teneri non potest. Ego igitur, R[otroldus], perticensis comes et dominus, notum facio omnibus, tam presentibus quam futuris, quoniam G., senescallus Mauritanie, recognovit in presentia mea quod pater suus donaverat, in perpetuam elemosinam, ecclesie de la Trappe dimidium modium frumenti in portione sua hereditatis que eum contingebat, apud scilicet Soligneium (3), et dimidium modium siliginis apud Mesnil, in parte hereditatis Amaurici. Quam donationem, ut rata esset, et immobiliter teneretur, voluit prefatus G. sigilli meo confirmari, et donum similiter quod fecit Willelmus de Mauritania, frater suus, de uno sextario annone in molendino suo Chalo, quod est apud Pigeium (4). Testibus E. de Noceio (5), et cetera...

(1) Lignerolles, commune du canton de Tourouvre.
(2) Prulai, château de la commune de Saint-Langis-les-Mortagne, arrondissement de Mortagne.
(3) Soligni-la-Trappe, commune du canton de Bazoches-sur-Hoëne, arrondissement de Mortagne.
(4) La paroisse de Saint-Hilaire les-Mortagne s'appelait autrefois le *Pigeon*, un hameau de cette commune en conserve encore le nom. Louis Du Bois cite cinq moulins à Saint-Hilaire, aucun ne porte le nom de *Chalo* (*Annuaire de l'Orne*, 1810).
(5) Nocé, chef-lieu de canton, arrondissement de Mortagne.

V

[S. d.] — *Herbert, archidiacre de Corbon, notifie la reconnaissance faite par Girard Chevreuil d'une libéralité de son père en faveur de l'abbaye de la Trappe ainsi que plusieurs autres reconnaissances analogues.*

Herbertus, corbonensis archidiaconus, universis ecclesie filiis, salutem. Notum sit omnibus, tam presentibus quam futuris, quod Girardus Chevrol recognovit elemosinam quam pater suus ecclesie Domus Dei de Trappa dederat antiquitus et in manu mea misit et in manu abbatis ejusdem ecclesie ipse et filii ejus, scilicet dimidium modium frumenti in dominio Soligneii, et siliginis dimidium modium in dominio Mesnil Chevrol, coram his testibus : G. Goheri, Hugone de Catharabia, Roberto de Soligneio, et aliis. Similiter recognovit Herbertus de Sarnaio (1) et misit in manu mea decimam molendini de Nonant (2), quam avus suus predicte ecclesie dederat, videntibus istis : G. Goheri, H[ugone] de Cath[arabia], et aliis. Similiter fecerunt Girardus et Philippus, frater ejus, de Loseel (3), unum sextarium bladi, quem dederat Paganus, pater eorum, predicte ecclesie in molendino Raderii (4), coram predictis testibus. Et Ingenulfus de Liner[ol] (5) et uxor sua cum liberis similiter miserunt in manu mea elemosinam quam predicte ecclesie dederant, scilicet terram Dessollath, de feudo Girardi de Asperis, ipso G., domino suo, concedente et in manu mea mittente cum Hernaudo, primogenito suo. Et sciendum quod Invenulfus (sic) accepit de sustantia monasterii L solidos pro hac elemosina, et Gir[ardus], pro concessione, cum suis liberis, VII solidos, coram his testibus : G. Goheri, H. de Lineroles, et aliis.

(1) Cernay, commune de Saint-Mard-de-Réno, canton de Mortagne.
(2) Nonant, hameau, commune de Villiers-sous-Mortagne.
(3) Loisail, commune du canton de Mortagne.
(4) Moulin de Radray, sur la Chippe, commune de Loisail.
(5) Ligneroles, commune du canton de Tourouvre.

## VI

[S. d., 1191-1202]. — *Hugues de Récrétis, du consentement de sa femme Richilde et de ses enfants, fait cession à l'abbaye de la Trappe de sa dîme du fief de Champs et du territoire de Ligneroles.*

Notum sit tam presentibus quam futuris quod ego, Hugo de Recretiz, dedi Deo et ecclesie Sancte Marie de Trappa et monachis ibidem Deo servientibus totam decimam meam quam habebam in feodo de Campis et in territorio de Lineroles, que vocatur decima de Recretiz, quicquid scilicet habebam in dominico et in feodo, totum dedi in elemosinam perpetuam, liberam et quietam ab omni servitio et seculari consuetudine. Hanc elemosinam concesserunt Richeldis, uxor mea et liberi mei, Willelmus scilicet de Recretiz et W[illelm]us de Goheriis, Sedilia, Eustachia, Matildis, Johanna, Juliana, Et [pro] hac concessione dederunt eis monachi unam vacam ad nutriendum eos. Hec autem, ut firma et rata in perpetuum permaneant, presenti scripto et sigilli mei testimonio confirmavi. Hujus donationis testes existunt Gaufridus, comes perticensis (1), in cujus presentia hoc factum fuit, et alii.

## VII

[S. d., 1188-1201]. — *Lisiard, évêque de Séez, approuve la cession faite à l'abbaye de la Trappe, par Hugues de Récrétis, de sa dîme du fief de Champs et du territoire de Ligneroles.*

Universis sancte matris ecclesie filiis, tam presentibus quam futuris, L[isiardus], miseratione divina sagiensis episcopus, salutem in Domino. Noverit universitas vestra quod Hugo de Recretiz, miles, concessit et donavit, per manum nostram, abbati et conventui de Trappa, in perpetuam elemosinam, decimam suam quam habebat in feodo de Campis et in territorio de Lineroles (2). Et nos eamdem decimam predicte domui de Trappa donavimus, et ad firmitatem perpetuam, eis presentem cartam cum sigilli nostri testimonio duximus concedendam. Valete.

(1) Geoffroy IV, comte du Perche, 1191-1202.
(2) Cette cession fait l'objet de la charte ci-dessus.

## VIII

[S. d., 1158-1184]. — *Froger, évêque de Séez, et Ives de Vieux-Pont, archidiacre de l'église de Rouen, en vertu d'une commission apostolique, terminent un différend qui s'était élevé, au sujet de dîmes, entre les moines de la Trappe et ceux de Nogent-le-Rotrou et de Pontlevoy, d'une part, et les clercs de Théval, de Saint-Hilaire-les-Mortagne, de Champs et de Bubertré d'autre part.*

Frogerus (1), Dei gratia sagiensis episcopus, et Ivo de Veteri Ponte, rothomagensis archidiaconus, omnibus sancte matris ecclesiæ filiis in perpetuum. Noverit universitas vestra quod controversia quæ vertebatur inter monachos de Trappa et monachos de Nogent (2) et de Pontleve (3) et clericos de Tesval (4) et de Sancto Hilario (5) et de Campis et de Buberto, quæ nobis auctoritate apostolica terminanda commissa fuit, concordia mediante, taliter sopita est, quod præfati monachi de Trappa omnium decimarum illarum de quibus inter ipsos et monachos prædictos et clericos contentio agebatur, duas partes habebunt et memorati moncahi et memorati clerici tertiam partem. Si vero iidem monachi de Trappa intra fines parrochiarum predictarum aliquas terras acquirere poterunt, de incultis decimas integre percipient, de cultis vero tantum tertiam partem, et alii memorati duas partes. Ut autem hæc compositio inter eos a nobis celebrata inviolabilis observetur, præsentis scripti attestatione et sigillorum nostrorum munimine eam corroborare dignum duximus (6).

(1) Froger, évêque de Séez, de décembre 1158 à 1184.
(2) Nogent-le-Rotrou, chef-lieu d'arrondissement d'Eure-et-Loire. Le prieuré de Saint-Denis, fondé dans cette ville par Geoffroy II, comte du Perche, relevait de l'abbaye de Cluny.
(3) Pontlevoy (Loir-et-Cher, arrondissement de Blois), abbaye de l'ordre de Saint-Benoit, fondée en 1034. Froger, évêque de Séez, confirma, en 1165, les possessions de cette abbaye dans son diocèse, comme l'avaient fait ses prédécesseurs Serlon et Girard. (*Gall. chr.* t. VIII, p. 1382, l. XI p. 689).
(4) Théval, commune de Saint-Langis-les-Mortagne, canton de Mortagne.
(5) Saint-Hilaire-les-Mortagne, commune du canton de Mortagne.
(6) La copie primitive de cette charte, dans le manuscrit, se trouve effacée par un grattage; les premières et dernières lignes seules sont restées lisibles. Mais une autre transcription complète en a été faite, vraisemblablement d'après l'original, sur la marge inférieure du folio, en écriture du xviie siècle. C'est ce texte que nous reproduisons.

## IX

1246. — *Geoffroi, évêque de Séez, confirme à l'abbaye de la Trappe la possession des dîmes des paroisses de Saint-Mard-de-Réno, de Saint-Ouen-de-Sécherouvre et de la Ménière.*

Gaufridus (1), Dei gratia sagiensis episcopus, universis Christi fidelibus presentem paginam inspecturis, salutem in Domino. Religiosam vitam tenentibus pastorale convenit adesse presidium, ne iniquitates in corde cogitantium et tota die prelia constituentium perversitas eos, variis inquietudinibus agitando, a quiete et proposito revocet regulari. Propterea universitati vestre notum facimus quod nos concessimus et confirmavimus dilectis filiis in Christo abbati et conventui Domus Dei de Trappa decimas quas usque modo habuerunt in parrochiis Sancti Medardi de Regnou (2) et Sancti Audoeni de Sicco Robore, nec non et omnes decimas et elemosinas quas habent apud Mesneriam (3) et alibi in nostra dyocesi ubicumque, auctoritate qua possemus precipientes ut nullus hominum presumat predictos abbatem et conventum super predictis omnibus molestare. In cujus rei testimonium, presentes litteras eis dedimus, sigilli nostri munimine roboratas. Actum anno Domini M° CC° XL° VI°.

## X

[S. d., 1228-1240]. — *Hugues II, évêque de Séez, confirme à l'abbaye de la Trappe la possession de la dîme du Buat, dans la paroisse de Sainte-Céronne, dont ladite abbaye jouissait en vertu d'une donation de Robert Pipernel, clerc.*

Universis sancte matris ecclesie filiis, tam presentibus quam futuris, Hugo (4), divina miseratione sagiensis episcopus, salutem

---

(1) Geoffroi de Mayet, évêque de Séez, de 1241 au 30 janvier 1258.
(2) Saint-Mard-de-Réno, commune de l'arrondissement et du canton de Mortagne.
(3) La Ménière, commune du canton de Bazoches-sur-Hoëne, arrondissement de Mortagne.
(4) Hugues II, évêque de Séez, de 1228 à 1240.

in omnium Salvatore. Noverit universitas vestra quod nos concessimus et presenti carta nostra confirmavimus dilectis filiis monachis Domus Dei de Trappa, in e'emosinam perpetuam, liberam penitus et quietam, totam decimam quam ipsi habent apud Buatum, in parrochia Sancte Ceronne(1), de dono Roberti Pipernel, clerici, et antecessorum ejus, cum omni jure quod ad eosdem super dicta decima pertinebat, hoc ipsum dicto Roberto coram nobis concedente penitus et volente. Et, ut hoc firmum maneat et stabile in perpetuum, presentem cartam sigilli nostri munimine dignum duximus roborare.

## XI

1239. — *Geoffroy de Sommaire confirme, comme se trouvant dans son fief, à l'abbaye de la Trappe, la possession de la dîme du Buat, transférée à ladite abbaye par Robert Pipernel, clerc.*

Sciant universi, presentes et futuri, quod ego, Gaufridus de Sommere, concessi monachis Domus Dei de Trappa, in elemosinam liberam et quietam ab omnibus rebus ad me et ad heredes meos pertinentibus, totam decimam quam ipsi habent in feodo meo apud Buatum, de dono Roberti Pipernel, clerici, et antecessorum ejus (2), tenendam dictis monachis in perpetuum et possidendam absque mei et meorum aliqua reclamatione, quia michi et dictis heredibus meis nichil districtionis et juris retinui in tota decima supradicta, sed eam teneor garantizare et defendere dictis monachis bona fide, sicut dominus feodi. Et ad hoc idem agendum post me heredes meos obligavi. In cujus rei testimonium presentem cartam sigilli mei munimine roboravi. Actum anno gratie M° CC° tricesimo nono.

## XII

1234. — *Gervais de Moire confirme à l'abbaye de la Trappe la possession de la dîme du Buat, qu'elle a dans son fief, et lui accorde, en outre, une redevance annuelle de deux sous.*

Sciant universi, presentes et futuri, quod ego, Gervasius de

(1) Sainte-Céronne, commune du canton de Bazoches-sur-Hoëne.
(2) Cette donation fait l'objet de la charte précédente.

Moire, concessi monachis Domus Dei de Trappa, in elemosinam perpetuam, liberam et quietam ab omnibus ad me et ad heredes meos pertinentibus, totam decimam quam ipsi habent apud Buatum, in feodo meo, de dono Roberti Pipernel, clerici, et antecessorum ejus (1). Preterea dedi dictis monachis, pro salute anime mee et anime patris mei, duos solidos annui redditus qui michi reddi annuatim pro dicta decima debebantur. Et omne jus quod ibidem habebam vel habere debebam illis dedi penitus et quitavi, nichil juris in his omnibus michi aut heredibus meis retinens in futurum, salvo tamen aliorum jure dominorum. Hanc autem elemosinam teneor garantizare dictis monachis bona fide, sicut dominus feodi garantizare debet. Et ad hoc tenendum et faciendum post me heredes meos volui similiter obligari. Et, ut hoc firmum maneat et stabile in perpetuum, presentem cartam sigilli mei munimine confirmavi. Anno Domini [M° CC°] XXX° quarto.

## XIII

1242. — *Geoffroi, évêque de Séez, notifie les termes d'un accord passé, dans une contestation relative aux dîmes de Chiray, entre l'abbaye de la Trappe et l'église de Soligni-la-Trappe.*

Universis Christi fidelibus presentia inspecturis, Gaufridus, Dei permissione sagiensis episcopus, salutem in Domino. Cum inter dilectos filios nostros monachos Domus Dei de Trappa, cisterciensis ordinis, ex una parte, et R., tunc temporis personam ecclesie de Soligneio, ex altera, esset contentio super decimis terrarum quas dicti monachi tradiderunt excolendas hominibus manentibus infra metas predicte ecclesie parrochie, de assensu et vol untatenostra inter eos compositum est ita, quod monachi predicti annuatim percipient duas partes omnium garbarum de decimis terrarum feodi de Chiraio (2) quas tenent homines predicti inter nemus de Chiraio et villam de Soligneio, et predicta ecclesia tertiam garbam et minutas decimas in hominibus dictorum monachorum manentibus in feodo supradicto. Et si sepedicti

---

(1) Cfr ci-dessus la pièce X.
(1) Chiray, commune de Saint-Ouen-de-Sècherouvre.

monachi predictas terras, ex parte vel ex toto, propriis laboribus vel expensis coluerint, de his quas, ut dictum est, coluerint totam decimam percipient, sicut in ipsorum privilegiis continetur. Et ut hac compositio coram nobis facta firmiter teneatur, sigilli nostri munimine roboravimus presens scriptum. Actum anno Domini M° CC° XL° secundo.

## XIV

1215. — *Nicolas de Buat et ses frères Robert, Guillaume et Hugues passent un accord avec l'abbaye de la Trappe pour mettre fin à un différend existant entre eux et la dite abbaye relativement aux étangs et à la dîme de Prépotin.*

Universis presentes litteras inspecturis, Nicholaus de Buato, salutem. Sciatis omnes, presentes et futuri, quod, cum esset contentio inter me et fratres meos, ex una parte, et monachos Domus Dei de Trappa, ex altera, super stannis et aliis rebus ad eadem stanna pertinentibus et super quadam via publica et quadam decima, pacificatum est illa contentio et omnes alie que usque ad illum diem fuerant inter me et ipsos tali modo, quod monachi possunt levare calceiam medii stanni sui tam alte quod usque ad vetus beium quod est in nemore aqua redundet, calceiam vero superioris stagni levabunt ad mensuram calceie stagni inferioris. Nemus quod aqua medii et superioris stagni ocupabit, sine contradictione erit monachorum; via vero publica que in fine erat istius superioris stagni de cetero erit desuper calceiam Roberti, fratris mei. Robertus autem talem debet calceiam suam facere que sit conveniens ad publicam viam, ne de publica via monachi amplius molestentur. Et cum prefatus Robertus, in principio quadragesime, stagnum suum evacuare voluerit, ut pisces vendat, monachi stagnum suum ita evacuabunt per dies duodecim, quod aqua non nocebit evacuationi stagni Roberti sepedicti. Et statim post dies duodecim aquam retinebunt. De decima vero, propter bonum pacis, terminatum est quod ipsa monachis remanet in pace a quercu Beroldi, per viam publicam ad Pratum Potini (1) directe procedentem, usque ad ductum, et a

(1) Prépotin, commune du canton de Tourouvre, arrondissement de Mortagne.

ductu, per novum stagnum meum, sicut gucterium dividit et indicat quod descendit a noa Beroldi, et a capite illius noe, per inter duo plesseia, sicut pater meus tenebat de feodo de Bresnart. Masuram vero ribalde que est infra predictas metas concedunt monachi, ad duos sextarios sementis, ecclesie Prati Potini, pro residuo decime unde erat contentio, ut remaneat ecclesie de Prato Potini. Ego, Nicholaus et fratres mei donavimus duos sextarios bladi monachis, unum frumenti et alterum siliginis, liberos et quietos ab omnibus rebus, in festo sancti Dyonisii, singulis annis, persolvendos. Et sciendum quod, apud Pratum Potini, in grangia mea assignavi monachis, sextarium frumenti capiendum, mater autem mea sextarium siliginis in sua dote, quamdiu vixerit, et, post mortem ejus, ego, et heres meus post me, illos duos sextarios in dicta grangia persolvemus. Terram autem quam pater meus dedit monachis in elemosinam perpetuam, ab omnibus rebus liberam, ego et fratres mei concessimus, que est a quercu Beroldi, inter duas vias publicas, usque ad vallem Constancet. Ut autem hec omnia firma maneant in perpetuum, ego, Nicholaus, assensu et voluntate Roberti et Willelmi et Hugonis, fratrum meorum, dignum duxi presentem cartam sigilli mei munimine confirmari. Actum anno gratie M° CC° quinto decimo.

## XV

1215. — *Thomas, comte du Perche, notifie l'accord (ci-dessus) intervenu entre Nicolas du Buat et ses frères et l'abbaye de la Trappe, au sujet des étangs et des dîmes de Prépotin.*

Thomas (1), comes perticensis, universis presentes litteras inspecturis, salutem. Sciant omnes, presentes et futuri, quod, cum esset contentio inter monachos Domus Dei de Trappa, ex una parte, et Nicholaum de Buat et fratres ejus, ex altera, super stagnis et aliis rebus ad eadem stagna pertinentibus, et super quadam via publica et quadam decima, pacificata est illa contentio... *et cetera, in omnibus, ut in precedenti dictum est, et eodem anno.*

(1) Thomas, comte du Perche, e 1202 à 1217.

## XVI

[S. d., 1215.] — *Charte du chapitre d'Evreux sur l'accord passé entre Nicolas du Buat et l'abbaye de la Trappe. (V. les deux pièces ci-dessus).*

Universis presentes litteras inspecturis, H., cantor, Walterus, thesaurarius, magister Willelmus de Valle Rodolii, canonici ebroicenses, salutem. Sciant presentes et futuri quod, cum esset contentio inter monachos Domus Dei de Trappa, ex una parte, et Nicholaum de Buat et fratres ejus, ex altera, super stagnis... *et cetera omnia ut superius et idem.*

## XVII

1203. — *Robert de Poix, prêtre, de Cisai-Saint-Aubin, donne à l'abbaye de la Trappe une terre et un pré que son frère Girard lui avait laissés en partant pour la Terre-Sainte.*

Robertus de Peiz (1), sacerdos de Ciseio (2), cunctis fidelibus, salutem. Sciant presentes et futuri quod ego dedi Deo et monachis Sancte Marie de Trappa, in elemosinam perpetuam, liberam et quietam, terram meam de Boeleiis de Valein et unum arpennum prati super Erviam (3) ; que omnia dederat michi Girardus, frater meus, quando perrexit Jerosolimam, qui Girardus omnia predicta emerat de Guillelmo, filio Garini de Peiz, consensu et voluntate Johannis de Peiz, qui dominium habebat in supradictis. Hec ego donavi predictis monachis et presenti carta mea confirmavi, ut in eternum firma permaneant. Actum anno gratie M° CC° tertio.

## XVIII

1209. — *Jean de Poix confirme la donation d'une terre et d'un pré faite par son frère Robert à l'abbaye de la Trappe.*

Cunctis fidelibus ad quos presens scriptum pervenerit, Johannes

(1) Poix, commune de Sainte-Céronne.
(2) Cisai-Saint-Aubin, canton de Gacé, arrondissement d'Argentan.
(3) L'Avre, affluent de gauche de l'Eure.

de Peiz, salutem. Sciat universitas vestra quod ego, pro salute anime mee, ad petitionem Roberti de Peiz, fratris mei, dedi et concessi in perpetuam elemosinam, liberam penitus et quietam ab omni seculari consuetudine, monachis Sancte Marie de Trappa donum et elemosinam que dictus Robertus eis fecerat, scilicet terram suam de Boeletis de Valain et unum arpennum prati super Erviam (1), que omnia emerat Girardus, frater noster, de Guillelmo, filio Garini de Peiz, consensu et voluntate mea, et unum sextarium avene in medietaria de Nuilleio 2 ; et Robertus de Capella et Hugo, frater ejus, sacerdotes, quicquid juris in predicta terra reclamabant, in capitulo dicte abbatie, coram conventu et multis venerabilibus viris, libere dederunt et concesserunt et super altare ejusdem ecclesie posuerunt. Ut autem hoc firmum maneat in perpetuum, presentem cartam sigilli mei testimonio confirmavi. Actum anno gratie M° CC° nono.

## XIX

1227. — *Hugues du Buat fait donation à l'abbaye de la Trappe de sa portion de la terre des Bruyères.*

Sciant presentes et futuri quod ego, Hugo de Buat (3), pro salute anime mee et antecessorum meorum, dedi Deo et monachis Beate Marie de Trappa, in perpetuam elemosinam, liberam penitus ab omnibus rebus et quietam, totam partem meam terre Brueriarum, que est inter Magnum Buat et elemosinam quam dedit eis Hugo, pater meus, juxta Quercum Beraut, et quicquid michi vel heredibus meis in eadem terra accidere poterit. Quam elemosinam ego et heredes mei tenemur garantizare prefatis monachis contra omnes homines, et ab omnibus liberare. Et, ut hoc in perpetuum firmum et stabile permaneat, sigilli mei testimonio confirmavi presens scriptum. Actum anno Domini M° CC° vicesimo septimo.

## XX

*Répétition de la charte ci-dessus.*

Noverint presentes et futuri quod ego, Hugo de Buato, pro

(1) Cfr la pièce ci-dessus.
(2) Nuilly, commune de Saint-Hilaire-les-Mortagne.
(3) Le Grand-Buat, commune de Lignerolles.

salute anime mee et antecessorum meorum, dedi Deo et monachis Beate Marie de Trappa, in perpetuam elemosinam, liberam penitus ab omnibus rebus... *et cetera ut supra, alio sigillo.*

## XXI

1227. — *Hugues du Buat confirme à l'abbaye de la Trappe les donations de terres qu'elle a reçues de Hugues du Buat, son père, chevalier.*

Noverint universi, presentes et futuri, quod ego, Hugo de Buato, volui et concessi et presenti carta confirmavi monachis Domus Dei de Trappa totam elemosinam quam pater meus, Hugo de Buato, miles, fecit eis, videlicet quasdam terras sitas juxta Quercum Beraut (1), habendas in perpetuum et tenendas dictis monachis libere et quiete, cum omni terra Brueriarum quam dedi eis in elemosinam perpetuam, liberam penitus et quietam, sitam inter Magnum Buatum et terram Brueriarum, fratris mei Guillelmi, clerici, ita quod in dictis duabus elemosinis ego et heredes mei nichil juris de cetero poterimus reclamare, sed totum tenementum defendere eis et garantizare contra omnes et a rebus omnibus liberare [tenebimur]. Et, ut hoc firmum sit et stabile in perpetuum, presentem cartam sigilli mei munimine roboravi. Actum anno gratie M° CC° vicesimo septimo.

## XXII

1245. — *Luc de la Garderie confirme à l'abbaye de la Trappe la dîme qu'elle possède dans la paroisse de Saint-Mard-de-Réno.*

Noverint universi, presentes et futuri, quod ego, Lucas de Garderia, concessi et confirmavi monachis Domus Dei de Trappa totam decimam quam ipsi habent in parrochia Sancti Medardi de Renou, in elemosinam perpetuam, liberam ab omnibus rebus penitus et quietam. Et tam ego quam heredes mei tenemur prefatis monachis decimam prenotatam garantizare, defendere et ab

---

(1) Cfr ci-dessus la pièce XIX.

omnibus rebus et hominibus liberare. Et ut hoc firmum maneat semper et stabile, presentem cartam dedi supradictis monachis, sigilli mei munimine roboratam. Actum anno Domini M° CC° XL° quinto.

## XXIII

1245. — *Robert de Courgeon, chevalier, fait donation à l'abbaye de la Trappe d'un setier de blé, mesure de Corbon, à prendre annuellement, à la Toussaint, sur sa grange de Courgeon.*

Noverint universi, presentes et futuri, quod ego, Robertus de Corion (1), miles, dedi et concessi monachis Domus Dei de Trappa, pro salute anime mee et animarum Johannis et Almarici, fratrum meorum, unum sextarium frumenti, quem assignavi eis, capiendum annuatim, ad festum Omnium Sanctorum, in grangia mea de Corion. Hunc autem sextarium frumenti, ad mensuram corbonensis, ego et heredes mei tenemur garantizare et defendere et ab omnibus liberare, quia eum dedi eisdem monachis in elemosinam perpetuam, liberam penitus et quietam. Et, ut hoc maneat stabile in perpetuum, dedi eis presentem cartam, sigilli mei munimine roboratam. Actum anno Dominini M° CC° XL° quinto.

## XXIV

1233. — *Robert de Verrières assigne sur sa terre de Brézolles une redevance annuelle de blé qu'il s'est engagé depuis trente ans à fournir à l'abbaye de la Trappe.*

Sciant presentes et futuri quod ego, Robertus de Verreriis, assignavi monachis Domus Dei de Trappa, pro salute anime mee et antecessorum et successorum meorum, in elemosinam perpetuam, liberam ab omnibus rebus penitus et quietam, unum prebendarium frumenti quod dedi eis triginta, annis transactis. Hanc elemosinam capient dicti monachi annuatim, in festo sancti Remigii, in hereditate mea de Brueroles (2), per manum illius qui

---

(1) Courgeon, commune du canton de Mortagne.
(2) Bresolettes, commune du canton de Tourouvre.

dictam hereditatem tenebit, qui, si a solutione dicti redditus in prefato termino vel infra octo dies defecerit, prefati monachi capient in manu sua unam peciam terre, versus Buatum, sitam inter domum Odonis Chardon et domum Willelmi Veron, et jungitur, ex una parte, terre Nicholai de Buato et, ex altera parte, chemino per quod itur a domo Odonis Hoberel ad domum Girardi Chuchu, et ex ea facient dicti monachi quicquid voluerint. Hanc autem elemosinam teneor eis garantizare, defendere et ab omnibus liberare. Et ad hoc idem faciendum heredes meos obligavi. Et, ut hoc firmum maneat et stabile in perpetuum, presentem cartam sigilli mei munimine confirmavi. Actum anno gratie M° CC° tricesimo tertio.

## XXV

1218. — *Guillaume de Montcolin, du consentement de son frère Robert, fait don à l'abbaye de la Trappe d'un setier de blé à prendre annuellement, à la Saint-Denis, sur sa métairie du Val.*

Notum sit universis, presentibus et futuris, quod ego, Willelmus de Montcorlain (1), concedente Roberto, fratre meo, dedi in elemosinam perpetuam, liberam ab omnibus rebus et quietam, pro salute anime mee et patris mei et successorum meorum, Deo et monachis Beate Marie Domus Dei de Trappa unum sextarium frumenti, singulis annis, in festo sancti Dyonisii (2), in medietaria mea de Valle, capiendum cum altero sextario quem pater meus donavit eisdem, pro salute Aaleis, matris mee, in eadem medietaria. Et, ut hoc ratum sit in perpetuum, presentem cartam sigilli mei munimine confirmavi. Actum anno gratie M° CC° octavo decimo.

## XXVI

1217. — *Robert de Montcolin, du consentement de Guillaume, son fils aîné, chevalier, donne à l'abbaye de la Trappe un setier de blé à prendre annuellement, à la Saint-Julien, sur sa métairie du Val.*

Noverint universi, presentes et futuri, quod ego, Robertus de

(1) Montcolin, commune de Saint-Hilaire-les-Mortagne, arrondissement et canton de Mortagne.
(2) La Saint-Denis, le 9 octobre.

Monte Collano, concedente Willelmo, primogenito meo, milite, dedi in elemosinam perpetuam, liberam et quietam ab omnibus rebus, pro salute Aales, uxoris mee, nec non et nostrarum [animarum], monachis Domus Dei de Trappa unum sextarium frumenti, singulis annis, in festo sancti Juliani (1), in medietaria mea de Valle, capiendum. Et si forte in medietaria, aliquo casu interveniente, capi non potuerit, in dominico meo apud Boscum Willelmi capietur. Et, ut hoc ratum sit in perpetuum, dignum duxi presentem cartam sigilli mei munimine confirmari. Actum anno Domini M° CC° XVII°.

## XXVII

1215. — *Gilbert de Prulai fait donation à l'abbaye de la Trappe d'un setier de blé à prendre chaque année, à la Saint-Remi, sur sa métairie de Sainte-Céronne.*

Ego, Gillebertus de Prulaio (2), omnibus ad quos presentes littere pervenerint, salutem in Domino. Ad universorum notitiam volumus pervenire nos dedisse monachis de Trappa, in perpetuam elemosinam, unum sextarium frumenti in medietaria nostra de Sancta Ceronna, singulis annis, in festo sancti Remigii, percipiendum, pro salute anime nostre et parentum nostrorum. Et, ut ratum habeatur, sigilli nostri testimonio roboramus. Actum anno gratie M° CC° XV°.

## XXVIII

1243. — *Raoul de Thoriel confirme une libéralité de ses ancêtres, en faveur de l'abbaye de la Trappe, consistant en trois mines de blé à prendre annuellement, à la Saint-Remi, sur sa grange de Thoriel.*

Noverint universi, presentes et futuri, quod ego, Radulfus de Toriel (3), volui, laudavi, concessi et presenti carta confirmavi, pro salute anime mee, monachis Domus Dei de Trappa totam

---

(1) Le 27 janvier.
(2) Prulai, commune de Saint-Langis-les-Mortagne, arrondissement de Mortagne.
(3) Thoriel, commune de Bivilliers, canton de Tourouvre.

elemosinam quam fecerunt eisdem antecessores mei, videlicet tres minas bladi, habendas annuatim, in festo sancti Remigii, et reddendas integre a me et ab heredibus meis, et percipiendas in grangia mea de Toriel. Et hanc elemosinam, videlicet tres minotas frumenti et tres siliginis, ego et heredes mei tenemur garantizare et defendere contra omnes, et ab omnibus rebus liberare monachis supradictis, qui anniversarium meum celebrare debent in missa pro defunctis. Et, hec confirmatio ut rata sit et stabilis in perpetuum, presentem cartam sigilli mei munimine roboravi. Actum anno Domini M° CC° XL° tertio.

## XXIX

1224. — *Gadon Ledroeis fait donation à l'abbaye de la Trappe de trois setiers du meilleur blé de sa grange de Blancfossé, à prendre chaque année, avant la Toussaint, pour en faire des hosties dans ladite abbaye.*

Universis sancte matris ecclesie filiis, presentibus et futuris, notum sit quod ego, Gado Ledroeis, pro salute anime mee et Willelmi, primogeniti mei, et Aaliz et Aeline, uxorum meorum, et omnium amicorum nostrorum, laudante et volente predicto Willelmo, primogenito meo, dedi, in puram et perpetuam elemosinam, abbatie de Trappa tria sextaria prioris et melioris frumenti quod in grangia mea de Blancfosse poterit inveniri, infra festum Omnium Sanctorum annuatim percipienda, ad hostias in predicta abbatia faciendas. Quod ut ratum et stabile in perpetuum perseveret, presentes litteras sigilli mei munimine roboravi. Anno M° CC° XX° IV°.

## XXX

1223. — *Alard Le Bigot fait donation à l'abbaye de la Trappe de la dîme de son fief, avec le consentement de Guillaume de Brénart, chevalier, seigneur du fief.*

Noverint universi, presentes et futuri, quod ego, Aalardus Le Bigot, dedi in elemosinam perpetuam, liberam ab omnibus rebus penitus et quietam, monachis Domus Dei de Trappa decimam totius feodi mei, assensu et voluntate Willelmi de Bresnart, militis, domini feodi nominati, pro salute mea et antecessorum meorum, quamdiu habuerimus dictam decimam in feodo laicali. Hanc autem elemosinam ego et heredes mei tenemur garantizare ecclesie Beate Marie Domus Dei de Trappa bona fide. Ut autem hec donatio firma sit et stabilis in perpetuum, dignum duxi presentem cartam sigilli mei munimine confirmare. Actum anno gratie M° CC° vicesimo tertio.

## XXXI

1224. — *Gervais, évêque de Séez, attribue à l'abbaye de la Trappe des dîmes résignées entre ses mains par Jean Angot, clerc, et Alard Le Bigot, entre lesquels elles faisaient l'objet d'un différend.*

Fidelibus Christi presentia inspecturis, Gervasius (1), divina permissione dictus episcopus sagiensis, salutem in omnium Salvatore. Scire volumus universos quod, cum Johannes Angoti, clericus, et Aalardus Le Bigot, laicus, decimas de la Bigotere et de Croes Urse, de quibus inter se ad invicem contendebatur, de consilio bonorum virorum, in manum nostram tandem libere resignassent, nos, ad petitionem ipsorum, monitione premissa sed non admissa ut eas parrochiali ecclesie resignarent, ipsas decimas ecclesie Sancte Marie de Trappa et monachis ibidem Deo servientibus et in posterum servituris, ut abstraherentur a feodo laicali, divine intuitu pietatis, duximus conferendas et perpetuo possidendas. Quod, ut ratum habeatur, presens scriptum super hoc factum sigilli nostri appensione duximus roborandum. Actum anno gratie M° CC° vicesimo quarto.

## XXXII

1217. — *Sylvestre, évêque de Séez, confirme à l'abbaye de la Trappe la possession de toutes les terres qu'elle a reçues en don dans les paroisses de Lignerolles et de Bubertré.*

Silvester (2), Dei gratia sagiensis episcopus, universis presentes

(1) Gervais 1er, évêque de Séez du 18 juillet 1220 au 2 février 1228.
(2) Sylvestre, évêque de Séez de 1202 au 26 juin 1220.

litteras inspecturis in perpetuum. Noveritis me confirmasse monachis Beate Marie de Trappa omnes elemosinas quas ipsi habent in parrochiis de *Lineroles* et de *Bubertreo*, terram videlicet de Basseres, que sita est juxta terram Chardun, quam Galeranus de Asperis dedit eis in elemosinam; et terram quam Radulfus de Maerols (1) dedit eis; et terram quam Radulfus Mauchet dedit eis apud La Pigonnerei; et terram quam Willelmus de Barille dedit eis apud Vallem Herberti; et pratum super stagnum de Ronceria (2) quod Robertus comes dedit eis; et pratum quod Willelmus Farot dedit eis, quod vocatur *le pré Boous*; et pratum quod Rogerius Magnus dedit eis, quod vocatur pratum Galerani; et pratum quod Rogerus Le Roille dedit eis, situm juxta pratum de la forest; et terram quam Garinus, presbyter, de Bubertreio, dedit eis, quam dominus de Bubertreio donaverat illi, que est juxta terram quam Willelmus de Barille dedit eis. Ut autem hec omnia perpetuam obtineant firmitatem, dignum duxi presentem cartam sigil'i mei munimine confirmari. Actum anno gratie M° CC° septimo decimo.

## XXXIII

1214. — *Gervais de Prulai donne à l'abbaye de la Trappe un setier de blé à prendre chaque année, à la Saint-Remi, sur sa métairie de Beauvoir.*

Sciant omnes, presentes et futuri, quod ego, Gervasius de Prulaio, pro salute anime mee et uxoris mee et liberorum meorum, dedi monachis Beate Marie de Trappa, in elemosinam perpetuam, unum sextarium frumenti in medietaria mea de Bello Videre, a medietario ejusdem medietarie singulis annis, in festo sancti Remigii, monachis prefate ecclesie persolvendum. Et, ut hoc ratum sit in perpetuum, dignum duxi presentem cartam sigilli mei munimine confirmari. Actum anno gratie M° CC° quarto decimo [in dedicatione ejusdem ecclesie] (3).

---

(1) Marolles, commune de Lignerolles, canton de Tourouvre.
(2) La Roncière, commune de Lignerolles.
(3) Ces derniers mots sont donnés, par une note marginale de notre manuscrit, comme se trouvant dans la pièce originale.

## XXXIV

1242. — *Geoffroi, évêque de Séez, notifie un arrangement conclu, par son intervention, entre l'abbaye de la Trappe et Guillaume, prêtre de Bures, au sujet d'un setier de seigle que ladite abbaye prenait annuellement, à titre de dîme, sur la paroisse de Bures.*

Universis presentes litteras inspecturis, G[aufridus] (1), miseratione divina *sagiensis episcopus*, salutem in vero salutari. Ad universitatis vestre notitiam volumus pervenire quod, cum diu fuisset agitata questio inter viros religiosos, *abbatem* et conventum de Trappa, ex una parte, et *Willelmum*, personam et presbyterum de Buris (2), ex altera, super uno sextario siliginis annui redditus, ad mensuram Sancte Scolastice (3), quem percipere solebant annuatim dicti abbas et conventus in quadam decima dicte parrochie que quondam fuit Willelmi de Meldans, tamdem pacificatum est coram nobis hoc modo, quod dictus sextarius dicte ecclesie parrochiali remanebit in perpetuum, et alibi unus sextarius siliginis, ad mensuram prenominatam, qua citius invenietur venalis, emetur a dicta persona et remanebit dictis abbati et conventui in perpetuum ; interim vero, pendente tempore emptionis, a dicta persona vel a quocumque alio dictam decimam tenente, eisdem solvetur unus sextarius siliginis, ad predictam mensuram, in festo Omnium Sanctorum annuatim. Et, ut hoc inconcussum maneat in perpetuum, sigilli nostri munimine roboravimus presens scriptum. Actum anno gratie M° CC° XL° secundo.

## XXXV

1252. — *Guérin Fayel assigne une rente annuelle d'une mine de blé, donnée à l'abbaye de la Trappe par feu Robert du Buat, sur une terre sise au Jarriet, pour y être perçue chaque année à la Saint-Remi.*

Ego, Guarinus Faiel, notum facio universis, presentibus et

(1) Geoffroi de Mayet, évêque de Séez de 1241 au 30 janvier 1258.
(1) Bures, commune du canton de Courtomer, arrondissement d'Alençon.
(1) Sainte-Scolasse, canton de Courtomer.

futuris, quod, cum defunctus *Robertus* de Buato dedisset monachis Domus Dei de Trappa unam minam frumenti annui redditus, in elemosinam pro salute anime sue, ego, predictus Guarinus, predictam minam frumenti assignavi predictis monachis super terram unum modium sementis capientem, sitam apud Jarrietum, quam tenet de me Gereius, meus medietarius, accipiendam scilicet prefatam minam, frumenti boni et legitimi nec minus quam sex denariorum electam, annuatim, in festo sancti Remigii, monachis supradictis, per manum mediatoris supradicti vel illius, quicumque sit, qui terram tenebit supradictam. Et, si eamdem minam frumenti infra octabas predicti festi sancti Remigii non habuerint prenominati monachi, poterunt facere suam justiciam in dicta terra pro habendo predicto redditu dicte mine frumenti cum septem solidis et dimidio turonensium pro emenda. Et, ut hoc maneat firmum et stabile in perpetuum, dedi eis presentem cartam, sigilli mei munimine roboratam, per quam obligavi me et heredes meos ad tenendam et garantizandam predictam assignationem predicte mine frumenti et ab omnibus rebus tanquam elemosinam predicto modo liberandam. Actum anno gratie M° CC° L° secundo.

## XXXVI

1251. — *Raoul des Barres prend l'engagement de payer à l'abbaye de la Trappe, à la Nativité Notre-Dame prochaine, les arrérages, échus depuis quatre ans, qu'il doit à ladite abbaye pour le bail du moulin de Crollart.*

Universis presentes litteras inspecturis, Rad[ulfus] de Barra (1), salutem in Domino. Noveritis quod, cum Johannes de Barra, pater meus, et ego post eum tenuerimus de monachis de Trappa quamdam decimam quam habent in molendino de Crollart, reddendo eisdem annuatim sex boissellos bladi ratione firme, et tam dictus Johannes, pater meus, quam ego defecerimus a solutione dicti bladi in festo sancti Remigii per quatuor annos, presentibus litteris me obligavi ad solutionem omnium arreragiorum in Nativitate Beate Marie (2) proximo ventura eisdem reddendo-

---

(1) Les Barres, commune des Genettes, canton de Moulins-la-Marche (?)
(2) Le 8 septembre.

rum, et de cetero in festo sancti Remigii sex dictos boissellos, quamdiu dictam firmam michi concesserint, reddere tenebor annuatim. In cujus rei testimonium presentes litteras dedi predictis monachis, sigilli mei munimine roboratas. Actum anno Domini M° CC° L° primo.

[XXXVII]

Juin 1248. — *Guillaume Pichart, de Tourouvre, dispose en faveur de l'abbaye de la Trappe d'une rente annuelle perpétuelle de vingt sous, à charge de célébration d'anniversaires pour lui et les siens par ladite abbaye ; il joint à cette donation d'autres libéralités en faveur de l'hôpital de Mortagne, des communautés du Val-Dieu et de Chêne-Galon, et de l'église de Tourouvre.*

**Carta Guillelmi Pichart de Torto Robore.**

Ego, Guillelmus Pichart, notum facio universis presentes litteras inspecturis quod ego, pro salute anime meé nec non et antecessorum et successorum meorum, videlicet patris et matris mee et ob nostra anniversaria facienda, Deo et monachis de Trappa contuli viginti solidos annui et perpetui redditus, ad faciendam annuatim pitantiam in die anniversariorum nostrorum, videlicet in crastino beati Andree apostoli (1) ; hospitali (2) juxta Maur[itaniam], ad faciendam pitantiam in predicta die anniversariorum, decem solidos ; Valli Dei X solidos ; Querqui (*sic*) Galonis decem solidos, et ecclesie de Josaphas decem solidos annui et perpetui redditus, ad faciendas predictis locis pitantias dicta die ; ad faciendam caritatem panis pauperibus, annuatim una vice, apud Tortum Robur, in die Veneris proxima post Penthecostem, qua die volui annuatim anniversarium apud Tortum Robur celebrari, quadraginta et tres solidos, in luminari et in oblationibus, duos solidos, per manum illorum qui predictos redditus in dictis locis persolvere tenebuntur. Hos dictos redditus

---

(1) Le premier décembre.
(2) L'hospice de Mortagne, fondé au XIe siècle, fut reconstruit en 1195 après un incendie, par Geoffroy IV, comte du Perche.

assignavi percipiendos in medietaria mea de Poteria (1) et habendos annuatim per manum Hugonis Piquart, fratris mei, tali modo, quod quicquid ultra et plus de predictis redditibus prenominata medietaria valuerit, eidem hoc do et concedo in perpetuum, dictas pitantias et prefatos redditus prefixis diebus, proinde ut faciat fieri anniversaria et pitantias annuatim in dictis locis et in dictis diebus, ut superius est expressum ; ita tamen quod, si dictus Hugo vel ejus mandatum supradicta sub dicta forma libere et quiete et pacifice de omnibus rebus annuatim non reddiderint assignata in medietaria dicta, salvis tamen servitiis dominorum, eadem medietaria cum ejusdem pertinentiis abbati de Trappa qui pro tempore fuerit in perpetuum deveniet et remanebit, dictas pitantias et prefatos redditus sub dicta forma et servitia exinde debita faciendo (2), ita quod si abbas de Trappa predicta persolvere ut superius est expressum in aliquod defecerit, ministro Santi Eligii (3) juxta Mauritaniam predicta medietaria, cum omnibus pertinentiis, in perpetuum deveniet et remanebit, predictos redditus et pitantias dicto modo annuatim persolvendo, exceptis servitiis dominorum debitis de dicta medietaria, sicuti se·possidet cum vavasoribus et sicuti teneo et tenui de Roberto Leteri. Preterea ego et Hugo, frater meus, in quorum omnium testimonium et ad majorem supradictorum confirmationem, presentes litteras munimine roboramus sigillorum nostrorum, per quas heredes nostros ad eadem tenenda dicto modo fideliter voluimus obligari. Actum anno gratie M° CC° quadragesimo octavo, mense junii (4).

---

(1) La Poterie-au-Perche, commune du canton de Tourouvre.
(2) Le manuscrit porte faussement *facienda*.
(3) Les Trinitaires, qui venaient d'être fondés par saint Jean de Matha pour le rachat des chrétiens captifs chez les Musulmans, s'établirent en 1204 à Saint-Eloi, près Mortagne. Leur supérieur prenait le titre de *Ministre*. Leurs bâtiments sont occupés aujourd'hui par le collège Sainte-Marie.
(4) Cette charte, d'une écriture visiblement différente de celle des pièces qui précèdent et qui suivent, paraît avoir été ajoutée après coup à la série P.

# Q

## De decimis et bladis carnotensis dyocesis et aliis.

### I

1223. — *Guillaume de Loisail, chevalier, assigne à l'abbaye de la Trappe sept setiers de grain à prendre annuellement sur sa métairie de Tourouvre, en échange d'une dîme et d'un setier de blé que ladite abbaye avait à Montigny-le-Chartif et sur le moulin de Loisail.*

Noverint universi, presentes et futuri, quod ego, Willelmus de Loiseel (1), miles, assignavi monachis Domus Dei de Trappa in perpetuum septem sextarios bladi, quatuor frumenti et tres siliginis, in medietaria mea de Torrouvre (2), ab illo qui medietariam tenuerit singulis annis, infesto sancti Remigii, persolvendos, pro excambio decime quam habebant apud Montagneium Lechetif (3), et pro uno sextario bladi in molendino de Loiseel. Debet autem frumentum esse bonum et bene ventilatum, ita quod frumentum valeat tantum quantum melius quod vendetur apud Mauritaniam, duodecim denarios minus, et siligo sex denarios minus. Et sciendum quod, si ille qui medietariam tenuerit defecerit a solutione ad terminum notatum, monachi suam justitiam facient in dicta medietaria, sine contradictione quam ibi possim facere nec heredes mei, nec alius pro nobis. Et libere et quiete habebunt monachi dictos septem sextarios bladi jam prefatos, nec aliquid amplius ibi poterunt reclamare. Et hoc teneor defendere et garantizare et liberare, et heredes mei post me similiter. Et, ut hoc ratum maneat in perpetuum, dignum duxi presentem cartam sigilli mei munimine confirmare. Actum anno gratie M° CC° vicesimo tertio.

(1) Loisail, commune du canton de Mortagne.
(2) Tourouvre, chef-lieu de canton de l'arrondissement de Mortagne.
(3) Montigny-le-Chartif, commune du canton de Thiron, arrondissement de Nogent-le-Rotrou (Eure-et-Loir).

## II

1210. — *Hugues de Corsesant donne à l'abbaye de la Trappe, en échange de son moulin de Bivilliers, six setiers de grain à prendre chaque année sur la métairie des Touches.*

Sciant presentes et futuri quod ego, *Hugo de Corsesanz*, assensu et voluntate Johannis, generis mei, et Johanne, filie mee, dedi et concessi monachis de Trappa sex sextarios bladi, duos frumenti, duos siliginis et duos ordei, pro excambio molendini de Biviler, quod teneo ab ipsis jure perpetuo michi et heredibus meis, recipiendos singulis annis in medietaria de Toschis (1) quam tenuit Hubertus cocus, tali conditione, quod per justitiam suam habebunt prefatum bladum in predicta medietaria a quocunque medietario eam tenente et habente. Et si forte contigerit quod in prefata medietaria prefatum bladum habere nequiverint, ipsi de jure ad jam dictum molendinum revertentur, suam justitiam et districtionem facturi, donec prefati sex sextarii bladi eisdem ex integro fuerint persoluti. Hoc autem bladum tenebunt de me et heredibus meis bene et pacifice, in perpetuum, cum duobus sextariis bladi, uno frumenti et alio avene, quos ibi habent de dono Ivonis de Ductu. Et, ut hoc immutabiliter maneat firmum, sigilli mei impressione munivi presens scriptum. Hoc vero bladum debet persolvi singulis annis infra octabas sancti Remigii. Actum anno gratie M° CC° decimo.

## III

[S. d., 1191-1202]. — *Geoffroi IV, comte du Perche, notifie qu'en vertu d'un accord intervenu entre l'abbaye de la Trappe et Guérin Hai, ce dernier a obtenu de ladite abbaye la paisible possession, sa vie durant, d'une terre litigieuse, moyennant toutefois une redevance annuelle de deux setiers de grain.*

Gaufridus, comes perticensis, cunctis sancte ecclesie fidelibus, salutem. Sciant presentes et futuri quod querela que versabatur

(1) La Touche, commune de Réveillon, canton de Mortagne.

inter monachos de Trappa et Garinum Hai de terra quam tenuit Ivo de Rivo [ab ipsis], scilicet masuram de Tuschis [cum suis pertinentiis et immunitatibus], tali modo et fine terminata est, quod predictus Garinus terram habebit, [vita sua durante] (1), et reddet per singulos annos ipse et heredes sui pro eadem terra predictis monachis duos sextarios bladi, scilicet unum frumenti et unum avene, ad festum sancti Remigii. Et si monachi ad predictum terminum redditum suum non habuerint, ad predictam terram se recognoscent, quicumque eam tenuerint. Quod, ut firmum permaneat, presenti carta mea confirmavi. Testibus : Hugone de Corsesant, Ger[vasio] de Rosaria, et multis aliis.

## IV

1250. — *Guillaume du Buat et Julienne, sa femme, vendent à l'abbaye de la Trappe, moyennant un prix de sept livres tournois, un setier de froment et un setier de mouture, à prendre, ce dernier, sur leur moulin Renouard.*

Universis presentem cartam inspecturis, *Guillelmus de Buato* (2), et Juliana, uxor ejus, salutem in Domino. Noveritis quod nos vendidimus monachis Domus Dei de Trappa unum sextarium frumenti non minus valentis electa (3) quam sex denarios, et alterum sextarium molture qualis fuerit in molendino nostro de Renoart (4), quod est in parrochia de Torto Robore, habendos et recipiendos scilicet duos sextarios frumenti et molture predictis monachis vel nontio eorumdem, annis singulis in crastino Nativitatis Domini, per manum nostram vel molendinarii molendini supradicti, in quo predictos duos sextarios red-

(1) Tous les mots placés ci-dessus entre crochets se lisent dans le manuscrit, mais n'y ont été ajoutés, si l'on en juge par l'écriture, qu'au xviie siècle. Ces additions interlinéaires paraissent avoir été faites d'après le texte de la charte originale ; c'est pourquoi nous avons cru devoir en tenir compte.

(2) « La maison du Buat paraît avoir eu pour berceau la terre du même nom, située dans la partie méridionale de la Normandie et comprise aujourd'hui dans la petite commune de Lignerolles, canton de Tourouvre, arrondissement de Mortagne. » (Abbé R. Charles, *la maison du Buat, comtes du Buat, de la Subrardière, etc., au Maine et en Anjou*).

(3) *Electa*, petite monnaie en usage au xiiie s. (Cf. Du Cange).

(4) Le moulin de Renouard, commune de Tourouvre, sur le ruisseau de Renouard, figure sur l'état des moulins du département de l'Orne en 1809 (*Annuaire de l'Orne*, 1810).

ditus annui perpetui assignavimus predictis monachis ad dictum terminum recipiendos, ita quod, si non fuerint in dicto termino persoluti, ipsi vel nuntius eorum poterunt facere suam justitiam in dicto molendino pro habendo redditu duorum sextariorum predictorum. Et si contigerit predictum molendinum comburi vel in tali statu redigi quod predictum redditum non possint habere in eodem monachi supradicti, volumus et concedimus ut in nostra medietaria eumdem redditum capiant et habeant, aut suam justitiam faciant in eadem pro habendo redditu supradicto, que medietaria vocatur Torpineria et est in parrochia de Torto Robore prenominata. Pro hac autem venditione, habuimus a predictis monachis septem libras turonensium, quam nos et heredes nostri tenemur garantizare, defendere et ab omnibus rebus penitus liberare, per presentem cartam quam dedimus sepedictis monachis, in hujus rei testimonium et confirmationem nostrorum sigillorum munimine roboratam. Actum anno Domini M° CC° quinquagesimo.

## V

1249. — *Guillaume du Buat confirme la donation faite par Geoffroi Hoberel, chevalier, et Mathilde, sa femme, à l'abbaye de la Trappe, d'une maison sise à la Rosière, paroisse de Tourouvre, sur laquelle il se réserve trois deniers de cens annuel.*

Noverint universi, presentes et futuri, quod ego, *Guillelmus de Buato*, concessi monachis Domus Dei de Trappa et confirmavi elemosinam quam eisdem fecerunt et dederunt Gaufridus Hoberel, miles, et Matildis, uxor ejus defuncti, de tota masura defuncti Hugonis Surdi (1) quam acquisierunt de me, et est sita in parrochia de Torto Robore, apud Roseriam (2), ita quod dicti monachi dictam masuram totam cum domibus, terra et prato tenebunt et habebunt et de ea facient quicquid voluerint, libere, pacifice et quiete ab omnibus rebus ad me et ad heredes meos pertinentibus, salvis tribus denariis monete currentis in Corboneto, quos michi reddent et meis heredibus, ad festum sancti

---

(1) Cette donation fait l'objet de la pièce qui suit.
(2) La Rosière, commune de Tourouvre.

Remigii annuatim pro omnibus rebus ad me et ad heredes meos pertinentibus, et salvis servitiis capitalium dominorum que facient ad me et ad heredes meos dicti monachi vel eorum mandatum, quando evenerint facienda ; et sic ego, predictus Guillelmus, predicta omnia predictis monachis teneor garantizare et ab omnibus, sicut dictum est superius, liberare. Et ad hoc idem agendum post me heredes meos volui obligari. Et, ut hoc firmum maneat et stabile in perpetuum, presentem cartam dictis monachis sigilli mei munimine tradidi roboratam. Actum anno Domini M° CC° XL° nono.

## VI

1243. — *Geoffroi Hoberel, chevalier, et Mathilde, sa femme, donnent à l'abbaye de la Trappe la maison de feu Hugues le Sourd, à la Rosière, avec les bâtiments et terres en dépendant.*

Universis presentem cartam inspecturis, Gaufridus Hoberel, miles, et Matildis, uxor ejus, salutem in Domino. Noverit universitas vestra quod nos, de communi assensu et voluntate, pro salute animarum nostrarum, dedimus Deo et Beate Marie de Trappa, in puram et perpetuam elemosinam, [liberam] ab omnibus rebus ad nos et heredes nostros pertinentibus, totam masuram defuncti Hugonis Surdi, quam acquisivimus de Guillelmo de Buato, sitam apud Roseriam ; quam videlicet masuram, cum domibus, terra et prato ad ipsam pertinentibus, dicti monachi libere et quiete post decessum nostrum in perpetuum possidebunt, salvis servitiis capitalium dominorum. Quod, ut firmum maneat et stabile in perpetuum, presentes litteras eis dedimus sigillorum nostrorum munimine roboratas. Datum anno Domini M° CC° XL° tertio.

## VII

1225. — *Guillaume de Bellegarde, chevalier, accorde à l'abbaye de la Trappe une terre sise dans son domaine de Bellegarde, près de la Restondière.*

Noverint universi, presentes et futuri, quod ego, *Willelmus de*

*Bella Garda*, miles, dedi et presenti carta confirmavi, pro salute anime mee et Margarite, uxoris mee, et antecessorum et successorum [meorum], monachis Domus Dei de Trappa, in elemosinam perpetuam, liberam ab omnibus rebus penitus et quietam, terram ad dimidium modium seminis in dominico meo de Bellagarda (1) versus Restonderiam, juxta terram domini Viviani de Bosco, concedentibus Gaufrido Hoberel, milite, genero meo, et uxore ejus, filia mea. Qui Gaufridus, ad hujus rei firmitatem et presentis carte confirmationem, cum sigillo meo sigillum suum apposuit. Actum anno Domini M° CC° vicesimo quinto.

## VIII

*Vacat* (2).

## IX

1244. — *Guillaume de Bordeis, Nicolas, son fils, et Agathe, sa fille, vendent à l'abbaye de la Trappe, au prix de cent sous tournois, leur part d'une terre acquise par eux de Geoffroi Hoberel, chevalier.*

Universis presentia inspecturis, *Guillelmus de Bordeis* et Nicholaus, filius ejus, et Agatha, filia ipsius, salutem in Domino. Noveritis quod nos, de communi assensu, vendidimus monachis Domus Dei de Trappa et penitus quitavimus, pro centum solidis turonensium quos integre habimus de ipsis, totam partem nostram burdesie (3) quam acquisivimus a Gaufrido Hoberel, milite, quam de eisdem monachis tenebamus apud Tortrovre, tenendam et possidendam predictis monachis integre sicut eam possidebamus, et ad suam voluntatem penitus faciendam, absque nostri et heredum nostrorum aliqua reclamatione. Et, ut hoc firmum maneat et stabile in perpetuum, presens scriptum sigillorum nostrorum munimine confirmavimus, et super sacrosancta juravimus nichil in predicta burdesia de cetero reclamare. Actum anno Domini M° CC° XL° quarto.

(1) Bellegarde, commune de Tourouvre, ancien château.
(2) Indication du manuscrit.
(3) Ce mot est le même que *burgesia*, qui désigne, au xiii° siècle, une terre tenue par un bourgeois.

## X

1203. — *Geoffroi Hoberel, chevalier, du consentement de sa femme Mathilde, fait cession à l'abbaye de la Trappe, d'une terre q'il avait à Tourouvre et que tenaient de lui Guillaume Le Bourgeois et Etienne Lepelletier.*

Sciant presentes et futuri quod ego, Gaufridus Hoberel, miles, assensu et voluntate Matildis, uxoris mee, et heredum meorum, dedi Deo et Beate Marie de Trappa, pro salute anime mee et dicte uxoris mee, unam burdesiam quam habebam in villa de Torto Robore, quam videlicet burdesiam de me tenebant Guillelmus Le Borgeis et Stephanus Lepeletier. Et sciendum quod in predicta Burdesia nichil michi et heredibus meis retinui in perpetuum, nisi eternam a Domino retributionem, salvo tamen jure capitalium dominorum. Hanc autem elemosinam, liberam penitus et quietam ab omnibus rebus ad me et ad heredes meos pertinentibus, ego, Gaufridus, teneor garantizare, defendere et liberare, et ad hoc idem faciendum et tenendum fideliter post me heredes meos volui penitus obligari per presentem paginam, sigilli mei munimine roboratam. Actum anno gratie M° CC° tertio.

## XI

1244. — *Etienne Lepelletier et Richilde, sa femme, vendent à l'abbaye de la Trappe, moyennant cent sous tournois, leur part d'une terre sise à Tourouvre et acquise par eux de Geoffroi Hoberel, chevalier.*

Noverint universi, presentes et futuri, quod ego, Stephanus Lepeletier, et Richeldis, uxor mea, vendidimus monachis Domus Dei de Trappa et penitus quitavimus totam partem nostram burdesie quam acquisivimus a domino Gaufrido Hoberel, milite, quam de eisdem monachis tenebamus apud Torrovre, tenendam et possidendam integre, sicut eam possidebamus, ad suam voluntatem penitus faciendam absque nostri et heredum nostrorum aliqua reclamatione. Pro qua venditione et omnimoda quitatione, nos habuimus centum solidos turonensium de monachis supradictis. Et ut hoc firmum maneat et stabile in perpetuum, nos supradictam partem burdesie cum pertinentiis suis adjuravimus, et sigillorum nostrorum munimine roboravimus presens scriptum. Actum anno M° CC° XL° quarto.

## XII

1244. — *Guillaume de Bubertré, chevalier, confirme la cession d'une terre faite par Geoffroi Hoberel, chevalier, à l'abbaye de la Trappe, non sans y réserver toutefois une redevance annuelle de dix deniers à son profit.*

Noverint universi, presentes et futuri, quod ego, Guillelmus de Bubertre (1), miles, volui, concessi et confirmavi monachis Domus Dei de Trappa donum et elemosinam quam fecit eisdem monachis Gaufridus Hoberel, miles, de quadam burdesia quam tenebat de me pro annuo redditu decem denariorum. Quam burdesiam tenuerunt Guillelmus de Borgeis (2) et Stephanus Le Peletier de dicto Gaufrido; quam burdesiam, sicut dividitur inter vicinos, tenebunt predicti monachi de me et heredibus meis reddendo inde michi et predictis heredibus, annuatim in festo sancti Remigii, decem denarios supradictos, pro omnibus rebus ad me et ad heredes meos pertinentibus. Et hoc ego et predicti heredes mei tenemur garantizare et defendere et ab omnibus rebus ad nos pertinentibus liberare per redditum supradictum. Et, ut hoc firmum maneat et stabile in perpetuum, presentem cartam sigilli mei munimine roboravi. Actum anno Domini M° CC° XL° quarto.

## XIII, XIV

*Quarta decima [carta] cum tertia decima vacat (3).*

## XV

1210. — *Renaud, évêque de Chartres, fait donation à l'abbaye de la Trappe d'un boisseau de blé à prendre chaque année sur ses moulins de Pontgouin, pour l'entretien du luminaire de l'autel de Notre-Dame.*

R[eginaldus] (4), Dei gratia carnotensis episcopus, omnibus

---

(1) Bubertré, commune du canton de Tourouvre.
(2) Ci-dessus, pièce X, *Le Borgeis*.
(3) Indication du manuscrit.
(4) Renaud de Bar de Monçon, évêque de Chartres de 118? au 8 décembre 1217.

presentes litteras inspecturis, salutem in Domino. Ad universorum notitiam volumus pervenire quod nos, pietatis intuitu et pro remedio anime nostre, dedimus et concessimus in perpetuam elemosinam monachis de Trappa unum modium annone in molendinis nostris de Pontegoeno (1), qui positi sunt super magnum stagnum, que omnia, molendinos *(sic)* scilicet et stagnum, nos acquisivimus ab eisdem, singulis annis percipienda in octabis Omnium Sanctorum, ad luminare circa altare Beate Marie faciendum. Quod, ut ratum permaneat, presentem paginam sigilli nostri munimine fecimus roborari. Actum anno Domini M° CC° decimo.

## XVI

1220. — *Barthélemi, doyen, et tout le chapitre de l'église de Chartres, approuvent la donation, faite par feu Renaud, évêque de Chartres, à l'abbaye de la Trappe, d'un boisseau de blé à prendre annuellement sur les moulins de Pontgouin.*

Bartholomeus, decanus, et universitas capituli carnotensis, omnibus presentes litteras inspecturis, salutem in Domino. Ad universorum notitiam volumus pervenire quod nos ratam et gratam habemus elemosinam quam venerabilis pater noster, recordationis pie, Reginaldus, episcopus carnotensis, dedit et concessit viris religiosis, monachis de Trappa (2), cisterciensis ordinis, sicut in suis patentibus litteris continetur, videlicet unum modium annone in molendinis de Pontegoeio qui positi sunt super magnum stagnum, ab eisdem monachis singulis annis percipiendum in octabis Omnium Sanctorum, ad luminare circa altare Beate Marie de Trappa faciendum. In cujus rei robur et testimonium, presentem paginam fecimus sigilli nostri munimine roborari. Actum anno Domini M° CC° XX°.

---

(1) Pontgouin, commune du canton de Courville, arrondissement de Chartres (Eure-et-Loir).
(2) Cf. la pièce précédente.

## XVII

Chartres, 1215. — *Renaud, évêque de Chartres, approuve la donation que Barthélemi de Nully, chevalier, à faite à l'abbaye de la Trappe de sa dîme de Tourouvre.*

R[eginaldus], Dei gratia carnotensis episcopus, universis Christi fidelibus ad quos presens scriptum pervenerit, salutem in omnium Salvatore. Ad universorum notitiam scripti presentis testimonio volumus pervenire quod nos donationem quam Bartholomeus, miles, de Nuilleio, fecit de decima sua de Tortrovre (1) Deo et monachis Beate Marie de Trappa (2), assensu Hamelini, filii sui, et Gaufridi, fratris sui, presbyteri, et Nicholai de Nuilleio (3), domini sui, concedimus, volumus et aprobamus et dictos monachos de ea investientes, ipsam auctoritate presentium et sigilli nostri caractere confirmamus, sicut in predictorum Bartholomei et Nicholai autenticis continetur. Datum Carnoti, anno Domini M° CC° quinto decimo.

## XVIII

1215. — *Nicolas de Nully approuve la donation faite par Barthélemi de Nully, son parent, à l'abbaye de la Trappe, de la dîme de Nlluy qu'il tenait de lui.*

Noverint universi, presentes et futuri, quod ego, Nicholaus de Nuilleio, pro salute anime mee et antecessorum meorum, Deo et monachis de Trappa concedo, in elemosinam liberam et quietam ab omnibus rebus, donum illud quod Bartholomeus de Nuilleio, cognatus et homo meus, fecit eis de tota decima sua de Tortrovre, cum omnibus pertinentiis suis, quam de me tenebat (4). Et sciendum quod ego, quamdiu vixero, et heres meus post me debemus eam monachis, sicut domini, garantizare. Et, ut hoc in perpetuum firmum maneat et stabile, dignum duxi presentem cartam sigilli mei munimine confirmari. Actum anno Domini M° CC° XV°.

(1) Avant la Révolution, Tourouvre dépendait du diocèse de Chartres.
(2) Cfr. les deux pièces ci-dessous.
(3) Saint-Sulpice-de-Nully, ancienne paroisse réunie à Saint-Hilaire-les-Mortagne, canton de Mortagne (?).
(4) Voir cette donation dans la pièce ci-dessous.

## XIX

Verneuil, 1212. — *Barthélemi de Nully fait donation à l'abbaye de la Trappe de la dîme de Tourouvre, qu'il tenait de Nicolas de Nully.*

Sciant presentes et futuri quod ego, Bartholomeus de Nuilleio, concedentibus Hamelino, filio meo, et Gaufrido, fratre meo, presbytero, et Nicholao de Nuilleio, domino meo, dedi et concessi Deo et monachis Beate Marie de Trappa, in perpetuam elemosinam, liberam penitus et quietam ab omnibus rebus, totam decimam meam de Tortrovre, cum omnibus pertinentiis suis, quam tenebam de predicto Nicholao. Et sciendum quod ego et heredes mei post me tenebimur defendere et garantizare supradictis monachis predictam decimam et, si aliquo modo eam perdiderint, ad valorem excambiare. Et, ut hoc in perpetuum firmum maneat et stabile, presens scriptum sigilli mei appositione roboravi. Actum Vernolii, in asisia, anno gratie M° CC° duodecimo.

## XX

1208. — *Renaud, évêque de Chartres, confirme une donation faite à l'abbaye de la Trappe par Orieuz et ses fils Robert de Foumucon, chevalier, et Guillaume, clerc.*

R[eginaldus], Dei gratia carnotensis episcopus, omnibus presentem paginam inspecturis, salutem in Domino. Presentium insinuatione ignotescat universis quod donum illud quod Orieuz et Robertus de Foumucon, miles, et Willelmus, clericus, filii ejusdem, ecclesie Beate Marie de Trappa, cisterciensis ordinis, nomine elemosine in perpetuum contulerunt, et quod videlicet Gervasius de Marchenaio et filii ejus, de quorum feodo predicta movebat decima (?)... (1) sicut in ipsorum Gervasii et Roberti continetur autenticis, curavimus confirmare. Actum anno gratie M° CC° octavo.

(1) Le copiste du cartulaire semble avoir commis ici une omission.

## XXI

1207. — *Robert, chevalier de Foumucon, ratifie la donation faite par sa mère à l'abbaye de la Trappe de la dîme de Tourouvre.*

Noverint universi, tam presentes quam futuri, quod ego, Robertus, miles de Foumucon, concedentibus filiis meis Willelmo, primogenito, et Stephano, dedi et concessi Deo et Beate Marie de Trappa et monachis ibidem Deo servientibus, in puram et perpetuam elemosinam, liberam penitus et quietam ab omni seculari consuetudine, decimam matris mee de Tortrovre, quam eis donaverat dicta mater [mea] assensu et voluntate mei et Willelmi, fratris mei, clerici, tali conditione quod si forte contigerit ut jam dicti monachi prefatam decimam pacifice et quiete habere nequiverint, ego vel heredes mei in alio dominio meo de jure tenebimur excambiare. Et, ut hoc inviolabile in perpetuum maneat, presentem cartam sigilli mei impressione communivi. Actum anno gratie M° CC° septimo.

## XXII

1223. — *Guillaume de Mauchenai, chevalier, approuve la donation de la dîme de Tourouvre faite à l'abbaye de la Trappe par Orieuz, Robert de Foumucon, chevalier, et Guillaume, clerc, frère dudit Robert.*

Sciant universi, presentes et futuri quod ego, Willelmus de Mauchenai (1), miles, laudavi et concessi in elemosinam perpetuam, liberam ab omnibus rebus penitus et quietam, quantum ad me et ad heredes meos pertinet, monachis Domus Dei de Trappa totam decimam quam ipsi acquisierunt apud Tortrovre ab Oriout (sic) (2) et Roberto de Foumucon (3), milite, et Willelmo, clerico, fratre suo, nichil juris in ea michi retinens nec heredibus

---

(1) Mauchenay, *Ainesse*, dépendant de Landres, commune de Mauves, canton de Mortagne. (Marquis de la Jonquière, *Bull. de la Société Historique de l'Orne*, t. II, p. 306.

(2) Cfr. ci-dessus la pièce XX.

(3) Cfr. la charte précédente.

meis, set ex integro donens et concedens libere et quiete pro salute anime mee et antecessorum meorum, et ut in abbatia memoria nostri fiat. Ad quod defendendum et garantizandum ego teneor et heredes mei post me similiter tenebuntur, salvis servitiis dominorum feodi. Et, ut hoc firmum et stabile maneat in perpetuum, presentem cartam sigilli mei munimine confirmavi. Actum anno gratie M° CC° vicesimo tertio.

## XXIII

1207. — *Gervais de Mauchenai, chevalier, confirme la cession de la dîme de Tourouvre, dans son fief, faite à l'abbaye de la Trappe par Orieuz de Foumucon et ses fils Robert et Guillaume.*

Sciant presentes et futuri quod ego, Gervasius de Malchenai, miles, pro salute anime mee et antecessorum et successorum meorum, concessi et presenti carta confirmavi Deo et Beate Marie de Trappa monachisque ibidem Deo servientibus, assensu et voluntate filiorum meorum, Guillelmi, primogeniti, Nicholai et Gervasii, donationem et emptionem illam quam fecerunt eis Orieuz de Foumucon et fili ejus Robertus de Foumucon, miles, et Guillelmus de Foumucon, clericus, scilicet decimam quam tenebant apud Tortrovre (1), de feodo meo, tenendam tali conditione, quod duas partes illius decime tenebunt ad firmam pro tribus sextariis bladi, videlicet uno frumenti, uno ordei et uno avene, ad mensuram de Molins, salvo servitio meo et dominorum meorum. Tertiam vero partem jam dicte decime concessi eis in puram et perpetuam elemosinam, liberam penitus ab omni servitio et seculari consuetudine. Et sciendum quod in dicta decima habebam servitium equi, quod de manu jam dictorum monachorum jam recepi. Anno Verbi incarnati M° CC° septimo.

## XXIV

1243. — *Guérin des Vergers et Mathilde, sa femme, vendent à l'abbaye de la Trappe, pour la somme de sept livres tournois, les droits qu'ils possédaient sur les dîmes de Tourouvre.*

Universis presentem cartam inspecturis, Guarinus de Vir-

(1) Cfr. ci-dessus les pièces XX et XXI.

gultis (1) et Matildis, uxor ejus, salutem in Domino. Noveritis quod, cum teneremur monachis Domus Dei de Trappa annuatim reddere quindecim solidos turonensium super batagio et straminibus que habebamus feodaliter in decimis de Torto Robore, nos tandem omnia predicta, batagium scilicet et stramina, predictis monachis vendidimus et penitus quitavimus, per septem libras turonensium quas ab eisdem integre recepimus, nichil in predictis nec in eorum pertinentiis de cetero reclamantes. Igitur ad hec tenenda fideliter et firmiter et garantizanda et ab omnibus liberanda nos et heredes nostros et hereditatem nostram obligavimus. Servitia autem que debentur de predictis, predicti monachi facere tenebuntur. Ad confirmationem hujus rei presenti carte sigilla nostra apposuimus, et Johannes de Monthai et Oriendis, uxor ejus, de quibus predicta tenebamus, ad nostram petitionem et majorem firmitatem confirmaverunt sigillorum suorum munimine presens scriptum. Actum anno gratie M° CC° XL° tertio.

## XXV

1246. — *Hugues Berseloue et Asceline Gastinèle vendent à l'abbaye de la Trappe, moyennant un prix de vingt-cinq livres tournois, leurs droits sur les dîmes de Tourouvre.*

Universis presentem cartam inspecturis, Hugo Berseloue et Ascelina Gastinele, uxor ejus, et Willelmus Duoe et Agatha Gastinele, uxor ejus, et Eremburgis et Johanna, sorores predictorum Asceline et Agathe, salutem in Domino. Noveritis quod nos vendidimus abbati et conventui Domus Dei de Trappa, pro viginti et quinque libris turonensium, nobis jam ab eisdem integre persolutis, unum trahagium et unum sextarium bladi annui redditus, et sextam areatam omnium staminum magne decime et minoris decime et decime que vocatur decima Sancti Albini (2), quam feodaliter et laice habebamus in decima et in grangia decimali parrochie ecclesie de Torto Robore, ita quod astrinximus nos corporalibus prestitis super sacrosancta juramentis quod in prefatis omnibus nichil de cetero reclamabimus, sed nos

(1) Les Vergers, commune de Tourouvre.
(2) L'église paroissiale de Tourouvre était dédiée à Saint-Aubin.

et heredes nostri tenemur et tenebimur omnia predicta monachis predictis garantizare, defendere et ab omnibus penitus liberare, exceptis servitiis que capitalibus dominis debentur de predictis, que, cum evenerint facienda, sepedicti monachi ea per manum Guillelmi de Monthai facere tenebuntur. Et, ut hoc firmum maneat et stabile in perpetuum, presentem cartam dedimus monachis, sigillorum nostrorum munimine roboratam, per quam voluimus ad omnia predicta tenenda, garantizanda et defendenda et ab omnibus liberanda, sicut superius est expressum, heredes nostros obligari. Actum anno Domini M° CC° XL° sexto.

## XXVI

1248. — *Geoffroi de Nully approuve, comme suzerain, la vente faite par Hugues Berseloue à l'abbaye de la Trappe, de droits se rapportant aux dîmes de Tourouvre.*

Noverint universi, tam presentes quam futuri, quod ego, Gaufridus de Nuilleio, laudavi, volui et concessi monachis Domus Dei de Trappa venditionem (1) quam Hugo Berselone et Ascelina, uxor ejus, Guillelmus Doe et Agatha, uxor ejus, et Johanna et Eremburgis, filie Johannis de Monthai, fecerunt dictis monachis, videlicet quoddam trahagium et quemdam sextarium bladi et partem suam staminum, que omnia de feodo meo habebant et tenebant laice in decima parrochie de Torto Robore, habenda et in perpetuum dictis monachis possidenda absque contradictione aliqua mei vel heredum meorum, ita quod dicti monachi michi et heredibus meis facient, per manum primogeniti illius feodi, servitia debita de predictis. Et ego teneor predicta omnia predictis monachis, tanquam dominus feodi, garantizare fideliter et defendere penitus et liberare contra omnes. Insuper ad hoc idem similiter tenendum firmiter heredes meos penitus obligavi. In cujus rei testimonium presentes litteras sigilli mei munimine roboravi. Actum anno Domini M° CC° XL° octavo.

(1) V., pour cette vente, la pièce ci-dessus.

## XXVII

**1237.** — *Guérin des Vergers et Mathilde, sa femme, vendent à Guillaume, chantre de Châteaudun, moyennant dix livres tournois, tous teurs droits sur les dîmes de Tourouvre.*

Ego, Garinus des Vergiers et Matildis, uxor mea, notum facimus universis presentes litteras inspecturis quod nos unum batagium et partem nostram staminum et quicquid juris habebamus et habere poteramus in omnibus in decima de Torto Robore quoquo modo, que omnia supradicta feodaliter possidebamus, vendidimus domino Guillelmo, cantori Castriduni (1), ejusdem ecclesie persone, pro decem libris turonensium, de quibus idem Willelmus nobis plenarie satisfecit, eidem Willelmo, jure emptionis sue, habenda pacifice et libere ad faciendam ex illis, sive in elemosina, sive quocumque alio modo voluerit, suam, et cuicumque eam dederit vel vendiderit, in perpetuum voluntatem, absque nostri et heredum nostrorum reclamatione et contradictione de cetero facienda, faciendo tamen exinde, per manum Johannis de Monthai et Orioudis, uxoris ejus, et heredum ipsius, de quibus predicta tenebamus in capite, duodecim denarios turonensium in festo sancti Remigii annuatim, cum ab eodem Willelmo vel ab ejus mandato requisiti fuerint, pro rebus omnibus ad quoscumque spectantibus; hoc tamen adjecto, quod, si forte aliquis aliqua exinde servitia petere voluerit, idem Willelmus vel ejus mandatum ex illis servitiis facient tantummodo secundum quantitatem feodi quam tenebunt, vel ad ea defendenda similiter adjuvabunt, si viderint expedire. Ad hanc autem venditionem tenendam fideliter firmiterque servandam et garantizandam sub forma predicta, predicto Willelmo et cuicumque predicta post ipsum possidenti, et dicto modo penitus ab omnibus liberandam nos astrinximus prestitis corporaliter sacramentis, et ad idem tenendum similiter heredes nostros, et per litteras volumus obligari nostrorum sigillorum munimine roboratas, quibus predictus Johannes et dicta Orioudis, uxor ejus, domina feodi capitalis qui tenentur et manu ceperunt sub dicta forma garantizare dicto Guillelmo et ejus mandato, sigilla sua in favorem et testimonium

---

(1) Châteaudun, chef-lieu d'arrondissement d'Eure-et-Loir.

omnium predictorum (1) insuper appenderunt, per quod se et heredes suos ad predicta omnia facienda fideliter et tenenda, ut super iussunt expressa, voluerunt specialiter obligari. Actum anno gratie M° CC° tricesimo septimo.

## XXVIII

1241. — *Guillaume, chantre de Châteaudun, cède à l'abbaye de la Trappe différents droits relatifs aux dîmes de Tourouvre qu'il avait acquis au préjudice de ladite abbaye.*

Universis presentes litteras inspecturis, Guillelmus, cantor Castriduni et persona de Torto Robore, salutem in Domino. Noveritis universi me emisse de bonis Domus Dei de Trappa, et intentione utilitatis dicte Domus et monachorum ibidem Deo servientium, quoddam bathagium cum staminibus ad dictum bathagium cum pertinentiis emi de bonis dictorum monachorum (sic bis) (2), videlicet de viginti et quinque sextariis bladi in quibus dictis monachis tenebar de legitimo debito. Et ideo, pro recompensatione dicti bladi et aliorum dampnorum que eisdem intuleram de decima eorum quam ad firmam de eisdem aliquando tenueram, dictis monachis in pleno eorum capitulo dictam emptionem batagii et straminum de bonis eorumdem, ut dictum est, factam reddidi et in perpetuum possidendam adtornavi, eos sesiens manualiter de eadem, omne jus quicquid in dicta emptione habebam vel habere poteram in dictos monachos transferendo. In cujus rei testimonium dedi predictis monachis presentes litteras, sigilli mei munimine roboratas. Datum anno Domini M° CC° XL° primo.

## XXIX

Juin 1258. — *Nicolas de Champeaux, chevalier, confirme à l'abbaye de la Trappe l'acquisition de la dîme de Tourouvre qu'elle a faite d'Orieut et Robert de Foumucon, chevalier.*

Noverint universi, presentes et futuri, quod ego, Nicholaus de

---

(1) Le manuscrit répète ici les mots *sigilla sua*.
(2) Cfr. la pièce précédente.

Champeaus (1), miles, concessi et confirmavi viris religiosis abbati et conventui Domus Dei de Trappa, in elemosinam perpetuam, liberam penitus et quietam, totam decimam quam ipsi acquisierunt apud Tortrouvre ab Orieut et Roberto de Foumocon, milite, et Guillelmo, clerico, fratre suo (2), ita quod ego et heredes mei nichil poterimus in dicta decima de cetero reclamare, sed tenemur et in perpetuum tenebimur ego et heredes mei successive predictam decimam supradictis monachis garantizare et defendere ac penitus ab omnibus et contra omnes liberare et erga omnes dominos deservire. Et, ut hoc maneat firmum et stabile in perpetuum, ego, predictus Nicholaus, dedi supradictis religiosis presentes litteras sigilli mei munimine roboratas, per quas volui me et heredes meos ad hoc agendum et tenendum firmiter penitus obligari. Actum anno Domini M° CC° L° octavo, mense junii.

[XXX]

[S. d. 1280-1297]. — *Robert, abbé de la Trappe, reçoit, comme confrère et participant à tous les biens spirituels de la communauté, Eudes Bellouc, de la paroisse de Chemilli, lequel, en retour, dipose de tous ses biens après sa mort en faveur de ladite abbaye.*

Universis (3) presentes litteras inspecturis, frater Robertus, abbas de Trappa (4), totusque ejusdem loci conventus, cisterciensis ordinis, sagiensis dyocesis, salutem in Domino. Noveritis nos, de assensu nostro, suscepisse in confratrem et donatum domus nostre Odonem Bellouc, de parrochia de Cemilley (5), concessisseque eidem plenariam participationem omnium bonorum spiritualium que de cetero fient in domo nostra, Domino concedente. Et ipse dedit semetipsum Deo et nobis, in vita pariter et in morte, cum medietate omnium bonorum suorum in fine dierum suorum ad ipsum spectantium, ubicumque reperiri

---

(1) Champeaux, commune du canton de Bazoches-sur-Hoëne, arrondissement de Mortagne.
(2) Voir plus haut, pièces XX, XXI, XXII, XXIII, les actes concernant cette acquisition.
(3) Quelques mots effacés, dans cette pièce, sont illisibles.
(4) Robert I*, abbé de la Trappe de 1280 à 1297 (*Gall. chr.*, t. XI, col. 749.)
(5) Chemilli, commune du canton de Bellême, arrondissement de Mortagne.

[poterint], ac in vita ipsius canonice tenebitur nobis, aut cui commissus fuerit ab abbate, si requisitus fuerit, fidele... de rebus suis mobilibus facere annuatim in maneriis nostris de Baladone et Valnoisia, l[icet] in abbatia morabitur et dicto loco, ex[cep]to opere ligonis..., pro posse suo bene et fideliter tenebitur laborare bona nostra, et jura domus nostre similiter observare. Et si accideret quod secundum jura patrie testamentum non faceret, nec de parte suorum mobilium ordinaret, dicta mobilia ad nos devenient et de ipsis ordinabimus prout saluti anime ipsius videbitur expedire. Preterea dictus Odo dedit nobis, pro suo anniversario in nostra ecclesia post suum decessum anno quolibet faciendo, unum sextarium mistellii annui redditus, situm super unam peciam terre que vocatur *la Graie des Bacs Roger;* item quinque solidos redditus quos Th[ibaldus] Preudomme sibi faciebat ad festum Omnium Sanctorum; item medietatem unius pecie prati quod vocatur pratum de Lordierne, et com *(sic)* hoc elegit in nostro cimisterio suam sepulturam. Et in recompensatione predictorum, tenemur ac tenebimur, nos et successores nostri, dicto Odoni, vita ejus durante, tanquam uni converso domus nostre in victualibus providere, et com hoc sufficientiam calciamentorum et duas alnas et dimidiam panni sufficientis anno quolibet ministrare. Et ad premissa fideliter observanda obligamus nos et sussessores *(sic)* nostros per presentes litteras.

## [XXXI]

[S. d.] — *Alice de la Haie, veuve de Sylvestre Bellonc, cède à Thomas Prudhomme sa portion des vignes du clos de la Chaumière, dans la paroisse de Chemilli, pour un cens annuel de six sous.*

Saichent tous que je, Aalis de la Haie, fame jadis feu Sevestre Bellonc, ay baillié et otréé à Thomas Proudomme et asses (à ses) hers toute ma partie et ma portion des vignes du cloos de la Chemiere, si comment il se poursiet, en la paroisse de Chemillié, en fieu de Clichamp, à tenir et avoir par le pries de sis soulz de rente, hetans *(sic)* par chescun an à la Saint-Remig d'otone, comme ledit Thomas et ses hers feront tous les menus services de ladicte Aalis, et ses hers feront le quint rachat, quant il vendra de droit, et quand à c'en tenir bien et leallement, *etc.*

# R

## De harengis [1] et quitanciis [2]

### I

[S. d., 1118-1166].—*Galeran III, comte de Meulan, et sa femme, font donation aux moines de Notre-Dame de Gournay, de cinq mille harengs à recevoir chaque année, à la Purification, du prévôt de Pont-Audemer.*

Notum sit omnibus, tam presentibus quam futuris, quod ego, G[aleranus], comes Mellenti [3], et A. comitissa, uxor mea, pro salute nostra et filiorum nostrorum et amicorum, tam vivorum quam defunctorum, dedimus et in perpetuam elemosinam firmavimus ecclesie Sancte Marie de Gornaio [4] et monachis ibidem Deo servientibus quinque milia harengorum, apud Pontem Audomari [5] reddenda sibi, intra octo dies Purificationis Sancte Marie, per singulos annos, ea conditione quod intra diem tertiam a die qua nuntius prefatorum monachorum illuc in prescripto termino propter ipsos harengos advenerit, sibi in pace reddantur harengi a preposito nostro, quicumque sit prepositus, si in ipsa

---

(1) L'abbaye de la Trappe avait droit à quatorze milliers de harengs sur la recette de Pont-Audemer ; un arrêt du Conseil d'Etat, du 8 avril 1684, en fixa la valeur à 25 livres le mille, mais le duc de Gesvres, engagiste du domaine de Pont-Audemer, se pourvut contre cet arrêt et en obtint un autre, en 1686, qui réduisit à neuf milliers le nombre des harengs, et leur prix à 4 livres 10 sous. L'abbé de Rancé se refusa à continuer le procès (*Inventaire des titres de l'abbaye de la Trappe*).

(2) Immunités (Ducange, *Gloss. méd. et inf. lat.*).

(3) Meulan, petite ville du Mantois, au moyen âge chef-lieu d'un comté qui fut le plus souvent possédé par les comtes du Vexin ; aujourd'hui, chef-lieu de canton du département de Seine-et-Oise, arrondissement de Versailles. Il s'agit ici de Galeran III, comte de Meulan de 1118 à 1166 et seigneur de Pont-Audemer, Beaumont, etc., en Normadie.

(4) Gournay, chef-lieu de canton, arrondissement de Neufchâtel (Seine-Inférieure).

(5) Pont-Audemer, chef-lieu d'arrondissement (Eure). Au moyen âge, cette ville faisait d'importantes opérations sur le hareng pour la pêche et la salaison (Canel, *histoire de la ville de Pont-Audemer*, t. II, p. 96).

villa commode inveniri poterunt. Si quo autem anno erit deffectio harengorum, sicut contingere aliquotiens solet, tunc pro unoquoque millenio harengorum reddantur monachis decem solidi carn[otensium] ab ipso preposito, in eo ipso termino qui prescriptus est, scilicet inter tertiam diem a die qua advenerit nuntius. Si autem prepositus fecerit nuntium ipsum morari ultra quam prescriptum est, videlicet ultra tertiam diem, expensas ejus demum persolvet ex suo proprio prepositus. Testibus hiis... et cetera.

## II

[S. d., 1166-1203]. — *Robert IV, comte de Meulan, fait don à l'abbaye de la Trappe de deux mille harengs à recevoir annuellement, dans la première semaine du carême, sur la prévôté de Pont-Audemer.*

R[obertus], comes Mell[enti] (1), omnibus prepositis et baillivis suis Pontis Audomari, salutem. Sciatis me dedisse, pro salute anime mee et antecessorum meorum, abbatie Beate Marie de Trappa et monachis ibidem Deo servientibus, in prepositura Pontis Audomari, duo milia haringorum annuatim. Quare volo et firmiter precipio quatinus predicti haringi, singulis annis, sine dilatione, prima septimana quadragesime reddantur. Hec autem elemosina data fuit audientibus meis hominibus, presente Osberto, priore, Johanne, capellano... et cetera.

## III

1223. — *Le prieuré de Notre-Dame de Gournay vend à l'abbaye de la Trappe, moyennant trente-quatre livres parisis, cinq mille harengs qui lui étaient dus chaque année sur la prévôté de Pont-Audemer.*

Universis presentem cartam inspecturis, frater Droco, prior de Gornaio, salutem eternam in Domino. Noverit universitas vestra quod nos vendidimus abbati et conventui de Trappa quinque

---

(1) Robert IV, comte de Meulan (1166), fils de Galéran III. Il avait pris parti pour Jean-sans-Terre contre Philippe-Auguste, qui confisqua son comté, en 1203, et le réunit à la couronne.

milia harengorum que habebamus de dono Galerani (1), comitis de Mellento, apud Pontem Audomari singulis annis percipienda. Pro hac autem venditione, recepimus a predictis abbate et monachis triginta et quatuor libras parisiensium. Nos vero super predictis quinque milibus harengorum nichil de cetero poterimus reclamare, sed firma erit ista venditio, nec per aliquid poterit revocari, et ita quiete, libere et pacifice sicut nos hactenus possedimus, possidebunt. Quod ut ratum sit et firmum, presenti carta et sigillorum nostrorum munimine voluimus roborare. Actum anno Domini M° CC° vicesimo tertio.

## IV

1223. — *Le prieur et le chapitre de Saint-Martin-des-Champs approuvent la vente de cinq mille harengs à recevoir chaque année, faite par le prieuré de Notre-Dame de Gournay à l'abbaye de la Trappe.*

Universis presentem cartam inspecturis, Balduinus, prior, et conventus Sancti Martini de Campis (2), salutem eternam in Domino. Noverit universsitas vestra quod nos venditionem (3) quam fecerunt prior et conventus de Gorgnaio abbati et monachis de Trappa de quinque milibus harengorum que habebant de dono Galeranni, comitis de Mellento, apud Pontem Audomari singulis annis percipiendis, laudavimus et concessimus et presenti carta et sigillorum nostrorum appensione dignum duximus confirmare. Actum anno Domini M° CC° vicesimo tertio.

## V

[S. d., 1166-1203]. — *Robert IV, comte de Meulan, confirme la donation de cinq mille harengs à recevoir annuellement sur la prévôté de Pont-Audemer et la donation d'un boisseau de sel sur la même prévôté, faites l'une et l'autre par le comte Galeran III, son père, au prieuré de Notre-Dame de Gournay.*

Ego, R[obertus], comes de Mellento, notum fieri volo universis,

---

(1) Voir cette donation dans la première pièce de la présente série.
(2) Saint-Martin-des-Champs, prieuré de l'ordre de Saint-Benoît, dont les bâtiments sont aujourd'hui occupés le Conservatoire des Arts-et-Métiers à Paris. Le *Gallia Christiana* cite le prieur Beaudouin en 1220 et 1234 (t. VII col. 515).
(3) Vente qui fait l'objet de la charte précédente.

tam presentibus quam futuris, quod nobilis vir Galerannus, comes, pater meus, dedit et in perpetuam elemosinam firmavit ecclesie Beate Marie de Gornaio quinque milia harengorum apud Pontem Audomari (1), que a prepositis ejusdem ville infra octo dies Purificationis Beate Marie monachis predicte ecclesie de nostro redditu debent persolvi. Sed, quum prepositi sepe, per defectionem harengorum se excusantes, solent predictam elemosinam diminuere et pro ipsis harengis nummos minus quam debeant monachis solvere, precipimus ut amodo ipsi harengi, boni et legitimi, sine aliqua excusatione et absque dilatione reddantur. Si vero prepositus prenominate ville, quicumque fuerit, propter improbitatem illam suam, nuntium monachorum ultra tertium diem quo ibidem advenerit morari fecerit, expensam ipsius nuntii de suo proprio, sicut in carta patris mei continetur, persolvet. Et ne multiplex malignorum calumpnia temptet hoc delere in posterum, presentem cartam sigilli nostri auctoritate et testibus subscriptis roboramus. Preterea unum modium salis in prefectura Mellenti eisdem monachis, quem eis pater meus in elemosinam dedit, confirmamus. Testes sunt : Amalricus et Rogerus, fratres mei, Ricardus de Valolme, et multi alii (2).

## VI

1170. — *Henri, seigneur du Neubourg, fait don à l'abbaye de la Trappe de deux mille harengs à recevoir chaque année, dans la première semaine du carême, à Pont-Audemer.*

Anno ab incarnatione Domini M° C° septuagesimo, ego, Henricus (3), dominus Novi Burgi (4), presentis scripti annotatione, sigilli quoque mei et subscriptorum virorum attestatione omnibus presentibus et posteris notum fieri volo quod ego, pro anime mee antecessorumque meorum salute, dedi Deo et monachis ecclesie Sante Marie de Trappa, in perpetuam elemosinam, duo miliaria alectium, in prima ebdomada quadragesime reddenda apud Pontem Audomari (5). Atque ut hoc meum donum ratum et

(1) Voir cette donation ci-dessus, pièce I.
(2) *Texte :* multis aliis.
(3) Henri Ier, baron du Neubourg (1160-1214).
(4) Le Neubourg, chef-lieu de canton de l'arrondissement de Louviers (Eure).
(5) Cfr. précédemment pièce II.

inconcussum permaneat, sigilli mei impressione presentem cartulam inde conscriptam roboravi. Testes : Gaufridus Fichet, Gillebertus Canin, Willelmus Vilain, Thomas Pincerna. — Hoc concesserunt Margarita (1), uxor mea, et Robertus (2), filius meus.

## VII

[S. d., 1208-1221]. — *Robert II, archevêque de Rouen, confirme la donation faite par Henri du Neubourg, son neveu, à l'abbaye de la Trappe, de deux mille harengs par an.*

R[obertus] (3) Dei gratia rothomagensis archiepiscopus, presentibus et futuris, salutem. Notum esse volumus universis quod Henricus de Novo Burgo, nepos noster, donavit in elemosinam monachis Sancte Marie de Trappa duo miliaria allectium (4), apud Pontem Audomari in prima ebdomada quadragesime reddenda, illud donum in manu nostra ponens, quod nos in perpetuam elemosinam predictis fratribus contulimus. Ut igitur ratum et inconcussum permaneat, presenti scripto et sigilli nostri munimine confirmamus. Testibus : magistro Rainaldo, Roberto, capellano, et multis aliis.

## VIII

S, d., 1176-1230]. — *Gilbert II, seigneur de Laigle, confirme la donation faite par son père et son aïeul à l'abbaye de la Trappe d'un millier de harengs à recevoir chaque année sur la prévôté de Laigle.*

Gillebertus, dominus Aquile, cunctis sancte ecclesie fidelibus, salutem. Sciatis me concessisse et presenti carta confirmasse, pro salute anime mee et uxoris mee et liberorum et antecessorum meorum, monachis Sancte Marie de Trappa unum miliare allectium, reddendorum singulis annis, prima die Martis quadragesime, in prefectura mea de Aquila (5), quicumque cam tenue-

---

(1) Marguerite de Hauteville, de l'illustre famille des conquérants de la Sicile.
(2) Robert II, second baron du Neubourg (1214-1243).
(3) Robert II Poulain ou Le Bobe, archevêque de Rouen du 23 août 1208 au 4 mars 1221.
(4) Voir cette donation dans la pièce VI de la présente série.
(5) Laigle, chef-lieu de canton, arrondissement de Mortagne.

rit. Quam elemosinam avus (1) meus et pater (2) meus predictis monachis quamdiu ad vixerunt libere et honorifice dederunt.

## IX

[S. d., 1166-1203]. — *Robert IV, comte de Meulan, accorde à l'abbaye de la Trappe exemption de toutes redevances sur ses terres pour tout ce qui concerne les usages propres et les possessions de ladite abbaye.*

R[obertus], comes Mellenti, omnibus baronibus et justiciariis et baillivis et fidelibus suis et prepositis Pontis Audomari, salutem. Sciatis me concessisse monachis de Trappa, per omnem meam terram, quietationem de omnibus que poterunt ostendere pertinere ad proprios usus suos et sua esse propria. Testibus : Rogero, capellano, Roberto de Formoviller, et aliis.

## X

[S. d.] — *Arnaud, seigneur de la Ferté, accorde à l'abbaye de la Trappe toute liberté de vendre, d'acheter et de transporter des denrées sur sa terre.*

Ernaudus, de Firmitate (3) dominus, omnibus ministris suis famulatus sui vicem illi legitime reddentibus, salutem. Notum sit vobis ecclesie Domus Dei de Trappa, omnimodo libertatem per totam terram meam, vel emendo vel vendendo seu transferendo, me concessisse. Hoc etiam ut stabile in perpetuum fieret, litteris atque sigillo meo confirmo hanc libertatem, pro salute mea et antecessorum meorum et uxoris atque filiorum. Concessit uxor mea Aaliz et filii, Ernaudus scilicet et Willelmus. Teste Odone Guiart, tunc suo capellano, et Hugone de Sambloria et pluribus aliis.

(1) Richer II (1118-1161).
(2) Richer III (1161-1176).
(3) La Ferté-Vidame, v. p. 10, note.

## XI

[S. d.] — *Hugues, seigneur de Chateauneuf, accorde à l'abbaye de la Trappe toute liberté de vendre, d'acheter et de transporter des denrées sur sa terre.*

Hugo, Castri Novi dominus (1), omnibus ministris suis famulatus sui vicem illi legitime reddentibus, salutem. Notum sit vobis ecclesie Domus Dei de Trappa omnimodo libertatem per totam terram meam, vel emendo vel vendendo seu transferendo, me concessisse. Hoc etiam confirmo litteris, commendando meo sigillo. Viviano teste, dapifero, Odone de Martheil cum pluribus aliis.

## XII

[S. d., 1118-1166.] — *Galeran, comte de Meulan, accorde à l'abbaye de la Trappe exemption de redevances pour tout ce qui concerne les usages propres et les possessions de ladite abbaye sur ses terres.*

G[aleranus] (2), comes Mellenti, omnibus baronibus et justiciis et ballivis et fidelibus suis et prepositis Pontis Audomari, salutem. Sciatis me concessisse monachis de Trappa, per omnem terram meam, quietationem de omnibus que poterunt ostendere pertinere ad proprios usus suos et sua propria esse. Testibus : Rogero capellano, Rogero de Altaribus, Roberto de Formoviller, Willelmo de Haugemara et pluribus aliis.

## XIII

[S. d.] — *Vauquelin de Ferrières accorde à l'abbaye de la Trappe la franchise de la vente, de l'achat et du transport des denrées dans sa terre de Normandie.*

Noverit universitas omnium ad quos presens carta pervenerit

---

(1) Chateauneuf, chef-lieu de canton de l'arrondissement de Dreux (Eure-et-Loir), v. p. 17 et 18, notes.

(2) De ce personnage émane déjà la charte I de la présente série.

quod ego, Walquilinus de Ferrer (1), assensu Henrici (2), filii
mei, et aliorum heredum meorum, dedi et concessi et presenti
carta mea confirmavi abbati de Trappa totique conventui, pro
salute anime mee et antecessorum et heredum meorum, quietam
libertatem, per totam terram meam Normannie, de omnibus rebus
quas in ea vendiderint vel emerint et quas de alienis partibus per
eam duxerint, liberumque transitum atque conductum. Et quum
hoc ratum et inconcussum esse volui, presentium litterarum
attestatione et sigilli mei munimine roboravi. Testibus : Stephano
Dovill..., W[illelmo] de Pont-Ch..., et aliis.

## XIV

[S. d.] — *Jean, comte de Mortain, accorde à l'abbaye de la Trappe exemption de toutes redevances aux foires de Mont-Martin.*

Johannes (3), comes Moret[onii] (4), omnibus ad quos presens scriptum pervenerit, salutem. Sciatis me concessisse Deo et Beate Marie de Trappa et monachis ibidem Deo servientibus, in puram elemosinam, quietantiam, singulis annis, in nundinis meis de Monte Martini (5), omnium que ad proprios usus eorum pertinent. Et ideo precipi quod super hoc nullus eis molestiam inferat vel vexationem.

---

(1) Vauquelin de Ferrières, contemporain de Henri II et de Richard Cœur-de-Lion, figure dans les grands rôles de l'Échiquier de Normandie (*Stapleton M. R.*, p. 123 et 249).

(2) Henri de Ferrières confirma en 1207 les donations faites par son père à l'abbaye de Saint-Wandrille. Ferrières Saint-Hilaire, commune du canton de Broglie, arrondissement de Bernay, ancienne Baronnie, érigée en Duché en 1742 sous le nom de Broglie. (Le Prévost, *Mém et notes*, t. II, p. 81.)

(3) Jean sans Terre, roi d'Angleterre, comte de Mortain de 1189 à 1204.

(4) Mortain, chef-lieu d'arrondissement du département de la Manche.

(5) Montmartin, chef-lieu de canton de l'arrondissement de Coutances (Manche) La foire de Montmartin était très considérable au moyen âge. Elle fut transférée au xv$^e$ siècle à Guibray (Calvados), où elle existe encore. Elle figura en 1235 dans le partage du comté de Mortain qui suivit la mort de Philippe de Boulogne et fit partie du troisième lot attribué au roi. (Léopold Delisle, *Cartulaire normand* n° 412; de Gerville, *Études géographiques et historiques sur le département de la Manche*, p. 165.)

# S

## De nemoribus [1]

### I

1220. — *Guillaume, évêque de Châlons et comte du Perche, fait donation à l'abbaye de la Trappe de tous les droits qu'il possédait sur les bois du Frétay.*

Universis Christi fidelibus presentem paginam inspecturis, Willelmus (2), Dei gratia cathalaunensis episcopus et comes perticensis, salutem in Domino. Universitati vestre notum facimus quod nos, pro redemptione anime nostre et animarum tam antecessorum quam successorum nostrorum, Deo et ecclesie Beate Marie de Trappa et monachis ibidem Deo in perpetuum servituris donavimus et concessimus, de assensu et voluntate Helisendis (3), tunc temporis nobilis comitisse Pertici, in perpetuam elemosinam, liberam et quietam de omnibus rebus ad nos et successores nostros pertinentibus, quicquid in totali nemore de Freteio (4), tam in terra quam in nemore, tam dominico quam dominio quam in omnibus rebus aliis habebamus, nichil juris et districtionis nobis et successoribus nostris in dictis omnibus retinentes in futurum, successores nostros insuper obligantes ad omnia predicta eisdem monachis garantizanda semper et ab omnibus liberanda, sicut Galfridus, memorandi nominis, quondam comes Pertici (5), frater noster, omnia predicta ab abbate et conventu Sancti Launomari blesensis (6) acquisierat. Et ne nos vel successores nostri contra predicta venire, quod absit,

---

(1) Les bois du Fretay. (*Note du manuscrit du XVIII<sup>e</sup> siècle*).
(2) Guillaume, évêque de Châlons et comte du Perche. (Cf. p. 7, note 1).
(3) Hélisende, fille de Hugues II, comte de Rhétel, veuve de Thomas, comte du Perche, prédécesseur de Guillaume.
(4) Le bois du Fretay, dont on ne trouve plus le nom sur les cartes, était dans la commune de Bresolettes, canton de Tourouvre.
(5) Geoffroi IV, comte du Perche, de 1191 à 1202.
(6) Saint-Lomer de Blois, abbaye de l'ordre de Saint-Benoit.

valeamus in futurum, prefatis monachis presentem dedimus paginam, omnium predictorum testimonialem, sigilli nostri auctoritate roboratam. Actum publice anno ab incarnatione Domini Millesimo CC° vicesimo.

## II

1220. — *Guillaume, évêque de Châlons et comte du Perche, du consentement d'Hélisende, comtesse du Perche, céde à l'abbaye de la Trappe, pour une somme de six cents livres, tous les droits qu'il possédait sur les bois du Frétay* (1).

Universis Christi fidelibus presentem paginam inspecturis, Willelmus, Dei gratia cathalaunensis episcopus et comes Pertici, salutem in Domino. Ad universitatis vestre notitiam volumus pervenire quod, cum quondam memorandi nominis Galfridus, comes Pertici, frater noster, ab abbate et conventu Sancti Launomari blesensis acquisivisset villam de Bruerolis (2) cum suis pertinentiis et totalem portionem quam iidem abbas et conventus habebant in totali nemore de Freteio, quod nemus eidem abbati et conventui et domino de Campis erat commune, et idem Galfridus, frater noster, dictis abbati et conventui in excambium dicte ville et portionis eorum de dicto nemore viginti quinque libras annuas in prepositura sua Mauritanie in perpetuum assignasset, et postea totale dictum nemus inter Thomam, quondam comitem Pertici (3), nepotem nostrum, ex una parte, et Matheum de Montgoubert, dominum de Campis, ex alia, esset ad certas portiones redactum in perpetuum duraturas, nos, pro salute ac redemptione anime nostre et animarum antecessorum nostrorum pariterque successorum nostrorum, Deo et ecclesie Beate Marie de Trappa et monachis ibidem Deo in perpetuum servituris donavimus et concessimus, de assensu et voluntate Helisendis, tunc temporis comitisse Pertici, in perpetuam elemosinam, liberam et quietam de omnibus rebus ad nos et successores nostros pertinentibus, quicquid in dicto nemore, tam in terra quam in

---

(1) Cette charte n'est qu'une répétition de la précédente, fournissant néanmoins des indications plus détaillées.
(2) Bresolettes.
(3) Thomas, comte du Perche, de 1202 à 1217.

nemore, quam dominico, quam dominio, quam in omnibus rebus aliis habebamus, nichil juris et districtionis nobis et successoribus nostris in dictis omnibus in futurum retinentes, successores nostros insuper obligantes ad omnia predicta eisdem monachis garantizanda semper et ab omnibus liberanda ; et proinde dicti monachi sexcentas libras nobis et dicte comitisse contulerunt. Et ne nos vel successores nostri contra predicta venire, quod absit, valeamus in futurum, prefatis monachis presentem dedimus paginam, omnium predictorum testimonialem, sigilli nostri auctoritate roboratam. Actum anno gratie M° CC° vicesimo.

## III

1223. — *Gervai I$^{er}$s, évêque de Séez, vidime et approuve l'acte de donation de droits sur le bois du Frétay, fait par Guillaume, évêque de Châlons et comte du Perche, en faveur de l'abbaye de la Trappe.*

Universis Christi fidelibus, Gervasius (1), permissione Dei sagiensis episcopus, in perpetuum. Universis presentem paginam inspecturis notum facimus nos cartam venerabilis patris Willelmi, cathalaunensis episcopi et comitis Pertici, super donatione quam fecit monachis Domus Dei de Trappa de Freteio (2) vidisse et diligenter inspexisse in hec verba: Universis Christi fidelibus... *et cetera ut in prima carta superius.* Et ut hoc firmum sit in perpetuum, dignum duxi presentem cartam sigilli mei munimine confirmare. Actum anno Domini M° CC° XIX°. — Ad petitionem vero dicti patris Willelmi, cathalaunensis episcopi et comitis Pertici, et ad petitionem Mathei de Montgoubert, vidimus et aprobavimus et testimonio sigilli nostri dignum duximus confirmare. Actum anno M° CC° XX° tertio (3).

(1) Gervais 1$^{er}$, évêque de Séez du 18 juillet 1220 au 10 février 1228.
(2) V. les deux pièces ci-dessus.
(3) A la suite de cette pièce, on lit, dans le manuscrit, la note marginale suivante, en écriture du XIV° siècle :
« Nous avon une charte de Colin du Buat, comment il nous doibt franchir tout ceu que tenon en ses fieuz, mes Robinet dit le contrayre, disant que ledit n'estoit pas seigneur dudit Buat, mes je preuve le contrayre par ses chartes seellees d'un mesme seel et d'un mesme date ; pour ce, *etc.* »

## IV

**1220.** — *Laurent, abbé de Saint-Lomer de Blois, confirme la donation faite par Guillaume, évêque de Châlons et comte du Perche, à l'abbaye de la Trappe, de ses droits sur le bois du Frétay, et y ajoute celle des droits dudit Saint-Lomer sur le même bois.*

Universis Christi fidelibus presentes litteras inspecturis, Laurentius, divina permissione abbas Beati Launomari blesensis, totusque ejusdem loci conventus, salutem et sinceram in Domino caritatem. Universitatem vestram firmiter scire volumus et tenere quod nos, compatientes religiose Domui de Trappa, cisterciensis ordinis, quam firma in Domino caritate diligimus, donationem Freteii in terra et nemore quam Willemus, Dei gratia cathalaunensis episcopus et comes Pertici eis fecisse dinoscitur, laudamus, volumus, approbamus et omne jus quod in eodem nemore habemus dicte domui damus in perpetuum et concedimus, salvis tamen nobis [decimis?] terrarum illius nemoris, si que culte sunt vel de cetero redacte fuerint ad culturam. Quia vero quasdam litteras a Thoma, quondam comite Pertici, jamdudum obtinuimus in quibus continebatur quod predictus comes nemus prefatum non posset aliquibus dare in elemosinam sine consensu nostro, nos, quantum ad donationem dictam, illis litteris renunciamus et sepedictam donationem concedimus et modis omnibus duximus aprobandam. Et, ut hoc ratum et stabile permaneat in perpetuum, sigillorum nostrorum impressione presentes litteras dignum duximus roborare. Actum anno Domini M° CC° vicesimo.

## V

**1219.** — *Mathieu de Montgoubert fait donation à l'abbaye de la Trappe d'un tiers de la terre du Frétay consistant en cultures et bois, et de douze acres de bois y contiguës.*

Noverint universi, presentes et futuri, quod ego, Matheus de Monte Gouberti, concedente Mabilia, uxore mea, et filiis meis, Matheo et Willelmo, et omnibus costumariis Freteii pertinentis ad dominos de Campis, dedi et concessi monachis de Trappa, pro sufficienti calfagio abbatie quod habebat in eodem Freteio et grangie que est ante parcam et pro calfagio et herbergagio grangie de Campis, tertiam partem dicti Freteii in terra et in bosco, quam partem eis assignavi pro tertio, ipsis concedentibus, juxta boscum comitis et juxta terras hominum de Bruerolis, sicut mete que ibi facte sunt demonstrant, a prefatis costumariis et ab omnibus rebus liberam penitus et quietam, et perdesuper duodecim acras bosci contiguas dicte parti, liberas similiter et quietas; et de parte sua poterunt facere monachi quidquid voluerint, in duabus aliis partibus, que michi et costumariis remanent, nichil de cetero reclamantes. Ego vero et heredes mei post me tenemur garantizare monachis partem suam et ab omnibus hominibus liberare. Alnetum vero quod est juxta stagna de Trappa concessi similiter liberum et quietum. Et, ut hoc firmum sit in perpetuum, dignum duxi presentem cartam sigilli mei munimine confirmari. Actum anno gratie M° CC° nono decimo.

## VI

1219. — *Guillaume, évêque de Châlons et comte du Perche, notifie la donation* (v. ci-dessus) *faite par Mathieu de Montgoubert à l'abbaye de la Trappe.*

Willelmus, Dei gratia cathalaunensis episcopus et comes Pertici, universis Christi fidelibus in perpetuum. Noverint universi, presentes et futuri, quod Matheus de Monte Gouberti, concedente Mabilia, uxore sua, et filiis suis Matheo et Willelmo et omnibus costumariis Freteii pertinentis ad dominos de Campis, dedit et concessit monachis de Trappa, pro sufficienti calfagio abbatie quod habebat in eodem Freteio... *et cetera ut superius in carta ejusdem Mathei continetur.* Et ut hoc firmum sit in perpetuum, ego Willelmus, Dei permissione cathalaunensis episcopus et comes Pertici, dignum duximus presentem cartam sigilli mei munimine confirmari. Actum anno gratie M° CC° nono decimo.

## VII

1240. — *Mathieu de Montgoubert, chevalier et seigneur de Champs, et Guillaume et Simon, ses frères, confirment à l'abbaye de la Trappe la donation à elle faite par leur père, d'un tiers de la terre du Frétay.*

Universis presentem cartam inspecturis, Matheus de Montgoubert, miles et dominus de Campis, et Guillelmus et Symon, fratres ejus, salutem in Domino. Noveritis quod nos concessimus et confirmavimus monachis Domus Dei de Trappa, in elemosinam perpetuam, liberam ab omnibus penitus et quietam, tertiam partem Freteii pertinentis ad dominos de Campis, tam in bosco quam in plano, quam Matheus de Montgoubert, miles et dominus de Campis, pater noster, concedente Mabilia, uxore sua, matre nostra, et omnibus costumariis dicti Freteii, fecit predictis monachis pro, sufficienti calfagio abbatie quod habebat in eodem Freteio... *et cetera ut in carta ipsius Mathei, patris nostri, plenius continetur* (1). Et ut hoc firmum maneat et stabile in perpetuum, dignum duximus presentem cartam sigillorum nostrorum munimine confirmare. Actum anno Domini M° CC° XL°.

## VIII

1240. — *Robert de Courgeon et Hugues, son frère, chevaliers, moyennant une somme de quarante livres tournois, confirment la donation faite par Mathieu de Montgoubert, chevalier et seigneur de Champs, à l'abbaye de la Trappe, d'une portion du bois du Frétay.*

Universis presentem cartam inspecturis, Robertus de Corion (2) et Hugo, frater ejus, milites, salutem in Domino. Noveritis quod, cum contentio verteretur in terra domini regis inter nos, ex una parte, et monachos Domus Dei de Trappa, ex altera, super portione illa nemoris Freteii ad dominos de Campis pertinentis quam Matheus de Montgoubert, miles et dominus de Campis,

(1) Ci-dessus, pièce V.
(2) Courgeon, commune du canton de Mortagne.

eisdem monachis assignavit pro usuagio quod in eodem Freteio habebant (1), tamdem post multas altercationes, consilio bonorum virorum, pacificata fuit in hunc, modum, quod nos dictis monachis quitavimus, concessimus et confirmavimus in elemosinam perpetuam, liberam ab omnibus rebus penitus et quietam, quantum ad nos et ad heredes nostros pertinet, dictam portionem, tam in bosco quam in plano, per metas que ibi facte sunt, sicut in carta predicti mathei de Montgoubert continetur, ita quod nec nos nec heredes nostri in dicta portione aliquid poterimus de cetero reclamare. Et pro hac quitatione et omnimoda liberatione, filii predicti Mathei, Matheus videlicet, miles, et Guillelmus et Symo, fratres ejus, nobis quadraginta libras turonensium donaverunt. Et ut firmum sit et stabile in perpetuum, dedimus eisdem monachis presentem cartam, sigillorum nostrorum munimine roboratam. Actum anno Domini M° CC° XL°.

## IX

1251. — *Guillaume Fagueline, de Bresolettes, fait abandon, en faveur de l'abbaye de la Trappe, du droit d'usage et de tous les autres droits qu'il exerçait dans le bois du Frétay, devenu propriété de ladite abbaye*

Universis presentes litteras inspecturis, Guillelmus Fagueline, de Brueroletis (2), salutem in Domino. Noverit universitas vestra quod, cum ego dicerem me habere usuagium in nemore Freteii quod dicitur nemus comitis, quod modo est monachorum de Trappa, dictis monachis dictum usuagium et quicquid juris in dicto nemore dicebam me habere, vel habebam vel habere poteram, penitus quitavi et dimisi, ita quod in dicto nemore, nec ratione usuagii, nec alia ratione michi jure competenti, nec ego nec heredes mei aliquid de cetero poterimus reclamare. In cujus rei testimonium presentes litteras dedi dictis monachis, sigilli mei munimine roboratas. Datum anno Domini M° CC° L° primo.

---

(1) Cf. ci-dessus pièce V.
(2) Bresolettes.

X

1220. — *Robert de Bresolettes (ou de Verrières), de l'assentiment de sa femme Odeline et de ses fils Guillaume, Raoul et Jean, cède à l'abbaye de la Trappe, moyennant sept livres du Perche, ses droits de sergenterie sur les bois du Frétay.*

Sciant presentes et futuri quod ego, Robertus de Bruerolis, qui alio nomine vocor R[obertus] de Verreriis, concedentibus filiis meis Willelmo, Radulfo, Johanne et Odelina, uxore mea, concessi penitus et quitavi monachis Domus Dei de Trappa, in perpetuum, quicquid juris habebam et me habere dicebam in serganteria nemoris de Freteio, et tam ego quam filii mei juravimus super sacrosancta quod nichil de cetero in dicta serganteria reclamabimus. Pro hac autem concessione et omnimoda quitatione, accepimus a dictis monachis septem libras monete perticensis. Et, ut hoc ratum sit et stabile in perpetuum, presentem cartam sigilli mei munimine confirmavi. Actum anno gratie M° CC° vicesimo.

XI

[S. d., 1191-1202]. — *Geoffroi IV, comte du Perche, notifie la cession faite, moyennant vingt livres d'Anjou, à l'abbaye de la Trappe, par Girard d'Apres, de tout ce qu'il possédait dans la terre des Barres, avec les droits y afférents sur le bois du Frétay.*

Gaufridus, Dei gratia perticensis comes, universis Christi fidelibus, salutem. Quum inter improbos rerum gestarum veritas sub scripti auctoritate tutior conservatur, presentis pagine lectione presentibus et futuris notum fieri volumus quod Girardus de Asperis (1), cum assensu et voluntate omnium filiorum suorum et Marie, uxoris sue, et Agnetis, uxoris filii sui primogeniti, dedit Domui Dei de Trappa quicquid jure et possessione habebat in terra quam Barras (2) appellant, que sita est inter Freteium et

---

(1) Les Apres, canton de Moulins-la-Marche, arrondissement de Mortagne.
(2) Les Barres, commune des Genettes, canton de Moulins-la-Marche, arrondissement de Mortagne.

Hericoneriam, in bosco et plano, in pratis et pascuis et aquis, in feudo et domaino, cum libertatibus et usuariis in Freteio jure territorii ad locum pertinentibus, herbergagio scilicet, calfagio, pasnagio, pasturis animalium. Et concessit hec omnia habenda libera et quieta, ab omni redditu et servitio immunia. Predicte vero domus monachi de caritate sua dederunt prefato Girardo viginti libras andegavensium et Hernaudo, primogenito suo, unum pullum, et Garino, secundo, sex solidos, et Hugoni, tertio, quinque solidos, et Galeranno, quarto, quinque solidos, Marie autem, uxori Girardi, duos sextarios frumenti, et Agneti, uxori Ernaudi, unam vacam. Sepedictus vero Girardus hanc elemosinam posuit in manu Matildis, uxoris mee, cum essem in peregrinatione Jherosalem (1), abbatie conservandam. Et ego, G[aufridus], comes Pertici, hoc factum concessi et accepi conservandum et in omnibus et per omnia defendendum. Ne ergo in posterum super donationem hanc aliqua controversia oriatur, presentem cartam sigilli mei munimine confirmavi. Teste me ipso.

## XII

[S. d., 1190-1191] — *Mathilde, comtesse du Perche, en l'absence du comte du Perche, reçoit et confirme l'acte de donation de la terre des Barres, fait par Girard d'Apres, en faveur de l'abbaye de la Trappe.* (V. la charte précédente.)

Matildis (2), Dei gratia perticensis comitissa, universis in Christo fidelibus, salutem. Quum inter improbos rerum gestarum veritas... *et cetera ut in carta comitis continetur.* Sepedictus quidem Girardus hanc elemosinam posuit in manu mea, et ego suscepi illam, abbatie conservandam et manutenendam, vice comitis qua fungebar, in omnibus et per omnia defendendam, liberam et quietam sicut meam. Et de elemosina mea monachis dedi centum solidos ad ipsam acquirendam. Ne ergo in posterum super hac donatione aliqua controversia oriatur, presentem cartulam sigilli mei munimine confirmavi. Teste me ipso.

(1) Geoffroy partit pour la troisième croisade en 1190 et en revint l'année suivante, après la mort de son père, Rotrou IV, tué au siège de Saint-Jean-d'Acre.
(2) Mathilde était fille d'Henri-le-Lion, duc de Bavière, et nièce par sa mère de Richard Cœur-de-Lion, qui la maria, en 1189, avec Geoffroy, fils du comte du Perche.

## XIII

1208. — *Mathieu de Mont-Goubert, de l'assentiment de Mabile, sa femme, ratifie la cession de la terre de Barres, faite par Girard d'Apres à l'abbaye de la Trappe.*

Noverint universi, tam presentes quam futuri, quod ego, Matheus de Monte Goberti, assensu et voluntate Mabilie, uxoris mee, pro salute anime mee et antecessorum et successorum meorum, concessi et hac presenti carta confirmavi monachis de Trappa donum et elemosinam quam habent de Girardo de Asperis (1) apud Barras (2), totum tenementum quod ipse Girardus et antecessores ejus ibi habuerunt et tenuerunt in bosco et plano, scilicet ab haiis Bigotorum, per angulum Ogerii sicut ductus Barrarum dividit, usque ad parcum de Soligneio, et inde usque ad Freteium per retro ortos dictorum monachorum, sicut divisiones ibi facte ostendunt, dictam elemosinam et Freteium discernentes. Illud etiam sciendum, quod divisiones ille facte sunt et mete posite, communi assensu et voluntate mei et monachorum, et mandato comitis perticensis, per senescallum Mauritanie, sicut fratres ejusdem domus provecte etatis et indigene bone opinionis et aprobate conversationis, tactis sacrosanctis evangeliis, cum aliis viris legitimis ex hominibus meis, coram me corporaliter juraverunt. Et, ut hoc maneat firmum et stabile in perpetuum, salvo jure meo et heredum meorum, presenti scripto et sigilli mei testimonio confirmavi. Actum anno gratie M° CC° octavo.

## XIV

1230. — *Robert de Montcolin et Nicolas d'Apres, d'une part, et l'abbaye de la Trappe, d'autre part, pour mettre fin à un différend qui existait entre eux au sujet des limites respectives de leurs terres et bois de Conturbie et de Gastine, procèdent à l'amiable à un nouveau bornage de ces propriétés.*

Universis Christi fidelibus, Robertus de Monte Collano (3) et

(1) Cfr. ci-dessus la pièce XI, dont cette cession fait l'objet.
(2) Les Barres, commune des Genettes, canton de Moulins-la-Marche, arrondissement de Mortagne.
(3) Montcolin, hameau, commune de Saint-Hilaire-lès-Mortagne, canton de Mortagne.

Nicholaus de Asperis, salutem in Domino. Noveritis quod, cum inter nos, ex una parte, et abbatem et conventum Domus Dei de Trappa, ex altera, super divisionibus elemosine sue de Contrebis (1) et nemorum nostrorum de Gastina diu versaretur contentio, tandem pacificata fuit et cetere facte sunt divisiones, ex communi assensu utrarumque partium, inter elemosinam et feodum laicale, videlicet a gutterio Freteii, per fossata et per lapides ruffos inter fossata in terra defixos, usque ad superiorem finem dicte elemosine, ubi lapis grandior est appositus, et ab illo lapide recta linea usque in Arvam (2) per fossata. Prefatam autem elemosinam, sicut limitata est, concedimus habendam et possidendam prefatis abbati et conventui, liberam ab omnibus rebus penitus et quietam a nobis et heredibus nostris in perpetuum, excepto usuagio hominum residentium in feodo de Asperis, capiendo sicut capiunt in nemoribus nostris de Gastina. Et, ne aliqua contentio aliqua malignitate super prefatis divisionibus posset de cetero suboriri, ad hujus rei certissimam confirmationem, dignum duximus presentem cartam sigillorum nostrorum munimine confirmare. Actum anno Domini M° CC° tricesimo.

## XV

1223 — *Guillaume, évêque de Châlons et comte du Perche, accorde à l'abbaye de la Trappe deux chênes à prendre chaque année, au carême, dans la forêt de Bellême, pour être employés aux vignes et à l'hébergement de ladite abbaye à Vaunoise.*

Willelmus, Dei gratia cathalaunensis episcopus et comes perticensis, universis tam presentibus quam futuris presentes litteras inspecturis, eternam in Domino salutem. Ad universorum notitiam volumus pervenire quod nos dedimus et concessimus, pro salute anime nostre et antecessorum nostrorum, monachis de Trappa duas quercus in foresta nostra de Belismo (3), ad proprios usus vinearum suarum et herbergamenti sui de Walnoise, per

---

(1) Conturbie, commune de Randonnai, canton de Tourouvre.
(2) L'Avre, rivière, affluent de gauche de l'Eure.
(3) Bellême, chef-lieu de canton, arrondissement de Mortagne. La forêt appartient à l'Etat.

manus forestariorum nostrorum, singulis annis, in perpetuum, in quadragesima capiendas et non in alios usus convertendas ; ita quod nec de melioribus nec de pejoribus erunt, rationabiles tamen capientur. In cujus rei testimonium presentes litteras eisdem dedimus sigilli nostri munimine roboratas. Actum anno M° CC° XX° tertio.

## XVI

[S. d., 1191-1217]. — *Robert III, comte d'Alençon, accorde à l'abbaye de la Trappe un chêne à prendre chaque année dans sa forêt de Perseigne.*

Universis Christi fidelibus ad quos presens scriptum pervenerit, Robertus, comes Alenconis (1), salutem. Noverit universitas vestra quod ego, pro salute anime mee et antecessorum meorum, dedi et concessi monachis Sancte Marie de Trappa unam quercum, singulis annis capiendam, in foresta mea de Persenia (2). Et, ut hec donatio firma sit et possit stabilis in posterum permanere, ego, Robertus, comes, eam presenti carta et sigilli mei munimine confirmavi.

## XVII

Avril 1246. — *L'official du Mans vidime la charte (v. ci-dessus) de donation d'un chêne, chaque année, dans la forêt de Perseigne, accordée par Robert III, comte d'Alençon, à l'abbaye de la Trappe.*

Universis presentes litteras inspecturis, officialis cenomannensis, salutem in Domino. Noveritis nos litteras bone memorie Roberti, comitis Alenconis, sigillo ipsius sigillatas, vidisse, anno Domini M° CC° XL° VI°, mense aprilis, sub hac forma : « Universis Christi fidelibus ad quos presens scriptum pervenerit, Robertus, comes Alenconis, salutem... » *et cetera ut superius.* In cujus rei testimonium presentes litteras sigillo curie cenomannensis sigillavimus.

(1) Quatre comtes d'Alençon, de 1028 à 1219, ont porté le nom de Robert, mais ne peut s'agir ici ni des deux premiers, antérieurs à la fondation de la Trappe, ni du dernier, fils posthume de Robert III et qui vécut à peine deux ans. Robert III, dont émane cette charte, fut comte d'Alençon de 1191 à 1217.

(2) Perseigne, forêt domaniale entre Alençon et Mamers.

## XVIII

1211. — *Guillaume d'Apres ratifie toutes les donations faites par son père et ses prédécesseurs à l'abbaye de la Trappe, à laquelle il cède, en outre, moyennant dix livres tournois, une portion de forêt.*

Ego, Guillelmus de Asperis, notum facio omnibus ad quos littere presentes pervenerint quod ego omnes donationes quas pater meus et omnes predecessores mei fecerunt abbatie de Trappa ratas habeo, laudo et concedo. Et insuper dimitto et quito eidem abbatie veterem haiam, ad illam divisionem quam de ea fecit similiter Henricus de Grai, baillivus Vernolii (1), in tempore regis quondam Anglie Ric[ardi] (2). Propter hoc autem habui decem libras turonensium, de caritate ejusdem abbatie, per manum Girardi Droconis, clerici. Et, ut hoc firmum habeatur et stabile, supplicavi domino regi Francorum Ph[ilippo]( 3) ut hoc per litteras suas confirmaret. Ego autem, ad perpetue firmitatis stabilitatem, presentem paginam sigilli mei munimine confirmavi. Actum anno Domini M° CC° undecimo.

## XIX

[S. d.] — *Renaud de Chénay apporte son témoignage en faveur de l'abbaye de la Trappe dans une question de délimitation de terres.*

Universis presentes litteras inspecturis, Reginaudus de Chesneio, salutem in Domino. In veritate et leg[iti]mate mea dico et testificor quod, sicut intratur ad pertusium Bennarum, ad manum dexteram, ad rasum veteris haie versus pertusium Richerii et marchesium de lacu, sicut vetus haia se proportat, totum est juris monachorum, et sexaginta pedes debent monachis dimittere ad tegmen haie. Et hoc vidi jurari ab antiquis hominibus legitimis provincie.

(1) Verneuil, chef-lieu de canton de l'Eure, arrondissement d'Evreux.
(2) Richard Ier, dit Cœur-de-Lion, roi d'Angleterre de 1189 à 1199.
(3) Philippe-Auguste, roi de France de 1180 à 1223.

## XX

1206. — *Robert Héricon confirme les donations de terres faites par son père à l'abbaye de la Trappe, à laquelle il accorde, en outre, un tènement et différents droits sur ses bois.*

Ego, Robertus Hericon, notum facio tam presentibus quam futuris quod concessi et confirmavi Deo et monachis Domus Dei de Trappa in elemosinam donum quod fecerat eis pater meus, scilicet totam terram quam habebat in dominico extra Fossata Regis (1) per divisiones que ibi munstrate sunt, scilicet a masura Willelmi Goher usque ad feodum de Asperis, et a Fossatis usque ad fagum de divisione. Et sciendum est quod ego donavi predictis monachis, pro salute anime mee et uxoris mee Auborch et heredum meorum, ex voluntate et concessione ejusdem uxoris mee et eorundem heredum meorum, Hugonis scilicet, Thome, Willelmi et Johannis, cum supradicta elemosina patris mei, liberas consuetudines per totam terram [meam], et in nemoribus meis de Hericoneria, unum boscum ad herbergagium super prefatam terram, et mortuum [lignum] ad calfagium. Dedi preterea eisdem monachis in perpetuam elemosinam totum tenementum quod tenuerunt heremite de Barris et boscum unum ad herbergagium super illud, et mortuum ad calfagium. Et hec omnia que prenominavi concessi et dedi sepedictis monachis libera penitus et ab omnibus rebus quieta. Et, ut hoc firmum sit et stabile, hanc presentem cartam sigilli mei munimine confirmavi. Actum anno Domini M° CC° sexto.

## XXI

1220. — *Robert Héricon, chevalier, du consentement de ses fils et de son frère Jean Pérer, fait donation d'un bois à l'abbaye de la Trappe et lui accorde le droit de pâturage, dans son fief, pour tous ses animaux.*

Sciant universi, presentes et futuri, quod ego, Robertus Heri-

---

(1) Les Fossés-le-Roi, tranchées qu'Henri II, roi d'Angleterre, fit creuser vers 1168 à la limite de la Normandie et du Perche. Sur la commune des Genettes, dans les endroits les mieux conservés, ces fossés ont environ 12 à 15 mètres de largeur sur 3 de profondeur. (De La Sicotière et Poulet-Malassis, *le département de l'Orne archéologique et pittoresque*, p. 231).

con, miles, assensu et voluntate Thome, Willelmi et Johannis, filiorum meorum, et Johannis Perer, fratris mei, dedi et concessi monachis Sancte Marie de Trappa pasturas in toto feodo meo, extra talleia trium annorum, ad omnia animalia sua, sicut meis propriis animalibus, in elemosinam perpetuam, liberam ab omnibus rebus et quietam a me et heredibus meis, et nemus quod junctum est tenemento heremitarum, sicut mete que ibi facte sunt demunstrant. Et ut hoc firmum sit in perpetuum, presentem tem cartam sigilli mei munimine confirmavi. Anno Domini M° CC° XX°.

## XXII

1219. — *Thomas Héricon fait donation à l'abbage de la Trappe d'une pièce de bois joignant les bois appartenant déjà à ladite abbaye et les bois de Barres.*

Noverint universi, presentes et futuri, quod ego, Thomas Hericon (1), dedi et concessi monachis Domus Dei de Trappa, in elemosinam puram et perpetuam et liberam a costumariis et ab omnibus rebus aliis, unam petiam bosci que affrontat alii petie bosci de elemosina patris mei per cheminum inferiorem usque ad angulum Ogeri, sicut juncta est ex altera parte nemoribus de Barris. Hanc autem donationem teneor eis garantizare et ab omnibus hominibus liberare, et heredes meos ad hoc idem faciendum obligavi. Et ut hoc firmum sit et stabile in perpetuum, sigilli mei munimine roboravi presens scriptum. Actum anno Domini M° CC° nono decimo.

## XXIII

1231. — *Gervais de Réveillon confirme et affranchit, en faveur de l'abbaye de la Trappe, la possession des bois donnés à cette communauté par Thomas.*

Noverint universi, presentes et futuri, quod ego, Gervasius

(1) Fils de Robert Héricon, dont émanent les deux chartes ci-dessus et dan lesquelles il est déjà nommé.

*de Rivellon* (1), volui, laudavi et concessi in elemosinam perpetuam monachis Domus Dei de Trappa elemosinam quam Thomas Hericon fecit eis in Hericoneria, juxta boscum eorumdem monachorum (2), liberam ab omnibus et quietam, quantum ad me et heredes meos pertinet. Et de eadem poterunt facere monachi quicquid voluerint, sine contradictione aliqua quam ego ibi facere possim nec heredes mei. Et ut hoc firmum et stabile in perpetuum perseveret, presentem cartam sigilli mei munimine roboravi. Actum anno gratie M° CC° tricesimo primo.

## XXIV

1239. — *Geoffroy des Illiers, Guillaume de Bubertre, Guillaume Hermant, chevaliers, et Gautier de Laleu, d'une part, l'abbaye de la Trappe, d'autre part, en présence de Huon de la Verberie, bailli du roi, mettent fin, par un accord amiable, à des contestations qui s'étaient élevées entre eux au sujet de terres sises à Conturbie.*

Universis presentes litteras visuris et audituris, *Gaufridus des Illers* (3), Guillelmus de Bubertre et Guillelmus Hermant, milites, Galterus de Allodio (4) et Isania, uxor ejus, salutem in Domino. Cum inter nos et universos usuagiarios Pertici, ex una parte, et monachos Domus Dei de Trappa, ex altera, contentio verteretur super elemosina quam ipsi habebant ex dono Roberti Gonel et Gilleni, filii ejus, juxta Contrebis (5), in dicto Pertico, pacificata fuit tali modo in presentia Wuonis de Verberia, domini regis baillivi, quod nos et usuagiarii concessimus libere, pacifice et quiete dictis monachis triginta acras nemoris et terras cum pratis, ortis et pascuis, cum omnibus aliis dicto nemori contiguis que ipsi extirpari et excoli fecerant, usque in Arvam, in

(1) Réveillon, commune du canton de Mortagne.
(2) V. cette donation dans la pièce ci-dessus.
(3) Les Illiers, chef-lieu de canton de l'arrondissement de Chartres (Eure-et-Loir).
(4) Laleu, canton du Mesle-sur-Sarthe, arrondissement d'Alençon. Gauthier de Laleu et Isabelle Gruel, sa femme, figurent déjà dans les chartes n° 38 et 31 série A, n° 18 série H.
(5) Conturbie, commune de Randonnai, canton de Tourouvre, arrondissement de Mortagne.

perpetuum possidenda per metas que ibi facte sunt de communi assensu. Infra quas metas nec nos nec usuagiarii aliquid de cetero poterimus reclamare, sed de predictis omnibus poterunt facere dicti monachi quicquid voluerint. Et in hac elemosinam habebunt dicti monachi sex estagiarios solummodo, qui per totum Perticum, excepta dicta elemosina, usuagium habebunt sicut alii usuagiarii. Et si foris fecerint in usuagio dicto, sicut alii justiciabuntur. Et sciendum quod, ratione hujus elemosine, monachi in residua nemoris nichil amplius poterunt reclamare. Et, ut hoc firmum sit et stabile in perpetuum, sigillorum nostrorum dignum duximus presentes litteras confirmare. Actum anno gratie M° CC° tricesimo nono.

## XXV

8 décembre 1253. — *Nicolas Chevreul, chevalier, seigneur de Soligni, concède à l'abbaye de la Trappe le bois du Parc, moyennant une redevance annuelle de dix livres, monnaie courante, dont le produit lui est payé à l'avance pour les vingt-quatre premières années.*

Universis presentes litteras inspecturis, *Nicholaus Chevruel,* miles, dominus de Soligneio (1), salutem in Domino. Noverit universitas vestra quod, cum ego tradiderim et concesserim viris religiosis abbati et conventui Domus Dei de Trappa, cisterciensis ordinis, totum nemus meum quod vocatur Parchus, in bosco et plano cum omnibus pertinentiis ejusdem, dictis abbati et conventui habendum in perpetuum et tenendum pro annuo redditu decem librarum monete cursalis in Corboneto, de quo redditu ipsi tenebuntur de cetero reddere annuatim centum solidos, in festo sancti Remigii in perpetuum, Guillelmo de Buato, clerico, et michi et heredibus meis alios centum solidos, in predicto festo sancti Remigii, in perpetuum annuatim reddere teneantur ; cum dicti abbas et conventus michi tradiderint pre manibus et integre persolverint sex viginti libras turonensium pro quitatione redditus centum solidorum predictorum michi et heredibus meis debitorum de viginti et quatuor primis annis continue venturis,

(1) Soligni-la-Trappe, canton de Bazoches-sur-Hoêne, arrondissement de Mortagne.

ego, predictus Nicholaus et heredes mei, si me decedere infra spatium et tempus predictorum viginti et quatuor annorum continue succedentium contigerit, nichil in predicto Parcho et in predicto redditu poterimus petere aut reclamare, sive justitiam exercere aliquam, donec predicti viginti et quatuor anni compleantur. Post predictos autem viginti et quatuor annos, ego e heredes mei habebimus predictum redditum centum solidorum in festo sancti Remigii annuatim. Et si eumdem redditum non habuerimus a predictis monachis infra octabas predicti festi sancti Remigii, poterimus facere justiciam nostram in dicto Parcho solummodo pro habendo dicto redditu et pro emenda, ad usus et consuetudines Corboneti judicata. Et ut hoc maneat firmum et stabile, ego, predictus Nicholaus, in testimonium et confirmationem omnium predictorum, dedi predictis abbati et conventui presentes litteras, sigilli mei munimine roboratas. Actum anno Domini M° CC° L° tertio, sexto idus decembris.

## XXVI

1253. — *Marguerite, femme de Nicolas Chevreul, chevalier, seigneur de Soligni, reconnait la cession du bois du Parc, faite par son mari à l'abbaye de la Trappe, et en ratifie toutes les clauses.*

Universis presentes litteras inspecturis, *Margaretha, uxor domini Nicholai Chevruel*, militis, domini de Soligneio, salutem in Domino. Noveritis quod, cum predictus Nicholaus tradiderit ex assensu et voluntate mea et concesserit viris religiosis abbati et conventui Domus Dei de Trappa, cisterciensis ordinis, totum nemus suum quod vocatur Parchus (1), in bosco et plano, cum omnibus pertinentiis ejusdem, tenendum et habendum in perpetuum, pro annuo redditu decem librarum monete cursalis in Corboneto, de quo redditu dicti monachi tenentur solvere annuatim, in festo sancti Remigii, in perpetuum centum solidos Guillelmo de Buato, clerico, de mandato et atornatione predicti Nicholai, et alios centum solidos predicti redditus eidem N[icholao] et suis heredibus in perpetuum reddere teneantur, in festo

(1) Cette cession fait l'objet de la pièce ci-dessus.

sancti Remigii predicto, annuatim ; cum predicti abbas et conventus predicto N[icholao], domino meo, satisfecerint de redditu predictorum centum solidorum sibi debitorum de viginti et quatuor annis primis proximo et continue venturis, eidem sex viginti libras turonensium persolvendo, ego, predicta Margareta, uxor predicti Nicholai, dedi prefatis abbati et conventui has presentes litteras, sigillo meo confirmatas, per quas obligavi me ad hoc quod non potero reclamare aliquid in predicto redditu, ratione dotis nec alia qualicumque infra spatium viginti et quatuor annorum jam dictorum, si forte contigeret prenominatum Nicholaum decedere et me post decessum ipsius vivere infra viginti et quatuor annos sepedictos. Actum anno M° CC° L° tertio.

## XXVII

1255. — *Nicolas Chevreul, chevalier, seigneur de Soligni, avec l'assentiment de sa femme Marguerite, vend à l'abbaye de la Trappe sa terre du Buat, consistant en bois et bruyères, pour un prix de cent livres et à charge d'une redevance annuelle de cinq sous, monnaie courante.*

Noverint universi, presentes et futuri, quod ego, *Nicholaus Chevruel*, miles et dominus de Soligneio, de consensu et voluntate Margarete, uxoris mee, vendidi viris religiosis, abbati et conventui Domus Dei de Trappa, cisterciensis ordinis, pro centum libris, quas habui ab eisdem integre et recepi, totam terram integre, cum bosco et brueriis que in ea sunt, quam terram ego habebam, junctam brueriis eorumdem religiosorum quos habent apud Buatum (1), et junctam ferrerete et chemino quo itur de dicta ferrereta, juxta parchum de Soligneio, apud Chantemelle (2), usque ad metam positam in capite semite per quam itur exinde apud Buatum, et per semitam illam est divisio usque ad quamdam metam factam juxta eamdem semitam, et de eadem meta directe ad lineam ad petram ruffam positam erga Buatum, in gutterio juxta bruerias, pro divisione inter bruerias meas et bruerias religiosorum predictorum. Et habebunt et tenebunt

---

(1) Le Buat, commune de Lignerolles, canton de Tourouvre, arrondissement de Mortagne.

(2) Champméle, hameau, commune de Soligni.

antedictam religiosi (1) terram, cum bosco et brueriis et omnibus pertinentiis suis, de me et heredibus meis, reddendo nobis annuatim, infra santi Remigii octabas, quinque solidos monete cursalis in Corboneto, [liberam] ab omnibus aliis rebus ad quoscumque pertinentibus quoquo modo, bene, pacifice, libere penitus et quiete, exceptis tantummodo duello, raptu, homicidio et latrone, que in predictis terra, bosco et brueriis retinui tantummodo michi et meis heredibus, si forte evenerint ibi, cum redditu quinque solidorum predictorum, totum aliud jus, dominium et districtum, proprietatem et possessionem, que et quas habebam in eisdem terra, bosco et brueriis quoquo modo, predictis religiosis quitando ac penitus dimittendo (2). Et ego et heredes mei tenemur et in perpetuum tenebimur sepedictis religiosis et suis successoribus antedictam venditionem prescripto modo garantizare et defendere contra omnes et penitus liberare. Et, si forte contigerit quod ipsi aliquas expensas in placitis vel extra placita fecerint propter defectum garantizationis, vel defensionis seu liberationis predictorum, sive aliqua dampna vel deperdita sustinuerint, ego et heredes mei tenemur illis ea omnia restaurare. Et, ut hoc maneat firmum et stabile in perpetuum, ego, prenominatus Nicholaus, dedi prenominatis religiosis presentem cartam, sigilli mei munimine roboratam, per quam ego obligavi me et omnia bona mea, mobilia et immobilia, ac heredes meos successive, ad agenda et tenenda fideliter ac firmiter omnia supradicta. Et ego, predicta Margaretha, uxor predicti Nicholai, predictam venditionem, factam sicut predictum est, predictis religiosis concessi et ratam ac gratam habui, et obligavi me ad hoc, quod in predictis terra et bosco ac brueriis suisque pertinentiis dotem vel aliquid aliud non reclamabo, per appositionem sigilli mei presenti carte. Ego autem, Guillelmus Chevrel, miles, frater predicti Nicholai et dominus de Cetonio (3) et dominus capitalis feodi illius, omnia supradicta rata et grata habui et concessi et antedictis religiosis, ad petitionem predicti N[icholai], fratris mei, confirmavi, presentem cartam sigilli mei munimine roborando. Actum anno M° CC° L° quinto.

(1) Ici se lit dans le manuscrit le mot *predictam* qui est évidemment de trop.
(2) Il convient de rapprocher cette cession de celle de la charte XXV (présente série) qu'elle complète.
(3) Ceton, commune du canton du Theil, arrondissement de Mortagne.

## XXVIII

1257. — *Guillaume de Lonrai, chevalier, confirme, en qualité de suzerain, les aliénations de bois et de terres, au Buat, faites par Nicolas Chevreul, chevalier, seigneur de Soligni, en faveur de l'abbaye de la Trappe.*

Universis presentes litteras inspecturis, Guillelmus de Longreio (1), miles, salutem in Domino. Noveritis quod, cum Nicholaus Chevroel, miles et dominus de Soligneio, de consensu et voluntate domine Margarete, uxoris sue, concedente insuper et confirmante domino Guillelmo de Cetonio, milite, fratre et domino antedicti Nicholai, tradidisset et concessisset viris religiosis, abbati et conventui Domus Dei de Trappa, cisterciensis ordinis, totum nemus suum quod vocatur Parchum, cum fondo terre ipsius (2), habendum et tenendum ac integre possidendum predictis religiosis per metas que continentur in carta quam antedicti religiosi habent de predicto Nicholao, in bosco et plano, in perpetuum, cum omni jure et districtu et omnibus pertinentiis ejusdem que ipse Nicholaus habebat vel habere poterat in eodem, libere et quiete, pro annuo redditu decem librarum monete cursalis in Corboneto, in festo sancti Remigii, annuatim, sibi et post eum heredibus suis centum solidos, et Guillelmo de Buato, clerico, vel mandato ipsius, alios centum solidos persolvendo ; et, cum postea prenominatus Nicholaus Chevroel, de consensu et voluntate predicte Margarete, uxoris sue, antedicto Guillelmo de Cetonio etiam confirmante, vendidisset predictis religiosis, pro centum libris turonensium, quos habuit ab eisdem, terram cum bosco et brueriis, que mea erant, quam terram predictus Nicholaus habebat juxta bruerias dictorum religiosorum quas habebant apud Buatum, junctam ferrerete et chemino quo itur de dicta ferrereta juxta predictum parchum de Soligneio

---

(1) Lonrai, commune du canton ouest d'Alençon. L'histoire des anciens seigneurs de Lonrai, qui était un plein fief de haubert, est fort obscure. Il semble cependant que Guillaume III Talvas, comte d'Alençon, fit épouser vers la fin du XII° siècle l'héritière de Lonrai à son fils naturel Robert de Nuilly ou de Neuilly. Guillaume, dont émane la présente charte, serait issu de ce mariage. (Odolant Desnos, *mémoires historiques sur la ville d'Alençon et sur ses seigneuries*, t. 1ᵉʳ p. 299, de la Sicotière et Poulet-Malassis, *le département de l'Orne arch. et pitt.* p. 60).

(2) Cfr. ci-dessus les pièces XXV et XXVIII.

apud Chantemelle, tenendam et habendam predictam terram antedictis religiosis per metas contentas in carta quam habent de predicto Nicholao, suo sigillo sigillata, cum bosco et brueriis et omnibus pertinentiis suis, reddendo annuatim predicto N[icholao] et heredibus suis, in festo sancti Remigii, quinque solidos monete cursalis in Corboreto, ab omnibus aliis rebus ad quoscumque pertinentibus quoquo modo bene, pacifice, libere penitus et quiete, exceptis tantummodo duello, raptu, homicidio et latrone ; ego, predictus Guillelmus de Longreio, capitalis dominus predicti Parchi et predicte terre cum boscis et brueriis antedictis, concessi et confirmavi supradictis abbati et conventui traditionem et venditionem omnium predictorum sibi factas a predicto Nicholao, ut ipsi habeant et teneant et in perpetuum possideant antedictum nemus quod vocatur Parchum cum fondo terre et predictam terram cum bosco et brueriis, per metas nominatas in cartis quas antedicti religiosi habent de predicto N[icholao], ex his sibi factas, bene, pacifice, libere penitus et quiete, quemadmodum in cartis quas habent de predicto Nicholao plenius continetur, tamen ut feodum laicalem, salvis michi et meis heredibus jure et serviliis nobis de jure debitis predictis quando de jure evenerint facienda. Pro hac autem concessione et confirmatione habui de predictis religiosis viginti libras turonensium in denariis numeratis. Que concessio et confirmatio ut sint firme et stabiles in perpetuum, ego dedi eisdem religiosis litteras meas presentes, sigilli mei munimine roboratas. Anno Domini M° CC° L° septimo.

## XXIX

1256. — *Guillaume de Montgoubert, seigneur de Champs, pour mettre fin à certaines contestations nées entre lui et l'abbaye de la Trappe au sujet de terres à elle aumônées par feu Girard d'Apres, chevalier, à Barres, renonce à tous ses droits sur ces terres, moyennant une indemnité de vingt livres tournois et une rente annuelle de vingt sous.*

Universis presentes litteras inspecturis, Guillelmus de Monte Gouberti (1), dominus de Campis (2), salutem in Domino. Nove-

---
(1) Montgoubert, commune de Saint-Julien-sur-Serthe, canton de Pervenchères, arrondissement de Mortagne.
(2) Champs, commune du canton de Tourouvre, arrondissement de Mortagne.

ritis quod, cum contentio esset inter me, ex una parte, et abbatem et conventum de Trappa, cisterciensis ordinis, ex altera, super eo quod dicebam me habere jus et districtum in elemosina ipsorum quam habent, apud Barras, de dono defuncti Girardi de Asperis, militis (1), tam super feodum quam super dominicam eorumdem et super homines suos ibidem manentes, tamdem, de bonorum virorum consilio, pacificata est in hunc modum, quod ego quitavi penitus et confirmavi dictis abbati et conventui in perpetuum totum jus et districtum quod habebam et habere poteram, quoquo modo, in dicto feodo et dominico et hominibus dictorum monachorum de Barris ibidem manentibus, ita quod nec ego nec heredes mei in omnibus predictis feodo, dominico et hominibus de Barris aliquid juris, dominii et districti retinemus, set totum illud feodum, dominium et homines tenemur dictis abbati et conventui et dictis hominibus erga dominum de Monte Gouberti et ejus heredes omnimodis deservire et contra ipsos defendere, garantire ac penitus in perpetuum liberare. Et pro hac quitatione, confirmatione et defensione, dicti abbas et conventus dederunt michi viginti libras turonensium in pecunia numerata, et insuper dederunt michi et meis heredibus viginti solidos turonensium annui et perpetui redditus, quos assignaverunt michi capiendos annuatim in locis et terminis subnotatis, videlicet : super tenementum Garini Tupe, decem solidos, in festo sancti Remigii recipiendos, quos elemosinaverat eisdem defunctus Matheus de Monte Gouberti, pater meus ; et in tenemento quod tenuit de illis defunctus Robertus Lepaigne de Maris (2), septem solidos, sumendos in festo sancti Johannis Baptiste, cum omni jure et districtu justitie quod ibidem habebant, et tres solidos quos emerunt a Guillelmo de Valle (3) de Campis, cum omni justitia quam facere possent dicti monachi super domum et herbergamentum dicti Guillelmi de Campis, si in festo sancti Remigii dictos denarios defficeret reddere eisdem vel suo mandato annuatim, et etiam pro emenda defectus dicte solutionis. Ut autem dicta quitatio et confirmatio, cum garantizatione et defensione omni, predictorum perpetuam obtineat firmitatem, presentes litteras meas dedi dictis monachis, sigilli

(1) Cfr ci-dessus les pièces XI et XII.
(2) Les Mares, hameau, commune de Champs.
(3) Le Val, hameau, commune de Champs.

mei munimine roboratas. Et ego, Aalicia, uxor dicti Guillelmi,
domini de Campis, ad petitionem ipsius, ut nichil omnino in
predictis, ratione alicujus rei vel dotalitii, valeam de cetero reclamare, presentibus litteris sigillum meum apponere dignum duxi
Actum anno Domini M° CC° L° sexto.

## XXX

15 août 1259. — *Guillaume du Buat, curé de Feings, accorde
à l'abbaye de la Trappe la conversion de deux rentes
annuelles, l'une de quatre livres, l'autre de cent sous, qu'elle
lui devait, en une rente annuelle de douze livres, payable à
lui d'abord, puis, en cas qu'il prédécède, à Nicolas du Buat,
chanoine de la Toussaint de Mortagne, leur vie durant.*

Universis presentes litteras inspecturis, Guillelmus de Buato,
rector ecclesie de Fenis (1), salutem in Domino. Noveritis quod,
cum abbas et conventus Domus Dei de Trappa, cisterciensis
ordinis, tenerentur michi reddere annuatim quatuor libras annui
redditus monete cursalis in Corboneto, quamdiu viverem, pro
redditu quem eis acquisieram apud les Boscheaus (2,) et apud
Mascheta (3), et centum alios solidos annui redditus in festo
sancti Remigii, cum jam dictis quatuor libris, annis singulis,
michi vel mandato meo, in perpetuum, ea vero ratione quod ipsi
habebant et tenebant medietatem parchi de Soligneio (4), videlicet totam partem Nicholai Chevroel, militis, domini de Soligneio, super quam totam partem idem Nicholaus Chevroel vendiderat et assignaverat michi, dicto Guillelmo de Buato, dictos
centum solidos, michi dicto Guillelmo et mandato meo in perpetuum recipiendos in festo supradicto, ratione mee emptionis,
quam feceram a dicto milite, postea vero ego, dictus Guillelmus,
et dicti abbas et conventus ita pepigimus et... (5) Guillelmus

(1) Feings, commune du canton de Mortagne.
(2) Le fief des Boscheaus, dont il a été question p. 294 et suiv., s'appellait au
xviii° siècle le tènement de la Corderie. Il était situé dans le territoire de la commune actuelle de Ménil-Bérard, canton de Moulins-la-Marche.
(3) La croix Machetel, commune de Ménil-Bérard.
(4) Cfr ci-dessus la charte XXV.
(5( La marge inférieure du manuscrit ayant été détachée à cet endroit, quelques
mots ont disparu avec elle.

ipsis abbati et conventui dimisi penitus et quitavi in perpetuum
dictas quatuor libras annui redditus et alios centum solidos annui
redditus similiter, ita quod ego, dictus Guillelmus, vel aliquis
alius ex parte mea in eisdem quatuor libris et centum solidis non
potero aliquid de cetero reclamare, tali conditione et pactione
apposita inter me et ipsos, quod ipsi dederunt et concesserunt,
pro redditibus supradictis, michi, jam dicto Guillelmo, et Nicholao
de Buato, canonico Omnium Sanctorum de Mauritania, duodecim libras annui redditus monete cursalis in Corboneto quas
ipsi tenentur et tenebuntur in futurum reddere michi Guillelmo,
quamdiu vixero, annuatim, per manum cellararii sui vel alicujus
alterius monachi Domus sue, infra quindecim dies proximo et
continue post festum Nativitatis sancti Johannis Baptiste subse-
quentes, et, post decessum meum, eidem dicto Nicholao, similiter
quamdiu vixerit. Post decessum vero nostrum duorum, ipsi
abbas et conventus erunt in perpetuum de dicto redditu liberi
penitus et immunes. Et sciendum quod ipsi obligaverunt michi
et dicto Nicholao decimas suas de Torto Robore et in contraplegium posuerunt, ita quod ipsi, quamdiu vixerimus, unusquisque in tempore nostro capiemus pro rata nostra de dictis
decimis suis in grangia decimali vel alibi, si ad alium locum per
ipsos vel per aliquos dicte decime forsitan traherentur, usque ad
tres modios bladi, videlicet medietatem frumenti et medietatem
mestalli, et usque ad valorem trium predictorum modiorum in
frumento, mestallo in ordeo et avena, si tres modii frumenti in
rata ipsorum non poterunt inveniri. Qui tres modii frumenti et
mestalli a nobis dictis G[uillelmo] et N[icholao], vel mandato
nostro, sicut in area communi mensurabuntur cum participibus
suis vel in grangia decimali, antequam ipsi vel mandatus ipsorum
possint aliquid ex nominatis decimis levare vel capere vel capi
facere, si a solutione predicte pecunie aliqua vice nobis G[uil-
lelmo] et N[icholao] vel cuilibet nostrum in vita sua in dicto termino cessaverint facienda. Preterea teneri volunt et concedunt
dicti abbas et conventus et permittunt, voluntate spontanea, ut
ipsi nobis, cuilibet in vita sua et tempore suo, omnia dampna et
expensas que et quas sustinebimus pro defectu solutionis supradicte pecunie et pactionis facte inter nos et dictos abbatem et
conventum, ad dictum nostrum sive alia probatione, tamen cum
juramento dicti N[icholai], penitus emendare, resarcire et indem-

pues penitus conservare [teneantur]. Et ad hec omnia predicta firmiter tenenda et observanda, dictis abbati et conventui ego, dictus G[uillelmus], dedi eis presentes litteras, sigilli mei munimine roboratas, in testimonium et confirmationem dicte rei. Actum anno Domini M° CC° L° nono, in Assumptione Beate Marie, virginis gloriose.

## [XXXI] (1)

1211. — *Gilbert II, seigneur de Laigle, accorde à l'abbaye de la Trappe la confirmation de tous les biens, droits et privilèges qu'elle possède dans son fief, à Conturbie, Barres, Laigle, la Ferté-Fresnel, la Jaujuppe et autres lieux.*

Sciant omnes, presentes et futuri, quod ego, Gillebertus, dominus Aquile (2), pro salute anime mee et antecessorum meorum, concessi et concedo Deo et monachis de Trappa omnes elemosinas liberas penitus et quietas ab omnibus rebus, quas habebant in feodo meo et hominum meorum, scilicet Contrebis, Laceondere, et terram de Hericoneria ad vallem Lejard et locum quem tenuerunt heremite ad Barras et apud Aquilam, unam plateam extra muros in foloneria, et in prefectura Aquile unum miliare harengorum et dimidium pro platea quam habere debebant infra muros et pro quitatione guedde, que reddenda sunt annuatim prima die Martis quadragesime cum quodam alio miliari quod ipsi habebant antea in eadem prefectura, et viginti solidos annui redditus de dono Willelmi de Feritate (3) in dicta prefectura, et medietariam quamdam juxta foramen Jaujuppe (4), et quietam libertatem emendi et vendendi [et] transportandi res suas per totam terram meam, et hominibus dictorum monachorum concessi et concedo omnem libertatem et quitantiam, per totam terram meam manentibus, in predictis elemosinis, ita quod in predictis hominibus et elemosinis nullum jus michi vel

(1) Cette pièce et celles qui suivent, jusqu'à la fin de la présente série, sont, à en juger d'après l'écriture, de diverses mains, et doivent être considérées comme autant d'additions apportées successivement au contenu primitif de la série S.
(2) Laigie, chef-lieu de canton de l'arrondissement de Mortagne.
(3) La Ferté-Fresnel, chef-lieu de canton de l'arrondissement d'Argentan.
(4) La Jaujuppe, commune de Grandvilliers, canton de Damville, arrondissement d'Evreux (Eure).

heredibus meis retinui, nisi tantummodo gueddam et eternam a Domino retributionem Et, ut hoc ratum sit in perpetuum, presens scriptum sigilli mei testimonio confirmavi. Actum anno gratie M° CC° XI°.

[XXXII]

1136. — *Gauburge d'Apres, Guillaume d'Apres, fils de ladite Gauburge, et ses frères font donation à Vivien, abbé d'Aunay, d'une terre, d'un droit de pâture dans leurs bois, de bois et champs et d'une rente annuelle de vingt sous sur le tonlieu de Laigle, Richer II, seigneur de Laigle, approuvant cette donation.*

In nomine sancte et individue Trinitatis, anno ab Incarnatione Domini M° C° XXXVI°, notificamus tam presentibus quam futuris quod Gerburgis, mater Guillelmi Goidi de Asperis, et omnes filii ejus, predictus Goidus et Ricardus, diaconus, Gillebertus, Paganus et Galterus, dederunt Viviano, abbati de Alneto (1), et fratribus suis, locum et terram quam prius dederant Radulfo, presbytero de Crusladio (2), ipso presbytero concedente, et unam carrucatam terre dederunt, ab divisione quam ostenderunt usque ad aquam Arve, cum omnibus pratis. Concesserunt etiam predicti fratres ut proprii porci monachorum pergant sine pasnagio in omnibus suis nemoribus. Item voluimus sciri quod Willelmus de Aspe.is, dapifer de Aquila, dedit eisdem monachis quicquid habebat ultra haias, in plano et in bosco, et viginti solidos de redditu suo quod habebat in theloneo de Aquila, ad Purificationem sancte Marie, singulis annis, monachis reddendos, predictorum concessu dominorum. Hec munera ego Richerus, Dei gratia dominus de Aquila, concedo et confirmo in eternum permansura. Concedo insuper consuetudines illorum esse liberas et quietas, in tota terra mea, et in theloneo, cum omni seculari dominatione. Horum munerum testes sunt Gaufridus, abbas de Saumero (3), et Guillelmus, sacerdos de Gloz (4), Auschitillus de

---

(1) V. sur l'abbaye d'Aunay et sur l'abbé Vivien, page 112, note 2.
(2) Crulai, commune du canton de Laigle.
(3) Sommaire, commune de Saint-Nicolas-de-Sommaire, canton de la Ferté-Fresnel, arrondissement d'Argentan.
(4) Glos-la-Ferrière, commune du canton de la Ferté-Fresnel.

Redio, Guillelmus de Fontenillo (1), Paganus Guastinellus et Guillelmus Guastez (2).

[XXXIII]

Février 1275 (n. st.) — *Guillaume, abbé de la Trappe, accense une pièce de vigne, sise dans la paroisse d'Origni-le-Butin, à Robert Segnoiet, Jeanne, sa femme, et leurs héritiers, pour trois sous et demi, monnaie courante, payables chaque année à la Saint-Léonard.*

Universis presentes litteras inspecturis, frater Guillelmus (3), dictus abbas, et conventus Domus Dei de Trappa, cisterciensis ordinis, salutem in Domino. Noveritis quod nos tradidimus et concessimus Roberto dicto Segnoiet et Johanne, uxori sue, et eorum heredibus de ipsis procreatis et procreandis unam peciam vinee sitam in parrochia de Origni Lebotin (4), inter vineam Guilloti Bonnet et domum matris predicti R[oberti], et abotat ex una parte chemino quo itur de Beliesme a Clinchamp (5) et ex altera vince elemosine Maur[itanie], reddendo exinde nobis annuatim, ad festum sancti Leonardi (6), tres solidos et dimidium monete cursalis annui redditus, tali conditione, quod, si predicti Robertus et Johanna vel heredes eorum defecerint a predicta solutione, predicta vinee petia nobis reveniet, cum omnibus que tenent de nobis, sine aliqua reclamatione. In cujus rei testimonium dedimus predictis R[oberto] et Johanne presentes litteras, sigilli nostri munimine roboratas. Datum anno Domini M° CC° LXX° quarto, mense februario.

---

(1) Fonteuil, commune de Saint-Sulpice-sur-Rille, canton de Laigle. — V. p. 118 (*Série C*, VI), une charte de Guillaume de Fonteuil.
(2) Cfr avec cette charte la pièce I (C) dont elle n'est qu'une répétition plus complète.
(3) L'abbé Guillaume. (Cfr page 119, note 1.)
(4) Origni-le-Butin, commune du canton de Bellême, arrondissement de Mortagne.
(5) Clinchamps, commune de Chemilli, canton de Bellême.
(6) La Saint-Léonard de Vendeuvre, le 15 octobre.

## [XXXIV]

Janvier 1276 (n. st.) — *L'abbaye de la Trappe, pour mettre fin à un litige pendant entre elle, d'une part, et Geoffroi d'Ardenne et ses frères, d'autre part, accorde à ces derniers la tenure du fief des Mésangères, à charge d'une redevance annuelle de trois sous, monnaie courante.*

Universis presentes litteras inspecturis, frater G[uillelmus], dictus abbas, et conventus Domus Dei de Trappa, salutem in Domino. Noveritis quod, cum contentio verteretur inter nos, ex una parte, et Gaufridum de Ardena (1) et Petrum, Johannem et Thomam, fratres ejus, ex altera, in assisia domini regis apud Vernolium, super feodo de Musengeria (2), quem dicebamus ad nos pertinere debere ratione feodi de Ardena, qui feodus non poterat dividi quoquo modo, secundum conventionem que quondam facta fuit inter abbatem et conventum Vallis Sarnci (3) et defunctum Rogerum de Ardena, quondam militis, prout continetur litteris ejusdem Rogeri, quas habemus, a dictis abbate et conventu nobis traditas pro excambio redditus nostri quem habebamus apud essartia domini regis et redditus ipsorum quem habebant in dicto feodo de Ardena et Musengeria sito in parrochia de Boert (4), tandem dicta contentio, habito bonorum virorum consilio, pacificata est in hunc modum, quod nos volumus et concedimus ut dictus Gauf[ridus] et ejus fratres de Ardena predicto habeant et possideant predictum feodum de Musengeria et teneant de nobis, pro tribus solidis monete currentis in patria, libere, pacifice et quiete, salvo jure Petri de Ardena, armigeri, nepotis eorumdem, et salvo releveio nostro dicti feodi, quociensciensque *(sic)* contigerit. Sub tali autem conditione concessio facta est, quod heres primogenitus predictorum fratrum feodum predictum totum tenebit de nobis pro redditu supradicto, nec de cetero dictus feodus sine nostra licentia speciali poterit dividi in

---

(1) Ardenne, plein fief de haubert, à Chavigny, relevant de Verneuil.
(2) Les Mésangères, commune de Bourth, canton de Verneuil, arrondissement d'Evreux (Eure).
(3) Les Vaux de Cernay, canton de Chevreuse (Seine-et-Oise), ancienne abbaye de l'ordre de saint Benoît.
(4) Bourth, commune du canton de Verneuil, arrondissement d'Evreux (Eure).

futurum, secundum formam que continetur in litteris predicti Rogeri, quondam militis, patris eorumdem, quia in hoc nobis retinuimus totum jus, districtum et proprietatem predicti feodi, non obstante aliqua consuetudine Normanine, nec possessione longe saisine Debent autem dicti fratres et eorum heres primogenitus dictum redditum trium solidorum vel eorum mandatum afferre et solvere mandato nostro apud grangiam nostram de Chantecoc (1) existenti in dicto feodo, [in festo] sancti Remigii annuatim. Ut autem firmum istud et stabile maneat in perpetuum, nos predicto Gauf[rido] et ejus fratribus jam predictis dedimus presentes litteras, sigilli nostri munimine roboratas, per quas dictam concessionem, secundum tamen formam predictam, garantizare tenemur et deffendere contra omnes. Datum anno Domini M° CC° LXX° quinto, mense januario.

[XXXV]

Août 1276. — *Richard Bahère et Jeanne, sa femme, vendent à l'abbaye de la Trappe, pour la somme de dix livres tournois, une demi-pièce de vigne, sise dans la paroisse de Saint-Martin-du-Vieux-Bellême et faisant partie du fief de Nocé.*

Ego, Ricardus dictus Bahere et Johanna, uxor mea, notum facimus presentibus et futuris quod nos, de asensu et voluntate omnium heredum nostrorum, vendidimus et concessimus abbati et conventui Domus de Trappa, cisterciensis ordinis, medietatem cujusdam petie vinee sitam in parrochia Sancti Martini de Veteri Belismo (2), in feodo domini de Noceio (3), juxta vineam heredum defuncti Renoudi Descronieres et Girardi Descronieres, ex una parte et ex altera, et abotat superius vinee et terre dictorum heredum et Girardi, et habotat terre heredum defuncti Gaufridi de Fresneia inferius con sileria sita inter dictas metas et quoddam tamtillum terre situm inter dictam vineam et terram dicti Girardi ex una parte, et ex altera parte inter terram dicti Girardi Descronieres et heredum dicti defuncti Gaufridi de Fresneia, pro

(1) Chantecoq, commune de Saint-Christophe-sur-Avre, canton de Verneuil, arrondissement d'Evreux (Eure).
(2) Saint-Martin-du-Vieux-Bellême, commune du canton de Bellême.
(3) Nocé, chef-lieu de canton, arrondissement de Mortagne.

decem libris turonensium nobis integre persolutis, sibi libere, quiete et pacifice jure hereditario in perpetuum omnia supradicta possidenda, salvis tamen servitiis capitalium dominorum. Que omnia nos et heredes nostri tenemur garantizare sibi perpetuo et successoribus eorumdem et deliberare ab omnibns et defendere contra omnes, prestitis corporaliter sacramentis. In cujus rei testimonium et confirmationem, presentes istas litteras sigillis nostris sigillavimus, quas dedimus dictis abbati et conventui et successoribus eorumdem, per quas nos obligavimus et omnes heredes nostros volumus penitus obligari. Datum anno Domini M° CC° LXX° sexto, mense augusto, in festo inventionis beati Stefani, protomartyris.

## [XXXVI]

Novembre 1274. — *L'Hôtel-Dieu de Mortagne fait remise à l'abbaye de la Trappe, moyennant une indemnité de quarante sous tournois, d'une rente annuelle de cinq sous, assise sur un fief de ladite abbaye, dont il jouissait.*

Universis presentes litteras inspecturis, Johannes, procurator Domus Dei de Maur[itania], salutem in Domino. Noverint quod ego et fratres domus predicte dimisimus et quitavimus monachis de Trappa quinque solidos annui redditus quos debebant nostre domui Johannes Baulahere et Maria, ejus uxor, sitos in feodo dictorum monachorum quod tenet Matheus de Valle, quos quinque solidos idem Matheus, diu est, vendiderat Johanni et Marie supradictis. Et pro hac quitatione, nos habuimus quadraginta solidos turonensium per manum eorumdem monachorum. In cujus rei testificationem et confirmationem, ego, Johannes, dedi predictis monachis, assensu fratrum nostre domus, presentes litteras, sigilli mei munimine confirmatas. Actum anno Domini M° CC° LXX° quarto, mense novembri.

## [XXXVII]

Décembre 1265. — *Robert Calabre, chevalier, et Jeanne, sa femme, font don à l'abbaye de la Trappe d'une rente annuelle de cent sous tournois, assignée sur une pièce de vigne, appelée la vigne des Cronières, dans la paroisse de Saint-Martin-du-Vieux-Bellême*

Universis presentes litteras inspecturis, Robertus Calabre (1), miles, et Johanna, uxor ejus, salutem in Domino. Noveritis quod nos, pro salute animarum nostrarum, dedimus et concessimus in elemosinam perpetuam, liberam ab omnibus penitus et quietam, Deo et Beate Marie Domus Dei de Trappa et abbati et conventui ibidem Deo servientibus centum solidos turonensium annui (2) redditus, quos assignavimus eisdem abbati et conventui recipiendos, singulis annis in festo sancti Leonardi, super unam petiam vinee que vocatur vinea de Croneriis et est sita in parrochia Sancti Martini de Veteri Belismo, a quocunque tenente vineam supradictam. Et si, infra quindena dicti festi, predicti solidi non fuerint persoluti, predicta vinea ad dictos abbatem et conventum deveniet, sine contradictione aliqua nostri vel heredum nostrorum, ad faciendam ex ea suam penitus voluntatem, salvis tamen serviciis dominorum. Similiter volumus et concedimus ut sileria que juncta est antedicte vinee et tenetur de relicta Gaufridi de Fresneia ad duos denarios census, ad eosdem abbatem et conventum deveniat, eodem modo quo predicta vinea, si, sicut predictum est, antedicti centum solidi non fuerint in prenotato termino persoluti. Et ut hoc maneat firmum et stabile in perpetuum, nos dedimus dictis abbati et conventui presentes litteras, nostrorum sigillorum munimine roboratas, per quas obligavimus nos et heredes nostros ad garantizandam, defendendam et penitus liberandam elemosinam supradictam et cetera prenotata. Actum (3) anno gratie M° CC° LX° quinto, mense decembri.

(1) Thomas, comte du Perche (1202-1217), confia la garde de la forêt de Bellême à un des serviteurs de sa maison, nommé Calabre, qui fit bâtir à l'entrée du bois la Calabrière, ancien fief relevant de Bellême, aujourd'hui hameau de la commune du Gué-de-la-Chaîne. (Des Murs, *Histoire des comtes du Perche de la famille de Rotrou*, p. 579.)

(2) Manuscrit : *annuis*.

(3) Manuscrit : *auctum*.

## [XXXVIII]

Octobre 1277. — *Robert Calabre, chevalier, et Jeanne, sa femme, vendent à l'abbaye de la Trappe, moyennant un prix de soixante livres tournois, plusieurs censives, sises dans le fief de la Cour, un pressoir, un verger et une vigne.*

Universis presentes litteras inspecturis, Robertus dictus Kalabre, miles, et Johanna, uxor ejus, salutem in Domino. Noveritis quod nos vendidimus viris religiosis, abbati et conventui Domus Dei de Trappa, cisterciensis ordinis, pro sexaginta libris turonensium, de quibus tenemus nos pro pagatis (1), totum illud quicquid habebamus et tenebamus in feodo de Aula (2) ratione acquisitionis mee, scilicet predicte Johanne, videlicet omnes censivas quas tenebant et habebant de nobis homines subnotati, qui de dictis censivis nobis ea que subnotantur annuatim reddere tenebantur, scilicet Robertus de Vado Chauce duodecim denarios turonenses, Raginardus Alnart duos solidos, Dionisius de Valle Gelata duodecim denarios, Abertus Achart et Leodegarius duodecim denarios, Pratruella duodecim denarios, molendinum fullatorum viginti denarios, Emmelina Ladarappe viginti denarios, Thomas Chalon et carnifex de Coudra decem et novem denarios et obolum, Odinus Legras et fratres ejus duodecim solidos, heredes defuncti Bardobe octo denarios, Richardus Lemoutonel unum denarium, Perchus Manorri duos solidos, Gaufridus Parroche sex denarios, et Richardus Bahen octo denarios. Preterea vendidimus eisdem religiosis, pro pretio prenotato, pressorium, sittum in dicto feodo, cum tertia parte virgulti quod est ante dictum pressorium et vineam que appellatur Bohene ; et habebunt et tenebunt predicti religiosi omnia predicta, sibi vendita a nobis, cum omni jure, dominio et dominico ac districtu, queconque habebamus et habere poteramus in omnibus supradictis, absque aliqua reclamatione seu contradictione quam nos vel heredes nostri possimus facere de cetero in eisdem, sed tenemur eadem garantizare, deffendere dictis religiosis ad usus belli-

---

(1) Manuscrit : *pagatos*.
(2) Le fief de la Cour ou Croix-Chemin, était situé dans la commune d'Origni-le-Butin, où il existe encore un hameau nommé Croix-du-Chemin. (*Inventaire des titres de l'abbaye de la Trappe*, p. 243.)

menses et consuetudines, et penitus liberare. Et, ut hoc firmum maneat et stabile in perpetuum, nos antedicti Robertus et Johanna, dedimus prenotatis abbati et conventui presentes litteras, sigillorum nostrorum munimine roboratas. Actum anno gratie M° CC° LXX° septimo, die dominica ante festum sanctorum apostolorum Simonis et Jude.

### [XXXIX]

Décembre 1275. -- *Hugues de Nocé, écuyer, accorde à l'abbaye de la Trappe l'exemption du droit de pressurage pour les vignes qu'elle avait dans son fief, moyennant une redevance annuelle de trois sous tournois et d'une paire de gants de la valeur de quatre deniers.*

Universis presentes litteras inspecturis, Hugo de Noceio (1), armiger, salutem in Domino. Noveritis quod ego volui, concessi et presenti carta confirmavi abbati [et conventui] Domus Dei de Trappa, cisterciensis ordinis, quod ipsi omnes vineas quas tempore hujus concessionis in meo feodo habebant et possidebant et etiam vineam contingnam vinee sue de Cronieres (2), si contigerit eamdem vineam devenire ad proprietatem suam, teneant et habeant de omni pressoragio (3) liberas et immunes, salvo tamen hoc, quod ipsi religiosi de me et meis heredibus vineam de Cronieres laicaliter tenebunt ad ea servitia que in predicta vinea ego [et] antecessores mei antea habebamus. Pro hujus modi vero concessione, ego Hugo a predictis religiosis quatuor libras turonensium habui et recepi, et etiam dicti religiosi michi et meis heredibus tres solidos turonensium annui et perpetui redditus, quos super prato au Flame ipsi habebant, penitus quitaverunt. Preterea predicti religiosi michi et meis heredibus unum par cerotecarum, precio quatuor denariorum, annui et perpetui redditus, pro immunitate dicti pressoragii, in Ramis Palmarum, ad domum meam de Roceto (4) annuatim in perpetuum reddere tenebuntur. Et ad hec omnia et singula predicta tenenda firmiter et fideliter obser-

(1) Nocé, chef-lieu de canton, arrondissement de Mortagne.
(2) La vigne de Cronières est déjà mentionnée ci-dessus, pièce XXXVII.
(3) Pressoragium, jus torcularium, quod domino ut plurimum in vino exsolv-tur. (Du Cange).
(4) Rocé, commune du Gué de la Chaîne, ancienne seigneurie de Rossay.

vanda supradictis religiosis, presentes litteras, sigillo meo sigillatas, contuli, per quas me et heredes meos erga ipsos penitus obligavi. Actum anno Domini M° CC° LXX° quinto, mense decembri.

[XL]

1214. — *Adam, abbé de la Trappe, notifie l'accensement d'une maison, fait par Robert des Deux-Champs et Emmeline, sa femme, à Gilon de Chenechaille, moyennant une redevance annuelle de dix sous, deux sous de taille, quarante œufs à Pâques et un tourteau de la valeur de trois deniers à Noël.*

**Transcriptum de decem solidis quos Guillelmus (1) de Veteri Belismo debet nobis.**

Universis presens scriptum inspecturis, frater A[damus] (2), dictus abbas, et conventus Domus Dei de Trappa in perpetuum. Universitati vestre notum facimus quod Robertus de Duobus Canpis et Emmelina, uxor ejus, per nostram voluntatem et assensum, tradiderunt Gilloni Chenechaille et heredi suo, ad feodum censum, unam masuram de elemosina quam idem Robertus et Emmelina tenent de nobis. Et sciendum quod prefatus Gilo debet reddere, in festo sancti Leonardi, decem solidos turonensium de censu prenominatis Roberto et Emmeline annuatim et duos solidos de tallia et XL$^a$ ova in Pascha et unum tortellum trium denariorum in Nathali. Si vero prefati Robertus et Emmelina nobis non reddiderint in prefato festo decem solidos quos debent nobis de redditu pro elemosina, revertemur ad illum qui prenominatam masuram tenuerit, pro redditu nominato, cum emendatione secundum consuetudinem patrie. Et, ut hoc ratum sit in perpetuum, presentes litteras sigilli munimine confirmamus. Actum anno gratie M° CC° quarto decimo.

---

(1) Ce nom paraît devoir être remplacé par celui de *Robertus*.
(2) L'abbé Adam, *aliàs* Gautier, sur lequel *cfr.* p. 119, note 4.

[XLI]

1306. — *Accensement des prés de Mauves, consenti par l'abbaye de la Trappe en faveur de Gervais Quarrel et de sa femme, pour leur vie durant, moyennant une redevance annuelle de quarante sous tournois.*

Anno M° CCC° sexto, tradidimus Gervasio Quarrel de Maris (1) et ejus uxori, ad vitam eorum aut superviventis, prata nostra de Mauvis (2), pro quadraginta solidis turonensium, in festo sancti Remigii annuatim persolvendis.

[XLII]

1307. — *Accensement par l'abbaye de la Trappe à Symon de Brouche d'une pièce de terre sise dans la paroisse de Sainte-Céronne, pour trois sous de rente annuelle.*

Anno M° CCC° septimo, tradidimus Symoni de Brocha quamdam terre petiam, sitam in parrochia de Sancta Cerompna (3), sibi et suis heredibus possidendam pro tribus solidis annui et perpetui redditus, in festo santi Remigii annuatim persolvendi.

[XLIII]

1309. — *Accensement par l'abbaye de la Trappe, pour trente sous tournois de rente annuelle, d'une maison sise à Tourouvre, à Simon Le Maréchal, qui devient homme de ladite abbaye.*

Anno millesimo CCC° IX°, tradidimus Symoni Le Mareschal domum unam, quam habemus apud Tortum Robur (4), pro XXX solidis turonensium annui redditus in festo sancti Remigii ; et est condonatus noster, et quicumque tenuerit domum, cum medietate bonorum. Habemus litteras.

(1) La Mare, commune de Mauves.
(2) Mauves, commune du canton de Mortagne.
(3) Sainte-Céronne, commune du canton de Bazoches-sur-Hoêne, arrondissement de Mortagne.
(4) Tourouvre, chef-lieu de canton, arrondissement de Mortagne.

## [XLIV]

*Cession faite par l'abbaye de la Trappe à Guillaume Coquin, de la Gastine, d'un immeuble de la valeur de huit sous.*

Anno predicto, tradidimus Guillelmo Coqin, de Gastina (1), hereditatem ad valorem octo solidorum.

## [XLV]

Bonsmoulins, octobre 1291. — *Sentence du bailli d'Alençon, Michel de Dordan, rendue après enquête et reconnaissant à l'abbaye de la Trappe un droit d'usage dont elle jouissait sur la forêt de Mahéru.*

Fait en l'assise de Bons Moulins, l'an M II$^{cc}$ III$^{xx}$ et unze, le lundi devant la feste saint Denis, par-devant Michel de Dordan, baillif d'Alenchon (2), presens à ceu monseigneur Guillaume de la Gastine, monseigneur Guerin de Meshoudin, monseigneur Jehan de Foumuchon, monseigneur Guillaume d'Aspres (3), Hue Bouler, monseigneur Hubert Chevrel et plusors autres. Cumme le usuage que hommes religieux, l'abbé et le couvent de la Trappe ont acoustumé à prendre en la forest de Maheru (4) pour lor meison dudit leu de Maheru eust esté arresté tant que l'en eust enquis comment il en ont usé, nous, baillif d'Alenchon, avons enquis bien et diligamment comment il sunt usez sus ceu, et avons trouvé que autre foiz eus en furent desseisiz, du commandement Robert Luissier, adonques baillif de Vernuil, et puis lor rendit quant il en out enquis, si comme nos avons veu par les roulles des assises de Bons Moulins de son tens, à user en la manière qu'eus avoient acoustumé, c'est assavoir que lesdiz religieux prennent III foiz l'an, par la main dou chastelain ou de

---

(1) La Gastine, hameau, commune du Mesnil-Rousset, canton de Broglie, arrondissement de Bernay (Eure).

(2) Le nom de Michel de Dordan comble une lacune dans la liste des Baillis d'Alençon dressée par M. de Courtilloles d'après un manuscrit d'Odolant-Desnos. (*Chronologie historique des Grands Baillis des Comté et Duché d'Alençon*, p. 5.

(3) Les Apres, canton de Moulins-la-Marche, arrondissement de Mortagne.

(4) Mahéru, canton de Moulins-la-Marche, arrondissement de Mortagne.

-celui qui est en son lue, meirrien à lor charrues feire et reffeire pour lor dite meison de Maheru et la fuille et ler herbage et la feugere et la pasture à toutes lor bestes de ladite meson et la closture aus prez de ladite meson devant la meson Gillebert Chappon. Et nous, par ceu que nous avon trouvé que depuis eus en ont usé bien et peissiblement desdites choses, lor avon rendu ledit usage et commandé au chastelain qu'il les en lesse user bien et peisiblement, en la forme et en la manière qu'il ont acoustumé à user.

## [XLVI]

Juillet 1270. — *L'abbaye de ta Trappe concède à Guillaume Thiébaud une pièce de pré sise dans la paroisse de Saint-Pierre-des-Loges, moyennant un cens annuel de douze sous tournois, payable à la Saint-Jean.*

### Copia.

Universis presentes litteras inspecturis, frater H[erbertus], dictus abbas (1), et conventus domus Dei de Trappa, salutem in Domino. Noveritis quod nos tradidimus et concessimus Guillelmo Thebaut quamdam petiam prati quam habebamus apud Ducteum Profundum, in parrochia Sancti Petri de Logis (2), habendam et tenendam predicto Guillelmo et heredibus suis in perpetuum, pro annuo redditu duodecim solidorum turonensium nobis, vel mandato ab ipso vel heredibus suis, in festo Nativitatis sancti Johannis Baptiste (3), annis singulis, integre reddendorum, tali modo, quod si predictus redditus ad predictum terminum aliquando non fuerit persolutus, nos vel mandatum nostrum faciemus nostram justitiam super predicta petia prati et super quamdam petiam terre sittam ad longum juxta feodum de Fabrica, ex una parte, et juxta feodum Philippi Thebout, ex altera, de consensu et voluntate ejusdem Guillelmi, eamdem autem petiam terre cum petia prati tenendo donec persolvatur dictus redditus cum emenda, ad usus et consuetudines patrie

(1) L'abbé Jean Ier Herbert (cfr. p. 147).
(2) Saint-Pierre-des-Loges, commune du canton de Moulins-la-Marche, arrondissement de Mortagne.
(3) Le 24 juin.

judicata. Et, ut hoc maneat firmum et stabile in perpetuum, nos dedimus predicto Guillelmo presentes litteras, sigilli nostri munimine roboratas. Actum anno gratie M° CC° LXX°, mense julii.

[XLVII]

1219. — *L'abbaye de la Trappe concède à Jean N..., de Ligne-rolles, moyennant un cens annuel de dix sous, payable à la Purification, deux pièces de terre sises dans la paroisse de Lignerolles.*

Noveritis nos tradidisse ac concessisse Johanni (1)..., de parrochia de Ligneroles (2), et suis heredibus, pro decem solidis annui et perpetui census, in festo Purificationis (3), nobis ab ipso et suis heredibus libere persolvendis, relevando erga nos tanquam proprios feodi dominos, ad usus et consuetudines patrie, quando de jure occurrerit faciendum, videlicet (?) duas pelias terre, sitas in parrochia de Ligneroles, quas de nobis defunctus (4)... ; quarum una acostat terre defuncti Roberti de Mont Chauvet (5), [ex una parte], et, ex altera, terre predicti Johannis Mouchin, alia acostat terre dicte Moquete et Philippi Hoellay. Et si ipse Johannes sive sui heredes dictam terram dymiserint, pro anno illo, predictum censum duplicem tenebuntur solvere ac etiam predictos decem solidos duplicare, causa meliorationis, si qua fuerit, non obstante. Hanc traditionem dicto Johanni et suis heredibus tenemur garantizare et defendere tanquam propriam. Actum anno Domini M° CC° nono decimo.

(1) Il y a ici, dans le manuscrit, un mot effacé par un grattage.
(2) Lignerolles, commune du canton de Tourouvre, arrondissement de Mortagne.
(3) La fête de la Purification, le 2 février.
(4) Un ou deux mots ont été grattés, dans le manuscrit, à cet endroit du texte.
(5) Montchauvet, hameau, commune de Lignerolles.

# Carte quas fecimus extra grangias [1]

## I

1322. — *Accensement à Pierre Malevie et à Colette, sa femme, d'une maison sise à Contrebis, moyennant une redevance annuelle de cinq sous tournois et d'une poule.*

Tradidimus Petro Malevie et Colete, ejus uxori, quamdam domum, cum pertinentiis, sitam apud Contrebis, in Pertico, juxta saugum (?) [2] nostrum, pro quinque solidis turonensium ad festum Omnium Sanctorum et una gallina [3] ad Nativitatem Domini annuatim. Tenemur eisdem garantizare. Actum anno Domini M° CCC° XXII°.

## II

1322. — *Accensement à Pierre Gentement et à Julienne, sa femme, d'une terre sise à Contrebis, pour quatre sous tournois et une poule par an.*

Tradidimus Petro Gentement et Juliane, ejus uxori, quamdam plateam, apud Contrebis, inter terram dicti Petri et terram Auspeleeis, pro quatuor solidis turonensium et una gallina [4] annuatim. Actum anno Domini M° CCC° XXII°.

## III

1322. — *Concession faite à Robert Huéline, pour lui et ses héritiers, d'une lande sise dans la paroisse de Contrebis, à charge de fournir à l'abbaye deux poules par an.*

Tradidimus Roberto Hueline et ejus heredibus quamdam lan-

---

(1) A partir de cette série, les différents articles qui vont se suivre, bien qu'en assez grand nombre, ne portent plus de numéros d'ordre dans le manuscrit. Nous avons suppléé à ce défaut de numérotation, autant pour conserver au *Cartulaire* la physionomie qu'il a présentée jusqu'ici dans son ensemble que pour faciliter les renvois et les références.

(2) Il faut lire peut-être *fangum, bourbier*.

(3 et 4) *Texte*: unam gallinam.

dam seu hayam, sitam in parrochia de Contrebis (1), juxta cheminum per quod itur de Contrebis apud Aquilam (2) et terram dicti Roberti, pro duabus gallinis ad Nativitatem Domini annuatim, sub tali modo quod si dictam haiam dimittere voluerint, decem solidos turonensium loco complegii solvere nobis tenebuntur. Actum anno Domini M° CCC° XXII°.

## IV

Août 1322. — *Accensement à Alice de Lande et à Guillaume Lemoine, son neveu, de prés sis à Brésolettes, moyennant treize sous tournois et deux poules par an.*

Tradidimus Alesie de Landa et Guilloto Monachi, generi suo, quamdam noam, cum quadam petia prati sita apud Bruerolitas (3), que (4) noa vocatur la Ferue et jungitur clauso de Auboiz, et petia prati jungitur ripparie de Arva (5) et campis de Corcerus, reddendo nobis tredecim solidos turonensium, seu equivalentis monete, ad festum sancti Remigii (6), et duas gallinas ad Nativitatem Domini annuatim. Et tenentur dicti captores deservire dicta prata de una dieta fenagii et non capitali ; et, si defecerint a solutione, super ipsos nostram justitiam poterimus exercere ; nec poterunt dicta prata vendere nec de alio redditu honerare *(sic)*, nisi de nostra licentia speciali, jure nostro et alieno in omnibus observato. Actum anno Domini M° CCC° XXII°, mense augusto.

## V (7)

Janvier 1275 (n. st.). — *Guérin Brénard accepte de Guillaume Autrei la cession, à charge de différentes redevances, d'un héritage, sis dans la paroisse des Genettes, et consistant en bâtiments, bois, prés, terres arables, etc.*

Noverint universi, presentes et futuri, quod ego, Garinus Bre-

---

(1) La paroisse de Contrebis a été réunie à Randonnai (Duval, *Essai sur la topographie ancienne du département de l'Orne*, p. 64).
(2) Laigle, chef-lieu de canton, arrondissement de Mortagne.
(3) Brésolettes, commune du canton de Tourouvre.
(4) *Texte* : qua
(5) L'Avre, affluent de l'Eure.
(6) Le 1er octobre.
(7) Entre cette pièce et la précédente s'en trouvait une, dans le manuscrit, que l'on a fait disparaître au moyen d'un lavage. Quelques mots seulement, mais dénués de suite et d'intérêt, sont restés lisibles.

nart, cepi ad feodalem firmam a Guillelmo Austrei totum hereditagium integre quod habet vel habere posset in parrochia Sancti Martini de Genestoit (1), in feodo de Lamorinierre, scilicet in domibus, in boscis, in pratis, in terris arabilibus et in aliis rebus, scilicet illud hereditagium quod dictus Guillelmus tenet ab abbate et conventu Beate Marie de Trappa et a domino de la Hericonnire, habendum et tenendum michi et meis heredibus a (2) dicto Guillaume et ejus heredibus libere, pacifice et quiete, reddendo exinde domino de la Hericonnere quatuor denarios et unum obolum, per manum dicti Guillelmi vel ejus heredibus, ad festum beati Johannis Baptiste (3), et tres septuarios bladi ad duos terminos, scilicet unum sextarium frumenti ad festum beati Remigii (4) et duo sextaria avene, ad mensuram Aquile, ad Purificationem Beate Marie (5), ad valorem XII denariorum, minus quam melior[is] dicte, et tredecim solidos annui redditus abbati et conventui, et quatuor denarios Beate Marie de Trappa ad Nativitatem Domini, per manum dicti Guillelmi, vel heredibus suis persolvendis (6), pro omnibus sibi et ejus heredibus pertinentibus, salvo tamen jure dominorum capitalium et salvis releveiis et auxiliis feodalibus, quando poterunt evenire in dicto feodo. Et sciendum est quod, si ego, dictus Garinus, vel heredes mei, dictum redditum ad terminos predictos non solverimus, volo et concedo [et] ad hoc me et heredes meos obligo, quod dictus Guillelmus vel heredes ejus in toto hereditagio supradicto, pro dicto redditu et pro emenda, plenariam justitiam poterunt exercere, sine contradictione mei vel heredum meorum. Et, ut hoc sit firmum et stabile, ego dictus Garinus, presentem cartam sigilli mei munimine roboravi. Actum anno Domini M° CC° septuagesimo quarto, mense januarii, coram parrochianis Sancti Martini de Genestoiz et coram pluribus aliis fide dignis. — Vide similiter cedulam subscriptam.

---

(1) Les Genettes, commune du canton de Moulins-la-Marche. L'église était dédiée à saint Martin. (L. Duval, l. c. p. 58)
(2) *Manuscrit* : ad.
(3) Le 24 juin.
(4) Le 1er octobre.
(5) Le 2 février.
(6) *Texte* : persolvendis.

## VI

1323. — *Mention d'une acquisition de rente de blé faite par l'abbaye, sur Simon Lemarchand, moyennant huit livres tournois.*

Memorandum est quod nos acquisivimus a Symone Le Merch[ant] medietatem bladi que in suprascripta copia continetur, per quoddam recritum (?) quod fecimus, anno Domini M° CCC° XXIII°, supra predictum Symonem, pro quo tradidimus eidem VIII libras turonensium quas in elemosina recepimus a rectore Parve Ville (1).

## VII

[S. d.] — *Mention de plusieurs censiers de l'abbaye, à la Turpinière, avec l'indication de la nature et du montant de leurs redevances.*

Hoc est tenementum quod tenetur de Roberto Tournebeuf ad fidem et hommagium et tenementum... bursarii ejusdem. Primo nos tenemus, apud Turpineriam, circa quatuor sextarios seminis : Radulfus Tournebeuf tres sextarios, Guillemetus Tournebeuf V boussellos, Robertus Tournebeuf, clericus, tres minas ; item idem I sextarium, Gervasius Gouher I sextarium, Guillelmus Boudrille XIIII boussellos, Robertus de Alneto XXII boussellos sexplex (sic) herbergamentum suum tres minas, Henricus Galterius I sextarium, La Princesse IIII boussellos, Johannes Deran, ratione uxoris sue, XIIII boussellos, Johannes de Regnoart junior tres boussellos, Guillelmus et Johannes de Regnoart V boussellos.

(1) Petite-Ville, commune de Gournay-le-Guérin, canton de Verneuil.

# [T]

Hic est tenor cartarum quas habent homines nostri et alii quibus fecimus cartas.

### De Haia primo (1).

#### I

[S. d.] — *Concession d'une terre faite par l'abbaye de la Trappe à Jordan Langlois, moyennant une redevance annuelle de soixante-huit sous et d'un setier d'avoine.*

**Carta Jordani Anglici.**

Noverint universi, presentes et futuri, quod nos feodavimus Jordano Anglico et sui[s] heredibus succesive totam terram, cum herbergamentis, quam tenebat de nobis ad campipercium, per LX et octo solidos et unum sextarium avene, nobis persolvenda annuatim terminis subnotatis, videlicet in festo Omnium Sanctorum XXX solidos, et in Purificatione sancte Marie XXX solidos et dictam avenam, et in Navitate sancti Johannis Baptiste octo solidos, et relevamenta et corveias nobis et capitalibus dominis, ea que jus exigit, faciendo. Et nos dictis Jordano et heredibus suis hoc totum tenemur in perpetuum garantire.

#### II

Août 1235. — *L'abbaye de la Trappe concède à Jordan Langlois un tiers du bois de Petite-Ville, moyennant une redevance de quinze sous tournois par an.*

**Ejusdem.**

Noverint omnes quod nos tradidimus Jordano Anglico tertiam

---

(1) V. les titres de la Haye Chantecoc, p. 259.

L'abbaye, autorisée par lettres patentes du mois d'avril 1759, céda, le 13 décembre suivant, les terres et seigneuries de Chantecoc et Herainvillier à M. de Friboys, qui lui donna en échange la ferme de la Copilière, paroisse de Notre-Dame du Hamel. (*Inventaire des titres de l'abbaye de la Trappe*, p. 569).

partem haie que dicitur haia Parve Ville (1), habendam et tenendam de nobis, sibi et heredibus suis, jure perpetuo, sub eadem forma qua eam habebamus et tenebamus, reddendo inde annis singulis quindecim solidos turonensium ad Nativitatem sancti Johannis Baptiste ; et ipsam tenemur garantizare ei bona fide, sicut nobismetipsis garantizaremus. Et, ut firmum maneat... Datum anno Domini M° CC° XXX° V°, mense augusto.

III

1247. — *L'abbaye de la Trappe concède à Jordan Langlois, moyennant une redevance annuelle de quinze sous, les prés qu'elle possédait dans la paroisse des Barils.*

### Item ejusdem.

Sciant universi quod nos tradidimus Jordano Anglico totam portionem nostram pratorum sitorum in parrochia des Bariz (2), que prata vocantur Prata Regis, tenendam et habendam, sibi et heredibus suis, cum triginta perchis que excedunt medietatem predictorum pratorum, pro annuo redditu XII solidorum communis monete, annis singulis nobis reddendorum, in festo Nativitatis sancti Johannis Baptiste X solidos et in festo Omnium Sanctorum quinque solidos, pro omnibus pertinentibus ad nos et ad successores nostros, et pro quinque in Purificatione Beate Marie. In cujus rei testimonium... Actum anno Domini M° CC° XL° VII°.

IV

1245. — *L'abbaye de la Trappe concède à Renaud Davout huit acres et une vergée de terre, moyennant un cens annuel de vingt-quatre sous neuf deniers.*

### Carta Renoudi Davout.

Noverint universi quod nos feodavimus et tradidimus Renodo Davout et heredibus suis successive octo acras terre et unam vir-

---

(1) Petite-Ville, commune de Gournai-le-Guérin, canton de Verneuil.
(2) Les Barils, commune du canton de Verneuil.

gatam, quas tenebat de nobis ad campipercium, pro viginti et quatuor solidis et IX denariis, monete currentis, annui redditus nobis annuatim persolvendis, terminis subnotatis, videlicet in festo Omnium Sanctorum duodecim solidos et quinque denarios, et in Purificatione Beate Marie alios XII solidos et quatuor denarios, et de herbergamento suo XII denarios et unam minam avene ad Natalem Domini, et relevamenta et corveias nobis et capitalibus dominis, ea que jus exigit, faciendo. Et hoc totum tenemur illi et heredibus suis in perpetuum fideliter garantire. Actum anno Domini M° CC° XL° V°.

## V

1235. — *L'abbaye de la Trappe concède à Renaud Davout une portion du bois de Petite-Ville, moyennant une redevance annuelle de sept sous tournois.*

### Item ejusdem.

Noverint cuncti quod nos tradidimus Renoudo Davout medietatem tertie partis haie que dicitur haia Parve Ville, habendam et tenendam de nobis sibi et heredibus suis, jure perpetuo, sub ea forma qua nos habebamus et tenebamus, reddendo inde nobis, annis singulis, VII solidos turonensium et sex denarios, ad Nativitatem sancti Johannis Baptiste; et ipsam tenemur garantizare eis bona fide. Actum anno gratie M° CC° XXX° V°.

## VI

1242. — *L'abbaye de la Trappe concède à Drouard de la Haie six acres et demie de terre, pour une redevance annuelle de dix-neuf livres et demie.*

### Carta Droardi de Haia.

Noverint universi quod nos feodavimus Droardo et heredibus suis successive sex acras terre et dimidiam quas tenebat de nobis ad campipercium, per XIX libras monete currentis et dimidiam annui redditus, nobis annuatim persolvendas terminis subnotatis, videlicet in festo Omnium Sanctorum IX solidos et IX denarios, et in Purificatione Beate Marie alios IX solidos et IX denarios, et de herbergamento suo duos solidos et unam minam avene ad Natalem Domini, et relevamenta et corveias nobis et capitalibus dominis, ea que jus exigit, faciendo Et nos tenemur eis hoc totum eis (sic bis) fideliter in perpetuum garantire. Actum anno Domini M° CC° XL° II°.

## VII

1235. — *L'abbaye de la Trappe concède à Drouard une terre et une portion du bois de Petite-Ville, moyennant un cens annuel de vingt sous six deniers.*

### Item ejusdem.

Sciant universi quod nos tradidimus Droardo terram quam habuimus de domino Gohero de Chesnebrun (1), milite, que affrontat haic Parve Ville, exceptis duobus jugeribus et dimidio que ipse tenet de nobis ad campipertium, habendam et tenendam in perpetuum de nobis, sibi et heredibus suis, reddendo inde nobis, annis singulis, in festo Omnium Sanctorum, XIII (2) solidos turonensium. Preterea tradidimus eidem medietatem tertie partis supradicte haic, habendam et tenendam de nobis, sibi et heredibus suis, pro VII solidis turonensium et VI denariis nobis annuatim, in Nativitate sancti Johannis Baptiste, persolvendis. Nos vero tenemur eis garantire predicta omnia bona fide. Actum anno gratie M° CC° XXXV°.

## VIII

1245. — *L'abbaye de la Trappe concède à Roger Chachevel cinq acres de terre, pour un cens annuel de quinze sous.*

### Carta Rogeri Chachevel.

Noverint universi quod nos feodavimus Rogero Chachevel

---

(1) Chennebrun, commune du canton de Verneuil.
(2) Dans le manuscrit, la dernière unité est presque effacée par un grattage.

quinque acras terre per quindecim solidos monete currentis annui redditus nobis annuatim persolvendos terminis subnotatis, videlicet in festo Omnium Sanctorum VII solidos et VI denarios, et in Purificatione Beate Marie VII solidos et VI denarios, et de herbergamento suo XII denarios et unam minam avene ad Natalem Domini, et relevamenta et corveias nobis et capitalibus dominis, ea que jus exigit, faciendo. Et nos dicto Roberto et heredibus suis tenemur hoc totum fideliter in perpetuum garantire. Actum anno Domini M° CC° XL° V°.

## IX

1235. — *L'abbaye de la Trappe concède à Gautier Chachevel, Hubert Lesir et Jean Poé une portion du bois de Petite-Ville, moyennant un cens annuel de dix sous tournois*

**Carta G[alteri] Chachevel et Huberti Lesir et Johannis Poe.**

Sciant universi quod nos tradidimus Galtero Chachevel, Huberto Lesir et Johanni Poe, hominibus nostris, duas partes tertie partis haic que dicitur haia Parve Ville, habendas et tenendas de nobis, sibi et heredibus suis, jure perpetuo, sicut eamdem habebamus et tenebamus, reddendo inde nobis annis singulis, ad Nativitatem sancti Johannis Baptiste, X solidos turonensium. Hec autem tenemur eis fideliter garantire, et unusquisque eorum tenetur nobis annuatim reddere tres solidos turonensium et quatuor denarios termino supradicto ; et ad hoc agendum post eos heredes eorum similiter tenebuntur. Actum anno gratie M° CC° XXX° V°.

## X

1244. — *L'abbaye de la Trappe concède neuf acres et demie de terre à Gautier Chachevel, pour un cens annuel de vingt-huit sous six deniers.*

**Carta Galteri Chachevel.**

Noverint universi quod nos feodavimus Galtero Chachevel et heredibus suis successive novem acras terre et dimidiam, quas tenebat de nobis ad campipertium, per XXVIII solidos et sex denarios monete currentis annui redditus, nobis annuatim persolvendos terminis subnotatis, videlicet in festo Omnium Sanctorum XIII solidos et III denarios, et in Purificatione Sancte Marie alios XIII solidos et tres denarios, et de herbergamento suo XII denarios et unam minam avene ad Natalem Domini, et relevamenta et cerveias nobis et dominis capitalibus, ea que jus dicaverit, faciendo. Nos autem tenemur illi et heredibus suis predicta omnia fideliter garantizare. Actum anno gratie M° CC° XL° IIII°.

## XI

1235. — *L'abbaye de la Trappe concède à Jean Marié, pour un cens annuel de sept sous, une maison avec terre, sise à la Chauvelière, et, pour un autre cens annuel de cinq sous, une portion du bois de Petite-Ville.*

### Carta Johannis Marie.

Sciant universi quod nos tradidimus Johanni Marie masuram quam tenet apud Chacheveleriam (1), cum tribus jugeribus terre que sunt ante domum suam, pro VII solidis turonensium, nobis annuatim, in festo Omnium Sanctorum, persolvendis. Preterea tradidimus ei tertiam partem tertie partis haie que dicitur haia Parve Ville, pro quinque solidis turonensium nobis similiter annuatim, in Nativitate sancti Johannis Baptiste, persolvendis. Hec omnia tenebit de nobis dictus Johannes jure hereditario, reddendo inde nobis predictos denarios, termino prenotato, et nos eidem tenemur fideliter garantire. Actum anno gratie M° CC° XXX° V°.

## XII

1245. — *L'abbaye de la Trappe concède à Jean Marié quatre acres et une vergée et demie de terre pour un cens annuel de treize sous.*

### Item jusdeme.

Noverint universi quod nos tradidimus Johanni Marie et here-

---

(1) La Chauvelière, commune d'Armentières, canton de Verneuil, arrondissement d'Evreui.

dibus suis successive quatuor acras terre et unam virgatam et dimidiam per XII solidos monete currentis annui redditus, nobis persolvendos terminis subnotatis, videlicet in festo Omnium Sanctorum sex solidos et VI denarios, et in Purificatione Beate Marie alios sex solidos et sex denarios, et relevamenta et corveias nobis et dominis capitalibus, ea que jus exigit, faciendo ; et nos dictis J[ohanni] et ejus heredibus totum tenemur in perpetuum garantire. Actum anno Domini M° CC° XL° V°.

## XIII

1252. — *L'abbaye de la Trappe concède à Jean Lambert, pour un cens annuel de dix sous, cinq acres de terre, confinant au chemin de Verneuil à Chennebrun.*

### Carta Johannis Lambert.

Sciant universi quod nos tradidimus Johanni Lambert quinque acras terre sitas juxta haiam def[uncti] Petri de Ripparia, militis, et juxta cheminum ducens de Vernolio apud Chesnebrun (1), tenendas sibi et heredibus qui de eo fuerint legitime procreati, pro annuo redditu decem solidorum monete cursalis, nobis annuatim, in Nativitate sancti Johannis Baptiste, persolvendo, ita quod ipse Johannes et heredes ejus qui post eum dictas quinque acras tenuerint donati nostri erunt, ita quod post mortem uniuscujusque habebimus medietatem omnium mobilium partis sue, et de medietate alia facient suam penitus voluntatem ; et ipse et heredes ipsius tenentur habere residentiam in dicta terra. Actum anno Domini M° CC° L° secundo.

## XIV

[S. d.] — *Accensement à Roger le Jumel d'un tènement, sis au Fosset, pour onze sous trois deniers et une mine d'avoine par an.*

### Carta Rogeri Jumel.

Noverint omnes quod nos tradidimus Rogero Le Jumel et

---

(1) Chennebrun, commune du canton de Verneuil.

Tecie, ejus uxori, tenementum suum de Fossatis (1), pro decem solidis in festo Omnium Sanctorum et Purificatione, et una mina avene, et XV denariis in Natali, [habendum] sibi et suis heredibus, et debita servicia faciendo.

## XV

[S. d.] — *Concession de deux tènements, sis au Fosset, faite par l'abbaye de la Trappe à Renaud du Fosset et à Alice, sa femme.*

### Carta Renoldi de Fossatis.

Noveritis quod nos tradidimus Renoudo de Fossatis et Aalicie, uxori ejus, et suis heredibus tenementum quod Ricardus Hairon tenuit de nobis ad Fossata, et tenementum quod ipsi tenebant de nobis, pro XXV solidis, ad festum Omnium Sanctorum XIII solidis et dimidio, et ad Purificationem tantum et unam miram avene in Natali, et debita servitia faciendo.

## XVI

[S. d.] — *Concession faite par l'abbaye à Fromond Morel, d'un tènement sis au Fosset, moyennant une redevance de seize sous et demi et d'une mine d'avoine chaque année.*

### Carta Fromundi Morel.

Tradidimus Fromundo Morel et heredibus suis tenementum quod habebat de nobis ad Fossata, pro XVI solidis et dimidio, ad festum Omnium Sanctorum VIII solidis et dimidio, et in Purificatione VIII solidis, et ad Natalem unam minam avene et debita servicia faciendo.

## XVII

[S. d.] — *Concession à Robert Jordan du tènement de Robert Foumucon, pour cinq sous par an.*

### Carta Roberti Jordani.

Tradidimus Roberto Jordani tenementum Roberti Foumucon

---

(1) Le Fosset (?), commune de Saint-Ouen-de-Sécherouvre, canton de Bazoches-sur-Hoëne.

pro quinque solidis [ad festum] Omnium Sanctorum, et debita servicia [faciendo].

## XVIII

[S. d.] — *Concession à Geoffroi du Fosset d'un hébergement, de deux pièces de terre et d'un tènement, moyennant diverses redevances.*

### Carta Gaufridi de Fossatis.

Gaufrido de Fossatis tradidimus herbergamentum et duas pecias terre et tenementum de Calceia, pro quibus debet unam minam avene ad Natalem et XV denarios et XXVI solidos ad festum Omnium Sanctorum et Purificationis, cum debitis serviciis.

## XIX

[S. d.] — *Concession à Robert Fauvel, d'un hébergement au Fosset, pour un cens de deux livres et une mine d'avoine.*

### Carta Roberti Favel.

Roberto Fauvel [tradidimus] herbergamentum quod habet ad Fossata, pro duobus libris in Natali et una mina avene et servicia [faciendo].

## XX

[S. d.] — *Accensement à Gillot du Fosset du tènement de Landry le Cornu, pour douze sous six deniers.*

### Carta Giloti de Fossatis.

Giloto de Fossatis [tradidimus] tenementum Landerici Le Cornu pro VI solidis [ad festum] Omnium Sanctorum et Purificationis et VI denariis pro corveia.

## XXI

1245. — *L'abbaye de la Trappe concède à Guillaume Labbé la moitié du fief de Caloria, moyennant une redevance annuelle de dix-huit sous tournois et demi.*

### Carta Guillelmi Abbatis.

Noveritis nos tradidisse Guillelmo dicto Abbati medietatem

feodi de Caloria, siti inter terras sororum domini Petri de Ripparia (1), militis, et terras abbatis Sancti Petri carnotensis (2), pro annuo redditu decem et octo solidorum turonensium et dimidio, nobis annuatim, in festo sancti Remigii X solidis, et in Purificatione Beate Marie VIII solidis et dimidio, persolvendis. Et sciendum quod ipse Guillelmus et heredes ejus omnia servicia et omnes redibendias, preter moltam, nobis facere tenebuntur. Actum anno gratie M° CC° XL°. V°.

## XXII

1245. — *L'abbaye de la Trappe concède à Jean Malepoe six acres et demie de terre, moyennant une redevance annuelle de dix-neuf sous et demi.*

### Carta Johannis Malepoe.

Sciant omnes quod nos tradidimus Johanni Malepoe et heredibus suis successive sex acras terre et dimidiam, quas prius tenebat de nobis ad campipartem, pro XIX solidis et dimidio monete currentis, nobis annuatim persolvendis, in festo Omnium Sanctorum IX solidis et IX denariis; et de herbergamento suo XII denarios et unam minam avene, ad Natalem Domini, et relevamenta et corveias nobis et capitalibus dominis, ea que jus exigit, faciendo. Et nos dictis Johanni et ejus heredibus totum tenemur fideliter in perpetuum garantire. Actum anno Domini M° CC° XL° V°

## XXIII

1245. — *L'abbaye de la Trappe accorde à Roger Béraud quatre arpents de terre dans la paroisse des Barils, pour un cens annuel de cinq sous tournois.*

### Carta Rogeri Beraud.

Tradidimus Rogero Beraud et heredibus ejus successive qua-

---

(1) Ce personnage figure déjà ci-dessus, pièce XIII.

(2) Saint-Père-en-Vallée, abbaye bénédictine dans le diocèse et près de Chartres.

tuor arpenta terre in parrochia des Bariz (1), tenenda et habenda sibi et heredibus suis in perpetuum, reddendo inde nobis annuatim, in festo sancti Remigii, quinque solidos turonensium ; et hanc tenemur eis garantire. Actum anno M° CC° XL° V°.

## XXIV

1245. — *L'abbaye de la Trappe concède à Herbert Lesir trois acres et demie de terre, moyennant un cens de douze sous tournois par an.*

### Carta Herberti Lesir.

Noverint universi quod nos tradidimus Herberto Lesir (2) tres acras terre et dimidiam pro XII solidis turonensium, reddendis nobis singulis annis, videlicet in festo Omnium Sanctorum VI solidis, et in Purificatione Beate Marie aliis sex solidis, et de herbergamento suo XII denarios et unam minam avene ad Natalem Domini et relevamenta et corveias nobis et dominis capitalibus, ea que jus exigit, faciendo. Et nos dicto H[erberto] et suis heredibus predictam terram tenemur fideliter garantire. Actum anno Domini M° CC° XL° quinto.

## XXV

1245. — *L'abbaye de la Trappe accorde à Gilbert Lesir une concession de terre de six acres et demie, pour une redevance annuelle de dix-neuf sous et demi.*

### Carta Gilleberti Lesir.

Noverint universi quod nos tradidimus Gilleberto Lesir VI acras terre et dimidiam pro XIX solidis et dimidio, reddendo (*sic*) nobis annis singulis, in festo Omnium Sanctorum IX solidis et IX denarios, et in Purificationne alios IX solidis et IX denarios, et de herbergamento suo XII denarios et unam minam avene in Natalem Domini ; et relevamenta et corveias nobis et dominis capitalibus, ea que jus exigit, faciendo. Et nos tenemur illi et heredibus suis predicta omnia fideliter garantire. Datum anno Domini M° CC° XL° V°.

(1) Les Barils, commune du canton de Verneuil.
(2) C'est sans doute le même personnage qui est désigné plus haut, pièce IX, sous les noms d'Hubert Lesir.

## De Gastina (1)

### I

**1225.** — *L'abbaye de la Trappe concède à Geoffroi Le Mire six acres de terre, moyennant un cens annuel de six sous tournois et le droit de champart à son profit.*

**Carta Gaufridi Medici.**

Noverint universi quod nos tradidimus Gaufrido Medico et heredi suo sex acras terre, tenendas de nobis pacifice, per sex solidos turonensium, in festo sancti Remigii, annis singulis, nobis persolvendos, et per campipercium et corveias ; et unam mineriam ibi habere poterit, de qua habebimus campipercium, sicut de aliis rebus, que cum fuerit consummata, implebit illam ita quod carruca illic possit currere. Actum anno Domini M° CC° XX° V°.

### II

**1248.** — *L'abbaye de la Trappe accense dix-huit acres de terre à Raoul Landry, pour trente-deux sous tournois par an.*

**Carta Radulfi Landri.**

Tradidimus Radulfo Landri et heredibus qui de ipso exierint XVIII° acras de terris nostris, tenendas de nobis feodaliter per triginta duos solidos turonensium, nobis duobus terminis persolvendos, videlicet in festo sancti Remigii XVI solidos, et in Purificatione Beate Marie alios XVI solidos, et exinde alia servicia

---

(1) V. ci-dessus, p. 186, les chartes relatives à la Gastine. Le fief, terre noble et seigneurie de la Gastine relevait du Roi pour un plein fief de hauber Il était assis dans l'ancienne paroisse de ce nom réunie aujourd'hui à Mesnil-Rousset, diocèse d'Evreux, baillage de Breteuil, vicomté de Glos, et s'étendait aux paroisses de la Haye, du Mesnil-Rousset et de Marnefer. Il jouissait, dans la forêt de Breteuil, de droits d'usage considérables. La chapelle était consacrée à la Sainte-Vierge. (*Instruction générale*, p. 47).

debita nobis faciendo ; et si in domo sua vel in terris ipsis vendiderint, ab emptoribus nobis consuetudinem debitam conservabunt. Actum anno Domini M° CC° XL° VIII°.

## III

1213. — *L'abbaye de la Trappe concède à Gilbert du Moutier deux acres de terre avec un hébergeage, pour cinq sous tournois de cens annuel*

### Carta Gilleberti de Monasterio.

Sciant omnes quod nos tradidimus Gilleberto de Monasterio et heredibus suis duas acras terre, cum herbergagio, jure hereditario possidendas, et inde ipse et heredes ejus successive reddent nobis annuatim, in festo santi Remigii, quinque solidos turonensium. Actum [anno] Domini M° CC° XIII°.

## IV

1210. — *L'abbaye de la Trappe concède à Robert le Chanu trois acres de terre, près du Mesnil-Rousset, à charge d'un cens annuel de trois sous.*

### Carta Radulfi (sic) Chanu.

Noverint universi quod nos tradidimus Roberto Le Chanu tres acras terre, juxta Mesnil Rosset (1), sibi et heredibus suis, quas tenuit Odo presbyter, pro tribus solidis monete currentis annui census, ad festum sancti Remigii, et tres denarios pro custodia. Et cuique presentem cartam tradiderit, ipse erit heres dicte terre Et dabit ad introitum, pro pictantia, viginti solidos currentis monete, et omnes succedentes similiter facient. Actum anno gratie M° CC° decimo.

---

(1) Le Mesnil-Rousset, commune du canton de Broglie, arrondissement de Bernay (Eure).

## V

[S. d.] — *Accensement à Gilbert Landry de quatre acres de terre, pour huit sous tournois par an.*

#### Carta Gilleberti Landri.

Tradidimus Gilleberto Landri et heredibus suis quatuor acras terre, pro octo solidis turonensium et redibenciis et aliis serviciis debitis. Et sunt reddenda in festo sancti Remigii annuatim.

## VI

[S. d.] — *Accensement à Robert Cocher de neuf acres de terre, pour vingt-huit sous tournois annuellement.*

#### Carta Roberti Aurige.

Tradidimus Roberto Aurige et heredibus suis IX acras terre, pro viginti octo solidis turonensium, et tribus denariis pro herbergamento suo, et debitis auxiliis, serviciis et redibenciis. Et est reddendus redditus hiis terminis : videlicet in festo sancti Johannis X solidi, in festo sancti Remigii X solidi, et in Natali VIII solidi et III denarii.

## VII

[S. d.] — *Accensement à Raoul Vajus d'un hébergement et de deux pièces de terre, pour vingt sous tournois par an.*

#### Carta Radulfi Vajus.

Radulfo Vajus et heredibus suis tradidimus herbergamentum suum et duas pecias terre, pro viginti solidis turonensium et pro redibenciis et serviciis debitis. Et debet reddi dictus redditus in festo sancti Remigii.

## VIII

[S. d.] — *Accensement à Roger Fesse de trois acres de terre avec un hébergement, moyennant dix-neuf sous par an.*

#### Carta Rogeri Fesse.

Tradidimus Rogero Fesse tres acras terre, tenendas sibi et

heredibus suis, cum herbergamento suo, pro decem et novem solidis in Purificatione Beate Marie, et serviciis et redibenciis debitis et debendis.

## IX

[S. d.] — *Accensement à Raoul de Marnefer de six acres de terre, pour une redevance annuelle de douze sous.*

### Carta Radulfi de Marnefai.

Tradidimus Radulfo de Marnefai (1) sex acras terre, pro duodecim solidis, in Nativitate sancti Johannis Baptiste persolvendis, et pro serviciis et auxiliis, excepto campipercio.

## X

[S. d.] — *Accensement à Guillaume Landry et à Renaud, son frère, de trois acres de terre, pour neuf sous par an.*

### Carta Guillelmi Landri et fratris sui.

Tradidimus Guillelmo Landri et Renoldo, fratri suo, tres acras terre, pro novem solidis turonensium, in festo sancti Remigii persolvendis, et pro serviciis et auxiliis.

## XI

[S. d.] — *Accensement de cinq acres de terre à Hugues Le Chanu, pour dix livres annuellement.*

### Carta Hugonis Le Chanu.

Tradidimus Hugoni Le Chanu quinque acras, pro X libris in festo sancti Remigii, cum debitis serviciis.

## XII

[S. d.] — *Accensement de quatre acres de terre à Roger Lemoine, moyennant onze sous par an.*

### Carta Rogeri Lemoene.

Tradidimus Rogero Lemoene quatuor acras pro XI solidis, in festo sancti Remigii persolvendis, et pro serviciis debitis.

(1) Marnefer, commune du canton de la Ferté-Fresnel, arrondissement d'Argentan.

## XIII

[S. d.] — *Accensement à Roger de Valet et à Raoul Lasne de plusieurs acres de terre et d'un hébergement.*

### Carta Rogeri de Valet et Radulfi Lasne.

Rogero de Valet et Radulfo Lasne tradidimus quinque acras terre et modicum minerii (?) non adequati, pro XIIII solidis in Purificatione et pro servitiis debitis ; et concessimus eidem herbergamentum et alias duas acras terre, quas tenuit pater ejus, pro quinque solidis et VII denariis in festo sancti Remigii, et pro debitis serviciis.

## XIV

[S. d.] — *Accensement à Gautier de Valet de la terre de Payen-Fresnel, pour douze sous par an.*

### Carta Galteri de Valet.

Item, Galtero de Valet tradidimus terram Pagani Fresnel, pro XII solidis ad festum sancti Remigii.

## XV

[S. d.] — *Accensement à Nicolas Lemoine de trois acres de terre, pour douze sous par an.*

### [Carta Nicholai dicti Monachi].

Item Nicholao dicto Monacho et uxori ejus [tradidimus] tres acras, pro XII solidis in festo sancti Remigii et pro serviciis.

## XVI

[S. d.] — *Accensement à Jean Leroi de six acres de terre, pour trente sous par an.*

### Johanni dicto Regi.

Item, concessimus et tradidimus Johanni dicto Regi sex acras, pro triginta solidis in Purificatione et pro serviciis debitis.

## XVII

[S. d.] — *Accensement à Michel Fromentin d'un hébergement avec deux pièces de terre, à Saint-Ouen-de-Sécherouvre, pour une redevance annuelle de vingt-cinq sous.*

**[Carta Michaelis Fromentin].**

Tradidimus Michaeli Fromentin herbergamentum nostrum de Sicco Robore (1), cum duabus peciis terre, pro XXV solidis redditus, X solidis in festo sancti Remigii et XV solidis ad Natale Domini, et quatuor denariis ecclesie Sancti Medardi de Colunches (2), sibi et suis heredibus de se procreandis. Et tenetur dictum herbergamentum de suo proprio semper in bono statu tenere.

## XVIII

[S. d] — *Accensements à Guillaume Leroi, à Renaud Marié et à Guillaume Le Sauvage de plusieurs terres sises près de la Coiplière.*

Guillelmo Regi, tempore quo tenebat [tenementum] nostrum de Querculo, traditore Colino Le Sauvage, et ejus heredi unam peciam terre, continentem circa tres acras, erga Coespeler (3), pro XXI solidis, reddendis ad festum sancti Johannis.

Item, eidem unam peciam orti nostri, juxta domum Roberti Le Sauvage, pro quindecim solidis, reddendis ad festum sancti Martini in hieme (4).

Item, ipse tradidit Renaudo Marie unam peciam terre, continentem quinque acras, erga terras a Langevin, pro viginti solidis, reddendis ad festum (5)...

---

(1) Saint-Ouen-de-Sécherouvre, commune du canton de Bazoches-sur-Hoëne, arrondissement de Mortagne.
(2) Saint-Mard-de-Coulonges, ancienne paroisse réunie à Saint-Ouen-de-Sécherouvre (Duval *l. c.*, p 52).
(3) La Coiplière, commune de Mélicourt, canton de Broglie, arrondissement de Bernay (Eure).
(4) La Saint-Martin d'hiver, le 11 novembre.
(5) Il y a ici un blanc dans le manuscrit.

Item, ipse tradidit Guillelmo Le Savage III acras et dimidiam, juxta terram Colini Le Sauvage, pro XXXIII solidis, reddendis (1)...

Item, ipse tradidit eidem tres acras et unam virgatam, juxta predictam terram quam antea acceperat, pro XXIX solidis III denariis contraplegii, reddendis duplic[iter].

Item, eidem residuum pecie terre, pro XXXVIII contraplegii, reddendis duplic[iter] fortis monete grosse pro quindecim denariis.

(1) La phrase est incomplète dans le manuscrit.

## De Nocumento (1)

### I

1241. — *L'abbaye de la Trappe concède à Robert Laire la moitié d'un tènement sis dans la paroisse de Saint-Hilaire-sur-Rille, réserve faite d'une maison et d'un clos en faisant partie, pour un cens annuel de quarante sous tournois, payable en deux termes.*

**Carta Roberti Laire.**

Noverint universi quod nos tradidimus Roberto Laire medietatem tenementi nostri quod Aucherus de Molins tenuit de nobis in parrochia Sancti Hylarii super Rillam (2), in omnibus rebus, excepta masura quam tenebant de nobis Robertus Sansonis et Vincentius, frater ejus, in dicto tenemento, et clauso quod est super domum Balduini Leire, fratris dicti Roberti, per metas que ibi facte sunt de consensu nostro et Balduini, fratris sui, et Roberti jam prefati. Et sciendum quod fossatum quod est juxta puteum dividit de curte portiones predictorum R[oberti] et B[alduini]. Hec omnia cum quinque acris de terra nostra de Ventis, quas habemus de dono comitis perticensis, tenebit de nobis dictus Robertus et heredes ejus, per annuum redditum quadraginta solidorum turonensium, duobus terminis reddendorum, videlicet in festo sancti Remigii viginti solidos et in Natali Domini alios viginti. Actum anno Domini M° CC° XL° primo.

### II

*Reproduction de la même pièce:*

**Carta Balduini Larre, per eadem verba.**

Tradidimus Balduino Larre... et cetera ut superius.

---

(1) Le fief, terre noble et seigneurie du Nuisement, anciennement appelé le fief du Tremblay ou du Bigre, était assis dans la paroisse de Sainte-Gauburge et s'étendait sur celles de Sainte-Colombe, Saint-Hilaire et le Mesnil-Bérard. Il relevait du Roi à cause de la châtellenie de Bon-Moulins. Une ancienne chapelle, dédiée à saint Thomas, n'existait plus au xviii° siècle. (*Instruction générale*, p. 46.)
V. ci-dessus, p. 223, les titres de cette propriété.

(2) Saint-Hilaire-sur-Rille, commune du canton de Moulins-la-Marche.

## III

1221. — *L'abbaye de la Trappe concède à Guillaume Forrel et à Guillaume Lesir, son frère, huit acres de terre, moyennant une redevance annuelle de huit quartières d'avoine.*

**Carta Guillelmi Forrel.**

Tradidimus Guillelmo Forrel et Guillelmo Lesir, fratri suo, et heredibus eorum in perpetuum octo acras terre, tenendas de nobis per octo quarterios avene, in grangia nostra de Nocumento, singulis annis, in Natali Domini, persolvendos. Actum anno gratie M° CC° XX° primo.

## IV

1220. — *L'abbaye de la Trappe concède à Boudon vingt-quatre acres de terre, au Nuisement, pour vingt sous et un setier d'avoine par an.*

**Carta Boldi** (sic).

Tradidimus Boudoni viginti quatuor acras de cuchetis nostris de Nocumento, tenendas de nobis et possidendas sibi et heredibus suis; et inde reddent nobis, singulis annis, in festo sancti Johannis Baptiste, viginti solidos monete currentis, et unum sextarium avene ad mensuram de Molins in Nativitate Domini. Actum anno gratie M° CC° vicesimo.

## V

1237. — *L'abbaye de la Trappe concède à Gautier Cortin une pièce de terre, sise au Nuisement, près du fief des moines de Saint-Evroult, moyennant une redevance annuelle de dix sous tournois.*

**Carta Galteri Cortin.**

Noveritis nos tradidisse Galtero Cortin totam peciam terre quam habebamus, apud Nocumentum, sitam juxta feodum monachorum Sancti Ebrulfi et medietariam (1) quam habuimus

---

(1) *Texte* : medietarie.

de defuncto Auchero, habendam et tenendam sibi et heredibus suis de nobis in perpetuum, reddendo inde nobis annuatim decem solidos turonensium in festo sancti Remigii. Actum anno Domini M° CC° XXX° septimo.

## VI

[S. d.] — *Accensement d'une pièce de terre à Eudes Buignon pour cinq sous par an.*

### Carta Odonis Buignon.

Noverint universi nos tradidisse Odoni Buignon quamdam peciam terre, pro quinque solidis ad Natale Domini.

## VII

[S. d.] — *L'abbaye de la Trappe concède à Eudes Letice quatre acres de terre, au Nuisement, moyennant un cens annuel de quinze sous tournois.*

### Carta Odonis Letice.

Tradidimus Odoni Letice quatuor acras terre sitas in ventis nostris de Nocumento, juxta terram quam Guillelmus Le Féron tenet de nobis in eisdem ventis, tenendas et possidendas jure hereditario in perpetuum [sibi] et heredibus suis, pro annuo redditu quindecim solidorum turonensium, nobis annuatim, in Natali Domini, reddendorum. Et erunt pro illo redditu liberi ab omnibus corveiis; releveium autem, quotiens contigerit, ad usus Normannie nobis facere et reddere tenebuntur, et residenciam super eamdem terram, sicut alii homines nostri, et cetera servitia facere, que de jure fuerint facienda.

## VIII

[S. d.] — *L'abbaye de la Trappe concède à Etienne Le Rigaudel, pour un cens annuel de huit sous, ce qu'elle possédait dans la paroisse de Bonnefoi en vertu d'une donation de feu Barthelemi Loinel.*

### [Carta Stephani Le Rigaudel].

Stephano Le Rigaudel tradidimus quicquid habebamus, in

parrochia Sancti Petri de Bona Fide (1), ex dono defuncti Barth[olomei] Loinel, pro octo solidis, reddendo medietatem ad festum Omnium Sanctorum, et aliam ad Purificationem, et faciendo dominis capitalibus quicquid fuerit faciendum.

## IX

[S. d.] — *Concession à Laurent de Moutier.*

**Carta Laurentii de Monasterio.**

Tradidimus Laurentio de Monasterio vel Coleto (2)...

## X

1245. — *L'abbaye de la Trappe concède à Robert Renard un tiers de l'héritage d'Odeline Renard dans la paroisse de Sainte-Colombe, des terres provenant de Guillaume Renard, prêtre, deux pièces de terre sises au Bouley et un pré, le tout à charge d'une redevance annuelle de vingt-quatre sous tournois.*

**Carta Roberti Renard.**

Noverint universi quod nos tradidimus Roberto Renard, sibi et heredibus suis in perpetuum, tertiam partem hereditatis quam Odelina de Mesnil Renard, in parrochia Sancte Columbe super Rillam (3), et duas partes quas Guillelmus Renard, presbyter, a predicta Odelina acquisivit et nobis in elemosinam contulerunt, possidendam per annuum redditum viginti et quatuor solidorum turonensium, annuatim nobis reddendorum, terminis subnotatis : videlicet in Nativitate sancti Johannis Baptiste duodecim solidos, et in Nativitate Domini alios duodecim solidos. Et sciendum

---

(1) Bonnefoi, commune du canton de Moulins-la-Marche, arrondissement de Mortagne.

(2) Cette mention n'est pas achevée dans le manuscrit ; un blanc suit ces premiers mots.

(3) Sainte-Gauburge-Sainte-Colombe, commune du canton du Merlerault, arrondissement d'Argentan.

quod partes dicte hereditatis site sunt in locis subnotatis : videlicet una pecia terre arabilis in valle Boeleti (1) et una pecia bosci ibidem sita, et in Valle Arram due pecie terre, et medietas prati de Vado Fulcheri (2) et tertia pars medietatis prati des Eveiz (3) et medietas quarte partis molendini Renart (4), et XI cenomannenses, quos debet Guillelmus Belloin, annuatim, ad Resurrectionem Domini, et X cenomanenses quos debet Guillelmus Murie annuatim, in festo sancti Remigii. Preterea tradidimus eidem Roberto duas pecias terre in valle Boeleti, de dominio dicti Guillelmi Renart, et quartam partem prati de Mocaio. Actum anno Domini M° CC° XL° quinto.

## XI

### Carta Garini Galeni (5).

## XII

Août 1254. — *L'abbaye de la Trappe concède à Raoul Lefèvre et à Eremburge, sa femme, qui deviennent en même temps personnes de l'abbaye, une pièce de terre, sise près de Soligni, moyennant un cens annuel de dix-huit sous tournois et demi.*

### Carta Radulfi Fabri.

Universis presentes litteras inspecturis, frater Johannes (6), dictus abbas, et conventus Domus Dei de Trappa, cisterciensis ordinis, salutem in Domino. Noveritis quod nos tradidimus et concessimus Radulfo Fabro et Eremburgi, uxori ejus, quamdam peciam terre, sitam inter domum Fulcheri Havet et partem Andree de Campo Remfrey ejusdem pecie terre quam ipsi tradi-

---

(1) Le Bouley, commune de Sainte-Gauburge-Sainte-Colombe.
(2) Le Gué-Foucher, commune de Sainte-Gauburge-Sainte-Colombe.
(3) Les Evées, commune de Saint-Ouen-de-Sécherouvre, canton de Bazoches-sur-Hoëne.
(4) Moulin-Renard, commune de Sainte-Gauburge-Sainte-Colombe.
(5) Cette rubrique correspond à un blanc dans le manuscrit.
(6) Jean 1er Herbert, abbé de la Trappe depuis 1240 environ, mort en 1274.

parte, chemino quo itur de Soligneio (1) ad abbatiam nostram, et, ex altera parte, prato predicti Andree, tenendam et habendam antedictam peciam terre, per metas ibi positas, predictis Radulfo et Eremburgi, uxori ejus, et heredibus eorumdem, ex ipsis legitime procreatis et procreandis, pro annuo censu decem et octo solidorum turonensium et dimidii, nobis annuatim ab ipsis et a predictis heredibus suis reddendorum, terminis duobus subnotatis, videlicet in festo Omnium Sanctorum novem solidos et dimidium, et in festo Purificationis Beate Marie virginis novem solidos. Preterea noveritis quod predicti Radulfus et Eremburgis sunt donati predicte abbatie nostre, ita quod, post decessum singulorum, habebimus totam partem ipsorum suorum mobilium, parrochialis tamen ecclesie jure salvo. Similiter erunt donati nostri predicti heredes eorumdem, si post ipsos tenere et habere voluerint terre peciam antedictam. Et, ut hoc maneat firmum et stabile in perpetuum, dedimus predictis Radulfo et Eremburgi presentes litteras, sigilli nostri munimine roboratas. Actum anno Domini M° CC° L° quarto, mense augusto.

## DE LEGNEIO (2)

### I

[S. d.] — *L'abbaye de la Trappe accense aux filles de feu Denis des Bordeaux un pré et une terre, dite la Croix de Montcolin, moyennant six sous tournois par an.*

**Carta filiarum defuncti Dionisii de Bordellis.**

Noverint universi quod nos tradidimus duabus filiabus defuncti Dyonisii de Bordellis quamdam peciam prati et terram que appellatur Croia de Montcorlain (3), sibi et heredibus suis, qui de ipsis legitime exierint, pro censu XXVI solidorum turonensium, in festo sancti Johannis Baptiste XIII solidos et in festo sancti

---

(1) Soligni-la-Trappe, commune du canton de Bazoches-sur-Hoëne arrondissement de Mortagne.

(2) Le fief noble, terre et seigneurie de Ligni possédait des droits d'usage dans les forêts du Perche et de Réno. La chapelle, dédiée à saint Thibaut, n'existait plus en 1713. (*Instruction générale*, p. 8).
V. ci-dessus les chartes de Ligni, p. 204.

(3) Montcolin, commune de Saint-Hilaire-lès-Mortagne, canton de Mortagne.

dimus erga domum Gaufridi Deulegart, aboutantem, ex una Remigii XIII solidos, ita quod, si renuerint reddere dictum censum, cum ad legitimam etatem venerint, pratum et terra, sicut prius, ad nos devenirent, ad faciendam nostram penitus voluntatem.

## II

[S. d.] — *L'abbaye de la Trappe accense la moitié d'une terre, sise à Théval, à Hugues Héquet et à Renaud et Jean, ses fils, pour dix-huit sous par an, et l'autre moitié, pour la même redevance, à Mathieu du Nuisement et à Hugues Lesueur.*

### Carta Hugonis Hequet.

Tradidimus Hugoni Hequet et Renaudo et Johanni, filiis ejus, medietatem terre de Thesval (3), pro XVIII solidis, ad festum sancti Remigii VI solidos, ad Natalem Domini VI solidos, et in Pascha VI solidos, et alteram medietatem dicte terre Matheo de Neusement (4) et Hugoni Sutori, et heredibus omnium predictorum, pro XVIII solidis, in predictis terminis et predicto modo solvendis ; et sunt nostri donati, ita quod habebimus tertiam partem suorum mobilium, et similiter heredes eorum, si tenere voluerint predictam terram, salvo jure parrochiali.

## III

[S. d.] — *Mention d'un cens annuel de quatre sous et demi dû à l'abbaye par Gillen des Bordeaux.*

### Carta Gilleni de Bordellis.

Noverint universi quod Gillenus de Bordellis tenetur nobis reddere annuatim quatuor solidos et dimidium de censu annuo in festo Omnium Sanctorum ; et est donatus noster cum omni portione sua.

(1) Théval, commune de Saint-Langis-lès-Mortagne, canton de Mortagne.
(2) Le Nuisement, commune de Sainte-Gauburge-Sainte-Colombe, canton du Merlerault, arrondissement d'Argentan.

## IV

[S. d.] — *Mention d'un cens équivalent dû par Jean Corvisel et sa femme à l'abbaye, pour un tènement.*

### Carta Johannis Corvissel.

Similiter Johannes Corvissel et uxor sua de tercia parte tenementi quam tenuit Garinus Jalet ; et est donatus noster similiter.

## V

[S. d.] — *Mention d'un cens de quatre sous et demi dû à l'abbaye par Guibourde la Jalète.*

### Carta Guiborc la Jalete.

Similiter Guibordi la Jalete pro quatuor solidis et dimidio, in festo sancti Remigii ; et est donata nostra cum omni possessione sua.

## VI

*Mention de plusieurs censiers de l'abbaye.*

### [Cartae] Guillelmi Tescelin, Yvonis Gonel, Chevalier, Dyonisii de Bordellis, Guillelmi des Feves, Galteri Porcel, Girardi Gonel (1).

## VII

Février 1286 (n. st.) — *L'abbaye de la Trappe accense à Pierre de Champreinfrey et à Guibourde, sa femme, pour une redevance annuelle de dix-huit sous tournois et demi. un tènement concédé auparavant à Raoul Lefèvre.*

### Carta Petri de Campo Remfre.

Tradidimus Petro de Campo Remfre et Guibourdi, uxori ejus,

---

(1) Tous ces noms sont inscrits, dans le manuscrit, en marge d'un blanc assez considérable, dont une partie a été utilisée postérieurement pour la transcription de la pièce suivante.

et heredibus eorum, de ipsis procreatis vel procreandis, totum tenementum quod Radulfus Faber tenuit de nobis, pro decem et octo solidis et dimidio turonensium annui census, reddendis nobis annuatim in perpetuum hiis terminis subnotatis, videlicet in festo Omnium Sanctorum IX solidos et VI denarios, et in Purificatione Beate Marie alios novem solidos, tenendum et habendum predictum tenementum predictis Petro et Guibourdi et eorum heredibus de nobis libere, pacifice et quiete, salvis omnibus servitiis nostris, insuper adhuc tali conditione, quod predicti Petrus et Guibourdis et heredes eorum tenentes predictum tenementum erunt condonati nostri cum omnibus bonis suis mobilibus, in quacumque re et ubicumque potuerint inveniri, recipiendis a nobis, vel mandato nostro, sine contradictione aliqua, in die obitus eorum, salvo jure parrochialis ecclesie eorum. In cujus rei testimonium dedimus eisdem presentes litteras, sigilli nostri munimine roboratas. Actum anno Domini M° CC° LXXX° quinto, mense februarii.

## VIII

1259. — *L'abbaye de la Trappe accense à Guérin Le Mercenaire un hébergement sis à Bellefilière et deux pièces de terre, pour douze sous tournois de rente.*

**[Carta Garini Mercenarii].**

Tradidimus Garino Mercenario unum herbergamentum, situm apud Bellam Fileriam (1), et duas pecias terre, quod herbergamentum et quas pecias terre tenebit ipse Garinus in perpetuum de nobis, pro annuo censu duodecim solidorum turonensium, nobis annuatim, in Natali Domini, ab ipso G[arino] et a suis heredibus persolvendo, et de predictis alia servicia et redibencias faciendo. Actum anno Domini M° CC° L° nono.

---

(1) Bellefilière, hameau, commune de Saint-Hilaire-lès-Mortagne, canton de Mortagne.

## De Maheru (1)

### I

1235. — *L'abbaye de la Trappe concède à Gilbert, fils de feu Herbert Billon, un hébergement avec terres, jadis tenu par son père, pour un cens annuel de vingt sous.*

**Carta Gilleberti Billon.**

Noverint universi quod nos tradidimus Gilleberto, filio Herberti Billon, herbergamentum, cum terra pertinente ad illud herbergamentum, quod et quam tenuit dictus Herbertus, pater ejus, de nobis, vita comite ; et, post obitum dicti patris, ipse tenebit hoc totum, et heredes sui post eum, per viginti solidos moncte currentis, nobis annuatim solvendos duobus terminis, videlicet in Nativitate Domini X solidos, et in Pascha alios decem ; et eadem libertate qua tenuit pater ejus ipse tenebit, et heredes ejus post eum. Actum anno Domini M° CC° tricesimo quinto.

### II

[S. d.] — *Mention d'une rente annuelle de sept sous, due à l'abbaye par le même Gilbert pour un hébergeage et sept arpents de terre.*

**Item, ejusdem Gilleberti.**

Item, ipse tenetur nobis reddere annuatim, de herbergagio et tribus jugeribus terre, septem solidos in Nativitate Domini et in festo sancti Remigii.

---

(1) Le fief, terre noble et seigneurie de Mahéru, assis en la paroisse de Saint-Denis de Mahéru, s'étendait sur les anciennes paroisses, aujourd'hui supprimées, de Courtevêque et de Rouxoux ; il relevait du Roi à cause du duché d'Alençon, et jouissait de droits d'usage dans le *Buisson* de Mahéru.

Le fief de Mahéru, ceux de la Dépenserie et de Tournay, qui en relevaient, furent vendus le 1ᵉʳ janvier 1694 à M. Ferault, sieur de Falandre, pour une rente de 40 boisseaux de froment, 20 boisseaux d'orge, 20 boisseaux d'avoine « et un calice « d'argent de 120 livres à toute mutation dont le représentant doit passer acte et « reconnaissance. » (*Instruction générale.* p. 43).

V. ci-dessus, p. 375, les titres de la Dépenserie et de Mahéru.

## III

[S d.] — *Mention d'une rente annuelle de huit sous due à l'abbaye par Hugues Chevalier.*

### Carta Hugonis Chevaler.

Item, Hugo Chevaler de Groia, apud Chaudefontaine, tenetur nobis reddere annualim octo solidos in Natali Domini.

## IV

1215. — *L'abbaye de la Trappe accense à Gautier Chaperon une pièce de pré sise à Mahéru, pour une redevance annuelle de trois sous.*

### Carta Galteri Chaperon.

Tradidimus Galtero Chaperon quamdam petiam prati nostri de Maheru, contiguam chemino, sibi et heredibus suis tenendam in perpetuum libere et quiete, quantum ad nos pertinet, per metas que ibi facte sunt, pro annuo censu trium solidorum monete currentis, singulis annis, in festo Omnium Sanctorum, nobis reddendorum. Et nos tenemur predictam peciam garantizare illi et heredibus suis, sicut nobis. Actum anno gratie M° CC° XV°.

## V

1239. — *L'abbaye de la Trappe accense à Herbert Guérin et à Raoul, son frère, la terre de Rocheviel, moyennant dix sous tournois de rente annuelle.*

### Carta Radulfi Gerin.

Tradidimus Herberto Gerin et Radulfo, fratri ejus, terram nostram de Ruppe Vieil, habendam sibi et heredibus suis in perpetuum, et tenendam de nobis per annuum redditum decem solidorum turonensium, nobis reddendorum annuatim in festo Omnium Sanctorum, a se et heredibus suis successive ; et hanc terram debemus eis garantizare bona fide et liberare. Et sciendum quod ipsi, eligentes in domo nostra sepulturam, dederunt se et sua nobis, salvo jure in omnibus alieno ; et uxores eorum similiter et heredes. [Anno] M° CC° XXX° IX°.

## VI

1249. — *L'abbaye de la Trappe accense à Raoul Guérin une pièce de terre, moyennant une redevance annuelle de deux sous tournois et de douze boisseaux d'orge.*

### Carta ejusdem.

Noverint universi quod nos tradidimus Radulfo dicto Gerin unam peciam terre, pro duobus solidis turonensium annuatim, sitam in Ruben, juxta pratum de medietaria, ex una parte, et terram Gaufridi Malnorri, ex altera, per duodecim boissellos ordei minus valentis sex denariis quam in foro de Molendinis (1) melior haberetur, sibi et heredibus suis in perpetuum possidendam, reddendo duos solidos et ordeum in grangia de Maheru, in festo sancti Remigii, per manum primogeniti eorum qui jam dicta tenuerint annuatim, hoc addito quod si predicta ad dictum terminum soluta non fuerint, tenentes illa tenebuntur nobis in duobus solidis pro emenda. Actum anno Domini M° CC° XL° nono.

## VII

1237. — *L'abhaye de la Trappe accense à Guérin Gorron un tènement qu'il tenait d'elle dans la paroisse de Mahéru, pour une redevance annuelle de quinze sous tournois.*

### Carta G[arini] Gorran.

Tradidimus Garino Gorron totum tenementum quod de nobis tenebat in parrochia de Maheru, habendum sibi et heredibus

---

(1) Moulins-la-Marche, chef-lieu de canton, arrondissement de Mortagne.

suis in perpetuum, reddendo inde nobis annuatim quindecim solidos turonensium, his duobus terminis, videlicet ad Nativitatem Domini octo solidos, et ad Pascham septem solidos, ita quod, si dictus redditus quindecim solidorum in dictis terminis ab ipso, vel heredibus suis post eum, non fuerit integre persolutus, nostram justiciam tamquam veri domini in dicto tenemento faciemus pro habendo redditu cum emenda. Et hoc tenemur eis fideliter garantire. Actum anno Domini M° CC° tricesimo VII°.

## VIII

1255. — *L'abbaye de la Trappe cède aux fils Diacre une maison sise dans son pré de Mahéru, pour une redevance de trois sous et demi par an.*

### Carta filiorum Diaconi.

Tradidimus filiis Diaconi unam masuram, in prato nostro de Maheru, pro tribus solidis et dimidio, scilicet duobus solidis in festo sancti Remigii et XVII denariis in Natali, tenendam et habendam sibi et heredibus suis legitimis ; et, si absque liberis decesserit, habebit eam predictus Dyaconus, nomine Guillelmus, quoad vixerit, per predictum redditum. Et liberi erunt per predictum redditum ab omnibus costumis, corveiis et aliis serviciis, exceptis releveiis, quando evenerint. Anno M° CC° L° V°.

## IX

### Carta Radulfi Gorran (1).

## X

[S. d.] — *Mention d'une rente annuelle de soixante sous due par Guérin Grapinel, de la Dépenserie, à l'abbaye.*

### Carta Garini Grapinel.

Garinus Grapinel de Dispensaria (1) debet LX° solidos in festo sancti Remigii et in Natali, et liber erit a corveiis.

---

(1) Rubrique correspondant à un blanc, dans le manuscrit.
(2) La Dépenserie, canton et commune de Moulins-la-Marche.

## XI

Février 1356 (n. st.). — *Accensements faits par l'abbaye de la Trappe à Jean Fatin : 1° d'une noue sise à Mahéru, pour deux sous de rente annuelle ; 2° d'une vergée de terre, pour dix-huit deniers.*

### Maheru.

Anno Domini M° CCC° LV°, die Lune post festum Purificationis, tradidimus Johanni Fatin quamdam (1) noam parvam, noam apud Maheru, faciendo nobis II solidos *de rente* ad festum Purificationis.

Item, une vergee de terre contenante un bouquerel de semence, c'est assavoir pour XVIII deniers de rente à la feste de la Purification.

### Chesne Haudacre (2).

### I

1322. — *L'abbaye de la Trappe concède à Jean Le Breuil deux acres de ses terres du Nuisement, dans la paroisse de Ménil-Bérard, moyennant une redevance de dix sous tournois et deux poules par an.*

### [Carta Johannis Le Brueil].

Anno Domini millesimo CCC° XXII°, tradidimus Johanni Le Brueil et suis heredibus duas accras terrarum nostrarum de Nocumento (3), in parrochia de Mesnilio Berart (4), supra doecteium de Petra, inter terras quas tenet de nobis Robertus Loysel, per (5) decem solidos turonensium annui et perpetui redditus, et unam gallinam, ad Nativitatem Domini, quatuor solidorum, et galinam quinque solidorum ad Nativitatem beati Johannis Baptiste ; nec poterunt dictas terras vendere nec extra manus suas ponere, et debebunt decem solidos pro releveyo pro omnibus (6).

(1) *Manuscrit* : quemdam.
(2) Chêne-Haute-Acre, hameau et ferme dans les communes de la Haye-Saint-Sylvestre et Mélicourt (Eure).
(3) Le Nuisement, commune de Sainte-Gauburge-Sainte-Colombe.
(4) Ménil-Bérard, commune du canton de Moulins-la-Marche.
(5) *Manuscrit* : pro.
(6) Cette pièce a été transcrite après coup et dans un blanc réservé, à l'origine, pour une autre charte, ainsi que l'indique, outre l'écriture et la date de 1322, la rubrique laissée en marge : [*Carta*] *Roberti Le Minoor.*

## Apud Barras.

### I

[S. d.] — *En échange de prés et à charge d'une redevance annuelle de cinq sous, l'abbaye de la Trappe cède à Robert Bellande une acre et soixante perches de ses bois de la Hériconnière.*

**[Carta Roberti] Bellande.**

Noverint universi quod nos tradidimus Roberto Bellande et heredibus suis unam acram et sexaginta perticas nemoris nostri de Hericoneria, inter cheminum quo itur apud Aquilam et nemus quod tradidimus Johanni Le Tessier, habendas dicto Roberto et ejus heredibus de nobis, et tenendas per excambium pratorum que habebat cum Johanne de Barris (1), qui fuerunt antiquitus Girardi de Asperis, ita quod de dictis acra et sexaginta perticis et de omni tenemento suo quod tenet de nobis apud Barras, nobis in Nativitate Domini annuatim quinque solidos reddere tenebuntur ; nec in dictis pratis aliquid de cetero poterunt reclamare. Et nos eisdem dictum nemus tenemur (2) garantizare et liberare.

### II

[S. d.] — *L'abbaye de la Trappe cède à Jean Tessier trente perches de bois et la moitié du bois de la Hériconnière en échange de prés et à charge d'une redevance annuelle de trois sous tournois et demi.*

**Carta Johannis Tessier.**

Item, Johanni, filio P[etri] Tesserii, tradidimus medietatem illius nemoris quod habebamus in Hericoneria, juxta cheminum Aquile et inter tenementum Raouleaus, ex una parte, et brociam

---

(1) Barres, commune des Genettes, canton de Moulins-la-Marche.
(2) *Manuscrit* : tenemur eis...,

Arruchart, ex altera ; et perdesuper tradidimus eidem Johanni triginta perticas nemoris, per annuum redditum trium solidorum et dimidii in Natali Domini. Quod nemus est inter nemus Bellande et unam acram quam tradidimus Petro Letessier, ita quod dictus Johannes tradidit nobis pro excambio dicti nemoris totam portionem suam prati quod vocatur pratum *du Mineor*, ita quod nec ipse vel heredes ejus in dicto prato aliquid de cetero poterunt reclamare. Et nos tenemur eis dictum nemus garantizare et ab omnibus liberare ; et de dicto nemore tantumdem redditus facient quantum de prato faciebant.

## III

[S. d.] — *L'abbaye de la Trappe cède à Jean Grasenlins des bois et une terre, en échange d'un pré et à charge d'une redevance annuelle égale à celle dont elle jouissait sur ledit pré plus douze deniers.*

### Carta Johannis Grasenlins.

Tradidimus Johanni, dicto Grasenlins et filio defuncti Natalis de Barris et eorum heredibus medietatem illius nemoris quod habebamus in Hericoneria (1) juxta cheminum Aquile et inter tenementum Raoles, ex una parte, et brociam Arrucart, ex altera ; et perdesuper tradidimus eisdem quamdam petiam terre et nemoris, sitam juxta fossatum et gutterium, per divisiones et metas ibi factas per pomeria signata, ita quod dicti Johannes et (2)... tradiderunt nobis pro excambio dicti nemoris et dicte petie terre et nemoris totam partem suam prati quod vocatur pratum *au Minoor*, ita quod ipsi vel eorum heredes in dicto prato non poterunt aliquid reclamare, et nos eisdem et eorum heredibus predicta omnia garantizare et ab omnibus liberare [tenemur], ita quod de predictis tantumdem redditus facient nobis quantum de dicto prato faciebant, et perdesuper XII denarios annui redditus in Natali.

(1) V. Relativement à ce bois la pièce ci-dessus.
(2) Il y a ici un blanc dans le manuscrit.

## IV

1254. — *L'abbaye de la Trappe cède à Jean Langlois une pièce du bois de la Hériconnière en échange de deux pièces de pré et à charge de six sous de rente annuelle.*

### Carta Johannis Anglici.

Item, tradidimus Johanni Anglico quamdam peciam nemoris nostri de Hericoneria, sitam juxta vadum de Barris et juxta jarrietam nostram, et est juncta nemoribus defuncti Thome Hericon et aboutat chemino domini regis, tenendam et habendam, cum fundo terre, per metas ibi positas, sibi et heredibus suis, in perpetuum, de nobis, cum alio tenemento suo quod tenebat de nobis apud Barras, pro excambio duarum petiarum prati que juncte sunt prato quod vocatur pratum *au minoor*, et pro sex solidis monete cursalis in Corboneto, nobis, annuatim in Natali Domini, ab ipso et heredibus suis persolvendis, pro predictis tenemento et pecia nemoris cum fundo terre. Et sciendum quod predictus Johannes et heredes ipsius in antedictis duabus petiis prati nichil penitus poterunt de cetero reclamare. Actum anno Domini M° CC° L° quarto.

## V

1251. — *L'abbaye de la Trappe cède à Raoul de Barres le tènement qu'il occupait à Barres, pour lui et ses héritiers, moyennant un cens annuel de trois sous tournois.*

### Carta Radulfi de Barris.

Tradidimus Radulfo de Barris et ejus heredibus, in perpetuum, totum tenementum quod tenebat idem Radulfus de nobis apud Barras, inter cheminum quo itur de vado de Barris apud Aquilam et Fossatum Regis, et est junctum terre quam Raouleaus tenet de nobis, ita quod dictus Radulfus et heredes reddent nobis pro dicto tenemento IX solidos turonensium in Natali Domini annuatim. Et sciendum quod predictus Radulfus donatus noster est et heredes ipsius similiter successive, si dictum tenementum tenere voluerint et habere, ita quod, post eorum obitum, habebimus omnium mobilium suorum partem suam, parrochialis ecclesie sue jure salvo. Actum anno Domini M° CC° L° primo.

## VI

[S. d.] — *Cession faite par l'abbaye de la Trappe à Guillaume Coudrei d'un tènement sis à Barres et exempt de toutes redevances coutumières envers ladite abbaye.*

### Carta Guillelmi Coudrei.

Concessimus Coudrei de Bonsmolins (1) quod omnes illi quibus tradiderit tenementum quod tenebat de nobis apud Barras et eorum heredes teneant et habeant, ab omnibus costumis liberum penitus et quietum nobis debitis de dicto tenemento, ita quod tenentur de emptoribus qui aliquid emerint in dicto tenemento costumas retinere et reddere. Et habent nostras litteras hoc continentes.

## VII

[S. d.] — *L'abbaye de la Trappe cède à Guillaume Coudrei, son tenancier, une acre de bois en échange d'une pièce de pré sise à Barres et à charge d'une redevance annuelle de trois sous tournois.*

### Carta ejusdem Guillelmi.

Tradidimus eidem Guillelmo Coudrei, cum teneret de nobis, apud Barras, quoddam herbergamentum et quasdam terras et quamdam petiam prati, per annuum redditum trium solidorum et dimidii... (2) dictus Willelmus dictam peciam prati nobis tradidit, ratione excambiationis, pro quadam acra nemoris nostri de Hericoneria, sita juxta aliam acram nemoris quam Petrus Letessier (3) tenet de nobis, ita quod dictus W[illelmus], et heredes ipsius post eum, dictum herbergamentum et dictas

(1) Bonmoulins, commune du canton de Moulins-la-Marche.
(2) Il y a, dans ce passage, une incohérence qui pourrait s'expliquer par une omission, mais qu'il est plus vraisemblable, toutefois, d'attribuer à l'inhabileté du compilateur qui a analysé ici les titres de l'abbaye.
(3) Cf. ci-dessus la pièce II.

terram et dictam acram nemoris tenebunt de nobis per annuum redditum trium solidorum turonensium, nobis, singulis annis, in Natali Domini, reddendorum ab ipso vel heredibus suis successive. Nec in dicta pecia prati, quam nobis tradidit ratione excambiationis, ipse vel heredes ejus aliquid de cetero poterunt reclamare. Et nos tenemur eis predicta omnia garantire.

## VIII

### Carta Johannis Beaudouz (1).

Carte quas fecimus extra grangias

### I

1243. — *L'abbaye de la Trappe concède à Robert Havard, moyennant un cens annuel de dix sous tournois, plusieurs terres qu'elle avait acquises par donation.*

### Carta Roberti Havard.

Noverint universi quod nos tradidimus Roberto Havard totam terram quam habebamus ex dono defuncti Johannis de Mousseriis, cum duabus peciis terre, sitis inter cheminum Carnoti (2) et medietariam domini Thome de Corgaudre, militis, quas habuimus ex dono defuncti Ernaudi Fortin, et quadam alia pecia terre quam dedit nobis defunctus Robertus Gaudri, sita in feodo de Montchauvet (3), tenendam et habendam sibi et heredi suo in perpetuum, pro censu decem solidorum turonensium, annis singulis, in Purificatione Beate Marie virginis, nobis reddendorum; et nos eis predictas pecias terre tenemur garantire. Actum [anno] M° CC° XL° tertio.

### II

1241. — *L'abbaye de la Trappe cède à Gautier du Gué quatre acres de terre et une noue, pour dix sous tournois de rente annuelle.*

### Carta Galteri de Vado.

Tradidimus Galtero de Vado et heredibus ex eo procreatis

---

(1) Cette rubrique correspond, dans le manuscrit, à un espace laissé en blanc.
(2) Chartres, chef-lieu du département d'Eure-et-Loir.
(3) Montchauvet, hameau, commune de Lignerolles, canton de Tourouvre.

quatuor acras terre, sitas inter terras Roberti le vacher et terram Michaelis Polein, per metas que ibi facte sunt tenendas et possidendas, cum quadam noa sita inter terram as *Charchins* et nostrum patereium, pro annuo redditu decem solidorum turonensium, nobis annis singulis in Natali Domini reddendorum. Actum anno Domini M° CC° XL° primo.

## III

1233. — *L'abbaye de la Trappe concède à Robert Morin tout ce qu'elle possédait au Val-Lejart en terres, prés et bois, moyennant une redevance annuelle de quarante sous tournois.*

### Carta Roberti Morin de Hericoneria.

Tradidimus Roberto Morin et heredibus suis quicquid habebamus apud Vallem Leiart in terris, pratis et bosco, tenendum de nobis pro XL solidis turonensium, annis singulis ad Natalem persolvendis. Anno M° CC° tricesimo tertio.

## IV

1249. — *L'abbaye de la Trappe concède à Robert Morel quatre acres de terre, moyennant un cens annuel de dix sous, monnaie courante.*

### Carta Roberti Morel.

Item, tradidimus Roberto Morel le telier quatuor acras de terra nostra, quarum due sunt in cocheto nostro et alie due sunt juxta terram Roberti Morin, prope pomerium, per annuum redditum decem solidorum monete currentis, ad festum Omnium Sanctorum nobis annis singulis reddendorum. Et hoc tenemur ei et heredibus suis fideliter garantizare, salvo in omnibus jure nostro. Preterea sciendum est quod dictus R[obertus], cum uxore sua et eorum heredibus qui in posterum dictam terram tenere voluerint condonati nostri sunt et erunt, ad mortem pariter et ad vitam. Actum anno Domini M° CC° XL° nono.

## V

1237. — *L'abbaye de la Trappe cède à Drocon, peaussier, une maison sise à Moulins-la-Marche, pour un revenu annuel de quinze sous tournois devant être affecté à la célébration d'un anniversaire pour le repos de l'âme d'Isabelle, feue femme de Simon Lebret.*

**Carta de domo nostra de Molins.**

Tradidimus Droconi pellipario domum nostram de Molins (1), quam habuimus a G. Biset, sitom in parrochia sancti Nicholai de Molins, supra pontem, habendam et tenendam de nobis sibi et heredibus suis, quos de uxore sua habuerit tantum, reddendo inde nobis annuatim, pro omnibus rebus ad nos pertinentibus, in crastino Nativitatis Domini, XV solidos turonensium, thesaurariis reddendos ad emendam pitanciam conventui annuatim, in Circoncisione Domini, pro anima defuncte Isabellis, uxoris Symonis Lebret, cujus anniversarium debet fieri in crastino Circoncisionis. Et si dictus redditus XV solidorum in dicto termino non fuerit persolutus, faciemus justitiam nostram in dicta domo. Et sciendum quod primogenitus fratrum seu sororum heredum qui ab ipso et uxore sua solummodo fuerint procreati dictam domum integre tenebit, dictum redditum persolvendo. Et uxor dicti Droconis, si supervixerit, similiter hanc tenebit. Et hoc totum tenemur eis fideliter garantire. Actum anno Domini M° CC° tricesimo septimo.

## VI

1249. — *L'abbaye de la Trappe concède à Raoul de Soligni, pour lui, sa femme et leurs héritiers, une pièce de terre sise dans la paroisse et le fief de Soligni, moyennant une redevance annuelle de trois sous, monnaie courante.*

**Carta Radulfi fabri de Soligneio.**

Tradidimus Radulfo de Soligneio (2), fabro, quamdam peciam

(1) Moulins-la-Marche, chef-lieu de canton de l'arrondissement de Mortagne.
(2) Soligni-la-Trappe, commune du canton de Bazoches-sur-Hoëne.

terre quam habebamus in parrochia et feodo de Soligneio, apud Chachineriam, de dono defuncti Petri Chachin, tenendam et habendam sibi et E., uxori sue, quamdiu vixerint, et, post ipsos, eorum heredibus ex ipsis procreatis vel procreandis, pro annuo redditu trium solidorum monete currentis, nobis annuatim in festo sancti Remigii, pro omnibus rebus ad nos pertinentibus, reddendorum. Et si in dicto festo non fuerint persoluti, ipsi tenentur nobis ad usus et consuetudines patrie emendare. Preterea sciendum quod ipse Radulfus et uxor ejus se ipsos et sua nobis contulerunt, ita quod, cum obierint, tota portio catallorum suorum ad nos remanebit, salvo jure parrochialis ecclesie. Similiter et heredes ipsorum qui tenere voluerint dictam terram. Anno M° CC° XL° IX°.

## VII

Août 1241. — *Gautier, abbé de la Trappe, concède à Giry Lemercier six acres de terre, entre les terres des hommes de Brésolettes et le bois des seigneurs de Champs, et une noue, pour quinze sous tournois de redevance annuelle.*

### Carta Gerei Mercenarii (1).

Noverint universi presentem cartam inspecturi quod ego, frater Gualterius, dictus abbas, et conventus Domus Dei de Trappa, tradidimus Gereio dicto Mercenario et heredi suo sex acras terre, inter terras hominum de Brueroletis (2) et boscum dominorum de Campis (3), tenendas per annuum redditum XIII solidorum turonensium, annis singulis reddendorum, terminis subnotatis, videlicet ad Natalem Domini VI solidos et dimidium, et in Nativitate sancti Johannis Baptiste alios sex solidos et dimidium. Preterea tradidimus eis quamdam noam quam habemus apud Brueroletas, pro II solidis turonensium, nobis annuatim in festo sancti Remigii persolvendis. Et sciendum [quod] quamdiu mansionarii erunt in dicta terra nostra, habebunt pasturam ad animalia sua propria, absque capris et ovibus, in nemore nostro

---

(1) *Texte* : Gereii Forestarii.
(2) Brésolettes, commune du canton de Tourouvre.
(3) Champs, commune du canton de Tourouvre.

quod habuimus ex dono dominorum de Campis. Et de Theoderia que est de feodo de Asperis extra talliciam, concessimus etiam eis ut de bosco caduco et sicco habeant calfagium absque stramenti cissione. Et ut hoc firmum.... et cetera. Actum anno Domini M° CC° XL° primo, mense Augusti.

## VIII

1249. — *L'abbaye de la Trappe concède à Simon Lemonnet et à Emeline, sa femme, une maison sise à Moulins-la-Marche, moyennant une redevance annuelle de huit sous tournois.*

**Carta Ricardi Le Hanoes pro Symone molendinario.**

Noveritis quod nos tradidimus Symoni Le Monnet et Emeline, uxori sue, et heredibus suis, ex ipsis procreatis seu procreandis, quamdam domum quam habebamus apud Molins (1), quam acquisivimus a Roberto Costentin, tenendam et habendam jure hereditario sibi et dicte E[meline], uxori sue, et dictis heredibus eorum de nobis, per annuum redditum octo solidorum turonensium, nobis in festo Omnium Sanctorum reddendorum. Preterea noveritis quod dicti Symon et E[melina] se ipsos et sua omnia nobis contulerunt, ad mortem pariter et ad vitam, ita quod, quum aliquis eorum obierit, tota portio ipsius catallorum nostra erit, ecclesie sue jure salvo. Similiter heredum suorum qui supradicto modo tenere voluerint dictam domum Actum anno Domini M° CC° XL° nono.

## IX

1250. — *L'abbaye de la Trappe cède à Jean Grandin, pour une redevance annuelle d'un setier d'avoine, toute la portion de terre qu'elle possédait dans la paroisse de Bubertré en vertu d'un legs de Philippe, feu curé dudit Bubertré.*

Tradidimus Johanni Grandin totam portionem nostram terre quam nos et canonici Omnium Sanctorum de Mauritania habebamus de legato defuncti Philippi, presbyteri de Bubertre (2), in

---

(1) Moulins-la-Marche, chef-lieu de canton de l'arrondissement de Mortagne.
(2) Bubertré, commune du canton de Tourouvre.

parrochia de Bubertre, juxta terram domini de Bubertre, militis, que sunt Viviani Martini defuncti, tenendam et habendam dictam portionem nostram dicte terre [sibi] et heredibus suis qui fuerint ex ipso legitime procreati, pro annuo redditu unius sextarii siliginis, reddendi nobis in festo Omnium Sanctorum annuatim pro omnibus rebus ad nos pertinentibus, preter pertinentia ad viariam et relevia, cum evenerint facienda. Anno M° CC° L°.

## X

[S. d.] — *L'abbaye de la Trappe cède à Michel Mangonel une terre, sise dans la paroisse de Sainte-Céronne, avec un hébergement, moyennant une redevance annuelle de vingt-trois sous tournois.*

### Carta Michaelis Mangonel.

Tradidimus Michaeli Mangonel totam terram quam habebamus in Booleta, in parrochia Sancte Ceronne (1), quam terram tenuit de nobis Anquetil Le Rous de Booletis, tenendam et habendam de nobis sibi et heredibus suis, cum herbergamento Chuchii, pro annuo redditu viginti et trium solidorum turonensium, nobis annuatim, pro omnibus ad nos pertinentibus, duobus terminis reddendorum, videlicet in Purificatione XIII solidi et in Nativitate sancti Johannis Baptiste X solidi. Et sciendum quod dictus Michael donatus noster est, ita quod post mortem ipsius habebimus partem suam omnium mobilium, proprie ecclesie jure salvo, et in domo nostra habebit sepulturam.

## XI

1252. — *L'abbaye de la Trappe concède à Herbert Jocelin une pièce de terre sise au pré Gontier pour une redevance annuelle de deux sous tournois.*

### Carta Herberti Jocelin.

Item, tradidimus Herberto Jocelin quamdam petiam prati,

---

(1) Le grand et le petit Boulay, commune de Sainte-Céronne-lès-Mortagne, canton de Bazoches-sur-Hoëne, arrondissement de Mortagne.

sitam in prato Gontier, tenendam et habendam de nobis ipsi Herberto et uxori ejus et heredibus eorum, ex eis procreatis vel procreandis, pro annuo redditu duodecim solidorum turonensium, nobis annuatim, in festo sanctorum Jacobi apostoli et Cristofori, ab ipsis et post eos a predictis heredibus reddendorum, hoc addito, quod predicti Herbertus et uxor ejus donati nostri sunt et similiter heredes eorum, si post eos tenere voluerint dictam peciam prati et possidere, ita quod post obitum uniuscujusque pars sua suorum mobilium nostra erit, sue ecclesie jure salvo. Actum anno Domini M° CC° L° secundo.

## XII

1254. — *L'abbaye de la Trappe concède à Drouet Malnourri et Gillot Postel, pour une redevance annuelle de vingt sous tournois, une terre qu'elle possédait dans la paroisse de Cour-d'Évêque.*

### Carta Droeti Malnorri et Postel.

Tradidimus totam terram quam habebamus, in parrochia de Curia Episcopi (1), de Gervasio Leforestier Droeto Malnorri et Guilloto Postel, tenendas sibi et heredibus suis in perpetuum, libere et quiete de nobis, reddendo exinde nobis, pro omnibus ad nos pertinentibus, viginti solidos annuatim, duobus terminis subnotatis, videlicet decem solidos turonensium in Natali, et X solidos in festo sancti Johannis Baptiste, per manum dicti Droeti et heredum suorum persolvendos, et debita servicia capitalibus dominis, si qua fuerint, faciendo. Notandum autem quod, pro releveio, cum acciderit de Droeto, dictus Gillotus, sororius ejusdem, heredesque ipsorum facient nobis X solidos turonensium tantummodo, per manum heredum dicti Droeti. Actum anno Domini M° CC° L° quarto.

## XIII

1255. — *L'abbaye de la Trappe concède à Michel Poulain une pièce de terre à tenir moyennant une redevance annuelle de quatre sous tournois.*

### Carta Michaelis Polein.

Tradidimus Michaeli Polein et heredibus suis quamdam peciam

---

(1) Cour-d'Évêque, commune de Moulins-la-Marche, arrondissement de Mortagne.

terre, adcostantem ex una parte terre quam idem Michael tenet de domino de Chirai (1), et ex altera parte terre quam tenent de nobis heredes defuncti Garneret, tenendam et habendam sibi et heredibus suis, in perpetuum, pro annuo redditu quatuor solidorum turonensium, nobis ad Natalem Domini annuatim ab ipso et suis heredibus persolvendo, et ibidem residentiam faciendo. Actum anno Domini M° CC° L° quinto.

## XIV

1259. — *L'abbaye de la Trappe accorde à Baudri Le Vacher, pour un cens annuel de vingt-six sous, monnaie du Corbonnais, le tènement qu'avait occupé son père dans la paroisse de Soligni.*

### Carta Baudricii Le Vachier.

Baudricio Le Vachier tradidimus totum tenementum quod defunctus Robertus Le Vachier, pater ejus, tenuit de nobis in parrochia de Soligneio (2) circa fossam prati, tenendam et possidendam dicto Baudricio et heredibus suis, qui de eo et uxore sua fuerint legitime procreati, de nobis, pro annuo censu viginti et sex solidorum monete cursalis in Corboneto, nobis annis singulis in festo Omnium Sanctorum persolvendo XIII solidos, et alios tredecim in Purificatione. Sciendum est quod predictus Baudricius donatus est domus nostre, ita quod, post obitum ipsius, sua pars mobilium nostra erit, ecclesie ipsius proprie jure salvo, et similiter heredes ipsius qui post eum tenementum tenere voluerint supradictum. Actum anno Domini M° CC° L° nono.

## XV

1251. — *L'abbaye de la Trappe concède à Richard Morin, pour une redevance annuelle de dix-sept sous tournois, la moitié du tènement occupé précédemment par feu Guillaume Gibordel et une pièce de terre, le tout sis dans la paroisse de Soligni.*

### Carta Ricardi Morin.

Tradidimus Ricardo Morin medietatem totius tenementi quod

---

(1) Grand-Chiray et Petit-Chiray, commune de Saint-Ouen-de-Sècherouvre, canton de Bazoches-sur-Hoëne.

(2) Soligni-la-Trappe, commune du canton de Bazoches-sur-Hoëne.

tenuit de nobis defunctus Guillelmus Gibordel, tenendum et habendum de nobis sibi et heredibus suis in perpetuum, per metas que ibi facte sunt, pro annuo censu XVII solidorum turonensium nobis annuatim reddendorum, terminis subnotatis : videlicet in Natali Domini XII solidos, et in Purificatione Beate Marie sex solidos, qui VI solidi debent solvi pro parte sua pecie terre site inter domum Roberti Morel et domum Girardi Hosel. Et hec omnia, videlicet tenementum et predicta pecia terre, sita sunt in parrochia de Soligneio ; que tenebit dictus Ricardus, et heredes ipsius post eum, reddendo predictum censum terminis prenotatis, et alia servicia faciendo. Actum anno Domini M° CC° L° primo.

## XVI

1217. — *L'abbaye de la Trappe concède à Robert Morin un tènement, occupé précédemment par son père, aux mêmes conditions.*

### Carta Roberti Morin des Paterez.

Tradidimus Roberto Morin tenementum de Mareschum, quod pater suus de nobis tenuit, ad eumdem redditum et ad easdem libertates quibus pater suus illud tenuit. [Anno] M° CC° XVII°.

## XVII

1246. — *L'abbaye de la Trappe accorde à Robert Morin et à Odeline, sa femme, qu'après leur mort, Jean, leur fils, occupe, moyennant le paiement d'une redevance annuelle de cinq sous, le tènement qu'elle leur avait accordé.*

### Item, ejusdem.

Concessimus Roberto Morin, homini nostro, et Odeline, uxori ejus, ut Johannes, filius eorum, possideat et teneat de nobis, post mortem ipsorum, totum tenementum quod ipsi tenent de nobis apud Les Partereiz, reddendo inde nobis annuatim viginti solidos in festo Omnium Sanctorum et in Purificatione Beate Marie quinque solidos, et debita servicia faciendo. Et sciendum quod hoc concessimus filiis et filiabus dicti Johannis, tantummodo qui ex ipso fuerint legitime procreati. Actum anno Domini M° CC° XL° sexto.

## XVIII

1244. — *L'abbaye de la Trappe concède à Girard Hosel un tènement et une pièce de terre y contiguë, dans la paroisse de Soligni, pour un cens annuel de trente-six sous tournois.*

### Carta Girardi Hosel.

Noverint universi quod nos tradidimus Girardo Hosel et heredibus ejus, ex eo legitime procreati[s] vel procreandi[s], totum tenementum quod tenebat de nobis, in parrochia de Soligneio, inter domum Fulcheri Havet et tenementum quod tenuit de nobis defunctus Thomas de Campis. Insuper tradidimus eidem Girardo quamdam peciam prati, continentem unam acram et dimidiam, que juncta est predicto tenemento, tenendam et habendam, cum predicto tenemento, de nobis, pro triginta et sex solidis turonensium annui census, nobis annuatim ab ipso et a predictis heredibus duobus terminis subnotatis persolvendis ; videlicet, in festo Omnium Sanctorum decem et octo solidos, et in Natali alios decem et octo, pro antedicto tenemento et predicta pecia prati. Preterea noveritis quod idem G[irardus] et heredes ipsius antedicti, si voluerint post dictum G[irardum] predicta habere et tenere, donati sunt nostri et erunt, ita quod post mortem uniuscujusque habebimus partem suam omnium mobilium suorum, proprie tamen ecclesie jure salvo. Actum anno Domini M° CC° L° quarto.

## XIX

[S. d.] — *Mention d'une concession de trois acres et demie de terre faite par l'abbaye de la Trappe à Geoffroi Legart, pour dix sous tournois de cens.*

### Carta Grufridi dex Legart.

Tradidimus Gaufrido dex Legart tres acras terre et dimidiam, pro decem solidis turonensium nobis annuatim, in festo Omnium Sanctorum quinque solidis et in Natali aliis quinque solidis, solvendis.

## XX

[S. d.] — *Mention d'une concession de prés faite par l'abbaye de la Trappe à Michel de Cathenis, moyennant une redevance annuelle de douze sous tournois*

**[Carta Michaelis de Cathenis] (1).**

Tradidimus Michaeli de Cathenis, pro XII solidis turonensium, in festo Omnium Sanctorum nobis reddendorum, prata nostra des Hantes.

## XXI

Avril 1262. — *Mention d'une cession faite par l'abbaye de la Trappe à Michel Legart et à ses frères, des terre et prés que leur père avait tenu d'elle.*

**[Item, ejusdem].**

Tradidimus eidem Michaeli et fratribus suis prata et terram que tenuerat defunctus Theobaldus, pater eorum, de nobis apud Cathenas, pro XII solidis turonensium redditus, ad Natalem Domini solvendi. Date dicte littere due anno gratie M° CC° LX° II°, mense aprili.

## XXII

[S. d.] — *Concession à Jean Ascelin d'une terre sise près du bois de Champeaux, pour un cens annuel de quinze sous tournois.*

**Carta Johannis Ascelin.**

Tradidimus Johanni Ascelin terram juxta nemus de Champeaux (), pro qua debet nobis annuatim, in festo sancti Johannis Baptiste, XV solidos turonensium.

---

(1) Il y a ici, en réalité, dans le manuscrit, *Carta Gervasii Vinet*; mais l'espace qui vient immédiatement au-dessous de cette rubrique avait été laissé en blanc; il n'a été rempli que plus tard, ainsi que l'accuse une différence sensible dans la teinte de l'encre, par les notices XVIII et XIX, qui ne répondent plus à ce titre.

(2) Champeaux-sur-Sarthe, commune du canton de Bazoches-sur-Hoëne.

## XXIII

[S. d.] — *Rente annuelle de quarante sous tournois due par l'abbaye à Richard de Saint-Victor, prêtre, sa vie durant.*

### Carta domini R[icardi] de Sancto Victore.

Tenemur reddere domino Ricardo de Sancto Victore (1), presbytero, singulis annis, quadraginta solidos turonensium, in festo sancti Remigii, ad vitam ipsius et alterius.

## XXIV

[S. d.] — *Redevance annuelle de douze livres tournois grevant l'abbaye de la Trappe au profit de Guillaume du Buat, clerc.*

### Carta Guillelmi et N[icholai] de Buato.

Item, tenemur reddere Guillelmo de Buato (2), clerico, quamdiu vixerit, XII libras turonensium annuatim, in festo sancti Johannis Baptiste, pro parco, pro maffetis et pro *les boscheaus*, et post mortem ipsius, Nicholao de Buato, canonico Omnium Sanctorum, si vixerit post mortem dicti Guillelmi, et ad vitam ipsius tantum.

## XXV

[S. d.] — *Redevance de huit sous tournois grevant Colin du Buat, écuyer, au profit de l'abbaye de la Trappe, pour un tènement.*

### Carta Colini de Buato.

Tenetur Colinus de Buato, armiger, reddere annuatim nobis, in festo sancti Remigii, octo solidos turonensium, de tenemento defuncti Roberti de Verreriis, quod ei tradidimus.

---

(1) Saint-Victor-de-Réno, commune du canton de Longni, arrondissement de Mortagne.

(2) Le Buat, commune de Lignerolles, canton de Tourouvre.

## XXVI

[S. d.] — *Concession de deux pièces de terre, sises au Bois-Mengot, faite par l'abbaye de la Trappe à Jean Crossart et à Regnaud Tissier, moyennant une rente annuelle de quatre sous tournois.*

**Carta Johannis Crosart et Regnaudi Tex[t]oris.**

Item, tradidimus Johanni Crosart et R[egnaudo] Textori, et eorum uxoribus Johanne et Odeline, heredibus defuncti Thome Textoris, duas pecias terre quas idem Thomas tenuit de nobis apud Boscum Mengot, pro quatuor solidis turonensium annui redditus in festo Omnium Sanctorum. Et si in dicto festo non fuerint persoluti, nos faciemus nostram justiciam pro dicto redditu et emenda, ad usus patrie. Et habebunt dictas duas pecias terre ipsi et heredes eorum in perpetuum.

## XXVII

1259. — *L'abbaye de la Trappe cède à Geoffroi de Corcesant, bourgeois de Pontgouin, pour une rente annuelle de trente sous tournois, un boisseau de blé qu'elle prenait chaque année sur le moulin de Boisart.*

**Carta Gaufridi de Corsesant.**

Tradidimus Gaufrido de Corsesant, burgensi de Pontgoon (1), unum modium bladi quem habebamus annuatim, in festo sancti Remigii, in molendino de Boisart, pro triginta solidis turonensium in festo predicto, habendum sibi et tenendum quamdiu vixerit tantummodo. Actum anno Domini M° CC° L° nono.

## XXVIII

1259. — *Redevances en vivres et en vêtements de l'abbaye de la Trappe envers André, fils de Mathieu André, tenu de son côté, à travailler pour ladite abbaye.*

**Carta Andree, filii Mathei Andree.**

Tenemur providere Andree, filio Mathei Andree, in victu

---

(1) Pontgouin, commune du canton de Courville, arrondissement de Chartres (Eure-et-Loir).

sicut uni monachorum vel conversorum nostrorum commorantium in domo nostra de Baladone (1), et in uno supertunicali et una tunica de burello singulis annis, et post singulos duos annos in una tunica et uno supertunicali de panno colorato et lineis vestibus, et in uno pari hosellorum pro calciamentis ; et ipse tenetur operari in nostris operibus, et in fine, omnia mobilia ipsius nostra erunt. Actum anno Domini M° CC° L° nono.

## XXIX

Janvier 1260 (n. st.). — *Concession d'une pièce de pré faite par l'abbaye de la Trappe à Herbert Joscelin, à charge d'un cens annuel de douze sous tournois.*

### Carta Herberti Joscelin (2).

Tradidimus Herberto Ioscelin unam peciam prati ad Vallem Frese, pro XII solidis turonensium annui census, nobis reddendi ad Pascha ab ipso et ab heredibus suis qui de ipso legitime fuerint procreati. Et tenemur eisdem garantire et defendere dictam [peciam] prati in perpetuum. Nostri sunt donati predictus Herbertus et Emmelina, uxor ejus, cum bonis suis, exceptis utensilibus domus sue. Habemus de donatione suas litteras. Actum anno Domini M° CC° L° nono, in mense januarii.

## XXX

1236. — *L'abbaye de la Trappe accorde à Girard Rossinoel, quatre pièces de terre, sises dans la paroisse de Bivilliers, pour en jouir sa vie durant, moyennant une redevance annuelle de douze deniers.*

### Carta Rossinoel.

Noverint universi, presentes et futuri, quod ego, frater Gualterus, dictus abbas, et conventus domus Dei de Trappa, de communi assensu, tradidimus Girardo Rossinol, clerico, duas pecias terre sitas in parrochia de Biviler (3), quarum una sita est inter

---

(1) Ballon, chef-lieu de canton, arrondissement du Mans (Sarthe).
(2) Cfr ci-dessus, art. XI, la concession accordée au même.
(3) Bivilliers, commune du canton de Tourouvre.

terram Radulfi Baboin, ex una parte, et terram Roberti Berselone, ex altera, et alia pecia terre juncta est herbergamento Roberti Moinet, juxta medietariam Girardi de Toriel (1), militis; et unam peciam terre sitam similiter in parrochia de Biviler, inter terram Guill'elmi Pelerin, ex una parte, et terram dicti Roberti Berselone, ex altera ; et quandam aliam peciam terre, tria minota seminis recipientem, in feodo Pepin sitam, et superius jungitur Spine Nigre et inferius terre dicti Roberti, habendas et tenendas de nobis, quandiu vixerit, per duodecim denarios annui redditus, in festo sancti Remigii annuatim persolvendos, ita quod, post ejus obitum, omnes dicte terre ad nos penitus revertentur, excepta tantummodo quadam pecia terre, unum sextarium seminis recipiente, quam ipse poterit dare aliqui nepoti suo, si voluerit, tenendam de nobis per duos solidos annui redditus. Quo defuncto, ipsa ad nos penitus deveniet absque reclamatione alicujus. Has autem terras non poterit dictus clericus dare, vendere vel invadiare vel quoquo modo commodare, nisi de nostro assensu, nec post eum nepos ejus peciam supradictam. Et sciendum quod omnes redditus et omnia servicia que pro dictis terris debentur fieri dictus clericus faciet, et, post eum, nepos ejus de pecia supradicta. Nos vero eas garantizare dicto clerico tenemur bona fide post obitum Viviani de la Bercere (2), presbyteri, quia donec post ejus obitum dictus clericus non habebit. Et ut hoc firmum sit et stabile in perpetuum, sigilli nostri munimine roboravimus presens scriptum. Actum anno gratie M° CC° XXX° VI°.

## XXXI

1260. — *L'abbaye de la Trappe concède à Serein du Noyer et à Eremburge, sa femme, une pièce de terre, sise dans la paroisse de Sainte-Céronne, pour douze sous de cens annuel,*

### Carta Sereni.

Tradidimus Sereno de Noierio et Eremburgi, uxori ejus, quandam peciam terre, sitam in parrochia Sancte Ceronne (3),

---

(1) Thoriel, commune de Bivilliers.
(2) La Berquière, commune de Bivilliers.
(3) Sainte-Céronne-les-Mortagne, commune du canton de Bazoches-sur-Hoëne.

inter terram Dyonisii Sachet et cheminum quo itur de predicto Noierio ad molendinum de Corleher (1) et beezium predicti molendini, habendam sibi et heredibus suis pro XII solidis monete cursalis in Corboneto annui census in Purificatione Beate Marie. Et tenentur eam residere. Et erunt quieti a relevio heredes eorum, quotiens contigerit relevari, pro XII solidis, et de auxiliis rationabilibus, quum evenerint, pro tribus denariis ; et hec faciendo erunt ab aliis omnibus ad nos pertinentibus liberi. Pro quibus censu, auxiliis et relevio habendis poterimus facere justiciam in predicta terra. Actum anno Domini M° CC° LX°, mense maii.

## XXXII

Juin 1260. — *L'abbaye de la Trappe concède une pièce de terre à Nicolas Leprévost, de Brésolettes, à charge d'une redevance annuelle de cinq sous, monnaie courante du Corbonnais.*

### Carta Colini Prepositi.

Tradidimus Nicholai Preposito de Bruerolatis (2) unam peciam terre sitam inter terram quam idem N[icholaus] tenet de nobis et cheminum quo itur de domo Gereii, forestarii nostri, ad Contrebis (3), et est juncta terre nostre stipe erga predictam domum et nemoribus de Campis (4), pro V solidis monete cursalis in Corboneto, in Purificatione, redditus annui in perpetuum. Actum anno Domini M° CC° LX°, mense junii.

## XXXIII

1241. — *L'abbaye de la Trappe concède quatre acres de terre et une noue à Gautier du Gué, pour une redevance annuelle de dix sous tournois.*

Noverint universi presentes litteras inspecturi quod ego frater

---

(1) Coullier, moulin sur l'Hoêne, commune de Sainte-Céronne.
(2) Brésolettes, commune du canton de Tourouvre.
(3) Conturbie, commune de Randonnai.
(4) Champs, commune du canton de Tourouvre.

Gualterus, dictus abbas, et conventus Domus Dei de Trappa tradidimus Gualtero de Vado et heredibus suis procreatis ex ipso quatuor acras terre, sitas inter terram Roberti Le Vacher et terram Michaelis Poleni, per metas que ibi facte sunt tenendas et possidendas, cum quadam noa, sita inter terram ad Chachins et nostrum patereium, pro annuo redditu X solidorum turonensium annui redditus, nobis, singulis annis in Nativitate Domini, reddendorum. Et ut hoc firmum et stabile permaneat in perpetuum, dedimus eis presentes litteras, sigilli nostri munimine confirmatas. Actum anno Domini M° CC° XL° primo.

## XXXIV

Mars 1234 (n. st.) — *L'abbaye de la Trappe concède à Robert Morin, pour une redevance annuelle de quarante sous tournois, tout ce qu'elle possédait au Val-Lejart en terres, prés et bois.*

Universis presentem cartam inspecturis, frater Gualterus, dictus abbas, et conventus Domus Dei de Trappa, salutem in Domino. Noveritis quod nos tradidimus Roberto Morin et heredibus suis quicquid habebamus apud Vallem Leiard in terris, pratis et bosco, tenendum de nobis per quadraginta solidos turonensium, annis singulis ad Natalem Domini persolvendos. Et ut hoc firmum maneat et stabile in perpetuum, dignum duximus presentem cartam sigilli nostri munimine confirmare. Actum anno gratie M° CC° XXX° III°, mense marcio.

## XXXV

Novembre 1272. — *Concession d'une maison à Moulins-la-Marche faite par l'abbaye de la Trappe à Nicolas, maçon, moyennant une redevance annuelle de six sous tournois.*

Tradidimus Nicholao, cementario, domum nostram quam habebamus apud Molins (1), inter domum Johannis Chauvin et domum Mathei Gebert, per sex solidos turonensium redditus : in festo sancti Johannis Baptiste tres solidos, in festo Omnium

---

(1) Moulins-la-Marche, chef-lieu de canton de l'arrondissement de Mortagne.

Sanctorum tres solidos ; et ipse et heredes ejus post eum tenebuntur reddere domino regi census dicte domus annuatim... *et cetera*. Actum anno Domini M° CC° LXX° secundo, mense novembri.

## XXXVI

Juin 1278. — *L'abbaye de la Trappe concède à Jean Levavasseur une terre, sise dans la paroisse de Saint-Ouen-de-Sécherouvre, moyennant une redevance annuelle de vingt sous tournois.*

Universis presentes litteras inspecturis, frater G[uillelmus] (1), dictus abbas, et conventus domus Dei de Trappa, salutem in Domino. Noveritis quod nos tradidimus Johanni Levavasor quamdam terram quam habebamus in parrochia Sancti Audoeni de Sicco Robore (2), junctam ex una parte terre defuncti Hugonis de Molins et ex altera parte terre Guillelmi Menardi, et abotat superius terre Sancti Medardi et inferius terris Hugonis de Molins, tenendam et habendam de nobis, pro annuo redditu XX solidorum turonensium, nobis annis singulis reddendorum, in festo sancti Remigii decem solidos et in Purificatione Beate Marie alios decem solidos, pro omnibus rebus [ad nos] et ad successores nostros pertinentibus ; quam terram nos tenemur eidem Johanni et suis heredibus, qui post ipsum tenebunt eam, per predictum redditum XX solidorum garantizare et ab omnibus deffendere et liberare, salvis serviciis omnibus aliorum dominorum. In cujus rei testimonium, dedimus eidem Johanni presentes litteras, sigilli nostri munimine roboratas. Actum anno Domini M° CC° LXX° octavo, mense junii.

## De Normannia

### I

Juillet 1260. — *Concession faite par l'abbaye de la Trappe à Raoul Simon, d'une pièce de terre, moyennant une redevance annuelle de cinq mines d'orge.*

Tradidimus Radulfo Symonis quandam petiam terre et quicquid

---

(1) Guillaume, abbé de la Trappe, 1276-1279 (*Gallia chr*, t. XI. col. 749).
(2) Saint-Ouen-de-Sécherouvre, commune du canton de Bazoches-sur-Hoëne.

habebamus de Roberto Rogeri de Telleio, clerico, pro quinque minis ordei, nobis, annis singulis in festo sancti Remigii, libere (1) et quiete persolvendis. Et tenetur ipse Rad[ulfus] et heredes ipsius predictum herbergamentum et domum in bono statu tenere, et erga omnes dominos in perpetuum deservire. Datum anno Domini [M°] CC° LX° mense julio.

## II

Mai 1261. — *Concession par l'abbaye de la Trappe à Guillaume Hais, moyennant une redevance de onze quartiers d'orge par an, de tout ce qu'elle tenait en vertu d'un don de Robert Roger du Theil, clerc.*

Tradidimus Guillelmo Hais totum illud quicquid habebamus de dono Roberti Rogeri de Telleio (2), clerici, scilicet unam peciam terre et partem dicti Roberti sui herbergamenti et domus sue, pro undecim quarteriis ordei, ad mensuram de Telleio, ad festum sancti Remigii libere et quiete ab ipso Guillelmo et suis heredibus nobis persolvendis ; et facient omnia servicia et omnes redibencias debita de predictis. Actum anno gratie M° CC° LX° primo, mense maii.

## III

Janvier 1263 (n. st.). — *Concession faite par l'abbaye de la Trappe à Guillaume Buitard, moyennant une redevance de quinze sous tournois par an, d'une terre sise dans la paroisse de Saint-Langis.*

Tradidimus Guillelmo Buitard terram quam habebamus de dono defuncti Johannis, quondam cantoris Maurit[anie], in parrochia Sancti Longinosoli (3), pro XV solidis turonensium redditus, nobis in festo Omnium Sanctorum annuatim reddendorum, et quinque solidis pro pena singulis septimanis quibus defecerit vel heredes ejus. Et tenetur erga omnes dominos deservire dictam terram. Actum anno Domini M° CC° LX secundo, mense januario.

(1) *Manuscrit :* nobis annis singulis annis in festo sancti Remigii nobis libere...
(2) Le Theil, chef-lieu de canton, arrondissement de Mortagne.
(3) Saint-Langis, commune du canton de Mortagne.

## IV

Février 1263 (n. st.). — *Concession par l'abbaye de la Trappe à Girard, meunier, de quatre acres de terre, pour seize sous de cens par an.*

Tradidimus Girardo molendinario et suis heredibus quatuor acras terre, juxta parchum nostrum, pro XVI solidis census, nobis, in festo Omnium Sanctorum et in Purificatione Beate Marie virginis, equis portionibus, reddendorum, et debita servicia faciendo, Actum anno gratie M° CC° LX° secundo, mense februario.

## V

[S. d.] — *Concession par l'abbaye de la Trappe à Guillaume Le Coiffeur d'une pièce de terre, pour quatre sous tournois de rente annuelle.*

Tradidimus Guillelmo Le Cœffeur, de Molins, unam peciam terre, sitam juxta castrum de Molins (1), inter terras Burellorum vel plateas et terram Johannis de Ulmo, pro quatuor solidis turonensium ad festum sancti Remigii.

## VI

Mars 1264 (n. st.). — *Concession faite par l'abbaye de la Trappe à Robert Lebruyant de deux acres de terre, à charge d'une redevance annuelle de six sous tournois.*

Tradidimus Roberto Lebruiant et uxori ejus et suis heredibus duas acras terre, sitas juxta parchum, prope stagnum, inter terram nostram et terram Gaugein, pro sex solidis turonensium, in festo Omnium Sanctorum et in Natali, equali portione, annuatim nobis reddendis, serviciis inde debitis. Anno Domini M° CC° LXIII°, mense marcio.

---

(1) Moulins-la-Marche, chef-lieu de canton de l'arrondissement de Mortagne.

## VII

Mars 1264 (n. st.). — *Concession faite par l'abbaye de la Trappe à Guillaume Leprévot, de Lignerolles, moyennant quinze sous de rente annuelle, de deux pièces de terre et d'une noue sises au Bois-Gerboux.*

Tradidimus Guillelmo dicto Preposito de Lignerolis (1) duas pecias terre, cum media parte noe, sitas apud boscum Gerbout (2), junctas terre defuncti Roberti dicti Generis et terre Natal[is] de Reveleria, pro XV solidis *in duobus terminis reddendis, scilicet in Natali et in Pascha equaliter reddendorum*, s[cilicet] *VII et dimidium et VII et dimidium* (3), servitiis capitalium dominorum inde debitis. Ista traditio est tam sibi quam heredibus suis. Anno Domini M° CC° LXIII°, mense martio.

## VIII

1304. — *L'abbaye de la Trappe concède à Robert Gonieu, pour lui, sa femme et leurs héritiers, un hébergement sis à Bonmoulins, à charge d'une redevance annuelle de cinq sous tournois.*

Tradidimus Gilleberto Gonieu, ejus uxori ac eorum heredibus, qui ex ipsis duobus legitime fuerint procreati, unum herbergamentum quod est juxta villam de Bons Moulins (4) inter cheminum dicte ville et herbergamentum her[edum] defuncti Symonis Leteissier, tenendum, habendum ac etiam possidendum ab ipsis pro quinque solidis turonensium annui redditus, in festo sancti Remigii annuatim persolvendis, ita quod ipsi nec heredes sui illud herbergamentum poterunt vendere, invadiare, nec aliquo modo de suis manibus extraponere quin possimus super illud,

---

(1) Lignerolles, commune du canton de Tourouvre, arrondissement de Mortagne.
(2) Bois-Gerboux, commune de Lignerolles.
(3) Les mots soulignés ici ont été raturés dans le manuscrit et remplacés par les suivants, dont l'écriture paraît de la même main : *in festo sancti Johannis Baptiste estivalis reddendis.*
(4) Bonmoulins, commune du canton de Moulins-la-Marche.

pro redditu et emenda, nostram justiciam facere, et pro dicto herbergamento faciendo, si necesse fuerit, emendari, vel, si decideret defectu eorumdem, restaurari. Ad quod tenendum et fideliter implendum, predictus Gillebertus ac predicta ejus uxor contraplegium quod habemus ab Andrea dicto Poulein in suo robore permanere totaliter obligaverunt. Actum anno millesimo CCC° quarto, mense marcii.

## IX

Novembre 1272. — *L'abbaye de la Trappe, moyennant une indemnité de quinze livres tournois, abandonne en toute propriété à Geoffroi Cordebœuf une oseraie et un pré, sis dans la paroisse de Saint-Mars-sous-Ballon, dont ce dernier lui contestait la propriété.*

Universis presentes inspecturis et audituris, H[erbertus] (1), humilis abbas Beate Marie de Trappa, cisterciensis ordinis, totusque ejusdem conventus abbatie, salutem in Domino. Noveritis quod, cum contentio verteretur inter nos et monasterium nostrum ratione Symonis Landri, condonati nostri, ex una parte, et Gauf[ridum] dictum Cordebef, ex altera, super hoc videlicet, quod nos, ratione Symonis dicti Landri, condonati nostri, qui nobis et monasterio nostro se et omnia bona sua, mobilia et immobilia, contulit et actiones suas omnimodas et jura actionum suarum, petebamus a dicto G[aufrido] quandam terram oserariam et pratum, que omnia sita sunt in parrochia Sancti Medardi de Baladone (2) subtus Baladone, prope vineam dicti Pechin et pratum Johannis de Corvatein, in feodo ipsius Johannis, et ea ratione petebamus, quod omnia predicta erant jus dicti Symonis Landri, condonati nostri, sive ad ipsum pertinebant ex successione Dyonisie dicte Lacornuete, avie dicti Symonis, et Herenburgis, matris ipsius Symonis, que tenuerunt et possederunt res predictas tanquam suas tempore quo decesserunt, et quarum Dy[o]nisie et Eremburgis dictus Symon est heres propinquior, ad habendum res predictas dicto Gaufrido Cordebof, equario,

---

(1) Jean I<sup>er</sup> Herbert, déjà abbé de la Trappe en 1246, mort en 1274.
(2) Saint-Mars-sous-Ballon, commune et canton de Ballon, arrondissement du Mans.

asserente et hec negante ; tandem, post aliquas altercationes, de bonorum [virorum] consilio, super premissis, ad hunc modum pacis devenimus cum Gaufrido predicto, videlicet quod nos dimissimus *(sic)* et quitavimus et ad hunc dimitimus et quitavimus dicto G[aufrido] quicquid jure actionis et rationis habebamus in dictis rebus ratione dicti Symonis, sive ex quacumque alia ratione habere poteramus, volentes et concedentes quod idem Gaufridus et ejus heredes de dictis rebus suam possint facere voluntatem et eas tenere et possidere pacifice et quiete, pro quindecim libris turonensium, de quibus nobis a dicto G[aufrido] pleniter satisfactum est et de quibus nos tenemus pro pagatis in pecunia numerata. Et per hec sospite *(sic)* sunt contentiones mote et que moveri poterant, singule et universe, inter nos et dictum G[aufridum] a tempore retroacto usque modo. In cujus rei testimonium nos dicto G[aufrido] presentes litteras dedimus, sigillo nostro sigillatas. Datum anno Domini M° CC° LXX° secundo, mense novenbri.

## X

1273. — *L'abbaye de la Trappe concède à Robert d'Anguerny, deux acres de terre sises dans la paroisse dudit Anguerny, à charge d'une redevance de six setiers de blé, d'un chapon et d'un pain par an.*

Universis presentes litteras inspecturis, frater H[erbertus], dictus abbas, et conventus domus Dei de Trappa, cisterciencis ordinis, salutem in Domino. Noveritis quod nos tradidimus et concessimus Roberto dicto Rustico, de parrochia de Aguegneio (1), et heredibus suis duas acras terre sitas in predicta parrochia, inter cheminum quo itur de Aguegneio ad Maton et terram Remigii Rebellon, reddendo nobis annuatim, in festo sancti Remigii, V sextarios frumenti, ad mensuram de Aguegneio, et unum caponem et unum panem ad Nativitatem Domini, nec non redivantias et servicia per manus nostras dominis capitalibus faciendo. In cujus .. et cetera. Actum anno Domini M° CC° LXXIII°, mense augusto.

(1) Anguerny, commune du canton de Creully, arrondissement de Caen (Calvados).

## XI

**1313.** — *Ivart Dylbes, écuyer, et Denise, sa femme, cèdent à l'abbaye de la Trappe une portion de bois qu'ils possédaient dans le bois du Frétay, réserve faite, toutefois, d'un droit d'usage pour ladite Denise.*

**Copia.**

A touz ceuz qui cez lettrez verront et orrunt, frere Michiel (1), dit abbé de la Trape, et tout le couvent d'iceluy leu, salut en Nostre-Seignour. Comme Yvart Dylbez, escuier, et Dynise, sa fame, ou l'auctorité et permission du dit Yvart, son seignour, de lour pure et bene volenté nous [ont] otrié, quité, cessé, donné et delessé à touz jourz mes, heritaument et perdurablement, et à nous successors, pour le salut et remede dez amez d'eulz et de lours ancessors et pour estre acuillez et acompagniez ez biens faez et es foeres de nous et pour lour anniversaire estre faet et celebré par chascun an en nostre abbaïe, c'est assavoir tout le droit, le destroit, l'action, la seignorie, possession et proprieté que i[l] avoent ou avoir poent pour cause de la dicte damoysele, fame au dit Yvart, es boiz de la coustume, qui sont contenus es boiz du Fretey, tant en treffons d'iceulz bois de la coustume comme en la coupe et en la getée d'iceulz bois de la coustume, les quiex sont exeptez et forcloz d'un sietement dez bois du Fretey, contenans oict piecez, lez quiex les dis mariés nous ont sieteez heritaument par certaine rente, si comment il est plus plainerement contenu en unes lettres seellées du seel de la chastellenie de Mortagne que les dis mariez nous en ont données et nous à eulz, seelées de semblabe seel, à ceste [fin] de lour rente faire, lez quelz bois de la coustume donné et aumosné avons, et à nous successors dez dis mariez, ainsi comme desus est dit, tant comme en la portion de

---

(1) L'abbé Michel doit se placer entre Nicolas I$^{er}$, mort en 1310, et Richard I$^{er}$, mort en 1317. C'est probablement le même personnage auquel le *Gallia Christiana* consacre trente ans plus tard cette laconique mention « pauco rexit tempore » (T. XI, col. 750). « Michel est inconnu, on ne retrouve rien de ses actions, ni dans les chartes, ni dans les traditions du monastère, » ajoute Gaillardin (*Histoire de la Trappe*, t. I, p. 37). Rien n'empêche cependant de supposer qu'il y a eu deux abbés de la Trappe du nom de Michel dans la première moitié du quatorzième siècle.

la dicte Denise en doit ou puet appartenir, tant en treffons comme en la coupe est assis en parroice de Bruroletez (1), à tenir à avoir, et par droit d'eritage à touz jourz mes à pourfeer le droit qu'el ont en dit bois de la coustume de nous et de nous successors, de nostre commandement, franchise, quitement et en pez, pour cause de lour don et ausmônement desus dit, sans contredit ou reclamance dez dis mariés ne de lorz herz sus ce à fere au temps avenir, et sans en faere aucune retenue par deverz eulz ne par deverz lourz hoirs, fors tant selement à la dite Denise et à ses hers, sa coustume et son usage dez dis boiz de la coustume, tel comme il a esté acoustumé et doit estre pris selon reson, et amener, user et ardoir en leu où il a esté acoustumé estre mené, usé et ars anciennement selon reson et non alours, ce adjousté que, se il avenoit ainsi que le dit boiz de la coustume fust par nous ou par aucun aiiant cause de nous en tel maniere example abessiey et usé que la dicte Denise ou ses hers n'i peussent avoir lour usage ancien, la dicte Denyse et sez hers aroient et prendroient, par chascune semaine, en recompensation du dit usage de la coustume, deuz charreteez de boiz, tant solement par chascune semaine, bon et souffisant, à les prendre et cuillier es boiz du Fretey desus dis que les dis mariez nous sietez, si comme desus est dit, en leu ès dis boiz où il lour sera monstré souffisant de nous en nostre non, en les coupant tout à ome sans gast fere, et ne poeront user de deus dittez charreteez dez bois fors que tant solement en la manere que eulz poent et deveent user de l'usage lequel eulx prenneent ès bois de la dicte coustume. Et assavoir que, se nous ou nous successors volon delesser lez dis bois du Fretey, à nous sietez comme dit est, nous serons tenus de lez rendre et lesser de l'aage et de la cope dont eulz estoient au iour du date de cez lettres ou de graignour et meillour, si grainorz et meilourz estoient. Et à ce tenir, parfere et enteriner nous obligons nous et nous successors et touz noz bienz et lez bienz d'iceulz, tant par principal comme par demaigement. En tesmoing de ce, de l'assentement de nostre couvent, noz avon mis et aposé en cez lettres le sel duquel noz uson communeement. Donné l'an de grage mil CCC et treze, le diemenche aprez la Saint-Martin

(1) Brésolettes, commune du canton de Tourouvre.

d'esté. Et nous, frère Ph[ilipp]e, abbé du Bruil (1), pere abbé de la dicte abbeie, à la requeste du dit abbé et couvent, en greignour confirmation des chosez desus dictes, où le seel d'iceulz en ces presentez lettres avon mis et aposé nostre propre seel. Faet et donné l'an et le iour desus diz.

## XII

[Alençon], 23 avril 1316. — *A la suite d'un procès entre les habitants de Saint-Hilaire-sur-Rille, d'une part, et Geoffroi Le Métayer l'aîné, Simon Le Métayer et Geoffroi Le Métayer le jeune, d'autre part, au sujet de corvées dont ceux-ci se prétendaient exempts, le bailli d'Alençon donne gain de cause aux premiers.*

### Copia.

A touz ceulz qui cez lettres verront et orront, Samcé de la Fontaine (2), baillif d'Alençon et du Perche, salut. Comme contens fust meu entre Colin Rich[ard], Robert Foubert et Robert Mahen pour eulx et pour tous les autres hommes de Sains-Hillar-sus-Rille (3), d'une part, et Gieffrey Le Metaier l'aisné, Simon Le Metaier et Gieffrey Le Metaier le jeune, surs ce que lez diz Colin Robert et Robert Boulier [disoent] que les dis Gieffrey et Simon si comme eulx est[ans] mousvans et baniers a coustumes du moulin monseigneur Nicholas de Menou (4), chevalier à Saint-Hillar-sus-Rille, venissent aus esclusagez faire et biengnagez du dit molin comme eux et les autres baniers, les dis Gieffrey et Simon plu[seurs] res[ponses]

---

(1) Le Breuil-Benoît, abbaye d'hommes de l'ordre de Cîteaux, en Normandie (Eure), diocèse d'Evreux, fondée en 1137. On ne sait rien de l'histoire de ce monastère de 1277 à 1350, et l'abbé Philippe, dont la charte ci-dessus révèle l'existence, est resté inconnu aux auteurs du *Gallia christiana* et à M. J. B. de Xivrey, l'historien du Breuil-Benoît.

(2) Samcé de la Fontaine ne figure pas dans la *Chronologie historique des grands baillis du comté et duché d'Alençon*, dressée par M. de Courtilloles. Il doit se placer avant Samsé de la Tour, qui tenait les assises d'Alençon en mars 1317.

(3) Saint-Hilaire-sur-Rille, commune du canton de Moulins-la-Marche, arrondissement de Mortagne.

(4) La famille de Menou était originaire du Perche (La Chesnaye des Bois, *Dict. de la Noblesse*, t. X, p. 40.)

proposans et afermans au contraire, disans que euls n'i estoent pas tenuz, et suz ce se estoent les dictes parties mises en iugement, lequel avoit esté rendu par droit contre ledit Simon pour tant comme à luy appartenoit, lequel avoit mis les plegnans à l'eschiquier d'Alenchon ; sachent touz que, ès assisez de Bons Moulins, par devant nous, baillif dessus dit, qui furent le vendredi aprez *Quasimodo*, l'an mil CCC et XVI, furent presens lez dis Gieffrey, qui de lour bone volenté firent amende pour le iugement delessié auquel eulx estoient mis vers lez dis Rich[ard] et Robert et le dit Simon dou gaige plege que il avoit mis envers icelux *(sic)* au dit eschiquier et gaigerent lez dis Gieffrey et Simon au dis Colin et Robers à venir feire les esclusagez et biengnagez dessus dis dudit molin eulz et lour herz à touz iorz mes et toutez les apartenancez et servicez du dit molin, sanz ce que que nulles persones aiiant cause ou resons d'eulx en puisse aler encontre en temps avenir. En tesmoing de laquel chose, nous avons seellees cez lettres du seel aus causes duquel nous usons en la baillie d'Alençon. Donné l'an et le iour desus dis.

## XIII

[S. d.] — *Règlement des droits des usagers dans les forêts royales.*

**Ce sunt les ordenances des forés nostre sire le Roy.**

Premierement, se les sergans des forés trouvent bués, vachez, porceaux, brebis, chievres, chevax ne iumens qui seient lessiés aler de nuit pour paestre en quelconquez leu de la forest que ce seit, les dictes bestes seront perdues et acquises au Roy ; mes se elles estoient eschapées d'aventure et l'en les querist ou suist pour prendre, et elles estoient trouvées as talles ou aus defens de la forest, elles seront rendues par l'amende acoustumés ; et se elles estoient trouvez hors en plaine forest, elles ne paiereient riens.

*Item*, se les dittes bestes ou aucunes d'icelles pevent estre treuvées des sergans à garde faete ès talles susquez à tant que il soient livrées aus coustumiers, les dittes bestes seront perdues et acquises au Roy.

*Item*, se les dittes bestes en aucunes d'icelles sunt treuvéez ès tailles nues, ensement lessiés aler et sans suite pour paistre, par troys faiz ou par plus, les dittes bestes seront perdites [et] acquises au Roy, ia soit ce que elles n'y aient paint de garde ; ès quielx cas desus diz le sergant qui prendra les bestes aura XII deniers du cheval et de la iument, du porc et de la vache VI deniers, de la chievre et de la brebis III deniers, à prendre sus le Roy du pris qui sera faet sus chascune beste.

*Item*, se aucune des dittes bestes qui soient aus dis sergantz sunt treuvées ès dis meffés en aucun des cas dessus dis, elles seront acquises au Roy et les pourra prendre chescun des coustumiers de baays desus dis.

*Item*, se aucun coustumier des forés est pris coupant chesne ou fou ou autre arbre ès baays costumiers en passans coustume, il sera quite en payant tel amende comme il apartient ès leus segvaut la costume; mes si li coustumier ou non coustumier sont prins coupant baays en portans de defens, c'est à savoir baays non coustumers, c'est à savoir le cheval ou le bouf ou bestes de quelle condicion que elles seient emportans ledit baays ou amenistrez pour le porter seront forfaetez ou acquises au Roy, et les cheretes et les hernays as sergans qui les prendront ; et se aucun malfector est trouvé coupant ou enportant, il sera en l'amende si comme il est dit ; se c'est arbre de defens, il paiera ce que les sers voudront.

*Item*, se aucun non coustumier vient ès leus non coustumiers prendre baay ou pour enporter à cheval ou a cherette, il i aura forfaiture des bestes et de charetez comme desus est dit; se il porte à col, il sera en l'amende.

*Item*, se aucun des malfectors desus dit a coupé ou faet couper arbre ou il n'ait point de coustume, l'arbre demoùra au Roy et sera mis en son profit, premierement en ses ouvraiges ou ès ouvrages des frans ou des coustumiers ; teles arbres coupés par meffet seront vendus aus plés.

*Item*, se aucun qui ne demoure pas en la coustume balle ses bestez à aucun coustumier pour mettre en la pasture des forés, les bestes seront acquises au Roy et le coustumier prenant les bestes à mettre ou à ferme ou à moeison, pour ça que il mesuse la coustume, la perdra en iceluy cas.

*Item*, se le verdier de la forest treuve aucun arbre coupé par la mestre tige de l'arbre, le sergant en qui garde sera poiera le dommage du sien, en recevant ses gages, se autrement ne puet poier, se il ne moustre au verdier que ledit arbre soit soufizaument amende.

*Item*, le verdiers des forés ne vendront plus les sunces ou les ramoaisons de ceulx qui ont coustume ès forés du demeine le Roy pour edifier ou pour ardoir, mes contraindront les dis frans et coustumiers que il portent les dictes trunces ou ramaysons pour leur arder, et couperont à ourne du baays sans riens lessier des livrées qui leur seront faictes pour le temps avenir, exceptés les arbres portans fruis et les baynax, se le dit verdier en veut aucun lessier pour le proufit du Roy ; et se par aventure aucun des dis frans ou coustumers aveient coustume ou franchize à edefier, tant soulement le verdier contraindroit les autres coustumiers qui ont coustume pour leur arder à prendre les ramaysons de celui qui n'est pas coustumier pour son ardoir.

*Item*, se aucun usagier ou coustumier sont ès dictes forés qui auront lour dreit à prendre les dittes sunces ou ramoisiax, l'entention nostre sire le Roy n'est pas d'oster lour dreit.

*Item*, quant aucun franc ou coustumier coupera de son droit arbre pour edifier, le verdier le contraindra à prendre tout ce dont merrien pourra estre faet, seit lates ou esceule ou autre maniere de merrien, et se le frans ou coustumier ne saet issi comme dessus est dit en lessant aucune choze de quoy il puisse faere merrien, il prendra sa coustume, se il est persone qui la puisse prendre, et se c'est personne d'yglise, il sera en graingneur amende selonc le meffet.

*Item*, se il peut estre trouvé ou prouvé soufisantement que aucun coustumier ou non coustumier cueille ou face cueillir glandas en l'ostel d'ycelx qui les cuellent, le coustumier perdra toute la coustume que il a en la dicte forest, en quel cas que ce soit, et le non coustumier paiera de chacun boissel qui sera trouvé chyés luy ou chiés autre en son commandement X sous parisis forte monnés et du plus et du mains selonc la dicte taxation, et seront les glandas aquis au sergant qui les trouvera pour faere sa volenté, sans vendre à celui sus qui il seront trouvés; et est à savoir que se aucun veut acuser autre d'aver glandas chiés luy, que l'acusera ara la moytié des glandas et le sergant l'autre.

*Item*, se aucun coustumier ou non coustumier est soupeçonné d'aver glandas chyés luy ou en autre leu, et le sergant ne peut trouver les dis glandas, le sergant fera virer celuy qui en sera soupeçonné et s'en passera par son serement, se plus n'en peut ferc ne saver. Et se le sergant treuve maatin hors de lesse, il le tuera, se il peut ; et se il ne le puet tuer et l'en peut saver qui il seit, il en poiera amende à la volenté des maestres.

*Item*, commandé est as maistres sergans des dittes forez et aus autres que, sous peine de perdre tous leurs biens et leurs services et encourre en la male volenté de nostre tres chier sire le Roy de France, que il gardent et facent garder, chascun endreit soy, toutes les ordenances desus dictez et chascune par soy, et que les dictez ordenances eulx facent lire solennement ès assises des baillies le Roy et aus plés des vicontes, par tant de foiz que elles seront bien puplices.

## XIV

Breteuil, 19 septembre 1274. — *Drouet Coispel, du Chêne-Haute-Acre, demandeur contre Guillaume Malet, chevalier, aux assises de Breteuil, est mis en possession des gages fournis par ce dernier faisant défaut.*

Anno Domini M° CC° LXX° IV°, in vigilia sancti Mathei apostoli (1), in asisia domini Regis apud Britolium (2), Droetus Coisplel de Quercu Haudacre (3), homo monachorum Beate Marie de

---

(1) La Saint-Mathieu tombe le 21 septembre.
(2) Breteuil, chef-lieu de canton de l'arrondissement d'Évreux (Eure).
(3) Le Chêne-Haute-Acre, hameau et ferme dans les commune de la Haye-Saint-Sylvestre et de Mélicourt (Eure).

Trappa, placitans contra Guillelmum dictum Malet (1), militem, recessit saisitus de nannis que tulerat dictus miles super feodo dictorum monachorum, quod dicebat ad se pertinere ratione hereditatis, quem habebat in custodia, cujus tutorem se faciebat; de quibus nannis dictus Droetus saisitus fuit per defectum quem attornatus dicti militis fecerat, scilicet hurtet ad quamdam visionem et per judicium militum ibidem consistentium in asisia, unde dictus attornatus ibidem emendavit et defectum et judicium expectavit ex eo quod, negans exonium (2) simpliciter domini G[uillelmi] Malat, apud Enchenfreium (3), non obtulit cum negatione deresnaiam (4). Et hii milites fuerunt :

dominus Johannes de Minant,
dominus Robertus Chuflet,
lominus Johannes de Roseria,
dominus Gace de Loigneio (5),
dominus Johannes de Sisseio,
dominus Gislebertus Goot,
dominus Rogerus de Avenis (1),
dominus Guillelmus de Bosco Renoudi (2),
dominus Egidius Burnel,
dominus Johannes de Bailhe,
dominus Alinfus de Chauvigne,
dominus baillivus domini Regis, vicecomes,
magister Gaufridus, clericus ballivi,
clericus vicecomitis,
Gaufridus de Landis,
Johannes Puillé et multi alii.

(1) Guillaume Mallet appartenait à une puissante famille normande, qui céda à Philippe-Auguste, en 1220, le comté d'Alençon. Il épousa, vers 1250, Ameline, héritière de la maison du Bosc et de Plasne, qui lui apporta la seigneurie de Bourg-Achard et la châtellenie de Pont-Echaufré, dont relevaient les possessions de l'abbaye de la Trappe (Charpillon et Caresme, *Dictionnaire historique de toutes les communes du département de l'Eure*, t. I, p. 494.)

(2) Comme *essonium*, empêchement.

(3) Pont-Echaufré, nom primitif de la commune de Notre-Dame-du-Hamel, canton de Broglie, arrondissement de Bernay (Eure).

(4) Cf. Du Cange, v° *desrainare*.

(5) Longny, chef-lieu de canton de l'arrondissement de Mortagne.

(6) Aveny, commune du canton d'Ecos (Eure), réunie à Dampmesnil.

(7) Bosc-Renoult-en-Ouche, commune du canton de Beaumesnil (Eure).

## XV.

**1207.** — *Mention d'un paiement de quinze livres six sous trois deniers, fait par l'abbé de la Trappe à Jean de Beaumont et à sa femme.*

L'an de grace mil et II cenz et VII, le mecredi devant la Saint-Rome, pea l'abbé de la Trappe à Jehan de Beaumont et à sa femme XV libres VI sous et III deniers et quita ledit abbé audit Jehan et à sa femme la sise de l'eritage qui il tenoit d'eulz.

## XVI

**1284.** — *Enquête intéressant l'abbaye de la Trappe, faite à Glos, par Renaud de Luzarches, vicomte de Verneuil, et Nicole de Boishibout, chevalier.*

Vez-ci les nons des inquestors sus la minire du val à moines en quel minere l'abbé et le couvent de la Trappa demandent la costume à avoir, la quele enqueste fu faite par Renaut de Lusarches, visconte de Vernuel (1) au tens de lors, et par monsegnor Nichole de Boishubout (2), chevalier, le jeusdi de feirez de penthecoste, à Gloz (3), chiz Laurent le Feriant, l'an de grace MCC IIII$^{xx}$ et IIII, la quele enqueste le ballif de Vernuel rendi audit abbé et la costume, si comme il demandoient. Iceuz furent à l'enqueste : Johan Fouqer, Vivian Gorre de Marnefay (4), Johan Odeline, Johan Emmeline, Martin Hubert, Renouf Gerin, Johan Lebas, Colin Emeline, Rogier Roses, Legier Mariot, Johan Lebouchier, Johannes Le Forestier, Giffroi Challo, Guillaume Le Marinier, Guillaume Le Dermant, Vivian de Marnefay.

---

(1) Verneuil, chef-lieu de canton de l'Eure, arrondissement d'Evreux.

(2) Le Boishibout, hameau, commune de Notre-Dame-du-Hamel, canton de Broglie, arrondissement de Bernay (Eure).

(3) Glos-la-Ferrière, commune du canton de la Ferté-Fresnel.

(4) Marnefer, commune du canton de la Ferté-Fresnel, arrondissement d'Argentan.

## XVII

20 mai 1288. — *Par devant le bailli de Chartres et d'Alençon, un arbitre, nommé par les parties, déboute les héritiers de Philippe Lecoq d'une demande de six setiers de blé de rente annuelle qu'ils revendiquaient contre l'abbaye de la Trappe.*

Anno Domini M° CC° octogesimo octavo, die Jovis post Trinitatem Domini, coram Johanne de Caprefra (2), baillivo carnotensi et Alenconis, dictus Papellon, arbiter electus inter religiosos viros, abbatem et conventum de Trappa, et relictam defuncti Philippi Coqui et ejus heredes, pronunciavit dictum suum in hunc modum, quod dictus Philippus, tempore quo veniebat, nec ejus heredes tempore moderno nullum jus habebant petendi quatuor sextarios bladi annui redditus, quos a dictis religiosis petebant sine causa. Presentibus Garino Chevrel, Guilleberto de Prulato (2), Guillermo de Landa, Nicholaus de Sancto Lonogisolo (3), Guillelmo de Asperis (4), Th[ibaldo] Gabaut, Hubertus Chevrel, Johannes de Corpotein (5), et pluribus aliis militibus.

### Carte de Contrebis (6)

#### I

21 novembre 1261. — *L'abbaye de la Trappe concéde à Robert Le Teinturier un hébergement et une acre de terre, à Conturbie, pour un cens annuel de quatorze sous tournois.*

Universis presentes litteras inspecturis, frater Johannes (7), dictus abbas, et conventus Domus Dei de Trappa, salutem in

---

(1) Jean de Chevreuse, clerc, second fils de Hervé, seigneur de Chevreuse. (De Courtilloles, *Chronologie historique des grands baillis du comté et duché d'Alençon,* p. 5.)

(2) Prulay, château, commune de Saint-Langis, canton de Mortagne.

(3) Saint-Langis-les-Mortagne.

(4) Notre-Dame-d'Apres, commune du canton de Moulins-la-Marche.

(5) Courpotin, commune de Coulonges-sur-Sarthe.

(6) Conturbie, commune de Randonnai, canton de Tourouvre, arrondissement de Mortagne (Orne).

(7) Jean Ier Herbert, abbé de la Trappe de 1240 environ à 1274.

Domino. Noveritis quod nos tradidimus et concessimus Roberto Tincturario totum herbergamentum quod ipse tenebat de nobis in villa nostra de Contrebis, et unam acram terre sitam inter nemora nostra ; et volumus et concessimus dicto Roberto ut ipse et heredes ejus habeant et teneant de nobis, in perpetuum, dictum herbergamentum cum dicta acra terre, pro annuo censu XIIII solidorum turonensium, nobis annuatim, in festo Omnium Sanctorum, ab eodem Roberto et a suis heredibus reddendorum. Et ut hec nostra concessio et confirmatio firma et stabilis in perpetuum perseveret, nos dedimus dicto Roberto presentes litteras, sigilli nostri munimine roboratas. Actum anno gratie M° CC° LX° primo, XI kalendas decembris.

## II

S. d. — *Concession à Guérin Roussel et à Isabelle, sa femme, d'un hébergement et d'une terre, pour treize sous de cens annuel.*

Guarino Roussel et Isabelli, uxori ejus, herbergamentum inter domum Radulfi Ascelin et cursum aque bunde stagni, et terram quam habuimus de defuncto Viviano Berart, pro XIII solidis.

## III

[S. d.] — *Concession à Raoul Ascelin d'un tènement et d'un emplacement pour faire un jardin, moyennant treize sous [de redevance annuelle].*

Radulfo Ascelin tenementum quod, diu est, tenuerat, et areas ad faciendum ortum, sitas inter veteres fabricas et cursum aque baiarorum stagni nostri, pro XIII solidis.

## IV

[S. d.] — *Accensement à Robert Ascelin d'un tènement et d'un taillis pour treize sous neuf deniers par an.*

Roberto Ascelin tenementum quod antea tenuerat pro V solidis, quartam partem tenementi defuncti Huberti Havart, pro III solidis et IX denariis, et taillicium quod est juxta stagnum pro V solidis, totum insimul sunt XIII solidi et IX denarii.

## V

[S. d.] — *Accensement à Émeline, sœur de Raoul Ascelin, d'une maison et d'une perche de terre, pour treize sous par an.*

Emeline, sorori Radulfi Ascelin, domum suam, sitam inter domum predicti Radulfi et beezium, et perticam terre, sitam inter terram dicti Radulfi et terram Alnulfi Ortolani, pro III solidis.

## VI

[S. d.] — *Accensement à Richard Aaliz d'une maison avec jardin, pour trois sous.*

Ricardo Aaliz domum suam cum orto post eam sito, pro III solidis.

## VII

[S. d.] — *Accensement d'une portion de tènement à Laurent Havart, pour trois sous neuf deniers.*

Laurentio Havart quartam partem tenementi quod tenuit de nobis pater ejus, pro III solidis et IX denariis.

## VIII

[S. d.] - *Accensement d'une portion de tènement à Pétronille, sœur de Laurent Havart, pour trois sous neuf deniers.*

Petronille, sorori ejusdem, quartam partem dicti tenementi, pro III solidis et IX denariis.

## IX

[S. d.] — *Accensement d'une portion de tènement à Jean Morin du Chênet et à Gersende, sa femme, pour trois sous neuf deniers.*

Johanni Morin de Chesneto (1) et Gersendi, uxori ejus, quartam partem ejusdem tenementi pro III solidis et IX denariis.

---

(1) Le Haut-Chênet et le Bas-Chênet, commune d'Irai, canton de Laigle.

## X

[S. d.] — *Accensement à Joscet Respeisse et Héloyse, sa sœur, d'un emplacement à bâtir et d'un jardin, pour cinq sous.*

Josceto Respeisse et Heloyse, sorori sue, plateam unam et ortum, eidem contiguum, inter les esseis stagni et veteres fabricas, pro quinque solidis ; et tenentur domum facere super plateam.

## XI

1234. — *L'abbaye de la Trappe concède à Geoffroi Langlois un hébergement et cinq acres de terre, entre le moulin de Conturbie et Belle-Perche, à charge d'une redevance annuelle de cinq sous tournois.*

Noverint universi..., et cetera, quod ego, frater Gualterus (1), dictus abbas, et conventus domus Dei de Trappa concessimus Gaufrido Anglico et heredibus suis herbergamentum Richardi Figuli, sicut Ricardus tenuit, et quinque acras terre inter molendinum de Contrebis et vadum Belle Pertice (2), tenendas de nobis in perpetuum, libere et quiete, per quinque solidos turonensium, nobis annis singulis, in festo sancti Remigii, persolvendos. Et hoc tenemur ei garantizare contra omnes homines. Actum anno gratie M° CC° XXIIII°.

## XII

[S. d.] — *Concession de tènements, à Conturbie, faite par l'abbaye de la Trappe à Guillaume, neveu d'Arnoul Ortolan, moyennant un cens annuel de neuf sous tournois.*

Nos concessimus Guillelmo, nepoti Alnulfi Ortolani, ut ipse et heredes ejus habeant et teneant de nobis, post decessum Alnulfi et Odeline, uxoris ejus, medietatem totius tenementi quod dicti

---

(1) Adam ou Gautier, abbé de la Trappe de 1189 au moins à 1236.
(2) Belle-Perche, commune de Randonnai.

A[lnulfi] et Odelina tenuerunt de nobis apud Contrebis, prout dividitur inter nos et alios vicinos suos, ut continetur in suis litteris, nostro sigillo sigillatis, et tenementum quod acquisivit de Olmero Le Breton, pro novem solidis turonensium in festo Omnium Sanctorum et debitis serviciis.

## XIII

[S. d.] — *Concession à Thomas, neveu d'Arnout Ortolan, d'une portion de tènement à Conturbie, pour un cens annuel de sept sous tournois.*

Item, concessimus Thome, fratri predicti Guillelmi, ut ipse et heredes habeant et teneant de nobis medietatem tenementi quod predicti Alnulfus et Odelina tenuerunt de nobis apud Conturbis, prout dividitur in litteris nostro sigillo sigillatis, pro septem solidis turonensium in festo Omnium Sanctorum et debitas redibencias sive servicia faciendo.

## XIV

[S. d.] — *Concession d'un tènement à Girard, curé de Louvilliers, pour quatre sous de redevance annuelle.*

Item, Girardo, presbytero de Louvilliers (1), tenementum quod tenuit Petronilla Anglica, pro quatuor solidis in festo Omnium Sanctorum, et salvis serviciis nostris ad usus Normannie, et excepto nemore.

## XV

[S. d.] — *Concession à Pierre Langlois d'une maison et d'un jardin en échange d'un pré et moyennant douze deniers de cens annuel.*

Item, Petro Anglico domum cum platea que fuit Durandi dicti Nobilis et ortum post dictam domum, inter tenementum Roberti Ascelin et domum dicti Petri, usque ad fossatum juxta pontem, pro excambio prati siti apud molendinum et pro XII denariis census in festo Omnium Sanctorum.

(1) Louvillier-lès-Perche, commune du canton de Senonches (Eure-et-Loir).

## XVI

[S. d.] — *Accensement à Saince, frère de Bernard Ortolan, d'une portion de maison et de jardin, moyennant deux sous par an.*

Seinceio, fratri Bernardi Ortolani, medietatem domus site juxta domum dicti Bernardi et medietatem orti post dictam domum, pro II solidis census ad festum Omnium Sanctorum.

## XVII

[S. d.] — *Accensement au même de deux maisons et de deux jardins, en tout ou partiellement, pour cinq sous par an.*

Prescripto Bernardo domum sitam juxta monasterium et medietatem domus site juxta eam cum orto sito post dictam domum et medietatem alterius orti eidem juncti, pro V solidis census in festo Omnium Sanctorum cum X denariis quos debet pro Coleta, uxore sua, de parte sua hereditatis patris sui.

## XVIII

[S. d.] — *Accensement à Pierre Maillart d'un hébergement et d'autres immeubles pour dix sous neuf deniers par an.*

Petro Maillart herbergamentum, situm juxta tenementum predicti Bernardi, et areas, sitas juxta areas Alnulfi Ortolani, et partem suam domus que fuit defuncti Radulfi de Brocea, pro X solidis et IX denariis census in festo Omnium Sanctorum.

## XIX

[S. d.] — *Accensement d'une portion de maison et d'une pièce de terre à Asceline, pour dix-huit deniers par an.*

Asceline, relicte predicti Radulfi de Brocea, partem suam et liberorum suorum predicte domus dicti Radulfi, et unam peciam terre juxta nemus nostrum, in qua sunt tantummodo VI seillons, pro XVIII denariis census.

## XX

Hugueline... (1)

(1) Ce nom seul figure ici dans le manuscrit.

# [Addenda].

## I (1)

4 juin 1266. — *Herbert, abbé de la Trappe, préside à un duel judiciaire entre Dreux et Guétart, bourgeois de Tubœuf, à Conturbie.*

Anno Domini M° CC° LX° VI°, die Veneris secunda post octabas Pentecostes, tenuit frater Herbertus (2), tunc temporis abbas domus Dei de Trappa, ictus duelli pacificati inter Droconem dictum Leve et Johannem dictum Guetart, burgensem de Tue Buef (3), quos ictus ipsi duo homines prenotati fecerunt in villa de Contrebis (4), ante furnum dicte ville, et servavit campum dominus Guillelmus, dominus de Yllers, Hubertus Le Vacer, Richardus Fortin, Guillelmus de Asperis, Guillelmus Torel, Robertus, dominus de Foresteria, Jordanus Heron, dominus Guarinus de Ferreria, Hugo de Prepotin (5), Robertus Calabre, isti milites.

## II

Avril 1274. — *L'abbaye de la Trappe concède à Robert Milot et à Colette, sa femme, pour une redevance annuelle de trois sous, une acre de terre à Sainte-Céronne.*

Universis presentes litteras inspecturis, frater H[erbertus], dictus abbas, et conventus domus Dei de Trappa..., et cetera. Noveritis quod nos tradidimus et concessimus Roberto dicto Milothi et Colete, uxori sue, et suis heredibus unam acram terre site in parrochia Sancte Ceronne (6), juxta terram predicti Roberti, et

---

(1) Les pièces qui suivent, transcrites sans ordre et sans soin, sur les derniers feuillets de notre manuscrit, forment plutôt une sorte d'appendice au *Cartulaire* qu'une série régulière à l'instar des précédentes.
(2) Jean I*er* Herbert, abbé de la Trappe de 1240 environ à 1274.
(3) Tubœuf, commune du canton de Laigle, arrondissement de Mortagne.
(4) Conturbie, commune de Randonnai, canton de Tourouvre, arrondissement de Mortagne.
(5) Prépotin, commune du canton de Tourouvre.
(6) Sainte-Céronne, commune du canton de Bazoches-sur-Hoëne.

abotat ex una parte chemino quo itur de Trappa apud Maur[ita-
niam], et ex altera chemino quo itur de predicta abbatia ad Par-
vum Buatum (1), tenendam et habendam predictam acram terre
de nobis pacifice et quiete, salvo jure capitalium dominorum,
reddendo nobis annuatim tres solidos tantum ad festum Omnium
Sanctorum, habendos et recipiendos predictos tres solidos integre
ad festum superius nominatum. Et sciendum quod si tallia
evenerit facienda, predictus R[obertus] et heredes ejus post eum
ratione predicte terre ultra duos denarios monete currentis pro
predicta talia reddere minime tenebuntur. In cujus rei testimonium dedimus eisdem presentes litteras, sigilli nostri munimine
roboratas Actum anno Domini M° CC° LXX° quarto, mense
aprilis.

### III

[S. d.] — *Polet Daim, Jean Dujardin, Jean Laguende et Blesot
Le Mor acceptent de l'abbaye de la Trappe un héritage, sis
dans la paroisse de Cisai, à charge d'une redevance annuelle
de quatre livres huit sous.*

Poletus Dain, Johannes de Orto, Johannes Laguende, Blesot
Le Mor acceperunt omnem hereditatem quam habebamus in
parrochia de Cyse (2), pro se et heredibus suis jure hereditatis
possidendam, pro quatuor libris et octo solidis turonensium
annui et perpetui redditus solvendis, in perpetuum annuatim
intra (3) muros abbatie nostre, et relevando erga nos de eorumdem et heredum suorum, quando de jure fuerit faciendum, et
solvendo releveium ad usum et consuetudinem patrie pro qualibet acra ; item [sciendum est] quod quicumque manserit in dicto
dominio et feodo et voluerit tenere, habebimus bonorum omnium
ipsius tertiam partem, et quilibet pro parte sua solvet XXII in
predicto festo ; et quique eorumdem dimiserit in manu nostra
partem suam predicte hereditatis reddet nobis redditum duplicem, videlicet quadraginta quatuor solidos. Item, quotiens defecerint in solutione predicta in dicto termino, certo nostro judicio
dictum redditum expectanti solvet eorum quilibet, qualibet die
qua postea defecerint, VI denarios turonenses.

(1) Le Buat, commune de Lignerolles, canton de Tourouvre.
(2) Cisai-Saint-Aubin, commune du canton de Gacé, arrondissement d'Argentan (Orne).
(3) *Manuscrit* : infra.

## IV

[S. d.] — *Jean Gallienne doit foi et hommage à l'abbé de la Trappe, ainsi que Guillaume Costerel, dont il a acquis trois sous de rente sur une vergée de terre.*

Johan Gallienne vent iusticier à hommey (?) en nostre propre ausmosne que tient Johan du Moulin et en est en la fei et l'oumage de daus abbez qui trespassa dereniement, et ses predecessors en furent en l'oumage des autrez abbez puis l'espace de VI $^{xx}$ ans ; et a achetey ledit Gallienne III solz de rante sus une vergie de terre que tient Guill[aume] Costerel, et en deit estre en la fey et hommage de l'abbé ledit Coterel.

## V

Décembre 1253. — *L'abbaye de la Trappe concède à Pierre Langlois, prêtre, une maison, plusieurs terres et deux dîmes à charge de diverses redevances.*

Universis presentes litteras inspecturis, frater Johannes, dictus abbas, et conventus Domus Dei de Trappa, salutem in Domino. Noveritis quod nos tradidimus Petro Anglico, presbytero, domum nostram de Sicco Robore (1) et terram cum dicta domo, quam tenemus a domino Symone de Coblehaut (2), pro quindecim solidis annui redditus nobis, quamdiu vixerit, in festo sancti Remigii, persolvendis. Preterea tradidimus eidem P[etro] duas pecias terre, quas emimus a Borrellis, in dicta parrochia, reddendo exinde quamdiu vixerit decem solidos monete corbonensis et de dictis terris dominis capitalibus faciendo quantumque facere tenebamur. Tradidimus etiam dicto P[etro] decimam nostram de Sicco Robore pro duobus modiis bladi, videlicet sex sextarios frumenti et totidem siliginis, totidem ordei, totidem et avene. Aliam autem decimam, quam tenemus de dicto Symone de Corblehaut, eidem similiter tradidimus, tenendam sibi et habendam de nobis, quamdiu vixerit dictus Symon, reddendo exinde nobis modium et

(1) Saint-Ouen-de-Sécherouvre, commune du canton de Bazoches-sur-Hoëne.
(2) Voy. p. 97, pièce LVI.

dimidium bladi, videlicet quatuor sextarios et plenam minam frumenti et totidem siliginis, totidem ordei, totidem et avene. Istud autem bladum, cum blado superioris decime, eidem P[etro] assignantur reddenda nobis in duobus terminis annuatim, videlicet bladum utriusque decime, scilicet frumentum cum siligine, in festo Omnium Sanctorum, ordeum autem pariter cum avena in Annunciatione dominica. Si vero a solutione omnium predictorum in dictis terminis dictus P[etrus] aliquando defecerit, nobis tenebitur de viginti solidis turonensium emendare. Insuper autem sciendum est quod aliquid predictorum alii tradere non poterit sine nostra licentia vel voluntate. Hec autem omnia eidem P[etro] tenemur garantizare, defendere et ab omnibus liberare. Sciendum est quod dictus P[etrus] donatus noster est, in vita pariter et in morte, ita quod, cum obierit, omnia bona ipsius et quecumque acquisierit nostra erunt et domus nostre, in qua suam elegit sepulturam. Poterimus etiam tam in decimis et domo et terris nostram justiciam exercere, si dictus P[etrus] a solutione tam denariorum quam bladi aliquando defecerit in terminis superius annotatis. Actum anno Domini M° CC° L° tertio, mense decembris.

## VI

[S. d.] — *Liste des tenanciers de l'abbaye de la Trappe devant foi et hommage, à la Berquière.*

Isti de nobis tenent ad fidem et homagium apud Berceriam (1) :

Rad[ulfus] de Tuscha (2) ;
item, Robertus Champion ;
item, Robertus Trosel.

Filius Guillelmi Pelliparii de Fenis (3) relevavit de VI solidis.

Isti relevaverunt tempore Johannis, abbatis de Trappa :
heres Hugonis Gaugin de Bellafileria (4) de L solidis ;

---

(1) La Berquière, commune de B:villiers, canton de Tourouvre, arrondissement de Mortagne.
(2) La Touche, commune de Tourouvre.
(3) Feings, commune du canton de Mortagne.
(4) Bellefilière, hameau de la commune de Saint-Hilaire-lès-Mortagne.

item filius Ivonis Gonel de X solidis ;

item filius Johannis Baudran de L solidis pro reemptione ;

item filius Galteri Porcel de XX solidis ;

item filius Renaudi Champion de triginta solidis ;

item heres Guillelmi Ballol de XXII solidis ;

item unus molendinariorum de Colleher (1) de IIII solidis et d[imidio ?] ;

item, filius Herberti Carpentarii de Quercuhaudacre (2) de IIII solidis ;

item, filius Roberti le charetier... (3) ;

item, filius Hugonis Le Chanu de XX solidis ;

item, Radulfus Boutri de Nocumento (4)[de] V solidisd et[imidio] pro II acris terre. — Habet cartam.


## VII

[S. d.] — *Alexandre Duchemin et sa femme font don de leurs personnes et de leurs meubles, quand ils seront morts, à l'abbaye de la Trappe qui s'engage, en retour, à leur fournir, leur vie durant, le vivre et le couvert.*

Alexander de Chemino et Amelota, ejus uxor, sunt donati nostri... (5) duobus solidis turonensium annui redditus, pro anniversario eorum annuatim in nostra abbatia faciendo, sicut assignatur super omnem eorum hereditatem, in parrochia Sancte Columbe super Rillam (6), et cum omnibus bonis suis mobilibus, ita tamen quod, vita eorum durante, habebunt possessionem omnium bonorum suorum, sed, post decessum eorum, habebimus omnia bona mobilia eorum, et debent nobis annuatim de eisdem bonis mobilibus facere inventorium bonum et fidelem ; et tenentur laborare bene et fideliter, videlicet dictus Alexander in

---

(1) Coullier, moulin sur l'Hoéne, commune de Sainte-Céronne.

(2) Le Chêne-Haute-Acre, hameau et ferme dans les communes de la Haye-Saint-Sylvestre et Mélicourt (Eure).

(3) Le manuscrit porte un blanc à cet endroit.

(4) Le Nuisement, commune de Sainte-Colombe, canton du Merlerault, arrondissement d'Argentan.

(5) Le manuscrit porte ici un mot devenu illisible.

(6) Sainte-Gauburge-Sainte-Colombe, canton du Merlerault, arrondissement de Mortagne.

fabrica nostra aut alibi, et dicta uxor in nutrimentis et aliis necessariis. Et in recompensatione predictorum, debemus invenire predictis locum ad habitandum, panem, potum, pictantiam et pulmentum, videlicet qualibet die unum potellum ciceris aut cervesie conventualis, unum alet aut tria ova et per quatuor munitiones conventus ; per annum debet habere quilibet eorum tres potellos vini et tres pecias carnis. Debemus etiam predictis invenire calciamenta de sotularibus ad eorum necessitatem.

## VIII

[S. d.] — *Eudes du Bigre fait don de sa personne et de la moitié de ses meubles, quand il sera mort, à l'abbaye de la Trappe qui s'engage, en retour, à lui fournir, sa vie durant, le vivre et le couvert.*

Odo de Bigro (1) e[s]t donatus noster cum medietate omnium bonorum suorum, ita tamen quod debet gubernare fabricam nostram bene et fideliter aut alium laborem facere, prout fuerit sibi imperatum ; et in recompensatione predictorum tenemur eidem Odoni, vita ejus comite, invenire locum sufficientem ad habitandum, panem, potum, pittanciam ac pulmentum conventuale, videlicet qualibet die qua diu laborare poterit, sex panes conventuales, unum potellum ciceris aut cervesie, unum alet aut tria ova et per quatuor munitiones conventuales conventus, pro qualibet minutione tres potellos vini conventualis et tres pecias carnis, et cum hoc calciamenta sotularia ad ejus necessitatem, et unum par caligarum et annualim quadraginta solidos turonensium, ad festum Omnium Sanctorum, pro se induendo ; et si contigerit quod laborare non possit, non habebit predictos quadraginta solidos, nec etiam nisi quatuor panes.

## IX

Mars 1260 (n. st.). — *Richard Périnel et son frère Guillaume Gaulart font don de leurs personnes et de tous leurs biens à l'abbaye de la Trappe qui s'engage, en retour, à leur fournir, leur vie durant, le vivre et le couvert.*

Universis presentes litteras inspecturis, Ric[ardus] Perinel et

---

(1) Le Bigre, hameau de la commune de Sainte-Gauburge-Sainte-Colombe.

Guillelmus Gaulart, frater ejus, salutem in Domino. Noveritis quod, cum viri religiosi abbas et conventus Domus Dei de Trappa nobis concesserint participationem omnium bonorum spiritualium (1) domus sue sub tali forma, quod nos tenemur laborare et esse in domibus eorumdem et vineis quamdiu vixerimus, ubi nobis ab ipsis fuerit imperatum, tamen fideliter et honeste, et ipsi religiosi nobis prout dictum est habentibus tenentur similiter, quamdiu vixerimus, in victu et vestitu necessaria providere, videlicet michi Ric[ardo] in victu sicut uni de religiosis morantibus in domibus eorum, et michi predicto Guillelmo sicut uni de suis servientibus, de vestitu autem semel in anno unam tunicam et supertunicale cum vestibus lineis, et erunt supertunicale et tunica de burello ; nos, prenominati Richardus et Guillelmus, dedimus eisdem religiosis et domui ac monasterio suo omnia bona nostra, mobilia et immobilia, desaisientes nos de ipsis in manus eorum, et ipsos pro ipsis et pro suo monasterio saisientes, ut de dictis bonis omnibus faciant suam penitus, absque aliqua reclamatione vel contradictione, de cetero voluntatem. Et ut hoc sit firmum et stabile in perpetuum, dedimus dictis religiosis presentes litteras, nostrorum sigillorum munimine roboratas, per quas volumus nos et nostros heredes ad tenendam et garantizandam donationem omnium predictorum [obligari] religiosis antedictis, qui receperunt nos ad participationem bonorum spiritualium domus sue, divine intuitu pietatis, in qua domo nostram elegimus sepulturam. Actum anno gratie M° CC° L° nono, mense marcio.

## X

[S. d., 1154-1189]. — *Commencement d'une charte de Henri II, roi d'Angleterre, duc de Normandie et d'Aquitaine, et comte d'Anjou.*

H[enricus], rex Anglie et dux Normannie et Aquit[anie] et comes And[egavie], archiepiscopo rothomagensi, episcopis, abbatibus, comitibus, baronibus, justiciis, vicecomitibus et omnibus ministris et fidelibus suis Normannie, salutem... (2).

(1) *Manuscrit :* spiritualium.
(2) La transcription de cette charte n'a pas été poussée plus loin dans notre manuscrit.

## XI

Bonmoulins, 1291. — *Liste de plusieurs tenanciers de l'abbaye de la Trappe avec le taux de leur redevance annuelle.*

Fet en l'asise de Bons Molins, l'an de grace M° CC° IIII ˣˣ et unze.

Tenentes :

Johan Henri, II solidos ;
Johan Doucet, XV denarios ;
Gervasius Poton, III denarios ;
Colin Le Rebillart, XVIII denarios ;
Radulphus Giebert, XVII denarios ;
heredes à la Vironne, XXII denarios ;
heredes Henrici (1) du Fai, II solidos VI denarios ;
heredes Thome du Fai, II solidos VI denarios ;
heredes Johannis Louvel, III solidos ;
Johannes Iaques, pro Iourden de la Haie, IIII denarios.

## XII

Janvier 1258 (n. st.) — *L'abbaye de la Trappe ratifie la vente faite à Guillaume Havet, par Foucher Havet, d'une terre avec pré et hébergement, qu'elle avait concédée à ce dernier, à charge de vingt sous tournois de cens annuel.*

### Copia (2).

Universis presentes litteras inspecturis, frater Johannes (3), abas de Trappa, et conventus ejusdem loci, cisterciensis ordinis, salutem in Domino. Noveritis quod cum tradidissemus Fulchero Havet et suis heredibus, pro viginti solidis turonensium annui et perpetui census, in festo sancti Johannis Baptiste atque in festo

---

(1) *Manuscrit* : Henricus
(2) Cette pièce qui, dans le manuscrit, vient à la suite de la précédente, offre cette bizarrerie qu'elle a été transcrite en sens inverse, de sorte qu'il faut tourner le volume de bas en haut pour la lire.
(3) Jean Iᵉʳ Herbert, abbé de la Trappe de 1240 environ à 1274.

Omnium Sanctorum subsequente persolvendis, decem acras terre, sitas apud Lespaterez, cum prato et herbergamento infra dictas acras contentis, et dictus Fulcherus dictas decem acras cum dictis prato et herbergamento pro dictis viginti solidis annui census in dictis festis persolvendis, salvo jure nostro et alieno, vendidisset Guillelmo Havet, sibi suisque heredibus in perpetuum jure hereditario possidendas, nos dictam venditionem ratam habuimus et habemus, salvo tamen jure predicto, ita quod nos tenemur dicto Guillelmo Havet et suis heredibus in perpetuum dictas decem acras cum dictis prato et herbergamento, pro dicto censu nobis in dictis terminis annuatim sine contradictione aliqua persolvendo, garantizare et deffendere contra omnes ad usus Corbonnensis et ab omnibus liberare. Quod ut firmum et stabile maneat in perpetuum, presentes litteras dedimus dicto Guillelmo Havet sigillo nostro munimine roboratas... et cetera. Actum anno M° CC° quinquagesimo septimo, mense januario.

## XIII

[S. d.] — *Etat des dîmes de l'abbaye de la Trappe à Tourouvre.*

### De Decima de Torto Robore (1)

Habemus a primis donatoribus decimis *(sic)* nostre ad trahendum nos et prior de Bresnardo (2) majoris decime et ad triturandum medietatem (3).

In subnotatis medietariis et feodis major decima continetur, videlicet :

in duabus medietariis de Fabrica (4) ;
in medietaria de Corneleria ;

(1) Tourouvre, chef-lieu de canton de l'arrondissement de Mortagne.

(2) Le prieuré de Saint-Léonard de Bresnard, dépendant de l'abbaye de Pontlevoy, fut fondé par les anciens seigneurs de Basoches dans leur château de Bresnard, dont ils portaient le nom. Un moulin, une ferme, construite sur les ruines du château, rappellent encore le souvenir des Bresnard dans la commune de Basoches-sur-Hoëne. (Pitard, *Fragments historiques sur le Perche*, p. 30.)

(3) Il y a sans doute, dans cette phrase inintelligible, quelque lacune ou quelque grossière erreur du copiste.

(4) La Forge, commune de Soligni-la-Trappe.

in medietaria defuncti Gaufridi de Bosco ;
in tribus medietariis de Booletis ;
in medietaria defuncti Gaufridi Hauvel ;
in tota terra Radulfi Brun ;
in medietaria Housel ;
in medietaria Thome de Chauveleria ;
in medietaria Gilleberti ;
in medietaria Rouseroel ;
in medietaria Rogeri Legaleis ;
in toto feodo defuncti W[illelmi] de Bosco, exceptis dominiis ;
in toto feodo Roseloes, excepto dominio ;
in toto feodo domini de Corion (1), exceptis dominicis ;
et in Harcarderia.

Minor decima est :
in feodo Roberti Cornilles ;
in feodo de Bella garda ;
in terra que fuit Guillermi Lecith, juxta campum Persone, post domum suam ;
decima sancti Albini ;
in feodo defuncti Roberti de Torto Robore ;
in medietaria de Alodio ;
in medietaria Berseloue ;
in duabus medietariis de Corlerri (2) ;
in medietaria Pihuart de Fabrica ;
in medietaria Roberti Hueline de Thocha (3) quedam pars et quedam pars minute.

Hec sunt novalia :
ante Allodium, unam canaberiam, circa I minam ;
ante domum Heloysiœ de Allodio, circa I minam de una noa ;
mesoneicium de Boscheteris, circa minotum ;
campus Guillermi de Foresta ad Barbineriam, circa I sextarium ;
ante medietariam de Fabrica juxta quamdam marneriam, circa I minotum ;
ad Corneleriam, ante medietariam, I campus, circa I minotum ;

---

(1) Courgeon, commune du canton de Mortagne.
(2) Coullier, moulin sur l'Hoêne, commune de Sainte-Céronne, canton de Mortagne.
(3) La Touche, commune de Réveillon, canton de Mortagne.

juxta semitam per quam itur a domo Johannis de Alneto ante domum Garini de Belle Garde, a parte inferiori dicte vie, est minuta decima que est a molendino de villa usque ad terras defuncti Guillermi de Bosco, et est erga Belle Garde ; et a domo dicti Johannis de Alneto supradicta usque ad cheminum quo itur ad domum Alnulfi Cocci usque ad terras nostras, est demeinium sacerdotis, scilicet novale ;

inferius erga Berroderiam est magna decima ;

in medietaria de Boeletis, in clauso quod tenet Gaufridus Surdus, est novale circa sextarium unum et medietas clas *(? sic)* Garini de Boeletis ;

item, a fonte de Doeria usque ad cheminum regale quo itur a Torto Robore apud Ca[r]notum, et abotat ex una parte campo dicte Doerie et ex altera terre defuncti Guillelmi de Boucers, est novale ;

apud Vilgulta (1), unam noam ante domum Guillelmi Roilart, circa I boissellum a mesunneicio Johannis de Vilgultis, ante et post, usque ad domum Martini de Vilgultis et usque ad pratum Guillermi Picart et Symonis, sicut est continue.

Item, debemus trahere medietatem majoris decime et minute et terciam partem decime Sancti Albini.

Item, debemus triturare medietatem majoris decime et minute et terciam partem decime Sancti Albini.

Item, debemus habere medietatem straminum majoris decime et decimarum et decime Sancti Albini ; item minute decime in terciam partem straminum.

(1) Les Vergers.

# APPENDICE [1]

## I

[S. d., 1385] — *Memoriale fundationis sancte Marie de Trapa.*

Dignum est memorie commendare, et litterarum monimentis consignare, quomodo locus iste qui dicitur Domus Dei de Trapa fundatus fuerit.

Fuit vir quidam potentissimus, et claræ memoriæ excellentissimus Princeps, Rotrodus nomine, quondam comes Pertici, qui,

---

(1) Les neuf pièces suivantes semblent le complément indispensable du *Cartulaire de la Trappe*. Louis Du Bois a publié des fragments des huit premières, d'après « le Grand Registre des Chartes et Titres originaux de l'abbaye de la Trappe, qui furent transcrits en 1719 et collationnés le 28 septembre de la même année, par Jacques Cherault, vicomte de Moulins-la-Marche, en conséquence des lettres de la chancellerie adressées au lieutenant général de Mortagne, le 21 juillet 1717. » (*Histoire civile, religieuse et littéraire de l'abbaye de la Trappe*, p. 273.)

La bibliothèque de Louis Du Bois, dont le *Grand registre* faisait probablement partie, a été dispersée et on ignore ce qu'est devenu ce précieux volume.

L'abbaye de la Trappe a recueilli cependant dans les épaves de son chartrier une copie de ces mêmes pièces, collationnée sur les originaux par Bertre, notaire royal en la chatellenie de Mortagne, le 5 janvier 1721, en vue d'un procès devant le bailliage de Breteuil. Nous reproduisons ici cette copie, dont l'authenticité nous paraît absolue. Elle nous a été communiquée, avec deux manuscrits échappés également aux pillages de la Révolution, par le Révérendissime Dom Etienne, abbé de la Trappe, que nous prions de recevoir l'expression de notre reconnaissance.

Le premier est intitulé : *Instruction générale pour connaître, conserver et maintenir les droits, domaines, dixmes, rentes et fieffes d'héritages suivant les tiltres et papiers terriers de cette abbaye de Notre-Dame de la Trappe.*

Il se termine par la mention suivante : *Cette instruction a été escrite au mois de février de l'année* 1721.

Ms sur papier de 88 pages, hauteur : 0$^m$187, largeur : 0$^m$125.

L'autre porte en tête : *Inventaire des titres de l'abbaye de la Trappe*, 1761. Il renvoie par des chiffres placés dans les marges aux pages du *nouveau terrier*, le *grand registre* de Louis Du Bois.

Ms sur papier de 661 pages, hauteur : 0$^m$34, largeur : 0$^m$21.

voti exsolvendi causa, Ecclesiam hujus loci fundavit. Cum exorta de repente atroci tempestate, navis qua vehebatur naufragium esset factum, Deo promisit, si intercessione sancte Dei Genitricis Marie, presens evaderet periculum, ut Ecclesiam in ipsius honorem aedificaret.

Votum solvit anno M° C° XX° II°, et in tanti beneficii recordationem, voluit ut Ecclesia inversæ navis formam referret : et anno M° C° XL° IIII° nonas Decembris, Innocentio II° Pontifice maximo, regnante in Gallia Ludovico VII°, juniore dicto, præfatus Rotrodus, comes Pertici, antequam Jerosolimitanam peregrinationem iteraret, assensu et voluntate Harvisæ, uxoris ejus, et Rotrodi ac Stephani, filiorum, ædificavit et fundavit, prope prædictam Ecclesiam jam inceptam Monasterium sancte Marie de Domo Dei, in Feodo quodam, nomine Trapa, a quo postea cognominatum fuit predictum Monasterium, Ecclesiam sacris Reliquiis quas secum de secunda Jerosolimitana peregrinatione asportaverat, decoravit, et de hiis quæ sequuntur dotavit.

Locum ipsum, sive Feodum in quo Abbatia sita est cum omnibus pertinentiis suis, qui locus jungitur ex una parte chemino quo itur de Trapa ad crucem de Barris, predicto chemino a majori bedo (1) stagni de Curtillo, et ex altera parte, a dicta cruce de Barris, juxta antiquam viam publicam qua itur per Linerollas ab Aquila ad Moritaniam, usque ad junctionem viæ predictæ, et alterius viæ quæ ducit de Grangia de Boelaio ad Vadum Rameie supra stagnum Robini, circa angulum superiorem bosci de Verdereto, et ab hac via ducente ad stagnum Robini, usque ad fossatum continuatum secus boscum de Fulreia, usque ad cheminum quo itur de Trapa ad Moritaniam et Malumpassum, et usque ad fossatum dictam Elemosinam, et boscum Cosnart dividens, et secus predictum fossatum usque ad cheminum quo itur de Terris Rubris ad boscum Grimonart, secusque dictum cheminum, usque ad quercum Beroldi usque ad divisionem terrarum Castri Hilarii et brueriarum et juxta predictas terras, brueriasque ac etiam nemus Ferrerete, et bruerias ipsi nemori contiguas, directe, usque ad bedum Stagni de Parcho. juxta ducterium quod fluit de dicto stagno in stagna de Planchis et

---

(1) On peut lire *bedo* ou *bonda*. Ce mot est surchargé aux trois endroits où il se trouve répété. Nous avons suivi la version donnée par Louis Du Bois d'après le *grand registre*.

Molendini inferioris, usque infra predictum Molendinum ac collectionem dicti ductei et alterius ductei pariter fluentis de majori bedo stagni de Curtillo.

Et in hiis limitibus Grangia de Boelaios inclusa est, data a nobilibus viris Willermo de Pice, Hugone de Marcis, et Hugone de Nuilleio, ac etiam nemus juxta stagna Monachorum ex dono Hugonis de Campis, Militis, et Mabilie, uxoris ejus.

Item predicti limites continent Alnetum, juxta stagnum de Curtillo, datum a Matheo de Monte-Gouberti domino de Campis, anno M° CC° XIX°, necnon partem terræ nemorisque, juxta prædictam Grangiam de Boelaio; scilicet Bruerias et boscum dictam Grangiam et stagnum de Aye interjacentes, data à Pagano de Buato, milite, et Hugone, filio ejus. In hac fundatione et dotatione dicte Abbatie, stagna de Curtillo, de Calvo-Monte, d'Aye, Molendinum inferius, et medietas stagnorum dicti Molendini et de Planchis sita et posita sunt.

Eodem tempore quo præfatus Rotrodus hanc fundavit Abbatiam, multi Optimates, Barones, viri nobiles non pauci, et alii, tam pio exemplo, de bonis suis amplas largiti sunt elemosinas : successuque temporis, heredes ac successores præfati Rotrodi, necnon Principes, Barones, Milites, et alii Christi fideles, bona dicte abbatie auxerunt, que Summi Pontifices, et Francorum Reges confirmarunt et admortizarunt (1).

## II

1147. — *Bulle du pape Eugène III, qui, le premier prend ladite abbaye sous la protection du Saint-Siège, en confirme les biens et revenus avec exemption de dixmes.*

Eugenius (2), Episcopus Servus servorum Dei.

Dilectis filiis Albodo (3), Abbati Monasterii sanctæ Mariæ de Domo Dei, ejusque fratribus, tam præsentibus quam futuris, regularem vitam professis in perpetuum.

---

(1) Cette pièce ne porte pas de date, mais, à la fin de l'extrait qu'en a donné Louis Du Bois, se trouve la mention suivante : *In hujus rei testimonium presens scriptum sigilli nostri munimine roboravimus. Actum anno ab incarnatione Domini M° CCC° LXXX° V°*. L'inventaire des titres de l'abbaye de la Trappe lui attribue la même date, p. 7.

(2) Eugène III (1145-1153).

(3) Albolde premier abbé de la Trappe depuis 1146. Il mourut vers 1180.

Apostolici moderaminis clementie convenit religiosos diligere, et eorum loca pia protectione munire. Dignum namque et honestati conveniens esse cognoscitur, ut qui ad ecclesiarum regimen assumpti sumus, eas et a pravorum hominum nequitia tueamur; et Apostolice Sedis munimine foveamus.

Ea propter, dilecti in Domino filii, vestris justis postulationibus clementer annuimus, et præfatum Beatæ Mariæ Monasterium, in quo divino mancipati estis obsequio, sub Beati Petri, et nostra protectione suscipimus, et præsentis scripti privilegio communimus, statuentes ut quascumque possessiones, quæcumque bona in præsentiarum juste et canonice possidetis, aut in futurum, concessione Pontificum, liberalitate Regum, largitione Principum, oblatione fidelium, seu aliis justis modis, præstante Domino, poteritis adipisci, firma vobis vestrisque successoribus et illibata permaneant. Sane laborum vestrorum quos propriis manibus vel sumptibus colitis, sive de nutrimentis vestrorum animalium, nullus a vobis decimas exigere præsumat.

Decerminus ergo ut nulli omnino hominum liceat prædictum Monasterium temere perturbare, aut ejus possessiones auferre, vel ablatas retinere, minuere, seu quibuslibet vexationibus fatigare; sed omnia integra conserventur eorum pro quorum gubernatione et sustentatione concessa sunt usibus omnimodis profutura; salva Sedis apostolicæ authoritate et diocesani Episcopi canonica justitia.

Si qua igitur in futurum ecclesiastica sæcularisve persona, hanc nostræ constitutionis paginam sciens, contra eam temere venire temptaverit, secundo tertiove commonita, si non reatum suum congrua satisfactione correxerit, potestatis honorisque sui dignitate careat; namque se divino judicio existere de perpetrata iniquitate cognoscat, et a sacratissimo corpore ac sanguine Dei et Domini Redemptoris nostri Jesu Christi aliena fiat, atque in extremo examine districtæ ultioni subjaceat. Cunctis autem eidem loco sua jura servantibus, sit pax Domini nostri Jesu Christi, quatinus et hic fructum bonæ actionis percipiant, et apud districtum judicem præmia æternæ pacis inveniant.

Amen.          Amen.          Amen.

Ego Eugenius Catholicæ Ecclesiæ Episcopus.

Ego Albericus, Ostiensis Episcopus.

Ego Imarus, Tusculanus Episcopus.

Ego Guido, Presbyter Cardinalis, tituli sancti Chrisogoni.

Ego Oddo, Diaconus Cardinalis sancti Georgii ad velum aureum.

Datum Parisiis per manum Domini Guidonis sanctæ Romanæ Ecclesiæ Diaconi Cardinalis et Cancellarii, septimo Idus Junii, Indictione decima, Incarnationis dominicæ anno millesimo centesimo quadragesimo septimo, pontificatus vero domini Eugenii papæ tertii anno tertio.

Scellée du sceau de plomb dudit pape, où il y a d'un côté deux têtes, et écrit : « Sanctus Petrus, Sanctus Paulus, » et de l'autre : « Eugenius. Papa tertius. » (*Note du copiste du* XVIIIe *siècle*).

## III

1173. — *Bulle du pape Alexandre III, qui prend cette abbaye sous la protection du Saint-Siège, et en confirme les biens, droits et privilèges, et donne exemption de ne payer aucunes dixmes.*

Alexander (1), Episcopus, servus servorum Dei.

Dilectis filiis Lamberto (2) Abbati Monasterii sanctæ Mariæ de Trapa, ejusque fratribus tam præsentibus quam futuris, regularem vitam professis in perpetuum.

Religiosam vitam eligentibus Apostolicum convenit adesse præsidium, ne cujuslibet temeritatis incursus, aut eos a proposito revocet, vel robur, quod absit, sacræ Religionis infringat.

Ea propter, dilecti in Domino filii, vestris justis postulationibus clementer annuimus, et præfatum Monasterium, in quo divino estis obsequio mancipati, sub Beati Petri et nostra protectione suscipimus ; et præsentis scripti privilegio communimus : in primis siquidem statuentes ut ordo monasticus, qui secundum Deum et Beati Benedicti Regulam, et institutionem cisterciensium fratrum in eodem Monasterio institutus esse denoscitur, perpetuis ibidem temporibus inviolabiliter observetur.

Præterea quascumque possessiones, quæcumque bona idem Monasterium inpræsentiarum juste et canonice possidet, aut in

(1) Alexandre III (1159-1181).
(2) Gervais Lambert, deuxième abbé de la Trappe.

futurum, concessione Pontificum, largitione Regum, vel Principum, oblatione fidelium, seu aliis justis modis, præstante Domino, poterit adipisci, firma vobis vestrisque successoribus, et illibata permaneant : in quibus hæc propriis duximus exprimenda vocabulis :

Locum ipsum quo præfatum Monasterium situm est cum omnibus pertinentiis suis.

**Ex** dono Willelmi de Pice, et Hugonis de Mareis, et Hugonis de Nuilleio, Grangiam de Boeleio.

Ex dono Gervasii de Chirai, terram de Mara ad Morest, et pertinentiam quæ pertinet ad Mareschum.

Ex dono Girardi de Asperis, terram et nemus juxta forestam de Fraiteio.

Ex dono Hugonis de Braisnart, unum pratum ad Moiseriam, et cœtera ad supra dictam Grangiam pertinentia.

Ex Dominio Retrochi, Comitis Perticensis, ad Grangiam de Leigneio, terram arabilem ad quatuor boves et prata de Marseis.

Ex dono Pagani de Malregnard et Fortini, fratris ejus, terram et prata, sicut carta eorum dividit.

Ex dono Oddonis Trochei, terram de Tesval, et quæcumque pertinent ad eandem Grangiam.

Ad Grangiam de Campis, ex dono Hugonis de Campis, et Mabiliæ uxoris ejus, terram quatuor bobus, et pratum quod pertinet ad eandem Grangiam ; et terram quæ est de feudo Fortini de Normandel, et terram quam ibi habetis ex dono cujusdam hominis Girardi de Asperis ; et terram quam ibi habetis ex dono Roberti de Avesnes et de feudo Grossinorum.

Ex dono Hugonis de Campis, nemus quod est juxta Abbatiam, ligna mortua in ejus foresta ad necessaria Abbatiæ, et ligna viva et mortua ad opera prædictæ Grangiæ, et redditum unius fossæ ad faciendum carbonem, et omnia ad eandem Grangiam pertinentia.

Ad Grangiam de Valle Hermerii, ex dono Willelmi de Pinu et Roberti Gruel et Galteri Bresnard, et Gervasii Capreoli, et multorum aliorum, unam carrucatam terræ, et prata quæ ibi sunt, et ligna viva et mortua ad facienda ædificia ejusdem Grangiæ de Leigneio, et ad calefaciendum.

Ex dono Hugonis de Longo Ponte et uxoris ejus, duo arpenta

prati unum est in Longo Prato, et alterum ad noham de Campellis.

Ex dono Radulfi de Pertico, unum arpentum prati, in prato Gunterii.

Ex dono Willelmi de Maisnil, pratum quod est inter prædictum pratum et aquam.

Ex dono Gaufridi de Coireus, unum arpentum prati ad calceiam Montis Hemberti.

Ex dono Roberti de Maisneria, unum arpentum prati super aquam de Coireis.

Ex dono Gervasii de Villa-Estensa, pratum Acelini, et alia omnia ad eandem Grangiam pertinentia.

Ex dono Simonis Viarii, unum pratum ad Capellam de Monteleium.

Ex dono Gervasii Capreoli et Girardi, filii ejus unum modium bladii in frumento medietatem ejus ad Villam quæ dicitur Pezinsiligine, alteram medietatem ad Maisnili Capreoli.

Ex dono Willelmi Gunteri unum herberbagium ad Nuilleium, concedentibus filiis ejus et Garino de Lunrei.

Ex dono Comitis Perticensis centum solidos denariorum, et ex dono Radulfi Viarii viginti solidos; et hii omnes debent reddi de redditu Comitis quem habet in Moretonia.

Ex dono ejusdem Comitis vineam ad latam Pirum.

Ad Grangiam de Contrabis, quidquid pertinet ad eandem Grangiam in bosco, in terra, in pratis; et viginti solidos Andegavenses ad Aquilam et terram quam habetis in parochia Sancti Christophori.

Ad Grangiam de Gastina, quidquid ibi habetis de feudo Willelmi Boffei, et ex donis aliorum, concedente Comite de Bretoil.

Ex dono ejusdem Comitis in foresta de Bretoil, pasturam ad sexaginta porcos, et omnes quitancias quas carta ejusdem Comitis confirmat.

Ad Grangiam de Quercu Haudagrii, terram Hugonis de Lachela, et quidquid ex donis aliorum ad eandem Grangiam pertinet in bosco et in plano.

Ex dono Galteri de Asperis et Hugonis de Chirai, terram et nemus de Noisement, et terram Textorum, et quidquid ibi habetis ex donis aliorum, unde habetis munimentum.

Ad Grangiam de Malheru, donationem Henrici, regis Angliæ,

in terra et pratis, sicut carta ejus dividit; et in foresta ejus ligna ad faciendas carrucas et plaustra, et omnia ad eandem Grangiam pertinentia.

Ex dono Roberti de Glapione sex virgultas prati in pratis de Quercu.

Ex dono Enerardi Molendinarii, quatuor virgultas prati.

Ex dono Boneti de Gastüil, unum pratum.

Apud Maroles, unum pratum.

Ex dono Hugonis de Sancto-Aniano, unum pratum ad fontem Sancti Aniani.

Ex dono comitis Joannis, decem summas vini apud Pireium.

Ex dono Girardi Boel, duos modios vini apud Carnotum.

Ex dono comitis Methlenti, duo millia allecciorum apud Pontem Audemerii.

Ex dono Henrici de Novoburgo, duo millia allecciorum apud Pontem Audemerii.

Ex dono Roberti de Clarofonte, mille alleccia apud Aquilam in redditu Molendini.

Ex donatione Willelmi de Montecollan, et Roberti, filii ejus elemosinam in bladio.

Paci quoque et tranquillitati vestræ paterna sollicitudine providere volentes, auctoritate Apostolica prohibemus ut infra clausuras locorum seu Grangiarum vestrarum, nullus violentiam, vel rapinam, sive furtum committere, aut ignem apponere, seu hominem capere, vel interficere audeat.

Liceat quoque vobis clericos vel laïcos a sæculo fugientes liberos et absolutos ad conversionem recipere, et in vestro Monasterio absque contradictione aliqua retinere.

Prohibemus insuper ut nulli fratrum vestrorum post factam in loco vestro professionem fas sit de eodem loco absque licentia Abbatis discedere. Discedentem vero absque communium litterarum vestrarum cautione, nullus audeat retinere.

Sané laborum vestrorum quos propriis manibus aut sumptibus colitis, sive de nutrimentis vestrorum animalium, nullus omnino a vobis decimas exigere præsumat.

Decernimus ergo, ut nulli omnino hominum liceat præfatum Monasterium temeré perturbare, aut ejus possessiones auferre, vel ablatas retinere, minuere, aut aliquibus vexationibus fatigare; sed omnia integra conserventur eorum pro quorum gubernatione ac sustentatione concessa sunt usibus omnimodis profutura, salva Sedis Apostolicæ auctoritate.

Si qua igitur in futurum ecclesiastica sæcularisve persona hanc nostræ Constitutionis paginam sciens, contra eam temere venire templaverit, secundo tertiove admonita, nisi reatum suum digna satisfactione correxerit, potestatis honorisque sui dignitate careat, reamque se Divino judicio existere de perpetrata iniquitate cognoscat, et à Sacratissimo Corpore ac Sanguine Dei et Domini Redemptoris nostri Jesu Christi aliena fiat, atque in extremo examine districte ultioni subjaceat : Cunctis autem eodem loco sua jura servantibus sit pax Domini nostri Jesu Christi quatinus et hic fructum bonæ actionis percipiant; et apud districtum Judicem præmia æternæ pacis inveniant.

           Amen.           Amen.           Amen.

Ego Alexander, Catholicæ Ecclesiæ Episcopus.

Ego Hubaldus, Hostiensis Episcopus.

Ego Bernardus, Portuensis et Sanctæ Rufinæ Episcopus.

Ego Gualterius, Albanensis Episcopus.

Ego Johannes, Presbyter Cardinalis, tituli Sanctæ Anastasiæ.

Ego Willelmus, Presbyter Cardinalis, tituli Sancti Petri ad vincula.

Ego Boso, Presbyter Cardinalis Sanctæ Pudentianæ, tituli Pastoris.

Ego Petrus, Presbyter Cardinalis Sancti Laurentii in Damaso.

Ego Johannes, Presbyter Cardinalis tituli Sancti Marci.

Ego Manfredus, Presbiter Cardinalis tituli Sanctæ Cæciliæ.

Ego Petrus, Presbiter Cardinalis tituli Sanctæ Susannæ.

Ego Petrus, Presbiter Cardinalis, tituli Sancti Crisogoni.

Ego Oddo, Diaconus Cardinalis Sancti Nicholai, in carcere Tulliano.

Ego Cinthyus, Diaconus Cardinalis Sancti Adriani.

Ego Hugo, Diaconus Cardinalis Sancti Eustachii, justa Templum Agrippæ

Ego Vitellus, Diaconus Cardinalis Sanctorum Sergii et Bacchi.

Ego Hugo, Sancti Angeli Diaconus Cardinalis.

Datum Anagniæ, per manum Gratiani, Sanctæ Romanæ Ecclesiæ Subdiaconi et Notarii, XV Cal. Januarii, Indictione VII, Incarnationis Dominice anno MCLXXIII, Pontificatus vero Domini Alexandri PP. III anno XV.

Scellée du sceau de plomb dudit Pape, où il y a d'un costé deux testes, et écrit Sanctus Petrus, Sanctus Paulus ; et de l'autre : Alexander Papa III. Collationné sur son original en parchemin trouvé conforme, et remis au chartrier. *(Note du copiste)*.

CHERAULT.   AUTRE SIGNATURE ILLISIBLE.

## IV

1189. — *Charte de Rotrou IV, comte du Perche, qui confirme la foudation de Rotrou III, son père, et les donations de plusieurs seigneurs et autres, ses sujets.*

Universis Beatæ Matris Ecclesiæ filiis præsentibus et futuris, ROTRODUS, Perticensium Comes et Dominus (1), in Domino salutem.

Quisquis pro Dei amore, et spe retributionis æternæ, aliquid indigentibus amministrat in præsenti sæculo, ipsi, sibi procul dubio thesaurisat in futuro.

Hac spe ductus, bonæ memoriæ pater meus Domum Dei quæ dicitur Trapa dilexit, et in omnibus ut propriam protexit et manu tenuit. Consequenter igitur, eadem intentione, ego ROTRODUS eandem Abbatiam, et omnes terras ejus, et redditus, et possessiones quas Monachi possident ex donatione mea, sive hominum meorum, suscepi in manu mea, et custodia, et protectione, quas etiam propriis in præsenti scripto duxi exprimendas, et posterorum memoriæ commendandas.

In primis videlicet ex dono meo medietariam de Laigneio, et vineam de Piro lato, et sex libras de redditibus meis apud Mauritaniam, ad festum Sancti Remigii persolvendas.

Ex dono Hugonis de Campis, medietariam quam habent in eadem Villa, et calfagium in Freteio, in quantum ad ipsum Hugonem pertinebat. Si duæ fossæ carbonariæ in ipso Freteio fuerint, unam semper prædicti Monachi habebunt, et alteram Monachi Blesenses : si una, dimidium isti, et dimidium illi.

. Ex dono Girardi de Asperis, partem boschi juxta Freteium.

Ex dono prædicti Hugonis de Campis, boscum quod est juxta stagna Monachorum, sicut metæ discernunt.

(1) Rotrou IV, comte du Perche, de 1143 à 1491.

Ex dono Pagani de Buat, et Hugonis, filii ejus, partem gastinæ juxta Grangiam Abbatiæ, et nemus, sicut metæ discernunt, et pasnagium in bosco de Buat.

Ex dono Gervasii de Buat, et Hugonis, filii ejus, et filiarum ejusdem Gervasii, terram de Sollat, sicut metæ discernunt.

Ex dono Dominorum Pertici, Vallem Hermerii, cum carrucata terræ et pratis ad eundem locum pertinentibus.

Ex dono Gervasii Capreoli, partem suam de pratis de Mareschon, et dimidium modium siliginis apud Mesnil Capreoli, ad festum Sancti Remigii annuatim persolvendum.

Ex dono Willelmo de Pinu, et Gauleranni, filii ejus, dimidium modium annonæ in molendino ejusdem Villæ.

Ex dono Willelmi de Bubertre, et Roberti, filii ejus, tres sextarios annonæ in molendino de Montgiun, et quinque alnas de Burel.

Ex dono Simonis Viarii, unum pratum juxta molendinum Capellæ de Monteliggunt, et quartam partem molturæ molendini de Montgiun.

Ex dono Roberti de Ferreriis, et Radulfi, filii ejus, unum sextarium frumenti, alium siliginis, et tertium avenæ in medietaria de Raderei.

Ex dono Hugonis, sacerdotis de Basoches, et Gaufridi, fratris ejus, quamdam decimam quam habebant in feudo.

Ex dono Garini Burnel, et Girardi, filii ejus, quemdam campum terræ apud Buat, et tertiam partem decimæ quæ eis contingebat de feudo suo.

Ex dono Gisleberti de Lefenegio, decimam quam tenebat in feodo apud Siccumroure, assensu domini sui Roberti de Falandres.

Ex dono Galteri de Bresnart, decimam de suis Rotiz, in parrochia de Siccoroure.

Ex dono heredum de Frex, quamdam decimam apud Mesnil Capreolum, concedente Amarrico Capreolo.

Ex dono Roberti de Haia, unum campum apud Buat.

Ex dono Girardi Hobe, quemdam campum terræ apud Buat.

Ex dono Hugonis de Cortgaudre, et Hugonis, filii ejus, unum sextarium frumenti, et alium siliginis, in medietaria sua de Linerol.

Ex dono Pagani de Loysel, unum sextarium annonæ in molendino de Loyseel.

Ex dono Radulfi Viarii, unum arpentum prati, super Erinam-

Ex dono Hugonis Britonis, unum arpentum prati, super Erinam.

Ex dono Gervasii de Villa expansa, unum arpentum prati super Erinam.

Ex dono Radulfi de Pertico, et Radulfi, filii ejus, unum arpentum prati, apud Vallem Frex.

Ex dono Mathæi de Herauderia, quamdam partem prati, juxta prædictum pratum.

Ex dono Roberti de Mesneria, unum arpentum prati, super ductum du Coreis.

Ex dono Hugonis de Soligneio, et Willelmi, filii ejus, duo arpenta et dimidium prati.

Ex dono Johannis de Vilers, unum arpentum prati, apud Lumpont.

Ex dono Willelmi de Mauritania, unum sextarium annonæ in molendino Calloi, reddendum in medio quadragesimæ.

Has omnes præfatas donationes fecerunt præfati homines liberas et quietas ab omni genere redditus et servitii, et eas in puram et perpetuam elemosinam Ecclesiæ Sanctæ Mariæ de Trapa contulerunt.

Dedit etiam præfatæ Ecclesiæ Monachis Gervasius de Chirai, et Girardus, filius ejus, terram de Mareschun, et prata, a rivo scilicet, usque ad nemus Senescalli, et a semita de Mareschun, usque ad masuras villanorum suorum, concedente domino suo Willelmo de Mesneria et inde accepit in charitate quinquaginta libras. Hanc donationem fecerunt liberam et quietam ab omni genere redditus et servitii, excepto quod inde reddent Monachi decem solidos anuuatim ad festum Sancti Johannis, et per hunc redditum quieti erunt ab omni alia exactione.

Item Odo Trocha dedit eisdem Monachis totam terram quam habebat in parrochia de Tesval, et inde accepit in charitate sexdecim libras. Hanc donationem fecit ipse Odo liberam et quietam ab omni servitio et redditu, excepto quod inde reddent Monachi in Pascha sex solidos, et per hunc redditum quieti erunt ab omni alio redditu et servitio. Hoc ipsum concessit Paganus de Semarzeis, dominus ejus, et exinde habuit centum solidos.

Item dedit Willelmus Surdus juxta prædictam terram unum campum terræ, et inde habuit in charitate viginti quatuor solidos, et per annum ad festum Sancti Remigii sex denarios pro omnimoda aquietatione ejusdem terræ, et Guillelmus Legoe, dominus ejus pro concessione sua sex solidos.

Item Robertus de Noisement, et uxor ejus, dederunt, unum campum juxta prædictam terram, et inde acceperunt in charitate triginta solidos.

Item Paganus de Maureguart, et heredes ejus, dederunt quasdam terras apud Laignei et Maureguart, sicut metæ quæ ibi positæ sunt demonstrant, et inde acceperunt in charitate viginti duas libras, et de concessione sua feodum cujusdam vavassoris sui, nomine Roberti de Brulon, qui pro eo accepit in charitate quatuor libras.

Tustinus autem, filius Pagani, habebit annuatim pro omnimoda quietatione redditus et servitii, sex denarios de feudo illo, ad festum Sancti Remigii.

Item Odo de Belavilers et Richeldis, uxor ejus, dederunt dimidium terræ nemoris Francorum, et inde accepit prædictus Odo equum unum pro omnimoda quietatione et servitio.

Ex dono Huberti Capreoli quartam partem alterius medietatis prædictæ terræ.

Igitur, ne super his elemosinis aliqua inter posteros controversia oriatur, præsens scriptum sigilli mei munio authoritate. Testes sunt Guillelmus, clericus de Loseel. Hignardus de Bellog, Garinus de Vilers, Joannes de Pice, Gaufridus Tronel, Robertus de Broch, Robertus de Nesement, et multi alii.

Actum est hoc publice apud Manves, anno ab Incarnatione Domini MCLXXXIX. Datum per manum Adæ de Loseel.

Scellée du sceau du susdit comte. Veu certiffié et collationné sur son original la présente coppie en parchemin, que nous avons trouvée conforme à son original, lequel a été remis au chartrier.

 Cherault    Signature illisible,
    la même qu'à la charte précédente.

## V

1203. — *Bulle d'Innocent III, pape, qui excommunie ceux qui troubleront les religieux de la Trappe dans la possession de leurs privilèges et immunités de leurs dixmes.*

Innocentius (1), Episcopus, Servus servorum Dei, venerabi-

---
(1) Innocent III (1198-1216).

libus fratribus Archiepiscopo Rothomagensi et suffraganeis ejus et dilectis filiis Abbatibus, Prioribus, Decanis, Archidiaconis, Archipresbyteris, et aliis Ecclesiarum Prælatis in eorum Episcopatibus constitutis salutem et apostolicam benedictionem.

Non absque dolore cordis et plurima turbatione didicimus quod ita in plerisque partibus ecclesiastica censura dissolvitur et canonicæ sententiæ severitas enervatur, ut viri religiosi et hii maxime qui per Sedis Apostolicæ Privilegia majori donati sunt libertate, passim a malefactoribus suis injurias sustineant et rapinas. Et dum vix invenitur qui congrua illis protectione subveniat, et pro fovenda pauperum innocentia se murum defensionis opponat.

Specialiter autem dilecti fillii abbas et conventus de Trapa Cisterciensis Ordinis, tam de frequentibus injuriis quam de vestro cotidiano defectu justitiæ conquirentes, universitatem vestram litteris petierunt Apostolicis excitari, ut ita videlicet eis in tribulationibus suis contra malefactores eorum prompta debeatis magnanimitate consurgere, quod ab angustiis quas sustinent et pressuris, vestro possint præsidio respirare.

Ideoque universitati vestræ, per Apostolica scripta mandamus atque præcipimus, quatinus illos qui possessiones, vel res seu domos prædictorum fratrum vel hominum suorum irreverenter invaserint, aut ea injuste detinuerint quæ prædictis fratribus ex testamento decedentium relinquuntur, seu in ipsos fratres contra Apostolicæ Sedis indulta sententiam excommunicationis aut interdicti præsumpserint promulgare, vel decimas laborum seu nutrimentorum ipsorum spretis Apostolicæ Sedis privilegiis extorquere, ammonitione præmissa, si laici fuerint publice candelis accensis excommunicationis sententia percellatis. Si vero clerici vel canonici regulares seu Monachi fuerint, eos, appellatione remota, ab Officio et Beneficio suspendatis, neutram relaxaturi sententiam, donec prædictis fratribus plenarie satisfaciant, et tam laici quam clerici sæculares qui pro violenta manuum injectione anathematis vinculo fuerint innodati, cum diocesani Episcopi litteris ad Sedem apostolicam venientes ab eodem vinculo mereantur absolvi. De Monachis vero et canonicis regularibus id servetur, ut si ejusdem claustri fratres manus in se ejecerint violentas per Abbatem proprium. Si vero unius claustri frater in fratrem alterius claustri hujusmodi præsumpserit violentiam exercere ; per injuriam passi et inferentis Abbates absolutionis beneficium assequantur, etiamsi eorum aliquis priusquam habitum reciperent regularem, tale aliquid commiserunt : propter quod ipso actu excommunicationis sententiam incurrissent, nisi excessus ipsorum esset difficilis et enormis, utpote si esset ad mutilationem membri vel sanguinis effusionem processum, aut violenta manus in Episcopum vel Abbatem injecta, cum excessus tales et similes sine scandalo nequeant præteriri.

Si vero in clericos seculares manus injecerint, pro vitando scandalo mittantur ad Sedem apostolicam absolvendi ; villas autem in quibus bona prædictorum fratrum vel hominum suorum per violentiam detenta fuerint, quamdiu ibi sunt interdicti sententiam supponatis.

Datum Laterani, III° Kal. novemb Pontificatus nostri anno quinto.

Scellée du sceau de plomb dudit pape.

## VI

1204. — *Autre bulle d'Innocent III, pape.*

Innocentius Episcopus, Servus servorum Dei.

Venerabilibus fratribus Rothomagensi archiepiscopo et suffraganeis ejus, et dilectis filiis Abbatibus, Prioribus, Decanis, Archidiaconis et aliis Ecclesiarum Prelatis in Rothomagensi Provincia constitutis, salutem et apostolicam benedictionem.

Audivimus, et audientes mirati sumus quod cum dilectis filiis Abbati et Conventui de Trapa, Cisterciensis Ordinis a Patribus et prædecessoribus nostris concessum sit, et a nobis ipsis postmodum indultum et etiam confirmatum, ut de laboribus quos propriis manibus aut sumptibus excolunt, nemini Decimas solvere teneantur, quidam ab eis nihilominus, contra apostolicæ Sedis indulgentias, Decimas exigere et extorquere præsumunt, ex prava et sinistra interpretatione apostolicorum Privilegiorum capitulum pervertentes, asserunt de novalibus debere intelligi, ubi noscitur de laboribus esse scriptum. Quoniam igitur manifestum est omnibus qui recte sapiunt interpretationem hujusmodi perversam esse et intellectui sano contrariam, cum secundum capitulum illud a solutione Decimatuum, tam de terris illis quas deduxerunt vel deducunt ad cultum quam de terris etiam cultis quas propriis manibus vel sumptibus excolunt, liberi sint penitus et immunes, ne ullus contra eos materiam habeat malignandi, universitati vestræ per apostolica scripta precipiendo mandamus, quatinus omnibus Parrochianis vestris auctoritate apostolica prohibere curetis, ne a memoratis fratribus de novalibus vel de aliis terris quas propriis manibus vel sumptibus excolunt, seu de nutrimentis animalium, ullatenus Decimas præsumant exigere, vel quomodolibet extorquere.

Quia vero non est conveniens vel honestum ut contra Sedis apostolicæ indulgentias temere veniatur, quæ obtinere debent inviolabilem firmitatem, mandamus vobis firmiterque precipimus, ut, si qui Monachi, Canonici, clerici vel laici contra Privilegia Sedis apostolicæ memoratos fratres super Decimarum exactione gravaverint, Laicos excommunicationis sententia percellentes, Monachos, Canonicos, sive Clericos contradictione, dilatione, et appellatione cessante, ab officio suspendatis, et tam excommunicationis quam suspensionis sententiam faciatis usque ad dignam satisfactionem inviolabiliter observari.

Ad hæc præsentium vobis auctoritate, præcipimus, quatinus si quis eorumdem Parrochianorum vestrorum in sæpedictos fratres violentas manus injecerit eum, candelis accensis excommunicatum publice nuntietis, et tanquam excommunicatum faciatis ab omnibus cautius evitari, donec eisdem fratribus congrue satisfaciat, et cum litteris Diocesani Episcopi, rei veritatem continentibus apostolico se conspectui representet.

Datum Anagniæ IIII° Kal. februarii Pontificatus nostri anno sexto.

Scellée du sceau de plomb du susdit pape.

## VII

1224. — *Bulle d'Honoré III, pape, qui prend ladite abbaye sous la protection du Saint-Siège, en confirme les biens, et lui accorde plusieurs droits et privilèges.*

Honorius (1) Episcopus, Servus servorum Dei.

(1) Honoré III (1216-1227).

Dilectis filiis Abbati Monasterii de Trapa, ejusque fratribus tam præsentibus quam futuris, Regularem vitam professis in perpetuum.

Religiosam vitam eligentibus, apostolicum convenit adesse præsidium, ne forte cujuslibet temeritatis incursus, aut eos a proposito revocet, aut robur, quod absit, sacræ Religionis infringat.

Eapropter, dilecti in Domino filii, vestris justis postulationibus clementer annuimus, et Monasterium Domus Dei de Trapa, in quo divino estis obsequio mancipati, sub Beati Petri et nostra protectione suscipimus, et præsentis scripti privilegio communimus. In primis siquidem statuentes ut Ordo monasticus qui secundum Deum et Beati Benedicti Regulam atque institutionem Cisterciensium fratrum in eodem Monasterio institutus esse dinoscitur perpetuis ibidem temporibus inviolabiliter observetur.

Præterea quascumque possessiones, quæcumque bona idem Monasterium impræsentiarum juste et canonice possidet, aut in futurum, concessione Pontificum, largitione Regum vel Principum, oblationes fidelium, seu aliis justis modis, prestante Domino, poterit adipisci firma vobis vestrisque successoribus et illibata permaneant.

In quibus hæc proprie duximus exprimenda vocabulis.

Locum ipsum in quo præfatum Monasterium situm est cum omnibus pertinentiis suis ; Grangiam de La Gastine cum pertinentiis suis hic (1). Grangiam de Chesnehaudacre cum pertinentiis suis ; Grangiam de Haia cum pertinentiis suis ; Grangiam de Valle Hermerii cum pertinentiis suis ; Grangiam de Contrebis cum pertinentiis suis ; Grangiam de Leigniaco, cum pertinentiis suis ; Grangiam de Campis cum pertinentiis ; Grangiam de Maheru cum pertinentiis suis ; Grangiam de Boelaio cum pertinentiis suis ; Grangiam de Nocumento cum pertinentiis suis ; torcular de Valnoise cum pertinentiis suis ; torcular de Roillon, cum pertinentiis suis ; domum quam habetis apud Balon cum pertinentiis suis, et domum quam habetis apud Aquilam cum pertinentiis suis, cum pratis, vineis, terris, nemoribus,

(1) La terre en question sur laquelle il y avait autrefois plusieurs aistres de maisons qui ont été démolies après la réunion du bail emphytéotique fait aux Simons. (*Note du copiste du* xviii° *siècle*).

usuagiis et pascuis in bosco et plano, in aquis et molendinis, in viis et semitis, et omnibus aliis libertatibus et immunitatibus suis. Sane laborum vestrorum de possessionibus habitis ante consilium generale, ac etiam novalium quæ propriis manibus aut sumptibus colitis, sive de ortis et virgultis, et piscationibus vestris vel de vestrorum animalium nutrimentis, nullus a vobis Decimas exigere vel extorquere præsumat. Liceat quoque vobis clericos vel laicos liberos et absolutos a sæculo fugientes ad conversionem recipere, et eos absque contradictione aliqua retinere.

Prohibemus insuper ut nulli fratrum vestrorum, post factam in Monasterio vestro professionem fas sit sine Abbatis sui licentia de eodem loco discedere, discedentem vero absque communium litterarum vestrorum cautione, nullus audeat retinere. Quod si quis retinere forte præsumpserit, licitum vobis sit in ipsos Monachos, vel conversos regularem sententiam promulgare.

Illud districtius inhibentes ne terras seu quodlibet beneficium Ecclesiæ vestræ collatum liceat alicui personaliter dari, sive alio modo alienari, absque consensu totius capituli, vel majoris aut sanioris partis ipsius. Si quæ vero donationes, vel alienationes aliter quam dictum est factæ fuerint, eas irritas esse censemus.

Ad hæc etiam prohibemus, ne aliquis Monachus, sive conversus sub professione vestræ domus astrictus, sive consensu et licentia Abbatis et majoris partis vestri capituli pro aliquo fide jubeat, vel ab aliquo pecuniam mutuo æcipiat ultra pretium capituli vestri providentia constitutum, nisi propter manifestam vestræ domus utilitatem.

Quod si forte præsumpserit, non teneatur conventus pro hiis aliquatinus respondere. Licitum præterea sit vobis in causis propriis, sive civilem, sive criminalem contineant questionem fratrum vestrorum testimoniis usi, ne pro defectu testium jus vestrum in aliquo valeat deperire.

Insuper, auctoritate apostolica inhibemus ne ullus Episcopus, vel alia quælibet persona ad synodos, vel conventus forenses vos ire, vel judicio sæculari de propria vestra substantia, vel possessionibus vestris subjacere compellat, nec ad domos vestras causa Ordines celebrandi, causas tractandi, vel conventus aliquos publicos convocandi, venire præsumat, nec regularem Abbatis vestri electionem impediat, aut de instituendo vel removendo eo qui pro tempore fuerit contra statuta Cisterciensis Ordinis se aliquatemis intromittat.

Si vero Episcopus in cujus parrochia domus vestra fundata est cum humilitate et devotione qua convenit requisitus substitutum Abbatem benedicere, et alia quæ ad officium episcopale pertinent vobis conferre renuerit, licitum sit eidem Abbati, si tamen sacerdos fuerit, proprios novitios benedicere, et alia quæ ad officium suum pertinent exercere, et vobis omnia ab alio Episcopo percipere, quæ à vestro fuerint indebito denegata. Illud adjicientes ut in recipiendis professionibus quæ a benedictis vel benedicendis Abbatibus exhibentur, ea sint Episcopi forma et expressione contenti quæ ab origine Ordinis noscatur instituta, ut scilicet Abbates ipsi salvo Ordine suo profiteri debeant, et contra statuta Ordinis sui, nullam professionem facere compellantur. Pro consecrationibus vero altarium vel ecclesiarum, sive pro Oleo sancto, vel quolibet alio ecclesiastico sacramento, nullus a vobis, sive optentu consuetudinis, vel alio quolibet modo quicquam audeat extorquere : sed hæc omnia gratis vobis Episcopus Diocesanus impendat. Alioquin liceat vobis quecumque malueritis catholicum adire Antistitem gratiam et communionem apostolicæ Sedis habentem, qui nostra fretus auctoritate vobis quod postulatur impendat. Quod si sedes Diocesani Episcopi forte vacaverit, interim omnia ecclesiastica sacramenta a vicinis Episcopis accipere libere et absque contradictione positis (1) ; sic tamen ut ex hoc in posterum propriis Episcopis nullum præjudicium generetur. Quia vero interdum propriorum Episcoporum copiam non habetis, si quem Episcopum Romanæ Sedis, ut diximus, gratiam et communionem habentem, et de quo plenam notitiam habeatis, per vos transire contigerit, ab eo benedictiones vasorum et vestium, consecrationes altarium, ordinationes Monachorum, auctoritate apostolicæ Sedis recipere valeatis.

Porro, si Episcopi, vel alii Ecclesiarum rectores, in Monasterium vestrum, vel personas inibi constitutas, suspensionis, excommunicationis vel interdicti sententia promulgaverint, sive etiam in mercenarios vestros, pro eo quod Decimas, sicut dictum est non persolvitis, sive aliqua occasione eorum quæ ab apostolica benegnitate vobis indulta sunt, seu benefactores vestros, pro eo quod aliqua vobis beneficia vel obsequia ex caritate præstiterint, vel ad laborandum adjuverint in illis diebus in quibus vos

(1) Ainsi porte le manuscrit : le sens demanderait *possitis*.

laborastis et alii feriantur eandem sententiam protulerint, ipsam tanquam contra Sedis apostolicæ indulta prolatam duximus irritandam. Nec litteræ illæ firmitatem habeant quas tacito nomine Cisterciensis Ordinis, et contra tenorem apostolicorum privilegiorum constiterit impetrari. Præterea, cum commune interdictum terræ fuerit, liceat vobis nichilominus in vestro Monasterio exclusis excommunicationi et interdictis divina officia celebrare.

Paci quoque et tranquillitati vestræ, paterna in posterum sollicitudine providere volentes, auctoritate apostolica prohibemus ut infra clausuras locorum seu Grangiarum vestrarum nullus rapinam, seu furtum facere, ignem apponere, sanguinem fundere, hominem temere capere vel interficere, seu violentiam audeat exercere.

Præterea, omnes libertates et immunitates, a prædecessoribus nostris Romanis Pontificibus Ordini vestro concessas, necnon libertates et exemptiones sæcularium exactionum a Regibus et Principibus, vel aliis fidelibus rationabiliter vobis indultas auctoritate apostolica confirmamus, et præsentis scripti privilegio communimus.

Decernimus ergo, ut nulli Omnino hominum liceat præfatum Monasterium temeré perturbare, aut ejus possessiones auferre; vel ablatas retinere, minuere, seu quibuslibet vexationibus fatigare; sed omnia integra conserventur eorum pro quorum gubernatione ac sustentatione concessa sunt usibus omnimodis profutura, salva Sedis apostolicæ auctoritate.

Si qua igitur in futurum ecclesiastica sæcularisve persona hanc nostræ constitutionis paginam sciens, contra eam temere venire templaverit, secundo tertiove commonita, nisi reatum suum congrua satisfactione correxerit, potestatis honorisque sui careat dignitate, reamque se divino judicio existere de perpetua iniquitate cognoscat, et a sacratissimo Corpore ac Sanguine Dei et Domini Redemptoris nostri Jesu Christi aliena fiat, atque in extremo examine districtæ subjaceat ultioni.

Cunctis autem eidem loco sua jura servantibus sit pax Domini nostri Jesu Christi, quatinus et hic fructum bonæ actionis percipiant et apud districtum judicem præmia æternæ pacis inveniant.

  Amen.  Amen.  Amen.

Ego, Honorius, catholicæ Ecclesiæ Episcopus.

Ego, Nicolaus Tusculanus Episcopus.

Ego, Stephanus, basilicæ duodecim Apostolorum presbyter Cardinalis.

Ego Thomas, tituli Sanctæ Sabinæ presbyter Cardinalis.

Ego, Octavianus, Sanctorum Sergii et Bachi Diaconus Cardinalis.

Ego, Stephanus, Sancti Adriani Diaconus Cardinalis.

Datum Reate per manum Magistri Guidonis, Domini Papæ Notarii, V Nonas Julii. Indictione XIII, Incarnationis Dominicæ anno MCCXXIV Pontificatus vero Domini Honorii Papæ tertii anno nono.

Scellée du sceau de plomb du susdit Pape.

La présente coppie collationnée sur son original, trouvée conforme et remise au chartrier.

CHERAULT. (Signature comme à la bulle précédente.)

## VIII

1246. — *Privilège de saint Louis, roi de France, qui prend sous sa protection l'Abbaye de la Trappe, en confirme tous les biens, droits et privilèges, et en ajoute plusieurs autres.*

Ludovicus (1), Dei gratia, Francorum Rex venerabilibus viris archiepiscopis, episcopis, abbatibus, decanis, præpositis, prioribus, archipresbyteris, officialibus, principibus, ducibus, comitibus, baronibus, summorum senatuum totius regni nostri Franciæ præsidibus, et consiliariis omnibus, justiciis, ballivis, vicontibus; et aliis ministris omnibus, et fidelibus suis sanctæ Matris Ecclesiæ, præsentibus et futuris salutem et dilectionem.

Quisquis divini amoris intuitu, et spe salutis æternæ quidpiam indigentibus amministrat in præsenti sæculo, ipse sibi utique thesaurisat in futuro. Hac spe ducti, inclytæ recordationis et magnæ memoriæ prædecessores nostri, reges, principes et duces, domum Dei quæ dicitur de Trapa, ordinis Cisterciensis ita dilexerunt, et manu tenuerunt in omnibus suis, ut propriam protexerunt.

Propterea consequenter eadem intentione nos pro salute animæ

(1) Saint Louis (1226-1270).

nostræ, antecessorum et successorum nostrorum eandem domum aut abbatiam, et omnes ejus terras, redditus, possessiones, privilegia, immunitates, exemptiones et libertates sæcularium exactionum, a Summis Romanis Pontificibus, et ab aliis Ecclesiarum Prælatis; necnon a regibus, principibus, ducibus, vel aliis fidelibus personis eidem abbatiæ concessas et datas, auctoritate nostra regia confirmamus, et continuamus; et præsentis scripti privilegio, do, confirmo et continuo; in manuque nostra, et custodia, et protectione suscepimus et suscipio. Et eisdem Monachis ibidem Deo servientibus concessimus, quæ etiam omnia propriis nominibus in præsenti duximus exprimenda, et posterorum nemoriæ commendanda.

Locum ipsum in quo prædicta abbatia sita est cum omnibus pertinentiis suis, in pratis, terris, stagnis, pascuis, nemoribus, usuagiis, in bosco et plano, in aquis et molendinis, in viis et semitis, in columbariis, et justitiis, et in omnibus aliis suis libertatibus et immunitatibus.

Grangias de Laigneio, de Campis, de Boissello, de Bolleto, de Aguerneio, de Prato Columbi, de Castro Hylario, de Tuschiis, de Vaunosia, de Raderio, de Hecteria, de Baladone, de Gastina, de Quercu Haudacri, de Nocumento, de Maheru, de Haya (1), de Barris, de Contrebis, de Chantecoq, de Haravillier, de Valle Hermerii.

In decimis, in bladis, in baronibus, in feodis, retrofeodis, in vavassoriis, in dominio, in hominibus, in redditibus, in terris cultis et incultis, in pratis, in aquis, in stagnis, in nemoribus sceduis et non sceduis, in molendinis, in columbariis, in justitiis, in exemptionibus et immunitatibus suis, et in omnibus aliis rebus ad easdem Grangias et terras omnes quas nunc possident pertinentibus.

Et in forestis de Pertico et Resno, ligna viva et mortua ad facienda ædificia prædictarum duarum Grangiarum de Laigneio et de Valle-Hermerii et ad calefaciendum, præcedente visitatione ab agentibus nostris, et ballivo, et aliis hominibus ad id cognoscentibus. Et in eisdem forestis pasnagium porcis, herbagium, folium, fougeriam, et pasturam omnibus animalibus duarum prædictarum Grangiarum, modo sint de nutritione illarum.

(1) Voyez ci-dessus la note placée au commencement de la bulle d'Honorius III.

Et in foresta de Maheru, ad carrucas faciendas et reparandas dictæ Grangiæ de Maheru tres fagos per manus forestarii nostri annuatim tradendas, et clausuras ad prata et terras dictæ Grangiæ. Et in eadem foresta pasnagium porcis, durante ipso, folium, herbagium, fougeriam et pasturam omnibus animalibus dictæ Grangiæ.

Et in foresta de Bonis Molendinis, et Molendinis, duas arbores pro reparatione dictæ Grangiæ de Nocumento singulis annis per officiarios nostros tradendas, et pasnagium porcis, verris, etc.. suis cum omnibus porculis suis, modo sint de nutritione dictæ Grangiæ quos omnes ob causam singulis annis in vigilia sancti Johannis Baptistæ apud Bonas Molendinas, præsente receptore ducere tenentur ostendendos; et folium, herbagium, fougeriam et pasturam omnibus animalibus ejusdem Grangiæ.

Et in foresta de Britolio, pasnagium et pasturam ad sexaginta porcos de nutritione dictæ Grangiæ de Gastina et ligna viva et mortua ad opera ejusdem Grangiæ, et omnes quittancias quas eidem cartæ dividunt.

Et in foresta Belesmensi duas quercus ad usum et reparationem dictæ domus de Vaunosia; molendina de Bureio et de Coulgier, redditus annuos denariorum apud Moretaniam, Aquilam, Argentonium et Escocheium; annuos redditus bladi apud Soligneium, Courteherariam et la Mesnière, Regmalart, et in molendinis de Bubertre et Luosel duos modios frumenti

Apud Aguerneium, dimidium frumenti modium, Apud Gacé, tres sextarios annonæ, et unam sextarium frumenti ad lumen ususque abbatiæ deputatum. Et apud Aquilam, et Pontemaudemeri duodecim millia aleciorum, et quindecim arpenta prati in pratis de Longo-Ponte; et in Longo-Prato, multis in locis, sicut cartæ eorumdem dividunt, et septem prati arpenta apud Manvas, cum multis aliis terris arabilibus, et aliis pertinentiis, immunitatibus, et exemptionibus suis secularibus, ad easdem Grangias prædictas pertinentibus.

Sane non possum quin dolorem patiar, ut enim gravis est nobis oblata querela, nonnulli principes ac nobiles, necnon et nostræ gentis, occasione juris et patronatus, advocaciæ seu custodiæ quam in Abbatia, Grangiis, Cellariis, vel domibus vestris prædictis se habere prætendunt, ac plerumque pro libito voluntatis; et quidam Ecclesiarum Prælati, a quibus non molestari, sed potius consolari deberetis, bladum, vinum, evectiones, animalia, ac res alias, pro edificatione, ac munitione castrorum ac villarum, necnon pro tirociniis, torneamentis, expeditionibus et aliis usibus secularibus a vobis et a colonis seu medietariis vestris exigere et extorquere volunt.

Alias ipsi et nostræ gentis, et parochiani Ecclesiarum ubi sitæ sunt prædictæ Grangiæ, vos et colonos, seu medietarios vestros [talliis] et exactionibus secularium indebitis multipliciter aggravando, contra Ecclesiæ statuta, et privilegia vestra et Ordinis, propter quod et quies Monasterii, Ordinisque perturbatur, et commissis vestris Grangiis et domibus, grave imminet detrimentum.

Quare vestræ providere quieti, et molestantium maliciis obviare volentes, authoritate nostra regia, et præsenti carta districtius inhibemus, ne quis a vobis et a colonis, seu medietariis vestris, ibidem in domibus et Grangiis vestris prædictis manentibus præmissa exigere et extorquere audeat.

Sed volumus, et præsenti carta damus et confirmamus eisdem Monachis, quod ipsi, eorumque homines coloni, medietarii, et pansionarii, in eisdem Grangiis et domibus manentes, et reseantes sint liberi, quieti penitus, et immunes, et exempti ab omnibus subsidiis, terreno servitio, talliis, peagio, fouagio, traversio, et sæculari consuetudine, et sæcularium exactionibus omnibus, relevationibus, gardiis, fossatis, muragiis, curagiis, gravationibus, seu quibuslibet aliis terrenarum servitutum sæcularium exactionibus, et etiam ab omni justitia sæculari et laïca, nichil michi et successoribus meis in eadem Domo Dei, et in eisdem Grangiis vel domibus prædictis retinens.

Quod ut firmum et stabile in perpetuum permaneat, salvo in aliis jure nostro, et in omnibus alieno, præsentibus litteris nostrum fecimus apponi magnum sigillum.

Actum in abbatia Cluniaci, in præsentia Domini Domini Innocentii papæ quarti, anno Domini millesimo ducentesimo quadragesimo sexto, mense septembri.

La présente coppie collationnée sur son original, trouvé conforme et remis au chartrier.

CHERAULT. (Signature comme ci-dessus).

## IX

1269. — *Privilège de Saint-Louis, roi de France, qui confirme les biens de cette abbaye, qui sont dans le comté du Perche.*

Ludovicus, Dei gratia, Francorum rex.

Notum facimus universis tam præsentibus quam futuris, quod nos divini amoris intuitu, et pro remedio animæ nostræ, et animarum inclitæ recordationis regis Ludovici, genitoris nostri, et reginæ Blanchæ, genitricis nostræ, ac aliorum predecessorum nostrorum, abbati et conventui Monasterii Beatæ Mariæ de Trapa, Cisterciensis Ordinis concessimus ut ea quæ justo titulo emptionis, seu donationis, aut alio quocumque justo modo in comitatu Perticensi acquisierunt, et pacifice possederunt, possint tenere in perpetuum, et pacifice possidere sine coactione aliqua vendendi, vel extra manum suam ponendi : salvo in aliis jure nostro, et jure in omnibus alieno.

Quod ut ratum et stabile permaneat in futurum, præsentibus litteris, nostrum fecimus apponi sigillum.

Actum apud abbatiam Regalismontis, anno Domini millesimo ducentesimo sexagesimo nono, mense Martio (1).

Scellé dudit sceau.

---

Les neuf titres cy-dessus et devant transcrits, ont été par nous, notaire royal en la chastellenie de Mortagne, soubsigné, collationnés sur leurs originaux en parchemin, auxquels ils ont été trouvés conformes : pour quoy nous avons présentement ipceux rendus au porteur, ce cinqtième jour de janvier, mil sept cent vingt-et-un.

Signé : Bertre.

Controllé à Mortagne le 5 janvier 1721, folio 98, recto ; reçu six sols.

Signé : Lemarchand.

(1) Les archives de l'abbaye contenaient un autre privilège de Saint-Louis, par lequel il confirmait, à la même date, les biens qu'elle possédait en Normandie et ailleurs, pourvu toutefois que ces biens soient de roture. (*Inventaire des Titres*, page 7.)

# Incipiunt

*Tituli cartarum Domus Dei de Trappa, juxta ordinem litterarum, ut facilius inveniri possint (1).*

---

| | | |
|---|---|---|
| De redditibus denariorum in Corboneto et Francia............................................ | A et B. p. | 1 |
| De Aquila et circa partes illas..................... | C | 112 |
| De Esseio, Bureio et circa........................ | D | 128 |
| De Cadomo et Normannia ........................ | E | 151 |
| De Quercu Haudacrii............................. | F | 178 |
| De Gastina........................................ | G | 186 |
| De Leigneio....................................... | H | 204 |
| De Nocumento................................... | I | 223 |
| De Haya .......................................... | K | 259 |
| De Vualnosia..................................... | L | 296 |
| De Baladone...................................... | M | 316 |
| De Moulins et Bonsmolins ........................ | N | 352 |
| De Dispensaria et Maleru......................... | O | 375 |
| De bladis et decimis Sagiensis diæcesis ........... | P | 400 |
| De bladis et decimis Carnotensis diæcesis......... | Q | 423 |
| De harengis et quittanciis........................ | R | 442 |
| De nemoribus ................................... | S | 450 |
| Cartæ quas habent homines nostri et alii .......... | [T] | 493 |

(1) Cette table existait presque tout entière en tête du manuscrit du *Cartulaire de la Trappe*. Nous avons seulement cru devoir y ajouter les dates des pièces, bien que ces dates ne se trouvent pas dans l'original.

# A

*De reddilibus denariorum in Corboneto et Francia.*

|  | An | Page |
|---|---|---|
| I. Comitissæ Carnotensis de XX solidis........... | 1221 | 1 |
| II. Comitis Drocensis de XL solidis Parisiensium. | 1212 | 2 |
| III. Galteri de Hyspania de XX solidis ........... | 1215 | 3 |
| IV. Comitis Montis-Fortis, de XX solidis Parisiensium....................................... | 1213 | 4 |
| V. Domini de Bubertre, de LX solidis ........... | 1223 | 5 |
| VI. Ejusdem domini, de omnibus eleemosynis feodi sui................................................ | 1224 | 6 |
| VII. Simonis Viatoris, de XX solidis............. | 1226 | ibid. |
| VIII. Guillermi, comitis Pertici, de XL solidis.... | 1217 | 7 |
| IX. Bartholomei Drochonis, de eodem........... | 1225 | 8 |
| X. Willelmi, comitis Pertici, de iisdem XL....... | 1225 | 9 |
| XI. Comitis Pertici, de C solidis........ de 1198 à | 1201 | ibid. |
| XII. Odonis de Cruce, de quatuor solidis......... | 1213 | 10 |
| XIII. Gervasii de Longo-Ponte, de X solidis...... | 1248 | 11 |
| XIV. Simonis Viatoris, de X solidis.............. | 1220 | ibid. |
| XV. Alberici Anglici, de totius hereditatis parte.. | 1213 | 12 |
| XVI. Galfridi de Croisille, de eodem ............. | 1229 | 13 |
| XVII. Hervei de Castello, de LX solidis.......... | 1235 | ibid. |
| XVIII. Hemerici de Villereis, de X libris........ | 1232 | 14 |
| XIX. Gervasii de Rivellon, de X solidis ......... | 1223 | 15 |
| XX. Comitis Pertici, de Domo nostra............ v. | 1200 | 16 |
| XXI. Ejusdem comitis Pertici, de XVI libris...... | id. | ibid. |
| XXII. Hervei de Castello, Brueroliorum de VI libris.................................... | 1226 | 17 |
| XXIII. Hugonis de Castro, de LX solidis......... | 1211 | 18 |
| XXIV. Guillelmi Pertici, de XL solidis........... | 1219 | 19 |
| XXV. Ejusdem comitis, de molendino de Biviler.. v. | 1200 | ibid. |
| XXVI. Gervasii de Montrihart, de LX solidis..... | 1227 | 20 |
| XXVII. Joannis, cantoris Mauritaniæ, de XV solidis | 1233 | 21 |
| XXVIII. Roberti de Vizeio, de V solidis.......... | 1218 | 22 |
| XXIX. Fulconis Buignon, de V solidis...... .... | 1247 | 23 |
| XXX. Willelmi de Alneto, de IIII solidis......... | 1238 | ibid. |

|  | An | Page |
|---|---|---|
| XXXI. Gervasii de Conde, de X solidis............ | 1231 | 24 |
| XXXII. Odonis Quarrel, de X solidis............ | 1237 | 25 |
| XXXIII. Galfridi de Quatre-Mares, de V solidis... | 1226 | ibid. |
| XXXIV. Joannis de Chirayo, de VI solidis et dim.. | 1247 | 26 |
| XXXV. Gaufridi de Fossa, de XII denariis....... | 1237 | ibid. |
| XXXVI. Gaufridi de Illiers, de V solidis......... | 1210 | 27 |
| XXXVII. Willelmi de Mesneria, de V solidis..... | 1226 | 28 |
| XXXVIII. Isaviæ Gruel, de X solidis............ | 1202 | ibid. |
| XXXIX. Isaviæ, uxoris Galteri, de VII solidis .... | 1238 | 29 |
| XL. Natalis Sellarii, de iisdem VII solidis........ | 1250 | 30 |
| XLI. Martini de Autolio, de V solidis............ | 1234 | 31 |
| XLII. Hugonis de Corino, de V solidis.... ...... | 1241 | 32 |
| XLIII. Nicolai de Eveiz, de X solid's ............ | 1247 | ibid. |
| XLIV. Martini de Ranquerolles, de X solidis...... | 1232 | 33 |
| XLV. Ejusdem confirmatio de Willelmo de Foucherons. ................................... | 1232 | ibid. |
| XLVI. Galteri Pequit de tenemento suo.......... | 1225 | 34 |
| XLVII. Martini de Ranquerolles confirmatio..... | 1228 | ibid. |
| XLVIII. Odonis de Ranquerolles confirmatio..... | 1225 | 35 |
| XLIX. Perrotæ de Corleher de XI solidis IX denariis. ........ : ....,.................... | 1232 | ibid. |
| L. Willermi de Moyre, confirmatio.............. | 1232 | 36 |
| LI. Joannis de Ferreris de terra suâ............ | 1227 | 37 |
| LII. Raginaldi de Champion de XV solidis....... | 1246 | ibid. |
| LIII. Willelmi de Valle de XII denariis.......... | 1244 | 38 |
| LIV. Nicolai de Curtaharaia de X solidis........ | 1223 | ibid. |
| LV. Ejusdem de eodem redditu ................ | 1225 | 39 |
| LVI. Willelmi de Villereio de IIII solidis........ | 1226 | ibid. |
| LVII. Guillelmi Borrel de VII solidis............ | 1245 | 40 |
| LVIII. Ejusdem de eodem..................... | 1249 | 41 |
| LIX. Roberti Borrel de terra suâ... ........... | 1249 | 42 |
| LX. Ascelinæ relictæ de XII denariis............ | 1246 | 43 |
| LXI. Mathildis La Saunière de XII denariis...... | 1248 | ibid. |
| LXII. Willelmi de Fraxino, de V solidis ......... | 1224 | 44 |
| LXIII. Guillelmi de Chiraio, de VII solidis....... | 1247 | ibid. |
| LXIV. Roberti Gastable de terra suâ ............ | 1235 | 45 |
| LXV. Ejusdem de alia terra ................... | 1234 | 46 |
| LXV (bis). Ejusdem de IIII solidis.............. | 1235 | ibid. |

|  | An | Page |
|---|---|---|
| LXVI. Guillelmi de Chiraio de XII solidis........ | 1248 | 47 |
| LXVII. Willermi, militis, de eodem............. | 1246 | 48 |
| LXVIII. Joannis Le Franc de campo suo......... | 1247 | 49 |
| LXVIII (bis). Ejusdem de eodem .............. | 1244 | ibid. |
| LXIX. Rogerii de Mesnil de II solidis............ | 1225 | 50 |
| LXX. Roberti de Corpotin de terragio........... | 1230 | 51 |
| LXXI. Joannis de Morte-truie de eodem......... | 1230 | ibid. |
| LXXII. Rogerii de Mesnil confirmatio........... | 1230 | 52 |
| LXXIII. Radulfi Le Borgne de IIII solidis....... | 1244 | ibid. |
| LXXIV. Willelmi de Bresnart de eleemosynis feodi sui................................... | 1224 | 53 |
| LXXV. Herberti Postel de venditione............ | 1223 | 54 |

# B

*De eodem.*

|  | An | Page |
|---|---|---|
| I. Gervasii de Prulayo de dono Guillelmi Channon. | 1236 | 55 |
| II. Guillelmi Channon de eodem ............... | 1234 | 56 |
| III. Hugonis de Vilers de feodo et XIII solidis..... | 1220 | 57 |
| IV. Angeboldi de terra juxta Champeaux......... | 1220 | ibid. |
| V. Roberti de Hosseia de eodem................ | 1225 | 58 |
| VI. Renaudi de Nonant de eodem.............. | 1213 | 59 |
| VII. Sagiensis episcopi (Gervais I) confirmatio... | 1225 | ibid. |
| VIII. Willelmi de Longo-Ponte de VIII solidis... | 1227 | 60 |
| IX. Richardi de Champeaux .................... | 1220 | 61 |
| X. Hugonis de Vilers de II solidis.............. | 1227 | ibid. |
| XI. Guillelmi Labele prepositi de Solignio de X solidis.................................... | 1235 | 62 |
| XII. Herberti Guiart de eodem... .............. | 1235 | 63 |
| XIII. Nicolai Chevrel de V solidis .............. | 1238 | ibid. |
| XIV. Willelmi, præpositi de Soligneio de V solidis. | 1251 | 64 |
| XV. Richardi, archidiaconi Corbonensis de VII solidis..................................... | 1251 | 65 |
| XVI. Gaufridi, vice comitis Castriduni, de XX solidis .................................... | 1210 | ibid. |
| XVII. Willelmi de Firmitate Ernaudi de X solidis. | 1214 | 66 |
| XVIII. (Lacune). | | |

|  | An | Page |
|---|---|---|
| XIX. Willelmi de Peiz de molendino de Corlehier. | 1253 | 66 |
| XX. *(Lacune)*. | | |
| XXI. Odelinæ de Ranqueroltes de eodem......... | 1252 | 67 |
| XXII. Guillelmi de Fougeroux de eodem......... | 1252 | 68 |
| XXIII. Joannis de Moire de eodem............. | 1251 | ibid. |
| XXIV. Guillelmi de Buato de X solidis........... | 1252 | 69 |
| XXV. R[oberti] de Mont-Collain (1)............ | 1247 | 70 |
| XXVI. Gerei Le Mercier....................... | 1251 | 71 |
| XXVII. Guillelmus de Colle................... | 1252 | 72 |
| XXVIII. Willelmi, comitis Pertici.............. | 1219 | 73 |
| XXIX. Guillelmi de Bubertre.................. | 1247 | 74 |
| XXX. Compositio inter nos et Fratres Vallis Dei.. | 1247 | ibid. |
| XXXI. Hugonis Espervier..................... | 1245 | 76 |
| XXXII. Guillelmi des Chattelers............... | 1238 | ibid. |
| XXXIII. Martini de Autolio.................... | 1246 | 77 |
| XXXIV. Laurentii, prepositi de Soligneio........ | 1248 | 78 |
| XXXV. Guillelmi Havart...................... | 1247 | 79 |
| XXXVI. Viviani de Labertere, presbyteri........ | 1236 | 80 |
| XXXVII. Dyonisii Chevroel................... | 1234 | 81 |
| XXXVIII. Roberti de Campis.................. | 1252 | 82 |
| XXXIX. Johannis Martini..................... | 1252 | 83 |
| XL. Guillelmi de Chastelers .................. | 1252 | 84 |
| XLI. Item ejusdem........................... | 1248 | ibid. |
| XLII. Roberti de Moire ...................... | 1253 | 85 |
| XLIII. Item ejusdem.......................... | 1253 | 86 |
| XLIV. Johannis de Barilli .................... | 1253 | 87 |
| XLV. Hugonis Bresnart....................... | 1253 | ibid. |
| XLVI. Hugonis dicti Prepositi ................. | 1252 | 88 |
| XLVII. Philippi de Breidel.................... | 1253 | 89 |
| XLVIII. Hugonis Picart....................... | 1252 | 90 |
| XLIX. Ydonee de Corion...................... | 1254 | ibid. |

(1) La partie de la table transcrite jusqu'ici est la reproduction du second feuillet du manuscrit. Le premier contient seulement le titre suivant :

Liber
domus Dei B. Mariæ
de Trappa.

Les deux premiers feuillets, ajoutés après coup au manuscrit, sont d'une écriture du xviii® siècle. La suite est du xiii® et de la même écriture qu'une partie du manuscrit.

|   | An | Page |
|---|---|---|
| L. Matthei prepositi | 1255 | 91 |
| LI. Guillelmi Larchier | 1254 | 92 |
| LII. Domus Dei de Mauritania | 1254 | 93 |
| LIII Johannis Erneis | 1255 | 94 |
| LIV. Gervasii Binet | 1255 | 95 |
| LV. Matthei de Bosco-Landri | 1256 | 96 |
| LVI. Johannis Le Franc | 1252 | 97 |
| LVII. Gervasii de Longo-Ponte | 1256 | 98 |
| LVIII. Roberti pelliparii de Marches | 1236 | 99 |
| LIX. Stephani de Mannis | 1257 | 100 |
| LX. Willelmi Corbin | 1244 | 102 |
| LXI. Silvestri Corbin | 1258 | 103 |
| LXII. Gervasii de Boscheel | 1258 | 104 |
| LXIII. N[icolai] de Buato, filii defuncti N[icolai] | 1258 | 105 |
| LXIV. Gaufridi Malnorri | 1258 | 106 |
| LXV. Odonis Le Feutrier | 1258 | 107 |
| LXVI. G[irardi] Sapientis | 1258 | 108 |
| LXVII. R[oberti] filii Viviani Martini | 1233 | 109 |
| LXVIII. Mathei de Montgoubert | 1239 | 110 |
| LXIX. Roberti de Moire | 1260 | 111 |

# C

*De Aquila et circa partes illas.*

|   | An | Page |
|---|---|---|
| I. Gerburgis matris Goidi de Aspris et filiorum ejus. | 1136 | 112 |
| II. Gilleberti de Aquila | 1211 | 113 |
| III. Richerii de Aquila | [s. d.] | 114 |
| IV. Guillelmi de Mont-Collain | [s. d.] | ibid. |
| V. Willelmi de Feritate-Fresnel | [s. d.] | 115 |
| VI. Guillelmi de Fontenil | 1240 | 116 |
| VII. Nicholai d'Estoni | 1241 | ibid. |
| VIII. Mathei de Montgoubert | 1226 | 117 |
| IX. Viviani Berart | 1242 | 118 |
| X. Roberti vice comitis | 1210 | ibid. |
| XI. Willelmi de Jarrieto | 1232 | 119 |
| XII. Ejusdem Willelmi | 1241 | 120 |

|  | An | Page |
|---|---|---|
| XIII. Philippi de Montfort.... | 1226 | 120 |
| XIV. Balduini de Lafangee | 1230 | 121 |
| XV. Matildis de Valle | 1213 | 122 |
| XVI. Bartholomei Hericon | 1212 | ibid. |
| XVII. Roberti de Cortenaio | 1211 | 123 |
| XVIII. Thome d'Eschaufou | 1215 | ibid. |
| XIX. Garini d'Eschaumesnil | 1227 | 124 |
| XX. Guillelmi de Bretel | 1213 | 125 |
| XXI. Stephani Anglici | 1253 | 126 |
| XXII. Arnulfi de Bretel | 1257 | ibid. |

# D

*De Esseio et Bureio et circa.*

|  | An | Page |
|---|---|---|
| I. Roberti de Esseio | 1211 | 128 |
| II. Archiepiscopi confirmatio | 1211 | 129 |
| III. Willelmi Le Bigot | 1220 | 130 |
| IV. Item alia de eodem |  | ibid. |
| V. Item Willelmi Bigot | 1220 | 121 |
| VI. Willelmi Godefridi | 1220 | ibid. |
| VII. Hugonis de Bello-Monte | 1226 | 132 |
| VIII. Ejusdem Hugonis | 1223 | 133 |
| IX. J[ohannis] de Buresart, presbyteri | 1219 | 134 |
| X. Rad[ulfi] de Boisgauchier | 1209 | ibid. |
| XI. J[ohannis] de Boisgauchier | 1247 | 135 |
| XII. Willelmi, comitis Pertici | 1225 | 136 |
| XIII. Agnetis de Curies | 1241 | 137 |
| XIV. Gervasii de Bellaviler | 1222 | ibid. |
| XV. J[ohannis] de Capellis | 1217—1226 | 138 |
| XVI. Nicholai Forestarii | 1209 | ibid. |
| XVII. Philippi de Prulai | 1219 | 139 |
| XVIII. Guillelmi Doe | 1219 | 140 |
| XIX. Littere episcopi de pace de Bureio | 1230 | ibid. |
| XX. G[uillelmi] comitis Perticensis | [s. d.] | 141 |
| XXI. Gervasii Martel | 1215 | 142 |
| XXII. Willelmi de Medavi | 1218 | ibid. |

|  | An | Page |
|---|---|---|
| XXIII. Guillelmi de Vilers | 1248 | 143 |
| XXIV. Rad[ulfi] de Longoponte | 1249 | 144 |
| XXV. Roberti Racine | 1252 | ibid. |
| XXVI. Guillelmi de Mesnil | 1252 | 145 |
| XXVII. Huberti Jocelini | 1252 | 146 |
| XXVIII. De molendino de Bureio | 1252 | 147 |
| XXIX. Officialis Sagiensis de eodem | 1255 | 148 |
| XXX. Everardi de Villa-Petrosa | 1255 | 150 |

# E

*De Cadomo et Normannia.*

| | | |
|---|---|---|
| I. Eustachii de Agreneio | 1258 | 151 |
| II. Nicholai Rebellon | 1257 | 152 |
| I (*bis*). Henrici, marescalli | 1213 | 153 |
| II (*bis*). Hugonis de Gornaio | [s. d.] | 154 |
| III. Hugonis de Rotis | [s. d.] | ibid. |
| IV. Hugonis de Montfort | [s. d.] | 155 |
| V. Oliverii de Sancto-Audoeno | 1219 | ibid. |
| VI. Gilleberti de Argentela | [s d.] | 156 |
| VII. Confirmatio episcopi de Hugone de Ulmeio | 1188—1189 | ibid. |
| VIII. Symonis de Ulmeio | [s. d.] | 157 |
| IX. Item ejusdem | [s. d.] | 158 |
| X. Plaisencie de Ulmo | [s. d.] | ibid. |
| XI. Rogeri de Argenciis | 1234 | 159 |
| XII. Thome de Agreneio | 1211 | 160 |
| XIII. Confirmatio Hugonis de Gresnebeio de hoc | [s. d.] | ibid. |
| XIV. Item ejusdem Thome | [s. d.] | 161 |
| XV. Confirmatio episcopi Baiocensis | 1164—1205 | 162 |
| XVI. Item de hoc eodem | [s. d.] | ibid. |
| XVII. Henrici de Agreneio | 1236 | 163 |
| XVIII. Item ejusdem Henrici | | 164 |
| XIX. Item ejusdem | 1237 | ibid. |
| XX. Item ejusdem | | ibid. |
| XXI. Thome de Mesnillio | 1239 | 165 |
| XXII. Henrici de Agreneio | 1237 | ibid. |

|  | An | Page |
|---|---|---|
| XXIII. R[oberti] de Praeres militis de hoc ....... | 1239 | 166 |
| XXIV. Eustachii de Agreneio................... | 1244 | ibid. |
| XXV. Item ejusdem............................ | 1247 | 167 |
| XXVI. Item ejusdem........................... | 1251 | 168 |
| XXVII Guillelmi Belet de Cadumo............. | 1250 | 169 |
| XXVIII. Agnetis Karrete........................ | 1243 | 170 |
| XXIX. Philippi Oin............................ | 1251 | 171 |
| XXX. Eustachii de Agreneio.................... | 1247 | ibid. |
| XXXI. Ejusdem Eustachii...................... | 1252 | ibid. |
| XXXII. Hugonis de Cambis, clerici ............ | 1253 | 172 |
| XXXIII. Alia unde et supra..................... |  | 173 |
| XXXIV. Roberti de Hellcio, clerici.............. | 1253 | ibid. |
| XXXV. Radulphi de Cambis.................... | 1253 | 174 |
| XXXVI. Rogerii Gomeril ....................... | 1254 | 175 |
| XXXVII. Domini de Croileio .................... | 1254 | 176 |
| XXXVIII. Domini de Columbeio................. | 1254 | ibid. |
| XXXIX et XL (chiffres avec espace blanc)........ |  | 177 |

# F

## De Chesne Haudacre.

|  | An | Page |
|---|---|---|
| I. Episcopi Ebroicensis de decima de Melicort..... | 1182 | 178 |
| II. Ernaudi de Cella........................... | 1203 | 179 |
| III. Item ejusdem............................. | 1203 | ibid. |
| IV. Symonis de Grant-Vilers................... | 1156 | 180 |
| V. Symonis, filii ejusdem Symonis............. | 1175 | ibid. |
| VI. Rogeri de Planis........................... | 1219 | 181 |
| VII. Willelmi de Planis........................ | [s. d.] | ibid. |
| VIII. Gilleberti de Plesseio .................... | [s. d.] | 182 |
| IX. Divisio terrarum nostrarum et Radulfi de Melicort................. | 1226 | ibid. |
| X. Reginaldi Fromentin....................... | 1224 | 103 |
| XI. Confirmatio de Hugone de Cella............. | [s. d.] | 184 |
| XII. Comitis Legrensis (1) .................... | [s. d.] | 185 |

(1) Il y a dans le manuscrit *Legren*. Il s'agit de Leicester en Angleterre

## G

*De Gastina.*

|  | An | Page |
|---|---|---|
| I. Nicholai de Melicort | 1215 | 186 |
| II. Radulphi de Summere | 1204 | ibid. |
| III. Johannis de Chaorcia | 1217 | 187 |
| IV. Episcopus Ebroicensis, de pace ecclesie de Mesnillio | 1226 | 188 |
| V. Nicholai de Gloz | 1243 | ibid. |
| VI. Willelmi de Plagnis | [s. d.] | 189 |
| VII. Johannis de Saquenville | 1194 | ibid. |
| VIII. Confirmatio de dono Bosci | [s. d.] | 190 |
| IX. Item divisionis terrarum |  | ibid. |
| X. Willelmi Abernon | [s. d.] | 191 |
| XI. Roberti de Saquenville | 1176 | ibid. |
| XII. De decimis nostris et oblatis Sancti-Ebrulfi | 1175 | 192 |
| XIII. Johannis Chaperon | 1246 | 193 |
| XIV. Willelmi Summere | [s. d.] | 193 |
| XV. De decimis illius terre | 1168 | ibid. |
| XVI. Ricardi de Bosco-Hubout | 1211 | 195 |
| XVII. Yvonis de Bosco-Hubout | 1212 | ibid. |
| XVIII. Lamberti Bufei | [s. d.] | 196 |
| XIX. Abbatis de Lira de Ric[ardo] Hurel | 1166—1177 | 197 |
| XX. Comitis Legrensis | 1153—1167 | ibid. |
| XXI. Item ejusdem |  | 198 |
| XXII. Gervasii de Haia | 1212 | 199 |
| XXIII. Ejusdem de avunculo ipsius v. | 1189 | ibid. |
| XXIV. Item ejusdem Gervasii | 1236 | 200 |
| XXV. Pagani Frenelli | [s. d] | 201 |
| XXVI. Gervasii de Haia | 1256 | 202 |
| XXVII. Odonis Heron presbyteri | 1248 | ibid. |
| XXVIII. Guillelmi Heron ad idem | 1249 | 203 |

# H

*Carte de Legneio.*

|  | An | Page |
|---|---|---|
| I. Rotroudi, comitis Perticensis | 1181–1191 | 204 |
| II. Gaufridi, comitis Perticensis | 1171—1202 | 205 |
| III. Huberti Chevroel | 1208 | ibid. |
| IV. Garini Chevroel | 1205 | 206 |
| V. Gervasii Guimant | 1208 | 207 |
| VI. Roberti de Ferrariis | 1208 | ibid. |
| VII. Willelmi, archidiaconi Corbonensis de eodem v. | 1205 | 208 |
| VIII. Odonis Troche | [s. d.] | ibid. |
| IX. S[imonis], senescalli Mauritanie, ad idem. | 1206 | 209 |
| X. Gervasii Guimant | 1211 | 210 |
| XI. Richeri Gastinel | [s. d.] | ibid. |
| XII. Thome de Malregart | 1217 | 211 |
| XIII. Ejusdem Thome | 1217 | ibid. |
| XIV. Nicholai de Aqua | 1250 | 212 |
| XV. Roberti Letheri | 1226 | 213 |
| XVI. W[illelmi] Letheri, ad idem | 1226 | ibid. |
| XVII. Item ejusdem W[illelmi] | 1225 | 214 |
| XVIII. Galteri de Alodio | 1226 | ibid. |
| XIX. Gaufridi Cocherel | 1229 | 215 |
| XX. Radulphi de Boisseel | 1249 | ibid. |
| XXI. Hugonis de Sancto-Albino | 1228 | 216 |
| XXII. Galteri de Alodio | 1231 | 217 |
| XXIII. Willelmi de Barilleio | 1221 | ibid. |
| XXIV. W[illelmi] Herberti | 1250 | 218 |
| XXV. Johannis Le Moyner | 1251 | ibid. |
| XXVI. Idem de Sancto-Hylario | 1250 | 119 |
| XXVI (bis). Gaufridi Gonel (*Omissa*) | [s. d.] | 220 |
| XXVII. Confirmatio episcopi de eodem | 1217 | ibid. |
| XXVIII. Hugonis de Bordellis | 1258 | 221 |

# I

*Carte de Nocumento.*

|  | An | Page |
|---|---|---|
| I. Guillelmi de Solers, de Galtero de Aspris. | [s. d.] | 223 |
| II. Confirmatio episcopi ad idem | 1167 | 224 |
| III. Hugonis de Ferrariis, pro Radulpho, filio suo. | [s. d.] | ibid. |
| IV. Guillelmi de Blavo | [s. d.] | 225 |
| V. Ejusdem Guillelmi | [s. d.] | 226 |
| VI. Fulconis de Louveriis | 1218 | 227 |
| VII. Symonis de Ferraria | 1211 | ibid. |
| VIII. Hugonis de Ferraria | [s. d]. | 228 |
| IX. Fulconis de Louveriis | 1213 | ibid |
| X. Gervasii et Symonis de Manou | 1209 | ibid. |
| XI. Ejusdem Gervasii | 1210 | 230 |
| XII. Symonis de Manou | [s. d.] | 231 |
| XIII. Herberti Botevilain | 1227 | 232 |
| XIV. Ejusdem Herberti | 1227 | ibid. |
| XV. Roberti de Montcollain | 1228 | 233 |
| XVI. Guillelmi de Valfermant | 1237 | 234 |
| XVII. Officialis Sagiensis de Hersent de Mesnil | 1228 | ibid. |
| XVIII. Thome, comitis Perticensis | 1215 | 235 |
| XIX. Roberti de Foumucon | 1220 | ibid. |
| XX. Abbatis Sancti-Petri Carnotensis | 1218 | 236 |
| XXI. Agnetis de Mesnilrenart | 1226 | 237 |
| XXII. Guillelmi Renart, presbyteri et Mathei | 1244 | ibid. |
| XXIII. Ejusdem Guillelmi | 1239 | 238 |
| XXIV. Guillelmi Renart, clerici | 1236 | 239 |
| XXV. Odeline de Mesnilrenart | 1224 | 240 |
| XXVI. Guillelmi Renart, presbyteri | 1244 | ibid. |
| XXVII Mathei Renart | 1248 | 241 |
| XXVIII. Philippi Boder | 1238 | 242 |
| XXIX. Roberti de Longo-Ponte | 1215 | ibid. |
| XXX. Galteri Frogeri | 1215 | 243 |
| XXXI. Radulphi Pagani | 1249 | ibid. |
| XXXII. Philippi Boder | 1250 | 244 |
| XXXIII. Thome de Bona-Villa | 1234 | 245 |

|  | An | Page |
|---|---|---|
| XXXIV. Garini de Eschaumesnil................ | 1217 | 246 |
| XXXV. Episcopi Elroicensis, de Guillelmo de Bretel............................................ | 1213 | 247 |
| XXXVI. Joannis Aucheri de Molins............ | 1244 | ibid. |
| XXXVII. Ejusdem Johannis.................... | 1244 | 248 |
| XXXVIII. Episcopi Sagiensis, de Galtero de Aspris ............................................ | 1157-1184 | ibid. |
| XXXIX. Gervasii Foorestarii................... | 1242 | 249 |
| XL. Ejusdem Gervasii ......................... | 1242 | 250 |
| XLI. Item ejusdem............................. | 1242 | 251 |
| XLII. Guillelmi de Genevreia.................. | 1250 | 252 |
| XLIII. Radulphi de Challoc.................... | 1236 | 253 |
| XLIV. Johannis Cohy vel Puille............... | 1251 | ibid. |
| XLV. Roberti Hersent ......................... | 1254 | 254 |
| XLVI. Mathei Renart........................... | 1259 | 255 |
| XLVII. Ejusdem Mathei....................... | 1259 | 256 |
| XLVIII. Roberti de Longo-Ponte.............. | 1214 | 257 |

# K

*Carta de Haia de Chantecoq.*

|  | | |
|---|---|---|
| I. Goheri de Morvilla........................... | 1214 | 259 |
| II. Ejusdem Ooheri............................. | [s. d.] | ibid. |
| III. Item Goheri................................ | 1206 | 260 |
| IV. Item alia.................................... | 1233 | 261 |
| V. Ejusdem Goheri............................. | 1231 vel 1232 | ibid. |
| VI. Ejusdem de filiabus servientis ........... | [s. d.] | 262 |
| VII. Item ejusdem Goheri ..................... | 1213 | 263 |
| VIII. Ejusdem Goheri.......................... | 1235 | ibid. |
| IX. Petri de Ripparia .......................... | 1243 | 264 |
| X. Andree Fabre de Chesnebrun .............. | 1211 | ibid. |
| XI. Herberti Belot.............................. | 1234 | 265 |
| XII. Petri de Ripparia.......................... | [s. d.] | ibid. |
| XIII. Petri de Ripparia......................... | 1240 | 266 |
| XIV. Item ejusdem ............................. | 1211 | 267 |
| XV. Petri de Ripparia.......................... | 1237 | ibid. |

|  | An | Page |
|---|---|---|
| XVI. Petri de Ripparia. | 1226 | 268 |
| XVII. Ejusdem Petri. | 1213 | ibid. |
| XVIII. Item ejusdem. | 1235 | 269 |
| XIX. P[etri] de Ripparia. | 1232 | 270 |
| XX. Item alia. | 1222 | ibid. |
| XXI. Ejusdem Petri. | 1231 | 271 |
| XXII. Geroys, filie Ernaudi de Lasaouliere. | 1231 | ibid. |
| XXIII. Concessio Philippi de Ripparia. | 1225 | 272 |
| XXIV. Petri de Ripparia, de G[altero] de Gornaio. | [s. d.] | 273 |
| XXV. Petri de Ripparia. | 1254 | ibid. |
| XXVI. Item ejusdem. | 1218 | 274 |
| XXVII. Item alia de terra. | 1214 | 275 |
| XXVIII. Ejusdem de Petro Diget. | 1233 | ibid. |
| XXIX. Petri Diget. | 1233 | 276 |
| XXX. Item ejusdem Petri Diget. | 1231 | ibid. |
| XXXI. Willelmi de Ripparia. | 1241 | 277 |
| XXXII. Hugonis de Longo-Essarto. | 1232 | ibid. |
| XXXIII. Johannis de Gornaio. | 1244 | 278 |
| XXXIV. Ricardi de Castelet. | 1222 | 279 |
| XXXV. Ricardi de Gornaio. | 1243 | ibid. |
| XXXVI. Ricardi de Chastelet. | 1222 | 280 |
| XXXVII. Ricardi de Gornaio. | 1245 | ibid. |
| XXXVIII. Ejusdem Ricardi. | 1245 | 281 |
| XXXIX. Galteri de Gornaio. | 1210 | 282 |
| XL. Ejusdem Galteri. | [s. d.] | ibid. |
| XLI. Item ejusdem. | [s. d.] | 283 |
| XLII. Alberti Gemelli. | [s. d.] | 284 |
| XLIII. Herberti Jumel ad idem. | 1227 | ibid. |
| XLIV. Gaufridi de Buisson. | 1233 | 286 |
| XLV. Mathei Mainart. | [s. d.] | ibid. |
| XLVI. Ejusdem Mathei. | 1212 | 286 |
| XLVII. Item ejusdem. | 1225 | 287 |
| XLVIII. Willelmi Heron. | 1220 | ibid. |
| XLIX. Almarici Heron. | 1212 | 288 |
| L. Gaufridi Eschalart. | 1236 | 289 |
| LI. Guillelmi Biset. | 1208 | ibid. |

## *In secundo ordine.*

|  | An | Page |
|---|---|---|
| I. Bartholomei Droconis | 1245 | 290 |
| II. Girardi Droconis | 1212 | 291 |
| III. Cantoris thesaurarii Ebroicensis | 1213 | ibid. |
| IV. Jacobi, domini Tilleriarum | 1243 | 292 |
| V. Petri de Ripparia | [s. d.] | 293 |
| VI. Ejusdem Petri | 1215 | ibid. |
| VII. Rogeri Broant | 1215 | 294 |
| VIII. Roberti de Brolio | 1252 | ibid. |

# L

## *De Walnoisia.*

| I. Patricii de Cadurcis | [s. d.] | 296 |
|---|---|---|
| II. Guillelmi de Illeres | [s. d.] | ibid. |
| III. Hugonis Botin | 1225 | 297 |
| IV. Ejusdem Hugonis | 1224 | 298 |
| V. Item ejusdem | 1228 | ibid. |
| VI. Alia ejusdem | 1225 | 299 |
| VII. Item ejusdem | 1230 | ibid. |
| VIII. Hugonis Botin de G[aufridi] de Fresneia | 1233 | 300 |
| IX. Item ejusdem de herbergagio eorum | 1241 | ibid. |
| X. Gaufridi de Fresneia | 1224 | 301 |
| XI. Ricardi de Rogo | 1233 | ibid. |
| XII. Item ejusdem Ricardi | 1224 | 302 |
| XIII. Alia ejusdem | 1230 | ibid. |
| XIV. Ricardi de Ro[go] | 1232 | 303 |
| XV. Odini de Jae | 1235 | 304 |
| XVI. Ejusdem Odonis | 1244 | ibid. |
| XVII. Theobaldi Renois | 1231 | 305 |
| XVIII. Mathei de Molendino | 1243 | 306 |
| XIX. Item ejusdem | 1243 | ibid. |
| XX. Reginaldi Pinel | 1244 | 307 |
| XXI. Willelmi Aurifabri | 1255 | ibid. |

|  | An | Page |
|---|---|---|
| XXII. Theobaldi Renois | 1235 | 308 |
| XXIII. Hugonis de Noceio | 1236 | 309 |
| XXIV. Guillelmi, dicti Asini *(omissa)* | 1260 | 310 |
| XXV. Willelmi de Spermant | 1235 | 311 |
| XXVI. Prioris de Belismo | 1238 | ibid. |
| XXVII. Archiepiscopi de eodem | 1210 | 312 |
| XXVIII. Comitis Perticensis | 1143 à 1191 | 313 |
| XXIX. Domini Pagani de Cadurcis (1) | 1255 | 314 |

# M

*De Baladone.*

|  | An | Page |
|---|---|---|
| I. Episcopi Cenomannensis | 1142 à 1186 | 316 |
| II. Ejusdem de Blanchart | 1142 1186 | 317 |
| III. Item de Prineio Forsene | 1142 1186 | 318 |
| IV. Item de magistro Bernardo cappellano | 1142 1113 | ibid |
| V. Hamelini, episcopi Cenomannensis et Ernaudi de Soligneio | 1208 | 319 |
| VI. Item de G[aufrido] Morin | 2292 | 320 |
| VII. Item de Pace Blanchardi |  | 321 |
| VIII Item de W[illelmo] de Ruppibus | 1208 | 322 |
| IX. Willelmi de Ruppibus | 1208 | ibid. |
| X. Margarite domine Saboliensis | 1208 | 323 |
| X *(bis)*. Officialis de eodem | 1228 | ibid. |
| XI. G[aufridi] de Bruill[on] de Matheo de Arableio. | [s. d.] | 324 |
| XII. Item de Blanchardo | [s. d.] | 325 |
| XIII. Item de eo quod dedit nobis | 1200 | 326 |
| XIV. G[aufridi?] Mali Canis | [s. d.] | ibid. |
| XV. Radulphi vice comitis Belli-Montis | 1213 | 327 |
| XVI. Lucie vice comitisse | 1208 | ibid. |
| XVII. Herberti Lancelin | 1218 | 328 |
| XVIII. Officialis Cenomannensis de G[aufrido] Menout | 1236 | 329 |

(1) La table du xiii<sup>e</sup> siècle porte ici indication d'une charte de Richard Binel et Guillaume Gaulart, qui n'existe pas dans le texte.

|  | An | Page |
|---|---|---|
| XIX. Decani de Baladone de eodem............. | v. 1236 | 329 |
| XX. Officialis Cenomannensis de nobis et Assalleio. | 1222 | 330 |
| XXI. Item de Matheo de Arableio................ | 1236 | 331 |
| XXII. G[arini] de Bouis, de Guiet de Angeol...... | 1224 | ibid. |
| XXIII. Officialis de Roberto Lesquirer........... | 1232 | 332 |
| XXIV. Decani de Baladone, de eodem R[oberto] . | 1232 | 333 |
| XXV. Karilefi de Cloe, de eodem R[oberto]....... | 1231 | ibid. |
| XXVI. Item ejusdem de eodem Roberto.......... | 1231 | 334 |
| XXVII. Officialis de Roberto de Monceaus........ | 1228 | 335 |
| XXVIII. Radulphi de Foumucon, presbyteri...... | 1244 | ibid. |
| XXIX. Officialis de Ersent de Bures............ | 1244 | 337 |
| XXX. Officialis de Radulpho de Foumucon....... | 1244 | ibid. |
| XXXI. Item de Beneventa, uxore Reg[inaldi] de Foumucon................................ | 1244 | 339 |
| XXXII. Item de Rad[ulpho] de Foumucon......... | 1244 | ibid. |
| XXXIII. Item de eodem ....................... | 1245 | 340 |
| XXXIV. Officialis de Prineio Forsene............ | 1239 | 341 |
| XXXV. Episcopi Cenomannensis de Gervasio Lassalli ................................... | 1230 | 342 |
| XXXVI. Decani de Baladone de relicta Jo[hannis] Armigeri................................. | 1238 | ibid. |
| XXXVII. Rotroldi, domini de Montfort........... | 1208 | 343 |
| XXXVIII. Richildis de Cortalart................. | 1231 | ibid. |
| XXXIX. Officialis de Johanne de Escueria........ | 1223 | 344 |
| XL. Princii Chabot, de Johanne scutario......... | 1230 | 345 |
| XLI. Ejusdem de Aales La Soudeere............. | 1232 | ibid. |
| XLII. Officialis de Eremburge de Champrons.... | 1241 | 346 |
| XLIII. Decani de Baladone de Ricardo Rebotin... | 1224 | 347 |
| XLIV. Hugonis de Bauceio, domini de Baladone.. | 1242 | 348 |
| XLV. Willelmi, comitis Pontivi ............ | 1158-1171 | ibid. |
| XLVI. Decani de Baladone, de relicta G[uillelmi] Péchin................................... | 1257 | 349 |
| XLVII. Ejusdem de Nicholao Beraut............ | 1258 | 350 |
| XLVIII. Officialis Cenomannensis de eodem..... | 1259 | 351 |

# N

### De Molinis et Bonmolinis.

|  | An | Page |
|---|---|---|
| I. Ricardi Blancpoil. | 1229 | 352 |
| II. Item ejusdem. | 1236 | ibid. |
| III. Ricardi de Sartele. | 1249 | 353 |
| IV. Renaudi de Sancta-Columba | 1212 | 354 |
| V. Roberti Costentin. | 1229 | 355 |
| VI. Nicholai de Rue. | 1243 | 356 |
| VII. Willelmi de Rueio | [s. d.] | ibid. |
| VIII. Silvestri de Brolio | 1222 | 357 |
| IX. Matildis La Maconesse. | 1244 | ibid. |
| X. Margarete de Ronces. | 1225 | 358 |
| XI. Roberti Nepotis et G[arini] | 1231 | 359 |
| XII. Roberti de Vals | 1236 | ibid. |
| XIII. Girardi de Rivellon. | 1210 | 360 |
| XIV. Gilleberti de Veteri-Ponte | 1239 | 361 |
| XV. Roberti Pesay. | 1231 | ibid. |
| XVI. Herberti Moinet. | 1239 | 361 |
| XVII. Roberti de Hosseia. | 1225 | 363 |
| XVIII. Aufridi Loilier. | 1243 | ibid. |
| XIX. Orient de Lacrosardere. | 1211 | 364 |
| XX. Radulphi de Valnoise. | 1236 | 365 |
| XXI. Andree Polein. | 1243 | 366 |
| XXII. Aucheri de Molins | 1217 | ibid. |
| XXIII. Auberti Perier. | 1222 | 367 |
| XXIV. Willelmi Tincturarii | 1249 | 368 |
| XXV. Guillelmi Heron. | 1243 | ibid. |
| XXVI. Guillelmi Heron. | 1245 | 369 |
| XXVII. Andree dicti Comitis. | 1238 | ibid. |
| XXVIII. Symonis, filii ejus | 1243 | 370 |
| XXIX. Gilleni Osmundi. | 1245 | 371 |
| XXX. Guillelmi de Barilli. | 1222 | ibid. |
| XXXI. Emmeline relicte Guillelmi Bisech | 1253 | 372 |
| XXXII. Symonis Sansonis. | 1254 | 373 |
| XXXIII. Philli [Philippi] Hunout. | 1258 | ibid. |

O

*De Dispensaria et Maheru.*

| | An | Page |
|---|---|---|
| I. De usuagio foreste de Maheru | 1273 | 375 |
| II. Henrici II, regis Anglie. | 1154-1189 | 376 |
| III. Ricardi Dispensatoris | 1225 | ibid. |
| IV. Ejusdem Ricardi | 1225 | 377 |
| V. Item ejusdem | 1216 | 378 |
| VI. Willelmi Chanu militis | 1231 | ibid. |
| VII. Symonis Lebret | 1235 | 379 |
| VIII. Ricardi Dispensatoris | 1225 | ibid. |
| IX. Ejusdem de Symone Lebret | | 380 |
| X. Ricardi Dispensatoris | 1225 | ibid. |
| XI. Willelmi Chanu, de Ricardo Le Despensier | 1225 | 381 |
| XII. Galteri, dicti Militis | 1212 | 382 |
| XIII. Johannis de Falandris | 1231 | ibid. |
| XIV. Ejusdem Johannis | 1231 | 383 |
| XV. Item ejusdem de avunculo suo | 1232 | ibid. |
| XVI. Johanne Dispensatricis | 1228 | 384 |
| XVII. Ejusdem Johanne | 1237 | ibid. |
| XVIII. Juliane de Belerable | 1240 | 385 |
| XIX. Roberti, dicti Robes | 1243 | 386 |
| XX. Galteri Gastinel | 1227 | ibid. |
| XXI. Johannis Le Borgoing, presbyteri | 1228 | ibid. |
| XXII. Symonis Lebret | 1209 | 387 |
| XXIII. Willelmi de Solers, de Radulpho Macro | [s. d.] | 388 |
| XXIV. Garini de Clapron | 1208 | 389 |
| XXV. Mathei de Montgoubert | [s. d.] | ibid. |
| XXVI. Abbatis Sancti-Ebrulfi | 1209 | 390 |
| XXVII. Willelmi de Corru, presbyteri | 1227 | ibid. |
| XXVIII. Gervasii Forestarii | 1244 | 391 |
| XXIX Roberti de Rivellon | 1246 | 392 |
| XXX. Ejusdem Roberti | 1246 | 393 |
| XXXI. Johannis Menier | 1241 | 394 |
| XXXII. Ejusdem Johannis | 1241 | ibid. |
| XXXIII. Item ejusdem | 1239 | 395 |

|  | An | Page |
|---|---|---|
| XXXIV. Geroidis de Dispensaria | 1255 | 396 |
| XXXV. Gilleberti Villon | 1256 | ibid. |
| XXXVI. Johannis Menier | 1248 | 397 |
| XXXVII. Colini Gorran | 1256 | 398 |
| XXXVIII. Matildis, filie Johanne La Maconesse | 1259 | ibid. |

## P

### De bladis et decimis Sagiensis dyocesis.

| | An | Page |
|---|---|---|
| I. Episcopi Sagiensis *(Lisiardi)* de Herberto clerico | 1188-1201 | 400 |
| II. G[aufridi] comitis, de Hugone des Recretiz. | 1191-1202 | ibid. |
| III. Ejusdem de eodem | | 401 |
| IV. Comitis Perticensis de G. senescallo | 1144-1191 | ibid. |
| V. Archidiaconi Corbonnensis de G[irardo] Chevroel | [s. d.] | 402 |
| VI. Hugonis de Recretis | 1191-1202 | 403 |
| VII. Episcopi Sagiensis de eodem | 1188-1201 | ibid. |
| VIII. Episcopi *(Frogerii)* de pace Monachorum de Nogent | 1158-1184 | 404 |
| IX. Confirmatio episcopi *(Gaufridi)*, de decimis | 1246 | 405 |
| X. Hugonis episcopi similiter confirmatio | 1226-1240 | ibid. |
| XI. Galteri de Summere | 1239 | 406 |
| XII. Gervasii de Moire | 1234 | ibid. |
| XIII. Episcopi Sagiensis *(Gaufridi)* de persona de Soligneio | 1242 | 407 |
| XIV. Nicholai de Buato, de pace inter nos | 1215 | 408 |
| XV. Comitis Perticensis ad idem | 1215 | 409 |
| XVI. H., cantoris et thesaurarii Ebroicensis ad idem | 1215 | 410 |
| XVII. Roberti de Peiz, presbyteri de Cisie | 1203 | ibid. |
| XVIII. Johannis de Peiz | 1209 | ibid. |
| XIX. Hugonis de Buat | 1227 | 411 |
| XX. Ejusdem Hugonis | | ibid. |
| XXI. Item de patre suo | 1227 | 412 |
| XXII. Luce de Garderia | 1245 | ibid. |

XXIII. Roberti de Corjon..................... 1245 413
XXIV. Roberti de Verreriis................... 1233 ibid.
XXV. Willelmi de Montcorlain................ 1218 414
XXVI. Roberti de Montcorlain................ 1217 ibid.
XXVII. Gilleberti de Prulai.................. 1215 415
XXVIII. Radulphi de Toriel................... 1243 ibid.
XXIX. Gadonis Ledroes....................... 1224 416
XXX. Aalardi Le Bigot........................ 1223 ibid.
XXXI. Episcopi Sagiensis *(Gervasii)*, de Johanne Angoti clerico........................ 1224 417
XXXII. Episcopi Sagiensis *(Sylvestri)*, de Linerolis et Bubertre............................ 1217 ibid.
XXXIII. Gervasii de Prulaio.................. 1214 418
XXXIV. Episcopi Sagiensis *(Gaufridi)*, de persona de Buris............................... 1242 419
XXXV. Garini Faiel, de Roberto de Buato...... 1252 ibid
XXXVI. Radulfi de Barra...................... 1251 420
XXXVII. Guillelmi Pichart.................... 1248 421

# Q

*De decimis et bladis Carnotensis dyocesis.*

I. Willelmi de Loiseel....................... 1223 423
II. Hugonis de Corselant..................... 1210 424
III. Comitis Perticensis, de Garino Hai...... 1191-1202 ibid.
IV. Guillelmi de Buato....................... 1250 425
V. Guillelmi de Buato de Hoberel............. 1249 426
VI. Gaufridi Hoberel......................... 1243 427
VII. Willelmi de Bella Garda................. 1225 ibid.
VIII. *Desideratur* .........................
IX. Guillelmi de Bordeis..................... 1244 428
X. Gaufridi Hoberel.......................... 1203 429
XI. Stephani Pelliparii...................... 1244 ibid.
XII. Guillelmi de Bubertre................... 1244 430
XIII et XIV. *Desiderantur*..................
XV. Episcopi Carnotensis..................... 1210 ibid.
XVI. Decani Carnotensis de eodem............. 1220 431

|  | An | Page |
|---|---|---|
| XVII. Episcopi Carnotensis de dono B[artholomei] de Nuilleio. | 1214 | 432 |
| XVIII. Nicholai de Nuilleio. | 1215 | ibid. |
| XIX. Bartholomei de Nuilleio. | 1212 | 433 |
| XX. Episcopi Carnotensis, de dono Orient de Foumucon. | 1208 | ibid. |
| XXI. Roberti de Foumucon. | 1207 | 434 |
| XXII. Willelmi de Mauchenai. | 1223 | ibid. |
| XXIII. Gervasii de Mauchenai. | 1207 | 435 |
| XXIV. Garini de Virgultis. | 1243 | ibid. |
| XXV. Hugonis Berse Lone. | 1246 | 436 |
| XXVI. Gaufridi de Nuilleio. | 1248 | 437 |
| XXVII. Garini de Virgultis. | 1237 | 438 |
| XXVIII. Guillelmi, persone de Tortrovre. | 1241 | 439 |
| XXIX. Nicholai de Champeaus. | 1258 | ibid. |
| XXX. Roberti, abbatis de Trappa ad Odonem Bellouc. | 1280-1197 | 440 |
| XXXI. Aalicis de la Haie. | [s. d.] | 441 |

# R

*De harengis et quittanciis.*

| | | |
|---|---|---|
| I. Comitis Mellenti. | 1118-1166 | 442 |
| II. Ejusdem comitis *(filii præcedentis)*. | 1166-1203 | 443 |
| III. Prioris de Gornaio. | 1223 | ibid. |
| IV. Prioris Sancti Martini de Campis. | 1213 | 444 |
| V. Comitis Mellenti. | 1166-1203 | ibid. |
| VI. Domini Novi Burgi. | 1170 | 445 |
| VII. Archiepiscopi de eodem. | 1208-1221 | 446 |
| VIII. Domini Aquile *(Gilleberti)*. | 1176-1230 | ibid. |
| IX. Comitis Mellenti. | 1166-1203 | 447 |
| X. Domini de Firmitate. | [s. d.] | ibid. |
| XI. Domini Castrinovi. | [s. d.] | 448 |
| XII. Comitis Mellenti. | 1118-1166 | ibid. |
| XIII. Walgelini de Ferreriis. | [s. d.] | ibid. |
| XIV. Comitis Moretensis *(Johannis, postea regis)*. | [s. d.] | 449 |

# S

*De nemoribus.*

|  | An | Page |
|---|---|---|
| I. Comitis Perticensis | 1220 | 450 |
| II. Ejusdem comitis Willelmi | 1220 | 451 |
| III. Episcopi Sagiensis de eodem | 1223 | 452 |
| IV. Abbatis Sancti Launomari Blesensis | 1220 | 453 |
| V. Mathei de Montgoubert | 1219 | ibid. |
| VI. Episcopi Willelmi comitis de eodem | 1219 | 454 |
| VII. Mathei ejusdem | 1240 | 455 |
| VIII. Roberti de Corion et Hugonis | 1240 | ibid. |
| IX. Guillelmi Fagueline | 1251 | 456 |
| X. Roberti de Verreriis *(vel potius Bruerolis)* | 1220 | 457 |
| XI. Comitis Perticensis de G[irardo] de Aspris | 1240 | ibid. |
| XII. Matildis comitisse | 1190-1191 | 458 |
| XIII. Mathei de Montgoubert | 1208 | 459 |
| XIV. Roberti de Montcollain et N[icholai] de Aspris | 1230 | ibid. |
| XV. Willelmi, episcopi Cathalaunensis et comitis Perticensis | 1223 | 460 |
| XVI. Comitis Alenconis | 1191-1217 | 461 |
| XVII. Officialis Cenomannensis de eodem | 1246 | ibid. |
| XVIII. Guillelmi de Aspris | 1211 | 462 |
| XIX. Reginaldi de Chesneio | [s. d.] | ibid. |
| XX. Roberti Hericon | 1206 | 463 |
| XXI. Item ejusdem | 1220 | ibid. |
| XXII. Thome Hericon | 1219 | 464 |
| XXIII. Gervasii de Rivellon | 1231 | ibid. |
| XXIV. Gaufridi de Yllers | 1239 | 465 |
| XXV. Nicholai Chevroel | 1253 | 466 |
| XXVI. Margarite, uxor ipsius | 1253 | 467 |
| XXVII. Item ejusdem Nicholai | 1255 | 468 |
| XXVIII. Guillelmi de Longreio | 1257 | 470 |
| XXIX. Guillelmi, domini de Campis | 1256 | 471 |
| XXX. Guillelmi de Buato, clerici (1) | 1259 | 473 |

(1) Ici se termine la table du xiii<sup>e</sup> siècle: nous avons cru devoir la continuer sur le même plan. (*V. la note de la page* 475).

|   | An | Page |
|---|---|---|
| XXXI. Gilleberti, domini Aquile | 1211 | 475 |
| XXXII. Gerburgis de Aspris | 1136 | 476 |
| XXXIII. Abbatis de Trappa Roberto Segnoiet | 1275 | 477 |
| XXXIV. Abbatis Gaufrido de Ardena | 1276 | 478 |
| XXXV. Ricardi dicti Bahere | 1276 | 479 |
| XXXVI. Domus Dei Mauretanie | 1274 | 480 |
| XXXVII. Roberti Calabre | 1265 | 481 |
| XXXVIII. Item ejusdem | 1277 | 482 |
| XXXIX. Hugonis de Noceio | 1275 | 483 |
| XL. Adami abbatis de Guillelmo de veteri Belismo. | 1214 | 484 |
| XLI. Item abbatis de Gervasio Quarrel | 1306 | 485 |
| XLII. Item de Symone de Brocha | 1307 | ibid. |
| XLIII. Item de Symone Le Mareschal | 1309 | ibid. |
| XLIV. Item de Guillelmo Coqin | [s. d.] | ibid. |
| XLV. Baillivi Alenconiensis (Michaelis de Dordan). | 1291 | ibid. |
| XLVI. Abbatis de Guillelmo Thebaut | 1270 | 487 |
| XLVII. Item de Johanne N | 1219 | 488 |

*Carte quas fecimus extra grangias.*

| I. Abbatis de Petro Malevie et Coleta | 1322 | 489 |
|---|---|---|
| II. Item de Petro Gentement et Juliana | 1322 | ibid. |
| III. Item de Roberto Hueline | 1322 | ibid. |
| IV. Item de Alesia de Landa et Guiloto Monacho.. | 1322 | 490 |
| V. Garini Brenart de Guillelmo Austrei | 1275 | ibid. |
| VI. Symonis Le Merch[ant] | 1323 | 492 |
| VII. Tenementa Abbatie | [s. d.] | ibid. |

## [T]

*Tenor cartarum quas habent homines nostri et alii quibus fecimus cartas.*

### De Haia primo.

| I. Jordani Anglici | [s. d.] | 493 |
|---|---|---|
| II. Item ejusdem | 1235 | ibid. |

|  | An | Page |
|---|---|---|
| III. Item ejusdem | 1247 | 494 |
| IV. Renoudi Davout | 1245 | ibid. |
| V. Item ejusdem | 1235 | 495 |
| VI. Droardi de Haia | 1242 | ibid. |
| VII. Item ejusdem | 1235 | 496 |
| VIII. Rogeri Chachevel | 1245 | ibid. |
| IX. Galteri Chachevel, Huberti Lesir et Johannis Poe | 1235 | 497 |
| X. Galteri Chachevel | 1244 | ibid. |
| XI. Johannis Marie | 1235 | 498 |
| XII. Item ejusdem | 1245 | ibid. |
| XIII. Johannis Lambert | 1252 | 499 |
| XIV. Rogeri Jumel | [s. d.] | ibid. |
| XV. Renoldi de Fossatis | [s. d.] | 500 |
| XVI. Fromundi Morel | [s. d.] | ibid. |
| XVII. Roberti Jordani | [s. d.] | ibid. |
| XVIII. Gaufridi de Fossatis | [s. d.] | 501 |
| XIX. Roberti Favel | [s. d.] | ibid. |
| XX. Giloti de Fossatis | [s. d.] | ibid. |
| XXI. Guillelmi Abbatis | 1245 | ibid. |
| XXII. Johannis Malpoe | 1245 | 502 |
| XXIII. Rogeri Beraud | 1245 | ibid. |
| XXIV. Herberti Lesir | 1245 | 503 |
| XXV. Gilleberti Lesir | 1245 | ibid. |

## De Gastina.

|  | An | Page |
|---|---|---|
| I. Gaufridi Medici | 1225 | 504 |
| II. Radulfi Landri | 1248 | ibid. |
| III. Gilleberti de Monasterio | 1213 | 505 |
| IV. Radulfi (vel Roberti) Chanu | 1210 | ibid. |
| V. Gilleberti Landri | [s. d.] | 506 |
| VI. Roberti Aurige | [s. d.] | ibid. |
| VII. Radulfi Vajus | [s. d.] | ibid. |
| VIII. Rogeri Fesse | [s. d.] | ibid. |
| IX. Radulfi de Marnefai | [s. d.] | 507 |
| X. Guillelmi Landri et fratris sui | [s. d.] | ibid. |
| XI. Hugonis Le Chanu | [s. d.] | ibid. |

|  | An | Page |
|---|---|---|
| XII. Rogeri Lemoene | [s. d.] | 507 |
| XIII. Rogeri de Valet et Radulfi Lasnes | [s. d.] | 508 |
| XIV. Galteri de Valet | [s. d.] | ibid. |
| XV. Nicholai dicti Monachi | [s. d.] | ibid. |
| XVI. Johanni, dicto Regi | [s. d.] | ibid. |
| XVII. Michaelis Fromentin | [s. d.] | 509 |
| XVIII. Guillelmo Regi, Roberto Le Sauvage, Renaudo Marie | [s. d.] | ibid. |

### De Nocumento.

|  | An | Page |
|---|---|---|
| I. Roberti Laire | 1241 | 511 |
| II. Balduini Laire, per eadem verba |  | ibid. |
| III. Guillelmi Forrel | 1221 | 512 |
| IV. Boldi *(vel Bondonis)* | 1220 | ibid. |
| V. Galteri Cortin | 1237 | ibid. |
| VI. Odonis Buignon | [s. d.] | 513 |
| VII. Odonis Letice | [s. d.] | ibid. |
| VIII. Stephani Le Rigaudel | [s. d.] | ibid. |
| IX. Laurentii de Monasterio | [s. d.] | 514 |
| X. Roberti Renard | 1245 | ibid. |
| XI. Garini Galeni *(simplex titulus)* |  | 515 |
| XII. Radulfi Fabri | 1254 | ibid. |

### De Legneio.

|  | An | Page |
|---|---|---|
| I. Dionisii de Bordellis | [s. d.] | 516 |
| II. Hugonis Hequet | [s. d.] | 517 |
| III. Gileni de Bordellis | [s. d.] | ibid. |
| IV. Johannis Corvissel | [s. d.] | 518 |
| V. Guibore la Jalete | [s d.] | ibid. |
| VI. Guillelmi Tescelin et aliorum *(merus titulus)*. |  | ibid. |
| VII. Petri de Campo Remfre | 1286 | ibid. |
| VIII. Garini Mercenarii | 1259 | 519 |

### De Maheru.

|  | An | Page |
|---|---|---|
| I Gilleberti Billon | 1235 | 520 |

|  | An | Page |
|---|---|---|
| II. Item ejusdem Gilleberti | [s. d.] | 520 |
| III. Hugonis Chevaler | [s. d.] | ibid. |
| IV. Galteri Chaperon | 1215 | ibid. |
| V. Radulfi Gerin et Herberti | 1239 | ibid. |
| VI. Ejusdem Radulfi | 1249 | 522 |
| VII. G[arini] Gorran | 1237 | ibid. |
| VIII. Filiorum Diaconi | 1255 | 523 |
| IX. Radulfi Gorran *(simplex titulus)* | | ibid. |
| X. Garini Grapinel | [s. d.] | ibid. |
| XI. Maheru (Johannis Fatin) | 1356 | 524 |

### Chene Haudacre.

|  | | |
|---|---|---|
| I. Johannis Le Brueil | 1322 | ibid. |

### *Apud Barras.*

|  | | |
|---|---|---|
| I [Roberti] Bellande | [s d.] | 525 |
| II. Johannis Tessier | [s. d.] | ibid. |
| III. Johannis Grasenlins | [s. d.] | 526 |
| IV. Johannis Anglici | 1254 | 527 |
| V Radulfi de Barris | 1251 | ibid. |
| VI. Guillelmi Coudrei | [s. d.] | 528 |
| VII. Ejusdem Guillelmi | [s. d.] | ibid. |
| VIII. Johannis Beaudouz (titulus tantum) | | 529 |

### *Carte quas fecimus extra grangias.*

|  | | |
|---|---|---|
| I. Roberti Havard | 1243 | ibid. |
| II. Galteri de Vado | 1241 | ibid. |
| III. Roberti Morin de Hericoneria | 1233 | 530 |
| IV. Roberti Morel | 1249 | ibid. |
| V. De domo nostra de Molins | 1237 | 531 |
| VI. Radulfi fabri de Soligneio | 1249 | ibid. |
| VII. Gerei Mercenarii | 1241 | 532 |
| VIII. Ricardi Le Hanoes pro Symone molendinario | 1249 | 533 |
| IX. Johannis Grandin | 1250 | ibid. |
| X. Michaelis Mangonel | [s. d.] | 534 |

|  | An | Page |
|---|---|---|
| XI. Herberti Jocelin... | 1252 | 534 |
| XII. Drueti Malnorri et Postel | 1254 | 535 |
| XIII. Michaelis Polein... | 1255 | ibid. |
| XIV. Baudricii Le Vachier | 1259 | 536 |
| XV. Ricardi Morin... | 1251 | ibid. |
| XVI. Roberti Morin de Paterez | 1217 | 537 |
| XVII. Item ejusdem... | 1246 | ibid. |
| XVIII. Girardi Hosel... | 1244 | 538 |
| XIX. Gaufridi dex Legart | [s. d.] | ibid. |
| XX. Michaelis de Cathenis... | [s. d.] | 539 |
| XXI. Item, ejusdem *(aut Michaelis Legart)*... | 1262 | ibid. |
| XXII. Johannis Ascelin... | [s. d.] | ibid. |
| XXIII. Domini R[icardi] de Sancto-Victore... | [s. d.] | 540 |
| XXIV. Guillelmi et N[icholai] de Buato | [s. d.] | ibid. |
| XXV. Colini de Buato... | [s. d.] | ibid. |
| XXVI. Johannis Crosart et Regnaudi Tex[t]oris.. | [s. d.] | 541 |
| XXVII. Gaufridi de Corsesant | 1259 | ibid. |
| XXVIII. Andree, filii Mathei Andree... | 1259 | ibid. |
| XXIX. Herberti Joscelin... | 1260 | 542 |
| XXX. (Girardi) Rossinoel... | 1236 | ibid. |
| XXXI. Sereni (de Noierio)... | 1260 | 543 |
| XXXII. Colini Prepositi... | 1260 | 544 |
| XXXIII. Gualteri de Vado... | 1241 | ibid. |
| XXXIV. Roberti Morin | 1234 | 549 |
| XXXV. Nicholai, cementarii... | 1272 | ibid. |
| XXXVI. Johannis Levavasor... | 1278 | 546 |

*De Normannia.*

| I. Radulfi Symonis... | 1260 | 546 |
|---|---|---|
| II. Guillelmi Hais... | 1261 | 547 |
| III. Guillelmi Buitard... | 1263 | ibid. |
| IV. Girardi, molendinarii... | 1263 | 548 |
| V. Guillelmi Le Coeffeur... | [s. d]. | ibid. |
| VI. Roberti Lebruiant... | 1264 | ibid. |
| VII. Guillelmi, dicti Prepositi... | 1264 | 549 |
| VIII. Gilleberti Gonieu... | 1304 | ibid. |
| IX. Abbatis H[erberti], Symoni Landri ... | 1272 | 550 |

|  | An | Page |
|---|---|---|
| X. Ejusdem Roberto, dicto Rustico. | 1273 | 551 |
| XI. Yvart Dylbes *(copie française)* | 1313 | 552 |
| XII. Sentence du bailli d'Alençon *(en français)* | 1316 | 554 |
| XIII. Ordonnances du Roy sur les forés *(française)* | [s. d.] | 555 |
| XIV. Drouet Coispel *(française)* | 1274 | 558 |
| XV. Jean de Beaumont *(en français)* | 1207 | 560 |
| XVI. Enquête faite à Glos *(en français)* | 1284 | ibid. |
| XVII. Baillivi Carnotensis | 1288 | 561 |

*Carte de Contrebis.*

|  | An | Page |
|---|---|---|
| I. Abbatis Johannis Roberto Tincturario | 1261 | ibid. |
| II. Guarini Roussel et Isabellis | [s. d.] | 562 |
| III. Radulfi Ascelin | [s. d.] | ibid. |
| IV. Roberti Ascelin | [s. d.] | ibid. |
| V. Emeline, sororis ejus | [s d.] | 563 |
| VI. Ricardi Aaliz | [s. d.] | ibid. |
| VII. Laurentii Havart | [s. d.] | ibid. |
| VIII. Petronille, sororis ejus | [s. d.] | ibid. |
| IX. Johannis Morin de Chesneto et Gersendis | [s. d.] | ibid. |
| X. Josceti Reispeisse et Heloyse | [s. d.] | 564 |
| XI. Gaufridi Anglici | 1234 | ibid. |
| XII. Guillelmi, nepotis Arnulfi Ortolani | [s. d.] | ibid. |
| XIII. Thome, fratris ejusdem | [s. d.] | 565 |
| XIV. Girardi, presbyteri | [s. d.] | ibid. |
| XV. Petri Anglici | [s. d.] | ibid. |
| XVI. Seinceio, fratris Bernardi Ortolani | [s. d.] | 566 |
| XVII. Bernardi Ortolani | [s. d.] | ibid. |
| XVIII. Petri Maillart | [s. d.] | ibid. |
| XIX. Asceline, uxoris Radulfi de Brocea | [s. d.] | ibid. |
| XX. Hugueline *(omissa)* |  | ibid. |

[*Addenda*].

|  | An | Page |
|---|---|---|
| I. Abbatis Herberti de duello cui preerat | 1266 | 567 |
| II. Roberti, dicti Milothis | 1274 | ibid. |
| III. Poleti Dain et sociorum | [s. d.] | 588 |
| IV. Johan Gallienne *(en français)* | [s. d.] | 569 |

|  | An | Page |
|---|---|---|
| V. Petri Anglici, presbyteri.................... | 1253 | 569 |
| VI. Liste des tenanciers de la Trappe à la Berquière........................................ | [s. d.] | 570 |
| VII. Alexandri de Chemino et Amelote........... | [s. d.] | 571 |
| VIII. Odonis de Bigro........................... | [s. d.] | 572 |
| IX. Ric[ardi] Perinel et Guillelmi Gaulart........ | 1260 | ibid. |
| X. Henrici II, Anglie regis.................. | 1154-1189 | 573 |
| XI. Autre liste de tenanciers *(en français)*....... | 1291 | 574 |
| XII. Guillelmi et Fulcheri Havet................. | 1258 | ibid. |
| XIII. De Decima de Torto Robore................ | [s. d.] | 575 |

# APPENDIX

|  | An | Page |
|---|---|---|
| I. Memoriale fundationis Sancte Marie de Trappa. | 1385 | 578 |
| II. Bulla Eugenii III............................. | 1143 | 580 |
| III Bulla Alexandri III........................... | 1173 | 582 |
| IV. Carta Rotrodi IV, comitis.................... | 1189 | 587 |
| V. Bulla Innocentii III.......................... | 1203 | 590 |
| VI. Altera bulla ejusdem....................... | 1204 | 592 |
| VII. Bulla Honorii III........................... | 1224 | 593 |
| VIII. Privilegium sancti Ludovici, regis.......... | 1246 | 598 |
| IX. Alterum ejusdem........................... | 1269 | 602 |

# TABLE

DES

## NOMS DES PERSONNES ET DES NOMS DE LIEUX

---

### A

Aalardus Le Bigot. 416, 417. (1)
Aaleis La Borgeise. 28
Aales filia Johannis Servientis. 264, 285, 286.
— uxor Philippi Boder. 244, 245.
— uxor Radulphi de Toirel. 20.
— uxor Roberti de Monte Collano. 445.
— mater Willelmi de Montcorlain, 414.
Aaalesia uxor Gilleberti de Veteri Ponte. 361.
— uxor Johannis Chaperon. 193.
Aalicia de Chesneia. 241.
— de Chiraio. 26, 50.
— filia Garini de Brueroles. 101.
— uxor Guillelmi de Monte Gouberti. 473.
— uxor Johannis de Gornaio. 278.
— uxor Renoudi de Fossatis. 500.
— uxor Ricardi de Rogo. 302, 303.
— uxor stephani de Marnis. 100, 103, 104.
Aalis de Autolio. 31.

Aalis domina Feritatis in Pertico. 13, 17.
— de la Haie. 441.
Aalix uxor Gaufridi vicecomitis Castriduni. 66.
Aaliz uxor Ernaudi domini de Firmitate. 447.
— uxor Gadonis Ledroeis. 416.
— Neptis Willelmi Le Bigot. 130, 131.
Abernon (Willelmus de). 191.
Acelinus. 584.
Achart (*Abertus*). 482.
Ada de Loseel. 590.
Adam, abbas de Persenia. 321.
Adamus, abbas de Trappa. Voyez *Galterus*.
Aelina uxor Gadonis Ledroeis. 416.
Aelisia uxor Lamberti de Brueroletis. 72.
Agatha uxor Alberici Anglici. 12, 13.
— Gastinele. 436, 437.
— filia Guillelmi de Bordeis. 428.
— uxor Willelmi Chaennon. 56.
Agerai. 161.
Agnes de Baudement. 2.
— Carructe uxor Dyonisii Le Barbier. 170.

---

(1) Les chiffres renvoient aux pages du volume.

Agnes Chanin. 354.
— de Curies. 137, 147, 148.
— uxor Gervasii de Boscheel. 104.
— Agnes uxor Goheri de Chesnebrun. 260.
— uxor Hernaudi. 458.
— Labele. 79.
— de Mesnil Renart. 237, 240.
— uxor Roberti Pelliparii. 99.
Alardus Couvertoir. 349.
Albanensis episcopus (*Gualterius*). 586.
Albereda uxor Colini Gorran. 398.
Albericus Anglicus, 12, 13.
— Ostiensis episcopus. 581.
Abertus Achart. 482.
Albertus Gemellus. 284, 286.
Alboldus, abbas de Trappa.180, 580.
Alençon, Alenchon. 461, 486, 554, 555, 561.
Alesia de Landa. 490.
Alexander de Chemino. 571.
— de Grantval, miles. 120.
Alexandre III, pape. 204, 582, 586, 587.
Alinfus de Chauvigne. 559.
Alix de Montmorency. 4.
Allodium, Alodium. 29, 30, 142, 214, 217, 465, 576.
Alneolum. 55, 88.
Alnetum. 23, 24, 77, 85, 120, 454, 577, 580.
— Voyez *Aunay*.
— Loueiz. 378.
Alnulfus Coccus. 577.
Amalricus de Corion. 413.
— de Mellento. 445.
Amarricus Capreolus. 588.
Amauricus. 401.
— Heron. 263, 288.
Amaury, Comte de Montfort. 4.
Ambenaium. 272.
Amboise, Ambazia. 1.
Amelina, uxor Henrici Marescalli. 153.
Amelota uxor Alexandri de Chemino. 571.
Anagniœ. 586, 593.
Ancherus de Molins. 229, 230, 231, 232, 235, 247, 248, 366, 511, 513.
Andegavensis Senescallus. 322, 324.
Andegavie Comes. 376, 573.
André de Roncerei. 31.
Andreas. 541.
— de Campo Remfrey. 515, 516.

Andreas dictus Comes. 370.
— Faber de Chesnebrun. 264, 281, 291.
— filius Galteri militis. 382.
— Polein. 366, 373, 550.
— Seebouth. 289.
— de Trenaio. 285.
Anfredus de Angulo. 200.
Angeboldus. 57, 58, 59, 60, 61.
Angenoldus Ruffus. 383.
Anglia. 198, 376, 388, 573, 584.
Anglica (*Petronilla*). 565.
Anglicus (*Gaufridus*). 564.
— (*Petrus*). 565, 569, 570.
Angoville. 200.
Anguerny, Agerneium, Aguegneium. 151, 152, 160, 161, 162, 163, 164, 165, 166, 167, 168, 169, 171, 172, 176, 177, 551, 599, 600.
Anicia uxor Nicholai de Melicort. 186.
Anisy, Aniseium. 168, 172.
Anquetil Le Roux. 534.
Aoissa uxor Guillelmi des Chastelers. 84.
Aquila. Voyez *Laigle*.
Aquitania. 376, 573.
Arableium. 320, 324, 325, 331.
Ardena. 391, 473.
Argences, Argenciœ. 159.
Argentelles, Argentella. 156.
Argentonium (*Argentan*). 600.
Arnulfus, faber, de Bretel.126,127.
— Ortolanus. 563, 564, 565, 566.
— de Summera. 400.
Arruchart. 526.
Aspres (Notre-Dame et Saint-Martin d'). Asperœ. 112, 220, 223, 224, 225, 249, 402, 418, 457, 459, 460, 462, 463, 472, 486, 525, 533, 561, 567, 583, 584, 587.
Aunay (*abbaye de*) Alnetum. 112, 476.
Arva. 28, 112, 117, 460, 465, 490.
Ascelin (*Johannes*). 539.
— (*Radulfus*). 562, 563.
— (*Robertus*). 562, 565.
Ascelina, relicta Galteri Le Sauner. 43.
— Gastinele. 436, 437.
— relicta Radulfi de Brocca. 566.
Assaleius de Cortvasen. 330, 342.
Aubertus Gemellus. 263.
— Perer. 367.

Auboiz. 490.
Auborch uxor Roberti Hericon. 463.
Aufrida uxor Gerci Le Mercier. 71, 72.
Aufridus Lolier. 363.
Aula (*feodum de*). 482.
Auschitillus de Redio. 476.

Auspeleiœ. 389.
Autolium. 31, 68, 77, 78.
Autuil. 32.
Aveline. 382.
Avenis (*Rogerus de*). 559.
Avesnes (*Robertus de*). 583.
Aye (*stagnum de*). 580.

# B

Baboin (*Radulfus*). 543.
Baherc. 479.
Bailhe (Iohannes de).
Baiocensis episcopus. Voyez Henricus.
Baldoineria. 127.
Balduinus Goard. 25.
— de la Fangee, miles. 121.
— Larre. 511.
— prior sancti Martini de Campis. 444.
Ballon, Balado, Balum. 50, 316, 317, 318, 319, 327, 329, 333, 336, 337, 338, 340, 341, 342, 345, 347, 349, 350, 351, 441, 542, 550, 594, 599.
Ballot (*Guillelmus*). 571.
Barbineria. 576.
Barillet, Barilleium. 87, 217, 221, 371, 400, 418.
Barils (les), Barilz, Bariz, Barilles. 272, 278, 293, 294, 503.
Barrœ. 113, 420, 457, 459, 464, 472, 475, 525, 526, 527, 528, 579, 599.
Bartholomeus filius Balduini Goard. 25.
— decanus Carnotensis. 431.
— Droco miles. 8, 9, 290, 291.
— Hericon. 122.
— Mauchien. 344.
— de Nuilleio. 432, 433.
Basseres. 418.
Baucay, Baussay-le-Noble, Bauceium. 348.
Baudran (*Johannes*). 571.
Baudricius Le Vachier. 536.
Bazoches-sur-Hoêne, Basochis. 98, 144, 150, 575, 588.
Beatrix (*Beatrix d'Anjou*). 349.
— uxor Everardi de Villa Petrosa. 150.
— uxor Nicholai de Gloz. 189.
— uxor Roberti Epinech. 145.
Beaudonus de Grandi Villari. 180.

Beaumont (*Jehan de*). 560.
Beauveer, 21.
Beidrel. 89.
Belerable. 385.
Belismensis foresta. 460, 600.
— Prior. 208, 209, 312, 313.
Belismum (*Bellême*). 9, 94, 460, 477.
Bella Garda. 428, 576, 577.
Bellaies, 93.
Bella Pertica. 564.
— Silva (*Belle Saule*). 329, 330.
Bellavilliers, Bellaviler, Bellavilers. 137, 590.
Bellefiliere, Bellafileria. 108, 214, 215, 216, 222, 519, 570.
Belloy (*Hignardus de*). 590.
Bellum Videre. 418.
Bellus Mons. 132, 133, 135.
Bellus Mons (*Beaumont le Vicomte*). 327, 328.
Belmoncel. 158.
Benedictus archidiaconus. 321.
Benevente de Argentonio. 328.
Bennœ. 462.
Berard (*Vivianus*). 562.
Berart. 118.
Beraud. 502.
Bermont. 137.
Bernardus, Capellanus. 349.
— Ortolanus. 566.
— Portuensis episcopus. 586.
Bernay, Bernaium. 200.
Berout. 100, 102, 103.
Berquiere (la), Berteria, Berceria. 37, 38, 80, 81, 91, 540, 570.
Berroderia. 577.
Berselone. 436, 437, 543, 576.
Beterria. 47.
Bigotere (la). 417.
Bigre (le), Bigrum. 224, 225, 226, 228, 572.
Bille. 110.
Binet. 95.

Bingo. 133.
Biset. 531.
Biterrenensis. 4.
Bivilliers, Biviler. 20, 80, 81, 424, 542, 543.
Blancfosse. 416.
Blanchardus de Soligne. 317, 318, 321, 325.
Blavo, 224, 225, 226, 228.
Blesenses monachi. 587.
Blesensis Abbas. 10.
— Comes. 1.
Blesot Le Mor. 568.
Boel (*Girardus*). 585.
Boelaium, Boeleium, Boeletum, Boeletum, Bolletum. 515, 577, 579, 580, 583, 594, 599.
Boeleium de Valeins. 410, 411.
Boeriœ. 107, 108.
Boert (Bourth). 478.
Boffei (*Willelmus*). 584.
Bohene. 482.
Boisart. 541.
Boisscel. 215.
Bois Gaucher. Voyez *Boscum Gaucheri*.
Boishubout (*Nicole de*). 560.
Boissello (grangia de). 599.
Bonetus de Gastuil. 585.
Bonnefoi, Bona Fides. 250, 251, 514.
Bonmoulins, Bons Molins, Bonmolins, Bomolins, Bomolin, Bona molendina. 99, 352, 364, 366, 367, 368, 528, 549.
Bommolins (*assisia de*). 233, 241, 247, 248, 372, 375, 486, 555, 574.
Bomolin (*Conestabubarius de Molins et de*). 388.
— (*ecclesia de*). 183.
Bonis Molendinis et Molendinis (*foresta de*). 600.
Booletœ. 534, 576.
Bordeleia. 108.
Bordelli. 224, 516, 517.
Borrel. 40, 41, 42, 48.
Borrelli. 569.
Boscheaus, 249, 250, 251, 252, 253, 254, 473, 540.
Boscheel. 85, 104.
Boschet. 39.
Boschetera. 576.
Bosco (*Gaufridus de*). 576.
— (*Willelmus de*). 576, 577.
Bosc Renoult-en-Ouche, Boscum Renoudi. 559.
Boscum Burnelli. 244.
— Cosnart. 579.

Boscum Fulconis. 390.
— de Fulreia. 579.
— Gaucheri. 134, 135.
— Gerbout. 71, 549.
— Grimonart. 579.
— Guillelmi. 76.
— Hardi. 114, 118.
— Hubout. 195.
— Lamdri. 96, 97, 256.
— Mengot. 541.
Boterella. 187, 190, 191, 192, 194, 196, 199.
Boterics. 20.
Bote, Vilain. 183.
Botineria. 298.
Boucers (*Guillelmus*). 577.
Boudo. 512.
Boutri (*Radulfus*). 571.
Braachins. 369.
Bran[ensis]. 2.
Breoneria de Ruteciis. 277.
Bresnardo (Prior de). 575.
Bresnart. 22, 53, 87, 88, 142, 417, 490, 583, 588.
Bresolettes, Brueroletœ, Brueroletez. 30, 32, 71, 72, 456, 490, 532, 544, 553.
Bretel (Brethel). 125, 126, 127, 247.
Breteuil, Britolium, Bretoil. 183, 187, 558, 584.
Breteuil (*forêt de*). 198, 600.
Breuil Benoit (*abbaye du*). 554.
Britonis (*Hugo*). 589.
Brocca (*Radulfus de*). 566.
Broceia. 15, 73.
Broietum. 48.
Erolium. 294, 357.
Brueriœ. 412.
Brueroles. 28, 100, 101, 102, 104, 413, 457.
Brucroleta. Voyez *Bresolettes*.
Bruerolicæ. 13, 17, 32, 451, 454.
Bruieres. 20.
Brun (*Radulfus*). 576.
Bruslon, Bruillon, 320, 324, 325, 326, 590.
Buardus Sacerdos. 283.
Buatum. 65, 69, 105, 193, 406, 407, 408, 409, 411, 412, 413, 420, 425, 426, 427, 466, 467, 468, 470, 473, 474, 540, 568, 580, 588.
Bubertré, Bubertreium. 71, 109, 141, 297, 430, 465, 533, 588, 600.
— (*Dominus*). 5, 6, 74, 221, 418.
— (*Parrochia*). 83, 220, 400, 400, 404, 534.

Buetrum. 20.
Buignetum. 20.
Buignon. 23, 513.
Buisson. 279, 285.
Buitard (*Guillelmus*). 547.
Bullon. 363.
Burdegalensis. 74.
Bureium (*Buré*). 136, 137, 141, 147, 148, 600.

Burelli. 548.
Bures. 143, 337, 419.
Burnel (*Egidius*). 559.
— (*Garinus*), 588.
Burnouvilla. 170.
Bursard, Bursart, Buresart. 133, 134.

# C

Cace. Voyez *Gacé*.
Cadurcis. Voyez *Sourches*.
Caen, Cadumum. 151, 167, 170, 177.
Calabre. 481, 482, 483, 567.
Calabriere. 481.
Calceia. 501.
Calloi molendinum. 589.
Caloria. 502.
Calvo Monte (*Stagnum de*). 580.
Cambœ. 160, 172, 174.
Campania. 321.
Campelli. Voyez *Champeaux-sur-Sarthe*.
Campi. Voyez *Champs*.
Caorches, Chaorcia, Chaorceia Chauorces. 187, 190, 192.
Capella de Monteleium, capella de Monteliggunt. Voyez *Chapelle Montligeon* (la).
Caprefra (*Iohannes de*). 561.
Capreolus. Voyez *Chevreuil*.
Carcasonensis. 4.
Carnaliœ. 114.
Carnotensis episcopus. Voy. *Reginaldus*.
— 1, 2, 74, 75, 79, 423, 431, 502, 561.
Carnotum. Voyez *Chartres*.
Carpentarius (*Herbertus*). 571.
Carrel. 102, 103.
Castrumduni. 438, 439.
Castrum novum, Castellum. Voyez *Chateauneuf-en-Thimerais*.
Cathalaunensis. Voyez *Guillelmus*.
Catharabia. 209, 402.
Cathenœ. 539.
Cella. 179, 180, 181, 184, 189.
Cenomannensis episcopus. Voyez Hamelinus, Mauritius, Willelmus.
Cenomannum, Cénomannensis. 319, 321, 323, 324, 325, 330, 331, 335, 337, 339, 341, 344, 346, 461.

Ceton Cetonium, 469, 470.
Chaagnoveria. 83.
Chachevel. 496, 497.
Chacheveliere (la). 289, 498.
Chachin (*Petrus*), 74, 532.
Chachineria. 532.
Chaennon. Voyez. Channon.
Challoeium. 253.
Chalo (*molendinum*). 401.
Champeaux-sur-Sarthe, Champeaus, Campelli. 57. 98, 138, 139, 144, 145, 243, 440, 539, 584.
Champhaous. 64.
Champion. 37.
— (*Renaudus*). 571.
— (*Robertus*). 570.
Champs, Campi, 82, 363, 400, 403, 404, 538, 544, 580, 583, 587, 594, 599.
Champs (*seigneurs de*). 389, 401, 451, 454, 455, 471, 472, 473, 533.
Chandebois, Champ de bois. 88.
Changaingnere (la). 329, 330, 342.
Channon, 55, 56.
Chantecoc. 479, 599.
Chantemelle. 468, 471.
Chaorcia, Chaorceia. Voyez *Caorches*.
Chaorcis. Voyez *Sourches*.
Chapelle-Montligeon (la), Capella de Monteleium. Capella de Monteliggunt. 584, 588.
Charchins. 530.
Chardon. 106, 414, 418.
Chartres, Carnotum. 2, 65, 529, 577, 585.
Chastelers. 23, 57, 76, 84.
Chastelet, Casteletum, Chastelletum. 23, 268, 279, 280.
Chateauneuf-en-Thimerais, Castrum novum, Castrum, Castellum. 13, 17, 18, 448.
Chaudefontaine. 521.

43

Chauorces. Voyez *Caorches*.
Chauvel. 55.
Chauveleria (*Thomas de*). 576.
Chauvigne (*Alinfus de*). 559.
Chauvin (*Johannes*). 543.
Chaveleria. 261, 267.
Chefdebois, 34, 35.
Chelveium. 27.
Chemilli, Cemilley, Chemillié. 440, 441.
Chemino (*Alexander de*). 571.
Chênegalon (*Prieuré de Notre-Dame de*), Quercus Galonis, Quercus Galadonis. 94, 421.
Chene Haute-Acre, Chesne-Haudacre, Quercus Haudagrii, Quercus Haldacre. 178, 179, 182, 184, 185, 189, 558, 584, 594, 599.
Chesnaie (la). 374.
Chesnebrun. 260, 261, 263, 264, 265, 266, 275, 276, 281, 286, 291, 292, 496, 499.
Chesneium. 462.
Chesnetum. 563.
Cheteaudun. 65.
Chevalier. 51.
Chevreuil, Chevruel, Chevrel, Chevrol, Chevroel, Capreolus. 15, 63, 81, 204, 205, 206, 207, 208, 209, 402, 466, 467, 468, 469, 470, 471, 473, 486, 561, 583, 584, 588, 590.
Chiraium, Chirai, 26, 45, 47, 48, 50, 78, 79, 89, 368, 407, 536, 583, 584, 589.
Chorrel. 109.
Christiana uxor Roberti Gasteble. 47.
Chuchium. 534.
Chuflet (*Robertus*). 559.
Cinthyus Diaconus Cardinalis. 586.
Cisai-Saint-Aubin, Cisia, Cyse Ciseium. 114, 119, 120, 568.
Clarofonte (*Robertus de*). 585.
Clemens frater Hugonis de Cambis. 172.
Clincharr.p, Clincampum. 301, 314, 441, 477.
Cloie. 333, 334, 344.
Clozes. 145.
Cluniaci (abbatia). 601.
Coccus (*Alnulfus*). 577.
Cochardere (la), 100, 102, 103.
Cochart, 74.
Cohuen. 36.
Coireus. Voyez *Cuirées*.
Coisplel (*Droetus*). 558, 559.

Coispeliere (la). 179, 509.
Coleta uxor Bernardi Ortolani. 566.
Coleta uxor Petri Malevie. 489.
Coleta uxor Roberti Milothi. 567.
Colins de Alneto. 85.
Colin Emeline. 560.
Colin le Rebillart. 574.
Colinus de Buato, armiger. 540.
— Gorran. 398.
— le Sauvage. 509, 510.
Colin Robert. 554, 555.
Colle. 72, 125.
Collehaut. 22.
Colleher. Voyez *Coulhier*.
Columbele. 175.
Columbi (*pratum*). 599.
Columby-sur-Than, Columbeium 166, 169, 176, 177.
Colonches. 88.
Coulonces, Colunces. 157.
Comblehaut, Coblehaut, Corblehaut. 97, 569.
Conches, Conchœ. 123.
Condé. 24.
Conge, Congeium. 325, 332, 333, 334, 345, 346.
Constancet (*vallis*). 409.
Conturbie, Contrebis, Contrabis. 28, 113, 117, 118, 126, 291, 460, 465, 475, 489, 490, 544, 562, 564, 565, 567, 584, 594, 599.
Coquus (Philippus). 561.
Corbin. 100, 101, 102, 103, 104.
Corbonnais (*archidiacres du*). Voyez Ricardus, Willelmus, Herbertus, Hugo.
Corbonensis. 72, 73, 144, 212, 387, 413, 575.
Corbonetum, Corbonettum. 26, 48, 64, 78, 88, 105, 106, 213, 214, 365, 426, 466, 467, 468, 469, 471, 473, 474, 527, 536, 544.
Corcerus, 490.
Cordebef (Gaufridus dictus). 550, 551.
Coreis. Voyez *Cuirées*.
Corgaudre. 529, 588.
Coriehout (Courgeoût). 137.
Corinum. 32.
Corjon. Voyez Courgeon.
Corleher, Corlerrum. Voyez *Coulhier*.
Corlimer. Voyez Coulimer.
Corneleria. 575, 576.
Cornevilla (Abbatia Sancte Marie de). 178.
Cornille (*Robertus*). 576.
Corpotein (*Iohannes de*). 561.

Corpotien. 51.
Corsesant. 10, 208, 424, 425, 541.
Corsesmont. 330.
Cortalart. 346.
Cortavon (Courtavon). 316, 317, 321, 332, 341.
Corteharaia. Voyez Curteharaia.
Cortin. 512.
Cortomer. 225.
Corvatein (*Iohannes de*). 550.
Cosnart (*Boscum*). 579.
Costentin (Robertus). 352, 353, 355, 533.
Costerel (Guillaume). 569.
Coudra. 482.
Coulhier, Colleher, Corleher, Corlerrum. 35, 36, 67, 69, 70, 71, 85, 86, 105, 544, 571, 576, 600.
Coulimer. 121.
Courgeon. 90, 91, 413, 453, 576.
Cour l'Evêque, Cortevesque, Curia episcopi. 378, 391, 535.

Courteheraria. Voy. *Saint-Aubin-de-Courteraie*.
Courtenay, Corteniacum. 123.
Coutumum (*Cottun*). 171.
Creuilly, Croileium. 176.
Croch. 105.
Croes Urse. 417.
Croia de Montcorlain. 516.
Croisilles. 13.
Crollart. 420.
Croneil. 22.
Cronerice. 481, 483.
Crosart (*Iohannes*). 541.
Crusladium. 112, 476.
Cuchoneria. 184.
Cuirées, Cureis, Coireus, Coreis 95, 137, 147, 148, 584, 589.
Curia episcopi. Voyez. *Cour l'Evêque*.
Curtaharaia. 39, 40, 41, 42, 44, 48
Curtillum. 579, 580.

# D

Dain (*Poletus*). 568.
Dalifart. 395.
Davout. 494, 495.
Delmereser. 388.
Denise, épouse de Yvart Dylbez. 552, 553.
Dessollath. 402.
Dispensaria (la Dépenserie). 355, 375, 377, 379, 380, 382, 383, 384, 386, 387, 392, 393, 394, 396, 397, 522.
Doeria. 577.
Dordan. 486.
Doucet (Johan). 574.
Droardus. 495, 496.
Droca (Dreux), 3.
Drocensis, 2.
Droco. Voyez Bartholomeus, Girardus.
— dictus Leve. 567.

Droco Pelliparius. 531.
— prior de Gornaio. 443.
Droetus Coisplel. 558, 559.
— Malnorri. 535.
Ductum Profundum. 243.
Duoe, Doe. 436, 437.
Durandus Filloel. 251, 252.
Durandus dictus Nobilis. 565.
— Trichart. 297, 301, 307.
Dyaconus, nomine Guillelmus. 523.
Dylbez (Yvart). 552.
Dyonisia dicta Hylaria. 95.
Dyonisia Lacornuete. 550.
Dyonicius Bochel. 160.
— de Bordellis. 221, 516.
— Chevrol. 81.
— de Cortlehier. 86, 105.
— Le Barbier. 170.
— Sacheth. 67, 68, 85, 544.
— de Valle Gelata. 481.

# E

Ebroicensis canonicus. 410.
— episcopus. Voyez *Johannes, Lucas, Ricardus*.
Echauffour, Eschaufou, Eschaufoium. 124, 246, 257.
Ecorcei. 127.

Egidius Burnel, miles. 559.
— de Mesnillo. 274.
— sacerdos. 190.
Eima uxor Dyonisii Bochel. 160, 161.
Emmelina. 372.

Emmelina uxor Gervasii de Prulaio. 55.
— uxor Gilleberti Bisson. 397.
— uxor Herberti Joscelin. 542.
— Ladarappe. 482.
— soror Radulfi Ascelin. 562.
- uxor Roberti de duobus canpis. 484.
— uxor Rogeri de Gualonneria. 246.
Emeline uxor Symonis Le Monnet. 533.
Enchenfreium. Voyez Pont-Echanfré.
Emerardus Molendinarius. 585.
Engenol Hardoin. 107.
Engerendus Le Mercer. 84.
Engueren, 38.
Enjobertus. 284.
Epron. 160.
Erenburgis. 20.
— uxor Blanchardi de Soligne. 325, 344, 345.
— de Campis. 110.
— de Campo Ruffo. 346, 347.
— Gastinele. 436, 437.
— uxor Johannis de Barilleio, 87.
— uxor Radulfi Fabri. 515, 516.
— uxor Stephani de Noierio. 543.
— mater Symonis Landri. 550.
Erina. 95, 589.
Ermenart. 145.
Ernaldus abbas Blesensis. 10.
— de Cella. 179, 181, 182, 189.

Ernaldus de Firmitate. 10, 447.
— Fortin. 529.
— de Soligne. 320.
— Trove. 389.
Erneis. 75, 94.
Ernulfus, filius Roberti de Brolio. 295.
Ervia (l'Avre). 410, 411.
Escagol. 381.
Eschaufou, Eschaufoeium. Voyez Echauffour.
Eschaumesnil. 124, 246.
Escocheium (*Ecouché*). 154, 600.
Escorceium. 127.
Esgaretus capellanus. 318.
Esmauricus Heron. 287.
Esperon. 160, 173.
Espervier, 76.
Essarts (les). 4
Essai, Esseium. 128, 129, 130, 131, 132, 133.
Estoni. 116.
Eufemia uxor Iohannis de Saquenvilla. 190.
Eugène III, pape. 580, 581, 582.
Eustachia. 403.
Eustacius de Agerneio miles. 151, 167, 168, 169, 171, 172, 176.
Eustachius archidiaconus. 318.
— filius Thome de Agerneio. 161.
Eveiz, 32, 88, 89, 105, 237, 240, 244.
Everardus de Villa Petrosa, miles. 150.
Evrardus de la Saouliere. 272, 278.

# F

Fabianus officialis decani Carnotensis. 74.
Fagueline. 457.
Fai (*Henricus du*). 574.
Fai (*Thomas du*). 574.
Falaise, Falesia. 173.
Falandres, 41, 42, 354, 382, 588.
— (seigneur de). 383, 384.
Fangée (la). 121.
Fauvel. 501.
Fauvelleria. 111.
Fay. 31, 38.
Faycl. 419.
Feings, Feins, Fenis. 23, 82, 85, 473, 570.
Fel. 156.
Feret. 29, 30.

Ferraria. 224, 225, 226, 227, 228, 233, 567, 588.
Ferrer. 449.
Ferrereta. 579.
Ferreriœ. 37.
Ferté-Fresnel (la). Feritas. 113, 115, 475.
Ferté-Vidame (la), Firmitas. 10, 14, 17, 66, 447.
Feugerons. 33, 34, 37, 67.
Figulus (*Richardus*). 564.
Firminus frater Gualteri Frogerii. 243.
Firmitas. Voyez La Ferté-Vidame.
Floeres. 216.
Fomuçon. 236.
Fonteleia. 395.

Fonteleia Ullée. 120.
Fontenil. 116, 477.
Foquetus Yscmbert. 251.
Forestaria. 249, 250, 252, 567.
Fortin de Alnetis. 375.
Fortin (*Ernaldus*). 529.
Fortin (*Richardus*). 567.
Fortinus, frater Pagani de Malregnart. 583.
Fortinus de Normandel. 583.
Fossa. 27.
Fossa Faudere. 132.
Fossata Regis. 463, 527.
Fosseta. 47, 360, 500, 501.
Foubertus Fromont. 251.
Foubert (*Robert*). 554, 555.
Foucherons. Voyez Feugerons.
Foumuçon. 433, 434, 435, 440, 486, 500.
Francorum nemus. 590.
Fraximum. 44.
Fresneia. 300, 302, 303, 305, 308, 479, 481.

Fresnellus. 201.
Freteium. 450, 451, 452, 453, 454, 455, 456, 457, 458, 459, 460, 552, 553, 583, 587.
Frex. 588.
Frielons. 36.
Frigida rua. 167.
Frogerius Sagiensis episcopus. 193, 224, 248, 347, 404.
Fromentinus. 183.
Fromondeis. 250.
Fromundus Morel. 500.
Fulcherus Havet. 515, 538, 574, 575.
Fulcher Quarrel. 24.
Fulcherius de Vienteis. 297.
Fulco de Alnou. 198.
— de Buato. 65.
— Buignon. 23.
— de Loveriis, miles, 227, 228.
Fulreia (*Boscum de*). 579.
Furnelia. 275, 276, 278, 280.

## G

Gabaut (*Thibaldus*). 561.
Gacé, Cace, Gace, Gaceium. 114, 119, 120.
Gace de Loigneio, miles. 559.
Gado Ledroeis. 416.
Galeranus. 418, 458.
Galerannus de Asperis. 221, 418.
Galeranus comes Mellenti. 442, 444, 445, 448.
Galfridus de Buisson. 285.
— Chevalier. 51.
— Cocherel. 215.
— de Croisilles, 13.
— Eschalart. 268, 269, 271, 278, 280.
— Le Bigot. 34.
— de Mortetruie. 51, 52.
— de Quatremares. 25.
Gallienne (*Johan*). 569.
Galterus. 112, 476.
— (*Adam Gautier*) abbé de la Trappe. 28, 44, 60, 119, 124, 133, 182, 484, 532, 542, 545, 564.
— de Allodio. 29, 30, 214, 217, 465.
— de Asperis. 584.
— Bresnard. 583, 588.
— de Carnaliis. 114.
— Chachevel. 497.

GalterusChaperon. 521.
— Cortin. 512.
— Gastinel. 386.
— de Gornaio. 282, 283.
— Hunaut. 355.
— de Lagneio. 205.
— Le Sauner. 43.
— de Maheru. 388.
— miles, 382.
— Pequit. 34, 35, 36.
— Porcel. 571.
— Prior. 362.
- Ullelievre. 39.
— de Ulmo. 355.
— de Vado. 529, 545.
— de Valet. 508.
Gamin. 105.
Garderia. 412.
Garinus. 458.
— de Belle Garde. 577.
— Berselone. 80.
— de Boeletis. 577.
— Bouis. 331, 332.
— Brenart. 490.
— de Bruerol. 100, 101, 102, 103, 104.
— Burnel. 588.
— de Carnaliis. 114.
— Cheteaudun. 65.
— Chevrel. 561.

Garinus de Collehaut. 22.
— de Eschaumesnil. 124.
— filius Gervasii Capreoli. 204, 205, 206, 207, 208, 209.
— Gillebert. 99.
— Gorron. 522.
— de Grantval. 200, 202.
— Grapinel. 523.
— Hai. 425.
-- Huden. 42.
— Jalet. 518.
— Joe. 121.
— le Nevo. 359.
— le Reide. 54.
— de Letigneio. 40, 41.
— de Lunrei. 584.
— Menier. 358, 392, 393.
— Mercenarius. 519.
— Neenbarbe. 392.
— de Noa. 118.
— de Peiz. 410, 411.
— Piloise. 68.
— presbyter. 418.
— de Puisat. 296.
— frater Radulphi Leborgne, 53.
— Rufus. 313.
— de sancto Hilario. 400.
— Tupe. 472.
— de Vilers. 590.
— des Vergiers, Guarinus de Virgultis. 435, 438.
Garnerius Le Masner. 133.
Garneret. 536.
Garpre. 158.
Gasprea. 250, 360.
Gasteble. 45, 46.
Gastina. 186, 188, 190, 191, 192, 194, 460, 485, 486, 504, 584, 594, 599, 600.
Gastinel. 210, 436.
Gastüil (*Bonetus de*). 585.
Gauderia. 25.
Gaudri (*Robertus*). 529.
Gaufridus abbas. 476.
— dictus Anglicus. 126, 564.
— de Ardena. 478, 479.
— de Bosco. 576.
— de Bruslon. 320, 325, 326.
— de Campellis. 145.
— vicecomes Castriduni 66.
— Chevrol. 206.
— clericus baillivi. 559.
— Cohuen. 36.
— de Coireus. 584.
— dictus Cordebef. 550, 551.
— de Corsesant. 541.
— Dalifart. 395.

Gaufridus Deulegart. 517.
— Eschalart. 261, 279, 289.
— Faber. 83.
— Fichet. 446.
— de Fossa. 27.
— de Fossatis. 501.
— de Fresneia. 300, 301, 308, 479, 481.
— Gonel. 220.
—· Hauvel. 576.
— Hoberel, miles. 426, 427, 428, 429, 430.
— frater Hugonis sacerdotis. 588.
— Hugot. 298.
— de Illiers, miles. 27, 296, 465.
— de Landis. 559.
— dex Legart. 538.
— Le Noble. 84.
— dictus Malnorri. 106, 107, 378, 397, 522.
— Malus Canis. 326.
— Medicus. 504.
— Menout. 329, 330.
— Mirel. 251.
— Morin. 320.
— de Nuilleio, presbyter. 433, 437.
— Orient. 354.
— Parroche. 482.
— Comes Perticensis. 16, 19, 141, 205, 235, 400, 401, 403, 424, 450, 451, 457, 458.
— de Riveria. 266.
— filius Roberti de Brolio. 295.
— de Runcos. 387.
— Sagiensis episcopus. 405, 407, 419.
— de summere. 406.
— Surdus. 577.
— Trichart. 306.
— Tronel. 590.
— de Ulmo. 392, 393.
Gaugain (*Hugo*). 570.
Gaugein. 548.
Gaulart (*Guillelmus*). 573.
Gaulerannus filius Willelmi de Pinu. 588.
Gebert (*Matheus*). 545.
Gelanus, filius Willelmi de Chorrel. 109.
Genestei. 264, 282, 288.
Geneveria. 252.
Gener (*Robertus*). 549.
Gerburgis. 112.
Gerburgis de Asperis. 476.

Gereius. 420.
— Forestarius. 544.
— Le Mercier. 71, 72, 532.
Geroys de Dispensaria. 396.
— filia Evrardi de la Saouliere. 271, 272, 273, 278.
Gervasius de Bellaviler, miles. 137.
— Binet. 95.
— de Blavo. 226.
— de Boscheel. 104.
— du Buat. 588.
— Capreolus. 15, 204, 206, 207, 208, 583, 584, 588.
— de Chiraio. 26. 50, 583, 589.
— de Condé. 24.
— episcopus Sagiensis. 59, 417, 452.
— dictus Forestarius. 249, 250, 251, 391.
— Goufier. 36.
— Gouher. 492.
— de Guicent. 212.
— Guismant. 207, 210.
— de Haia. 199, 200, 202.
— Hurel. 375.
— Lambertus abbas de Trappa. 157, 192, 582.
— Le Cerf. 98.
— Leforestier. 535.
— de Longoponte. 11, 98, 99.
— de Malchenaio. 10.
— de Manou. 228, 230.
— de Marchenaio. 433, 435.
— Martel. 142.
— de Moire. 407.
— de Montrihart. 20, 36, 85.
— Neenbarbe. 392.
— de Noceio. 69.
— de Pleraliis. 223.
— Poton. 574.
— Dominus de Prulaio. 55, 56, 208, 401, 418.
— Quarrel. 485.
— de Rivellon. 15, 464.
— de Rosaria. 425.
— Valletus. 137.
— Vesinel. 383.
— de Vilers, 98, 137, 144, 147.
— de Villa-Estensa. 584, 589.
Gibordel (*Guillelmus*). 537.
Giebert (*Radulfus*). 574.
Gieffrey le Metaier. 554, 555.
Giffroy Challo. 560.
Gillebertus. 112, 476, 520, 576.
— dominus Aquile. 113, 115, 446, 475.

Gillebertus de Argentela. 156.
— de Asperis. 225.
— Bille. 110.
— Bisson. 396.
— Boiseous. 53.
— Bruslart. 84.
— Canin. 446.
— Chaperon. 375.
— Chappon. 487.
— Chef de bois. 34, 35.
— Gonieu. 549, 550.
— Goot, miles. 559.
— Hericon. 122.
— Hurel. 375.
— filius Jacobi Tilleriarum. 292.
— Laboiste. 114.
— Landri. 506.
— Laval. 114.
— Lesir. 503.
— de Monasterio. 505.
— de Plesseio. 182.
— presbyter. 243.
— de Prulaio. 415.
— Taacer. 20.
— de Veteri Ponte. 361.
Gillenus Anesgoch. 371.
— de Bordellis. 517.
— Osmundi. 371.
— Polein. 366.
Gilo de Mesnillio. 277.
Gillo Chenechaille. 484.
— frater Iohannis de Saquenvilla. 190.
Gilotus de Fossatis. 501.
Girardus de Asperis. 402, 457, 458, 459, 472, 525, 583, 587.
— Boel. 585.
— filius Garini Burnel. 588.
— Chevroel. 63, 205, 402, 584.
— de Chiraio. 26, 266, 589.
— Chuchu. 414.
— Descronieres. 479.
— Droconis, clericus. 281, 290, 291, 462.
— Gamin. 105.
— Goheri. 209, 313.
— Gonel. 221.
— de Hamel. 93.
— Hobe. 588.
— Hosel. 537, 538.
— de la Saouliere. 271.
— Meriail. 59.
— molendinarius. 548.
— de Molins. 224.
— de Peiz. 32, 410, 411.
— Piloise. 36, 104.

Girarpuspresbyter. 565.
— de Rivellon. 360, 387, 390.
— de Roseria. 266.
— Rossinol. 542.
— dictus sapiens. 108.
— de Coirel, miles. 20, 80, 543.
Gislebertus de Lefenegio. 588.
Gisors, Gisortium. 375.
Glapion. 225, 389, 585.
Glos-la-Ferrière, Gloz. 183, 188, 189, 194, 195, 196, 476, 560.
Gobense. 50.
Godardus. 266.
Godefridus. 120.
— sellonis. 120.
Goher. 463.
Goherus de Chesnebrun. 260, 266, 275, 276, 496.
— de Morvilla, miles. 259, 260, 261, 262, 263, 265, 288.
— presbyter. 263.
Goidus. 112, 476.
Gondrea. 132.
Gonel. 465.
— (*Ivo*). 571.
Gonieu (*Gillebertus*). 549, 550.
Gontier. 535.
Goot (*Gislebertus*). 559.
Goubaut. 26.
Gournay-en-Bray, Gornacum. 154, 442, 443, 444, 445.
Gournay-le-Guerin. 263, 267, 273, 278, 279, 281, 282, 283, 285, 288, 292.
Grai. 462.
Grandin (*Johannes*), 533.
Grandis Montis. 94.
Grantval. 120, 122.
Grandvilliers, Grandisvillaris, Grandviler. 180, 185.
Graniers. 32.
Gratianus Subdiaconus et Notarius. 586.
Grenesbeium. 160.
Grimonart (*Boscum*). 579.
Grossinorum (*feodum*). 583.
Gruel. 28, 205, 260, 296, 583.
Gruelli. 121.
Gualterius Albanensis episcopus. 586.
Gualterus de Asperis. 223, 224, 249.
— Frogerii. 242, 243.
Gualonneria. 246.
Guarinus Botevilein. 232, 233.
— de Eschaumesnil. 246.
— Fayel. 419, 420.
— Guarinus de Ferreria, miles. 567.

Guarinus Fillol. 252.
— de Glapion. 225, 389.
— Pichon. 375.
— Roussel. 562.
— de Toucha. 375.
Guastinellus. 477.
Guauterus de Maheru. 224.
Guêprei, Guepere. 157.
Gué Saint-Ouen. 46.
Guerin de Meshoudin. 486.
Guetart (*Johannes dictus*). 567.
Guiardus filius Galteri de Lagneio. 205.
— molendinarius. 80, 81.
Guiart. 62, 63.
Guibergis de Alneto. 77.
— uxor Auberti Perer. 367.
Guibordis La Jalete. 518, 519.
Gui de Montfort. 4.
Guido, sancti Petri Carnotensis abbas. 236.
— de Fontanis. 206.
— sanctæ Romanæ ecclesiæ Diaconus Cardinalis et Cancellarius. 582.
— presbyter cardinalis. 582.
Guiet de Angeol. 332.
Guillaume Costerel. 569.
Guillebertus de Prulato. 561.
Guillaume de la Gastine. 486.
Guillaume Le Dermant. 560.
Guillaume Le Marinier. 560.
Guillelmus dictus abbas. 501.
— Amendrot. 370.
— Arrucart. 80.
— dictus Asinus. 310.
— de Asperis. 112, 115, 462, 476, 486, 561, 567.
— Austrei 491.
— Ballot. 571.
— de Barillie. 400, 418.
— Belet, burgensis Cadomi. 167, 169, 177.
— Belloih. 515.
— Biseth. 372.
— de Blavo. 224, 225, 226, 228.
— de Bordeis. 428.
— Le Borgeis. 429, 430.
— Borrel. 40, 41, 42.
— de Bosco Renoudi, miles. 559.
— de Boucers. 577.
— Boudeille. 492.
— de Bretel. 125, 126, 127, 247.
— de Buato. 69, 70, 466, 467, 473, 474, 475, 540.
— de Bubertreio, miles. 74, 430, 465.

Guillelmus Bufai. 197.
— Buitard. 547.
— de Campis. 363.
— abbas de Campania. 321.
— dictus Carnifex. 91.
— cantor Castriduni. 438, 439.
— Cathalaunensis episcopus, comes Pertici 7, 8, 9, 19, 73, 136, 138, 450, 451, 452, 453, 454, 460.
— Channon. 55, 56.
— frater Guillelmi Channon. 55, 56.
— Chevrel miles dominus de Cetonio. 469, 470.
— de Chiraio. 45, 47, 48, 79.
— de Colle. 72.
— de Colonches. 88.
— Cogin. 486.
— Corbin. 100, 101, 102, 103, 104.
— Coudrei. 528.
— de Cuirees. 95.
— Esvellart. 281.
— Fagueline. 457.
— Feret. 29, 30.
— de Feugerons. 68.
— de Fontenil. 116, 477.
— de Foresta. 576.
— Formi. 84.
— Forrel. 512.
— Gauduni. 94.
— Gaulart. 573.
— de Geneveria. 252.
— Gibordel. 537.
— Goidus de Asperis. 112, 476.
— Gruel. 28, 260.
— Guastez. 477.
— Hachedor. 135.
— de Hael. 150.
— Hais. 547.
— Havart. 45, 79.
— Havet. 575.
— Herberti. 218.
— Hermant, miles. 465.
— Heron, miles. 369, 392, 393.
— filius Iohannis de Campellis. 138.
— Jarrietus, miles. 245.
— dictus Labe. 281.
— Labele. 62, 63.
— Landri. 507.
— nepos Landrici. 289.
— Larchier. 92, 93.
— Le Coeffeur. 548.
— Le Feron. 513.
— Legoe. 590.
— Le Savage. 510.

Guillelmus Lesir. 512.
— de Lingenria. 223.
— de Longreio miles. 470, 471.
— clericus de Loseel. 590.
— dictus Malet, miles. 559.
— Marcel. 118.
— Menardi. 546.
— de Mesnillio, miles. 145.
— Moinet. 27.
— filius Roberti de Monte Collano. 70, 114.
— de Monte Gouberti, miles. 455, 471, 472, 473.
— de Monthai. 437.
— Murie. 515.
— de Neverz. 87.
— de Nonnant. 362.
— nepos Arnulfi Ortolani. 564.
— Panetarius. 277.
— Pechin. 349.
— de Peiz. 410, 411.
— Pelerin. 80, 81, 543.
— Pelliparius. 570.
— Picart. 90.
— Pichart. 421.
— Pies. 27.
— dictus Prepositus. 549.
— de Puisaz. 340, 341.
— de Regnoart. 492.
— Renart, clericus. 237, 238, 239, 240, 241, 514.
— Renaut. 76.
— Rex. 509.
— de Ripparia. 277.
— Roilart. 577.
— sacerdos. 476.
— filius Symonis de Ulmeio. 158.
— de Soliis. 223.
— Thebaut. 487, 488.
— Tincturarius. 368.
— Torel. 567.
— Tournebeuf. 492.
— abbas de Trappa. 119, 477, 546.
— de Tremelo. 224, 233.
— de Valfermant. 234.
— de Valle. 38, 472.
— de Yllers, miles. 567.
Gullermus de Bosco. 577.
— de Chastelers. 23, 84.
— de Landa. 561.
— Lecith. 576.
— Picart. 577.
Guilotus Bonnet. 477.
— christianus. 375.
— Monachus. 490.
— Postel. 535.

Guinegaut. 119.
Gunterii (*Pratum*). 584.

Gunteri (*Villelmus*). 584.
Gutterium Mineriarum. 29.

# H

Hael. 150.
Haia de Chantecoc, Haia, (*la Haie de Chantecoq*). 259, 260, 261, 266, 267, 269, 271, 272, 273, 274, 275, 281, 282, 283, 286, 594, 599.
— (*Robertus de*). 588.
— (*La Haye-Saint-Sylvestre*). 199, 200, 202, 203.
Hairon. 600.
Hais (*Guillelmus*). 547.
— de Laboere. 133.
Halbertus Menier. 48.
Hamel. 43, 92, 93.
Hamelinus, Cenomannensis episcopus. 125, 247, 319, 320, 321, 322.
— Le Bohart. 152, 163, 164, 165, 166, 167, 177.
— de Nuilleio. 433.
Hantes. 539.
Haois uxor Princii Forsene. 316.
Haoysia, domina de Bosco Lamdri. 256.
— de Loveriis. 257.
Haoïsa Paskeree. 245, 246.
Haravillier (*Grangia de*). 599.
Harcarderia. 576.
Hardoin. 107.
Harvisa, uxor Rotrodi comitis Pertici. 579.
Haseium. 386.
Haugemara. 448.
Hauvel (*Gaufridus*). 576.
Havarderia. 82.
Havart (*Hubertus*). 562.
— (*Laurentius*). 563.
Havard. 45, 79, 82, 529.
Havet (*Fulcherus*). 515, 538, 574, 575.
— (*Guillelmus*). 575.
Havière (la), la Havairie, la Haverie. 179.
Haymericus de Falandres. 354.
Hecteria (*grangia de*). 599.
Helsendis comitissa Pertici. 450, 451.
Heloysia de Allodio. 576.
Heloissa uxor Guillelmi des Chastelers. 77.
— La Merciere. 71, 72.

Heloyse, soror Josceti Respeisse. 564.
Heloys filia Iohannis servientis. 264, 285.
Helyot. 107.
Hemericus Heron. 287, 288.
— de Villereio, miles. 14.
Hemmesendis uxor Radulfi Le Nevo. 359.
Henri II, Roi d'Angleterre. 376, 573, 584.
Henri (*Johan*). 574.
Henricus Anglicus. 296.
— de Agerneio, miles. 163, 164, 165, 166, 167, 177.
— archidiaconus. 210.
— Baiocensis episcopus. 162.
— de Bona Villa. 200.
— Bouchier. 87.
— Cantor, canonicus Ebroicensis. 291.
— de Columbeles. 175.
— du Fai. 574.
— Galterus. 492.
— de Grai. 462.
— Holeren. 249.
— Marescallus. 153.
— de Mortuo Mari. 155.
— dominus Novi Burgi. 445, 446, 585.
— filius Thome de Agerneio. 161.
— filius Walquilini de Ferrer. 449.
Herauderia. 589.
Herbertus Belot de Chesnebrun. 265.
— Billon. 520.
— Bote-Vilain. 183, 232, 233.
— Carpentarius. 571.
— clericus. 400.
— Cocus. 424.
— Corbin. 249.
— Corbonensis archidiaconus. 208, 402.
— Geindre. 383, 384.
— Gerin. 521.
— Guiart. 62, 63.
— Joscelinus. 146, 534, 535, 542.
— Le Jumel. 284.

Herbertus Lancelin. 328.
— Lesir. 503.
— Moinet. 362.
— frater Nicholai forestarii. 139.
— Postel. 54.
— de Sarnaio. 402.
— abbas de Trappa. Voyez *Iohannes.*
Heremburgis uxor Roberti Lesquier. 332, 334.
Herlcon. 122, 463, 465, 527.
Hericonnere, Hericoneria. 113,123, 458, 465, 475, 491, 525, 526, 527, 528, 530.
Hermenteriæ. 285.
Hernaudus. 402, 458.
Heron (*Jordanus*). 567.
Hersendis uxor Ricardi de Bures. 337.
Hersent uxor Huberti Anglici. 249.
— de Mesnil. 234.
Herveius de Castello. 13, 17.
— filius Hugonis de Cambis. 172.
— Le Manant. 151, 161, 162, 163, 177.
Herveus de Rua. 161, 162, 163.
Hignardus de Bellog. 590.
Hilaria uxor Henrici de Agerneio, militis. 163.
— uxor Jacobi Tilleriarum. 292.
Hilarii (*castrum*). 579, 599.
Hobe (*Girardus*). 588.
Hoberel. 106, 414, 426, 427, 428, 429, 430.
Hoirele (la). 100, 102.
Honoré III, pape. 593, 597.
Hosel (*Girardus*). 537, 538.
Hosseia. 58, 263.
Housel. 576.
Hubaldus Ostiensis episcopus. 586.
Hubertus Anglicus. 223, 249.
— Chevrol. 205, 207, 208, 486, 561, 590.
— Engueren. 38.
— Havart. 562.
— Landrici. 326.
— Lesir. 496.
— Le Vacer, miles. 567.
— Pelliparius. 383.
Huden. 42.
Hue Bouler. 486.
Huet. 27.
Hueline (*Robertus*). 576.
Hugelina uxor Willelmi de Barilleio. 217.
Hugo. 458.

Hugo de Baucei. 348.
— de Bello Monte. 132, 133, 135.
— Berart. 351.
— Beroldi. 280.
— Berselone. 436, 437.
— de Bordellis. 221, 222.
— Bottin. 297, 298, 299, 300, 301, 302, 304.
— de Bresnart. 87, 583.
— Britonis. 589.
— de Buato. 409, 411, 412, 588.
— de Campis, miles. 580, 583, 587.
— de Capella. 411.
— filius Hervei de Castello. 14.
— de Castro novo. 18, 448.
— de Catharabia. 209, 402.
— de Cella. 180, 184, 185.
— Chevalier. 51.
— Chevaler de Groia. 521.
— de Chirai. 584.
— clericus. 172.
— Le Chanu. 507, 571.
— archidiaconus Corbonensis. 211.
— de Cortgaudre. 588.
— de Corsesant. 10, 208, 424, 425.
— de Corino. 32.
— de Curtaam. 325.
— Diaconus Cardinalis. 586.
— Doce. 124.
— Espervier. 76.
— de Ferreriis. 223, 224, 225, 226, 228.
— de Frielons. 36.
— Gaugain. 570.
— de Gornaco. 154.
— de Grenesbeio. 160.
— Hequet. 517.
— de Lachela. 584.
— Le Huluel. 88.
— Le Manant. 151, 172.
— de Longo Essarto. 277.
— de Longo Ponte. 583.
— de Mareis. 580, 583.
— de Molins. 546.
— de Monte Forti. 118, 155.
— de Noceio, miles. 309, 312, 483.
— de Nuilleio. 580, 583.
— filius Pagani de Buato. 580.
— Picart. 90.
— Piquart. 422.
— de Plesseiz. 185.
— de Portis. 124, 125, 246.
— dictus Prepositus. 88.

Hugo de Prepotin, miles. 567.
— de Rivellon. 225.
— de Recretiz. 400, 403.
— frater Roberti de Corion, miles. 455.
— de Rotis. 154, 155.
— sacerdos. 588.
— Sagiensis episcopus. 140, 405.
— de Sambloria. 447.
— de Sancto-Aniano. 585.
— de Sancto-Albino. 54, 216.
— de Soligneio. 589.
— Stultus. 137, 139.
— Surdus. 427.
— Sutor. 517.
— frater Thome de Mauregart. 211.
— filius Tustini. 160.
— filius Symonis de Ulmeio. 157, 158.
— de Ulmeio. 157.
— de Valnosia. 9, 17, 213.
— de Vilers. 57, 61, 62.
Hugueline. 566.
Hussum (le Houx). 322.

## I

Idonea Domina de Corjon. 90.
Ignis ardeat. 66.
Illers. 465.
Illiers. 27.
Imarus Tusculanus episcopus. 581.
Ingenulfus de Linerol. 402.
Ingun. 16.
Innocent III, pape. 590, 592.
Isabel de Boterellis. 191.
Isabelle, Comtesse de Chartres et Dame d'Amboise. 1.
Isabellis uxor Guarini Roussel. 562.
— uxor Guillelmi Larchier. 92.
Isabella Domina de Monte Collano. 71.
Isabel uxor Symonis Lebret. 356, 387, 388, 390
Isavia, Isania Gruel. 28, 29, 30, 214, 465.
Ivo de Broleto. 48.
— de Ductu. 424, 425.
— Gonel. 571.
— de Veteri ponte. 404.
Ivon de Bosco Hubout. 195.

## J

Jaber. 87.
Jabiera. 87.
Jacquelina, uxor Gaufridi Le Noble. 84.
Jacques (*Johannes*). 574.
Jacobus Tilleriarum dominus. 292.
Jarrietum, Jarreium. 20, 119, 120, 420.
Jaujuppe (la). 113, 271, 275, 279, 475.
Jean, évêque d'Evreux. 178.
Jehan de Foumuchon. 486.
Jehan de Beaumont. 560.
Jerolosima. 410, 458, 579.
Joeia. 47.
Johanna. 132, 403, 424.
— uxor Balduini de la Fangee, militis. 121.
— de Ferreriis. 37.
— uxor Garini de Bruerol. 103.
— Iohanna Gastinele. 436, 437.
— uxor Gervasii dicti Forestarii. 250.
— uxor Guillelmi de Bubertreio. 74.
— uxor Guillelmi Chaennon. 56.
Johanna uxor Guillelmi Corbin. 102, 103.
— uxor Iohannis Crosart. 541.
— la Despensiere. 384.
— la Maconesse. 398.
— de Longno Ponte. 60, 98, 99.
— uxor Raginaldi Pinel. 307.
— de Randonay. 29, 30.
— uxor Roberti Calabre. 481, 482, 483.
— uxor Roberti Segnoiet. 477.
Johannes. 424, 457, 463, 464, 517.
— (Jean Ier, comte d'Alençon). 349, 585.
— (Jean II, comte d'Alençon). 349.
— de Alneto. 577.
— Anglicus. 527.
— Angoti clericus. 417.
— de Ardena. 478.
— dictus Armiger. 343, 346.
— Ascelin. 539.
— de Bailhe, miles. 559.

Johannes filius Balduini de la Fan-
    gee, militis. 121.
— de Barilleio. 87.
— de Barra. 420, 525.
— Baudran. 571.
— Baulahere. 480.
— Beaudoux. 529.
— de Bellaies. 93.
— Boisgaucher. 135.
— Botevilein. 232, 233.
— le Borgony. 387.
— de Bursart presbiter. 134.
— de Campellis. 138.
— Cantor omnium sanctorum de Mauritanie. 21, 312.
— de Caprefra. 561.
— Celri. 251.
— de Champhaous. 64.
— de Chaorceia. 187.
— Chaperon. 193.
— Chauvel. 55.
— Chauvin. 545.
— de Chiraio. 26.
— Cohy. 253.
— de Corion. 413.
— de Corpotein. 561.
— de Corvatein. 550.
— Corvissel. 518.
— Crosart. 541.
— Deran. 492.
— Doucet. 574.
— Emmeline. 560.
— Erneis. 94.
— de Escueria. 344.
— de Falandris. 382, 383, 384.
— Fatin. 524.
— de Fengalous. 375.
— de Ferreriis. 37.
— Fouyer 560.
— Gallienne. 569.
— filius Galteri de Gornaio. 282.
— filius Garini Piloise. 68.
— dictus Guetart. 567.
— de Gornaio. 278.
— Goubaut. 26.
— Grandin. 533.
— Grasenlins. 526.
— Henri. 574.
— Herbertus abbas de Trappa. 147, 487, 515, 550, 551, 561, 567, 569, 570, 574.
— de Illeres. 296.
— Jacques. 574.
— Laguende. 568.
— Lambert. 499.
— Lassalli. 349.
— Lebas. 560.

Johannes Lebouchier. 560.
— Le Brueil. 524.
— Le Forestier. 560.
— Le Franc. 46, 47, 49, 93, 97.
— Le Monnier. 218.
— Le Saunier. 40, 41, 43.
— Le Tessier. 525, 526.
— Levavassor. 546.
— Louvel. 574.
— Malepoe. 502.
— Marie. 498, 499.
— Martin. 83.
— Meneier. 394, 395, 397.
— de Minant, miles. 559.
— de Moire. 68, 86.
— molendinarius. 219.
— de Monthai. 436, 437, 438.
— comes Moretonii (*Jean-sans-Terre*). 449.
— de Mortetruie. 51, 52.
— du Moulin. 569.
— de Mousseriis. 529.
— Mouchin. 488.
— Mulete. 387.
— Odeline. 560.
— de Orto. 568.
— Oximensis archidiaconus. 249.
— Patier. 49.
— de Peiz. 410, 590.
— Perer. 464.
— Presbyter Cardinalis. 586.
— de Pice. 40.
— Poe. 497.
— Puille. 253, 559.
— de Regnoart. 492.
— dictus Rex. 508.
— filius Ricardi de Rogo. 302, 303.
— filius Roberti Morin. 537, 563.
— de Roseria, miles. 559.
— de Saquenvilla. 190, 191.
— scutarius. 345.
- Sellarius. 49.
— serviens. 261, 285, 286.
— Silvanectensis archidiaconus, 3.
— de Sisseio, miles. 559.
— Textor. 541.
— de Ulmo. 548.
— de Vilers. 589.
— de Virgultis. 577.
— de Wallemont. 168.
Joncheria. 117.
Jordanus Anglicus. 493, 494.
— Heron. 567.
— Neenbarbe. 392.

Josaphas (*ecclesia de*). 421.
Joscelinus (*Herbertus*). 146, 534, 535, 542.
Joscetus Respeisse. 564.
Joscetus Sutor. 253.
Jourden de la Haie. 574.
Juierannus de Noceio. 209.
Juliana. 403.
— de Belerable. 385.

— uxor Guillelmi de Buato. 425.
— uxor Herberti Postel. 54.
— uxor Lamberti Boufei. 196.
— uxor Petri Gentement. 489.
— uxor Roberti Gasteble. 46.
— uxor Willelmi de Abernon. 191.
— uxor Willelmi de Tilly. 17.
Julianus. 132.

# K

Karilefus de Cloie. 333, 334.

# L

La Barbiniere. 31.
Labele. 62.
Labercere. Voyez *Berteria*.
Laboiste. 114.
Lachela (*Hugo de*). 584.
Lacheondere. 113, 475.
Lacrosardière. 364.
La Ferue. 490.
La Fontaine (*Samsé de*). 554.
La Galopinere. 64.
Lagneium. Voyez. *Ligni*.
Laguende (*Johannes*). 568.
La Haie (Jourden de). 574.
La Heutru. 43.
Laigle, Aquila. 112, 113, 114, 115, 116, 193, 260, 290, 389, 446, 475, 476, 490, 491, 525, 526, 527, 579, 584, 585, 594, 600.
— (*seigneurs de*). 113, 114, 446, 475.
Laire, Leire, Larre. 511.
Lambert. 499.
Lambertus Boufei. 196, 197.
— de Brueroletis. 71, 72.
— Crochet. 385.
— Hairon. 288.
— de Monte Baudrici. 281.
— filius Willelmi Bosci. 190.
— abbas de Trappa. Voyez *Gervasius Lambertus*.
Lamorinierre (*feodum de*). 491.
Landa (Guillermus de). 561.
Landœ. 76.
Landis (Gaufridus de). 559.
Landericus Le Cornu. 501.
Landri (*Symo*). 550.
Langevin. 509.
La Princessé. 492.

Laterani. 592.
Laurencia uxor Fulconis de Buato. 65.
Laurent le Feriant. 560.
Laurentius, abbas beati Launomari Blesensis. 453.
— Erneis. 75
— Havart. 563.
— Moinet. 27.
— de Monasterio. 514.
— prepositus de Soligney. 78.
La Vironne. 574.
Le Bez. 20.
Le Bigot. 34, 130, 416, 417.
Le Borgne. 52.
Lebret (*Symo*). 356, 360, 379, 380, 381, 387, 390, 392, 531.
Lebruiant (Robertus). 548.
Le Chanu (*Hugo*). 571.
Le Chanu (*Robertus*). 505.
Le Charetier (Robertus). 571.
Lecith (*Guillermus*). 576.
Le Coeffeur (*Guillelmus*). 548.
Ledroeis. 416.
Lefenegi (*Gislebertus de*). 588.
Le Feriant (*Laurent*). 560.
Le Feron. 513.
Leforestier. 535.
Le Franc. 46, 47, 49, 93, 97.
Legaleis (*Rogerus*). 576.
Legart (*Gaufridus dex*). 538.
Legneium. Voyez *Ligni*.
Legoe (*Guillelmus*). 590.
Leiardis uxor Willelmi. 64.
Leicester, Leccestrie, Legrecerie, Leycestre, Leencestrensis (*comtes de*). 4, 157, 158, 185, 197, 198, 376.
Le Jumel. 499.

Legier Mariot. 560.
Le Maguinon. 63, 64.
Le Metaier. 554.
Le Monnet (*Symo*) 533.
Le Mor (Blesot). 568.
Le Noer. 20.
Leodegarius. 482.
Lepaigne. 472.
Le Rebillart (*Colin*). 574.
Le Reide. 54.
Le Rigaudel. 513.
Le Roux (Anquetil). 534.
Le Sauner. 43.
Lescallocere. 351.
Lesir. 503.
Lespaterez. 574.
Leta uxor Willelmi Aurifabri. 308.
Leteri. 422.
Le Tessier (*Symo*). 363, 364, 366, 549.
Letice. 513.
Letigneium. 40, 41.
Le Vacer (*Hubertus*). 567.
Levachier. 530, 536, 545.
Levavasor. 546.
Leve (*Droco dictus*). 567.
Lexoviensis episcopus. 376.
Lignerolles, Lignerolis, Linerolis. 71, 220, 401, 402, 403, 418, 488, 549, 579, 588.
Ligni, Lagneium, Legneium. 204, 205, 206, 207, 208, 209, 210, 220, 221, 583, 587, 590, 594, 599.

Lira. 200, 294.
— (*abbas de*). 183, 197.
Lisiardus episcopus Sagiensis. 10, 156, 400, 403.
Loigneio (*Gace de*). 559.
Loisail, Loiseel, Loseel, Loysel, Loyseel. 208, 402, 423, 588, 590, 600
Longreium. 470, 471.
Longum Essartum. 277.
Long-Pont. 11, 42, 60, 98, 99, 143, 144, 243, 258, 583, 589, 600.
Longum-Pratum. 584, 600.
Lormarin. 54.
Lordierne. 441.
Louis Comte de Blois. 1.
Loupendu. 289.
Louvel (*Johannes*). 574.
Louvilliers-lès-Perche. 565.
Loveriœ. 227, 228.
Lucas, Ebroicensis episcopus. 125, 247.
— de Garderia. 412.
Lucia, mater Gervasii de Prulaio. 55.
— vicecomitissa sancte Susanne. 328.
— uxor Tustini de Valferman. 249.
Ludovicus Francorum rex. 2, 598, 602.
Lumpont. Voyez *Long Pont*.
Lunrci (*Garinus de*). 584.
Lusarches (*Renart de*). 560.

# M

Mabilia Domina de Campis. 401, 580, 583.
— uxor Galfridi de Quatremares. 25.
— uxor Mathei Renart. 256, 257.
— uxor Mathei de Molendino. 306.
— uxor Mathei de Montgouberti. 117, 390, 453, 454, 455, 459.
— uxor Reginaudi Fromentini. 184.
— uxor Ricardi de Champeaus. 60, 61.
Macheriœ. Voyez *Mezières-sous-Ballon*.
Macheta. 473.
Maerol. 221, 418.

Maheru, Maharu, Malheru. 110, 192, 224, 376, 384, 388, 389, 396, 397, 398, 486, 487, 520, 522, 523, 524, 584, 594, 599, 600.
— (*foresta de*). 375, 486, 600.
Maheu (*Robert*). 554.
Maillart (*Petrus*). 566.
Maisnil (*Willelmus de*). 584.
Maison Maugis, Mesun Maugis, Mesnil Mauger. 19, 73.
Malart. 110.
Malchenaium. 10.
Malepoe. 502.
Malet (*Guillelmus*). 559.
Maletis 64.
Malmuceneria. 324.
Malmuchon. 325, 326.
Malnorri. 106, 535.

Malregart, Malregnart. 297, 583.
Malumpassum. 579.
Manfredus Presbyter Cardinalis. 586.
Mangonet (*Michael*). 534.
Maniboderia. 261.
Manou. 225, 228, 229, 231.
Maphetis. 75.
Mara. 50, 92, 100, 102, 103, 472, 485, 583.
— de Ceons. 132.
— Hugonis. 76.
Marcheis. 133.
Marchelvillanum. 84.
Marchenaium, Malchenai, Mauchenai. 433, 434, 435.
Mareis (*Hugo de*). 580, 583.
Mareschon, Mareschum, Mareschun. 583, 588, 589.
Margarita uxor Guillelmi Herberti. .218.
— uxor Henrici domini Novi Burgi. 446.
Margaretha uxor Nicholai Chevruel. 467, 468, 469, 470.
Margarita, uxor Radulfi Molendinarii. 149.
— de Rouxos. 358.
— Domina Saboleti. 322, 323, 324.
— uxor Willelmi de Bella Garda. 428.
— uxor Willelmi Ivart. 51.
Margeria uxor Petri de Ripparia. 265.
Maria uxor Girardi de Asperis. 457, 458.
— uxor Johannis Baulahere. 480.
— de Nonant. 58.
— uxor Thebaldi Renois. 305, 309, 310, 311.
— uxor Willelmi de Medavi. 143.
Marmerel. 79.
Marnefer, Marnefai. 201, 507, 560.
Marnis. 100, 103, 217.
Maroles. 585.
Marraium. 337.
Marseis. 583.
Martel. 142.
Martelleria. 142.
Martheil. 448.
Martin. 83.
— Hubert. 560.
Martina uxor Eustachii de Agerneio militis. 167, 168.
Martineria. 37.
Martinus de Autolio. 31, 32, 77.

Martinus Percheron. 213.
— des Puisaz. 347.
— de Ranqueroles. 33, 34.
— de Virgultis. 577.
— (*Vivianus*). 109, 534.
Matheus Andreas. 541.
— de Arableio. 320, 324, 325, 331.
— de Blavo. 225.
— de Bosco Lamdri. 96.
— de Champeaus. 144.
— Gebert. 545.
— de Herauderia. 589.
— Lepaigne. 472.
— Menart. 261, 285, 286, 287. 288.
— de Molendino. 306.
— de Mont-Goubert, miles. 110, 117, 389, 390, 451, 452, 453, 454, 455, 456, 459, 472, 580.
— de Neusement. 517.
— Prepositus. 80, 91.
— presbiter. 133.
— Renart. 237, 241, 255, 256.
— filius symonis de Ulmeio. 158.
— de Valle. 480.
— Viator. 7, 11, 12.
Matilda, uxor Roberti Letheri. 213.
Mathilde, comtesse du Perche. 16, 17, 458.
Matildis. 403.
— uxor Gaufridi Hoberel. 426, 427, 429.
— uxor Guarini de Virgultis. 436, 438.
— filia Johanne Dispensatricis. 384, 385, 398.
— de sancto Joviniaco. 226.
— la Maconesse. 358.
— mater Roberti de Esseio. 128.
— La Saunere. 43, 44.
— de Valle Suzanne. 122.
Maton (*Mathieu*). 160, 163, 164, 166, 167, 177, 550.
Matricia uxor Hugonis de Bello Monte. 132, 133.
Mauchet. 418.
Mauregart. 211, 583, 590.
Mauritius Cenomannensis episcopus. 342.
Mauritania. Voyez Mortagne.
Mauves, Mauvis. 10, 13, 485, 590, 600.
Meldans. 419.
Medavi. 143.

Melicort (*Mélieourt*). 178, 180, 183, 184, 186.
Menarderia. 50.
Menardi (*Guillelmus*). 546.
Meniei. 48.
Menou (*Nicholas de*). 555.
Meriail. 59.
Merouel. 116.
Merreville (*Merville*). 159.
Mesheudin. 225, 389, 486.
Meniere (la). Maisneria, Mesneria, Mesniera. 28, 95, 108, 146, 405, 584, 589, 600.
Mesnil Chevrol, Mesnilium Capreoli. 402, 584, 588.
— Renart. 237, 255, 514.
— Rosset (Mesnil - Rousset). 196, 505.
Mesnilium, Mesnil. 50, 52, 64, 145, 165, 401.
— Berart (*Menil-Berard*). 253, 524.
— Maudeit (*St-Pierre-du-Mesnil*). 188, 194.
Meulan, Methlentum. 442, 443, 444, 445, 447, 448, 585.
Mezieres - sous- Ballon, Macheriœ, Messeres. 319, 333.
Michael de Cathenis. 539.
— Fromentin. 509.
— Mangonel. 534.
— Polein. 530, 535, 536, 545.
Michel de Dordan. 486.
Michiel, abbé de la Trape. 552.
Milesenz uxor Pagani Fresnelli. 101.
Milothi (*Robertus dictus*). 567, 568.
Minant (*Johannes de*). 559.
Mineriœ. 381.
Mocaium. 515.
Moeleron. 84.
Moinet. 27, 80, 81, 543.
Moire, Moyre. 36, 68, 85, 86, 111, 407.
Moiseria. 583.
Molins. Voyez Moulins-la-Marche.
Monceaus (Moncé en Sonnois). 335.
Mons Baudrici. 281.
— Famelli. 161, 162, 163, 177.
— Fortis. (*Montfort-l'Amaury*). 4.
— Fortis (*Saint-Evroult de*). 118, 120, 155, 195.
— Fortis (*Montfort-le-Rotrou*). 343.
— Frielous. 320.
— Martini. 449.
— Ysembarti (*Mont-Isenbert*). 28, 95, 136, 141, 147, 148, 584.

Monsfriologus. 324, 326.
Montagneium Lechetif (Montigny-le-Chartif). 423.
Montchauvet. 62, 63, 488.
Montchevrel. 88, 135.
Montcolin, Mons Collanus Montcollan, Montcorlain, Montcorlein. 70, 114, 115, 212, 233, 249, 414, 415, 459, 516, 585.
Montgion. 142, 150, 588.
Mont-Goubert. 110, 117, 389, 390, 451, 452, 453, 454, 455, 456, 459, 471, 472, 580.
Monthai. 436, 437, 438.
Montigneium. 183.
Montrihart. 20, 85.
Moquete. 488.
Morart. 51.
Morel (*Fromundus*). 500.
— (*Robertus*). 530, 537.
Morest. 583.
Moretonium (Mortain). 449.
Morin (*Johannes*). 563.
— (*Ricardus*). 536, 537.
— (*Robertus*). 530, 537, 545.
Mortagne, Mauritania, Moretania. 5, 6, 8, 9, 12, 16, 17, 21, 30, 64, 66, 94, 106, 150, 208, 203, 368, 400, 423, 459, 568, 579, 584, 587, 589, 600.
— (*Collégiale de Toussaints*). 21, 74, 95, 97, 100, 102, 104, 136, 139, 147, 148, 312, 451, 474, 533, 534, 540, 547, 552.
— (*Hôtel-Dieu de*). 93, 421, 477, 480.
— (*Paroisse Saint-Jean*). 107.
— (*Porta Normanniœ, Porta aquaria*). 107.
— (*Maison des Trinitaires à Saint-Eloy*). 422.
Mortetruie. 51, 52.
Moulins- la - Marche, Molendini, Molins, Moulins. 42, 223, 224, 225, 229, 230, 236, 247, 248, 252, 353, 354, 356, 357, 358, 359, 362, 366, 370, 372, 374, 377, 379, 380, 386, 387, 388, 390, 392, 393, 394, 397, 399, 435, 511, 512, 522, 531, 533, 545, 546, 548.
— (*Johan du*). 569.
Mousseriœ. 529.
Morvilla. 259, 260, 261, 262, 263, 265, 288.
Mucetus. 316, 318, 341.

45

Muria, uxor Roberti de Hosseia. 363.

Musengeria. 478.

# N

Natalis de Barris. 526.
— de Reveleria. 71, 549.
— sellarius. 30, 216.
Nicholaa uxor Johannis Le Monnier. 218.
— uxor Odonis de Jae. 304.
Nicholaus de Aqua, Presbyter. 212.
— de Asperis. 460.
— Beraut. 350, 351.
— de Buato. 70, 105, 106, 408, 409, 410, 414, 540.
— Cementarius. 545.
— decanus cenomannorum. 319.
-- de Champeaus, miles. 440.
— Chevroel, miles, dominus de Soligneio. 63, 466, 467, 468, 469, 470, 471, 473.
— Clopel. 117.
— dominus de Curtaharaia. 39.
— de Estoni. 116.
— des Eveiz. 32, 88, 89, 105.
— Forestarius. 139.
— de Gloz, miles. 183, 189.
— filius Guillelmi de Bordeis. 428.
— Le Charron. 117.
— Le Maguinon. 63, 64.
— de Loure. 133.
— de Manou. 229, 231.
— de Melicort. 186.
— de Menou. 554.
— Miloche. 32.
— dictus Monachus. 508.

Nicholaus de Nuilleio. 433.
— prepositus de Bruerolatis. 544.
— Rebellon. 152, 153.
— de Rue, miles. 356.
— de sancto Lonogisolo. 561.
— abbas de Trappa. 387.
— Trove 389.
Nicole de Boishubout, chevalier. 560.
Nobilis (*Durandus dictus*). 565.
Noceium. 69, 85, 209, 309, 312, 401, 479, 483.
Nocumentum. Voyez *Nuisement (le)*.
Nogent-le-Rotrou. 404.
Noierio (*Serenus de*). 543, 544.
Nonant. 58, 362, 402.
Normandel. 30, 583.
Normannia. 151, 152, 198, 200, 231, 376, 379, 479, 546, 565, 573.
Notre-Dame-du-Hamel autrefois Pont-Echanfré. Voyez ce nom.
Novum Burgum (*Le Neubourg*). 445, 446, 585.
Nuilleium. 40, 218, 219, 411, 432, 433, 437, 580, 583, 584.
Nuisement (le), Nocumentum, Nuisimentum, Nuesement, Nesement, Neusement, Noisement. 6, 216, 223, 233, 234, 235, 236, 249, 254, 511, 512, 513, 517, 524, 571, 584, 590, 594, 599, 600.

# O

Oddo, Diaconus Cardinalis. 582, 586.
Odelina uxor Arnulfi Ortolani. 564, 565.
— des Chastelers. 77.
— domina de Clincampo. 315.
— la Cornefiere. 354.
— de Mesnilio Renart. 238, 239, 240, 514.
— de Ranquerolis. 67, 68.
— uxor Regnaudi Textoris. 541.
— uxor Ricardi Blancpeil. 352.
— uxor Roberti Morin. 537.

Odelina uxor Roberti de Verreriis. 457.
Odinus de Fresneia. 300, 302.
— Legras. 482.
Odo. 21, 132.
— de Belavilers. 590.
— Bellouc. 440, 441.
— de Bigro. 572.
— Buignon. 513.
— Chardon. 414.
— de Cruce. 10.
— Guiart. 62, 63, 447.
— Heron, presbyter. 202, 203.
— Hoberel. 106, 414.

Odo de Jai. 299, 302, 304.
— Le Baronel. 251.
— Le Feutrier. 107, 108.
— Letice. 513.
— Liece. 53.
— de Martheil. 448.
— Martin. 83.
— presbyter. 505.
— Quarrel. 25.
— filius Radulfi Molendinarii. 148, 149.
— de Rankeroles. 35, 67, 68.
— Teibot. 296.
— Troche. 209, 583, 589.
Ogerus. 464.
Olmerus de Sancto Audoeno. 156.
Orient de Lacrosardière. 364.
Oriendis uxor Johannis de Monthai. 436, 438.

Oriendis de Foumucon. Oriout. 433. 434, 435, 440.
Origni-le-Butin, Oregneium, Origne, Origni Lebotin. 297, 301, 305, 308, 310, 477.
Orto (*Johannes de*). 568.
Ortolanus 563, 564, 565, 566.
— (*Bernardus*). 566.
Osanna uxor Aucheri de Moulins. 366.
Osbertus Lirensis abbas. 197.
— de Monte Forti. 195.
Osenna uxor Dyonisii Sacheth. 67, 68.
Osne. 344.
Ostiensis episcopus (*Albericus*). 581.
— episcopus (*Hubaldus*). 586.
Oximensis archidiaconus. 249.

# P

Paganus. 112, 476.
— de Buato, miles. 580, 588.
— frater Johannis de Campellis. 138.
— de Chaorcis. 314.
— decanus. 195.
— Fresnellus. 201.
— de Gemmandees. 209.
— Guastinellus. 477.
— de Loysel. 588.
— de Malregnart. 583, 590.
— de Malmuchon. 325.
— de Mesheudin. 225.
— Pardiel. 321.
— de Semarzeis. 589.
Papes (*Bulle des*). Voy. Eugène III, Alexandre III, Honoré III.
Papellon. 561.
Parchum. 466, 467, 470, 471.
Parisii. 582.
Pasticia. 383.
Paterez. 537.
Patier. 49.
Patricius de Cadurcis. 296.
— Forsane. 296.
Pechin. 550.
Peiz. Voyez *Poix*.
Pelerin (*Guillelmus*). 80, 81, 543.
Pelliparius Guillelmus. 570.
Pencleu. 292.
Pepin (*feodum*). 543.
Pequit. 34, 35, 36.
Perche (le). 7, 8, 9, 465, 489, 511, 554, 584, 585, 589.

Perchus Manorri. 482.
Perrera, Pereium. 337, 338, 349.
Perinel Ricardus. 572, 573.
Perreria. 10.
Perrotta de Corleher. 35, 36.
Persenia (*Monachi Beate Marie de*). 128, 129, 130, 131, 132, 321.
— (*foresta de*). 461.
Persona. 576.
Perticensis Comes. Voyez *Gaufridus, Guillelmus, Rotrudus, Thomas*.
— comitissa. Voyez *Helisendis, Matildis*).
Pertico (*foresta de*). 599.
Perticus, Perticensis. Voyez *Le Perche*.
Pes Vallis. 253.
Petite Vile, Parva Villa (Petite-Ville). 261, 275, 276, 289, 292, 434, 495, 497, 498.
Petronilla Anglica. 565.
— de Corleher. Voy. *Perrotta*.
— Soror Laurentii Havart. 563.
— uxor Roberti filii comitis Legrecerie. 198.
Petrus Anglicus. 565, 569, 570.
— de Ardena. 478.
— de Boisseel 21.
— Burdegalensis, archidiaconus Vindocinensis. 74.
— de Campo Remfre. 518, 519.
— Chachin. 74, 532.

Petrus Cholart. 253.
— Diget. 275, 276.
— Gentement. 489.
— Maillart. 566.
— Malevie. 489.
— Menier presbyter. 395.
— Presbyter Cardinalis. 586.
— de Ripparia, miles. 262, 263, 264, 265, 266, 267, 268, 269, 270, 271, 272, 273, 274, 275, 276, 277, 278, 280, 282, 283, 285, 293, 499, 502.
— Tesserii. 525, 526, 528.
Pezinsiligine (*Villa que dicitus*). 584.
Philippe. 130, 131.
— Auguste. 290, 462.
— abbe du Bruil. 554.
Philippus de Beidrel. 89.
— capellanus ecclesie de Bonmolin. 183.
— Eoder, armiger. 242, 244, 245.
— de Bubertreio presbyter. 109, 533.
— Carrel. 102, 103.
— Coquus. 561.
— de Coudrai. 335.
— dictus Coccus. 107.
— Hoellay. 488.
— Hunaut. 373.
— de Malmuchon. 326.
— miles, dominus Montis Fortis. 120.
— dictus Oin. 171.
— de Pruleio, clericus. 137, 139, 140.
— Thebout. 487.
Picart. 90.
— (*Guillermus*). 577.
Pichart. 421.
Picis. Voyez *Poix*.
Pies 27.
Pigeium. 401.
Pigonnere (la), Pigonnerei (la). 221, 418.
Pihuart de Fabrica. 576.
Piloesere (la). 104, 105.
Piloise. 68.
Pincerna. 446.
Pinu (*Willelmus de*). 583, 588.
Pinum. 27.
Piquart. 422.
Pirum. 584, 587.
Piretum, Pireium. 340, 341, 585.

Pisselou. 195, 196.
Pissotum. 371.
Plagnœ (*Plasnes*). 181, 189.
Planches. 244, 392, 393.
Planchis (*stagnum de*). 579, 580.
Playsencia de Ulmeio. 158.
Plesseium. 182, 272.
— Girardi. 266.
Plesseiz. 185.
Plumecoq. 161, 162, 163, 177.
Poisoer. 31.
Poix, Poiz, Peiz, Picis. 32, 40, 67, 81, 89, 410, 411, 490, 580, 583.
Polein (*Andreas*). 366, 373, 550.
— (*Michael*). 530, 535, 536, 545.
Poletus Dain. 568.
Polleium. 336, 338, 339, 340, 351.
Pomer. 143.
Pons Audomari. 443, 444, 445, 446, 447, 448, 585, 600.
Ponsgoenum (*Pontgoin*). 431, 541.
Pont-Echanfré, Pontierchefridum, Ponteerchenfridum, Pons Archenfredi, Pons Elchesridus, Enchenfreium. 180, 182, 185, 189, 559.
Ponthieu. 349.
Pontlevoy (*abbaye de*), Pontleve. 404, 575.
Porcel (*Galterus*). 571.
Porresach. 321.
Portœ. 124, 125, 246.
Portuensis episcopus (*Bernardus*). 586.
Postel. 54, 535.
Poterie-au-Perche (la), Poteria. 422.
Poton (Gervasius). 574.
Praeriœ (*Presles*). 162, 166.
Pratariœ. 176.
Prati (*feria*). 161.
Pratum Potini. Voyez *Prépotin*.
Pré Boous. 418.
Prepotin, Pratum Potini. 106, 408, 409, 567.
Princius Chabot. 325, 344, 345.
— Forsene. 316, 317, 318, 341, 342.
Prulay, Prulaium, Pruleium, Pruelium, Prulatum. 55, 56, 137, 139, 140, 208, 401, 415, 418, 561.
Puillé (*Johannes*). 559.
Puisaz. 340, 341.
Putida Fossa. 34.

## Q

Quarrel. 24, 25, 485.
Quatremares. 25.
Quercus Beroldi, Quercus Beraut. 408, 409, 411, 412, 579.
— Galadonis. Voyez *Chênegalon.*

Quercus Haudacre. Voyez *Chene-Haute-Acre.*
Quercu (*Molendinum*). 138.
— (*Prata de*). 585.

## R

Racine. 144.
Raderium. 402, 588, 599.
Radulphus. 57, 457.
Radulfus Anglicus. 369.
— Ascelin. 562, 563.
— Avenel. 253.
— Baboin. 543.
— Balrin. 80.
— de Barra. 420, 527.
— vicecomes Belli Montis. 327, 328.
— de Boisseel, miles. 215.
—. de Bosco Gaucheri. 134, 135.
— Boutri. 571.
— de Brocea. 566.
— Brun. 576.
— de Buresart, miles. 134.
— de Challoei. 253.
— de Cloe. 344.
— Crochet. 382.
— Durant. 392.
— Faber. 515, 516.
— de Ferraria. 224, 226, 588.
— de Falmucon presbyter. 335. 337, 338, 339, 340.
— Gerin. 521, 522.
— Giebert. 574.
— Goherii. 174.
— Landri. 504.
— Lasne. 507.
— de Longuo Ponte. 98, 99, 143, 144.
— Le Borgne. 52.
— le Nevo. 359
— Leteissier. 79.
— Macer. 388.
— de Maerol. 221, 418.
— Manchet. 221, 418.
— de Marnefai. 507.
— de Mauregart. 211.
— de Melicort. 183, 186.
— de Montchevrel. 88.

Radulfus Molendinarius. 148, 149.
— Murie. 354.
— Nepos. 354, 358.
— Paganus de Campellis, miles. 243.
— de Portico. 584, 589.
— presbyter. 476.
— Quoquart. 385.
— Renoudin. 133.
— Rivere. 352, 355.
— de Soligneio. 531, 532.
— de Summere. 186.
— Symonis. 546, 547.
— de Toirel. 19.
— de Toriel. 415.
— Tournebeuf. 492.
— Trenchechol. 353.
— Trove. 225.
— de Tuscha. 570.
— Vajus. 506.
— de Valnoise. 99, 365.
— Viarius. 584, 589.
Raginaldus Champion de Berteria. 37.
— prior de Belismo. 311.
— de Falmucon. 336, 337, 338, 339, 340.
— Pinel. 307.
— abbas Sancti Ebrulfi. 390.
Raginardus Alnart. 482.
Raynaldus magister. 446.
Rainaldus de Sancta Colomba. 354.
Rameie (*Vadum*). 579.
Ramnulfus de Praeriis. 162.
Ranquerolles, Rankeroles. 33, 34, 35, 67.
Raouleaus, Raoles. 525. 526, 527.
Reate. 598.
Rebellon (*Nicholaus*). 152.
Rebellon (*Remigius*). 551.
Recretiz. 400, 403.
Redium. 477.

Regalismontis (*abbatia*). 602.
Reginaldus Carnotensis episcopus. 430, 431, 432, 433.
— de Nonant. 58, 59.
Reginaudus de Chesneio. 462.
— Fromentinus. 183
Regium, Reium (*Rai*). 124, 246.
Regniardus Lemarie. 132.
Remalard. 18, 600.
Remigius Rebellon. 551.
Renard. 514, 515.
Renaudus. 517.
— de Boscheel. 85.
— Champion. 571.
— Guiart. 62, 63.
— Marie. 509.
Renaut de Lusarches. 560.
Renoart (*molendinum de*). 425.
Renodus Davout. 494, 495.
Renoudus Descronieres. 479.
— de Fossatis. 500.
Renouf Gerin. 560.
Resno (*Foresta de*). 599.
Respeisse (Joscetus). 564.
Restonderia. 428.
Retrochus. Voyez Rotrudus comes Perticensis.
Reveleria. 71, 549.
Riboldus. 185.
Ricardus Aaliz. 563.
Richardus Anglicus. 275.
Ricardus rex Anglie. 200, 462.
— de Argueno. 155.
— Bahen. 482.
— Bahere. 479.
— Blancpoil. 352, 355.
— de Bosco Hubout. 195.
— de Bures, miles. 337.
— de Champeaus. 58, 59, 60, 61.
— de Chastelet. 268, 279, 280.
— archidiaconus Corbonensis. 65.
— Costantin. 352.
— de Croileio, miles. 176.
— diaconus. 112, 476.
— Dispensator. 376, 377, 378, 379, 380, 381, 385, 387.
— Ebroicensis episcopus. 188.
— de Foveis. 251.
— Hairon. 500.
— Hais. 174.
— Fresnellus. 101.
— filius Galteri de Gornaio. 282.
— Gener. 296.
— filius Gilleberti Hericon. 122.
— Hurel. 197.

Ricardus de Maris. 100, 102, 103.
— Morin. 536, 537.
— Perinel. 572, 573.
— Rebotin. 347.
— de Rogo. 300, 302, 303.
— de Sancto Victore presbyter. 540.
— de Sartella. 353, 360, 392.
— de Valolme. 445.
— de Villa. 332, 333, 345.
Richardus dictus Magister. 145.
— Figulus. 564.
— Fortin, miles. 567.
— de Gornaio. 279, 280, 281, 285, 288.
— Lemoutonel. 482.
Richeldis uxor Hugonis de Recretiz. 403.
— uxor Odonis de Belavilers. 590.
— Borrel. 42.
— de Cortalart. 334, 343.
— Raciquat. 137, 139.
— uxor stephani Lepeletier. 429.
Richerius. 462.
— dominus de Aquila. 113, 114, 389, 476.
Richerus Gastinel. 210.
— Quastinel. 266.
Richoldis. 7.
Rilla (*la Rille*). 238, 240.
Ripparia. 262, 263, 264, 265, 266, 267, 268, 269, 270, 271, 272, 273, 274, 275, 276, 277, 278, 280, 282, 283, 285, 292, 293, 499, 502.
Rivellon (*Reveillon*). 94, 225, 328, 360, 387, 390, 392, 393, 465.
Robertus comes Alenconis. 461.
— de Alneto. 492.
— Ascelin. 562, 565.
— Auriga. 506.
— de Avesnes. 583.
— Bellande. 525.
— Berselone. 80, 81, 543.
— de Blavo. 226.
— Borrel. 41, 42.
— Bouller. 554, 555.
— de Broch. 590.
— de Brolio. 294.
— de Brulon. 590.
— de Buato. 408, 409, 420.
— de Bubertre. 141, 142, 297, 588.
— Calabre, miles. 481, 482, 483, 567.
— de Campis. 82.

Robertus de Capella. 411.
— capellanus. 446.
— Chaennon. 56.
— Champion. 570.
— le Charetier. 571.
— Chuflet, miles. 559.
— de Clarofonte. 585.
— Columbe. 36.
— comes. 418.
— de Corion, miles. 91, 413, 455.
— Cornille. 576.
— de Corpotien. 51.
— persona de Corsesmont. 330.
— de Corteniaco. 123.
— de Cortomer. 225.
— Coster.tin. 352, 353, 355, 533.
— Dolle. 184.
— Dordam. 395.
— de duobus canpis. 484
— comes dominus Drocensis et Branensis. 2.
— Espinech. 145.
— de Esseio canonicus Rothomagensis. 128, 129, 130, 131, 132, 133.
— dictus Faber. 102, 103, 104.
— de Falandres. 588.
— Fauvel. 501.
— clericus de Felgerolis. 389.
— de Ferrariis. 207, 228, 588.
— Foillart. 134.
— de Foresteria, miles. 567.
— Forestarius. 60, 61.
— de Formoviller. 447, 448.
— de Fossa. 27.
— Foubert. 554, 555.
— de Foumucon, miles. 236, 433, 434, 435, 440, 500.
— Fromundi. 253.
— filius Galfridi Cocherel. 215.
— Gasteble. 45, 46.
— Gaudri. 529.
— dictus Gener. 71, 549.
— frater Gilleberti de Argentela. 156.
— de Glapione. 585.
— Gonel. 465.
— Gruel. 205, 297. 583.
— de Haia. 588.
— Havart. 82, 529.
— Hericon, miles. 463, 464.
— Hersent. 254.
— de Hosseia. 58, 363.
— Hostiarius. 375.
— Hueline. 489, 490, 576.
— de Husseio. 211.
— Ingun. 16.

Robertus Jordani. 500.
— Laire. 511.
— Lavele. 397.
— Lebruiant. 548.
— Le Chanu. 505.
— filius comitis Legrencerie. 197, 376.
— comes Legrecerie. 185.
— Le Mercier. 84.
— le Nevo. 359.
— Le Sauvage. 509.
— Lesquier. 332, 333, 334, 344, 345.
— Letheri. 213, 214, 215, 422.
— le Tort. 309.
— Levacher. 530, 536, 545.
— de Loiseel. 208.
— de Longo Ponte. 258.
— Longus. 383.
— Loysel. 524.
— Luissier. 486.
— Maheu. 554.
— de Malregart. 297.
— Robertus maritus Mariœ de de Nonant. 58.
— de Maris. 92.
— Martin. 83.
— comes Mellenti. 443, 444, 447.
— de Mesneria. 584, 589.
— dictus Milothi. 567, 568.
— Moinet. 80, 81. 543.
— de Moire. 69, 85, 86, 111.
— de Monceaus, miles. 335.
— de Mont-Chauvet. 488.
— de Monte Collano. 70, 233, 249, 414, 459, 585.
— de Montigneio. 183.
— Morel. 530, 537.
— Morin. 530, 537, 545.
— de Noisement. 590.
— de Normandel. 30.
— filius Henrici Novi Burgi. 446.
— de Peiz. 410, 411.
— Pelliparius. 99.
— Pelliparius de Marches. 365.
— Pepin. 81.
— Pesaz. 361.
— Pipernel clericus. 406, 407.
— filius Playsenciœ de Ulmeio, 159.
— Potrel. 117.
— de Praeres, miles. 166.
— Racine. 144.
— Renard. 514.
— filius Radulfi. 318.

Robertus de Rivellon. 392, 393.
— dictus Robes. 386, 395.
— Rogeri, clericus. 547.
— Rothomagensis archiepiscopus. 129, 312, 446.
— dictus Rusticus. 551.
— de Sacenvilla. 191, 197.
— abbas sancti Ebrulfi. 192.
— Sansonis. 511.
— de Sartella. 353.
— Segnoiet. 477.
—. de Soligneio. 402.
— de Telleio. 173.
  de Tesval. 312.
— Tincturarius. 562.
— de Torto Robore. 576.
— Tortus. 137, 139.
— abbas de Trappa. 440.
— Trosel. 570.
— Tournebeuf clericus. 492.
— filius Tustani. 133.
— de Vado Chauce. 482.
— de Vals. 359.
— de Verreriis. 413, 457, 540.
— Vicemomes. 118.
— de Vilers. 62.
— filius Viviani Martini. 109.
— de Vizeio. 22.
— Yrpelin. 48.
Robes. 361.
Robini (stagnum). 579.
Roilart (Guillelmus). 577.
Rogerus de Altaribus. 448.
— Anglicus. 80.
— de Angoville. 200.
— archidiaconus. 195.
— de Ardena, miles. 478, 479.
— de Argenciis. 159.
— de Avenes. 293.
— de Avenis. 559.
— Beraud. 502.
— Bodin. 357.
— Brouaut, Rogerus Broant. 275, 293, 294.
— Capellanus. 389, 447.
— Chachevel. 496.
— Chardon. 106.
— de Conge. 325.
— Cornutus. 195, 196.
— Coulumbel. 375.
— Ellot. 293.
— Fesse. 505.
— Gerois. 394.
— dictus Gomeril. 175.
— Goyen. 368.
— de Gualonneria. 246.

Rogerus Legaleis. 576.
— Le Jumel. 499.
— Lemoene. 507.
— de Letigneio. 41.
— Le Roille. 418.
— Magnus. 418.
— de Mellento. 445.
— de Mesnil. 50, 52.
— Pichart. 251.
— de Plagnis, miles. 181, 189.
— (Robertus). 547.
— Rohaiz. 173.
— de la Ruete. 282.
— de Sarte. 375.
— de Valet. 508.
Rogier Roses. 560.
Rocetum, Rocé, Rossay. 483.
Rogum. 300, 302, 303.
Rohes. 43.
Roillon (Rouillon). 328, 594.
Ronceria. 221, 418.
Roncerei. 31.
Ronel (Ronnel). 219.
Rosaria, Roseria. 425, 426, 427.
Roseloes. 576.
Roseria (Johannes de). 559.
Rossinol (Girardus). 542.
Rotiz. 49. 588.
Rothomagensis archiepiscopus. V. Robertus Rotroudus.
— archiepiscopus. 376, 591, 592.
Rothomagus (Rouen). 200.
Rotis. 154, 155.
Rotroldus Miles. 61.
— dominus Montis Fortis. 343.
Rotrodus filius Rotrodi comitis Pertici. 579.
Rotroudus, archiepiscopus Rothomagensis. 194.
— comes Perticensis, Rotrodus, Rotroldus, Retrochus, Rotrou. 204, 209, 313, 401, 578, 579, 580, 583, 587.
Rouseroel. 576.
Roussel. 86.
Roussel (Guarinus). 562.
Rouxous, Roucos, Runcos, Ronchos. 354, 358, 387, 390, 394, 395, 397.
Ruben. 522.
Rue, Rueium. 356.
Rupes. 322, 323.
Ruppes Vieil. 520.
Rusticus (Robertus dictus). 551.

## S

Sacheth. 67, 68, 85, 544.
Sagiensis dyocesis. 91, 400.
— episcopus. 376.
— episcopus. Voyez *Frogerius, Gaufridus, Girardus, Hugo, Lisiardus, Sylvester*.
— officialis. 148.
Salegaste. 24.
Sambloria. 447.
Samcé de la Fontaine. 554.
Samso Osmunt. 151, 165, 168.
Sanctus Albinus apud Torrovre. 29, 576, 577.
— Albinus. Voy. Saint-Aubin-de-Courteraie.
Saint-Agnan-sur-Sarthe, sanctus Anianus. 585.
Saint-Aquilin-de-Corbion. 367.
Saint-Aubin-de-Courteraie. 39, 48, 216, 356, 374, 600.
Sanctus Audoenus. 156.
— Audoenus de Sicco-Robore. Voy. Saint-Ouen-de-Sécherouvre.
Sainte-Ceronne, S. Ceranna, S. Ceronna, S. Cerumpna. 65, 78, 79, 212, 406, 415, 485, 534, 543, 567.
Sanctus Christoforus (*Saint-Christophe-sur-Avre*). 259, 267, 273, 275, 282, 284, 287, 288, 584.
Sancta Columba. Voyez *Ste-Gauburge-Ste-Colombe*.
Sanctus Eligius juxta Mauritaniam. Voyez *Mortagne*.
Saint-Evroul (*abbaye de*). 192, 193, 196, 390, 512.
Sainte-Gauburge-Sainte-Colombe. 228, 238, 239, 240, 242, 244, 248, 255, 256, 354, 514, 571.
Sancti Germani de Curia, parrochia. 360.
Sanctus Gervasius de Feins. 82.
— Gervasius de Mesniera. V. *Meniere (la)*.
Saint-Hilaire-les-Mortagne. 107, 215, 218, 219, 404.
Saint-Hilaire-sur-Rille, sanctus Hylarius, sains-Hillar-sus-Rille. 230, 232, 233, 237, 254, 511, 554.
Saint-Hymer. 155.
Sanctus Joviniacus (*St-Jouin-de-Blavou*). 226.

Saint-Langis, Sanctus Longinosolus, Sanctus Lonogisolus. 547, 561.
Sanctus Launomarus Blesensis. 450, 451, 453.
— Laurentius. 374.
Saint-Léonard de Bresnard (*Prieuré de*). 575.
Saint-Loyer-des-Champs. 91.
Sanctus Martinus de Campis. 444.
— Martinus de Genestoit (*Les Genettes*). 491.
— Martinus de Sancto Loherio. Voyez Saint-Loyer-des-Champs.
— Martinus de Veteri Belismo. 479, 481, 484.
— Medardus de Baladone. 329, 330, 336, 337, 338, 339, 340, 350, 351, 550.
— Medardus de Colunches (*Saint-Mard-de-Coulonges*). 509, 546.
Saint-Mard-de-Réno, sanctus Medardus de Renou, sanctus Medardus de Regnou. 75, 405, 412.
Saint-Ouen-de-Secherouvre, Siccum-Robur, Siccumroure. 40, 41, 42, 43, 45, 46, 50, 52, 88, 89, 91, 93, 97, 405, 509, 546, 569, 588.
Sanctus Nicholaus de Molins. 531.
— Petrus de Bona Fide. 514.
— Petrus Carnotensis. 502.
— Petrus de Logis. 487.
Sainte-Scolasse, Sancta Scolastica. 143, 419.
Sanctus Stephanus (*Saint-Etienne-sur-Sarthe*). 48.
— Supplicius Redonensis. 330.
Sainte-Susanne. 328.
Saint-Victor-de-Réno. 540.
Sanctus Vincencius de Nemore. 74.
Saouliere (la). 271.
Saquenvilla (Sacquenville), Sacenvilla. 190, 191, 197.
Sarnaium. 402.
Sarta. 136, 143, 146.
Sartella. 353, 360, 392.
Saumerum. 476.
Sedilia. 403.
Sellarius. 49.
Senceius Chotart. 274.
— frater Bernardi Ortolani. 566.

Semarzeis (*Paganus de*). 589.
Senescalli nemus. 589.
Serenus de Noierio. 543.
Siccum Robur, Siccumroure. Voy. *Saint-Ouen-de-Secherouvre*.
Silvester Corbin. 103, 104.
Sisseio (*Johannes de*). 559.
Solerii. 388.
Solers. 175.
Soligne (*Souligné-sous-Ballon*). 317, 320, 321, 325.
Soligny-la-Trappe, Solegneium, Soligneium. 62, 63, 76, 78, 99, 365, 401, 402, 407, 459, 466, 467, 468, 470, 471, 516, 531, 532, 537, 538, 589, 600.
Sollat (terra de). 588.
Sourches, Cadurcis, Chaorcis. 296, 314.
Stagnum de Aye. 580.
— de Calvo Monte. 580.
— de Curtillo. 579, 580.
— de Parcho. 579.
— de Planchis. 580.
— Robini. 579.
Stephanus, dictus Anglicus Clericus. 126.
— de Boeriis. 107.
— de Calcea. 206.
— de Foumucon. 434.
— Guenart. 352.
— Lepeletier. 429, 430.
— Le Rigaudel. 513.
— de Marnis. 100, 103, 104.
— filius Rotrodi comitis Pertici. 579.
— de Theboderia. 145.
Summere. 186, 187, 194, 400, 406.
Susa (*la Suze*). 322, 323.
Sylvester de Brolio. 357.

Sylvester Sagiensis episcopus. 220, 387, 417.
Symo. 577.
— de Brocha. 485.
— de Comblehaut. 97, 569.
— de Feritate Fresnel. 115.
— de Gasprea, miles. 250, 360.
— de Granvilers. 183.
— filius Symonis de Grandviler. 180.
— filius Beaudoni de Grandi Villari. 180.
— filius Playsenciœ de Ulmeio. 159.
— Landri. 550, 551.
— Lebret. 356, 360, 379, 380, 381, 387, 390, 392, 531.
— Le Mareschal. 485.
— Le Merchant. 492.
— de Manou. 225, 228, 229, 230, 231.
— Le Monnet. 533.
— Molendinarius. 533.
— de Ulmeio. 157, 158.
— Senescallus Mauritanie. 209.
— Le Tessier. 363, 364, 366, 549.
. Symon Berengarius. 382.
— clericus dictus Comes. 370.
— Costentin. 352.
— de Ferraria. 227.
— Gauson. 373.
— Comte de Leicester seigneur de Montfort. 4.
— Le Metaier. 554, 555.
— frater Mathei de Montgoubert. 455, 456.
— Pilatus. 266.
— Viator. 6, 11, 584, 588.
Symonis (*Radulfus*). 546, 547.
Symoneria. 85.

# T

Taacer. 21.
Tecia uxor Rogeri Le Jumel. 500.
Telleium. 173, 547.
Terrœ Rubrœ. 579.
Tertreium. 383, 386.
Textor. 541.
Textorum (*terra*). 584.
Theatrum. 36.
Thebaldus Renois. 302, 305, 309, 310, 311.
Theboderia. 145.

Theobaldus dictus Burgensis. 81.
— de Cathenis. 539.
— officialis majoris archidiaconi Carnotensis. 74.
— Tragin. 318.
Theoderia. 533.
Theophile. 20.
Theophine des Eveiz. 32.
Theval, Telval, Tesval. 209, 299, 304, 312, 404, 517, 583, 589.
Thibaldus Gabaut. 561.

Thocha. 576.
Thomas de Ardena. 478.
— Chalon. 482.
— de Aguerneio, miles. 160, 161, 162, 165, 177.
— filius Eustachii de Agerneio. 167, 168.
— de Bona Valle. 245, 246.
— Buignon. 152, 168, 172.
— de Campis. 538.
— de Chauveleria. 576.
— de Corgaudre. 529.
— de Eschaufoio. 124, 125, 246.
— du Fai. 574.
— filius Balduini de la Fangee, militis. 121.
— Hericon. 463, 464, 465, 527.
— de Mauregart. 211.
— de Mesnillo, miles. 165.
— Molendinarius. 85, 86.
— molendinarius de Croch. 105.
— Ortolanus. 565.
— de Pratariis, miles. 176.
— Comte du Perche. 16, 235, 409, 451, 453.
— Pincerna. 446.
— Preudomme. 441.
— Textor. 541.
— filius Matildis de Valle Suzanne domine Grandis vallis. 122.
Thoriel. 20, 80, 415, 416, 543.
Tileium. 54.
Tilleriarœ. 292.
Tillerie. 14.
Tilly. 17.
Tincturarius (Robertus). 562.
Toirel. 19.
Torche Asnesse. 305.
Torel (Guillelmus). 567.

Tornai. 358.
Torpineria. 426.
Toschœ, Tuscha. 424, 425.
Tourouvre, Torrure, Torrovre, Torrouvre, Tortrovre, Tortrouvre, Tortumrobur. 29, 70, 193, 420, 423, 425, 426, 428, 429, 432, 433, 434, 435, 436, 437, 438, 439, 440, 474, 485, 576, 577.
Tragin. 318.
Trapineria. 70.
Trappe (abbés de la). Voyez Adamus-Galterus, Alboldus, Gervasius-Lambertus, Guillelmus, Johannes-Herbertus, Michel, Nicholaus, Robertus.
Tremblei. 196.
Tremulum (Le Tremblai). 223, 224, 233, 249.
Troche (Odo). 209, 583, 589.
Troia. 52.
Tronchetum. 15.
Tronel. 44, 590.
Trosel (Robertus). 570.
Tubœuf, Tue Buef. 567.
Turpineria. 492.
Tuscha (Radulfus de). 570.
Tuschiis (grangia de). 599.
Tusculanus episcopus (Imarus). 581.
Tustannus. 106, 133.
Tustanus de Theatro. 36.
Tustinus Tyson. 160.
— de Val Ferment. 223, 249.
Tyron (Abbaye de). 108, 147.
Tyronellum (abbaye de Tyronneau) 319.
Trocheium. 583.

# U

Ullelievre. 39.
Ulmeium (Ommoi). 157, 158.
Ulmerus Le Breton. 565.

Ulmo (Johannes de). 548.
Uncines (Ancines). 335.

# V

Vado (Galterus de). 529, 545.
Vadum Chauce. 482.
— Fulcheri. 238, 241, 515.
— Rameie. 579.
Valeian. 210.
Valetus Ciroel. 375.

Vallis. 38.
— Arram. 238, 515.
— Booleti. 238, 239.
— Frese, Vallis Frex. 542, 589.
— Vallis Fresci. 146.

Vallis Frogerii. 41, 42.
— Gelata. 117, 481.
— Guiech. 387, 390.
— Herberti. 418.
— Hermerii. 583, 588, 590, 599.
— Lejart. 113, 475, 530, 545.
— de la Nucinniere. 383.
— Rabuc. 395.
— Sarnei (*les Vaux de Cernay*). 478.
— Suzanna. 122.
— Symonis. 298.
— de Tilia. 383.
— Vinitoris. 387, 390.
— Vinosa. 25.
Val-Dieu, Vallis dei (*Chartreuse du*). 10, 64, 73, 75, 94, 421.
Val Fermen, Val Fermant. 223, 234, 249.
Valnoise (*Torcular de*). 594.
Vaunoise, Valnoise, Valnosia. 9, 99, 213, 296, 309, 313, 365, 441, 460, 599, 600.
Verberia. 465.
Verneuil, Vernolium, Vernoliensis, Vernuil, Vernuel. 248, 265, 267, 290, 291, 293, 375, 462, 478, 486, 499, 560.

Veron. 414.
Verreriis (*Robertus de*). 413, 457, 540.
Vetus Pons. 361, 404.
Vilers. 57, 61, 62, 98, 137, 143, 144, 147, 589, 590.
Villependue, Villa Expansa, Villa Estensa, Villa espendue. 139, 140, 584, 589.
Villa Petrosa. 150.
Villereium. 14, 39.
Vincentuis frater Roberti sansonis. 511.
Vindocinensis. 74, 75.
Virgulta. 577.
Vitellus, Diaconus Cardinalis. 586.
Vivianus abbas de Alneto. 112, 476.
— Berart. 118.
— de Berteria. 38, 80.
— de la Bercere. 543.
— Berart. 562.
— de Bosco. 428.
— dapifer. 448.
— Gorre. 560.
— de Marnefai. 560.
— Martinus. 109, 534.
Vizeium. 22.

# W

Walquilinus de Ferrer. 449.
Walterus de Garrie. 118.
— de Gornaio. 263, 267, 273.
— de Hispania. 3.
— thesaurarius. 410.
Willelmus. 457, 463, 464.
— de Abernon. 191.
— de Alneto. 23, 77.
— de Ambenaio. 272.
— Aurifaber. 308.
— de Autolio. 31.
— de Barilleio. 217, 221, 371.
— presbyter des Bariz. 293.
— de Bella Garda miles. 427.
— Boffer. 584.
— Biset. 289.
— Borrel. 48.
— Bosci. 190, 192, 576.
— de Bresnart miles. 53, 417.
— de Buaio. 409, 425, 426, 427.
— dominus de Bubertre. 5, 6, 109, 588.
— Eufai. 101.
— de Cella. 181.

Willelmus Cenomannensis episcopus. 316, 317, 318.
— Chabot. 319.
— des Chastelers. 76.
— de Chauorces. 190, 192.
— de Chesne, Haudacre. 180.
— de Chiray. 78.
— archidiaconus Corbonensis. 208, 209.
— de Chorrel, dictus Comes. 109.
— de Corru. 390.
— Croneil. 22.
— de Diva. 198.
— Doe. 137, 138, 139, 140.
— Duoe. 436, 437.
— canonicus Ebroicensis. 291.
— frater Ernaldi de Cella. 179.
— filius Ernaudi domini de Firmitate. 447.
— Farot. 418.
— de Feritate. 113, 115, 475.
— dominus Feritatis-Ernaldi (La Ferté-Vidame). 17, 18, 66.

Willelmus de Feugerons. 33, 34, 37.
— de Foumucon, clericus. 433, 434, 435, 440.
— de Fraxino. 44.
— Godefridi. 131.
— Goher. 463.
— de Goheriis. 403.
— Gruel. 28.
— frater Guillelmi Chaennon. 56.
— Gunteri. 584.
— Hairon. 287, 288.
— de Haugernara. 448.
— filius Hugonis de Soligneio. 589.
— de Illeres. 296.
— Isabel. 21.
— Yvart. 51.
— de Jarrie. 40.
— de Jarrieto. 119.
— de Jarreio. 120.
— Le Bigot, cognomento Pinacle. 130, 131.
— Le Chanu, miles. 377, 378, 379, 380, 381, 391.
— Ledroeis. 416.
— Letheri. 213, 214, 215.
— de Loiseel, miles. 423.
— de Longoponte. 60.
— de Lormarin. 54.
— de Maisnil. 584.
— Malcuvert. 239.
— Malart. 110.
— de Mauchenai. 434.
— de Mauritania. 401, 589.
— de Medans. 419.
— de Medavi. 143.
— de Melheudin. 389.
— de Mesneria. 28, 589.
— prepositus de Mesnilio. 64.
— dictus Miles. 48.
— de Montcorlain. 414, 415, 585.

Willelmus filius Mathei de Monte Gouberti. 453, 454, 456.
— de Moyre. 36.
— presbyter Parve Ville 292.
— de Peiz. 67, 580, 583.
— de Pinu. 583, 588.
— de Plagnis. 181, 189.
— de Polleio. 336, 338, 339, 340, 351.
— comes Pontivi. 349.
— prepositus. 20.
— presbyter. 419.
— prior. 114.
— de Puisaz, miles. 340, 341.
— de Recretiz. 402.
— de Rive. 387.
— filius Ricardi de Rogo. 303.
— nepos Rogeri de Argenciis. 159.
— filius Roberti de Monceaus. 335.
— de Rupibus. 322, 323, 324.
— senescallus Normannie. 200.
— de Soleriis. 388.
— de Spernant. 310, 311.
— de Summere. 187, 194.
— Surdus. 589.
— prepositus de Theatro. 36.
— frater Thome de Mauregart. 211.
— de Tilly. 17.
— Tronel. 44.
— abbas de Tyronello. 319.
— de Valle. 38.
—· Prior de Valle-Dei. 10.
— de Valle Rodolii. 410.
— Veron. 414.
— Vilain. 446.
— de Vilers. 143.
— de Villereio. 39.
Wone de Verberia, Baillivus Vernoliensis. 248, 465

# Y

Yllers (*Guillelmus de*). 567.
Yolande de Coucy. 3.
Ysabella uxor Girardi dicti Sapientis. 108.
Yrpelin. 48.

Ysendis uxor Herberti Moinet. 362.
Ytum (*Iton*). 225.
Yvart Dylbez. 552.

ALENÇON. — TYPOGRAPHIE E. RENAUT-DE BROISE.

www.ingramcontent.com/pod-product-compliance
Lightning Source LLC
Chambersburg PA
CBHW050105230426
43664CB00010B/1441